高等学校创新能力提升计划（2011计划）
出土文献与中国古代文明研究协同创新中心

北京大学出土文献研究所

两周宗法制度的演变

杨 坤 著

上海古籍出版社

图书在版编目(CIP)数据

两周宗法制度的演变 / 杨坤著. —上海：上海古籍出版社，2021.4
(北京大学出土文献与中国古代文明研究学术丛书)
ISBN 978-7-5325-9917-2

Ⅰ.①两… Ⅱ.①杨… Ⅲ.①宗法制度-研究-中国-周代 Ⅳ.①D691.21

中国版本图书馆CIP数据核字(2021)第056642号

北京大学出土文献与中国古代文明研究学术丛书
两周宗法制度的演变
杨　坤　著
上海古籍出版社出版发行
(上海瑞金二路272号　邮政编码200020)
(1) 网址：www.guji.com.cn
(2) E-mail：guji1@guji.com.cn
(3) 易文网网址：www.ewen.co
启东市人民印刷有限公司印刷
开本700×1000　1/16　印张30　插页2　字数460,000
2021年4月第1版　2021年4月第1次印刷
印数：1—1,800
ISBN 978-7-5325-9917-2
K·2978　定价：128.00元
如有质量问题，请与承印公司联系

序

杨坤博士《两周宗法制度的演变》这部著作,从题目上看讨论的是一个以往有过较多研究成果的课题,现在要在这样一个可以说是老题目的研究上取得新成果,讲出新见解,自然会有相当大的难度。而能否取得新成绩,似需要对以往有关研究成果做深刻的总结与辨析,找到尚存的主要不足之处,并要在两方面下功夫:一是对以往研究中,由于对史料(包括传世文献与古文字资料)的理解不够深甚至有偏差而得出的一些多可商榷的认识,要通过对史料的深入钻研得出更为妥帖的看法;二是要充分掌握和利用近年来新发现的资料,自然主要指出土文献,从中汲取新的信息以补充与修订以往的认识,形成新的观点。如要达到上面所云的高度,自然需要研究者在历史学、历史文献学、古文字学等方面有较扎实的功力与清晰敏锐的分析能力。从杨坤博士此书来看,应该说是较好地达到了上述目标。

本书的学术新见,就我所能体会到的,可举出如下几个主要方面:

在"绪论"部分,对此前宗法制度研究成果做了梳理和分析,指出以往研究存在的五点不足,其中讲到以往对宗法制度定义与其内涵的不明确,是引起分歧和论争的主要原因,也是宗法研究取得突破必不可少的工作。文中还特别指出,宗法制度的内涵与表现形式如不拘泥于礼书所载,则有相当丰富的内容,研究一定要"摆脱礼书的桎梏",从经学回归到史学。

过去做宗法制度研究的论著,较多着眼于对较微观问题的考辨,从宏观的角度,特别是从理论层面思考宗法研究中存在的问题则多有欠缺,本书"绪论"中这些通过深刻反思所获得的认识都是很重要的,不仅明确了研究目标,也为本书取得创新成果奠定了思想基础与理论支撑。

作者在上述理论思考的基础上,给"宗法""宗法制度"赋予具新意的概念,为从史学角度研究宗法制度拓宽了路径。特别值得注意的是,文中将"宗法"又具体分为三个组成部分,即宗庙之法、宗子之法和族人之法,并列举了与此三方面相关的制度性规定,很有独立性的见解,本书正是在此种分类基础上,为宗法制度研究明确了具体的研究内涵。

本书虽重点在两周宗法,但为了讲清周人宗法的特点,书中也用一定篇幅论述了商人宗法制及商、周宗法之异同,提出了如下新的认识:商人青铜器铭中重在突出受祭者信息,西周时周人器铭重点则在于突出作器者的信息,反映了从"尊神"到"近人"的宗法观念侧重点的转变。

近代以来,学者多强调嫡长子继承为宗法制的核心,但过分强调宗子的嫡长子继承,则与诸多史料反映的史实未必相合,作者重点讨论了宗子继承制的演变,通过具体的文献史料与古文字资料,阐明了西周时期嫡长子继承虽处于优先地位,但在严格规则限制下的庶子继承,也是宗子继承制的重要组成,并非"特例"或"反常"。书中还论述了春秋时期,贵族宗法性称谓中所出现的不见于西周时期的"某子某孙"类称谓的流行,认为这一转变反映了嫡长继承制受到冲击,表现出持此类称谓者拥有继承君位或宗子之位的潜在权利,这是宗子继承制演变对贵族宗法性名号带来的重大影响。这些建立在确凿史料基础上的见解,无疑会深化对宗法制度下的继承制度的理解。

对于史学界有过争议的天子、诸侯是否"绝宗"的问题,作者亦作了深入的分析,认为确实存在姬姓的受封贵族"自卑别于尊",不敢以宗法关系掩盖与天子间具有政治上的尊卑等级关系的事实,但周天子在观念上仍是所有姬姓贵族之"大宗",并借"宗盟"的组织形式,与异性贵族构筑"拟血缘关系"。

凡此,均是本书在两周宗法制度研究上的新见,或是在前人研究基础上对此课题研究有深化与推动作用的认识。以这些新的认识为基点所论述的两周宗法制度演变之趋势与特点,必然会有其独到之处。相信本书的面世,会引起学界的瞩目。

当然，如我在前面所言，宗法制度是中国古史领域一个老的研究课题，成果很多，在这样一种学术背景下，本书提出的一些新见解论证得是否充分，对相关资料，特别是出土文献资料理解得是否正确，均有待出版后同行学者的指正。

盼望杨坤博士再接再励，更好地运用多学科交叉的研究方法，在古史研究及相关的古文字研究等领域奉献出更多、更扎实的新成果。

朱凤瀚

2021年4月1日

目 录

序 ………………………………………………………………………… 1

绪 论 ………………………………………………………………………… 1

第一章 尊神与近人——论殷周宗法侧重的转变 ……………………… 32
 第一节 殷代宗法的基本面貌与主要特点 ………………………… 33
  一、殷代宗法制度的基本面貌 …………………………………… 33
  二、殷代宗法制度的突出特点 …………………………………… 42
 第二节 受祭与作器——殷式、周式铭文的分类与特点 ………… 47
  一、商、西周早期铜器铭文格式的分类 ………………………… 47
  二、铭文格式之系统划分以及特点 ……………………………… 51
 第三节 彰名位与飨友宾——论西周早期铜器铭文的新内容 …… 55
  一、彰名位——作器者信息的新情况与新特点 ………………… 55
  二、飨友宾——铭文所言作器用途的新情况 …………………… 59
  三、器、名与治道——新内容产生的原因与背景探析 ………… 63
 第四节 "周人不用日名说"的再审视 …………………………… 66
  一、周人集团使用日名的证据 …………………………………… 67
  二、对周人集团日名使用特点的理解 …………………………… 74
 第五节 尊神与近人——论西周早期宗法侧重的转变 …………… 79
  一、殷式、周式铭文特点与宗法侧重之关系 …………………… 79

二、西周早期宗法侧重转变的原因探析 …………………………… 83
　第六节　小结 …………………………………………………………… 87

第二章　嫡庶与长幼——西周宗子继承制度考论 …………………… 90
　第一节　男性贵族称谓的要素与宗法内涵 …………………………… 91
　　一、贵族称谓的要素与表现形式 ……………………………………… 91
　　二、宗法性称谓与宗族分衍 …………………………………………… 94
　第二节　排行称谓的使用条件、形式及相关问题考论 …………… 104
　　一、排行称谓的授予规则 …………………………………………… 104
　　二、排行称谓与区别字 ……………………………………………… 105
　　三、五十以伯仲——论排行称谓的尊卑之别 …………………… 110
　第三节　"伯"称与嫡长子继承 …………………………………… 113
　　一、"伯"称与排行 ………………………………………………… 114
　　二、伯、孟与嫡庶 …………………………………………………… 118
　　三、"伯"称与嫡长子继承 ………………………………………… 121
　　四、"伯服"解 ……………………………………………………… 125
　第四节　庶子继承的表现形式与规则 ……………………………… 127
　　一、庶子任宗子者举例及原因探索 ………………………………… 127
　　二、无子弟继与子弱弟及——论"兄终弟及"的两种表现
　　　　形式 …………………………………………………………… 133
　　三、嫡庶与长幼——论庶子继承的规则与条件 ………………… 135
　第五节　论遘盘世系的性质及相关问题 …………………………… 136
　第六节　小结 ………………………………………………………… 145

第三章　尊卑有序——论西周贵族宗族内部的关系与结构 ……… 147
　第一节　宗子权力与责任考辩 ……………………………………… 148
　　一、族内至尊——宗子权力考论 …………………………………… 148
　　二、收族之道——宗子责任考论 …………………………………… 152

第二节　族人任事与经济状况考论 …………………………………… 164
　　一、论族人任事的选择与特点 ……………………………………… 165
　　二、族人经济状况探析 ……………………………………………… 173
第三节　贵族宗族内部祭祀制度考论 …………………………………… 183
　　一、论"宗子主祭" …………………………………………………… 184
　　二、庶子、小宗祭祀性质的分类 …………………………………… 192
　　三、族人祭祀对象（范围）及祭祀地点考论 ……………………… 197
　　四、论族人祭祀之规范 ……………………………………………… 219
第四节　论小宗家族形态及与大宗的关系 ……………………………… 222
　　一、依附型小宗家族 ………………………………………………… 223
　　二、半独立型小宗家族 ……………………………………………… 226
　　三、独立小宗家族 …………………………………………………… 229
第五节　小结 ……………………………………………………………… 232

第四章　天下国家——天子、诸侯宗法考论 …………………………… 236
　第一节　论天子宗族 ……………………………………………………… 236
　第二节　长子就封还是庶子就封——论西周早期高等级贵族
　　　　　分宗 …………………………………………………………… 243
　　一、周公宗族分宗情况探析 ………………………………………… 244
　　二、毕公宗族分宗情况探析 ………………………………………… 249
　　三、召公宗族内部结构分析 ………………………………………… 252
　　四、南宫氏与曾侯家族关系探讨 …………………………………… 263
　　五、西周早期贵族分宗模式的特点及形成原因探析 ……………… 266
　第三节　宗统与君统——天子与姬姓诸侯宗法考论 ………………… 268
　　一、门内之治恩揜义——天子与"公族"宗法考论 ……………… 268
　　二、门外之治义断恩——天子与受封姬姓贵族宗法考论 ……… 271
　第四节　论"宗盟"与"王者天下之大宗" …………………………… 276
　第五节　小结 …………………………………………………………… 281

第五章　唯变所适——春秋宗法制度的新情况 …… 284
第一节　嫡长与德才——春秋宗子继承的新情况 …… 285
一、宗子立爱与政治干预——宗子继承的新情况 …… 287
二、新情况的特点及产生原因探析 …… 293
三、论"德"在春秋宗子继承中的地位 …… 296
第二节　某子某孙与伯仲叔季——论春秋贵族名号使用的新情况 …… 302
一、"某子某孙"称谓的兴起及特点 …… 303
二、排行称谓宗法内涵的缩减 …… 318
三、从横通到纵贯——名号新情况产生的原因探索 …… 326
第三节　天子诸侯阶层亲属集团的结构与特征 …… 329
一、论春秋公室之构成与规模 …… 329
二、"谥族"考论 …… 339
第四节　宗不余辟，余恶识宗——宗族内部关系的新情况 …… 351
一、宗族内部关系新情况的表现及特点 …… 353
二、新情况产生原因的探讨 …… 357
第五节　小结 …… 365

第六章　大厦倾颓——论战国时代传统宗法制度的崩解与余绪 …… 368
第一节　战国早中期贵族亲属组织的结构与特点 …… 369
一、春秋世族在战国早中期生存状态及特点 …… 369
二、战国新兴贵族亲属组织之结构与特点 …… 380
第二节　僭祭与淫祀——论战国贵族的祖先祭祀 …… 387
一、从出土文献看楚国贵族的祖先祭祀 …… 388
二、僭祭与淫祀——论楚国贵族祭祀对传统宗法制度的冲击 …… 395
三、其他贵族的祖先祭祀 …… 399
第三节　从孝友到孝悌——宗法精神向家庭伦理的转变 …… 401

一、"孝友""孝悌"内涵解 …………………………………… 402
　　二、"孝悌"兴起之原因探析 ………………………………… 407
　第四节　大厦倾颓——传统宗法制度的消亡及余绪 …………… 410
　第五节　小结 …………………………………………………… 413

结语 ………………………………………………………………… 416

参考文献 …………………………………………………………… 429

后记 ………………………………………………………………… 466

绪 论

一、深入研究两周宗法制度演变的学术意义

商周处于国家发展的早期阶段[①],血缘亲族组织或以血缘亲族为核心的各类组织广泛存在,并发挥着至关重要的作用。宗族是当时最主要的血缘组织表现形式,商后期即有文献(殷墟甲骨文、商金文等)可证其在国家统治、社会治理以及生产生活中的重要作用和影响[②]。西周时期国家形态与商后期有不同之处:西周推行封建制与世卿世禄制,国家机构与政治运行体制更为完善,但宗族势力仍然强大。宗族是当时维系社会结构之纽带,是稳定社会秩序的重要因素。为能保持宗族稳定而需要全宗族成员尊奉的规章制度,称作宗法。宗法本意即确定和调节宗族内部成员关系,并使宗族得以延续的"法规"。这种"法规"在统治者有意的规范和引导之下,超越了个体(单个宗族)的范畴,

---

① "国家发展的早期阶段"亦称作"早期国家"(Early State),是学界在讨论人类社会的演进、文明和国家起源以及早期政治组织时常用的一个概念,与成熟国家相对应。"早期国家"最早由荷兰莱顿大学教授克莱森(Henri. Joannes. Maria. Claessen)提出,他将中国的殷周王朝作为其划分的"过渡的早期国家"的典型例子(克莱森将"早期国家"分为"初始的早期国家""典型的早期国家"和"过渡的早期国家"三个阶段,并认为只有"过渡的早期国家"才有可能进入"成熟的国家")。20世纪80年代,其所主编的《早期中国》进入中国,对中国学界产生重要影响。关于"早期国家"的定义、形成原因、类型及演进阶段等目前仍在热烈讨论中,但学者基本均同意我国的殷周王朝属于早期国家。相关研究可以参看林沄:《关于中国早期国家形式的几个问题》,《吉林大学社会科学学报》1986年第6期;赵世超:《西周国家为早期国家说》,《陕西师大学报(哲学社会科学版)》1992年第4期;王震中:《中国文明起源的比较研究》,西安:陕西人民出版社,1994年;谢维扬:《中国早期国家》,杭州:浙江人民出版社,1995年;李学勤主编:《中国古代文明与国家形成研究》,昆明:云南人民出版社,1997年;沈长云:《关于中国早期国家的几个问题》,《史学月刊》2001年第2期;易建平:《部落联盟与酋邦——民主·专制·国家:起源问题比较研究》,北京:社会科学文献出版社,2004年;沈长云:《酋邦、早期国家与中国古代国家起源及形成问题》,《史学月刊》2006年第1期等等。

② 裘锡圭:《关于商代的宗族组织与贵族和平民两个阶级的初步研究》,《裘锡圭学术文集》第5卷,上海:复旦大学出版社,2012年,第121—152页;朱凤瀚:《商周家族形态研究(增订本)》,天津:天津古籍出版社,2004年。

成了一种在当时具有普适性(尤其是贵族阶层)的社会秩序。宗族的规模、层级,内部的政治、经济形态以及成员关系等在两周不同时期有不同的特点,与之相应的宗法制度也应有一个发展演变的过程。研究两周宗法制度的内涵及其演变特点,对了解两周不同时期宗族的内部结构和运行模式,以及宗族作为一种社会单位如何参与国家事务有重要意义。

宗法制度是两周时期最为重要的社会制度之一,不仅作用于宗族内部,而且对维护当时的贵族统治和保障国家的正常运转也有重要影响。两周宗法制度的发展演变,与当时政治环境及社会结构的转变也是紧密联系的,对当时和后世均产生了重大的影响。周人集团作为"小邦周"能从西土崛起,灭掉"大邑商"而建立周王朝,且能在周初复杂的政治局面中稳定下来并建立起延续数百年的统治,宗法制度在其中起到了至关重要的作用。而西周王朝的衰败,也与宗法制度的破坏有密切联系。西周灭亡之后,东迁的周王朝实力不振,各诸侯国逐渐强盛,原有的宗法制度在春秋时代新的政治环境中出现了一些新的面貌,并持续发挥着重要作用。春秋末期以来,社会结构和政治制度开始发生根本性的改变,宗法制度也随之发生巨变。与此同时,随着儒家学说的兴起,在传统宗法制度基础上发展并进一步理论化的宗法观念与相关规范,其内涵与运作模式,为两汉及以后历代统治集团所借鉴和仿效,对后世中国宗法以及相关礼制有着殊为重要的影响。此种宗法制度的基本精神,是中国传统伦理的重要组成部分。了解宗法制度的内涵,把握两周宗法制度发展的阶段性特点和演变路径,对探讨两周时期国家政治运作与社会结构的演变、了解我国整个历史时期宗法制度的特点与早期面貌,以及我国基本伦理观念的形成与发展均有重要意义。

宗法制度的分布地域比较广泛,世界各地的民族和国家中曾普遍存在着不同发展形态的宗法制度[①]。宗法制度的多种类型及其发展演变路径,是世界文明发展的具体表现,是历史学、社会学、文化人类学研究的重要课题。两

---

① 如古代罗马早期国家、古代亚述、古代两河流域苏美尔晚期和古巴比伦时代苏美尔南部地区、古巴比伦等国家和地区等。参看恩格斯:《家庭、私有制和国家的起源》,《马克思恩格斯选集》第4卷,北京:人民出版社,1972年;钱宗范:《周代宗法制度研究》,桂林:广西师范大学出版社,1989年,第10—23页;钱宗范:《论世界和中国诸民族宗法制度发展形态的共同规律性》,《社会科学家》1997年第3期,第58—66页。

周宗法制度是世界宗法制度的重要组成部分,有极为鲜明的特征,礼书所载"别子为祖,继别为宗,继祢者为小宗"①等是其重要内容。研究两周宗法制度的特点及其演变历程,不仅可以丰富世界文明演进的内容与模式,对于明确周代宗法及其所处时代在世界宗法制度史与文明发展史上的地位和作用,也有重要意义。

综上所述,研究两周宗法制度演变的学术意义,可归纳为如下几点:

1. 对理解两周时期宗族内部关系与结构,以及宗族作为一个社会单位如何参与国家事务有重大意义;

2. 对把握两周时期国家政治运作与社会结构的演变有重大意义;

3. 对了解我国整个历史时期宗法制度的特点与演变,以及我国基本伦理观念的形成与发展有重要意义;

4. 对明确两周宗法制度及其所处时代在世界宗法制度史与文明发展史上的地位和作用有重要意义。

二、两周宗法制度研究述评

"宗法"一词不见于先秦,北宋张载所著《经学理窟》有《宗法》篇,其文云:"管摄天下人心,收宗族,厚风俗,使人不忘本,须是明谱系、世族与立宗子法。宗法不立,则人不知统系来处。"②"宗"是"宗族","法"即"法度"之意。复立"宗法"是宋代很多学者,尤其是理学家的共识。不过这种"宗法"的内容与性质均与先秦有很大不同③,只是理论源头确是出自后者。先秦时期《诗经》《左传》《国语》《仪礼》《礼记》④等文献有不少关于两周宗法的记载,其中尤以《礼记》最为详细。《丧服小记》《大传》《内则》《曾子问》等篇集中记载两周宗法制度的内容,尤其注重大宗和小宗、宗子与庶子地位、权力的差别以及相应的行

---

① 《礼记正义》卷三十二《丧服小记》,阮元校刻《十三经注疏》,北京:中华书局,2009年,第3240页。本文《十三经注疏》均引用此中华书局影印本2009年版,以下不再详细注明。
② (宋)张载撰,章锡琛点校:《张载集》,北京:中华书局,1978年,第258—259页。
③ 邱汉生:《宋明理学与宗法思想》,《历史研究》1979年第11期,第62—73页;李静:《论张载重建宗法的思想》,《重庆社会科学》2000年第4期,第55—59页。
④ 《礼记》辑录成书虽已在汉代,其文字及个别篇章亦可能有西汉诸家在搜辑整理时的更动,但所收诸篇大多数可以认为是汉代以前战国时期孔门后学的著述。参朱凤瀚、徐勇编著:《先秦史研究概要》,天津:天津教育出版社,1996年,第61页。

为规范,虽未见"宗法"一词,但已有"法"之意味。

两周宗法制度的研究,可以说从汉代就已经开始了。汉代学者对《诗经》《仪礼》《礼记》等所作注解包含了他们对两周宗法制度的理解。《白虎通义》的《封公侯》《姓名》《宗族》等篇较为详细地阐述了汉代学者对宗法制度的认识。在这些学者的著述中,尤以东汉末期郑玄的成就和影响最大,其对三礼及毛诗所作注笺融汇汉代今古文经说,博采众长而成一家之言,有关宗法制度的众多说法为后世所宗。三国时曹魏王肃《礼记注》《丧服经传注》[①]、东吴韦昭《国语解》、西晋杜预《春秋经传集解》等对相关材料的阐释加深了我们对两周宗法制度的认识。值得注意的是,汉魏学者对周代宗法制度的理解就已经出现分歧,如毛亨、毛苌和郑玄对《诗经》"大宗维翰""君之宗之"的理解有别[②]、郑玄与王肃对"天子七庙"有不同认识[③]等,这种分歧对后世影响深远。南北朝至隋唐时期义疏之学兴盛,南朝雷次宗《略注丧服经传》[④]、庾蔚之《礼记略解》[⑤]、贺玚《礼记新义疏》[⑥]、崔灵恩《三礼义宗》[⑦]、皇侃《礼记义疏》[⑧],北

---

① 原书已佚,马国瀚《玉函山房辑佚书》中有《礼记王氏注》《丧服经传王氏注》辑本。
② 《诗·大雅·板》有"大宗维翰,怀德维宁,宗子维城",《毛传》云:"王者天下之大宗。"郑玄笺:"宗子,谓王之嫡子。"《诗·大雅·公刘》有"君之宗之",《毛传》云:"为之君,为之大宗也。"郑玄笺:"宗,尊也。公刘虽去邰国来迁,群臣从而君之尊之,犹在邰也。"《毛诗正义》卷十七,《十三经注疏》,第1169、1185页。
③ 《礼记·王制》有"天子七庙,三昭三穆,与太祖之庙而七"。郑玄注:"此周制。七者,大祖及文王、武王之祧,与亲庙四。大祖,后稷。殷则六庙,契及汤与二昭二穆。夏则五庙,无大祖,禹与二昭二穆而已。"孔颖达疏云:"郑氏之意,天子立七庙,唯谓周也……郑据此为说,故谓七庙,周制也。周所以七者,以文王武王受命,其庙不毁,以为二祧,并始祖后稷,及高祖以下亲庙四,故为七也。若王肃则以为天子七庙者,谓高祖之父,及高祖之祖庙为二祧,并始祖及亲庙四为七,故《圣证论》肃难郑云:'周之文武受命之王,不迁之庙,权礼所施,非常庙之数……凡七庙者,皆不称周室。'……"《礼记正义》卷十二,《十三经注疏》,第2890页。郑玄的意思是天子立太祖庙和四亲庙,周代因为文王武王是受命之君,故特立二祧庙,于是周有七庙。殷代则是六庙,夏代五庙。王肃的意思是诸侯五庙指太祖庙和四亲庙,天子等级比诸侯高,于是有太祖庙和六亲庙,多出的高祖之父、祖为祧庙,七庙是百王通制。
④ 原书已佚,马国瀚《玉函山房辑佚书》中有《略注丧服经传》辑本。
⑤ 原书已佚,马国瀚《玉函山房辑佚书》中有《礼记略解》辑本。
⑥ 原书已佚,马国瀚《玉函山房辑佚书》中有《礼记新义疏》辑本。
⑦ 原书已佚,马国瀚《玉函山房辑佚书》中有《三礼义宗》辑本。
⑧ 原书已佚,孔颖达《礼记正义·序》云:"爰从晋、宋,逮于周、隋,其传《礼》业者,江左尤盛。其为义疏者,南人有贺循、贺玚、庾蔚(之)、崔灵恩、沈重、(范)宣、皇甫侃;北人有徐遵明、李业兴、李宝鼎、侯聪、熊安(生)等。其见于世者,唯皇、熊二家而已……今奉敕删理,仍据皇氏以为本,其有不备,以熊氏补焉。"由此可知皇侃《礼记义疏》有相当多的内容保存在孔颖达《礼记正义》里。马国瀚《玉函山房辑佚书》中有《礼记皇氏义疏》辑本。现存日本早稻田大学图书馆有《礼记子(转下页)

朝熊安生《礼记义疏》①，以及唐代孔颖达、贾公彦为《诗经》《左传》《周礼》《仪礼》《礼记》等作疏，对我们理解两周宗法制度有重要参考价值。可以说，如果没有这些学者的注疏，我们可能无法读懂古籍，很多研究无从谈起。宋代以降，为应对由官爵不世袭、宗族凝聚力下降等而导致的宗族多有分散破败之忧等情况，重振宗族的思想和行为逐渐兴起，修宗立祠之风日盛。在这种潮流下，宗法制度的研究也得到了重视和发展。除上引张载之外，范仲淹、欧阳修、苏洵、苏轼、程颐、朱熹等都曾对宗法有过专门的论述或实践②。卫湜《礼记集说》、吴澄《礼记纂言》、陈澔《礼记集说》、敖继公《仪礼集说》等搜集很多前贤与时人对两周宗法的理解，据此我们可以窥见宋元时期研究的高度。

及至清代，众多学者或官员，如顾炎武、王夫之、毛奇龄、万斯大、阎若璩、陆世仪、惠士奇、秦蕙田、程瑶田、钱大昕、纪大奎、庄存与、宋翔凤、龚自珍、魏源、冯桂芬、黄以周等均重视宗族、宗法问题，先后有过很多的论述，涉及宗法制度多方面的问题③。其中尤以万斯大《学礼质疑·宗法》④、毛奇龄《大小宗通绎》⑤、程瑶田《通艺录·宗法小记》⑥、黄以周《礼书通故·宗法通故》⑦等为代表，研究深度和广度均胜于前代。这些著作考证细密，有很多卓见，至今仍然是研究的重要参考。总的来说，汉至清代学者对两周宗法制度的研究虽然取得了很大的成绩，但多属于经学研究的范畴。正如学者所说："古来礼家无

（接上页）本疏义》残卷，内容为疏解《丧服小记》的一部分，其中多处有"灼案"。据罗振玉研究，此本当为皇侃学生郑灼抄自皇侃《礼记义疏》。详参罗振玉：《六朝写本礼记子本疏义·跋》，《罗雪堂先生全集》第七编，台北：大通书局影印本，第892—893页。
① 原书已佚，马国瀚《玉函山房辑佚书》中有《礼记熊氏义疏》辑本。
② 学界对宋代学者的宗族与宗法思想多有研究，可以参看。如邱汉生：《宋明理学与宗法思想》，《历史研究》1979年第11期，第62—73页；冯尔康：《中国宗族史》，上海：上海人民出版社，2009年，第164—169页；佐佐木爱作、钟翀：《宋代道学家的宗法论》，《人文杂志》2015年第6期，第85—96页；林鹄：《宗法、丧服与庙制——儒家早期经典与宋儒的宗族理论》，《社会》2015年第1期，第49—73页。
③ 关于清代学者对周代宗法制度的研究，高婧聪曾有专文论述，可以参看。高婧聪：《清人对周代宗法制度的研究》，《古代文明》2019年第1期，第102—112页。
④ （清）万斯大撰：《学礼质疑》，阮元辑：《皇清经解》卷四十九，道光九年（1829）广东学海堂刊本。
⑤ （清）毛奇龄纂：《大小宗通绎》，上海：商务印书馆，1935年，第1—16页。
⑥ （清）清程瑶田撰，陈冠明等点校：《通艺录·宗法小记》，《程瑶田全集》第一册，合肥：黄山书社，2008年，第137—183页。
⑦ （清）黄以周撰，王文锦点校：《礼书通故》第八，北京：中华书局，2007年，第285—301页。

不谈宗法。但他们所说的,与其说是西周的实际制度,不如说是经学上的热门话题。"①如果以史学而非经学的眼光来看,缺陷也较为明显:他们的材料多限于先秦经书,研究方法多属于以经解经,同时深受所处时代政治环境或社会思潮的影响,部分学者并非以探究两周宗法实情为鹄,而是别有追求②,因此导致他们对史实的理解和阐释存在偏差和不足。

20世纪以来,随着人类学、社会学、民族学、考古学等新学科、新理论的引进和新资料(包括但不限于甲骨、金文等古文字资料)的不断发现,宗法制度的研究取得了突破性的进展,形成了一个全新的局面。学者对礼书所言周代宗法的性质进行了重新审视,指出在有真实素地之背景下,亦有时代杂糅、构拟等成分,逐渐走出经学范畴,而注重史学的探索。此世纪前半段,已有众多学者关注商周宗族与宗法问题,如刘师培、王国维、吕思勉、孙曜、李宗侗、陶希圣、高达观、刘节、曾謇、丁山、雷海宗等,留下不少很有价值的著作③。这些学者在以往研究的基础上,或利用新理论,或结合新材料,对商周宗法制度诸多关键问题进行重新阐释。前者以刘师培为代表,刘氏借鉴当时刚传入中国的有关社会演化、人类学等理论,探讨宗法的起源、种类、功用、发展、影响、宗子的特权等④,论证系统而有条理,具有启发性。后者以王国维为代表,王氏结合传世文献和出土材料作《殷周制度论》⑤,系统而深刻地阐述了其对商周制

---

① 赵伯雄:《周代国家形态研究》,长沙:湖南教育出版社,1990年,第79页。
② 如不少学者或官员试图将周代宗法理念融入现实的社会治理之中去,希望通过(复)立宗法而达到敬宗睦族、国治民和的目的。上引宋代众多学者重视宗法问题即基于此。此外清代贺长龄、魏源曾编纂《皇朝经世文编》,其中辑录不少清人关于宗法、宗族的议论,均归入"礼政"条,正可见此类议论之用心。不过在清代这种社会背景下,其所用宗法之理念与手段自然不能与周代全同。关于清代学者运用宗法、宗族理念进行社会治理的情况,罗检秋曾有专文详论,可以参看。罗检秋:《社会变迁与清代汉学家的宗族观念》,《河北学刊》2017年第4期,第41—50页。
③ 如刘师培:《宗法原始论》,1906年;王国维:《殷周制度论》,1917年;吕思勉:《中国宗族制度小史》,上海:中山书局,1929年;孙曜:《春秋时代之世族》,上海:中华书局,1931年;陶希圣:《婚姻与家族》,上海:商务印书馆,1934年;丁山:《宗法考源》,《历史语言研究所集刊》第4本第4分,1934年;曾謇:《殷周之际的农业的发达与宗法社会的产生》,《食货》2卷2期,1935年;曾謇:《周金文中的宗法记录》,《食货》2卷3期,1935年;曾謇:《古代宗法社会与儒家思想的发展——中国宗法社会研究导论》,《食货》5卷7期,1937年;雷海宗:《中国的宗族制度》,《社会科学》2卷4期,1937年;高达观编著:《中国家族社会之演变》,南京:正中书局,1944年;刘节:《中国古代宗族移植史论》,南京:正中书局,1948年。
④ 刘师培:《宗法原始论第四》,《古政原始论》,1906年,第9—14页。
⑤ 王国维:《殷周制度论》,《观堂集林》,北京:中华书局,2015年,第451—480页。

度与文化异同的看法,其中有关宗法制度的观点可以归纳如下:一是认为宗法自西周周人始,商人无宗法;二是认为宗法是由立子立嫡之制引发;三是涉及所谓"宗统""君统",认为天子、诸侯为君统,大夫以下是宗统,宗法主要行于大夫阶层。这些观点对后来的研究影响极大。刘师培、王国维这种将新理论、新材料与传世文献相结合的方法,也逐渐成为中国古代文明研究的基本范式。

进入50年代以来,学界对商周宗族与宗法的研究热度不减。新理念、新材料和新方法越来越丰富,参与宗法制讨论的学者也越来越多。"近代以来的古史学家,几乎无不谈宗法"①,研究深度和广度均有了进一步的扩展,这也成为古史研究中一道靓丽的风景。但一个有意思的现象是,研究的持续推进不仅没有消弭原有的核心分歧,而且随着研究的深入,新的论题不断被提出来。学者就宗法制的特点和内容展开充分而热烈的讨论,但对一些关键问题的理解依然存在显著不同。归结起来,这些分歧主要有如下几个方面。

(一) 关于宗法与嫡长子继承制关系的讨论

这个问题与宗法制度的基本内涵及产生年代等密切相关,争论的焦点在于嫡长子继承制是不是宗法制度的核心,或者说嫡长子制是不是宗法制度产生的基础。

王国维认为"由立子立嫡之制而生宗法"②。杨宽认为在宗法制度下,继承宗嗣者必须是嫡夫人所生的长子③。程有为认为嫡长子继承制是宗法制度的基础,没有嫡长子继承制,就不可能有宗法④。王晖认为嫡长子继承法是宗法制产生的本因,宗法制是嫡长子继统法的保证。实际上这二者在运行发展中也是相辅相成,密不可分的⑤。

吴浩坤认为宗法制的核心并非全在于嫡长子继承法。宗法制的实质,在

---

① 赵伯雄:《周代国家形态研究》,第79页。
② 王国维:《殷周制度论》,《观堂集林》,第453页。
③ 杨宽:《试论西周春秋间的宗法制度和贵族组织》,《古史新探》,北京:中华书局,1965年,第166—196页。
④ 程有为:《西周宗法制度的几个问题》,《河南师大学报(社会科学版)》1981年第1期,第41—47页。
⑤ 王晖:《商周文化比较研究》,北京:人民出版社,2000年,第285页。

于男性族长对宗族的政治、经济、宗教祭祀等各方面有绝对支配权,而这种权力是可以由父系世代相传的。至于直接传子是传长传幼或传嫡传庶,还是兄弟相承再传至下一代,那是无关宏旨的①。朱凤瀚认为嫡长子继承只是在多妻因而多子的父系家族内选择家长继承人的一种习惯做法。宗法实际上应是指宗族成员间的等级差别之原则,其核心即在于维护宗子在本宗族内的至尊地位。凡是具有实体性宗族组织形态的贵族家族皆可有宗法②。钱宗范认为嫡长子继承制的形成是宗法制家族巩固和发达的标志,但并非是否存在宗法制度的标志,从世界史上来看,在各国早期阶段社会中原始宗法制的初期阶段,都没有形成嫡长子继承制,而在嫡长子继承制瓦解后产生了兄弟分产、长子享有特权的继承制(如秦汉以后的中国封建社会),宗法制度同样存在③。王钧林认为嫡长子继承制是宗法制度的一个规定,但不是最重要、最本质的规定④。于宝华认为西周、春秋时代宗法继统在实际运用上并不单纯以嫡长继承理论为其指导原则,它受到多种因素的制约。因此,不能把嫡长子继统制等同于宗法制度,也不能把嫡长子继承制视为宗法制度的核心。在宗法继统关系中,嫡长嗣位与幼子继承、兄终弟及对宗法权力的延续几乎具有同等的价值,不能以为嫡长继承是宗法制度,兄终弟及或以叔代侄等其他宗法继统形式是反宗法制度的⑤。

(二) 关于殷代有无宗法的讨论

王国维认为宗法制是周人的创造,商代没有宗法。"周人制度之大异于商者,一曰立子立嫡之制,由是而生宗法及丧服之制……商人无嫡庶之制,故不能有宗法"⑥。陶希圣亦认为西周以前没有完整的宗法,"商族没有所谓的宗法制度,一没有严正的父治,二没有嫡长的继承,三没有族外婚姻的限制。商

---

① 吴浩坤:《西周和春秋时代宗法制度的几个问题》,《复旦学报(社会科学版)》1984年第1期,第87—92页。
② 朱凤瀚:《商周家族形态研究(增订版)》,第553页。
③ 钱宗范:《周代宗法制度新论(上)》,《历史教学问题》1990年第2期,第1—6页。
④ 王钧林:《先秦山东地区宗法研究》,《历史研究》1992年第6期,第3—19页。
⑤ 于宝华:《周代宗法制度研究》,《大同高等专科学校学报》1997年第2期,第71—88页。
⑥ 王国维:《殷周制度论》,《观堂集林》,第453—454页。

族没有纵断的大宗小宗的系统,却只有横断的世代层的划分"①。此后有不少学者,如金景芳、赵光贤、程有为、管东贵、陈赟等②,均持类似观点。晁福林强调早在原始氏族时代,宗法制就有所萌芽,但作为一种维系贵族间各种复杂关系的完整制度,其形成和完备则是周代的事情。从根本上看,宗法制是适应了周代分封普遍展开以后,稳固周王朝统治的需要而产生的,宗法制度的形成可以说是在周公制礼作乐时所完成的③。

随着殷墟甲骨文及商金文的不断发现,不少学者认为商代已经有宗法。胡厚宣通过分析甲骨文资料,认为商"宗法之制,在殷代早已见其端绪……谓宗法为周人之所特有,谓宗法之制为周公所首创,皆不然也"④。裘锡圭、杨升南等亦是利用甲骨文资料证实了商人存在嫡庶之制和类似周人的宗族组织,证明商代宗法制度实际上就已经存在了⑤。朱凤瀚通过分析商王主持多子等同姓贵族参加祭祀王室祖先的祭祀活动,论证商人是有宗法的,商王处于类似宗子的地位⑥。钱宗范、钱杭、王晖等学者也认为殷代已经有宗法制度,但并不完善⑦。

(三) 关于周代宗法制度行用阶层的讨论

宗法制度是仅行用于大夫、士阶层,还是天子、诸侯亦有宗法?这个问题

---

① 陶希圣:《婚姻与家族》,第17—18页。
② 金景芳:《论宗法制度》,《东北人民大学人文科学学报》1956年第2期,第203—222页;赵光贤:《周代社会辨析》,北京:人民出版社,1980年;程有为:《西周宗法制度的几个问题》,《河南师大学报(社会科学版)》1981年第1期,第41—47页;管东贵:《周人"血缘组织"和"政治组织"间的互动与互变》,《从宗法封建制到皇帝郡县制的演变:以血缘解纽为脉络》,北京:中华书局,2010年,第28—29页;陈赟:《"殷唯有小宗,而周立大宗":关于商周宗法的讨论——以王国维〈殷周制度论〉为中心》,《学术月刊》2014年第11期,第129—140页。持类似观点的学者还有很多,此处就不一一列举了。
③ 晁福林:《关于殷墟卜辞中的"示"和"宗"的探讨——兼论宗法制的若干问题》,《社会科学战线》1989年第3期,第158—166页;晁福林:《试论宗法制的几个问题》,《学习与探索》1999年第4期,第124—130页。
④ 胡厚宣:《殷代婚姻家族宗法生育制度考》,《甲骨学商史论丛(初集)》,济南:齐鲁大学国学研究所,1944年,第136—137页。
⑤ 裘锡圭:《关于商代的宗族组织与贵族和平民两个阶级的初步研究》,《裘锡圭学术文集》第5卷,第121—152页;杨升南:《从殷墟卜辞中的"示"、"宗"说到商代的宗法制度》,《中国史研究》1985年第3期,第3—16页。
⑥ 朱凤瀚:《商周家族形态研究(增订版)》,第178—183页。
⑦ 钱宗范:《周代宗法制度新论(上)》,第1页;钱杭:《周代宗法制度史研究》,上海:学林出版社,1991年,第31页;王晖:《商周文化比较研究》,第309页。

一直以来并没有取得定论。清代多数学者据"诸侯不敢祖天子,大夫不敢祖诸侯"立论,认为宗法限于大夫、士阶层①。清以降,仍有不少学者主此说。如王国维认为宗法主要行于大夫士阶层,但"天子、诸侯,虽无大宗之名,而有大宗之实"②。金景芳较王国维更进一步,认为"(宗法)为大夫以下设,而上不及天子诸侯","天子诸侯绝宗"是对的③。还有很多学者认为宗法行于大夫士阶层,同时也不必然否定天子、诸侯存在某种宗法关系,但认为这种关系与严格意义上的宗法制度不同。如李学勤认为严格意义的宗法限于别子以下的大夫、士阶层。不过天子和诸侯也有嫡长制继承的血缘关系,这种关系在某些方面和大夫、士的宗法是类似的。因此,不妨认为是广义的宗法制度④。谢维扬认为周王对诸侯、诸侯对卿大夫的处置和管理权,是根据他们在政治上的地位获得的,他们之间是不存在宗法关系的。在周王或诸侯与未立氏的王子、王孙、公子、公孙之间尚有一定的血缘约束关系,因此,他们之间还是有某种宗法关系的⑤。陈恩林、孙晓春认为周代在天子、诸侯这两个等级上存在着某种宗法关系,但是严格意义的宗法制度则仅仅存在于卿大夫家族内部⑥。

不少学者认为天子、诸侯亦行宗法。如清代庄存与认为"天子则诸侯之宗也,诸侯则卿大夫、士之宗也"⑦,陈立更是明确指出"天子以别子为诸侯……天子建国,则诸侯于国为大宗,对天子言,则小宗……诸侯立家,则卿于家为大宗,对诸侯则小宗"⑧。近代以来越来越多学者倾向于认为天子、诸侯亦行宗法。如上引用甲骨文资料论证商代宗法的学者,因甲骨文占卜主体是商王,故多数认为高等级贵族是行用宗法的。《左传》桓公二年有"天子

---

① 如程瑶田《宗法小记》:"宗法者,大夫、士别于天子、诸侯者也……故宗法者为大夫、士立之,以上承夫天子、诸侯而治其家者也。"黄以周《礼书通故·宗法通故》等均主此说。
② 王国维:《殷周制度论》,《观堂集林》,第 453—454 页。
③ 金景芳:《论宗法制度》,第 203—222 页。
④ 李学勤:《古代的礼制和宗法》,王力等著:《中国古代文化史讲座》,北京:中央广播电视大学出版社,1984 年,第 123—143 页。
⑤ 谢维扬:《周代家庭形态》,北京:中国社会科学出版社,1990 年。
⑥ 陈恩林、孙晓春:《关于周代宗法制度的两个问题》,《社会科学战线》2002 年第 6 期,第 135—142 页。
⑦ (清)庄存与:《周官说》,《清经解续编》,第 886 页。
⑧ (清)陈立撰,吴则虞点校:《白虎通疏证》,北京:中华书局,1994 年,第 152 页。

建国,诸侯立家,卿置侧室,大夫有贰宗,士有隶子弟"①,西周铜器何尊铭文有"王诰宗小子",学者多认为周代天子、诸侯、卿大夫、士普遍存在宗法关系。如童书业认为宗法制度不仅行于卿大夫以下,诸侯对天子、大夫对诸侯事实上也有大、小宗的关系②。杨宽、吴浩坤、刘家和、钱宗范等也持相似的观点③。

(四) 关于宗法制度性质的讨论

宗法制度是只适用于血缘宗族以内,还是可以超出血缘成为一种政治关系?《诗·大雅·板》有"大宗维翰",《毛传》曰:"王者,天下之大宗。"④这一说法历来为不少学者采信。如宋代张载认为"大君者,吾父母宗子"⑤,清代胡承珙云:"夫王之嫡子为宗子,则大宗非王而何？故知天子诸侯皆得为大宗,盖自为天地宗庙社稷臣民之宗主,而非五宗之所得拟。"⑥明确王为天下大宗,是超出具体血缘关系(五宗)的。近代以来,杨宽亦重申"按照宗法制度,周王自称天子,王位由嫡长子继承,称为天下的大宗,是同姓贵族的最高族长,又是天下政治上的共主……(诸侯)在本国为大宗,是国内同宗贵族的大族长,又是本国政治上的共主……(卿大夫)对诸侯为小宗,在本家为大宗,世袭官职,并掌有统治封邑的权力……"⑦。郭沫若主编《中国史稿》认为"宗法制不仅应用于周室的同姓间,而且和异姓诸侯间也有关系"⑧。裘锡圭论证商代宗法时,认为从王是帝之元子这个意义上说,商王跟周王一样,也是天下之大宗⑨。

---

① 《春秋左传正义》卷五,《十三经注疏》,第3786页。
② 童书业:《论宗法制与封建制的关系——评黄子通"宗法制度与等级制度是不是封建制度的特征？"》,《历史研究》1957年第8期,第63—74页。
③ 杨宽:《试论西周春秋间的宗法制度和贵族组织》,《古史新探》,第166—196页;吴浩坤:《西周和春秋时代宗法制度的几个问题》,第87—92页;刘家和:《宗法辨疑》,《北京师范大学学报》1987年第1期,第1—9页;钱宗范:《周代宗法制度新论(上)》,第1—6页。
④ 《毛诗正义》卷十七,《十三经注疏》,第1185页。
⑤ (宋)张载著,章锡琛点校:《张载集》,第62页。
⑥ (清)胡承珙撰,郭全芝校点:《毛诗后笺》,合肥:黄山书社,1999年,第1361页。
⑦ 杨宽:《试论西周春秋间的宗法制度和贵族组织》,《古史新探》,第166页。
⑧ 郭沫若主编:《中国史稿》第一册,北京:人民出版社,1962年,第124—125页。
⑨ 裘锡圭:《关于商代的宗族组织与贵族和平民两个阶级的初步研究》,《裘锡圭学术文集》第5卷,第129页。

不过也有不少学者强调宗法制度是一种血缘制度,认为不同血缘之间不具备宗法关系。如杨英杰认为宗法制的前提必须有同一父系的血缘关系,没有同一父系的血缘关系不能行宗法。宗法制以一定的血缘亲疏关系为限制,超出五世就不存在宗法关系①。钱杭认为不存在可以超越具体宗族范围、统一号令天下的"宗法"。宗法关系可以体现某种政治关系,但两种关系的整合现象一定是在宗族内出现的,出此范围,就只能是政治关系,充其量是披着血缘外衣的政治关系。"天子为天下之大宗""诸侯为一国之大宗"等,从政治上讲固然可以理解,但在宗法上却讲不通,因为它脱离了宗法是宗族内的宗子法这个前提,没有实际的宗法约束意义②。

(五)关于周代君统和宗统关系的讨论

"君统"实质是指国家公共职务的继承系统,"宗统"是指家族血缘共同体的继承系统。明确君统、宗统之别,当始自王国维。"周人嫡庶之制,本为天子诸侯继统法而设,复以此制通之大夫以下,则不为君统而为宗统,于是宗法生焉"③。王氏认为天子、诸侯行的是君统,大夫以下行的是宗统。金景芳则进一步阐述了周代宗统与君统是两个不同范畴的观点,认为"在宗统范围内,所行使的是族权,不是政权,族权是决定于血缘身份而不决定于政治身份;与宗统相反,在君统范围内,所行使的是政权,不是族权,政权是决定于政治身份而不决定于血缘身份"④。后来金门弟子如杨英杰、陈恩林、谢维扬、丁鼎等,对这一观点多有发挥和阐述⑤。

不少学者对此有不同意见。如刘家和、王晖等通过金文和文献材料论证

---

① 杨英杰:《周代宗法制度辨说》,《辽宁师院学报》1982年第6期,第56—62页。
② 钱杭:《宗法制度史研究中的几个基本问题》,《史林》1987年第2期,第41—45页;钱杭:《宗族与宗法的历史特征——读吕思勉〈中国制度史〉第八章〈宗族〉》,《史林》1991年第2期,第34—40页;钱杭:《"类型学"视野下的宗族制度研究》,《光明日报》2013年1月14日,第15版。
③ 王国维:《殷周制度论》,《观堂集林》,第453—454页。
④ 金景芳:《论宗法制度》,第203—222页。
⑤ 杨英杰:《周代宗法制度辨说》,《辽宁师院学报》1982年第6期,第56—62页;陈恩林:《关于周代宗法制度中君统与宗统的关系问题》,《社会科学战线》1989年第2期,第171—178页;谢维扬:《周代家庭形态》;丁鼎:《〈仪礼·丧服〉所体现的周代宗法制度》,《史学集刊》2002年第4期,第14—20页。

宗法制度中宗统和君统是合一的①，钱宗范也进行过较为详细的论证②。或认为君统、宗统部分合一，如钱杭认为"宗君合一"是表现在具体个人身上的身份性合一，并不是宗法与政治在原则上的合一，宗法仍然是宗法，政治仍然是政治。身为宗族长的天子、诸侯、卿大夫在大多数场合都在行使政权，只有在很少场合与很小的范围内，他们才有机会、有必要行使族权③。或认为早期合一，后来分离。如管东贵认为周代早期是宗君合一的，但是后来，除体现政治组织力的"君"权呈膨胀之势外，其属于"宗"的其他几种权都渐被"君"的"行政权"所并吞，于是形成见君不见宗的"有君无宗"状态，郑玄等人把战国时期的这种现象看作是周人的常态，所以会误认为天子、诸侯皆不在宗法系统内，即宗统与君统非合一④。

（六）关于宗法制与分封制关系的讨论

有学者主张宗法制由分封制而来，如孙曜认为先有封建制度，然后宗法制度产生⑤；金景芳认为宗法制度的存在是与分封制直接联系着的⑥；程有为认为分封制是宗法存在的前提⑦；晁福林认为宗法制与分封制相辅相成，密不可分。从根本上看，宗法制是适应了周代分封普遍展开以后，稳固周王朝统治的需要而产生的。殷代没有分封之制，所以也就没有实行宗法制的社会需要⑧。

对此不少学者有不同的观点。如钱杭认为宗法制与分封制的性质并不相

---

① 刘家和：《宗法辨疑》，《北京师范大学学报》1987年第1期，第1—9页；王晖：《从虞簋铭看西周井田形式及宗法关系下的分封制》，《考古与文物》2000年第6期，第46—51页。
② 钱宗范：《中国古代原始宗法制度的起源和特点：兼论宗族奴隶制和宗法封建制》，《北京社会科学》1987年第2期，第117—120页。
③ 钱杭：《宗法制度史研究中的几个基本问题》，《史林》1987年第2期，第41—45页。
④ 管东贵：《周人"血缘组织"和"政治组织"间的互动与互变》，《从宗法封建制到皇帝郡县制的演变——以血缘解纽为脉络》，第27—52页。
⑤ 孙曜：《春秋时代之世族》，第6页。
⑥ 金景芳：《论宗法制度》，《东北人民大学人文科学学报》1956年第2期，第203—222页。
⑦ 程有为：《西周宗法制度的几个问题》，《河南师大学报（社会科学版）》1981年第1期，第41—47页。
⑧ 晁福林：《关于殷墟卜辞中的"示"和"宗"的探讨——兼论宗法制的若干问题》，《社会科学战线》1989年第3期，第158—166页；晁福林：《试论宗法制的几个问题》，第124—130页。

同，它们分属于两个不同的社会层次。宗法制度存在于宗族内部，它以宗法血缘共同体为前提；分封制度则存在于国家内部，它的前提是国家这个政治地域共同体。宗法制因宗族先于分封而存在，故可不以分封制的形成为条件。同样，分封制也因国家的超血缘性质，故可包括、也可超越宗法制，它的存在根本不必以宗法制的存在为条件[1]。冯尔康等也有类似的看法[2]。

此外，学者还就鲁国君位继承是否存在"一继一及"制度[3]、楚国是否有"少子继承制"[4]、秦国有无宗法[5]、"宗盟"的性质[6]，以及晋国宗法的破坏与转型问题[7]等也展开过热烈的讨论。

学术论题的提出和讨论，本身即代表着研究的持续。学理愈辩愈明，虽然很多具体论题存在不同意见，但是对宗法制度的一些基本概念已有了相当的共识。这些共识为我们后续的研究打下了基础，其要点可概括为：

1. 宗法制的起源可能与父系家长制的血缘组织有关，但商周宗法制自有特点，二者不宜轻易混同；

---

[1] 钱杭：《宗法制度史研究中的几个基本问题》，《史林》1987年第2期，第41—45页。
[2] 冯尔康：《中国宗族史》，第70—71页。
[3] 关于鲁国君位继承是否曾实行"一继一及"之制，学者有不同意见，典型如王恩田认为西周时代鲁国奉行的是一套整齐的子继与弟及并举的君位继承制度，春秋时代是一继一及制逐步衰亡和嫡长制逐步成长的过渡时期，战国时代是鲁国嫡长制的确立时期。钱杭通过对鲁国君主传位实际情况及臧孙氏、孟孙氏、叔孙氏、季孙氏等鲁国大家族传位情况的分析，论证鲁国上层继承制度是与西周继承制度同一形态的嫡子继承制。"一继一及"并不符合鲁国实际。参王恩田：《从鲁国继承制度看嫡长制的形成》，《东岳论丛》1980年第3期，第75—80页；钱杭：《鲁国继承制度中的"一继一及"问题》，《史林》1990年第1期，第8—13页。
[4] 杨升南：《是幼子继承制，还是长子继承制？》，《中国史研究》1982年第1期；何浩、张君：《试论楚国的君位继承制》，《中国史研究》1984年第4期；钱杭：《楚国的宗法继承制与世系排列方式》，《史林》1988年第2期；唐嘉弘：《论楚王的继承制度——兼论先秦君位传袭的演变》，《中州学刊》1990年第1期，第109—114页；王恩田：《楚国之举，恒在少者——楚国幼子继承制答疑》，《中国史研究》2014年第1期，第5—14页。
[5] 典型如林剑鸣认为秦国没有严格的宗法制，贺润坤、钱杭等认为秦国有宗法制。参林剑鸣：《秦史稿》，上海：上海人民出版社，1981年，第98—100页；贺润坤：《论秦的宗法制——兼谈胡亥篡位与秦朝灭亡的根本原因》，《文博》1990年第5期，第112—118、157页；钱杭：《周代宗法制度史研究》，第158—161、171—174、185—202页。
[6] 钱宗范：《周代"宗盟"制度浅论》，《广西师范大学学报（哲学社会科学版）》1987年第3期，第62—70页；巴新生：《西周"宗盟"初探》，《东北师大学报（哲学社会科学版）》1997年第2期，第40—47页；于薇：《西周宗盟考论》，《史学集刊》2008年第2期，第103—104页。
[7] 常正光：《春秋时期宗法制度在晋国的开始解体与晋国称霸的关系》，《四川大学学报（社会科学版）》1963年第1期，第47—68页；王彪、黄朴民：《晋国宗法政治的蜕变》，《人文杂志》2015年第5期，第84—89页。

2. 宗法制的讨论需以血缘关系为基础，但同时宗法制度与商周王朝诸种政治制度关系密切，对维护贵族统治起过重大作用；

3. 商周宗法制度本身有一个发展演变的过程，东周礼书所载宗法不一定反映某一历史时期的实际情况。

20世纪80年代以来，宗法制度的研究在论争之外，还出现了一些新的气象。

一是学者对宗法制度研究的系统性显著加强。无论是理论深度还是材料搜集与涉及面的广度，均超过以往，出现不少与之相关的学位论文和专著。其中具有代表性的有钱宗范《周代宗法制度研究》[①]、钱杭《周代宗法制度史研究》[②]、谢维扬《周代家庭形态》[③]与朱凤瀚的《商周家族形态研究》[④]。四部著作出版年代相近，均由学位论文扩充而来，作者学习和工作单位各异，反映出学界对这一问题的普遍重视。钱宗范《周代宗法制度研究》运用马克思主义史学理论，将周代宗法制度置于中国古代和世界历史的发展长河中加以考察，探讨了宗法制度的起源以及发展演变过程，并重点分析了周代从天子至庶人各个阶层宗法制度的特点。钱杭《周代宗法制度史研究》则分上下两编，分别探讨西周与东周宗法。上编分析西周立国前的宗法形态、西周宗法制度的确立过程、"宗君合一"的宗法特点以及宗法思想等；下编则对继承制、宗法伦理结构类型、祖先崇拜观念、宗族与政治的关系以及丧服制度等做了深入的剖析[⑤]。谢维扬《周代家庭形态》则从世系和亲属范围、婚姻、亲属称谓制度、世系集团等方面全面探讨周代的家庭形态，揭示血缘关系在周代社会生活中的地位和影响，其中很多方面与宗法制度直接相关。作者对相关传世文献有深入详细的辨析，对宗法制度的看法在其师金景芳先生的观点上又有发挥和创新，具有新意。朱凤瀚《商周家族形态研究》则是在借鉴人类学、民族学等学科相关理

---

① 钱宗范：《周代宗法制度研究》，桂林：广西师范大学出版社，1989年。
② 钱杭：《周代宗法制度史研究》，上海：学林出版社，1991年。
③ 谢维扬：《周代家庭形态》，北京：中国社会科学出版社，1990年。
④ 朱凤瀚：《商周家族形态研究》，天津：天津古籍出版社，1990年。
⑤ 此后钱杭还出版的多部与宗法、宗族相关的著作，显示出了较高的理论素养。如《血缘与地缘之间：中国历史上的联宗与联宗组织》（上海：上海社会科学院出版社，2001年）、《中国宗族制度新探》（香港：香港中华书局有限公司，1994年）、《中国宗族史研究入门》（上海：复旦大学出版社，2009年）、《宗族的世系学研究》（上海：复旦大学出版社，2011年）。

论的基础上,将传世文献与出土文献、考古材料密切结合,"从历史演变的视角来考察商周时代的家族形态,全面比较商代、西周、春秋三大时期家族形态的各方面变化……充分利用地下出土的各种先秦文字资料和其他考古资料,进行科学的分析,对于许多单凭传世典籍所不可能研究的问题,提出了令人信服的见解"①。作者对周代宗法制度的诸多看法,见于各章论述之中,值得重视。近些年来,韩巍《西周金文世族研究》②、黄国辉《商周亲属称谓研究》③,高婧聪《青铜器铭文与周代宗法制度新研》《宗法制度与周代国家结构研究》④,马卫东《春秋时期贵族政治的历史变迁》⑤,田成方《东周时期楚国宗族研究》⑥等,亦是研究周代宗法制度的力作。

二是学者对出土材料宗法内涵发掘与阐释的深度也远超以往。对出土材料所含宗法信息的解读,不仅有助于订正传世文献与前贤研究的不足,更利于补充文献所载的缺漏,极大地丰富我们对商周宗法制度实际情况的认知。上世纪二三十年代,胡厚宣通过甲骨文资料论证商代存在宗法制度⑦、曾謇通过金文资料研究周代宗法制度⑧等便是典型的例子。80年代以来,这一方面的成果更是令人瞩目。如李学勤对铜器铭文所见"长子、中子、别子"称谓内涵的分析及殷代亲族制度的研究⑨;裘锡圭通过甲骨文、金文等对商代宗族组织以及宗法制度下所有制问题的研究⑩;林沄对殷墟"子卜辞"所见家族形态的研

---

① 林沄:《〈商周家族形态研究(增订本)〉读后》,《中国文物报》2005年4月27日第004版。
② 韩巍:《西周金文世族研究》,北京大学博士学位论文,2007年。
③ 黄国辉:《商周亲属称谓研究》,北京师范大学博士学位论文,2010年。
④ 高婧聪:《青铜器铭文与周代宗法制度新研》,北京师范大学博士学位论文,2011年;高婧聪:《宗法制度与周代国家结构研究》,北京:中国社会科学出版社,2020年。
⑤ 马卫东:《春秋时期贵族政治的历史变迁》,吉林大学博士学位论文,2007年。
⑥ 田成方:《东周时期楚国宗族研究》,武汉大学博士学位论文,2011年;田成方:《东周时期楚国宗族研究》,北京:科学出版社2016年。
⑦ 胡厚宣:《殷代婚姻家族宗法生育制度考》,《甲骨学商史论丛(初集)》,第136—137页。
⑧ 曾謇:《殷周之际的农业的发达与宗法社会的产生》,《食货》2卷2期,1935年;曾謇:《周金文中的宗法记录》,《食货》2卷3期,1935年;曾謇:《中国古代社会》(上)第五章《青铜器铭文中所见古代民族婚媾与家族组织之一斑》,上海:新生命书局,1935年,第87—124页。
⑨ 李学勤:《长子、中子和别子》,《故宫博物院院刊》2001年第6期,第1—3页;李学勤:《祼玉与商末亲族制度》,《史学月刊》2004年第9期,第21—22页。
⑩ 裘锡圭:《关于商代的宗族组织与贵族和平民两个阶级的初步研究》《从几件周代铜器铭文看宗法制度下的所有制》,《裘锡圭学术文集》第5卷,第121—152、202—209页。

究①;朱凤瀚对贵族家族内部大宗小宗作器制度及铭文书写差异的研究②;冯时对铜器铭文"亚"字形内涵的研究③;陈絜对应公鼎铭所见周代宗法以及冉簋所见西周家族组织形态的研究④;韩巍对单氏宗族内部结构、"宗人"诸器宗法关系的研究⑤;高婧聪对铜器铭文所见"庶子不祭"以及冉簋所见家族形态与德教的研究⑥;陈颖飞通过铜器铭文与清华简对西周毕氏、祭氏宗族结构的研究⑦;黄国辉对江陵"北子"铜器所见宗法关系的研究⑧;王晖对铜器铭文所见大宗"收族"现象以及宗族分化问题的研究⑨,以及陈伟、杨华等通过出土楚简对楚国贵族祷祠记录中人鬼系统及宗法制度的研究⑩等等⑪,商周宗法制的内涵在不断地被发掘和拓展。

虽然宗法制度的研究取得了很大的成果,但仍然存在不足。就两周宗法制度而言,这些不足主要表现在:

1. "宗法"之内涵与外延仍需深入讨论和明确,宗法制度整体的理论建构

---

① 林沄:《从武丁时代的几种"子卜辞"试论商代的家族形态》,《古文字研究》第1辑,北京:中华书局,1979年,第314—336页。
② 朱凤瀚:《卫簋与伯狱诸器》,《南开学报(哲学社会科学版)》2008年第6期,第1—7页;朱凤瀚:《金文所见西周贵族家族作器制度》,北京大学出土文献研究所编:《青铜器与金文》第一辑,上海:上海古籍出版社,2017年,第24—45页。
③ 冯时:《殷内史氏考》,陕西师范大学、宝鸡青铜器博物馆编:《黄盛璋先生八秩华诞纪念文集》,北京:中国教育文化出版社,2005年,第19—31页。
④ 陈絜:《应公鼎铭与周代宗法》,《南开学报哲学社会科学版》2008年第6期;田秋棉、陈絜:《冉簋铭文与西周家族组织形态及管理》,《安徽史学》2019年第1期。
⑤ 韩巍:《重论西周单氏家族世系》,朱凤瀚主编:《新出金文与西周历史》,上海:上海古籍出版社,2011年;韩巍:《新出"宗人"诸器所反映的西周宗法关系》,《岭南学报》2018年第2期,第129—145页。
⑥ 高婧聪、张利军:《周代"庶子不祭"新证》,《中国历史文物》2009年第3期;高婧聪:《西周宗族形态及德教——以冉器所见遣氏宗族为中心的考察》,《历史研究》2016年第6期。
⑦ 陈颖飞:《清华简祭公与西周祭氏》,《江汉考古》2012年第1期;陈颖飞:《清华简毕公高、毕桓与西周毕氏》,《中国国家博物馆馆刊》2012年第6期。
⑧ 黄国辉:《江陵"北子"器所见人物关系及宗法史实》,《历史研究》2011年第2期,第173—178页。
⑨ 王晖:《西周金文所见大宗"收族"现象研究》,《史学月刊》2016年第12期,第25—31页;王晖:《西周金文所见宗族分化问题研究》,《历史教学问题》2018年第6期,第3—8页。
⑩ 陈伟:《新出楚简研读》,武汉:武汉大学出版社,2010年,第103—132页;杨华:《楚礼庙制研究——兼论楚地的"淫祀"》,《古礼新研》,北京:商务印书馆,2012年,第226—262页。
⑪ 李凯:《季姬方尊铭文与西周宗族经济》,《华夏考古》2018年第2期,118—123页;赵庆淼:《试说周代金文人名称谓中的"长"、"旁"及其宗法内涵》,《古代文明》2018年第3期,第53—60页;罗新慧:《祖先形象与周人的祖先崇拜》,《南开学报(哲学社会科学版)》2015年第5期,第59—69页;罗新慧:《春秋时期祭祖范围研究》,《史学集刊》2020年第2期,第62—72页。

需加强和完善。审视以往学者的研究,可知对宗法制定义的不严谨乃至歧异,以及对宗法制度具体所含内容界定不够明确和全面,是引起论争的主要原因。两周宗法制度研究要想取得新突破,这方面的工作必不可少。

2. 多学科的协作与融汇仍有待加强。两周宗法制度的研究,是理论建构与实证研究密切结合的课题,需要历史学、考古学、古文字学、人类学、社会学等多学科的参与。但现实问题是,能较好吸收利用不同学科最新资料与研究成果的学者很少,专业隔阂仍然存在。那么,如何打破学科藩篱,让不同学科背景的学者可以有效沟通,加强合作,相互借鉴与学习,则是一个很有必要、也很迫切的问题。

3. 对两周宗法制度的演变历程以及层级性研究尚不够深入,有待细化和拓展。学界已经普遍意识到两周宗法制度有一个发展演变的过程,但对各个时间段宗法制度基本面貌、主要特点及异同,如殷周宗法制度的区别何在,西周、春秋宗法制度各有什么变化与特点,战国时代宗法制度转向的具体表现等等,认识不够清晰。同时,不同地域(如齐、鲁、秦、晋、楚)、不同贵族层级(如诸侯、卿大夫、士)宗法制度的特点和表现形式有无不同,宗法制度演变的内在动因又是什么等,也需要做更深入的研究。

4. 两周宗法制度的研究,经学与史学不可偏废,二者的区别与联系值得深入探讨。20世纪以前的宗法制度研究,多属经学范畴,此后则转向史学。但先秦文献,尤其是三《礼》中包含大量与宗法制度相关的内容,且自成系统,相关研究不宜忽视。目前亟须对礼书宗法的全部内容进行系统的分类整理工作,在明晰经学宗法的性质、背景、结构特征及发展线索的同时,基于出土材料和传世史料的实际情况,重新探讨商周宗法制度的真实面貌,阐释两周宗法制度的特点、运作机制,再比较经学宗法与史学宗法的区别与联系,将具有重大学术意义。

5. 须加深对考古材料宗法内涵的探索。宗法制度如不拘泥于礼书所载,则有相当丰富的内涵与表现形式。而考古发掘资料多是直接反映当时社会面貌与场景的一手材料,其中不少有深刻的宗法内涵,对两周宗法制度的研究有着无可替代的作用。以往对考古材料宗法内涵的探讨并不全面,多集中于出土文献的解读,如甲骨文、金文等。其他诸如墓地、居址、器用等材料的宗法内涵尚未得到充分的研究。同时,不同出土材料的性质、年代有别,对宗法研究的价值亦不同,以往研究未作细致区分。在明确年代、性质的基础上,对出土材料宗法内涵作全面而系统的分析整理工作,将使两周宗法制度的研究走向一个崭新的局面。

三、对相关概念的说明

从上面述评可以看出,宗法制度的涉及面非常广,内涵也较为复杂,宗法制度的许多问题目前学术界并未取得一致的意见。本书主要关注整个宗法制度发展史中最为重要的一段,即两周宗法制度的演变,以往学术界对此一阶段宗法制度给予了高度的重视,有相当多的成果。但亦因彼此在涉及宗法的一些基本概念问题上有不同的认知与表述,影响了更深层次的学术观点的交流。为避免讨论的枝蔓芜杂以及某些不必要的误解,在此有必要事先对与本书相关的一些概念作简要说明。

(一) 宗族与亲属集团

"宗族"是历史学和人类学、社会学等常用的概念[①],不同的学科和学者对宗族有不同的定义,有强调"家"对宗族的作用,认为族是家庭的扩延[②];或认为宗族是有宗法的、共识的、首领及隶属关系的血缘群体[③];或强调宗族的层级或姓氏的作用等,侧重不一。但均认为成员间有血缘关系,且以男性系统为原则,以家庭为基础,是一种社会组织[④]。"宗族"在我国先秦秦汉时期的典籍

---

① 有关"宗族"的具体定义学界有不同的侧重和表述,详情可参看芮逸夫编:《云五社会科学大辞典》第十册《人类学》,台北:商务印书馆,1971年,第111—112页;彭克宏主编:《社会科学大词典》,北京:中国国际广播出版社,1989年;陈国强、石奕龙主编:《简明文化人类学词典》,杭州:浙江人民出版社,1990年;罗国杰等:《中国伦理学百科全书·伦理学原理卷》,长春:吉林人民出版社,1993年;郑天挺等主编:《中国历史大辞典》下卷,上海:上海辞书出版社,2000年;冯尔康:《中国宗族史》,上海:上海人民出版社,第14—17页;钱杭:《宗族建构过程中的血缘与世系》,《历史研究》2009年第4期,第50—67页。
② 如许烺光认为:"所谓宗族,是一种沿男系或女系血统直接从家庭延长了的组织。"[美]许烺光著,薛刚译:《宗族·种姓·俱乐部》,北京:华夏出版社,1990年,第63页。
③ 如王玉波认为:"宗族不仅是比家族更大的血缘集团,而且,在宗族内部还存在亲属贵贱的等级关系和相应的行为准则,即宗法。"王玉波:《中国家庭的起源与演变》,石家庄:河北科学技术出版社,1992年,第52页。钱杭认为"宗族的存在条件不仅仅是血缘关系,还要包括隶属关系"。钱杭:《宗族与宗法的历史特征》,《史林》1991年第2期,第35页。
④ 冯尔康:《中国宗族史》,第14—16页。

中就已经常见,《左传》僖公二十四年曰:"召穆公思周德之不类,故纠合宗族于成周而作诗。"①《尔雅·释亲》云:"父之党为宗族。"②"父"指父系的亲属与祖先,"党"则是对某一社会团体或人群的称谓。因此,简单来说,"宗族"即指有明确父系祖先关系的亲属组织,这一概念大体与西方"lineage organization"或"patriarchal clan"相当。但这一定义仍然不够严格,从我国历史的实际情况来看,父系亲属组织内部的形态、结构与组织方式有多种,彼此差距还很大,不宜均称之为"宗族"。因此先秦时期之"宗族"概念还有进一步细化的必要。

"宗族"由"宗"和"族"两个概念复合而来,东汉班固《白虎通·宗族》曾对宗、族分别作解释:

> 宗者,何谓也?宗者,尊也。为先祖主者,宗人之所尊也。……古者所以必有宗,何也?所以长和睦也。大宗能率小宗,小宗能率群弟,通其有无,所以纪理族人者也。……族者,何也?族者,凑也,聚也。谓恩爱相流凑也。上凑高祖,下至玄孙,一家有吉,百家聚之,合而为亲,生相亲爱,死相哀痛,有会聚之道,故谓之族③。

由此可以看出宗、族均有较为复杂的内涵:"宗"既指供奉在祖庙中先祖的神位(先祖主),也包含尊卑的内涵(尊也);"族"不仅是指拥有同一父系血缘关系的人们结成的一种聚合体,还体现为同类亲属按照一套特殊的规则来"凑"和"聚",即根据一定的行为规范,把以家为单位分居的族人聚集成一个相互依赖、互相救助的生活共同体④。钱杭曾经辨析"宗""族"的概念,指出"族"先于"宗"而存在,由代表人群聚合规模之"族",到按父系世系原则整合家庭而成之"宗族",是一个涉及范围逐步缩小、内涵规则逐渐清晰的过程。不仅在"知其母而不知其父"的阶段不可能出现宗族,就是在虽"知其父"但父系世系观念尚未形成、尚未成为划分亲属关系准则的阶段,宗族也是不可能有的。宗族的前提是源于一宗的父系世系,根据父系世系原则认定的那部分亲属,就是宗亲,在宗亲基础上基于家庭又超越家庭的亲属群体或团体,就是宗族⑤。王贵民

---

① 《春秋左传正义》卷十五,《十三经注疏》,第 3945 页。
② 《尔雅注疏》卷四,《十三经注疏》,第 5641 页。
③ 《白虎通疏证》卷八,第 393—395 页。
④ 钱杭:《中国宗族制度新探》,第 35—38 页。
⑤ 钱杭:《"族"与"前宗族时代"——兼论"宗族"概念的二元结构》,《上海师范大学学报(哲学社会科学版)》2009 年第 9 期,第 119—124 页。

曾经指出,宗族是由血缘关系结成的社会单位,存在着父家长的支配权力,是族的发展形态。宗族明确分族立宗,即区分大宗与小宗,明确主次尊卑和血缘亲疏远近的关系,又有相应的维系各宗、族之间的习惯法规,便于族组织的团结①。因此,严格来说,商周时期的宗族是一种"特殊"的亲属集团,除了以明确的父系祖先为尊奉对象之外,还应该是有尊卑之别,有特定组织结构和原则,族人之间有着明确权力义务关系的生活共同体②。

朱凤瀚曾经将商周家族分为两个层次,结合宗族的内涵以及商周时期的实际情况,我们认为宗族也可以分为两个层次③:低层次宗族是指父系血缘关系比较近的亲属集团。此级宗族内部成员的亲属关系比较明确,日常联系紧密,有共同的祭祀祖先(不一定全同)和(部分)共同的财产,居住形态多聚居(也可以分离),有学者或称此类宗族为"家族"。高层次宗族是指由于父系血缘关系比较疏远或者地位差距比较大,导致亲属联系比较少的亲属集团,一般由若干低层次宗族与所从分出来的本家宗族组成。在这种集团内,宗族间日常的亲属联系不多,共同的祭祀对象极少,在居住形态上一定是分离的,没有具体意义上的共有财产。虽然如此,但高层次宗族之间仍然保持着某种共同的政治或宗教上的联系。与低层次宗族在贵族各阶层普遍存在不同的是,高层次的宗族关系一般只在高等级贵族阶层内存在。

值得注意的是,先秦时期还有一种亲属集团称"姓族"。"姓族"概念由杨希枚提出,指同出一祖的单系外婚亲族集团,一种包括若干宗族及各宗若干家族的大型家族④,这与本文"高层次宗族"的特点有类似处。但二者实则不同,

---

① 王贵民:《商周制度考信》,台北:明文书局,1989年,第13页。
② 冯尔康曾经总结宗族的要素:父系血缘系统的人员关系;以家庭为单位;聚族而居或相对稳定的居住区;有组织原则、组织机构和领导人,进行管理。前三点是宗族、家族形成的基本条件,或者说是前提,而后一点才使它得以成为社会组织。没有后一条,居于一地的父系血缘关系的各个家庭,只是族的关系,而不成为宗族、家族组织的成员,不构成社会群体。参冯尔康:《中国宗族史》,第17页。关于"宗族"更多的探讨,还可以参看钱杭《中国宗族史研究入门》《宗族的世系学研究》。
③ 朱凤瀚曾将"家族"和"宗族"区分开来,并对二者的内涵与特点作了细致的考察。不仅将家族分为高低两个层次,实际上对宗族也有作进一步区分的想法,如称宗族在组织结构上具有多级性,称规模较大的宗族为宗族中高层次者等。我们对宗族的分层是受到朱先生此想法的启发。详情可参看朱凤瀚:《商周家族形态研究(增订本)》,第7—12页。
④ 杨希枚:《论先秦姓族和氏族》,《先秦文化史论集》,北京:中国社会科学出版社,1995年,第205页。

朱凤瀚曾指出："在商周这一历史阶段,诸父系姓族实皆已分化为若干独立的、以宗族形态存在的分支。但姓族在商代的作用仍比较明显,仍有实体性质,可以认为是一种高层次的家族。姓族到周代后多只有名义上与观念上的作用,已非实体,不具有组织上共同的联系与政治、经济或宗教生活……姓族未必已能追溯到一个共同明确的祖先,亦未必都可以找到彼此间明确的谱系关系。"①准此,周代"高层次宗族"与"姓族"是两个性质不同的概念,姓族不属于本文所谓的"高层次宗族"。举例来说,如燕侯宗族与虢叔宗族均是姬姓,属于同一"姓族",但二者并不构成"高层次宗族"关系。再如齐侯宗族和许男宗族均是姜姓,二者也不构成"高层次宗族"关系。

(二) 宗子、大宗、小宗

"宗子"在文献中有两种内涵:一是指宗族长,如《礼记·曾子问》有"孔子曰:宗子虽七十,无无主妇。非宗子,虽无主妇,可也"②,《内则》云"嫡子、庶子祇事宗子宗妇"③,宗子均是族长之意。二是指同宗子弟,《诗·大雅·板》:"怀德维宁,宗子维城。"郑玄笺:"宗子,谓王之嫡子。"④清华简《祭公之顾命》简十三有"惟我后嗣,旁建宗子,丕惟周之厚屏"⑤。《系年》简十七作"周成王、周公既迁殷民于洛邑,乃追念夏商之亡由,旁设出宗子,以作周厚屏"⑥。后两处"宗子"亦均指王同宗子弟之意。本书所言之"宗子"取第一种意思,即宗族长。由于宗族在组织结构上具有多级性,由主体家族与若干分支家族组成,分支家族仍可以有更小的分支。因此在宗族内部,主体家族与分支家族之长均可称"宗子"。

文献还常见有"大宗""小宗",如《仪礼·丧服》有"持重于大宗者,降其小

---

① 朱凤瀚:《商周家族形态研究(增订本)》,第14—15页。
② 《礼记正义》卷十八,《十三经注疏》,第3010页。
③ 《礼记正义》卷二十七,《十三经注疏》,第3170页。
④ 《毛诗正义》卷十七,《十三经注疏》,第1185页。
⑤ 清华大学出土文献研究与保护中心编,李学勤主编:《清华大学藏战国竹简(壹)》,上海:中西书局,2010年,第174页。
⑥ 清华大学出土文献研究与保护中心编,李学勤主编:《清华大学藏战国竹简(贰)》,上海:中西书局,2011年,第144页。

宗也……大宗者，收族者也，不可以绝，故族人以支子后大宗也"①，《礼记·大传》云"别子为祖，继别为宗，继祢者为小宗"，郑玄注："别子之世嫡也，族人尊之，谓之大宗，是宗子也。父之嫡也，兄弟尊之，谓之小宗。"②大宗是对整个宗族之长的称谓，而小宗则是对分支家族首领的称谓。大宗、小宗均指个人而非亲属集团。大宗、小宗所在之直系亲属集团可以称大宗家族与小宗家族。

(三) 宗法、宗法精神与宗法制度

学者对宗法制度的定义和内涵也有不同的理解，如：

陶希圣认为宗法便是父系父权父治的氏族制度。这种氏族(clan)实为人类先国家时代的社会组织③。

李亚农认为宗法制本是氏族制社会末期的上层建筑，以家长奴役制的经济为基础④。

杨宽认为宗法制度是中国古代维护贵族统治的一种制度，由原始的父系家长制血缘组织经过变质和扩大而成。不仅制定了贵族的组织关系，还由此确立了政治的组织关系，确定了各级族长的统治权力和相互关系⑤。

钱宗范认为宗法制度是一种以父权和族权为特征的，包含有阶级对抗内容的宗族、家族制度。中国的原始宗法制度大概形成于原始社会向阶级社会的过渡阶段⑥。

张光直认为宗法制度在龙山时代就已经存在，并不是中国特有的制度，在世界上广泛分布，在非洲和大洋洲尤为常见，在社会人类学文献里一般称为"分枝的宗族制度(segmentary lineage system)"⑦。

王贵民认为宗法是基于自然成长的宗族组织，约定俗成地分别宗与族、大

---

① 《仪礼注疏》卷三十，《十三经注疏》，第2393页。
② 《礼记正义》卷三十四，《十三经注疏》，第3268页。
③ 陶希圣：《中国社会之史的分析》，沈阳：辽宁教育出版社，1998年，第112页。
④ 李亚农：《李亚农史论集》，上海人民出版社，1962年，第219页。
⑤ 杨宽：《试论西周春秋间的宗法制度和贵族组织》，《古史新探》，第169页。
⑥ 钱宗范：《周代宗法制度研究》，第1页。
⑦ 张光直：《中国古代王的兴起和城邦的形成》，《中国考古学论文集》，北京：生活·读书·新知三联书店，1999年，第388页。

宗与小宗,区分血缘等级尊卑、与始祖或宗主的血缘亲疏近远的一种习惯法规。宗法虽然是人为的,但溯其本源其实是自然的,是一定历史时代社会结构存在的产物。①

钱杭认为宗法制度是由宗法血缘地位决定的族长,利用血缘关系,对族人(及其家庭)进行经济、政治、伦理管辖的一种制度②,其内涵包括确立、行使、维护宗子权力的各种规定。③

李文治认为宗法制指以血缘关系为基础,以父系家长制为内核、以大宗小宗为准则,按尊卑长幼关系制定的封建伦理体制④。

于宝华认为宗法制度实质上是一种血缘认同制度,它规定了同一血亲共同体成员之间的亲疏关系、嫡庶关系、等级关系、相对地位和世袭权力⑤。

按陶、李、杨、钱、张、王等均认为宗法或宗法制度的产生时间比较早,从原始氏族社会发展而来,与父家长制及政治密切关系。而钱杭、李文治、于宝华等则强调了宗子在宗法制度中的地位及权力问题。按宗法之"宗"指的是宗族,此宗族是商周时期从同姓集团分化出的实体性血缘亲属集团,与原始社会之氏族并不是一回事,宗族和宗法制度并非原始氏族的自然演化。不少学者已指出把宗法制等同于父家长制,反过来又将西方学者关于父家长制的论述作为研究宗法制度的理论依据会造成一定的混乱⑥。宗法制度应是父家长制度发展到一定程度和阶段的产物,二者既有联系,也有区别。陈恩林曾指出,宗法制度与氏族制度有着明显的差别:氏族制度是自然形成的血族团体,原始的共耕制是它形成的经济基础,血缘关系则是它形成的唯一社会纽带。宗法制度则不然。宗法制度既不是单纯经济运动的产物,也不是自发的"血族团体"。在宗法制度中,血缘关系虽然仍起着联结作用,但它的社会本质已经是严格的等级制度⑦。同时,宗族内部包括宗子和族人两大人群,除宗子外,族

---

① 王贵民:《商周制度考信》,第30页。
② 钱杭:《宗法制度史研究中的几个基本问题》,《史林》1987年第2期,第42页。
③ 钱杭:《周代宗法制度史研究》,第1页。
④ 李文治:《中国封建社会土地关系与宗法宗族制》,《历史研究》1989年第5期,第85页。
⑤ 于宝华:《周代宗法制度研究》,《大同高专学报》1997年第2期,第71页。
⑥ 施治生、徐建新:《古代国家的等级制度》,北京:中国社会科学出版社,2003年,第2页。
⑦ 陈恩林:《关于周代宗法制度中君统与宗统的关系问题》,《社会科学战线》1989年第2期,第176页。

人的权力、义务和行为规范等也应是宗法制度的重要内容，值得重视。因此，以上对宗法制度的定义和内涵的解读似可做进一步的探讨。并且，还存在一个很重要的问题，以往学者并未对宗法和宗法制度的区别予以过多的留意，这一点其实也有再探讨的必要。

按春秋时代有"礼"与"仪"的区别，如《左传》昭公五年：

> 公如晋，自郊劳至于赠贿，无失礼。晋侯谓女叔齐曰："鲁侯不亦善于礼乎？"对曰："鲁侯焉知礼？"公曰："何为？自郊劳至于赠贿，礼无违者，何故不知？"对曰："是仪也，不可谓礼。礼所以守其国，行其政令，无失其民者也……礼之本末，将于此乎在，而屑屑焉习仪以亟。言善于礼，不亦远乎？"①

类似表述还见于昭公二十五年：

> 子大叔见赵简子，简子问揖让周旋之礼焉。对曰："是仪也，非礼也。"简子曰："敢问何谓礼？"对曰："吉也闻诸先大夫子产曰：夫礼，天之经也。地之义也，民之行也……"简子曰："甚哉，礼之大也！"对曰："礼，上下之纪，天地之经纬也，民之所以生也，是以先王尚之。故人之能自曲直以赴礼者，谓之成人。大，不亦宜乎？"②

由引文可知"礼"与"仪"是两个不同层次的概念，"礼"侧重于根本性的理念或道理，"仪"则主要指具体的行为规范。"宗法"和"宗法制度"的关系也当如此理解。"宗法"之"宗"为宗族之意，"法"属于一种社会规范，有"礼"的内涵，与现代意义上从西方引进之"法"（laws）不同。而所谓"制度"，是指已建立的，公认具有强制性的一整套行为规范，包括各种具体活动、规章及某一类具体的行为模式等，相当于"仪"。所谓"宗法"，是指以血缘关系为基础，标榜尊崇祖先，维系亲情，而在宗族内部区分尊卑长幼，并规定继承秩序以及不同地位的宗族成员享有不同的权力和义务的理念③，即"宗法思想（精神）"④。所谓"宗法制度"，则是指以实体宗族为基础，以宗法思想为指导，以

---

① 《春秋左传正义》卷四十三，《十三经注疏》，第4433页。
② 《春秋左传正义》卷五十一，《十三经注疏》，第4576页。
③ 冯禹主编：《中华传统文化大观》，北京：中国大百科全书出版社，1996年，第706—708页。
④ 冯尔康认为宗法思想系反映宗亲关系的理念，是在祖先崇拜的旗帜下讲求族人团结和互助，是族人间的血缘等级关系和从属性的理论升华。冯尔康：《秦汉以降古代中国"变异型宗法社会"试说——以两汉、两宋宗族建设为例》，《天津社会科学》2008年第1期，第132页。

维护宗族团结、存续宗族为主要目的,以宗子、族人相互的权力义务关系为基本内容的一系列行为规范的总和。宗法的内涵,或者说宗法精神可能是一贯的,有可能长时间存在,但宗法的具体制度却有可能随着时代和社会形势的转变而演变①。本书主要探讨的,是宗法制度的面貌与演变历程,而非宗法与宗法精神。

(四) 宗法的主要内容

综观以往学者有关宗法制度的研究成果与论争(详参"两周宗法制度研究述评"),我们发现对宗法的内涵,即宗法具体包含哪些内容,以及这些内容之间的区别和联系是什么,缺乏较为明晰而全面的认识,这是产生论争的重要原因。学者以前所论,多是围绕传世文献所言"别子为祖,继别为宗""支子不祭,祭必告于宗子"等相关条目,系统的分类和归纳则有所欠缺,这也致使有关宗法的内在结构、殷周宗法制度的异同以及演变历程等问题一直以来多有含混和可商榷之处。因此,要把握两周宗法制度演变的脉络,就必须首先明确"宗法"的内涵与界限(范围)。

宗法制度以实体宗族为基础,从文献及古代中国宗族的实际情况来看,宗庙、宗子和族人是构成宗族必不可少的三大要素②:宗庙为祭祀祖先的场所,是祖先及血脉传承的象征,是维系宗族成员共同身份与信仰(情感)的基础;宗子是宗族之长,对上沟通祖先,对下统率族人,对外代表宗族,于宗族的发展与存灭有重要影响;族人是宗族存在的现实基础,没有族人,宗庙和宗子便无存在意义。因此,从宗族三要素的角度来看,宗法相应地也可以分为宗庙、宗子

---

① 将"宗法"与"宗法制度"区别开来,学者已有类似的做法。如李文治、江太新曾区分"宗法制"与"宗族制",认为宗族制与宗法制是两个不同的概念。"宗法制"指以血缘关系为基础的封建伦理体制。自宗子之废,以孝悌及尊祖敬宗为核心的尊卑长幼伦理体制始终在持续,它贯串于整个封建社会历史时期。宗族制则指宗法制的具体运用和体现形式,它同宗法制并不密切吻合,但又紧密联系在一起。宗法是体,宗族制为用(李文治:《中国封建社会土地关系与宗法宗族制》《历史研究》1989年第5期;李文治、江太新:《中国宗法宗族制和族田义庄》,北京:社会科学文献出版社,2000年,第1页)。按其对"宗法制"与"宗族制"的定义虽然与我们不同,但对二者关系的表述基本对应我们所言之"宗法"与"宗法制度",可以参看。
② 徐扬杰在研究宋以来的家族制度时曾强调祠堂、族谱与族田三个要素在凝聚家族组织方面的作用(《宋明以来的封建家族制度述论》,《中国社会科学》1980年第4期)。不过此"三要素"并不适用于先秦时期的宗族。

和族人之法三部分,每一部分各有内容与特点,下面作简要说明。

1. 宗庙之法

指以祖先祭祀为核心的一系列行为规范。因祭祖主要在宗庙内进行,故可称作宗庙之法。祖先祭祀在中国古代社会占有重要地位,文化不同、层级不同,祭祖活动的表现形式与规则也有所不同,故而宗庙之法所呈现出来的面貌是复杂多样的。就宗庙之法的内容而言,主要包括祭祀对象的选择以及祭祀方式的选择两大部分。

宗族祖先众多,身份和地位有高有低,与施祭者的关系有远有近,宗庙祭祀不可能面面俱到。因此,祭祀活动中选定哪些祖先作为受祭者、如何称谓和排列受祭者,以及在什么时间祭祀等便需要一定的规则与规范。传世典籍与出土文献对此多有记载,如殷墟甲骨文所见商代的周祭,以直系先王与其配偶为祭祀对象,此外尚有合祭与特祭、顺祀与逆祀,周代的庙制、昭穆与迁祧(迁庙与毁庙)以及"日祭、月祀、时享"①等,均属于这方面的内容。

在确定所祭祖先之后,选择何种祭祀方式,即祭祀的名目以及祭仪(品)的隆杀等,为避免轻重失序,也需要有一定的规则与规范。先秦时期祭祀名目众多,如甲骨文周祭的五种祭祀,即翌、祭、壹、劦、彡,殷周金文所见禘、祫、御、报、禴、尝、蒸,以及楚简所见举祷、就祷、祝祷、荐祷等,不同祭名有不同的内涵与仪式,所适用的祭祀对象也有所不同。而不同名目、不同层级祭祀所用祭品的隆杀更是与当时礼制密切相关,均是宗法的重要表现形式。

2. 宗子之法

指围绕宗子而展开的一系列规则与规范,主要包括宗子身份的获得方式以及宗子的权力与责任等内容。由于宗子在宗族中的重要地位,一直以来学者均对宗子之法予以特别关注②。

宗子身份获得的方式,即继承制度,是宗子之法的重要内容。宗子选立的

---

① 《国语·楚语上》:"古者先王日祭、月享、时类、岁祀。"韦昭注云:"日祭于祖考,月祀于曾高,时享于二祧。"(春秋)(旧题)左丘明撰,徐元诰集解,王树民、沈长云点校:《国语集解》,北京:中华书局,2002年,第7页。
② 甚至在一定条件下学者将宗子之法与宗法等同,如钱杭曾认为宗法即宗族内部的宗子法,其中包括确立宗子权、维护宗子权、行使宗子权的各种细密的规定。钱杭:《周代宗法制度在我国历史上的演变》,《河北学刊》1987年第4期。

恰当与否，直接关系到宗族的团结与稳定。贵族宗族的成员有不少，但不是每个都有获得宗子之位的权利与可能。宗子选择的规范与制度，是宗族稳定和发展的重要保障。先秦时期君位选择的标准有多种，如长幼、嫡庶、贤否等，在不同时代、不同形势或不同文化中继承制度有不同的面貌，如"父死子继，兄死弟及，天下通义也"①、"立嫡以长不以贤，立子以贵不以长"②、"无嫡则择立长，年钧以德，德钧以卜"③、"楚国之举，恒在少者"④、"一继一及，鲁之常也"⑤等，宗子选择大体与君位选择类似。而在实际情况中每种标准又可能会产生不同的变体，很多时候宗子的选择更是多种标准的复合作用⑥。因此，继承制度的面貌是复杂多样的，我们需注意把握其实质以及不同时期的特点。

宗子是宗族之长，有关宗子权力与责任的内容与规范无疑也是宗子之法的重要内容。宗子在宗族内部拥有至高的地位，在宗族祭祀、宗臣任用、财产分配、统率族人（进行军事行动、劳作等）、裁决宗族事务等方面均有最高的权力。同时，宗子也必须承担维护宗族利益、收恤族人、处理和协调宗族成员关系的责任，保证宗族不至于解体或灭亡。

3. 族人之法

指围绕宗族成员而展开，以处理宗族内部权利与义务的分配、大宗与小宗、宗子与族人相互关系为核心的规则与规范。

在宗族内部，宗子居于主导地位，但其他宗族成员也能享有部分权利。这些宗族成员地位有高有低，所能得到的宗族权利便有等级差异，并非普适和均等。如何分配宗族权利，需要一定的规则与规范，并以某种特定的形式表现出来，如周代伯仲叔季的排行、冠以国名或氏名的"子"的称谓，或者以国为氏的宗族名号等。这些均与宗族权利的分配有着密切关系，是族人之法的重要内容。

---

① 《史记》卷三十八《宋微子世家》，北京：中华书局，1982年，第1622页。
② 《春秋公羊传注疏》卷一，《十三经注疏》，第4768页。
③ 《左传》昭公二十六年，《春秋左传正义》卷五十二，《十三经注疏》，第4592页。
④ 《左传》文公元年，《春秋左传正义》卷十八，《十三经注疏》，第3988页。
⑤ 《史记》卷三十三《鲁周公世家》，第1532页。
⑥ 如父死子继可分为长子继承、幼子继承、贤子继承、他子继承（兄之子继承或弟之子继承等）等不同方式，兄终弟及也有同母兄弟继承与异母兄弟继承的不同。长子继承可与嫡庶复合形成嫡长子继承制度，父死子继与兄终弟及复合为"一继一及"的继承制度等。

宗族成员众多,如何保持团结而不至于分裂背离,也需要一系列的措施与规范,如宗族内部身份和等级制度的构建、职事的分配以及敦睦宗族情谊的方式与方法等,均属于宗族之法的内容。

宗族成员有资格获得属于自己的那部分宗族权利,同时,也必须承担相应的职责和义务。就权利而言,族人有参与宗族事务的权利,如参与祭祀、战争等,也可以在宗族荫蔽之下任官、获得部分财产。至于义务和行为规范,在东周礼书中有所记载,如"支子不祭,祭必告于宗子""庶子祇事宗子宗妇,虽贵富,不敢以贵富入宗子之家;虽众车徒,舍于外,以寡约入。子弟犹归器,衣服、裘衾、车马,则必献其上,而后敢服用其次也……"等等。

随着宗族的发展和壮大,宗族势必要分化出小宗家族,有些宗族成员会从原有宗族中分出来另立新宗,"别子为祖、继别为宗,继祢者为小宗"。那么,分宗的条件是什么?小宗立宗的形态有哪几种?不同形态的小宗与大宗关系有什么特点等等,无疑也都是宗族之法的重要内容。

综上,宗法的三方面内容及其相关的制度性规定如下表所示:

宗法	宗庙之法	祭祀对象的选择与规范
		祭礼与祭仪的施用
	宗子之法	宗子身份的获得方式(继承制)
		宗子权力与责任的规范
	族人之法	名号制度的意义以及与宗族权利分配的关系
		宗族成员的权利、义务与行为规范
		小宗分宗条件、形态以及与大宗的关系

宗法这三个部分缺一不可,是既有区别,又相互联系、共同作用的整体。任何一方面发生变化,必然会导致其他两方面也相应出现新的情况,宗法制度也因此不断演变,在不同时代呈现出不同的面貌与特点。同时,宗法这三部分的地位与作用并非在任何时候都是均等的。从商周时期的实际情况来看,三者的演变轨迹各有特点,在不同的时代,面对不同的情况,人们行用宗法制度的侧重也会有所不同,下文将有论及,此不赘述。

(五) 宗法的层级

宗法既以实体宗族为基础，依据宗族的层级，宗法相应地也可以分为狭义和广义两个层次。狭义的宗法制度可称作严格的宗法制度，与低层次宗族相适应，是指调节联系紧密的宗族成员之间关系的一系列行为规范。在此种宗法关系中，宗子、族人之间的血缘亲属关系比较密切。宗法的制约性比较强，宗法制度的相应规范与要求比较严格。狭义（严格）的宗法制度以"别子为祖，继别为宗，继祢者为小宗""尊事宗子宗妇"等为主要内容。

广义的宗法制度一般与高层次宗族相适应，是指用以调节低层次宗族与所从分出来的本家宗族间关系的规则与规范。在这种宗法关系中，分支宗族与本支宗族的关系比较复杂，亲缘关系不是特别密切或并非主要特点。宗法虽仍然存在，但制约性有限，宗法的运作模式和表现形式与狭义宗法关系可能会有所不同。这种不同，也正是本书想要探讨的主要内容之一。

鉴于本书所谓的"宗族"和"宗法"均有多个层级，还有几个问题值得注意：

第一，传统丧服制度所涵盖的宗族即本书所谓的低层次宗族，与之对应的礼书宗法即狭义的宗法。有学者认为周代宗法的行用范围即五世而止，超出五世就不存在宗法关系[①]，这与我们的观点不同。本书认为在此之外还有高层次的宗族和广义的宗法。

第二，宗法的层级是与宗族的层级相对应的。既不可以狭义的宗法去衡量高层次的宗族关系，也不可拿低层次的宗族情况来评价广义的宗法。前者的结果是高层次宗族不存在宗法，后者的结果是认为宗法的内涵系连太广而显得空洞。错位的研究可能会导致所得结论与事实不符，这是我们要尽量避免的。

同时需要注意的是，宗法制度与宗族制度并不是一回事，二者不可等同。历代政府关于宗族的政策、法令和宗族内部形成的规范，均可称作宗族制度[②]。宗法制度只是宗族制度的一部分。

[①] 杨英杰：《周代宗法制度辨说》，《辽宁师院学报》1982年第6期，第56—62页。
[②] 冯尔康：《中国宗族史》，第17页。另上文所引李文治、江太新也早已明确指出宗族制与宗法制不是一回事。不过李、江认为二者的不同在于宗族制为宗法制的具体运用和体现形式，它同宗法制并不密切吻合，但又紧密联系在一起。宗法是体，宗族制为用（李文治、江太新：《中国宗法宗族制和族田义庄》，第1页），与冯尔康所说的不同有出入。

四、研究主旨与结构

本书拟在前人研究的基础上,对周代宗法制度的内容及演变轨迹作进一步的梳理和探讨。具体说来,即主要利用传世文献和出土材料,结合历史学、社会学、人类学的基本研究方法对周代各个时期不同(贵族)层级的宗法制度作尽可能细致的考察,理清宗法制度的基本内涵和主要内容,归纳每一时期的主要特点,探讨宗法制度演变的表现与内在原因,以及与政治的相互关系,进而对周代宗法制度的演变历程及规律有较为明晰的认识。

本书主要内容可分为如下几个部分:

第一章"尊神与近人——论殷周宗法侧重的转变",主要探讨从殷代到西周早期宗法侧重差异的表现以及转变的原因。

第二章"嫡庶与长幼——西周宗子继承制度考论",通过对西周铜器铭文的内容以及男性贵族宗法性称谓内涵的分析,探讨宗子继承制的具体内容及其原则。

第三章"尊卑有序——论西周贵族宗族内部的关系与结构",探讨西周时期卿大夫宗族内部宗子、族人各自权利与义务的主要内容、表现形式以及相互关系,并在此基础上对宗族内部的结构作分析。

第四章"天下国家——天子、诸侯宗法考论",主要是分析天子、诸侯阶层亲属组织、宗法及宗法制度的表现形式与特点,并对西周早期高等级贵族分宗模式进行探讨。

第五章"唯变所适——春秋宗法制度的新情况",集中探讨宗子继承制、宗法性称谓的使用、天子诸侯亲属组织的结构以及宗族内部关系等在春秋时代出现的新情况与新特点。

第六章"大厦倾颓——论战国时代传统宗法制的崩解与余绪",主要从贵族亲属组织结构、祖先祭祀、宗法伦理的转变等方面探讨西周以来传统宗法制度在战国时代崩解的表现以及残留的影响。

最后是结语,对本书主要观点进行归纳,并对一些具体问题的新认识进行总结。

第一章　尊神与近人——论殷周宗法侧重的转变

　　宗法制度是先秦时期最重要的社会制度之一，内涵复杂，影响深远。探讨两周时期宗法制度的演变情况及特点，首先应该了解其与殷代宗法制度异同之所在。有关殷周宗法制度的区别，历来受到学者的重视，自两汉时期便已有人论及①。但由于传世文献中商、西周时期史料极为稀少，因此在相当长的一段时间内，古人所论殷周差异实难以得到确证。近代以来，得益于甲骨金文等新材料的不断出现以及研究视野、理念及方法的拓宽，这一问题的研究取得了长足的进展，王国维的《殷周制度论》是此方面的典范。王国维认为殷周宗法制度的根本差别在于有无，宗法制度是从周代开始的，因嫡庶、传子之制而有宗法②。这一说法影响深远，信从者颇多③。但不少学者指出殷代已经有宗法及宗法制度④，不过对于殷周宗法之差异，则并未予以过多的讨论。因此关于

---

① 如西汉袁盎曾比较殷周文化特质及继承制的区别："殷道亲亲者，立弟。周道尊尊者，立子。殷道质，质者法天，亲其所亲，故立弟。周道文，文者法地，尊者敬也，敬其本始，故立长子。周道，太子死，立嫡孙。殷道，太子死，立其弟。"(《史记》卷五十八《梁孝王世家》，第2091页)再如《礼记·王制》有"天子七庙，三昭三穆与大祖之庙而七"，郑玄注："此周制……殷则六庙。"(《礼记正义》卷12，《十三经注疏》，第2890页)
② 王国维：《殷周制度论》，《观堂集林》，第451—480页。
③ 陶希圣：《婚姻与家族》，第18页；金景芳：《论宗法制度》，《东北人民大学人文科学学报》1956年第2期，第203—222页；赵光贤：《周代社会辨析》；程有为：《西周宗法制度的几个问题》，《河南师大学报(社会科学版)》1981年第1期，第41—47页；管东贵：《周人"血缘组织"和"政治组织"间的互动与互变》，《从宗法封建制到皇帝郡县制的演变：以血缘解纽为脉络》，第28—29页。持类似观点的学者还有很多，此处就不一一列举了。
④ 胡厚宣：《殷代婚姻家族宗法生育制度考》，《甲骨学商史论丛(初集)》，第136—137页；裘锡圭：《关于商代的宗族组织与贵族和平民两个阶级的初步研究》，《裘锡圭学术文集》第5卷，第121—152页；杨升南：《从殷墟卜辞中的"示"、"宗"说到商代的宗法制度》，第3—16页；朱凤瀚：《商周家族形态研究(增订版)》，第178—183页；钱宗范：《周代宗法制度新论(上)》，第1页；钱杭：《周代宗法制度史研究》，第31页；王晖：《商周文化比较研究》，第309页。

殷周宗法制度的比较研究仍有再探讨的必要。殷代是否确实已有宗法及宗法制度？殷周宗法制度有无差异？如果有，差异在哪里？差异形成的原因是什么？等等，均是值得探讨的问题。

本章拟从甲骨文和金文的宗法内涵入手，对上述问题做解答。本章主要分为如下几个部分：第一节主要探讨殷代宗法制度的有无问题，通过殷墟甲骨文与商金文归纳殷代宗法制度的主要内容与基本特点；第二节则是从宗法制度的角度出发，对商和西周早期铜器铭文的格式与内容进行分类，指出殷式铭文系统与周式铭文系统的总体差异以及这种差异与宗法制度的联系；第三节主要是对比商金文，探讨西周早期铜器铭文所见新内容的内涵；第四节辨析"周人不用日名说"，探讨周人与日名的关系；第五节则是从整体特征层面探讨殷周宗法侧重的差异，以及这种差异产生的原因。最后是小结，归纳本章之主要观点。下面试作说明。

第一节　殷代宗法的基本面貌与主要特点

关于殷代有无宗法，学界曾有过热烈的讨论，至今仍未能取得完全一致的意见（详参绪论"两周宗法制度研究述评"）。依据殷墟甲骨刻辞与商金文资料，同时参考学界多数学者的意见和论证，我们认为殷代时商人已有宗法与宗法制度。下面对表现于制度层面的殷代宗法之基本面貌与主要特点作简要说明。

一、殷代宗法制度的基本面貌

这里仍依照绪论所言对宗法内涵的分析，从宗庙、宗子和族人之法三个方面对殷代宗法之表现及宗法制度作一归纳。

（一）宗庙之法

殷时商人的祖先祭祀繁复而隆重，在当时的社会生活中占有重要地位。

王国维曾言"殷人祭其先无定制"①。但殷墟甲骨刻辞表明，无论是有关祭祀对象的选择、称谓，还是相关祭礼与祭仪的施用，殷代均有较为明晰的规范与层次，显示出宗庙之法的成熟与完备。

以商王为例，商王祭祀对象众多，包括先公、先王、先王配偶、部分未即位的父辈、兄辈等，既有单独祭祀某位祖先的独祭②，也有同时祭祀多位祖先的合祭或选祭，祭祀日期明确（日名即祭祀日期），祭祀顺序多以"顺祀（依据先王世系先后祭祀）"为主，也偶有"逆祀"③，但不会出现前后失序、杂乱无章的情况；在涉及多位祖先的祭祀时，选择所祭祖先往往有一定的标准和依据，或以某一时段为限④，或以某一类身份为限⑤等；祖先称谓名号的区别也极为明显，如大示、小示、上示、下示等表示不同的身份和地位。同时，在周祭系统中，直系先王之配偶可以入祀，旁系先王的配偶却不能等，均显示出商王在祖先祭祀上有相当成熟的体系与制度。

不仅如此，针对不同身份和地位的祖先，商王祭祀所用祭礼与祭仪的隆杀也存在明显的规律性。甲骨文所见商王对直系先王的祭祀要比对旁系先王频繁、隆重，就祭祀所用牺牲的种类和数量而言，如果使用不同的牺牲，直系先王一般用牛，旁系先王一般用羊；如果使用相同的牺牲，则不同地位的祖先用牲数量有所不同，如：

---

① 王国维：《殷周制度论》，第 468 页。
② 王国维名之为"特祭"，常玉芝称为"单祭"，宋镇豪称为"独祭"。参王国维：《殷礼征文》，《王国维遗书》第九册，上海：上海古籍书店，1983 年，第 3 页；王宇信、杨升南：《甲骨学一百年》，北京：社会科学文献出版社，1999 年，第 601 页；宋镇豪：《中国风俗通史·夏商卷》，上海：上海文艺出版社，2001 年，第 674 页。
③ 所谓"逆祀"，指依据先王世系由近到远进行祭祀，如甲骨文："己丑卜，大贞：于五示告：丁、祖乙、祖丁、羌甲、祖辛。"（H22911，出组）"五示"分别指武丁、小乙、祖丁、沃甲、祖辛。详参裘锡圭：《甲骨卜辞中所见的逆祀》，《裘锡圭学术文集》第 1 卷，第 270—273 页。
④ 如"其又于大乙至于大甲"（H32437，历二），祭祀对象从大乙至大甲，其中还包括大丁、外丙。
⑤ 如"□未卜：秦自上甲、大乙、大丁、大甲、大庚、大戊、中丁、祖乙、祖辛、祖丁十示，率□"（H32385＋H35277＝B10436，师组），"上甲、大乙…祖丁十示"均属于直系先王，参陈梦家：《殷虚卜辞综述》，北京：中华书局，2013 年，第 374 页。又如"甲午贞：大禦自上甲六大示，寮六小宰，卯九牛"（屯南 01138，历二），"上甲六大示"指的是上甲、大乙、大丁、大甲、大庚、大戊六示，参朱凤瀚：《论殷墟卜辞中的"大示"及相关问题》，《古文字研究》第 16 辑，北京：中华书局，1989 年，第 41 页。

第一章 尊神与近人——论殷周宗法侧重的转变　35

| a. H14835 | b. H34117 | c. 屯南 01115（局部） | d. H32384 |

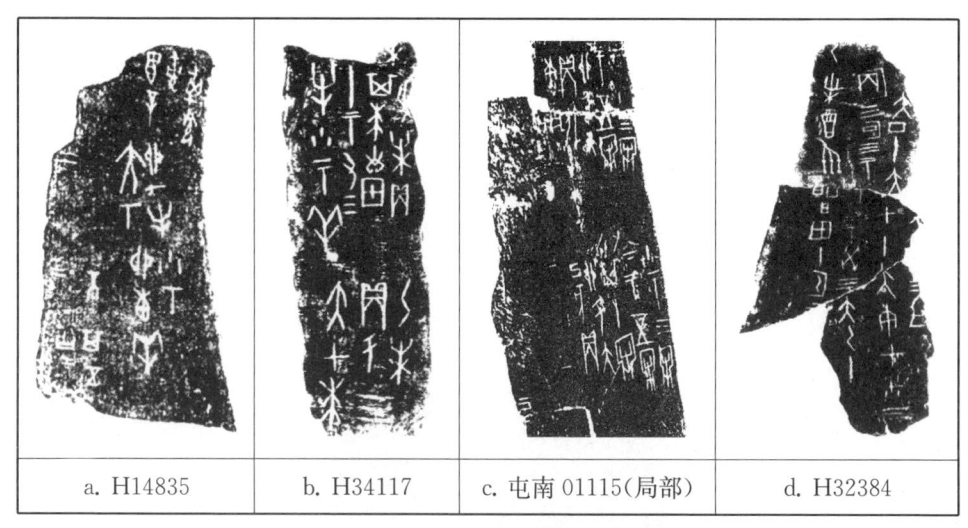

图 1.1　甲骨文所见祖先祭祀礼仪的隆杀

　　大示卯一牛,小示卯唯羊。　　　　　　　　　　　　（H14835①,典宾,图 1.1a）

　　乙未贞：其桒自上甲十示又三牛,小示羊。　　　　　（H34117,历二,图 1.1b）

　　己亥贞：卯于大[示]其十牢,下示五牢,小示三牢。

　　庚子贞：伐卯于大示五牢,下示三牢。　　　　　　　（屯南 01115②,历二,图 1.1c）

"大示"与"小示"、"自上甲十示"与"小示"、"大示"与"下示"祭品的区别明显。就算同为直系先王,以"大"冠于日名前的祖先所享用的祭品也比其他祖先为高,如：

　　乙未酚,蒸品,上甲十、匚乙三、匚丙三、匚丁三、示壬三、示癸三、大乙十、大丁十、大甲十、大庚七③[十]、小甲三、大……、戋*[甲]三、且（祖）乙……

　　　　　　　　　　　　　　　　　　　　　　　　　（H32384,历二,图 1.1d）

　　上甲、大乙、大丁、大甲等"大示"祭品数均为十,而匚乙、匚丙、匚丁、示壬、示癸等祖先祭品数为三。陈梦家早已指出,"这种祭祀上的差等,正是宗法的

---

① 郭沫若主编,胡厚宣总编辑,中国社会科学院历史研究所：《甲骨文合集》,北京：中华书局,1978—1982 年,第 14835 号。以下引用《甲骨文合集》,均简称作"H"。
② 中国社会科学院考古研究所编：《小屯南地甲骨》,北京：中华书局,1980 年,第 01115 号。以下引用该书,均简称作"屯南"。
③ 从卜辞辞例来看,以"大"冠于日名前祖先的祭品数多为十,因此,此处"七"也有可能是"十"的误刻。刘源：《商周祭祖礼研究》,北京：商务印书馆,2004 年,第 261 页。

具体表现"①。

商王而外,其他贵族的祖先祭祀也有规律可循。殷墟甲骨有所谓"子卜辞"者,占卜主体是与商王有密切关系的各同姓贵族宗族宗子。这些贵族各有宗庙,祭祀多代(位)祖先,他们对不同祖先祭祀的重视程度也有不同,如甲种子卜辞(又称"妇女卜辞"、"非王无名组卜辞"等)所见祭祀对象有匕庚(H22214)、匕己(H22211)、匕丁(H22226)、匕戊(H22209)、匕辛(H22246)、父丁(H22197)、父辛(H22195)、母庚(H22240)等,其中尤以对匕庚的祭祀最为隆重和频繁。如:

图 1.2 《合补》06916

---

① 陈梦家:《殷虚卜辞综述》,第 631 页。

甲戌卜：又匕庚牝。
癸卯贞：用𠬝宰匕庚。 一
乙巳贞：酉（酹）𠬝匕庚。
丁巳卜：𠬝宰匕庚。
……匕庚
羌燓用匕庚。
……宰匕庚。 （《合补》06916，图1.2）

甲骨刻辞显示在这数十天内"子"接连对匕庚进行祭祀，却不见对其他祖先如此[①]。这种祭祀上的差别，正说明当时贵族宗族内部宗庙之法已有一定之规[②]。

当时贵族对所祭同辈祖先还会采用区别字。仍以甲组子卜辞为例，"子"所祭母辈亲属有中(仲)母（H22244）、又(右)母（H22259）、小母（H22238）等，这种区别字在商王世系中也经常使用。蒋玉斌认为"这反映了该家族不仅祭祀多位母辈人物，而且对各位先母有一定的排列方法，秩序井然，说明受祭对象与占卜主体'子'的亲疏远近关系，是商代宗法制度发达的表现"[③]，这无疑是可信的意见。具体而言，这是宗庙之法规制谨严的表现。

在各自宗族内部而外，不少学者还指出，根据与时王血缘关系亲疏的不同，子卜辞诸"子"在祭祀王室先人上具有不同的权力和资格，其所能以祭祀的王室先祖、父、兄、妣、母各有一定的范围[④]，如花东子卜辞所见"子"可祭先公上甲（花东487）及先王大乙（花东290）、大甲（花东169）、小甲（花东085）等，这在其他子卜辞中不见。这种资格与范围，是一种祭祀等差，也是宗庙之法的

[①] 这种差异现象产生的原因，黄天树认为"这些所祭对象中，妣庚是最多见，最显赫的一位先妣，可能反映该家族出自妣庚"。黄天树：《妇女卜辞》，《黄天树古文字论集》，学苑出版社，2006年，第119—120页。

[②] 类似现象在非王卜辞中还有不少，如1971年小屯西地出土21枚卜骨，其中有刻辞的有10片，性质属于非王卜辞，年代大体在康丁前后。朱凤瀚分析卜辞所见祖先受祭的频率以及用牲的差异，发现诸祖中只有祖丁两见，其余如祖乙、祖戊、祖庚、祖癸等皆一见，且祖丁受牛祭，其余诸祖皆以豕；诸父辈祭祀中父乙出现此处最多，父乙、父庚连祭之时，父乙用豕，父庚用犬；母辈则仅出现母壬，指出受祭者中祖丁、父乙、母壬等可能比较重要。(朱凤瀚：《商周家族形态研究(增订本)》，第147—148页)这种祭祀频率及用牲的差异，亦是宗庙之法的重要体现。

[③] 蒋玉斌：《殷墟子卜辞的整理与研究》，吉林大学博士学位论文，2006年，第47页。

[④] 林沄：《从武丁时代的几种"子卜辞"试论商代的家族形态》，《林沄学术文集》，北京：中国大百科全书出版社，1998年，第46—59页；朱凤瀚：《商周家族形态研究(增订本)》，第43—50、179页。

重要内容。

(二) 宗子之法

殷代关于宗子的选择以及宗子的权力与责任规范方面业已形成制度，宗子之法逐渐完善。

宗子的选择即宗子继承。史载商王继位情况比较复杂，王国维认为商王位继承"以弟及为主而子继为辅，无弟然后传子……未尝有嫡庶之别也"[①]，进而认为商代无宗法。但后来的研究表明王氏所言并不确。商代早中期确实有过多次兄弟代立的现象，但到商代晚期祖甲以后，康丁、武乙、文丁、帝乙、帝辛均是父死子继[②]。多位学者指出，至迟到康丁时期，父子相继之制已完全确立[③]。不仅商王如此，商代其他贵族的传承也多是以父子相继为主[④]。同时，作为能有效限制继承者范围、规范继承秩序的嫡庶概念，在殷代已经出现。《史记·殷本纪》载："帝乙长子曰微子启，启母贱，不得嗣。少子辛，辛母正后，

---

① 王国维：《殷周制度论》，《观堂集林》，第454—455页。
② 《史记·殷本纪》载："帝甲崩，子帝廪辛立。帝廪辛崩，弟庚丁立，是为帝庚丁。"在祖甲、康丁之间还有廪辛（祖甲之子、康丁之兄）。但甲骨文周祭卜辞中不见廪辛入周祭祀谱，学者多认为廪辛未曾继位，应该是可信的意见。
③ 有学者认为商代王位继承一开始就是以传子为常法的，以"子继为主，弟继为辅"，或"兄弟相及"只是传子制中的一个特殊现象。如范文澜：《中国通史简编》（修订本）第1编，北京：人民出版社，1955年，第118页；杨升南：《从殷墟卜辞中的"示"、"宗"说到商代的宗法制度》，《中国史研究》1985年第3期，第11页。有学者认为商代父子相继之制在武丁时代就已经完全确定，如裘锡圭：《关于商代的宗族组织与贵族和平民两个阶级的初步研究》，《裘锡圭学术文集》第5卷，第121页；有学者认为祖甲时期嫡长子继承制真正确立，如韩江苏、江林：《〈殷本纪〉订补与商史人物徵》，宋镇豪主编：《商代史》卷二，北京：中国社会科学出版社，2010年，第609页；还有学者认为康丁以前是兄终弟及之制，康丁以后是传子之制。如丁山：《宗法考源》（后记），《古代神话与民族》，北京：商务印书馆，2005年，第146页。要之至商代晚期，以传子为制度大体是没有问题的。
④ 如著名的"家谱刻辞"作："儿先祖曰吹，吹子曰戠，戠子曰𰻝，𰻝子曰雀，雀子曰壹，壹弟曰启，壹子曰丧，丧子曰养，养子曰洪，洪子曰御，御弟曰役，御子曰𠕂，𠕂子曰商。"（《库方》1506，亦即《英藏》2674）该刻辞的年代当武丁时期，所记世系传承以"子继"为主，"弟及"仅有两例，且弟及之后的传承仍然回到兄之子身上，表明当时的宗族继承是以子继为常的。有关家谱刻辞的真伪学界聚讼已久，大体而言董作宾、郭沫若、容庚、唐兰、胡厚宣等学者认为是伪刻，陈梦家、张政烺、于省吾、李学勤等认为是真品。近年来又有学者从不同角度对其真伪加以论证。相关情况可以参见王宇信、杨升南：《甲骨学一百年》，第254页；陈光宇：《儿氏家谱刻辞综述及其确为真品的证据》，《甲骨文与殷商史》新六辑，上海古籍出版社，2016年，267—297页；黄国辉："家谱刻辞"研究新证》，《出土文献》第三辑，上海：中西书局，2013年，第78—87页。

辛为嗣。帝乙崩,子辛立,是为帝辛,天下谓之纣。"①《史记·宋微子世家》云:"微子开者,殷帝乙之首子而帝纣之庶兄也。"②微子、纣地位的差别,即殷代有嫡庶概念的证据。从甲骨文材料来看,嫡庶概念的流行可能更早。商王称死去的父王为"帝",如"父乙帝"(小乙,H02204)、"帝丁"(武丁,H27372)、"帝甲"(祖甲,H30296)等。与"帝"相对的有"介",如"介父"、"介子"、"介兄"等③,裘锡圭认为"称父为'帝'跟区分嫡庶的概念显然是有联系的……这种'帝'字就是'嫡'字的前身……'介'有'副'的意思,介子即庶子……商人所说的'帝'、'介',跟周人所说的'嫡'、'庶'其意义显然是很相近的"。④ 准此,可以说至迟到商代晚期,商代贵族区分嫡庶,父死子继的继承制度已经完全确立。

殷代宗子的权力与责任也有了相当的规范。宗子在宗族之内拥有至高的权力,朱凤瀚曾有详细论证,宗子在宗族中拥有中高于其他族人的至尊地位,宗子主持对家族祖先的祭祀,还是宗族武装的指挥者,宗族经济的最高支配者,在宗族内部实行一种父家长式的专制统治。宗族以下各分族的族长在本宗族内具有类似的权力。⑤ 与此同时,宗子也关心族人疾病、生育、休咎祸福,为他们占卜贞问或举行祭祀以禳灾祈福⑥;宗子还宴飨族人,敦睦宗

---

① 《殷本纪》,《史记》卷三,第 105 页。
② 《宋微子世家》,《史记》卷三十八,第 1607 页。
③ 㞢于多介父犬(H01800,典宾 B);贞:㞢于多介母(H00140 反,宾组);贞:㞢于多介兄(H02926 正,典宾)、㞢犬于父辛多介子(H00816 正,典宾)。
④ 裘锡圭:《关于商代的宗族组织与贵族和平民两个阶级的初步研究》,《裘锡圭学术文集》第 5 卷,第 122—124 页。
⑤ 朱凤瀚:《商周家族形态研究(增订本)》,第 211 页。
⑥ 如商王关心子渔是否有忧祸,还为子渔的疾病举行祭祀:壬寅贞:子渔亡忧(H32780,历二)。癸巳卜,贞:子渔疾目,祼告于父乙(H13619,典宾)。在"子卜辞"中,作为宗子的"子"也关心族人的是否有疾病或者忧祸,并常为宗族成员举行御祭,如:乙卯卜,贞:子启亡疾(H22283,妇女类)。丁丑卜,子启陷,亡国(H22278+H22216,妇女类);庚卜,子兴有疾,子……(花东 113)、丙卜,其御子馘于匕丁牛;丙卜,叀小宰又叟妾御子馘于匕丁(花东 409)。乙酉卜,御新于妣辛白卢豕(H22073,午组)。壬寅卜,御量于父戊(H22094,午组)。子启、子兴、子馘是"子"的子辈,辛、量等也应该是宗族成员。此外还有大宗关心小宗的例子,如:□申卜,子贞,子有瘥(H21567,子组)。两个"子"写法不同。黄天树指出:"第一个'子'出现在前辞中,显然是指子组卜辞中地位最高的族长,即大宗宗子。第二个'子'出现在命辞中,可能是主语子组卜辞的占卜主体的小宗之长。瘥当病愈讲,是说大宗宗子亲自卜问小宗之长的病能痊愈吗?"黄天树:《谈谈殷墟甲骨文中的"子"字——兼说"王"和"子"同版并卜》,《古文字研究》第 27 辑,中华书局,2008 年,第 52 页。

族情谊①；宗子还经常赏赐物品给族人（小宗）②等等。这些行为，正合礼书所言宗子"合族""收族"之举，是其作为宗子所应承担的义务。宗子权力与责任的明晰，也是宗子之法成熟的表现。

(三) 族人之法

宗族发展到一定规模之后，便有可能从中分出新的宗族。殷代在处理本支宗族与分支宗族的关系，以及宗族成员的行为规范方面也有一定之规，族人之法的基本面貌已成。

商王宗族可以分为王族和子族，"王族"是指由在位的商王以其诸亲子为骨干而结合其他近亲（如未从王族中分化出去的王的亲兄弟与亲侄等）组合而成的族氏。"子族"不在王族内，是指某王卒后，一部分未继王位的亲子从他们父王的王族中分出去自己所建立的族氏，即王子之族③。时王所在的"王族"与诸"子族"地位有别，但也关系密切。子族经常承担商王令下的多种事物（如随行、戍卫、征战、纳贡等），有时也与王族一起行动④。

金文所见商代贵族宗族也常见分宗的情况，本支宗族与分支宗族在称谓名号上往往既有区别又联系紧密，如"𣪘"族铜器有：

　　𣪘（𣪘簋，03528－03532⑤）

　　𣪘子（𣪘子鼎，00423－00427）

---

① 京簋(04920)铭文有"辛子巳，王饮多亚，廷享……"，"亚"为小宗，"多亚"指王的多个小宗(冯时：《殷代史氏考》，陕西师范大学、宝鸡青铜器博物馆编：《黄盛璋先生八秩华诞纪念文集》，第22页)，铭文所言为王廷享诸小宗的事情。这种行为正与礼书所言"合族"相同。《礼记·大传》有"君有合族之道"，孔颖达《疏》云："合族者言设族食燕饮，有合食族人之道。"（《礼记正义》卷三十四，《十三经注疏》，第3268页)这正是宗法的重要内容。
② 如：甲寅，子赏小子省贝五朋，省扬君赏，用作父己宝彝，簋。(小子省壶，12374)乙亥，子赐小子尉王赏贝在襄次，尉用作父己宝尊，簋。(小子尉鼎，02202)学者早已指出，"子"为大宗，"小子"是小宗。(裘锡圭：《关于商代的宗族组织与贵族和平民两个阶级的初步研究》，《裘锡圭学术文集》第5卷，第121—152页)铭文所见大宗赏赐小宗贝，有笼络族人的意味在里面。
③ 朱凤瀚：《商周家族形态研究(增订本)》，第69页。
④ 如：丁酉卜：王族爰多子族立于舌。(H34133，历二)"多子族"即多个"子族"，"爰"，引也，卜辞言及王族引领多个子族一起去往舌地。
⑤ 吴镇烽：《商周青铜器铭文暨图像集成》，上海：上海古籍出版社，2012年，第03528－03532号。本文所引铜器编号，如无特殊说明，均引自该书，下同。

�（⚐觚，09494-09495）

"⚐"为族名，"⚐⚑""⚐⚒"是"⚐"与"⚑""⚒"的复合形式，一般称作"复合氏名"。有关复合氏名的性质和内涵，学界有不同看法。总的说来，多数仍是以表示族氏分支最为妥当①。因此，所谓"⚐⚑""⚐⚒"族者，应指从"⚐"族分出的"⚑"氏（族）与"⚒"氏（族），他们与"⚐"族是本支宗族与分支宗族的关系。

商金文中还带"亚"字形的族名，如1957年山东长清出土一批铜器②，其中有铭文作：

冀。（冀觚，09125，图1.3a）

冀䅇（盖铭）；冀亚䅇。（器铭）（冀䅇卣，12828，图1.3b）

冀，亚䅇。（冀亚䅇爵，08016-08019，图1.3c）

冀，祖辛，禹，亚䫻。（冀祖辛禹方鼎，01497，图1.3d）

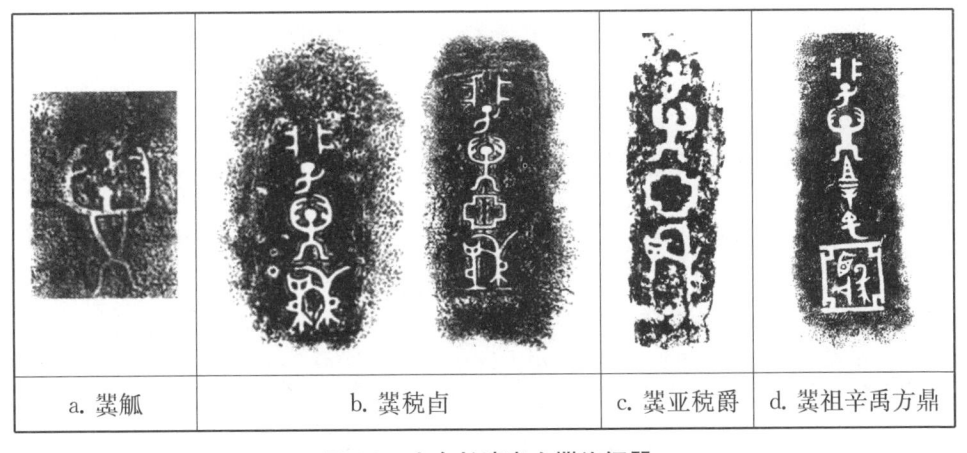

| a. 冀觚 | b. 冀䅇卣 | c. 冀亚䅇爵 | d. 冀祖辛禹方鼎 |

图1.3 山东长清出土冀族铜器

"冀"为族名，"冀䅇"是复合氏名。族名"䅇"和"䫻"，或在"亚"外，或在"亚"中。有关"亚"字形的内涵，也曾引起广泛争论。近年陆续有学者提出，商金文中有相当一部分"亚"字形当取"亚，次也"之意，在铭文中表示宗族内相对

---

① 朱凤瀚：《商周青铜器铭文中的复合氏名》，《南开学报》1983年第3期，第54—65页。
② 山东省博物馆：《山东长清出土的青铜器》，《文物》1964年第4期，第41—47页。

独立的次级族氏,即小宗的意思①。在保留本支宗族名号的同时,用"亚"来标明自身所属为次级宗族(小宗)②。宗族名号的区别与联系,正是大宗、小宗关系的生动反映。

鉴于宗子的超然地位,商代小宗、族人所能拥有的权利较为有限,并且受到宗子的控制。就祭祀而言,殷代小宗和族人也都拥有祭祀的权利,但可以祭祀的祖先范围有限。只有在得到大宗宗子的许可或指令之下,才能祭祀部分远祖。这种情况在甲骨文中"子族"的祭祀对象、王呼令贵族祭祀先公先王,以及贵族宗子令族人代其祭祀上可以体现得较为明显③。商代大宗、小宗的这种区别与联系,以及小宗和族人权利的限制和规范,表明族人之法在当时已大体成形。

二、殷代宗法制度的突出特点

以上介绍了殷代宗庙、宗子与族人之法的主要内容,可知商人于此三方面均有相当的规范与制度。因此,如同多位学者所指出的,至迟在殷代,商人贵族就已经有宗法与宗法制度,这一点大概是可以确定的。总体说来,殷代宗法制度有如下两个突出特点。

(一) 商代宗法制度是不断发展,层次丰富的体系

商王朝历时六百余年,社会面貌前后有很大变化。与之相应地,宗法制度

---

① 冯时:《殷代史氏考》,陕西师范大学、宝鸡青铜器博物馆编:《黄盛璋先生八秩华诞纪念文集》,第19—31页;朱凤瀚:《商周金文中"亚"字形内涵的再探讨》,《甲骨文与殷商史》新六辑,上海古籍出版社,2016年,第194—207页。此外,赵林也对论证金文"亚"有"次"意思,赵林:《殷契释亲——论商代的亲属称谓及亲属组织制度》,上海:上海古籍出版社,2011年,第368—391页。
② 有些铜器铭文只有"亚某",而无本支宗族名号。朱凤瀚先生认为应回到"亚某"使用时的历史背景与应用环境中去理解其内涵。铭有"亚某"的铜器,仅是若干同宗族铜器所组成的器群中的一部分,在其作为同宗族活动的礼器,特别是作为祭器来使用时,会被与此礼器发生关系的所有同宗族成员所理解与认同。这与今日孤立地脱离"亚某"的应用背景与环境来看"亚某"是不同的。参朱凤瀚:《商周金文中"亚"字形的再探讨》,《甲骨文与殷商史》新六辑,第207页。
③ 如王卜辞有:贞:呼子渔㞢于祖乙。(H02972,典宾);乙卯卜,宾贞:呼妇好㞢尋于妣癸。(H00094正,典宾)这是王呼令子渔、妇好祭祀的情况。花东子卜辞有:庚寅卜:子弜往祼,叀子妾。用。(花东416)"子妾"应是"子"的宗族成员,刻辞显示子贞问是自己去主持祼祭,还是"子妾"代其主持。再如:贞:子妾爵祖乙,庚亡艰;癸酉卜,贞:子利爵祖乙,辛亡艰。(花东449)这是贞问子妾、子利去祭祀祖乙是否会有灾祸。两人祭祀祖先,无疑也是在"子"的授意或首肯之下才得以进行。

也在不断地发展,在不同时期呈现出不同的面貌与特点。就宗庙之法而言,甲骨文所见商代晚期祖先祭祀体系曾经历重大改变。武丁、祖庚时期,商王所祭祖先较为繁杂,不仅包括上甲以来的先王先妣,还包括上甲以前的先公远祖等,祭名众多却难分主次,对涉及历代先王的合祭则缺乏明确的系统。祖甲以来,改革祀典,取消武丁、祖庚时代多种祀典①,并逐渐形成周祭制度。所谓周祭,是指商王及王室贵族依次使用翌、祭、壹、劦、彡五种祀典,对自上甲以来祖先轮番和周而复始地进行的祭祀②。与武丁、祖庚时期的祖先祭祀相比,周祭体系规整而严密,是宗庙之法的重要发展③。同时,商代继承制度在不同时期也有不同面貌:祖甲之前,王位继承多次出现兄终弟及的现象,祖甲之后,这种情况便不再出现,传子之制成为定制,说明宗子之法在不断调整并逐渐稳定。

殷代宗法制度在不同时期有不同特点,不同(贵族)层级面貌也有所不同。殷墟甲骨文所见商王、诸"子族"宗子和非"子某"的商王同姓贵族宗子在祭祀祖先的规模与面貌上有很大差别。④ 不仅同宗族内如此,不同宗族的祭祀面貌也有不同。综合殷代墓葬及随葬品规格、铜器品类及金文的情况来看,殷代不同层级贵族所拥有祭器的种类、数量与精美程度有较为明显的差别,反映其在宗庙祭祀方面可能会有不同的规模与面貌。上引陈梦家的观点提到,针对不同身份的祖先使用不同数量和种类的祭品,"祭祀上的等差,正是宗法的具体表现"。不仅墓葬和铜器如此,正如上文所提到的,殷墟所谓"子卜辞"内部不同的"子"所在宗族规模与祭祀范围亦有不同(如花东"子卜辞"之"子"可能

---

① 据学者统计,甲骨文所见祭名约200余种,武丁、祖庚时期所见祭名占甲骨文祭名总数近四分之三,参李立新:《甲骨文中所见祭名研究》,中国社会科学院研究生院博士学位论文,2003年,第131页。
② 周祭制度最早为董作宾所揭示,并在《殷历谱》中有详细论述,此后陈梦家、岛邦男、许进雄、常玉芝等学者均有专门研究。
③ 周祭制度本身也在不断发展和完善。祖甲时期(出组卜辞)所卜事类有时较杂,周祭卜辞文例不如帝乙、帝辛时期(黄组卜辞)严谨。参常玉芝:《商代周祭制度》,北京:中国社会科学出版社,1987年,第24页。
④ 朱凤瀚先生曾经指出,"子某"与不称"子某"的商王同姓贵族在身份与王有血缘亲疏的差别,二者在祭祀王室先人及王为之求佑所祭先人上有不同的祭祀体系。"子某"所祭主要是时王上二代以内的直系先王及其配偶,非"子某"的商王同姓贵族多数不祭祀时王之近亲先人(如上一代先王),在王为之求佑而祭祀先王时,也往往是求佑于上四代以上的先王,甚至先公,或祭祀旁系先王。参朱凤瀚:《商周家族形态研究(增订本)》,第43—67页。

是商王武丁已经分宗而出的子辈,但仍然可以祭祀先公上甲及先王大乙、大甲等王室祖先,这一点为其他"子"所不及)。这种因为身份层级的不同而造成的各宗族祭祀规模和面貌上的差别,则是另一种意义上"祭祀上的等差",既是殷代等级制度的体现,也应该看作是宗法制度的重要内容。

(二) 殷代宗法侧重于宗庙之法

宗法分宗庙、宗子与族人之法三部分,但从殷代宗法实践的情况来看,商人贵族可能侧重宗庙之法。

商代继承制度的嫡庶与传子之制至迟祖甲时期便已确立。同时,有关宗子的权力与责任的规范,武丁时期的卜辞中已得到充分展示,此后的甲骨文与商金文所见并无太大发展,系统性也没有明显增强,可见自祖甲以来,殷代宗子之法逐渐趋于稳定。

族人之法在殷代初具面貌,宗族内等级关系已经确立,但亲属称谓的区分仍然不够细致①,大宗小宗、宗子族人的行为界限与规范也不如后世那般严密②,反映出族人之法的系统性并不明显。而商金文大量不记作器者名,在有作器者的铜器铭文中大多数器主也是宗子,明确为一般族人作器的铜器很少见。这种宗子、族人记载详略明显差异的现象,可能意味着当时族人权利尚未

---

① 如从殷墟甲骨文、商金文的亲属称谓情况来看,商代父辈均称"父",子辈均称"子",母辈均称"母"。而《尔雅》所言周代亲属称谓如"父为考,母为妣……父之晜弟,先生为世父,后生为叔父……男子先生为兄,后生为弟……"等,对宗族、母党、妻党、婚姻等不同关系下亲属称谓区分得极为细致。黄国辉曾详细探讨商周亲属称谓的演变情况,指出从商到周,亲属称谓制经历了一个从简到繁的演变过程。(黄国辉:《商周亲属称谓的演变及其比较研究》,《中国史研究》2014 年第 2 期,第 58 页)亲属称谓是宗族成员关系亲疏远近的反映,对明确宗族成员的地位、关系以及宗族内权利与义务的分配有重要作用,是宗族之法的重要内容。甲骨文所见殷代亲属称谓的细化程度不及周代,反映殷代宗族之法的完善程度尚不及周代。

② 如商王、诸"子族"宗子和非"子某"的商王同姓贵族所祭祖先对象有不同,但这种不同也常有反例出现的情况,尤其是对于子某和非子某而言,如林沄所举雀祭祀武丁之兄"兄丁"的例子:呼雀册兄丁十牛,岁用。(《佚》132,参林沄:《再论殷墟卜辞中的"多子"与"多生"》,李宗焜主编:《古文字与古代史》第三辑,台北:中研院史语所,2012 年,第 115 页)说明当时各层级贵族的祭祀边界仍不够明确;并且,当时的小宗和族人并没有"庶子不祭祖与祢"的规定,商王也时常呼令同姓贵族祭祀先公先王等,而类似礼书所言"庶子祗事宗子宗妇,虽贵富,不敢以贵富入宗子之家;虽众车徒,舍于外,以寡约入。子弟犹归器,衣服、裘衾、车马,则必献其上,而后敢服用其次也。若非所献,则不敢以入于宗子之门,不敢以贵富加于父兄宗族。若富,则具二牲,献其贤者于宗子。夫子皆齐而宗敬焉,终事而后敢私祭"等行为规范,殷代甲骨文和金文中能找到不少反例。说明当时宗族内部成员间虽有等级关系,但行为规范尚不至于后世那么严密和繁复。

得到充分发展。且从武丁至帝乙帝辛时期,族人之法的内容与系统非但没有明显完善和加强的迹象,反之,殷代晚期子姓商族内同宗意识趋于淡漠,商王与同姓宗亲间关系逐渐瓦解①。武丁时期甲骨文常见商王与诸贵族宗族宗子卜问族人休咎祸福、敦睦宗族情谊的记载,往后却逐渐少见;武丁卜辞所习见的子姓诸宗族族长参与王室祭祀的记录,在较晚期的卜辞中也再未见到;而纣王更是"昏弃厥遗王父母弟"②,抛弃其同父、同宗的兄弟不用,如此种种,说明族人之法在商晚期受到忽视和破坏。

宗庙之法在殷代被格外重视。殷墟甲骨文中有关祖先祭祀的卜辞所占比重相当大,所祭祖先众多,祭祀方式多样且隆重,祖甲之后更是形成了严密的周祭制度。就整个祭祀体系来说,从武丁到帝乙、帝辛时期,商人向自然神的祭祀与祈祷越来越少,而"祖先神"权能增强,在宗教观念与祭祀体系中被进一步完善③,这说明祖先祭祀在当时的地位越来越高。作为贵族身份标志的铜器,其铭文内容以受祭者信息(亲称+日名)为中心,对作器者及器名信息等多有简省(详下文),也反映了祖先祭祀在当时社会生活中的地位。由此可见,殷代宗法的侧重应在宗庙之法。

当然,殷代侧重宗庙之法,并不意味着宗子和族人之法不重要。实际上,宗子之法确立宗子的继位方式和权力责任规范,对整个宗族及宗法制度具有决定性的影响。只是商人选择优先通过加强对宗庙之法的改造与完善来维持宗族的稳定与发展。这种选择,也是基于维护商王朝贵族统治的考虑。殷代的鬼神观念十分浓厚,祖先神的职能和权威在当时社会多个方面均发挥着重要作用,商代宗族想要保持稳定和继续发展,祖先祭祀必不可少。朱凤瀚曾经说过:"商王国内子姓商族成员间保存着较浓厚的血缘关系,并构成了商王朝政治统治的基础。商王室宗庙被供奉的先公先王神主被整个子姓商族视为共同的祖先神,亦是他们的保护神,所以殷墟卜辞中所见商王对祖先的频繁祭祀活动即具有取悦于祖先,以降福于整个子姓商族与商王国的意义……商王室宗庙是子姓贵族集团得以稳固的重心之所在,因而对巩固商王朝统治有着尤

---

① 朱凤瀚:《商周家族形态研究(增订本)》,第 260 页。
② 《尚书正义》卷十一《牧誓》,《十三经注疏》,第 389 页。
③ 郭晨晖:《论商周时期的帝与天》,北京大学博士学位论文,2017 年,第 103—106 页。

为关键的作用。"①殷代王室犹如此,王室以下各级贵族自然也将祖先祭祀摆在宗法的重要位置。殷代宗法侧重宗庙之法也就可以想见了。

同时,还需要指出的是,殷代部分语词与周代相关概念名称相同或相似,但实际内涵可能有异。如殷墟甲骨文有大宗、小宗以及大示、小示,大宗、小宗多是宗庙名称,其以大、小相称,或与宗庙建筑的型制及规模有关②;大示、小示则是对直系、旁系祖先的称谓③。而周代礼书所言大宗、小宗是对大型宗族中本支宗族与分支宗族族长的称谓。还有,商金文中"大子"与"小子"相对,多指大宗宗子④。而周代金文中常见"大子""叔子""仲子""季子"等⑤,"大子"即

---

① 朱凤瀚:《殷墟卜辞所见商王室宗庙制度》,《历史研究》1990年第6期,第16、19页。
② 如:□亥卜:〔在〕大宗又彳伐三羌、十小宰自上甲。(H34047,历二)□戌贞:辛亥酒彡……自上甲,在大宗彝。(H34044正,历二)乙亥又彳岁在小宗自上甲。一月。(H34046,历二)学者早已指出,"大宗""小宗"仅是宗庙的名称,不具备后世礼家所讲的性质。至于为何以大、小相称,学界尚无定论,或认为与宗庙建筑的型制及规模有关,或认为指不同时段之集合祖先神主。参胡厚宣:《殷代婚姻家族宗法生育制度考》,《甲骨学商史论丛(初集)》,第136—137页;杨升南:《从殷墟卜辞中的"示"、"宗"说到商代的宗法制度》,《中国史研究》1985年第3期,第9页;秦照芬:《商周时期的祖先崇拜》,台北:兰台出版社,2003年,第64页。
③ 如:甲申卜,宾贞:王甹大示。(H00242,宾三)甲午贞:大禦自上甲六大示,尞六小宰,卯九牛。(屯南01138,历二)丁未贞:秦禾自上甲六示牛,小示⺈羊。(H33296,历二)"大示"仅指部分直系先王(上甲、大乙、大丁、大甲、大戊、大庚),"小示"则是对旁系先王的称谓。参朱凤瀚:《论殷墟卜辞中的"大示"及相关问题》,《古文字研究》第16辑,第36—48页。
④ 不少学者已指出商代"大子"为族长之意,如裘锡圭认为"商代小子应该是与子相对的一种称呼,他们绝对不会是小儿子的意思,也不像是谦称,而应该是一种特定的身份。大子、小子应分别为大宗之长(宗子)和小宗的族长"。(裘锡圭:《关于商代的宗族组织与贵族和平民两个阶级的初步研究》,《裘锡圭学术文集》第5卷,第130页)刘昭瑞认为甲骨文、商金文中的"大子"是族长。(刘昭瑞:《关于甲骨文中子称和族的几个问题》,《中国史研究》1987年第2期,第97—105页)钟柏生亦认为甲骨刻辞与金文中的大子为大家族的族长,小子为隶属于族长下的同宗子弟。(钟柏生:《卜辞中所见殷代的军礼之二——殷代的大蒐礼》,《中国文字》新16期,1992年,第124—125页)蔡哲茂认为"大子当为对小宗之子称小子的对称,而为大宗之子"。(蔡哲茂:《论卜辞中所见商代宗法》,东京大学东洋史学专攻博士论文,1994年,第46—47页)不过亦有学者坚持"大子"即宗子继承人说法者,如黄铭崇:《甲骨文、金文所见以十日命名者的继统"区别字"》,《历史语言研究所集刊》第76本第4分,2005年,第648页;黄国辉:《商周亲属称谓的演变及其比较研究》,《中国史研究》2014年第2期,第48页。商金文中有"大子",如小臣缶鼎(02224)"王赐小臣缶渑积五年,缶用作享大子乙家祀尊。冀,父乙"。殷代宗族之长可称"子",即宗子。"小子"一般指小宗之长。对此学者早已有论述。从铭文内容来看,小臣缶鼎铭中"大子乙"当即铭末"父乙","父"为亲属称谓,"大子"不应再看作是亲属称谓,而只能是身份名号。因此,"大子"当即表示大宗宗子。作册般鼎(02314)"癸亥,王迖于作册般新宗,王赏作册豊贝,大子锡东大贝,用作父己宝餗"。从铭文内容看,作册般与作册豊为父子关系,作册般当即父己,其子作册豊为其新立宗庙。"大子"当即作册豊所属宗族之"大子",应该是大宗,作册豊为小宗,新立宗庙,王和大宗过来表示祝贺。
⑤ 如:虢大子元徒戈(16861)、芮大子白作鼎……(02007)、曾侯仲子游父自作肆彝(01919)、唯正月初吉庚午,莒叔之仲子平(15503)、干氏叔子作仲姬客母媵盘……(14474)、贾子叔犀为子孟姜媵盘……(14512)、唯王正月初吉丁亥,余□氶于之孙,钟离公柏之季子康……(15791)。

长子,指国家或宗族的预定继承人("太子")。诸如此类,提醒我们在研究过程中应该注意其差别,避免混同。

第二节 受祭与作器——殷式、周式铭文的分类与特点

以上介绍了殷代宗法的基本面貌与特点,孔子曾说"周因于殷礼,所损益可知也"[①],指周代的礼仪制度与殷礼是因袭损益的关系。宗法制度在当时是"礼"的重要组成部分,二者的因袭不难理解,殷周宗法均是为存续宗族计,在强调宗子地位、大宗小宗统属关系以及相互权利义务关系等方面,内核基本是相通的。那么,损益表现在哪些方面?这种"损益"是随着时间推进缓慢演变的结果,还是周人有意为之的"变革"?这些都是值得探讨的问题。

若想比较殷周宗法的差异,找准比较对象极为关键。周革殷命,西周早期周人政权甫定,殷遗民势力犹不可小觑,正是殷周文化差异表现得最为明显的时代。商周青铜器(此处多指铜容器,下同)的制作和使用与贵族阶层的礼仪和制度密切相关,商晚期和西周早期铭文多有与宗法相关的内容,如祭祀祖先、赏赐或宴飨族人等,是当时宗法思想和宗法制度的真实表现。因此,对商晚期和西周早期铜器铭文内涵的分析是探索殷周宗法差异极佳的突破口。本节拟从商和西周早期铜器铭文的格式与内容入手,通过分析不同铭文格式的特点[②],结合铭文的内涵,比较殷周宗法制度的主要差异。

一、商、西周早期铜器铭文格式的分类

商和西周早期实用铜器之用途,绝大多数与祭祀或宴飨有关。

铭文的基本内容,除去叙事部分不论,大体而言可以拆解为作器者、施用对象、作器用途、器名、族氏铭文等几项基本要素。诸要素的内涵相当丰富,如

---

① 《论语注疏》卷二《为政》,《十三经注疏》,第5349页。
② 关于商周金文文例的分类与研究,陈英杰曾作过详细的梳理,有很多精彩的观点,本文在写作时也多有参考,但对问题的关注点有所不同。陈英杰:《西周金文作器用途铭辞研究》,北京:线装书局,2009年。

作器者信息包括身份、氏名（族名）、排行、私名等，施用对象有已逝祖先、宾客、诸友等，这些人的身份信息又可分为亲属称谓、日名、氏名、尊称、排行等要素。每篇铭文不一定诸要素齐全，更多的是仅有一项或几项要素的组合。不同铭文要素的组合，以及不同作器者和施用对象信息的选择与表示，生动地反映了铜器使用者的作器意图、文化背景、与施用对象的关系以及所行诸种制度的内在差异。殷周制度之异同，往往即是通过这些差异表现出来。

根据作器者、施用对象、器名、作器用途、族氏铭文等几项基本要素的出现及组合特征，商晚期和西周早期铜器铭文格式可以分为如下几类：

A 类："**族氏铭文**"，铭文仅为族氏铭文（以下简称"族名"）①，如：🜨（03528）、冀（11104）等，商和西周早期常见。族名表示作器者所属的宗族。

B 类："**亲属称谓＋日名**"，如：祖乙（03694）、祖癸（00374）等，在商和西周早期常见。亲属称谓（以下简称作"亲称"）有祖、妣、父、母、兄、妇等。日名即十天干，一般认为是祭祀逝者的日期。这类铭文仅有受祭者信息，意指该铜器是为祭祀此日名亲属而作②。

C 类："**族名＋亲称＋日名**"，如🜨父乙（03771），商和西周早期常见。铭文意指某族（中某人）为该族某日名祖先作器。此"某人"能用族名代替具体的作器者信息，很有可能是该族的主祭者，亦即族长（宗子）。

还有部分铭文不见亲称，如🜨辛（03155）、🜨己（11272）等，可能表示用来祭祀有此日名的先人，也有可能是省略了亲属称谓的形式③。

D 类："**作器者＋作＋亲称＋日名**"，如"歌作父乙"（04049）。铭文不见器名（如鼎、尊彝等）。作器者信息或省略，或为私名、身份等④，殷代和西周早期

---

① 族氏铭文是指用以标志宗族名号的铭文，一般象形程度较高，学界也称作图形文字、族徽、记名金文等，按照繁简的不同，族氏铭文包括单一族氏铭文、复合氏名以及"亚＋氏名"等多种形式，关于这类文字的性质和定名，学界还有不同意见，此处不作讨论。
② 商和西周早期铜器铭文还有极少数只有天干而无亲属称谓的例子，如己（00205、06956），当是亲属称谓有所省略，铭文内涵仍应该看作是表示受祭者信息。
③ 如滕州前掌大有"史父乙"（07759），又有"史乙"（10195），"乙"当即"父乙"。
④ 省略作器者信息者，如：作父辛（00894，商晚）、作祖庚（11356，西早）；作器者信息为私名者，如：𩫞作祖辛（08364，商晚）、傀作父丁（13009，西早），"𩫞"和"傀"很有可能是私名；作器者信息为身份者，如小子作母己（13033，商晚）、荣子作父戊（14706，西早），小子是小宗之子，荣子即荣氏宗族宗子。

均较为常见。

E类:"作器者+作+亲称+日名+族名",如"🆎册,殷作父乙"(01517)等,此类铭文在开头或末尾有族名,作器者私人信息多省略①,也有出现私名等情况②,在殷代和西周早期均较为常见。

F类:"作器者+作+亲称+日名+器名+族名",如"韦作父丁彝,冀"(01533)。此处"器名"泛指与铜器有关的各种信息,包括铜器器名,如鼎、簋、彝;对铜器用途的表述,如宝、䵼、尊、旅;还可以是二者的结合,如尊彝、宝鼎等。作器者私人信息或可省略③,或为私名、身份等④,商和西周早期均有⑤。

G类:以"作器者+作+受祭者+自名"为主体,这类铭文不含族名,作器者和受祭者信息均比较丰富。根据受祭者信息的不同,可以分为四类:G1类受祭者信息只有"亲称",没有"日名",如"韩⑥作厥文考宝尊彝"(01809)。作器者多为私名或排行等,目前只见于西周,殷代基本不见;G2类受祭者信息为"亲称+日名",根据作器者信息的不同,还可以分为两小类:一类作器者信息多是私名,也可以省略(G2a),如"趄作祖丁宝尊彝"(13178),在商晚期和西周早期均比较常见;还有一类重在突出作器者的职官、氏名、排行等身份信息(G2b),如"螯司土幽作祖辛旅彝"(13225),主要出现在西周早期,殷代较为少见。G3类受祭者信息以"某公"为中心,"某公"之前还可以再加"亲称",作器者信息多以排行为称,也见有私名、身份者,如叔作单公宝尊彝(01717)、狱作烈考南公宝尊彝(30371⑦)等,商代基本不见,在西周早期常见;G4类受祭者信息以"氏名+排行"为中心,作器者多有氏名、排行、私名等组合形式,如伯龢

---

① 如:作父己,🆎(01275,商晚)、作父辛,🆎(02681,西周早期)。
② 如:憨作文父日丁,冀(04409,商晚)、光作父丁,戈(01403,西早),憨、光为作器者私名。
③ 如:作父乙宝彝,🆎冀(04402,商晚)、作祖己宝尊彝,🆎(11624,西早)。
④ "私名"如:憨作文父日丁宝尊旅彝,冀(13259,商晚)韦作父丁彝,冀(01533,西早)等;"身份+私名"如:妇娫作母癸尊彝,亚🆎冀(13820,商晚)薛侯戚作父乙鼎彝,史(01865,西早)。
⑤ 值得注意的是,极少数会省略日名之只保留亲称,作"私名+作+亲称+彝+族名",如:🆎作厥祖宝尊彝,在十月,亚🆎(04607,西早)。
⑥ 该字字形作"🆎",原多释作"斿",谢明文释作"韩"。谢明文:《释西周金文中的"垣"字》,《中国文字学报》2015年第2期。
⑦ 此为吴镇烽制作软件《金文通鉴》编号,对应吴镇烽:《商周青铜器铭文暨图像集成续编》,上海:上海古籍出版社,2016年,第0371号。本文所引铜器编号以"3"开头者,如无特殊说明,均引自《通鉴》,可与《续编》相应,下同。

作召伯父辛宝尊鼎(01900)等，商金文中基本不见，西周早期常见。

H类："作器者+作+彝+用飨某人"，铭文后段增加"用飨某人"的内容，如"用飨（多）诸友""用飨（多）宾""用飨王逆造""用飨王出入（事人）"等①，商代不见，西周早期始见。

I类："作器者+作+彝"，铭文以"作+彝"收尾，不见受祭者，也无"用飨某人"的内容，如伯矩作宝尊彝(04314)等。作器者信息丰富，有氏名、排行、身份、私名等②，也有省略作器者的情况③，更多的是多种要素的组合④。这类铭文在殷代基本不见，而在西周早期开始大量出现⑤。铭文的重点在突出作器者的身份。

J类："人物称谓"，铭文仅有人物称谓信息，典型的有妇好(00488)、好(03113)、长子口(01053)、康侯(02623)、伯懋父(03888)、伯威父(04081)等，有的可能表示作器者，有的则表示受祭者。这类铭文在商周时期不算多见。

K类："其他"，还有少数铭文不能归入上所列各类。如铭文为"弄彝"(04006)的，可能是弄器而非用于祭祀或宴飨；或内容特殊，如数字卦；或是上述某种格式较为少见的省略形式，如祭季作(02665)、叔龟作父丙(04190)等。这些铭文格式数量均太少，不具典型性，此处不再单独分类，均归入"其他"。

以上所列诸种格式，大体可以涵盖目前所见商晚期和西周早期铜器铭文的绝大部分，相关情况我们可以表列如下（表1.1）：

---

① 如：甲作宝尊彝，其万年用飨宾。（甲盉，14754，西早）仲禹作厥宝彝，用飨王逆造。（仲禹簋，04623，西早）、伯矩作宝彝，用歆王出入事人。（伯矩鼎，01957，西早）

② "私名+作+彝"，如：鲜父作宝尊彝(01647，西早)；"排行+作+彝"，如：伯作宝簋(04030，西早)等；"氏名+排行+作+彝"，如：强伯作宝尊簋(04293)；"身份+作+彝"，如：燕侯作旅盂(06207)。

③ 这种没有作器者、受祭者、族名等信息的铭文格式在殷代极为少见，在西周早期则大量出现，如：作彝(11285，西早)。

④ "排行+私名+作+彝"，如：伯矩作宝尊彝(04314)；"氏名+排行+私名+作+彝"，如：楷叔矧父作鼎(02742)等。"身份+私名+作+彝"，如：曾侯谏作宝彝(01567)等。

⑤ 值得注意的是，部分在铭文末尾会缀有族（氏）名信息，作器者信息或省略，多为私名或排行等，如"作+彝+族名"，如：作旅簋，🜚(04084)。"私名+作+彝+族名"，如：甝父作旅彝🜚(13113)；蒿作尊簋，大保(01527)等。"排行+私名+作+彝+族名"，如伯生作簋，曾(14705)。有的在排行前面还会加氏名，如：颁伯罚作宝尊彝，鱼(13198)。这类铭文数量很少，殷代基本不见，部分器主明确属于周人集团。

第一章　尊神与近人——论殷周宗法侧重的转变　51

表1.1　商晚期、西周早期铜器铭文格式的分类与年代

铭文格式类别		铭文要素												铭文格式年代
		族名	作器者				作	受祭者					彝名	用飨某人	
			身份	氏名	排行	私名		亲称	日名	氏名	尊称	排行			
A类		✓													商、西早
B类								✓	✓						商、西早
C类		✓						✓							商、西早
D类			√			√	✓	√	√						商、西早
E类		✓				√		√	√						商、西早
F类		✓	√			√		√	√				✓		商、西早
G类	1				√	√	✓		✓				✓		西早
	2a				√	√	✓		✓						商、西早
	2b		√	√	√	√	✓	√	√						西早
	3		√	√	√	√	✓	√			✓				西早
	4			√	√	√	✓	✓				✓	√		西早
H类				√	√	√	✓						√	✓	西早
I类			√	√	√	√	✓						√		西早
J类			√			√									商、西早

（注：表中"✓"代表诸种格式中必定出现的因素，"√"代表或不出现、或单独出现、或与其他"✓"组合出现的因素。）

二、铭文格式之系统划分以及特点

从上述诸种格式出现以及存续时间可以发现：部分铭文格式在商和西周早期均比较常见，但还有部分铭文格式则是在西周早期始大量出现，在商代极为少见。据此，我们可以将上所列铭文格式分为甲乙两个系统①：

---

① "J类（人物称谓）""K类（其他）"在商和西周均出现，但J类、K类格式特殊，数量太少，不具典型性，均与本文关系不大，因此系统划分将不涉及此两类。

表 1.2　商、西周早期铜器铭文格式系统划分

甲系统 （商、西周早期）	族名(A 类) 亲称＋日名(B 类) 亲称＋日名＋族名(C 类) （身份、私名）＋作＋亲称＋日名(D 类) （私名）＋作＋亲称＋日名＋族名(E 类) （身份＋私名）＋作＋亲称＋日名＋器名＋族名(F 类) （私名）＋作＋亲称＋日名＋器名(G2a)
乙系统 （西周早期）	（排行、私名）＋作＋亲称＋器名(G1 类) （身份、氏名、排行）＋作＋亲称＋日名＋器名(G2b) （身份、排行、私名）＋作＋某公＋器名(G3 类) （氏名、排行、私名）＋作＋氏名＋排行＋器名(G4) （氏名、排行、私名）＋作＋器名＋用飨某人(H) （身份、氏名、排行、私名）＋作＋器名(I 类)

两大系统各有特点：

1. 甲系统格式在商代即出现，到西周早期仍多见。铭文内容以祭祀祖先为核心，重点突出受祭者信息（亲称＋日名、族名），不见宴飨某人的内容，对作器者私人身份信息的重视有限，或省略作器者，或以族名代替，少数有私名或职官信息。

2. 乙系统自西周早期始常见，铭文突出作器者信息，作器者职官、排行等在铭文中有重要地位。大量铜器铭文不言受祭者，只言某某"作彝"或"用飨某人"，这些内容在商代金文中都很少见。整体而言，乙系统对受祭者的关注程度不如甲系统。

两大铭文系统使用者的身份值得注意。

商金文格式均属于甲系统，使用主体是商人，这一点没有问题。至于西周早期甲系统铭文使用者的身份，从相关铜器出土的墓葬信息来看，商系特征明显的墓葬所出铜器铭文多为甲系统，如：

泾阳高家堡戈族墓地 M4 有腰坑，出土铜器组合为鼎、簋、觚、爵、觯。铭文有祖癸、亚□作父丁彝、戈父己、父己、父癸、保父丁、戈父己等[①]；

洛阳机车厂 M13 有腰坑，出土陶器组合为鬲、簋、罐、觚、爵、觯，铜器组合

---

① 陕西省考古研究所编：《高家堡戈国墓》，西安：三秦出版社，1995 年，第 68 页。

为鼎、甗、簋、尊、爵、觯，铭文为"冉祖丁""冉父丁"等①；

洛阳东车站 M567 有腰坑，铜器有觚、爵、觯、尊，铭文有"□祖乙""子韦""父己"②；

洛阳五女冢 M1519 有腰坑，铜器组合为觚、爵（各 2 件），铭文作族名"⊠"③。

以上诸墓均有腰坑，器物组合以觚（觯）、爵为主，与商代晚期殷墟墓葬特征一致，而与周人墓葬明显不同。文献记载周人曾笼络安置大量殷遗民，结合墓葬特征及出土器物的组合特点，上举墓葬的墓主人均为殷遗民④。由此可以推断：西周早期甲系统铭文格式的使用者，有相当一部分是殷遗民或与商文化有密切联系的族群，甲系统铭文格式有明显的商文化特点。

乙系统铭文格式在西周早期始常见，不少内容明显带有周文化特点。如作器者和受祭者称谓常用伯、仲、叔、季行辈称谓，这在殷代不见⑤，学者早已指出是周文化的特色⑥；此外，乙系统所见部分职官、氏名、人物，如太保、燕侯、应侯、楷氏、毛氏、南宫氏、周公、召公等，文献记载明确属于周人集团⑦。

张懋镕曾将西周青铜器分为殷系与周系两大系统⑧，此类分法有助于我们理解殷周文化异同在器物层面的表现与特点。准此，我们可将商晚期和西周早期带有商文化特点的甲系统铭文格式称之为"殷式铭文系统"，其使用主体是商人及与商文化有密切关系的族群（包括殷遗民）；而带有明显周文化特色的乙系统铭文格式可称为"周式铭文系统"，其使用主体无疑是周人集团或与周人集团有密切联系的族群。

---

① 张剑、蔡运章：《洛阳东郊 13 号西周墓的发掘》，《文物》1998 年第 10 期，第 38—41 页。
② 洛阳市文物工作队：《洛阳东车站两周墓发掘简报》，《文物》2003 年第 12 期，第 4—11 页。
③ 洛阳市第二文物工作队：《洛阳五女冢西周早期墓葬发掘简报》，《文物》2000 年第 10 期，第 4—11 页。
④ 上举各墓葬发掘报告（简报）均已作此认定。
⑤ 甲骨文有"伯"，也称作"方伯"，多指敌对方的首领，与"伯仲叔季"指宗族排行的内涵不同。甲骨文也有"中"，多与"大""小"相对，意指先后或长幼次序。但完整的伯、仲、叔、季称谓系统在殷代不见，是商人不使用这套称谓系统。
⑥ 李曦：《周代伯仲排行的宗法意义》，《陕西师大学报（哲学社会科学版）》1986 年第 1 期，第 87—92 页。
⑦ 需要说明的是，"周人集团"并非仅指某个族群，而是一个大的族团概念，以姬姓族群为主干，同时包括姬姓族群的姻亲姓族，如姜姓、姞姓等，还包括克商前即与周人联盟的某些异姓族群。
⑧ 张懋镕：《西周青铜器断代两系说刍议》，《考古学报》2005 年第 1 期，第 1—22 页。

11104	03694	03771	04049	11356
04047	01533	13178	01517	13259

殷式铭文系统铭文举例

04030	01717	30371	01900	04623
01957	01809	06207	01567	04295

周式铭文系统铭文举例

图 1.4　殷式、周式铭文系统铭文举例

当然，如此划分并不代表西周时期"殷式铭文系统"的使用者均是殷遗民，也不代表周人集团全部都用"周式铭文系统"。实际上当时各族群间的文化面貌及关系比较复杂，周人集团有使用殷式铭文系统的例子，殷遗民也有使用周式铭文系统的情况，甚至同一宗族或同一人作器铸铭会使用两种系统，这种情况产生的原因正是我们所要探讨的，下文我们将有论及。

第三节　彰名位与飨友宾——论西周早期铜器铭文的新内容

西周早期周式铭文系统出现了很多不（常）见于商金文的新的内容，其中尤以作器者身份信息及施用对象信息两方面最为突出，这些新内容的特点及产生背景与原因值得探索。

一、彰名位——作器者信息的新情况与新特点

周式铭文系统所见作器者信息较商金文大为丰富，其中有两点尤值得注意：一是行辈称谓信息大量出现；二是对政治身份的重视程度超过殷代。

（一）排行称谓在铭文中的特点与意义

西周早期金文中常见伯、仲、叔、季等称谓，可以单称，如：

  伯作宝簋。　　　　　　　　　　　　　　　　　　（04030，图1.5a）

  仲作旅彝。　　　　　　　　　　　　　　　　　　（03230，图1.5b）

  叔作鼎。　　　　　　　　　　　　　　　　　　　　　　（02664）

  季作宝彝。　　　　　　　　　　　　　　　　　　（01267，图1.5c）

也可以与私名（字）连用，如：

  伯矩作宝尊彝。　　　　　　　　　　　　　　　　（04314，图1.5d）

  仲兔父作宝簋。　　　　　　　　　　　　　　　　　　（04360）

  叔䙲作宝簋。　　　　　　　　　　　　　　　　　　　（04189）

  季犀作宝尊彝。　　　　　　　　　　　　　　　　（04322，图1.5e）

还可以与氏名连用,如:

  彊伯作宝尊簋。 (04293,图 1.5f)

  噩仲作宝尊彝。 (01596,图 1.5g)

  应叔作宝尊斋。 (01601)

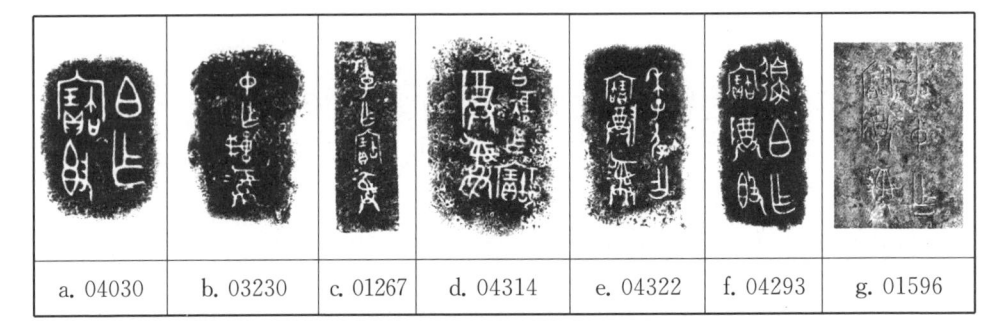

| a. 04030 | b. 03230 | c. 01267 | d. 04314 | e. 04322 | f. 04293 | g. 01596 |

图 1.5 西周早期带排行称谓铭文举例

  这些"伯、仲、叔、季"既可单称,也可与氏名或私名连用,说明并非私名或氏名。文献明确记载"伯、仲、叔、季"是排行称谓①,金文所见这类称谓的内涵大体与文献相合。学者早已指出,使用伯仲叔季的行辈称谓是周文化的特点②。殷墟甲骨文有"伯",也称作"方伯",多指敌对方的首领③,并不用作家族行辈,与周文化不同。

  周代伯仲叔季的排行称谓并非人人都有,一般只在贵族阶层内行用,平民以下似绝少使用④;也并非生下来就有,而是要在成年行冠礼之后才能获得。《礼记·曲礼上》有"男子二十,冠而字"⑤。《仪礼·士冠礼》云"字辞曰:礼仪

---

① 《仪礼·士冠礼》:"伯某甫,仲、叔、季,唯其所当。"郑玄注:"伯、仲、叔、季,长幼之称。"贾公彦疏:"伯、仲、叔、季者,是长幼次第之称。"《仪礼注疏》卷三,《十三经注疏》,第 2067 页。
② 李曦:《周代伯仲排行称谓的宗法意义》,《陕西师大学报(哲学社会科学版)》1986 年第 1 期,第 87—92 页。
③ 陈梦家:《殷虚卜辞综述》,第 326 页;王贵民:《商朝官制及其历史特点》,《历史研究》1986 年第 4 期,第 115 页;朱凤瀚:《殷墟卜辞中"侯"的身份补正——兼论"侯"、"伯"之异同》,李宗焜主编:《古文字与古代史》第四辑,台北:中研院史语所,2015 年,第 36 页。
④ 奴隶和平民一般只称"名",没有"字",而伯仲叔季是与"字"紧密联系的,需要在冠礼之后才能获得。《礼记·文王世子》有"五庙之孙,祖庙未毁,虽为庶人,冠、取妻必告"。似乎庶人也可以行冠礼取字。但杨宽认为这指的是贵族下降为平民且祖庙未毁的人仍可以行冠礼,并非平民也要举行冠礼。参杨宽:《西周史》,上海:上海人民出版社,1999 年,第 788 页。
⑤ 《礼记正义》卷二,《十三经注疏》,第 2688 页。

既备，令月吉日，昭告尔字。爰字孔嘉，髦士攸宜。宜之于假，永受保之。曰伯某甫、仲、叔、季，唯其所当。"①贵族男子在二十岁成年行冠礼的时候，才会被赐字，称伯某甫、仲某甫、叔某甫、季某甫等。

冠礼是周代贵族阶层的重要礼仪，主要内容有赐字（伯某甫、仲、叔、季）和加冠（三种冠弁服饰的授予）。这是贵族成年的标志，也是其获得宗族权力、参与社会事务的开始。杨宽总结贵族通过"冠礼"给予成员的特权和义务，主要有下列六点：

1. 开始享有贵族成员参与各种政治活动和各种礼仪的权力；
2. 开始享有贵族成员统治人民的特权；
3. 可以男婚女嫁，负起传宗接代的责任；
4. 取得宗法制度所规定的继承权（嫡长子和庶子所取得的继承权力不同）；
5. 开始有服兵役的义务，负有保护本贵族特权的责任；
6. 取得了参加本族共同祭祀的权力②。

可见"伯仲叔季"不仅仅是行辈称谓，同时也是贵族身份的象征以及获得宗族权力的重要标志和依据。如此一来，周代伯仲叔季的排行称谓有着明确的宗法意义③。周式铭文系统常见行辈信息，应当是作器者有意突出其宗族身份与地位的结果，与宗族权力的分配有密切关系，是宗法制度的重要内容。

（二）政治身份信息在铭文中的特点与意义

所谓政治身份信息，主要指职官。作器者称职官的情况在商金文中已有，如：

  寝印。   （06987）

  鱼，寝作父庚彝。   （04253）

"寝"即为职官名，可能是管理宫寝的官，相当于《周礼》的宫伯之类④。商

---

① 《仪礼注疏》卷三，《十三经注疏》，第2067页。
② 杨宽：《"冠礼"新探》，《古史新探》，第254—255页。
③ 李曦：《周代伯仲排行称谓的宗法意义》，第87—92页。
④ 李学勤：《考古发现与古代姓氏制度》，《考古》1987年第3期，第256页；陈絜：《从商金文的"寝某"称名形式看殷人的称名习俗》，《华夏考古》2001年第1期，第87页。

金文中表身份的词不少，但作器者自陈职官的现象并不多见[①]。这种情况到了西周早期有很大转变，如西周早期作器者有称“公”的现象：

应公作旅彝。　(01430)

公作尊彝。　(01551)

周公作文王尊彝。　(01715)

作器者自称“公”，属于一种特定的高级别的王朝执政大臣的称谓[②]。商金文不见“某公”的称谓，殷墟甲骨文中有“公”，如“王其又大乙、大丁、大甲，叀彳岁公”(H27149，何组)、“癸巳卜，贞：在〔天〕邑商公宫卒……兹夕亡囚，罒”(H36540，黄类)等，蔡哲茂认为“公”是旁系先王的尊称，刘源推断殷代作为祭祀对象的“公”是指部分地位不高的殷先王[③]，并不用作职称。西周金文突出自身“公”职，可能意在突出其自身的政治地位与权势。

西周早期铭文还常见诸“侯”作器，如：

鲁侯作宝尊彝。　(01573)

燕侯作旅盂。　(06207)

曾侯谏作宝彝。　(01567)

滕侯作宝尊彝。　(01576)

康侯封作宝尊。　(01575)

“侯”是职官名，为天子所封。西周早期封侯的对象有很多，其中以周人集团(姬姓宗族，姬姓姻亲姓族，如姜、姞；克商前即与姬姓周人联盟的其他异姓族群等)占多数。上举鲁侯、燕侯、曾侯、滕侯、康侯等均属于周人集团。作器

① 严格来说，商金文中涉及作器者职官的情况也有，但多是在叙述事由之时提及，如作册般甗(03347)“王宜人方无敄，咸，王赏作册般贝，用作父己尊，来册”。“作册”为职官名，“般”是私名，职官名是出现在王赏赐般的事由中，而并非在“用作父己尊”之前，与西周“鲁侯作宝尊彝”等铭文格式略有不同。另外，部分族氏铭文可能有职事的内涵，但称族名与直接称职官名毕竟不是一回事。

② 朱凤瀚：《关于西周封国君主称谓的几点认识》，陕西省考古研究院、上海博物馆编：《两周封国论衡》，上海：上海古籍出版社，2014年，第272—285页。

③ 蔡哲茂：《殷卜辞“三公二父”试解》，《承继与拓新：汉语语言文字学国际研讨会论文集》，香港中文大学，2012年12月；刘源：《“五等爵”制与殷周贵族政治体系》，《历史研究》2014年第1期，第68页。

者标明其自身为"侯",反映其对此职官的重视。

商金文中作器称"侯"者极少①,但殷代甲骨文中有"侯",如:

己卯卜,㱿贞:令多子族比犬侯璞周,凷王事。　　　　（H06812正,宾三）
丁酉卜,㱿贞:杞侯炪弗其肩同有疾。　　　　　　　　（H13890,典宾）
辛亥卜,贞:敖侯来七羌……　　　　　　　　　　　　（H00227,宾出）
贞:令[　]侯归……　　　　　　　　　　　　　　　　（H03289正,典宾）
贞:王令帚(妇)好比侯告伐尸。　　　　　　　　　　　（H06480,典宾）

学者已经指出,以目前所掌握的材料来看,殷代任"侯"者,商人子姓贵族宗亲及非子姓显赫贵族只占极少数,绝大多数应是出身为殷王朝边域上的非子姓土著族群首领②。这与周代诸侯多为周人集团有明显不同。

周式铭文系统中作器者对自身宗族排行及政治身份的重视,反映的是对这类名号背后所承载的权力的重视。与商式铭文系统不太重视作器者个人信息相比,作器者信息在周式铭文系统中的地位大大提升,说明两类作器者的心态当有很大的不同。

二、飨友宾——铭文所言作器用途的新情况

周式铭文系统在言及作器用途方面新增"用飨某人"的内容。根据宴飨对象身份的不同,可以分为两类:

（一）用飨诸友

麦鼎有铭文作:

唯十又二月,邢侯徙禺于麦,麦赐赤金,用作鼎,用从邢侯征事,用飨多诸友。

（02323）

麦所作器还有作册麦方尊(11820)、麦方彝(13541)、麦盉(14785)等,从相

---

① 商代晚期有"㠯亚羲侯"器若干,如"㠯亚羲侯妣辛"(10600)等,但这指的是"羲侯"一支应是"㠯"氏分支,此"羲侯"可能是作器者本人称谓,亦有可能是以"羲侯"为氏的贵族。
② 朱凤瀚:《殷墟卜辞中"侯"的身份补证——兼论"侯"、"伯"之异同》;张海:《西周建"侯"制度与边域政治地理研究》,北京大学博士学位论文,2017年,第21页。

关铜器的器形、纹饰以及铭文来看,其年代当在昭王时期①。铭文不见受祭者信息,说明作此器的主要目的不在于祭祀祖先。"用飨多诸友"。"多""诸"为同义复指,"多诸友"即众多"友"。学者曾指出西周、春秋时期的"友"可指同宗族内的兄弟辈②。从西周金文以及文献所载的实际情况来看,"友"在用作人群泛指时,其范围似乎还可扩大,指宗族内地位不如己的宗族成员。

如矢令尊有铭文作"左右于乃寮,以乃友事"(11821),"乃"训为"你的"。寮,官也③,同官为寮。"友"与"寮"相对,所指应该是与器主并非"同官"的一群人④。善夫克盨有铭文作"克拜稽首,敢对天子丕显鲁休扬,用作旅盨,唯用献于师尹、朋友、婚媾"(05678),用飨对象朋友、婚媾、师尹/尹人并列,应指三种不同身份的人。师尹为同官之人,婚媾即姻亲,故"朋友"不会是姻亲,也不会是器主政治上的同僚或长官。师询簋有铭文作"以乃友捍御王身"(05402),类似铭文在毛公鼎中作"以乃族捍御王身"(02518),可知"乃友"即"乃族",则"友"所指应该是血亲,即器主同宗族之人。并且麦鼎铭文最后"用从邢侯征事,用飨多诸友"。麦为邢侯属臣,"征事"即征伐之事,亦指军事行动。麦誓言追随刑侯参与征伐之事,然后便是"用飨诸友",这句话前后可能有照应关系。从商和西周的实际情况来看,麦追随邢侯行征伐之事应不会是一个人。当时贵族往往是率领自家宗族武装跟随上级贵族进行征战之事,这在甲骨文中多有记载,西周金文中也有。如班簋:"王令吕伯曰:以乃师右比毛父,遣令曰:以乃族从父征。"(05401)因此麦所言的"从邢侯征事",实际很可能是"麦以其族从邢侯征事",正因为其需要依靠族人才能实现此愿言,因此才会紧接着说"用飨多诸友"加以笼络。"多诸友"应指其族人。

---

① 徐中舒认为是成王时期;陈梦家认为麦组器有早有晚,大体在成康时期;郭沫若、容庚、马承源等认为是康王时器;唐兰、彭裕商等认为是昭王时器。诸家说法参黄鹤:《西周有铭铜器断代综览》,吉林大学博士学位论文,2013年,第231页。
② 钱宗范:《朋友考》,《中华文史论丛》第八辑,上海:上海古籍出版社,1978年,第272、282页;朱凤瀚:《商周家族形态研究》(增订本),第292—297页。
③ 《诗·大雅·板》"及尔同寮",毛传曰:"寮,官也。"《毛诗正义》卷第十七,《十三经注疏》,第1183页。
④ 不少学者认为此处之"友"当解作"僚友",如唐兰认为"僚"和"友"都是官署中助理官事之人,但"友"的职位略低于"僚";何景成认为"僚"是副职,"友"为属吏等。参唐兰:《西周青铜器铭文分代史征》,北京:中华书局,1986年,第316页;何景成:《论西周王朝政府的僚友组织》,《南开学报》2008年第6期。

窒叔簋与叔家父簠还可作为辅证,其铭文作:

> 唯王五月,辰在丙戌,窒叔作丰姑鼓旅簋,丰姑鼓用宿夜享孝于諴公,于(与)窒叔朋友,兹簋猷皀,亦寿人,子孙其永宝用。　　　　　　　　　　　(窒叔簋,05207)

铜器是丈夫为妻子而作,妻子想用此器祭祀公公及宴飨"朋友"。按周代贵族之妻往往是管理宗族内部事务,协助夫君进行宗族祭祀以及宴飨同宗成员,这在传世文献中有明确记载。一般情况下不至于"逾制"代夫君宴飨非血缘关系的僚友。叔家父簠铭文"叔家父作仲姬匜,用盛稻粱,用速先后、诸兄,用祈眉寿无疆……"(05955)即是丈夫为妻子作器,妻子用以招待同宗成员的确证。因此,从这个角度来说,此处之"朋友"也只能指同宗族成员,而不会是非血缘的僚友①。

《左传》桓公二年有"天子建国,诸侯立家,卿置侧室,大夫有贰宗,士有子弟,庶人工商各有分亲"②,襄公十四年作"天子有公,诸侯有卿,卿置侧室,大夫有贰宗,士有朋友,庶人、工、商、皂、隶、牧、圉皆有亲暱"③。二者所言意思基本一致,则"朋友"即"子弟",指宗族内的兄弟辈和子侄辈。《左传》僖公二十七年有"凡师,能左右之曰以"④,"左右"和"以"皆有率领(使令)之意,"以乃友"即"率领你的族人","友"的身份要低于器主。准此,西周时期"友"只用作人群身份时,多指地位不如己的宗族成员(主要是兄弟辈和子侄辈)⑤。

西周金文言"用飨诸友"者,作器者地位一般都比较高。上述麦组器有方尊、方彝等高规格铜器,自身职官为作册,与邢侯过从甚密,很有可能是所属宗族宗子。其他诸如毛公旅鼎(02336)、应侯再簋(05639)、趠曹鼎(02433、02434)、祈伯簋(04738)等言"用飨朋友者",作器者身份为(毛)公、(应)侯、史(趠曹)、(祈)伯,无疑也是各自宗族的宗子。所以,西周金文中凡言"用飨诸

---

① 这一点早已为陈絜作出指出。陈絜:《周代农村基层聚落初探》,朱凤瀚主编:《新出金文与西周历史》,第121页。
② 《春秋左传正义》卷五,《十三经注疏》,第3786页。
③ 《春秋左传正义》卷三十二,《十三经注疏》,第4250页。
④ 《春秋左传正义》卷十六,《十三经注疏》,第3954页。
⑤ 唐兰、李学勤等多位学者早已指出西周金文还有部分"友"指"僚友",即政治上地位低于己的下属,这是正确的意见。不过这种义项或是由宗族成员引申而来,何景成、陈絜等持这种看法。参何景成:《论西周王朝政府的僚友组织》,《南开学报》2008年第6期,第18—25页;陈絜:《周代农村基层聚落初探》,朱凤瀚主编:《新出金文与西周历史》,第122页。

友"者,可以看作是宗子作器用以宴飨族人的行为。

(二) 用飨宾客

西周早期还有铭文作"用飨宾",如:

甲作宝尊彝,其万年用飨宾。	(甲盉,14754)
欼作厥簠两,其万年用飨宾。	(欼簠,04605)
义叔昏肇作彝,用飨宾。	(义叔昏簠,04567)

"用飨宾"也可作"用飨宾客"(曾伯陭壶,12427)或"食宾"(谏簋,04528)。宾,客也,对文则别,散文则异,是同僚之等,僚友群士也①。《诗·小雅·鹿鸣》"我有嘉宾",朱熹集传曰:"宾,所燕之客,或本国之臣,或诸侯之使也。"②准此,"宾"所指应是作器者政治上的同僚,与"友"指同宗族成员不同。

西周早期还见有"用飨王/公逆造(事)",如:

伯者父作宝簋,用飨王逆造。	(伯者父簋,04629)
仲再作厥宝彝,用飨王逆造。	(仲再簋,04623)
圸作宝簋,用飨王逆造事。	(圸簋,04586)
……保员……用飨公逆造事。	(保员簋,05202)

"逆造事"也作"逆造事人"(伯寇父鼎,01987),二者可能是省略关系。

或云"用飨王出入事人",如

伯矩作宝彝,用言(歆)③王出入事人。	(伯矩鼎,01957)
小子生……其万年永宝用飨出入事人。	(小子生尊,11799)

"造"字形作逪、洀、洀等,相关释读意见有很多,此处从于省吾、李学勤释④。"逆造"与"出入"意思相近,李学勤认为"逆造"与"出入"是出入王朝,在

---

① 《仪礼·士冠礼》"摈者告期于宾之家"贾公彦疏;《仪礼·士丧礼》"有宾则拜之"郑玄注。《仪礼注疏》卷一、三十五,《十三经注疏》,第 2043、2445 页。
② (宋)朱熹集撰,赵长征点校:《诗集传》,北京:中华书局,2017年,第156页。
③ 于省吾读"言"为"歆",歆,享也(于省吾主编:《甲骨文字诂林》,北京:中华书局,1996年,第695—696页)。"用言(歆)王出入事人"即"用飨王出入事人"。
④ 于省吾:《双剑誃吉金文选》卷上二"麦尊",北京:中华书局,1998年,第154页;李学勤:《释"出入"与"逆造"》,《通向文明之路》,北京:商务印书馆,2010年,第180—182页。

铭文中指王或侯的使者①，当是可信的意见。矩鼎(02204)有铭文作"矩作宗室齍，其用飨王出入，穆穆事宾，子孙其永保"。"飨王出入"与"事宾"相对成文，是"宾"即出入王所者。王、侯的使者也可看作是广义上的"宾"，他们是王的代表，比一般所谓作器者同僚或姻娅之亲的"宾"地位要高，因此特意标出以示区别。

不仅如此，西周早期还有祭祀祖先和用飨宾客见于同一篇铭文者，如小臣宅簋(05225)有铭文作"唯五月壬辰，凡公在丰，令宅事伯懋父……(小臣宅)用作乙公尊彝，子子孙永宝，其万年用飨王出入"。作册夨令簋(05352、05353)"唯王于伐楚，……(作册夨令)用作丁公宝簋，用尊事于皇宗，用飨王逆造，用䝈僚人，妇子后人永宝"。"乙公""丁公"应分别是小臣宅与作册夨令的先人，很有可能即父考。铭文所见铜器既用于祭祀祖先，也用于招待宾客，反映出作器者对"飨宾客"的重视。《礼记·表记》："子曰：君子敬则用祭器。是以不废日月，不违龟筮，以敬事其君长。是以上不渎于民，下不亵于上。"郑玄注云："谓朝聘、待宾客，崇敬不敢用燕器也。"②由此可知，用祭器招待宾客是崇敬宾客的表现。

三、器、名与治道——新内容产生的原因与背景探析

上述西周早期铜器铭文新增之内容，按性质大体可以分为两类：伯仲叔季的排行涉及宗族成员地位与权力分配，用飨诸友多是宴飨同宗族人，均侧重于宗族内部之关系与结构；职官是政治身份，用飨宾客则意在笼络非血缘的贵族，是政治关系③。按说宗族与政治这两类关系在殷代就已经存在，为什么相关内容在商金文中很少见到，而在西周早期大量出现？我们认为，这可能与周初统治集团欲借器与名以稳定自身地位、巩固统治有密切关系。

西周早期，周人政权新立，当时的局面尚未完全稳定下来，周王朝的统治面临着重大的挑战。统治者大行分封（分封既指周天子对各级贵族的封

---

① 李学勤：《释"出入"与"逆造"》，《通向文明之路》，第180—182页。
② 《礼记正义》卷五十四，《十三经注疏》，第3569—3570页。
③ "宾"之所指除了政治上的同僚外，还可指姻娅之亲。先秦时期贵族婚姻有较鲜明的政治色彩，从这个角度来说，"飨宾"的对象无论是同僚还是姻亲，均可归入政治关系中。

爵任官、授民授疆土，也包括各级贵族在其所辖的封地内赐予下级贵族土地和民人的行为），将大量贵族封往各地（包括畿内和畿外）建立统治，以期达到稳定政局，巩固统治的目的。对于原属于周人集团的诸宗族而言，政权的取得和分封的推行使宗族的地位与实力在较短的时间内获得了极大的增长。与之相应，宗族成员所能分配得到的权力无疑也大为增长。其在宗族内的身份越高，所能得到的权力可能就越大。作为宗族身份标志，同时也是宗族权力分配依据的排行称谓，在这时候的重要性无疑就大大增加了。作器突出自身排行，无疑有凸显宗族身份与地位、暗示其所能获得的宗族权力的意味在里面。

不仅如此，分封制下，宗族排行已经不仅仅是宗族内权力分配的依据和标志，其对政治权力的获取也有重大影响。面对新增广阔的统治区域和数倍于"小邦周"的民人，统治者需要大量贵族参与王朝治理。因此西周早期分封和任命的人数众多，不仅有周王近亲和诸异姓宗族宗子，还有很多非宗子的贵族宗族成员也受到分封或任命①。对于这些受封贵族而言，能得到王朝册封或任命，与在宗族内的地位和身份有密切关系。也就是说，其在所属宗族中的身份越高，可能得到王朝册封的概率就越大，相应的政治身份也就可能越高②。因此，宗族的排行称谓也或多或少地充当了获取政治权力大小的依据。部分排行称谓甚至有了政治内涵。以"伯"为例，在西周原本是宗族内嫡长子的称谓，因在嫡长子继承制下，宗子之位多由"伯"担任，故"伯"渐次成为宗子的代称。由于西周早期贵族受封大量的土地和民人，宗子的统治已经不仅仅限于

---

① 如西周王朝贵族有荣伯、荣仲和荣季，荣伯为宗子，荣仲、荣季原只是宗族成员，后分立为小宗。《清华简·封许之命》记载许国始封者为吕丁，《说文·叙》："吕叔作藩，俾侯于许。"《左传》隐公十一年《正义》引杜预云："许，姜姓，与齐同祖，尧四岳伯夷之后也。周武王封其苗裔文叔于许。"文叔，《汉书·地理志》颍川郡许县本注作'大叔'。整理者认为许叔即吕丁，应是可信的意见。"叔"是排行，说明并非嫡长子，吕丁当时在所属宗族很有可能并非宗子。
② 以姬姓宗族为例，经过先周时期的发展，到西周早期姬姓宗族成员和分支当有不少，但从文献记载和出土材料的实际情况来看，西周早期姬姓贵族受封为"显诸侯"者，以文王、武王和周公之后占据多数。《左传》僖公二十四年富辰曰："昔周公吊二叔之不咸，故封建亲戚以蕃屏周。管、蔡、郕、霍、鲁、卫、毛、聃、郜、雍、曹、滕、毕、原、酆、郇，文之昭也。邘、晋、应、韩，武之穆也。凡、蒋、邢、茅、胙、祭，周公之胤也。"如果再加上太王之后（吴、虞）与王季之后（二虢），则所占比例会更高。而像召氏、南宫氏这种姬姓支族受封则相对少见，更多的原因可能是因为其功劳（召公奭和南宫括均对周王朝的建立与稳定立下大功）。由此可见，宗族身份的高低对获取政治权力有重要影响。

宗族，还包括若干同姓或异性贵族、平民家族的行政单位，作为宗子之"伯"自然也成了这一行政单位（西周时期多称"邦"）的首领。即"伯"在排行之外，又新增了政治内涵。在这种情况下，排行称谓具有了宗族权力与政治权力的双重内涵，其受到重视，特意在铭文中予以突出表现，也就变得可以理解了。

多数受封贵族需要离开本支宗族去往封地建立新宗，随行的本族族人是其统治当地最基本的骨干力量，是必须要亲近和拉拢的对象。许倬云指出："分封的队伍深入因国的土著原住居民之中，也必须保持自群之内的密切联系，庶几稳定以少数统治者凌驾于多数被统治者之上的优势地位。"[1]敦睦宗族情谊本是宗子应尽的义务，在这种情况下，加强宗族成员间的团结与稳定，保持宗族合力更是对能否有效统治封地有直接的影响。作器铸铭言"用飨诸友"，表明作器者对宗族成员的重视，可看作是宗子敦睦宗族情谊，拉拢宗族成员以保持宗族稳定的具体表现。

作器突出职官等政治身份，则可能与西周贵族权力来源有密切关系，是用以御下的手段之一。周人夺取政权之后，为了有效管理数量庞大的原非周人集团人口，有必要建立完善的职官体系。周天子在分封各级贵族，授民授疆土的同时，多数也会授予相应的职官（各级贵族对其属下也多是如此）。朱凤瀚曾经指出，西周贵族家族的存立，并非社会经济之需要，而主要基于政治因素，贵族家族的存在是西周王朝（或各诸侯国）政治统治的需要，他们要对王朝（或）公室担负政治义务，因而具有一定的政治功能[2]。因此，王朝的政治身份对各受封贵族而言就显得尤为重要。不仅如此，新封贵族在封地原无实力基础，其统治力量也几乎全部来自王朝的赐封，他们需要某种政治身份来彰显自身之地位与实力。这一点在周式铭文系统常见诸"侯"作器上体现得尤为明显。上文已经说到，商金文中极少见到诸"侯"作器，而西周早期却常见，这种差异可能正与任侯者权力来源的不同密切相关。殷代诸侯多为边域土著族群首领，在当地早有自己的实力基础。商王册封更多的是对既有事实和现状的

---

[1] 许倬云：《西周史》，北京：生活·读书·新知三联书店，1993年，第161页。
[2] 朱凤瀚：《商周家族形态研究（增订本）》，第390页。

认可，意在换取边境的安定及其在政治上的效忠，羁縻之意明显。土著族群首领的实力并非来源于商王朝，是否受封对其在当地的统治实际意义不大，因此在铸器作铭时不会刻意标识"侯"的身份，反而会对其所属宗族名号更为在意。而周代封侯者的情况却不同，周天子分封大量周人集团贵族为侯，前往畿外建邦立国，为王室守边域，开疆拓土。对这些受封贵族而言，其在封地并无实力基础，作为"新来者"，是周天子的册封给予其统治当地的权力。职官称号便是其所能获得的政治权力的标志，需要特别标明以彰显其身份，以显示统治此地的合法性。在这种情况下，作器铸铭称"侯"也就不难理解了。其他职官诸如"公""监""史"等，也当作类似理解。至于作器"用飨宾客"，则是作器者为了拉拢与周王以及同僚们的政治关系，以维护其在王朝政治体系中的地位，使自身及宗族获得稳定发展的手段之一。

  先秦时期统治者对"名位"十分重视，《左传》成公二年载孔子曰"唯器与名，不可以假人，君之所司也。名以出信，信以守器，器以藏礼，礼以行义……政之大节也"[①]，意思是说作为统治者，器物与名号不能假借给别人，必须自身牢牢掌握。名号用来赋予威信，威信用来保有器物，器物用来体现礼制……用来治理人民，这是执政的关键。孔子还说"必也正名……名不正则言不顺，言不顺则事不成"[②]（《论语·子路》）可见"名（与器）"对贵族统治的极大重要性。以上所言排行与职官称谓，均为"名"，是获取权力及统治民人正当性与合法性的重要标志。西周早期贵族作器铸铭强调作器者身份（宗族身份、政治身份），正是"器与名"的结合，是"正名"的表现，符合"器与名，君之所司也"的治道原则，这与拉拢族人和政治同僚的行为相同，均是贵族为稳定自身地位，巩固统治所作的努力。

第四节 "周人不用日名说"的再审视

  殷式铭文系统以"亲称+日名"为核心，此内容也出现在周式铭文系统中

---

① 《春秋左传正义》卷二十五，《十三经注疏》，第4111页。
② 《论语注疏》卷十三，《十三经注疏》，第5445页。

(G2b 类)。20 世纪 50 年代，王承祒曾详细论述周代日名铜器均为殷遗民贵族所作①，此后张懋镕更是对"周人不用日名说"作进一步的阐述，认为使用日名是商文化的特色，周人不用。以文化的相互影响和特例来解释与此规律不相符的现象②，得到了不少学者的认同。但近年以来，与此规律不相符的铜器铭文时有发现，周式铭文系统所见"日名"是否均当如此理解？日名能否成为商周文化判定的标准？这些问题似乎还有再作探讨的必要。

一、周人集团使用日名的证据

广州市博物馆藏有一件西周早期息伯卣，铭文作：

> 唯王八月，息伯赐贝于姜，用作父乙宝尊彝。 （13296）

该器属于传世器，出土信息缺失。"息伯赐贝于姜"，"于"表被动，"姜"是赏赐者，"息伯"是受赐者。"父乙"为"亲称＋日名"，指息伯之父。"息"为氏名，"伯"是排行，"氏名＋排行"是周文化特色。出土材料和传世文献所见"息"族有二：河南殷墟刘家庄南 M63 曾出土有一瓠一爵，铭文作"父己，息"（07858、09593）③。河南罗山蟒张曾发掘一处大型商代晚期墓葬群，出土大量"息"族铜

---

① 使用日名是商文化特点的观点在汉代就有，《白虎通·姓名解》："殷以生日名子何？殷家质，故直以生日名子也。以《尚书》道殷家太甲、武乙、武丁也。于民臣亦得以甲乙生日名子何？不使亦不止也。"（《白虎通疏证》，第 408 页）宋代以来就有学者用日名当作商周铜器界标，如北宋吕大临《考古图》于庚鼎、辛鼎、癸鼎云："史记夏商未有谥，其君皆以甲乙为号，则此三鼎疑皆夏商之器。"后来罗振玉也认为："考殷人以日为名，通乎上下……日名之制，亦沿用于周初，要之不离殷文者近是。"（罗振玉：《殷文存》，民国六年影印本）容庚也曾说过："吾人所据以定为商器者，一为图形文字，一为以日为名。"（容庚：《商周彝器通考·铭文》，哈佛燕京学社，1941 年）20 世纪 50 年代，王承祒最早系统论述周代日名铜器均为殷遗民贵族所作："周代铜器中多有'日名'之器（严格的说应为'日谥'之器）……此等周代铜器中的'日名'之器，根据著者的研究，知其皆是周代的'殷遗民贵族'所作之铜器。其证明如下：（一）殷人有日名之习惯，殷代的帝王之谥号皆是日名。（二）周人没有日名之习惯，周代的帝王之谥号皆不是日名。（三）根据其他外证可以确定为周人所作之铜器者皆绝无日名。（四）根据其他外证可以确定为周代的殷遗民所作之铜器者大多数皆有日名。"（王承祒：《周代社会史试论》，《文史哲》1953 年第 1 期，第 50—56 页）
② 张懋镕：《周人不用日名说》，《历史研究》1993 年第 5 期，第 173—177 页；张懋镕：《西周青铜器断代两系说刍议》，《考古学报》2005 年第 1 期，第 1—25 页；张懋镕：《再论"周人不用日名说"》，《文博》2009 年第 3 期，第 27—29 页；张懋镕：《三论"周人不用日名说"》，《古文献整理与研究》第 1 辑，北京：中华书局，2015 年，第 184—226 页；张懋镕：《周人不用族徽、日名的考古学证明》，《古文字与青铜器论集》（第五辑），北京：科学出版社，2016 年，第 223—250 页。
③ 爵铭文为"父己，息"，瓠的铭文为"己父，息"。

器,文化面貌与殷墟文化类似①,这是属于商人的"息"氏;另一息氏见于《世本·氏姓》:"息国,姬姓。"《说文·邑部》:"鄎,姬姓之国,在淮北。"②这一姬姓息国,则有可能是西周所建。此"息伯"究竟属周人集团还是殷遗民,似乎不好判定③。

西周早期荣子器有铭文作:

荣子作宝尊彝。	(方彝,13526,图 1.6a)
荣子作宝尊彝。	(盘,14376)
荣子作宝尊鼎。	(鼎,01604,图 1.6b)
荣子旅作宝簋。	(簋,04370)
荣子旅作旅彝。	(卣,13091,图 1.6c)
荣子作宝尊彝。	(尊,11611)
荣子作父戊。	(盉,14706,图 1.6d)
荣子作父戊。	(盉,14707)
荣子旅作父戊宝鼎。	(鼎,01823,图 1.6e)
荣子旅作父戊宝彝。	(鬲,02788)
荣子旅作父戊宝尊彝,其子孙永宝。	(鼎,02024,图 1.6f)
荣子旅作祖乙宝彝,子孙永宝。	(甗,03324,图 1.6g)

| a. 13526 | b. 01604 | c. 13091 | d. 14706 | e. 01823 | f. 02024 | g. 03324 |

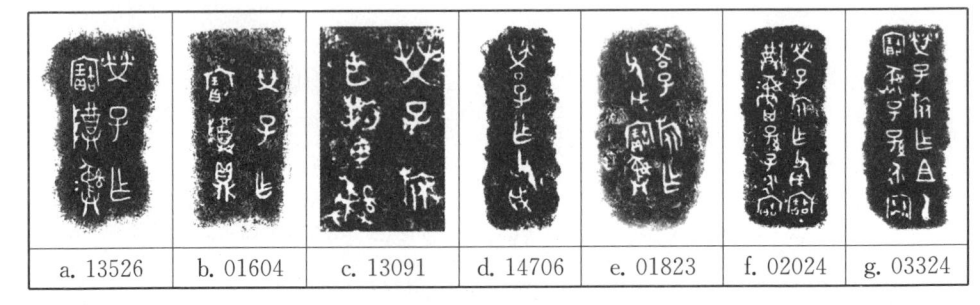

图 1.6 西周早期"荣子"器铭文拓片

---

① 信阳地区文管会、罗山县文化馆:《河南罗山县蟒张商代墓地第一次发掘简报》,《考古》1981 年第 2 期;《罗山蟒张后李商周墓地第二次发掘简报》,《中原文物》1981 年第 4 期;河南省信阳地区文管会、河南省罗山县文化馆:《罗山天湖商周墓地》,《考古学报》1986 年第 2 期。
② (汉)许慎撰,(宋)徐铉校定:《说文解字》第六下,北京:中华书局,2015 年,第 130 页。
③ 赵燕姣认为此器是入周后的殷裔之息所铸。(赵燕姣:《古息国变迁考》,《中原文物》2014 年第 3 期,第 31 页)徐少华、田成方等认为是姬姓息国。(徐少华:《周代南土历史地理与文化》,武汉:武汉大学出版社,1994 年,第 84 页;田成方、陈鑫远:《息器与周代息国》,《出土文献》第十五辑,上海:中西书局,2019 年,第 72 页)

这些铜器年代相近,"荣子"即荣氏宗族的宗子,一人作器兼用两大铭文系统:前六例以"作器者＋作彝"为中心,属于周式铭文系统;第七到十例以"作＋亲称＋日名＋彝"为中心,属于殷式铭文系统;最后两例铭文前部同于殷式格式,而所缀"子孙永宝"则是西周以来的新内容。文献记载有荣氏,《史记·周本纪》:"成王既伐东夷,肃慎来贺,王赐荣伯作《贿肃慎之命》。"裴骃《集解》引马融云:"荣伯,周同姓,畿内诸侯,为卿大夫也。"①荣氏为姬姓,属于周人集团。但部分荣子器用日名,不少学者认为此荣氏不是姬姓,而是殷遗民②。

息伯和荣子都是铭文格式多有周式系统特色,同时又使用"亲称＋日名"的例子。其身份属周人集团还是殷遗民,学者意见存在分歧。不过西周早期还有明确属于周人集团而使用日名的例子,如召公家族有铜器作:

伯龢作召伯父辛宝尊鼎。　　　　　　　　　　　　　　　(伯龢鼎,01900)

龢作召伯父辛宝尊彝。　　　　　　　　　　　　　　　　(龢爵,08569)

伯宪作召伯父辛宝尊彝。　　　　　　　　　　　　　　　(伯宪盉,14752)

唯九月既生霸辛酉,在燕,侯赐宪贝、金,扬侯休,用作召伯父辛宝尊彝,宪万年子子孙宝,光用太保。　　　　　　　　　　　　　　　　　　　　(宪鼎,02386)

燕侯旨作父辛尊。　　　　　　　　　　　　　　　　　　(燕侯旨鼎,01716)

受祭者"父辛"为"亲称＋日名","召"为氏名。作器者和受祭者多用排行称谓,这是周文化特点。文献载周武王封召公奭于燕,《史记·燕召公世家》:"召公奭与周同姓,姓姬氏。"《集解》谯周曰:"周之支族,食邑于

---

① 《史记》卷四,第133页。
② 西周早期荣仲方鼎(02412、02413),器主荣仲也属于荣氏宗族。两方鼎铭文末尾之"史"与商金文常见的族氏铭文标志相似。因此有学者对荣氏的身份有不同意见。如彭裕商认为荣子是殷遗民,董珊认为荣氏是否为姬姓值得怀疑,韩巍认为荣氏原是起源于东方的世族,周人赐其为姬姓。陈絜认为西周王朝荣氏的族姓问题目前还无法确定,不排除其出自东土部族的可能。彭裕商等:《保利艺术博物馆收藏的两件铜方鼎笔谈》,《文物》2005年第10期,第74页;董珊:《版方鼎和荣仲方鼎铭文的释读》,北京大学震旦古代文明研究中心编:《古代文明研究通讯》总第27期,2005年12月;韩巍:《西周金文世族研究》,北京大学博士学位论文,2007年,第105页;陈絜:《浅谈荣仲方鼎的定名及其相关问题》,《中国历史文物》2008年第2期,第61—68页。按荣仲方鼎末尾的"史"当不是族氏铭文,而是相当于职事名号,有相当一部分原被认为是族氏铭文的可能是职事性的标志。但是担任同一职事"史"的,不一定只有一个家族,可能有很多个家族。不是只有殷遗民,也有可能是原有的周人集团。荣氏很有可能属于后一种。

召,谓之召公。"①召公为姬姓②。小臣𧊒鼎(02102)铭文有"召公建燕",可证召公封燕确有其事。学界多数认为"召伯父辛"或"父辛"与召公奭有密切关系③。由此可知周人集团之召氏在西周早期使用日名的例子不在少数④。

湖北随州叶家山曾侯墓地 M111 曾出土有一件曾侯方鼎,铭文作:

  曾侯作父乙宝尊彝。   (《铭续》30121)

铭文格式与上举"燕侯旨作父辛尊"基本相同。同墓出土有多件曾侯器,如"曾侯犾作宝尊彝"(30362)、"犾作烈考南公宝尊彝"(30371)、"曾侯用彝"(30918)。犾、曾侯、曾侯犾所指很有可能是同一人⑤。"南公"见于大盂鼎,为南宫氏。曾侯为南公后代,文献和出土材料证明南宫为姬姓,诸家无异说⑥。

传世还有一件甾觯,其铭文作:

  甾作父己宝尊彝,南宫。   (10646)

该器年代略晚,铭文末尾之"南宫"当为族名。作器者"甾"和受祭者"父己"均属于南宫宗族之人,是姬姓南宫宗族使用日名也非个例。

宜侯夨簋有铭文作:

---

① 《史记索隐》:"召者,畿内采地。奭始食于召,故曰召公……后武王封之北燕……亦以元子就封,而次子留周室代为召公……"参《史记》卷三十四《燕召公世家》,第 1549 页。
② 也有学者不这么认为,任伟认为召公奭不属于姬周族本支,并在地域文化、生活习俗上与姬周族本支不尽相同,且受殷商文化影响较浓。韩巍认为召氏祖先在晚商时期可能是豫西、晋南一代臣属于商人的部族,在周人东进时转而臣服于周,成为协助周人克商的重要力量。姬周统治者为了将召方吸收入周族核心,很可能赐予其姬姓,以同族视之。参任伟:《西周封国考疑》,北京:社会科学文献出版社,2004 年,第 166 页;韩巍:《西周金文世族研究》,第 85 页。
③ 关于召公奭与召伯父辛的关系,学界主要有两种观点:一种是认为召公奭即召伯父辛,还有一种观点则认为召公奭与召伯父辛是父子关系。关于这两者观点的述评,详参第三章第二节,此不详述。
④ 西周早期叔造尊有铭文作:"叔造作召公宗宝尊彝,父乙。"(11736)此"召公"当即召公奭,铭末之"父乙"为召公之日名(详细论证参第三章第二节),召公奭亦有日名。西周早期还有一件铜爵,铭文作"召,父丁"(08144),"召"表示作器者属于召公宗族,"父丁"为"亲称+日名"。此器也可作为召公宗族使用日名非特例的例子。
⑤ 朱凤瀚认为曾侯方鼎也可能并非犾所作,参朱凤瀚:《叶家山曾国墓地大墓之墓主人身份与曾侯与钟铭》,湖北省文物考古研究所:《曾国考古发现与研究》,北京:科学出版社,2018 年,第 119—132 页。
⑥ 韩巍认为南宫氏为姬姓属于"赐姓",参韩巍:《西周金文世族研究》,北京大学博士学位论文,2007 年。

唯四月,辰在丁未,王省武王、成王伐商图,征省东国图,王莅于宜……王命虞侯
矢曰:迁侯于宜……宜侯矢扬王休,作虞公父丁尊彝。　　　　　　　　(05373)

"王省武王、成王伐商图",则时王为康王。铭文记载康王迁封虞侯矢于宜地。因此作器者在铭文前半自称"虞侯矢",末尾称"宜侯矢"。"虞公父丁"为虞/宜侯矢之父,"父丁"是典型的日名格式。此"虞"很可能即古公亶父之子,太伯、虞仲所封之"虞"。李学勤认为"虞公父丁"是《史记·吴世家》武王所封的吴的第一代周章①,这也可看作是姬姓周人使用日名的例子。

洛阳博物馆还藏有一件芮伯卣,铭文作:

芮伯作父□宝尊彝。　　　　　　　　(30868,图 1.7)

芮为姬姓②,倗伯簋有铭文作"倗伯肇作芮姬宝簋"(30442),是倗伯为芮姬所作铜器。倗为媿姓九宗之一,"芮姬"属于"父氏+父姓"的称名形式,可证芮明确为姬姓。芮伯卣器腹倾垂已经比较明显,或已进入西周中期。从铭文照片来看,铭文为阳文,有残泐现象,应是当时铸造问题。金文所见作"父宝尊彝"者,多数是"作厥父宝尊彝",如伯𢦏鼎(01784)、师卫簋(04937)、作厥父爵(08553)等。如果不言"厥"而只言"作父宝尊彝"的话,"父"下往往有日名,如"作父乙尊彝""作父辛宝尊彝"等。因此芮伯卣名之"父"下很有可能残一日名。

图 1.7　芮伯卣器形及铭文照片(30868)　　图 1.8　芮伯簋器形及铭文拓片(04500)

---

① 李学勤:《论高青陈庄器铭"文祖甲齐公"》,《东岳论丛》2010 年第 10 期,第 41 页。
② 《左传》桓公三年有"芮伯万",孔颖达疏引《世本》曰"芮、魏皆姬姓"。《春秋左传正义》卷六,《十三经注疏》,第 3793 页。不过近年有学者根据芮姞簋的称名方式与族氏铭文提出西周时代还存在另一姞姓芮国(赵庆淼:《芮姞簋与古芮国探微》,《故宫博物院院刊》2016 年第 2 期),该问题还可作进一步探讨。

首阳斋收藏有一件年代约在穆王时期的芮伯簋,铭文作:

  芮伯作祈公日宝簋。   (04500,图 1.8)

"祈公"为芮伯先人,很有可能是其父考。"祈公日"不成辞,参考商周金文常见日名称谓方式,如"公日己"(周爹壶,12392)、"公日辛"(㮙尊,11769)、"虞公父丁"、"祖日庚"(祖日庚簋,04941)、"文考日辛"(彭生鼎,01956)等情况来看,"日"下应是缺一日名。这种缺漏,不论原因为何,但从"祈公日"的称谓来看,当时芮伯家族应该有使用日名的习惯。芮伯是芮氏宗族之长,若此推论可信的话,则也是姬姓周人用日名的例子。

传世王尊(原称王角)有铭文作:

  王作母癸尊   (11558)

该器器形缺失,诸家多认为年代在西周早期,此"王"极有可能是指周天子。若是如此,周天子为母亲作器用日名,亦是姬姓用日名的证据。

周人集团不仅是姬姓贵族使用日名,姜姓也有不少例子。如 2005 年山东高青陈庄西周墓地出土有器主为"豐"的铜器几件,其铭文为:

  豐肈作厥祖甲宝尊彝。   (豐簋,04541、04542,图 1.9a)
  豐肈作文祖甲齐公尊彝。   (豐卣,13253,图 1.9b)
  豐肈作厥祖甲齐公宝尊彝。   (豐觥,13658,图 1.9c)

受祭者为"祖甲齐公","祖甲"是日名,"公"是尊称。史载周武王封太公于齐,"齐公"很有可能即太公望①。太公一支的姜姓族群很早就与姬姓周人通婚混居,是周人集团重要组成部分。太公宗族使用日名,也是周人集团使用日名的证据。

许仲䧹尊(图 1.8d)、卣有铭文作:

  许仲䧹作厥文考宝尊彝,日辛。   (11740、13267)

---

① 李学勤:《论高青陈庄器铭"文祖甲齐公"》,《东岳论丛》2010 年第 10 期,第 40—41 页。

| a. 豐簋 | b. 豐卣 | c. 豐觥 | d. 許仲🈯尊 |

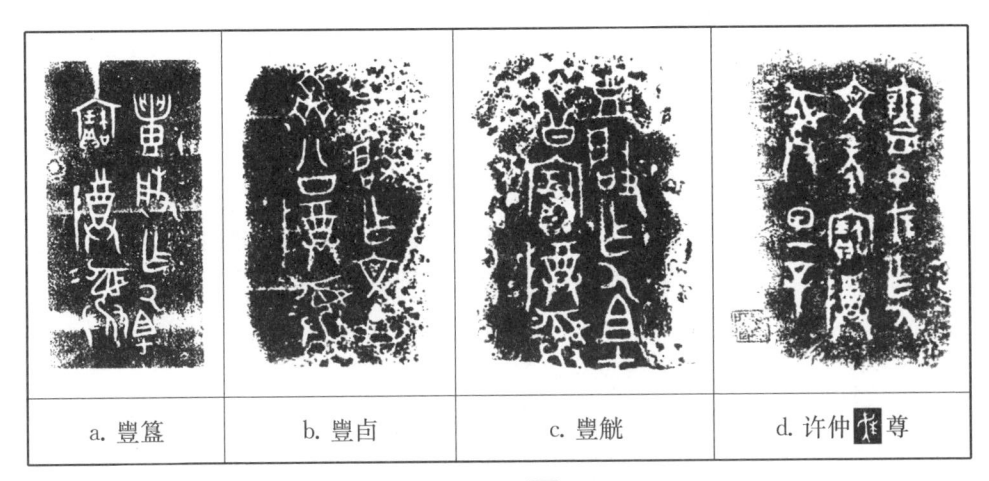

图 1.9　豐器与許仲🈯器铭文拓片

"許"原铭作"🈯",从舞从皿,可通作"許",春秋时期許国铜器亦有作此字形者(許公买盙,05966)。文献明确记载"許"是姜姓,《清华简》五有《封許之命》,记载了周天子封許的诰命之辞,文中言及許国始封者在文王时候已经任职,参与武王伐纣,这说明許氏在先周就已经属于周人集团。铜器器主"許仲🈯",其称谓形式为"氏名＋排行＋私名",是周人特色。该铜器是許仲🈯为其父考所作祭器,铭末"日辛"应是其父考日名。許仲🈯称其父为"文考日辛",也可看作是周人集团用日名的例子。

从殷墟甲骨文及商周铭文的总体情况来看,商文化普遍使用日名,西周早期仍有大量日名铜器的存在,其中不少可以明确使用者为殷遗民。至于周人集团使用日名的例子,持"周人不用日名说"的学者给出了不同的解释:张懋镕认为周人使用日名的例子极少,仅限于极少的贵族阶层,年代也不长(集中在成康时期),可以看作是特例,很有可能是受殷文化影响的产物[①];韩巍则认为可能与"赐姓"有关,即这些族群原来可能与商有密切联系,在商末周初转投周人,于是周人赐予其姬姓,所以其文化面貌兼具殷周两种文化的特色[②]。

---

① 张懋镕:《周人不用日名说》,《历史研究》1993 年第 5 期,第 173—177 页。
② 韩巍:《西周金文世族研究》,北京大学博士学位论文,2007 年;《从叶家山墓地看西周南宫氏与曾国—兼论"周初赐姓说"》,北京大学出土文献研究所编:《青铜器与金文》第一辑,上海:上海古籍出版社,2017 年,第 98—118 页。

按文化影响说有失偏颇,周人分封同宗子弟和异姓功臣数十,遍在各地,多与殷遗民接触,燕、曾、齐均算不得商文化核心地,为什么燕齐受影响而其他则否?为什么高等级贵族受到影响而一般贵族则否?周人贵族对殷文化的选择机制何在?召、荣、南宫"赐姓"说则不见于文献记载,学者早已指出当时之"赐姓"与后世"赐姓"性质并不一致①。不只周人集团姬姓使用日名,姜姓也有不少使用日名的例子,故"赐姓"说亦有较大的假说成分。还有的情况是两说均无法解释的,如河南平顶山应国墓地 M8 出土的两周之际应公鼎铭文作:

　　应公作尊彝簋②珷帝日丁,子子孙孙永宝。　　　　　　　　　　　　(02105)

应国君主为周武王之后,《左传》僖公二十四年"邘、晋、应、韩,武之穆也"③。铭文"珷帝日丁"即周武王,其日名为"丁"。在两周之际殷遗民已多数被周同化,日名的使用越来越少,且应公明确为周武王之后的情况下,说应侯在祭祀其始祖武王时使用日名是受到商文化的影响,恐怕难以让人信服。

二、对周人集团日名使用特点的理解

　　殷周之变是我国历史上的重大事件,以上所言殷式与周式铭文系统内容与格式的差异,亦应属于殷周之变的表现形式之一。类似现象学者已经指出不少,不过需要注意的是,众多差异现象产生的原因并不全同,大体而言可以分为两类:第一类是源自不同人群固有的文化差异。考古学所见商周葬俗,如墓向、是否有腰坑殉狗、陪葬器物的器类与组合差异等,便是典型的例子。这种不同产生的时间可能很早,在商时期,商人与(先)周人便已有不同。第二类则是朝代更迭之后新当权者对统治政策的调整。克商之后,周人统治者不

---

① 杨希枚认为:"根据姓字古义及《楚语》史料,先秦赐姓制度在理论及史实上,证明应义指赐民分民或授民。""先秦赐姓制与汉唐以来赐姓氏制为绝然不同的两种政治制度。后者借使功臣该从王族姓氏,以收怀柔之效,故可影响受赐者之族姓世系。前者则以分民、裂土、封国之实质奖赏,以收同姓及异姓维护王族之功。"参杨希枚:《先秦赐姓制度理论的商榷》、《论先秦所谓姓及相关问题》,《先秦文化史论集》,第 153、192—195 页。
② "簋"是一字还是两字有不同的意见。参李学勤:《新出应公鼎释读》,《古文字学论稿》,合肥:安徽大学出版社,2008 年,第 1—4 页;陈絜:《应公鼎铭与周代宗法》,《南开学报(哲学社会科学版)》2008 年第 6 期,第 8—17 页。
③ 《春秋左传正义》卷十五,《十三经注疏》,第 3944 页。

断反思商灭亡之原因与教训①,并结合当时的政局形势,对统治策略做了有针对性的调整,如发布《酒诰》,严禁周人贵族酗酒,大封同姓子弟为侯等等,由此导致制度与文化出现新面貌。两类原因的性质有很大不同,提醒我们在分析殷周差异现象产生的原因时要注意辨析与区分,同时也可为争论未决的问题提供新的思路。如果以此来看日名,在西周早期以降日名逐渐衰退,商人和殷遗民大量使用日名,而周人贵族使用日名并不算多见的背景下,日名究竟是殷周文化固有的差异,还是西周早期周人统治者因策略调整而逐渐弃用日名的结果? 似还有作全面探讨的必要。

上举日名的使用有一个特点,就是在日名外,整体铭文还有很多周文化特色,如作器者和受祭者多用排行称谓,同人作器其他铭文有不出现受祭者的情况等等。此类铭文的作器者有明确属于周人集团者,还有部分虽不能明确,但也有指示其可能属于周人集团的线索。根据日名在西周时期的使用情况,其与周人集团的关系存在两种可能:一是日名是商文化的特色,周人集团不用日名,偶有例外是文化影响的结果,"周人不用日名说"即是这种观点;二是使用日名曾是当时普遍的习惯,并无属商属周之绝对。周人集团原来也用日名,但因某种原因在西周时期逐渐弃用。以往学者更多地讨论第一种可能,对第二种则重视不足。如果从日名的性质以及目前所见周人集团明确使用日名的例子来看,第二种可能也不能轻易排除。

实际上,自"周人不用日名说"提出之日起,怀疑的声音就一直存在②,但质疑者面对这种情况的解释难以令人信服,故"周人不用日名说"仍然占据优势。

想要弄清日名与族属的关系,首先需要确定日名的性质。有关日名的得

---

① 清华简《系年》简 17 有"周成王、周公既迁殷民于洛邑,乃追念夏商之亡由",意思是成王、周公反思夏、商之所以灭亡的原因。李学勤主编:《清华大学藏战国竹简(贰)》,上海:中西书局,2011 年。
② 周言:《"周人不用日名说"考》,香港城市大学中国文化中心编:《九州学林》2010 年冬季卷,第108—125 页;王恩田:《随州叶家山西周曾国墓地的族属》,《江汉考古》2014 年第 3 期。此外,还有不少学者认为日名这种习俗滥觞于夏代,盛行于商朝,至西周为谥法所取代,周人曾和商人一样有过日名的习俗,亦并未将其看作是商文化特征。如李学勤:《新出应公鼎释读》,《古文字学论稿》,第 1—4 页;李学勤:《论高青陈庄器铭"文祖甲齐公"》,《东岳论丛》2010 年第 10 期,第40—41 页。

来,学界曾有生日说①、死日说②、轮流执政说③、卜选说④和吉日说⑤等多种说法⑥。现在看来,生日、死日、轮流执政均有难以解释处,信从者不多。卜选说和吉日说的共通之处在于均认为日名是对祖先祭祀日期选择的结果。从甲骨文、金文以及相关民族志等材料来看,这应该是目前最为合理的解释。

考古发现表明,祖先祭祀和占卜在很早之前就已经是黄河流域普遍的习俗,算不得是某个文化的特点。祖先祭祀的起源很早,基本各个文化都有。而在仰韶时代,我国就发现有用兽骨占卜的例子,如甘肃武威傅家门马家窑文化"房子和窖穴内共发现带有阴刻符号卜骨共6件,有烧灼痕迹"⑦。龙山时代以来,黄河流域各考古学文化中普遍发现有卜骨⑧,张忠培曾经说道:"从龙山时代开始,骨卜成了中国的普化宗教……自客省庄文化始,骨卜宗教获得了有序的传承和广泛的传播。"⑨由此可以推想,用占卜来确定祭祀祖先事宜的习俗有可能很早就已经存在,日名便是在卜选之后用祭祀日期指代受祭祖先的结果。《史记·夏本纪》记夏朝统治者有胤甲、孔甲、履癸等,约略与此同时,商代先公也用日名,如报乙、报丙、报丁、大乙等,后者得到了殷墟甲骨文的证实⑩。如果《夏本纪》记载夏代君王名号可信的话,则在夏时期夏族和商族均有使用

---

① 《白虎通·姓名解》云:"殷以生日名子何? 殷家质,故直以生日名子也。以《尚书》道殷家太甲、武乙、武丁也。于民臣亦得以甲乙生日名子何? 不使亦不止也。"(《白虎通疏证》,第408页)《易纬·乾凿度》有:"孔子曰:'自成汤至帝乙。'帝乙,汤之玄孙之孙也。此帝乙即汤也。殷录质,以生日为名,顺天性也。玄孙之孙,外绝恩矣。同以乙日生,疏可同名。"[(清)赵在翰辑,钟肇鹏、萧文郁点校:《七纬》,北京:中华书局,2012年,第40页] 司马贞《史记索隐》有: 皇甫谧云:"'微字上甲,其母以甲日生故也。'商家生子,以日为名,盖自微始。"(《史记》卷三《殷本纪》,第93页)
② 董作宾:《论商人以十日为名》,《大陆杂志》第二卷第三期,1951年;常玉芝:《商代周祭制度》,1987年。
③ 张光直:《商王庙号新考》,《中国青铜时代》,三联书店,1983年,第165—202页。
④ 李学勤:《评陈梦家〈殷虚卜辞综述〉》,《考古学报》1957年第3期,第119—129页。
⑤ 杨希枚:《论商王庙号问题兼论同名与异名制及商周卜俗》,《殷墟博物苑苑刊》创刊号,北京:中国社会科学院出版社,1989年,第9—19页;吉德炜:《中国古代的吉日与庙号》,《殷墟博物苑苑刊》创刊号,第20—32页。
⑥ 此外还有祭日说、致祭次序说、葬日说、冠礼婚礼说等。可参看胡辉平:《殷卜辞中商王庙主问题研究》,中国社会科学院研究生院硕士学位论文,2003年。
⑦ 中国社会科学院考古研究所甘青考古队:《甘肃武山傅家门史前文化遗址发掘简报》,《考古》1995年第4期,第293页。
⑧ 张得水曾对黄河流域卜骨发现情况作过统计,参张得水:《中国史前的骨卜、龟卜和玉卜》,张伯达编:《中国玉文化玉学论丛》三编·上,北京:紫禁城出版社,2005年,第31—48页。
⑨ 张忠培:《窥探凌家滩墓地》,《文物》2000年第9期,第57页。
⑩ 王国维:《殷卜辞中所见先公先王考》,《观堂集林》,第409—436页。

日名的习俗。

殷墟甲骨文显示商王通过占卜选择吉日祭祀祖先①，而周人文献也有卜选日期安葬或祭祀的记载。《左传》宣公八年有"卜葬先远日，辟不怀也"②。《礼记·杂记》有"大夫卜宅与葬日""祝称卜葬虞"③，虞指虞祭，即既葬之后的祭祀。下葬之日与祭祀之日都要通过占卜而选定。十天干中甲、丙、戊、庚、壬五奇为刚日，乙、丁、巳、辛、癸五偶为柔日。《仪礼·士虞礼》有："始虞用柔日……三虞卒哭，他用刚日。"④《礼记·曲礼上》云"外事以刚日，内事以柔日"，孔颖达疏引崔灵恩云内事指宗庙之祭⑤。从文献记载和考古资料来看，尚不能证明周人此习俗是在西周时期接受殷遗民文化影响的结果。所以，周人很有可能在先周时期就已经如此。若此推断可信的话，则西周时期殷遗民和周人集团均可使用日名。

值得注意的是，根据我们初步统计《铭图》的著录情况，西周早期有铭铜鼎共 687 件，其中带有族氏铭文或日名的达 410 余件；有铭铜簋 649 件，带族名或日名的 310 余件；有铭铜鬲 88 件，带族名或日名的 41 件；有铭铜甗 123 件，带族名或日名的 68 件。鼎、簋、鬲、甗是西周早期食器的基本种类，上所列共 1 547 件，带族名或日名的达 825 件，占总数的 53.3% 多⑥。食器尚且如此，如果算上西周早期尊、爵、觯、卣等酒器铭文的话，那么带族名或日名的铜器在整个西周早期（武、成、康、昭四王八十多年）有铭铜器中所占比例会更高（至少是 60% 以上）。若依据"周人不用族徽说""周人不用日名说"，则这些铜器基本均属于殷遗民所作，如此高的比例，几乎不可思议。这些铜器里面有大量制作精美、技艺高超的重器。我们知道，铜器冶铸是商周时期重要的生产门类，铜料的获取多由统治阶级控制，铜器的铸造和使用是贵族实力和身份的体现。在周人取得天下，占据统治地位的时代，殷遗民不可能仍然铸造和拥有半数以上的（有

---

① 李学勤：《评陈梦家〈殷虚卜辞综述〉》，《考古学报》1957 年第 3 期，第 123 页。
② 《春秋左传正义》卷二十二，《十三经注疏》，第 4068 页。
③ 《礼记正义》卷四十，《十三经注疏》，第 3362、3387 页。
④ 《仪礼注疏》卷四十三，《十三经注疏》，第 2543—2544 页。
⑤ 《礼记正义》卷三，《十三经注疏》，第 2708—2709 页。
⑥ 《铭图》所收大体齐备，虽也偶尔存在漏收、重复著录、伪器、年代判定不确等情况，但不至于大误，此所列具体数字容有微调，然其比例当无大的问题。

铭)铜器。因此,带日名的铜器当有相当一部分为周人集团制作与使用。

如果说周人集团原来也用日名,那么如何解释西周时期可以确定无疑属于周人集团的例子却并不算多?造成这种局面的原因可能有二:

一是周人集团在先周时期就深受商人影响,其制度与文化有相似处。西周早期周人集团所作铜器的铭文格式、内容可能有相当一部分与殷遗民基本一致。由于铭文信息过于简略,加之很多铜器脱离了原生的使用环境或埋藏环境,因而不少混杂在殷遗民铜器中而不能被有效辨别。

二是西周早期以来,周人对受祭者的称谓方式发生改变,逐渐弃用旧有"亲属称谓+日名"而采用其他的形式,因此周式铭文系统日名现象大为减少。

第一个原因可以解释日名铜器在西周早期所占比重如此之高的情况,第二个原因则涉及对西周时期日名使用衰退现象的理解。

周式铭文系统对受祭者的称谓,除了"亲属称谓+日名"之外,还增加了新的内容,归结起来,主要有两类:

a. 以"氏名+排行"为中心,如:

  遂肇諆作庙叔宝尊彝。   (01861)

  或者作宫伯宝尊彝。   (04483)

  义仲作厥父周季尊彝。   (01785)

或在此之后加上"亲属称谓+日名",如:

  伯穌作召伯父辛宝尊鼎。   (01900)

  叔鼏作己伯父丁宝尊彝。   (02828)

b. 以"某公"为核心,如"氏名+公":

  伯作文公宝尊旅彝。   (13212)

  叔作单公宝尊彝。   (01717)

  吾作滕公宝尊彝。   (02766)

  叔单作义公尊彝。   (04445)

  滕侯作滕公宝尊彝。   (04487)

  太史畓作召公宝尊彝。   (03305)

或者在此之前加上"亲属称谓",如:

  犾作烈考南公宝尊彝。(30371)

  鲁侯狱作彝,用享鬻厥文考鲁公。(02876)

  宜侯夨扬王休,作虞公父丁尊彝。(05373)

也有日名替代氏名,作"亲属称谓＋日名＋公"的情况,如:

  康生作文考癸公宝尊彝。(06139)

  受祭者信息新内容的特点与西周早期作器者信息的扩展一致。上文已经说到,排行是宗族身份和地位的标志,具有深刻的宗法内涵。"公"原属一种特定的高级别的王朝执政大臣的称谓。逝者称"公",不见得其生前是公,可能是一种尊称,说明其生前当有不小的职位或权势。与"亲称＋日名"相比,排行和公称能更好地体现逝者生前在宗族或政治上的身份与地位。作器者对受祭者如此称谓,可能有借父祖之名位来彰显自身出身以及权力来源正当性的意图在里面,类似心态与做法在后世的历史中也时有所见。这对于西周早期急于寻求身份认同以及统治合法性以稳固统治的贵族来说,显得尤为必要。正是基于这种想法,西周以来单纯称日名者逐渐减少,而称氏名＋排行以及尊称的情况越来越多,这种变化的趋势是与大分封的背景以及贵族的统治需要相适应的。

第五节 尊神与近人——论西周早期宗法侧重的转变

  以上介绍了商晚期到西周早期殷式与周式铜器铭文内容与格式的特点、日名的性质及在西周逐渐消失的原因。那么这些差异和变化与宗法制度有什么关系?体现了殷周宗法制度什么样的转变?下面试作说明。

一、殷式、周式铭文特点与宗法侧重之关系

  殷式铭文系统以祭祀祖先为核心,重点突出受祭者信息(亲称＋日名),不见宴飨某人的内容,对作器者身份信息的重视有限,或省略、或以族名代替,少数有私名或职官信息。从上举宗法内容的分类来看,这些特点反映出使用者犹重祖先祭祀,宗法实践的侧重在宗庙之法,这与甲骨文所见殷代宗法的特点也是相合

的(见上文)。可见侧重宗庙之法是商文化(包括殷遗民文化)宗法的显著特点。

与殷式铭文系统相比,周式铭文系统对作器者和受祭者信息的重视程度发生了改变,这主要表现在:

1. 受祭者信息在铜器铭文中出现的比重大为下降,大量铜器铭文不言受祭者,只言"作彝",或言"用飨某人";

2. 受祭者的信息也越来越丰富,既有称日名者,也有称排行或者尊号的,且称"亲称+日名"者较少,称排行或尊号者较多;

3. 很多铜器铭文内容以突出作器者宗族身份(排行)和政治身份(职官)为主要特点,作器者信息取代受祭者信息成为铜器铭文的核心内容。

周式铭文系统受祭者地位的相对下降,强调作器者宗族与政治身份①,注意拉拢与族人、同僚或上司的关系。家族排行与宗族权力的分配相关,用飨诸友在于敦睦宗族情谊,均是族人之法的重要内容。周式铭文系统的这些新内容,说明西周早期周人对宗族内部关系(族人之法)的重视程度大为提升。这一点还可从周人对"孝"的改造以及对"友"的重视中表现出来。《诗·大雅·皇矣》:"维此王季,因心则友。则友其兄,则笃其庆,载锡之光。"②盛赞王季之"友"。历方鼎(图 1.10)有铭文作:

图 1.10　历方鼎器形照片及铭文拓片

---

① 一个可作为补充说明的现象是,康昭以后,长篇叙事铭文,尤其是册命金文开始流行。这些铭文虽然末尾也有祭祀祖先的内容,但铭文核心其实在于记录作器者自身受册命的情况。这种叙事重心的偏转,正与西周早期周式铭文系统的特点内在相通。
② 《毛诗正义》卷第十六,《十三经注疏》,第 1119 页。

> 历肇对元德,孝友唯刑,作宝尊彝,其用夙夕肆享。　　　　　　　　(02168)

从器形以及铭文字体来看,铜器年代应在西周早期约康王时期①。器主为"历","对,答也,配也"②,"元者,长也,长亦大也"③,"刑,法也"④。"德"是周人的概念⑤,"元德"即大德。"肇对元德,孝友唯刑"即"配大德,以孝友为常法"。"孝""友"均为"大德",需要其时刻以为常法。

"孝友"连称在周代文献中常见,"善父母为孝,善兄弟为友"⑥。两周金文常见追孝(高)祖、考的内容,如"用追孝于朕皇祖、嫡考"(勇叔买簋,05134)等,是祭祀已故祖先也是"孝"。巴新生指出西周孝的主要内容是祭祀祖先,周人有意把孝道作为宗法伦理的基础,使之成为立国之本。孝最初的含义虽与禋祀祖先神的宗教仪式相联系,但其主旨绝不是把现实政治引导向神权。周人的眼光由神转向人,是要在宗教仪式中,注入孝这一伦理规范,以明确大小宗的权利与义务,以巩固现实宗法伦理政治⑦。金文中"友"不仅指兄弟,多泛指族人⑧。作为大德之"友",不仅仅指善于兄弟,团结爱护族人的行为均可算作"友"。在祭祀祖先的"孝"而外,亲近族人,突出宗族之情"友",这是商金文所不见的。

《尚书·康诰》有:

> 王曰:封,元恶大憝,矧惟不孝不友……惟吊兹,不于我政人得罪,天惟与我民彝大泯乱⑨。

---

① 唐兰:《西周青铜器铭文分代史征》,第 193 页;朱凤瀚:《商周家族形态研究(增订版)》,第 296 页。
② 《诗·大雅·皇矣》有"以对于天下",郑玄曰:"对,答也。"《诗·周颂·般》:"敷天之下,裒时之对,时周之命。"郑玄曰:"对,配也。"《毛诗正义》卷十六、十九,第 1121、1306 页。
③ 《左传》襄公二年"元亨利贞"孔颖达疏。
④ 《诗·大雅·思齐》有"刑于寡妻",毛传曰:"刑,法也。"
⑤ 郭沫若:《先秦天道观之进展》,《郭沫若全集·历史编》第一卷,北京:人民出版社,1982 年,第 355 页。
⑥ 《诗·小雅·六月》有"张仲孝友",毛传曰:"善父母为孝,善兄弟为友。"《毛诗正义》,《十三经注疏》,第 910 页;《周礼·大司徒》有"二曰六行:孝、友、睦、姻、任、恤",郑玄注云:"善于父母为孝,善于兄弟为友。"《周礼注疏》卷十,《十三经注疏》,第 1523 页。
⑦ 巴新生:《西周孝道试析》,南开大学历史系先秦史研究室:《王玉哲先生八十寿辰纪念文集》,天津:南开大学出版社,1994 年,第 42—44 页。
⑧ 如师询簋有铭文作"率以乃友捍御王身"(05402),毛公鼎中作"以乃族捍御王身"(02518),两相比较,可知"乃友"的内涵当与"乃族"一致,是"友"所指应该是同宗族之人。
⑨ 《尚书正义》卷十四,《十三经注疏》,第 434 页。

这是成王时期封卫康叔的诰词,康叔为文王之子,武王之弟。意思是"封,罪大恶极的人应该惩处,更何况不孝不友的人更应该惩处……如果发生这些事情,而不被我们的执政者惩罚的话,那么上天给予人民的常法就会破坏殆尽"。"孝""友"均是就宗族内的德行与行为准则而言的,"孝"为敬事父祖,祭祀祖先是其重要组成部分,这种"孝"是分等级的,是一种宗法伦理,起到了维护现实宗法等级的作用①。"友"为团结族人,其具体做法和规范,正是族人之法的重要内容。文中称不孝不友为大恶,对于不能行孝友的人要处以严厉的惩罚,正可与历方鼎中称"孝友"为大德的铭文合观。这说明当时统治者不仅有意将"孝"原本的宗教内涵向现实伦理转化,同时也意识到了"友"的重要性与作用,重视族人之法自然也就是顺理成章的事情了。

在族人之法重要性上升的同时,周人的祖先祭祀(宗庙之法)与商人相比却有了很大的收缩,这主要表现在:

就祭祀对象的选择而言,殷代比周代范围要广。商王祭祀时常绵亘于历代祖先,而周人则有迁祧和毁庙之制②。以祭祀父辈和兄弟辈为例,殷代对诸父和诸兄祭祀均比较常见,如甲骨文有武丁祭祀兄甲、兄丁、兄戊等未曾即位诸兄的记录③,商金文中对兄某的祭祀也不少④。而周代多是祭祀自己的直系先祖,很少见到祭祀旁系父兄的情况。如礼书所言周代宗法并无宗子单独为兄弟辈举行祭祀的制度⑤,周系金文也极少见到相关的记载⑥。

---

① 巴新生:《西周孝道试析》,《王玉哲先生八十寿辰纪念文集》,第42—44页。
② 朱凤瀚曾指出:"商王室宗庙体系远较后世帝王宗庙完整、繁复,如自上甲以来直系先王宗庙并存,依继位次序排列,又有大、小宗以合祭所有先王,亦可于大、小宗安放无独立宗庙之先王神主,以为其祭所,皆与后世淘汰无功德者与远亲之宗庙的作法不同。再如先王可有独立宗庙,亦不同于后世聚若干神主于一庙,一庙数室的情况……直系先王单独宗庙可世代保存,未有毁庙之制。"朱凤瀚:《殷墟卜辞所见商王室宗庙制度》,第2—19页。
③ 如:丁丑卜:业兄甲。(H02870,师宾间)丁未卜,古贞:业于兄丁。(H01807,典宾)戊寅卜:业兄戊。(H02907,师宾间)
④ 如"兄丁,奋"(10384)、"何兄日壬"(10525)、"亚登,兄日庚"(09802)、"丁巳,王赐禬徣贝,在□,用作兄癸彝,在九月,唯王九祀,叠日,⿱冖⿰亅丨"(13304)。
⑤ 宗子的兄弟辈,一般而言由各自的子孙辈进行祭祀。如果没有子孙,则放入祖庙中祔祭,即所谓"殇与无后者从祖祔食"(《礼记·丧服小记》),而宗子不会单独为其举行祭祀。
⑥ 据张懋镕统计,西周时期铸有祭祀诸兄铭文的铜器有十余件(按:蔡姞簋铭文所言是为其兄作祭祀用的礼器,而不是用来祭祀其兄,应剔除),主要集中在西周早期,并且使用者为殷遗民。参张懋镕:《金文所见商周之际诸兄地位的变迁》,《古文字与青铜器论集》第三辑,北京:科学出版社,2015年,第193—197页。

就祭祀体系而言,殷代曾流行选祭,这基本不见于周代。自祖甲以来形成的周祭系统亦不见于周代,殷代所祭祖先众多,祭名繁杂,祭仪丰厚,均为周代所不及①。同时,就祭祀顺序来说,殷代既有顺祀,也有逆祀,但周代却以逆祀为失礼②。天子以下,各级贵族的祭祀亦有诸多不同,典型如花东子卜辞之"子"可能是商王武丁已经分宗而出的子辈,其仍然可以祭祀先公上甲及先王大乙、大甲等王室祖先,而西周时代从周王室分宗而出的姬姓贵族最多只能祭祀"祖之所自出者",并不能再往上"逾制"祭祀。

《礼记·表记》载孔子曰:"殷人尊神,率民以事神,先鬼而后礼……周人尊礼尚施,事鬼敬神而远之,近人而忠焉,其赏罚用爵列……"③意思是说殷人尊崇鬼神,统治者率领人民侍奉鬼神,重鬼神而轻礼仪秩序。周人崇尚礼而好布施恩惠,尊奉鬼神但敬而远之,亲近人并且忠厚待人,用爵位等级的升降来对人进行赏罚。孔子所言是殷周文化的总体差异,如果具体到宗法制度,大概也是能够成立的。尊神与近人,如果从宗法之宗庙、宗子与族人之法三分的情况来看,代表着宗法制度的两种侧重。殷式、周式铭文系统内容的差异以及周人对族人之法与祖先祭祀"一升一降"之间,殷周宗法实践侧重的不同也就清晰可见了。

二、西周早期宗法侧重转变的原因探析

商文化"尊神",重视祖先祭祀,所行宗法制度的侧重在宗庙之法。不少学者已经指出,祖先崇拜是殷代意识形态诸特征中最引人注目者。殷代盛行"鬼治主义",族权与神权结合,阻碍了以探究和处理人与人关系为目的的伦理学的发展。道德的地位不高,在宗法思想发展史上,只是出于构筑框架的基本建

---

① 就祭祀对象来说,礼书有所谓"庶子不祭祖与祢"等规定,殷代小宗祭祀祖父、大宗宗子的现象常见;就祭名而言,殷代祭名达200余种(参李立新:《甲骨文中所见祭名研究》,中国社会科学院研究生院博士学位论文,2003年),而传世文献与两周金文所见周代祭名只有数十种,二者相差明显;就祭品的规模而言,甲骨文所见商王祭祀用牲量惊人,如:"丁巳卜:又寮于父丁百犬、百豕,卯百牛。"(H32674,历二)一次祭祀便用犬、豕、牛各100头,这种规模在两周文献和金文中极少见到。
② 《春秋经》文公二年:"八月丁卯,大事于大庙,跻僖公。"《左传》曰:"君子以为失礼。礼无不顺。祀,国之大事也,而逆之,可谓礼乎?子虽齐圣,不先父食,久矣。"《春秋左传正义》卷十八,《十三经注疏》,第3992页。
③ 《礼记正义》卷五十四,《十三经注疏》,第3563页。

设阶段①。西周早期周人集团"近人",提倡"友"德,注重处理与族人兄弟的关系,说明宗法侧重在族人之法。那么,周人集团是一直如此,还是经历了从侧重宗庙之法到族人之法的转变? 我们认为后者可能更接近事实。

从《诗·大雅》之《绵》《公刘》等篇章描述的情况来看,先周时期周人集团社会发展程度已达到相当水平,当时已经有大型聚落、军队、阶级分层、宗法制度以及自成体系的宗教信仰等,显示出较高的发展水平②。正是如此,周人集团才会有灭商的实力与可能。由于文献记载先周时期的情况过于简略,且尚未发现先周金文有明确记载,严格说来先周宗法的侧重目前无法确知。但根据相关记载推测,先周时期周人集团宗法的特点很有可能与商人一致,也是以宗庙之法为重点,克商以后,才转向了族人之法。

《太平御览》卷八三皇王部引《竹书纪年》云"武乙即位,居殷。三十四年,周王季历来朝,武乙赐地三十里"③,《后汉书·西羌传》注引《竹书纪年》云"太丁四年,周王季命为殷牧师"④。至迟在先周季历时代,周人集团便与商人多有接触。季历还曾取商人之女为妻,《诗·大雅·大明》有"挚仲氏任,自彼殷商,来嫁于周,曰嫔于京,乃及王季,维德之行",郑玄笺云:"挚国中女曰大任,从殷商之畿内嫁为妇于周之京,配王季而与之共行仁义之德,同志意也。"⑤因此周人集团很有可能在当时便已受到商文化的影响。文王为商之"西伯",《逸周书·世俘》有"(武王)告于周庙曰:古朕闻文考修商人典"⑥,"文考"指周文

---

① 钱杭:《〈尚书〉宗法思想研究》,《社会科学战线》1985 年第 4 期,第 234—245 页。
② 《诗·大雅·绵》有"古公亶父……筑室于兹……俾立室家……作庙翼翼"(《毛诗正义》卷十六,《十三经注疏》第 1098 页),是在古公亶父之时姬姓宗族规模已经不小,并且有宗庙。至于太王欲传位给季历及至文王,因此太伯、虞仲让贤,显示出当时继承制已有一定成规。若依据毛传解释,则公刘带领族人迁豳时期已有宗法,《诗经·大雅·公刘》有"笃公刘…食之饮之,君之宗之",毛传曰:"为之君,为之大宗也。"(《毛诗正义》卷十七,《十三经注疏》第 1169 页)孙作云通过对《诗经》相关篇章的分析认为在灭商以前周人已经进入阶级社会,有较高的文化程度。(孙作云:《从诗经中所见的灭商以前的周社会》,《诗经与周代社会研究》,北京:中华书局,1966 年,第 22—56 页)朱凤瀚亦曾指出:"在今后研究思想史、政治史、文化史时,似都不宜低估周人在克商以前思想、文化水平所达到的高度。"(朱凤瀚:《商周时期的天神崇拜》,《中国社会科学》1993 年第 4 期,第 210 页)这是可信的意见。
③ 方诗铭、王修龄:《古本竹书纪年辑证》,上海:上海古籍出版社,1981 年,第 33 页。
④ 《后汉书》卷八十七《西羌传》,北京:中华书局二十四史点校本,1965 年,第 2871 页;方诗铭、王修龄:《古本竹书纪年辑证》,第 35 页。
⑤ 《毛诗正义》卷十六,《十三经注疏》,第 1090 页。
⑥ 黄怀信、张懋镕、田旭东撰:《逸周书汇校集注》,上海:上海古籍出版社,2011 年,第 442 页。

王,"修,治也,行也"①,说明文王曾学习和行用商人典章制度。因此,先周制度当有不少与商人相同或相似。《世俘》还有"王烈祖自大王、大伯、王季、虞公、文王、伯邑考以列升"②。《世俘》成文的年代,学者多认为在西周③,文中所言武王祭祀祖先,包括多位未即位的旁系先祖,与甲骨文所见商王祖先祭祀情况相同,与后来西周祭祀与庙制不合,应该是西周初年的实录。王国维谓"此太伯、虞公、邑考与三王并升,犹用殷礼"④,说明在周初周人的祭祀制度仍与商人近同。《尚书·洛诰》:"周公曰:王肇称殷礼,祀于新邑。"⑤此"王"指成王,指在成王时仍举殷家祭祀之礼典祀于新邑。因此西周早期周人集团作器祭祀祖先仍有使用日名的例子,正可看作是先周制度与习惯的遗留。时代越晚,周人集团使用日名者越少,正是"殷礼"消退,"周礼"发展的明证。由此或可认为:先周时期周人宗法的侧重为宗庙之法,灭商后在西周早期逐渐转为侧重族人之法。

西周早期转为重视族人之法,与当时局势应有密切关系。周人历来就有重用本族之人的习惯⑥,所谓"扞御侮者,莫如亲亲,故以亲屏周"⑦。克商以后,为稳定政局而大行分封,分封的对象有很多,如先代圣王之后、异姓功臣、

---

① 《尚书·康诰》有"以修我西土",孙星衍《尚书今古文注疏》引郑玄《中庸》云"治也";《国语·晋语五》有"而不修天罚",韦昭注云:"修,行也。"参(清)孙星衍撰,陈抗、盛冬铃点校:《尚书今古文注疏》,北京:中华书局,2004年,第359页;上海师范大学古籍整理组校点:《国语》,上海:上海古籍出版社,1978年,第398页。
② 黄怀信等撰:《逸周书汇校集注》,第424页。
③ 章太炎:《〈逸周书·世俘篇〉校正》,《制言》1937年第32期;郭沫若:《中国古代社会研究》附录之《古代用牲之最高记录》,《郭沫若全集·历史编》第一卷,第299页;顾颉刚:《〈逸周书·世俘篇〉校注、写定与评论》,《文史》1963年第2期。
④ 王国维:《殷周制度论》,《观堂集林》,第471页。
⑤ 《尚书正义》卷十五,《十三经注疏》,第456页。
⑥ 《国语·晋语四》有"(文王)孝友二虢,而惠慈二蔡,刑于大姒,比於诸弟……及其即位也,询于八虞,而谘于二虢,度于闳夭而谋于南宫,诹于蔡、原而访于辛、尹,重之以周、邵、毕、荣","二虢"为文王之弟虢仲、虢叔,"二蔡"是文王之子,"八虞"指太伯之子虞仲所封之虞氏兄弟八人(杨宽:《西周史》,上海:上海人民出版社,2004年,第373页)。周、邵、毕、荣分别指周公旦、召公奭、毕公高和荣伯,均是姬姓。《论语·泰伯》:"武王曰:予有乱臣十人。"据《集注》:"十人,谓周公旦、召公奭、太公望、毕公、荣公、太颠、闳夭、散宜生、南宫适,其一人谓文母……盖邑姜也。"十人中的周公、召公、毕公、荣公、散氏、南宫氏等均为姬姓。这些人多数也成为成王时期的大臣。成王将崩,命召公、毕公率诸侯相康王,作《顾命》。《尚书·顾命》"乃同召太保奭,芮伯、彤伯、毕公、卫侯、毛公、师氏、虎臣、百尹、御事",其中太保、芮伯、毕公、卫侯、毛公均为姬姓。是从先周到西周早期,姬姓贵族始终占据王朝的主导地位。
⑦ 僖公二十四年,《春秋左传正义》卷十五,《十三经注疏》,第3946页。

归附的殷代贵族以及姬姓宗亲等，其中姬姓占多数。《左传》昭公二十八年："昔武王克商，光有天下，其兄弟之国者十有五人，姬姓之国者四十人，皆举亲也。"①《荀子·儒效》："（周公）兼制天下，立七十一国，姬姓独居五十三人焉。周之子孙，苟不狂惑者，莫不为天下之显诸侯。"②周天子封建亲戚而藩屏周，有意借助宗族力量来巩固统治。成王时期何尊有铭文作"王诰宗小子于京室，曰：昔在尔考公氏，克逑文王……尔有虽小子，亡识视于公氏"（何尊，11819），"宗小子"即与周王有血缘关系的贵族，成王告诫他们要像其父辈辅佐文王那样来辅佐自己。多数姬姓贵族凭借宗族身份获得政治权力，对于周天子与姬姓贵族而言，他们身兼两种身份：政治上是君臣，宗法意义上则是大宗与小宗、宗子与族人的关系。周天子既能在政治方面使令和恩赐封君，也可用宗族情谊来笼络宗族成员，使他们更好地为周王朝服务。政治与宗族关系的双重约束，对于西周早期力求稳固统治的统治者来说，无疑更具保障意义。从某种意义上说，周天子对姬姓宗族成员的分封，也是一种宗族权力分配，或者说是一个利用和改造族人之法以服务于政治意图的过程。同时，受封贵族在封地建立新宗，多数与原来的宗族分离，光靠祭祀祖先（宗庙之法）已经难以维持同族的稳定和保持凝聚力。这时候更需要用宗族情谊来维护大宗、小宗的关系，以保持宗族的团结，这些均是族人之法的重要内容。也就是说，随着分封制的推行，族人之法的重要性凸显，其内容与理念不断被运用和扩大。

殷末周初时期出现的宗族离乱的情况，也警醒周王朝统治者注意加强与宗族成员间的关系。殷末商王室的祖先祭祀繁复而隆重，却忽视了现实宗族成员间感情的维系，纣王甚至"昏弃厥遗王父母弟"，不重用其同父、同宗的兄弟（族人），导致商王与子姓宗族离心离德，最终灭亡。西周初期周王室也有宗族叛乱的情况，克商不久武王去世，成王继位。管叔、蔡叔借口周公干政联合武庚作乱。这是一场政治叛乱，也是周王朝统治者内部分裂的表现。虽然最终得以用武力摆平，但对宗族和政权均产生了很大的冲击。这些情况使统治者意识到，宗法制度原有的侧重很有可能已经不能适应新时代和新形势的需

---

① 《春秋左传正义》卷五十二，《十三经注疏》，第4601页。
② （清）王先谦撰，沈啸寰、王星贤点校：《荀子集解》，北京：中华书局，1997年，第134页。

要：一味地强调祖先祭祀并不能有效形成宗族合力；过于注重宗庙之法，忽视对宗族权力的合理配置，忽视对宗族成员间感情的维系等，最终只能导致宗族的分裂与崩解。因此，周王朝统治者采取一系列措施，如加大对宗族子弟的分封与任用，着重强调对"友"这一德行的重视等，均以宗族成员为核心，旨在加强对宗族成员的重视及感情的笼络，以保持宗族的团结乃至统治的巩固。可以这么说，现实统治的需求与宗族离乱的教训使得族人之法的重要性大为提升。

周人宗法侧重从"尊神"到"重人"的转变，亦奠定了周文化"尚文"的性格[①]，重视处理人与人之间的关系，讲求"礼"的规矩与规范，对后世产生了深远的影响。

第六节 小　　结

综上所述，本章要点可以概括如下：

一、殷代商人贵族宗庙、宗子、族人之法齐备，当时的宗法制度已经是一个不断发展、层次丰富的体系，其中宗庙之法尤为成熟与盛大，是当时宗法实践侧重之所在；

二、商和西周早期铜器铭文根据多种基本要素组合格式的不同以及出现时间的早晚分为殷式和周式两大铭文系统。殷式铭文系统包括商金文以及西周早期格式与商金文一致的铭文，内容以祭祀祖先为核心，重点突出受祭者信息（亲称＋日名，族名），对作器者私人身份信息的重视有限，或省略作器者，或以族名代替；殷式铭文系统诸格式在商晚期就已经存在，并延续到西周早期，使用主体在商时期为商人，在西周早期为殷遗民或与原商文化有密切联系的族群。

周式铭文系统诸格式在西周早期始常见，总体而言作器者在铭文中的地位显著提升，而受祭者地位下降，大量铜器铭文不见受祭者，只言"某作彝"或

---

① 《史记·高祖本纪》末尾载太史公曰："夏之政忠。忠之敝，小人以野，故殷人承之以敬。敬之敝，小人以鬼，故周人承之以文。"《史记》卷八，第393页。

"某用飨某人",这是商金文不常见的内容。该铭文系统使用主体为周人集团或与周人集团有密切联系的族群。

三、周式铭文系统总体以作器者为核心,铭文多见作器者排行称谓或职官信息,这两类名号代表作器者在所属宗族以及王朝政治体系中的身份与地位,是用以获得宗族与政治权力的重要标志。铭文新增"用飨宾客"与"用飨诸友"的表述,"宾客"为政治上的同僚,"诸友"多指族人,表明作器者在祖先祭祀而外,还重视拉拢与政治同僚的关系以及敦睦族人情谊。周式铭文系统新增内容的意义,在于作器者有意彰显自身身份与权势,注重维护与宾客、族人的关系,这是作器者"正名"的表现,切合"器与名,君之所司也"的治道原则,是当时贵族为稳定政局、巩固统治所作的努力。

四、"日名"的得来与选择祖先祭祀日期有关,可能有相当早的渊源,曾普遍行用,并非某种文化或某个族群的特色。殷式与周式铭文系统均有日名,从金文材料来看,有明确属于周人集团而用日名的情况,当不能看作是周人集团在西周时代受殷(遗民)文化影响的结果。"日名"并无属商属周之绝对,不能作为区分商周文化与人群的标志。

西周时代可以确定无疑属于周人集团使用日名的例子并不算多,其原因主要有二:一是周人集团在先周时期就深受商人影响,制度与文化有相似处,因此西周早期所作铜器的铭文格式、内容可能有相当一部分与殷遗民基本一致。由于铭文信息过于简略,加之很多铜器脱离了原生的使用环境或埋藏环境,不少混杂在殷遗民铜器中而不能有效辨别。二是西周早期以来,周人对受祭者的称谓方式发生改变,逐渐弃用原来"亲属称谓+日名"而采用其他的形式,因此周式铭文系统日名现象大为减少。

五、殷式铭文系统重点突出受祭者,反映出祖先祭祀在当时生活中的重要地位,这与甲骨文所见殷代宗法的特点相合,说明商文化宗法侧重于宗庙之法,特点可概括为"尊神"("殷人尊神,率民以事神,先鬼而后礼")。

与商人相比,周人的祖先祭祀有了很大的收缩,同时周式铭文系统着重强调作器者的身份,祭祀而外,还注重维持与宾客、朋友的关系。金文所见"友"多指族人,善于族人的行为亦可称"友"。周人非常重视"友"的价值与作用,将其看作与"孝"同等重要的大德,这意味着贵族对如何处理与族人关系(族人之法)的重视程度大幅度提升。这大体与《表记》所言"周人尊礼尚施,事鬼敬神而远之,近人而忠焉"的特点相符,因此周人宗法侧重的特点可以概括为"近人"。殷周宗法的差异,不在于有无,而在于侧重"尊神"(宗庙之法)与"近人"(族人之法)的不同。

六、从日名的使用情况以及传世文献的记载来看,周人集团直至西周初期宗法的特点应与商人一致,均以"尊神"(宗庙之法)为主,这可能是周人在先周时代学习商文化的结果。不过到西周早期,宗法侧重迅速转变为"近人"。转变的原因与周人集团封建亲戚以藩屏周,力图借助宗族力量迅速稳定政局,以及吸取殷末周初宗族离乱的教训(殷末商王室离心离德、周初三监之乱)有密切关系。周人宗法侧重从"尊神"到"近人"的转变,奠定了周文化"尚文"的性格。重视处理人与人之间的关系,讲求"礼"的规矩与规范,对后世产生了深远的影响。

第二章　嫡庶与长幼——西周宗子继承制度考论

上一章我们探讨了殷代到西周早期宗法侧重从"尊神"到"近人"的转向过程。从这一章起则拟深入西周贵族宗族内部探讨宗法制度的具体表现和特点。关于宗法制度，多数学者首先想到的是宗子继承制度，可见其重要地位与作用。我们便以此作为探索周代宗法制度的开始。

周代宗子继承制的内容，传世文献虽有记载，但存在不少歧异处[①]。且文献所言多是春秋史事，西周时代宗子继承的真实情况到底如何，则是值得探讨的问题。由于西周同时期文献残缺，而不少铜器铭文内容与宗子继承相关，同时铭文所见男性称谓多体现其宗族身份与地位，可以有效指示宗子继承的相关情况，是极为重要的一手材料。因此本章研究的主要思路，是以相关金文材料的梳理为基础，结合传世文献，探讨西周时代宗子继承制度的真实情况。本章的写作主要可以分为如下几个部分：第一节分析西周男性贵族称谓的表现形式、要素及宗法内涵；第二节探讨排行称谓的表现形式、使用规则及在继承制中的意义，此后则是梳理不同排行称谓的使用特点、内涵及在继承制中的作用，主要分伯孟与叔仲两个部分；第三节探讨"伯"称的内涵及与嫡长子继承制的关系；第四节从"仲、叔"的地位看西周时代庶子继承的规则与规范；第五节对部分学界争论较大的铜器世系铭文的性质作重新探讨。最后是结语，归纳前述各节之主要观点，总结西周时代宗子继承制的主要内容与特点，并对宗子继承制在整个宗法制度中的地位作探讨。

---

① 如"立嫡以长不以贤，立子以贵不以长""王后无嫡，则择立长。年均以德，德均以卜""太子死，有母弟则立之，无则立长。年钧择贤，义钧则卜""嫡子有孙而死，质家亲亲先立弟，文家尊尊先立孙""一继一及，鲁之常也""楚国之举，恒在少者"等。

第一节　男性贵族称谓的要素与宗法内涵

铜器铭文如果直接记载宗子继承的相关史事，无疑是探讨当时继承制度最直接的材料。但这类铭文毕竟较少，更多的则需要通过对人物宗族身份、地位及与其他族人相互关系的判定方能窥知宗子继承的相关情况。而在此之中，人物名号称谓由于能反映其身份与地位，是研究绝佳的突破口。因此，探讨西周金文所见（男性）贵族称谓的宗法内涵成了继承制度研究必不可少的内容。

一、贵族称谓的要素与表现形式

名号称谓的作用主要是指代个人，以及表明人物的身份与地位。先秦时期贵族名号称谓有多种，如族氏名、排行、嫡庶、名、字、职官、亲属称谓以及死后的日名、谥字等，每类均有特定的内涵，代表着贵族在不同场合下的身份与地位。不少称谓要素可以单独使用，更常见的则是不同要素的搭配复合，由此形成了贵族称谓复杂多样的表现形式[①]，如传世文献所见春秋时期晋国贵族士会，"士"为氏，"会"是名，排行为季，先封随，后封范。因此士会又称士季、随季、季氏、随会、范会、随武子、范武子等。下面我们以单逨所作铜器为例，谈谈西周贵族名号的多种形式：

2003年，陕西宝鸡眉县杨家村发现青铜器窖藏，出土铜器27件，皆有铭文。除天盂年代较早（约当西周中期）且不属于单氏宗族外，其余26件铜器从形制、纹饰和铭文内容等分析基本可以判定为西周晚期同一家族所作[②]。其中逨盘(14543)有铭文作"丕显皇高祖单公"，逨盉(14777)作"逨作朕皇高祖单公、圣考尊盉"，"单公"之"单"为氏名，可知"逨"属于单氏宗族。

"逨"也可称作"吴逨"，如四十三年逨鼎有铭文作：

[①] 关于金文中人名的称谓形式，已有不少学者作过很好的研究，可以参看。如盛冬铃：《西周铜器铭文中的人名及其对断代的意义》，《文史》第17辑，北京：中华书局，1983年，第27—64页；吴镇烽：《金文人名汇编（增订本）》，北京：中华书局，2006年。
[②] 陕西省考古研究所、宝鸡市考古工作队、眉县文化馆杨家村联合考古队：《陕西眉县杨家村西周青铜器窖藏发掘简报》，《文物》2003年第6期，第4—42页。

> 唯四十又三年六月既生霸丁亥,王在周康宫穆宫,旦,王格周庙即位,司马寿右吴
> 逨入门立中廷,北向,史淢授王命书。王呼尹氏册命逨……昔余既令汝胥荣兑总司四
> 方吴林……
> (02503)

逨属于单氏,故"吴"不会是其氏名。铭文所见周天子(宣王)命逨"胥荣兑总司四方吴林"。"胥"有辅助之意,"荣兑"为荣氏家族名兑者。"吴林"之"吴"可通作"虞",为掌管山泽之官①。"林"即林衡,是掌管山林之官②。因此"吴逨"之"吴"亦当读作"虞",表示逨所任职官之名③。

窖藏还有两件单五父壶(12349、12350)与一件叔五父匜(14938),"单"为氏名,"叔"是排行,"五父"为字,二者应为同一人。与此同时,还出土有单叔鬲九件,器主称"单叔",意即单氏宗族排行为叔者。氏名、排行均与单叔五父同,单叔、单五父、叔五父当是同一人的不同称谓。这些铜器与逨器共出,年代相近,学者多认为是一人所作④,当是正确的意见。准此,西周晚期单氏宗族的逨可以有"逨、虞逨、单叔、单五父、叔五父"等多种称谓。

类似情况在西周时代并不罕见,如传世兮甲盘有铭文作:

> 唯五年三月既死霸庚寅,王初格伐玁狁于䣙䖒,兮甲从王……兮伯吉父作盘,其
> 眉寿万年无疆,子子孙孙永宝用。
> (14539)

铜器年代在西周晚期晚段,器主在铭文前段自称"兮甲",后段称"兮伯吉父"。兮甲无疑即兮伯吉父,"兮"为氏名,"甲"与"吉父"是一名一字的关系。同时代还有兮吉父簋,铭文作:

> 兮吉父作仲姜宝尊簋,其万年无疆,子子孙孙永宝用享。
> (04968)

此"兮吉父"与"兮伯吉父"亦可能是同一人。兮甲盘铭文记载了兮甲从王伐玁狁的事情。传世文献所见宣王时期有大臣名尹吉甫,亦曾有过征伐玁狁

---

① 《尚书·舜典》有"作朕虞",孔安国传云"虞,掌山泽之官"。《尚书正义》卷三,《十三经注疏》,第276页)《史记·五帝本纪》有"以益为朕虞",裴骃引马融注云:"虞,掌山泽之官名。"《史记》卷一,第41页)
② 《周礼·地官·林衡》有"林衡,掌巡林麓之禁令,而平其守"。《周礼注疏》卷第十六,《十三经注疏》,第1611页。
③ 李零:《读杨家村出土的虞逨诸器》,《中国历史文物》2003年第3期,第20—21页。
④ 上引简报作者及李零等均持此说。李零将逨释作"述",认为与"五父"是名、字互训。李零:《读杨家村出土的虞逨诸器》,第20页。

的事迹。《诗经·小雅·六月》有"薄伐玁狁,至于大原。文武吉甫,万邦为宪"①。"尹"是职官,"甫"为男子美称,"吉甫"即"吉父"。历来有不少学者认为铜器所见兮伯吉父即传世文献尹吉甫,很有可能是正确的意见。如此一来,兮甲、兮伯吉父、兮吉父、尹吉甫亦是对同一人不同的称谓②。

在上举诸多称谓要素中,单纯的名或字仅是个人代号,并不能指示宗族身份,与宗法制度的关系不大③。单纯的职官名则是表明贵族在西周政治体系中的职事与位置,指示宗族身份的作用并不直接④。除此之外的多个要素,如族氏名、排行、嫡庶、亲属称谓等,多代表着其与宗族、亲属的关系,在相互勾连的关系网中,其在宗族中的位置和身份也就得到了明确地展示,有着重要的宗法内涵。我们可以将此类称谓要素称作宗法性要素,包含此类要素的人物称谓可称作宗法性称谓。本章对贵族称谓内涵的研究,即以宗法性称谓

---

① 《毛诗正义》卷十,《十三经注疏》,第 910 页。
② 传世还有伯吉父匜(14930),年代亦在西周晚期,铭文作:"伯吉父作京姬匜,其子子孙孙永宝用。"1940 年,陕西扶风法门镇任家村一座西周铜器窖藏出土铜器百余件,其中有多件器主称膳夫吉父,如膳夫吉父盂(06223)、膳夫吉父鬲(02966-02974)、膳夫吉父鼎(02078)等。同窖藏还出有吉父鼎(02054),从铭文内容与器主名称来看无疑是同一人,是"膳夫吉父"也可单称作"吉父"。其中膳夫吉父鬲铭文有铭文作:"膳夫吉父作京姬尊鬲,其子子孙孙永宝用。"(02966-02974),铭文内容与伯吉父匜高度相似,说明膳夫吉父也可称伯吉父。西周晚期还有兮伯吉父盨,铭文:"兮伯吉父作旅尊盨,其万年无疆,子子孙孙永宝用。"(05615)铭文内容与任家村窖藏之善夫吉父醽(13994)、善夫吉父簋(05823)基本相同,嘏辞相近,且均是旅器(膳夫吉父醽、簋铭文分别作"膳夫吉父作旅醽,其子子孙永宝用""膳夫吉父作旅簋,其万年永宝")。陈梦家、盛冬铃等学者认为任家村窖藏之"膳夫吉父"与兮甲盘之"兮伯吉父"是同一人。(陈梦家:《美帝国主义劫掠的我国殷周铜器集录》,北京:科学出版社,1962 年,第 132 页;盛冬铃:《西周铜器铭文中的人名及其对断代的意义》,《文史》第 17 辑,第 42—43 页)若依此说,则兮甲还可称"伯吉父、膳夫吉父、吉父"。不过李学勤、韩巍等认为膳夫吉父即同窖藏之"膳夫梁其","吉父"与"梁其"是一名一字的关系,其与 1890 年任家村另一窖藏所出"膳夫克"等同属于华氏家族,与兮伯吉父(兮甲)没有关系。李学勤:《青铜器与周原遗址》,《西北大学学报》1981 年第 2 期,第 7 页;韩巍:《西周金文世族研究》,第 156—158 页。
③ 单纯的"名/字"在金文中并不少见,前者如乐作宝鼎,其万年永宝用。(乐鼎,01908)至作宝鼎,其万年永宝用。(至鼎,01876)鲜父作宝尊彝。(鲜父鼎,01647)旟父作宝齍彝。(旟父鼎,01649)器主仅称名或字,乐、至为器主之名,鲜父、旟父为器主之字。单称此类名号无由得知器主身份,于宗子继承制度的研究并无实际作用。
④ 单纯的"职官名+名/字"也有不少,如:师孤父作齍彝。(师孤父鼎,01651)师閔作兔伯宝鼎。(师閔鼎,01739)史宜父作尊鼎。(史宜父鼎,02081)史更作宝鼎。(史更鼎,02304)孤父、宜父为作器者之字,閔、更为作器者之名。师、史均是职官名。这类职官并不直接指示器主的宗族地位与身份,但西周时代在王朝任高级职官者,如作为王朝执政大臣的"公"或者是"侯",往往在宗族内部地位也最高。因此职官对器主宗族身份有一定的指示作用。

为核心。

二、宗法性称谓与宗族分衍

宗法性称谓对宗法制的研究具有重要意义,不同形式的宗法性称谓有着不同的宗法内涵,有的表明个体在宗族中的身份和地位,有的则对宗族分衍有重要指示作用。在众多的宗法性称谓中,有几类学者或认为与宗族分衍有密切关系,下面我们略作说明:

1. 以"地名+氏名"为号

西周金文见有"郑井"与"丰井":

> 唯三月初吉甲戌,王在康宫,荣伯入右康,王命死司王家,命汝幽黄、鋚勒,康拜稽首,敢对扬天子丕显休,用作朕文考釐伯宝尊鼎,子子孙孙其万年永宝用。郑井。
>
> (康鼎,02440,图2.1a)

> 叔禹父作宝盨,其万年子子孙孙永宝用。郑井。　　(叔禹父盨,30468,图2.1b)

> 犀作甗,子子孙孙永宝用。丰井。　　(犀甗,03322)

| a. 康鼎铭文拓片 | b. 叔禹父盨铭文拓片 |

图 2.1　康鼎与叔禹父盨铭文拓片

"郑井""丰井"在铭文末尾,与前面内容在语意上并不衔接。参照殷代以来族氏铭文的位置与性质,"郑井""丰井"应是器主所属的族氏名。"郑""丰"

原为地名，是西周大邑。"丼"为族氏名。"郑丼""丰丼"意即在郑地和丰地的丼氏。丼氏在西周时代是畿内大族，丼氏大宗曾长期担任司马之职，在王朝政坛拥有很大的影响力。但丼氏宗族原居地（封地）应在畿内丼地而非郑地或丰地，可能以地为氏。学者早已指出，"郑丼""丰丼"氏均非丼氏大宗，而是从丼地迁出在郑地、丰地定居之丼氏分支。从相关铭文的记载来看，这无疑是可信的意见。

西周金文还见有"郑虢""城虢"：

> 唯十又一月既生霸庚戌，郑虢仲作宝簋，子子孙孙永永用。　　　　（郑虢仲簋，04996）
>
> 郑虢仲悆㱃用作皇祖文考宝鼎，子子孙永宝用。　　　　（郑虢仲悆㱃鼎，02171）
>
> 郑虢叔安作宝簋，子子孙用孝用。　　　　（郑虢叔安簋，30387）
>
> 城虢仲作旅簋。　　　　（城虢仲簋，04375）
>
> 城虢遣生作旅簋，其万年子孙永宝用。　　　　（城虢遣生簋，04761）

虢为王季之后，是姬姓大族。虢氏宗子常年身居王朝高位，其族名得来亦属于以地为氏。"郑虢""城虢"之"郑、城"均是地名，虢氏封地在虢而非郑、城。文献及金文亦未见有西周虢氏大宗迁封郑地的记载。因此学者多认为上所见名"郑虢""城虢"者，其性质与"郑丼""丰丼"类似，说明他们并不是虢氏大宗，而是从虢地迁往郑地、城地的虢氏分支。

西周时代以"地名＋氏名"为号者还有不少，如丼南伯（05103）、丰兮夷（04964）、郑遣伯（30152）、郑铸友父（02925）等等，南氏、兮氏、遣氏、铸氏均是西周大族，原封地并不在丼、丰、郑等地。参照郑丼、郑虢类称谓的性质，我们有理由推测，西周时代凡以"地名＋氏名"为号者，多属于从其原宗族封地迁出的小宗，此类称谓有着明确指示宗族分支的作用。

2. 以"氏名＋排行"为氏称

最常见的是"丼叔"氏，如丼叔叔采钟有铭文作：

> 丼叔=采作朕文祖穆公大钟，用喜乐文神人，用祈福禄寿綰鲁，其子孙孙永日鼓乐兹钟，其永宝用。　　　　（丼叔叔采钟，15291）

"丼叔采"之"叔"下有重文符号"="，因此铭文应当读作"丼叔叔采"，第二个"叔"当为器主采之实际排行，第一个"叔"则当与"丼"连读而表示叔采所在族名。该钟出土于陕西长安沣西张家坡西周墓地M163,在此墓周围数座墓葬中还出土多件丼叔器,发掘者认为此区为丼叔家族墓地①,以"丼叔"为号,已经得到学界的公认。按上文已经说过,井氏封地在井,且井氏大宗多称井伯或井公。而丼叔家族墓地位于丰地,且多代称丼叔,故不会是井氏大宗,应是上文所言之"丰丼"氏。由此可知,"丼叔"氏为井氏宗族之分支。

两周之际还见有"虢季"氏,如虢季氏子组壶有铭文作:

虢季氏子组作宝壶,子子孙孙永宝其用享。　　　　　　　　　(12351)

"组"为作器者名,铭文起首作"虢季氏","虢季"应是其族名。三门峡虢国墓地出土有众多春秋早期虢季所作铜器,亦可证"虢季"已为氏名。按王季之子为虢仲、虢叔,并不包括虢季,因此氏名"虢季"并非自周初便有,而应是虢仲或虢叔氏之分支,为虢氏小宗②。

类似的例子在金文及春秋文献中还有③。此类以"氏名+排行"为号者,排行多为仲、叔、季,少有伯称。由此或可推断,西周时代贵族多代以"氏名+仲/叔/季"为氏者,多为宗族分支④。

值得注意的是,这两种表示宗族分支的宗法性称谓,还可能复合使用,作"地名+氏名+仲、叔"形式,典型如丰丼叔与郑丼叔,如铭文有:

丰丼叔作伯姬尊簠。　　　　　　　　　　　　　　　(丰丼叔簠,04879)
郑丼叔作霝龢钟,用绥宾。　　　　　　　　　　　　(郑丼叔钟,15138)
郑丼叔槐肇作朕皇祖文考宝鼎,子子孙孙永宝。　　　(郑丼叔槐鼎,30175)

---

① 中国社会科学院考古研究所编著:《张家坡西周墓地》,北京:中国大百科全书出版社,1999年,第376—381页。
② 韩巍认为西周金文所见虢叔氏是从虢季氏分出来的,如此说可信,亦可证"氏名+排行"多为宗族分支。参韩巍:《西周金文世族研究》,第21—23页。
③ 如遗仲伯虘鼎有铭文"唯正九月初吉丁亥,遗仲白虘自作铸其鎐鼎"(30202),排行称谓仲、伯连用,"伯"应是表示器主真实排行,"仲"则应与"遗"连读,说明伯虘属于"遗仲"氏。"遗仲"应是遗氏宗族之分支。春秋时代,鲁桓公之子庆父、叔牙、季友的后代分别称孟氏(仲氏)、叔氏、季氏。不仅如此,叔孙氏叔牙有子曰武仲休,其后代则以"叔仲"为氏,叔仲惠伯、叔仲皮、叔仲昭伯、叔仲穆子等是其后。
④ 罗泰曾认为用兄弟辈行来指氏族分支的习惯是在西周中期后段才形成的,之前并不存在(罗泰:《有关西周晚期礼制改革及庄白微氏青铜器年代的新假设:从世系铭文说起》,"中央研究院"历史语言研究所会议论文集之四《中国考古学与历史学之整合研究》,1997年,第671—672页)。但从虢氏等起源甚早等情况来看,这类宗族分衍名号形成的时间当不至于这么晚。

> 郑井叔康作旅盨,子子孙孙其永宝用。　　　　　　　　　　（郑井叔康盨,05592）

"丰井叔"与"郑井叔"均是用作氏称,意为在丰/郑地的井叔氏。这种情况也很好理解,因为迁出原封地的宗族分支,均是原宗族小宗。所谓"别子为祖",分支之祖本是宗族别子,而非长子,因此其排行往往是"仲叔季"而非"伯"。迁居新地之后,既以始祖之排行为号,又冠以新地之地名,便形成了此种复合称谓形式。

3. 北子

1961年,湖北江陵出土一批西周早期铜器,其中有两件铭文作:

> 男作北柞簋,用遗(馈)厥祖父日乙,其万年子子孙孙宝。　　　　　　（04952）
> 男作北子柞簋,用遗(馈)厥祖父日乙,其万年子子孙孙永宝。　　　（04951）

"北柞""北子柞"无疑是同一人,"柞"为私名,"北子"应是表示人物身份的称谓。金文所见"北子"还有:

> 北子作彝。　　　　　　　　　　　　　　　　　　　　　　　　（北子尊,11495）
> 北子作母癸宝尊彝。　　　　　　　　　　　　　　　　　　　　（北子鼎,01792）
> 北子▨作旅彝。　　　　　　　　　　　　　　　　　　　　　　（北子觯,10619）
> 北子宋乍作文父乙宝尊彝。　　　　　　　　　　　　　　　　　（北子宋盘,14412）

"北子"之"北",以往学者或解为国/地名①,李学勤认为"北"当释为"别","北子"即是"别子",也就是支子②。黄国辉更是在此基础上论证江陵北子器群中的别子柞是"支子",身为"别子"的柞此时已从原来的"宗氏"中分离出来,独立成一个小宗③,应是可信的意见。如此,则"北子"具有宗族分衍的内涵。

4. 长、旁

西周金文还见有以"长""旁"为称者,如:

---

① 如王国维认为"北"即邶,即是燕,远在殷北。(王国维:《北伯鼎跋》,《观堂集林》,第885页)郭沫若认为"北"即邶、鄘、卫之"邶",在河南汤阴一代。(郭沫若:《跋江陵与寿县出土铜器群》,《考古》1963年第4期)刘彬徽认为国名为"北",是出于湖北境内的一个方国。(刘彬徽:《湖北出土两周金文国别年代考述》,《古文字研究》第13辑,北京:中华书局,1986年,第239—351页)
② 李学勤:《长子、中子和别子》,《故宫博物院院刊》2001年第6期,第1—3页。
③ 黄国辉:《江陵"北子"器所见人物关系及宗法史实》,《历史研究》2011年第2期,第173—178页。

易长作齍。　　　　　　　　　　　　　　　　　　　　　　　（01306，图2.2a）

高对作父丙宝尊彝……曩长疑其子子孙孙宝用。　　　　　　（13345）

作长宝尊彝，日戊［图］。　　　　　　　　　　　　　　　　（01806，图2.2b）

易方（旁）曰：遏叔休于小臣贝三朋、臣三家……　　　　　（05009，图2.2c）

妣［图］母作南旁宝簋，子子孙孙其永宝用。　　　　　　　（04802，图2.2d）

周［图］旁作父丁宗宝彝。　　　　　　　　　　　　　　　　（11709）

录旁仲驹父作仲姜簋，子子孙孙永宝，用享孝。　　　　　　（04883-04886，图2.2e）

旁肇作尊諆。　　　　　　　　　　　　　　　　　　　　　　（02071）

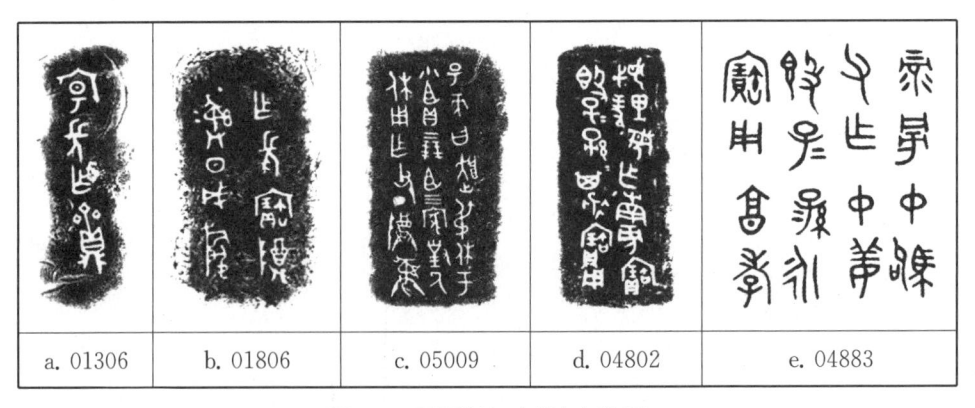

a. 01306	b. 01806	c. 05009	d. 04802	e. 04883

图2.2　西周"长、旁"铭文举例

"长""旁"既可单用，也可与氏名连用。录旁仲驹父，"录"为氏名，"仲驹父"为字，从先秦时期名字连称先称字后称名的情况来看，此处"旁"不会是私名。而从"作长宝尊彝，日戊"来看，"长"应该是一个表示"日戊"身份的限定词。赵庆淼通过对上举铭文的分析，认为"氏名+长/旁"很可能是一种具有宗法色彩的特定称谓，以"族氏名+长"为称者，往往指某族内部具有家族长或宗子身份的贵族个体，在有关人称转化为氏名的情况下，"长"亦可视作大宗的代名词。以"族氏名+旁"为称者，应指家族内部无继统权力的支子，其内涵相当于文献中的"侧室"或"余子"，同"别子"大概具有相近的宗法意义[①]，很可能是

---

① 赵庆淼：《试说周代金文人名称谓中的"长"、"旁"及其宗法内涵》，《古代文明》2018年第3期，第60页。

第二章 嫡庶与长幼——西周宗子继承制度考论

正确的意见。

5. 小子

商和西周金文还常见"小子"称谓,如商金文中多有"子"与"小子"相对:

乙亥,子赐小子𣄰王赏贝,在襄次,𣄰用作父己宝尊,冀。　　(小子𣄰鼎,02202)

甲寅,子赏小子省贝五朋,省扬君赏,用作父己宝彝,冀。　　(小子省壶,12374)

乙巳,子令小子𧃒先以人于堇,子光赏𧃒贝二朋……　　(小子𧃒卣,13326)

前面我们已经讲到,殷代甲骨文中"子"可以表示"宗子"之意。商金文中"子"与"小子"相对,《尚书·酒诰》有"文王诰教小子有正有事",曾运乾注云:"小子,盖同姓小宗也。"① 裘锡圭认为商代小子应该是与子相对的一种称呼,他们绝对不会是小儿子的意思,也不像是谦称,而应该是一种特定的身份。大子、小子应分别为大宗之长(宗子)和小宗的族长②。这一点得到了多数学者的认同③。在西周金文中"子"与"小子"的内涵虽然已经扩展,但其中"氏名+子"与"氏名+小子"的称谓类型值得注意,如:

陶子或赐陶姒金一钧,用作宝尊彝。　　(陶子盘,14433)

荣子旅作父戊宝鼎。　　(荣子旅鼎,01823)

☒子僚作父庚宝尊彝。　　(☒子僚簋,04565)

坅小子☒作宝鼎。　　(坅小子☒鼎,01704)

遣小子𫐐以其友作鲁男、王姬肆彝。　　(遣小子𫐐簋,04728)

厥唯颜林,我舍颜陈大马两,舍颜姒虞𠭯,舍颜有司寿商𡇒𧜘、盠幎……颜小子具助封,寿商𩡧。　　(九年卫鼎,02496)

卫小子者逆其飨……　　(五祀卫鼎,02497)

𥅀受田:𦆊𧻚,卫小子𮐀,逆者其飨。　　(裘卫盉,14800)

---

① 曾运乾撰,黄曙辉点校:《尚书正读》卷四,上海:华东师范大学出版社,2011年,第183页。
② 裘锡圭:《关于商代的宗族组织与贵族和平民两个阶级的初步研究》,《裘锡圭文集》第5卷,第121—152页。
③ 如朱凤瀚在1982年中国先秦史学会第一届年会提交的论文《试论商人的族氏组织》中就有这种看法。后来在博士论文及相关文章中又重申"子"应是族长,"小子"应是其同宗下属,很可能是分族长的意见。朱凤瀚:《论卜辞与商金文中的"后"》,《古文字研究》第19辑,北京:中华书局,1992年,第434页。

陶子、荣子、▆子分别是陶氏、荣氏和▆氏宗族长，此处之"子"仍然表宗子之意。圳小子、遣小子、颜小子之"圳、遣、颜"应是氏名，从九年卫鼎可以看出颜陈应是颜氏宗子（接受赠予位列最前，且所得最贵重），"颜小子"当是颜氏宗族内有"小子"身份者。最后两例"卫小子"之"卫"为人名，从整体铭文的人物行事可知卫应是所在宗族宗子。"卫小子"即身份低于卫，但与卫有密切关系者。参照商金文"子"与"小子"的关系，西周金文中"氏名+小子"或"人名+小子"者仍然应该是表示庶子或小宗之意，这一点朱凤瀚早已指出[①]。由此可见，西周时代的"小子"仍然部分保留宗族分衍的内涵[②]。

还有部分称谓，或有学者认为有宗族分衍的内涵，实则未必，如：

1. 某生

金文中常见"某生"的称谓，如：

  彭生作文考日辛宝尊彝，先册。　　　　　　　　　　（彭生鼎，01956）
  唯正月初吉癸巳，王在成周，格伯取良马乘于倗生……　（倗生簋，05307）
  唯五年正月己丑，琱生有事，召来合事……　　　　　（五年琱生簋，05340）
  周棘生作楷妘媵簋，其孙孙子子永宝用，▆。　　　　（周棘生簋，04876）
  倗番生作□媿媵簋。　　　　　　　　　　　　　　　（倗番生簋，30370）
  城虢遣生作旅簋，其万年子孙永宝用。　　　　　　　（城虢遣生簋，04761）

"某生"之"某"均为氏名，但从相关金文材料可以看出，"某"并非是作器者族氏。关于"某生"之性质，林沄在研究琱生器的时候指出"金文人名中'某生'之'生'，均当读如典籍所见人名中'某甥'之'甥'"[③]。后张亚初详细梳理金文所见"某生"现象，将包含"某生"的称谓分为五类：1. 某生；2. 某生+私名；3. 本人氏名+某生；4. 职官名+某生；5. 国邑氏名+排行+某

---

① 朱凤瀚：《商周家族形态研究（增订版）》，第312—313页。
② 需要说明的是，西周金文中的"小子"并不都指庶子或小宗，还可以用作谦称，如周王亦可自称"余小子"（02495、02518、15633）。还可能表下属之意，如金文见有"太师小子"多例（02190、02477、05123、05515）。不过后一种"小子"的内涵很可能是从宗族庶子或小宗发展而来，或者真实身份本就是高位者的宗族成员。
③ 林沄：《琱生簋新释》，《古文字研究》第3辑，北京：中华书局，1980年，第124页。

生,认为"某生"之"某"均应是贵族母亲的族氏名,"生"均读作"甥"①。学者多从之。

不过对于为什么贵族会以"某生"为号,林、张并未明言。李峰认为西周金文之所以常见"某生"的称名现象,这是用以防止由于宗族无限膨胀而可能产生的名称混乱的现象。具体说来,称"某生"者多是宗族小宗,大宗子弟称"氏名+伯、仲、叔、季"以后,小宗若再称伯仲叔季,就会造成混乱。即使就大宗本身来说,如果每代子弟都自称伯、仲、叔、季,则五代以后应该会产生一大堆的井伯、井叔、井季,最后将完全无法区别。因此大宗以伯仲叔季的排行来称呼自己,小宗的子弟便用自己母亲的氏名来自称②。

按"某生"确有丰富人物称谓形式的作用,但认为此称谓均用以指代小宗则可商榷。金文所见"某生",确有属于宗族小宗者,如琱生簋之"琱生"为召氏小宗,"城虢遣生"以"城虢"为氏,属于虢氏小宗等。但有相当一部分依据目前材料尚不能证明一定就是小宗,还有不少根据铭文文义可推测当为宗族大宗,如番生簋有铭文作:

> 丕显皇祖考,穆穆克慎厥德,严在上,广启厥孙子于下,擢于大服,番生不敢弗帅型皇祖考丕丕元德,用申囂大令,屏王位,虔夙夜,溥求不朁德,用谏四方,柔远能迩,王命总③司公族、卿士、太史寮,取赗二十锊……番生敢对天子休,用作簋,永宝。
>
> (番生簋盖,05383)

铜器器主为番生,铭文称其祖考严在上,有大德(元德),"广启孙子,擢于大服",服犹事也,意即拔擢番生担当大任。铭中王命番生总司公族、卿士、太史寮,是番生职位可能是王朝执政大臣。从番生职事与铭文语气来看,似不是小宗所能有的,番生应即所属宗族大宗。

---

① 张亚初:《西周铭文所见某生考》,《考古与文物》1983年第5期。
② 李峰:《西周宗族社会下的"称名区别原则"》,《文汇报》2016年2月19日第15版。
③ "总"原铭作 ▨,该字形在甲骨、金文中常见,学者曾有不同释读意见。2012年山东沂水出土有繁君季▨盂(30535),"季▨"之"▨"左半所从与"▨"左部字形一致,而右部为 ▨ (恩)。李学勤、林沄认为此 ▨ 即是声符,▨ 可读为"总"。李学勤:《由沂水新出盂铭释金文"总"字》,《出土文献》第三辑,上海:中西书局,2012年,第119—120页;林沄:《华孟子鼎等两器部分铭文重释》,《吉林大学古籍研究所建所三十周年纪念论文集》,上海古籍出版社,2014年,第12—18页。

山西绛县横水西周墓地 M1016 出土两件伯晋生鼎铭文作：

> 伯晋生作尊鼎。　　　　　　　　　　　　　　　　　　　　　　(30106)

> 唯正月初吉，伯晋生〔肇作〕宝尊鼎，其万年永宝，其用享。　　(30181)

横水西周墓地多出与倗氏相关的铜器，"伯"为排行，"晋生"为器主称谓。该墓规格不算小，谢尧亭已经指出，此"伯"当为"倗伯"之省①，应是可信的意见。如此，则名"晋生"者实为倗伯，为倗氏宗子，不可能是小宗。

单伯昊生钟有铭文作：

> 单伯昊生曰：丕显皇祖、烈考，遂匹先王，恭勤大令，余小子肇帅型朕皇祖考懿德，永宝奠。　　　　　　　　　　　　　　　　　(15265)

铜器器主为"单伯昊生"，单是族名，伯是排行，从铭文所见其祖考能翼辅先王以及"单伯"称谓来看，"昊生"无疑应是单氏大宗，而不会是小宗。

戎生编钟有铭文作：

> 唯十又一月乙亥，戎生曰：休台皇祖宪公，桓桓趯趯，启厥明心，广经其猷，趫禹穆天子灵，用建于兹外土，僑司蛮戎，用干不廷方。至于台皇考昭伯，趫趫穆穆，懿肃不僭，绍匹晋侯，用龏王令……余用邵追孝于皇祖皇考，用祈绰眉寿，戎生其万年无疆……　　　　　　　　　　　　　　　　　　　　(15239－15246)

该钟年代在春秋早期，器主为"戎生"。铭文称其皇祖宪公曾受天子之命"建兹外土，司蛮戎"，即受封于畿外之地管理戎人。其父昭伯"绍匹晋侯，用龏王令"，地位亦不低。"戎生"当即是戎人之甥，说明其母为戎②。从铭文所见戎生职事以及父考称谓（昭伯）来看，其父应是宗族宗子，戎生继承父祖职事，也应是所在宗族宗子，而不会是小宗。因此，从番生簋、（倗）伯晋生鼎及单伯昊生钟铭文可以看出，以"某生"为号者也有可能是宗族大宗，李峰所言此类称谓多指示宗族小宗的观点并不确。

2. 亚祖

西周金文还有"亚祖"，不见于传世文献，如：

---

① 谢尧亭：《倗、霸及其联姻的国族初探》，陈光祖主编：《金玉交辉——商周考古、艺术与文化论文集》，"中央研究院"历史语言研究所，2013 年，第 285—305 页。
② 李学勤：《戎生编钟论释》，《文物》1999 年第 9 期，第 75—82 页。

青幽高祖,在微霝处,雩武王既戋殷,微史烈祖乃来见武王,武王则令周公舍宇,于周俾处。柔惠乙祖,逑匹厥辟,远猷腹心,兹□粦明。亚祖祖辛,毓育子孙,繁福多釐,齐角炽光,宜其禋祀。胡遲文考乙公,遽爽得纯无束,农穑越历,唯辟孝友。史墙夙夜不怠……　　　　　　　　　　　　　　　　　　　　　　　　　（墙盘,14541）

㝬曰:丕显高祖、亚祖、文考,克明厥心……　　　　　　　　　　　　（㝬钟,15593）

司土南宫乎作大林协钟……先祖南公、亚祖公仲、必父之家……

（南宫乎钟,15495）

雩朕皇高祖零伯,粦明厥心,不坠□服,用辟恭王、懿王;雩朕皇亚祖懿仲,匡谏谏克,甸保厥辟孝王、夷王,有成于周邦。雩朕皇考恭叔,穆穆趩趩,龢訇于政,明陟于德,享辟厉王……　　　　　　　　　　　　　　　　　　　　（逑盘,14543）

㝬曰:丕显天尹,甸保王身,谏辭四方,在朕皇高祖师娄、亚祖师夆、亚祖师寰、亚祖师仆、王父师彪,与朕皇考师孝……　　　　　　　　　　（㝬鼎,02439）

"亚祖"在祖先世次中多位于文考之前,高祖之后。关于"亚祖"的内涵,以往学者有不同意见。如谭步云认为亚者次也,亚祖当指"祖"之兄弟①。罗泰认为高祖、亚祖均是指几个世代供奉的特定祖先,"亚祖"一词是指小宗的立族者,对大宗而言,是经常祭祀的地位最高的近祖②。不过从与墙盘同出的㝬钟来看,看不出"亚祖"为分宗立族者。且由㝬鼎铭文可知始祖(高祖)之后,父考之前的多代祖先均可称"亚祖",吴镇烽认为"亚祖"是记述多位祖先时所用的词语,是相对于前一位先祖的称谓,既不是一个家族"分支立族者"的称谓,也不是某一代先祖的专称③,大体是可信的意见。因此"亚祖"并不具备宗族分衍的内涵。

综上,西周金文所见宗法性称谓中,以"地名+氏名""氏名+仲、叔、季"为氏者、身份为"旁"或"北子"者,以及部分"小子",多指示宗族分支或庶子身份。而以"氏名+生"为称者以及"亚祖"等,并没有宗族分衍的内涵。

---

① 谭步云:《盝氏诸器▼字考释——兼说"曾祖"原委》,《容庚先生百年诞辰纪念文集》,广州:广东人民出版社,1998年,第438页。
② 罗泰:《有关西周晚期礼制改革及庄白微氏青铜器年代的新假设:从世系铭文说起》,"中央研究院"历史语言研究所会议论文集之四《中国考古学与历史学之整合研究》,1997年,第661—665页。
③ 吴镇烽:《高祖、亚祖、王父考》,《考古》2006年第12期,第76页。

第二节 排行称谓的使用条件、形式及相关问题考论

在上举诸多宗法性要素中，排行称谓又是极为重要的一项。周代贵族常见加有伯、仲、叔、季等称谓，《仪礼·士冠礼》有"伯某甫，仲、叔、季，唯其所当"，郑玄注云"伯、仲、叔、季，长幼之称"①，《白虎通·姓名》有"故以时长幼号曰伯仲叔季也。伯者，长也。伯者，子最长迫近父也。仲者，中也。叔者，少也。季者，幼也"②。这套称谓系统不见于殷墟甲骨文和商金文，李曦曾指出是周文化特色，并且有着深刻的宗法内涵：一是宗主继承者的一般性标志和维护继承次序的手段；二是具有区别大小宗的作用；三是具有转化地名为氏名的作用，从而使一个宗法集团得到一个宗氏名称③。这些大体是可信的意见。此外还有不少学者的研究已经指出排行称谓与宗子继承制有着极为密切的联系，不过实际上伯仲叔季的使用情况更为复杂，诸位学者对排行称谓的使用条件、性质以及传世文献某些记载内涵的理解尚存在未尽之处，下面我们试就相关问题作说明。

一、排行称谓的授予规则

伯仲叔季排行称谓的获得有一定的规则。首先，伯仲叔季等排行称谓并非人人都有，在西周春秋时代往往行用于贵族阶层。其次，排行称谓并非生来就有，需要在成年行冠礼之时才会被赐予。周代男性一般在二十岁左右行冠礼以表示成年，冠礼之上会被赐字，《礼记·曲礼》有"男子二十冠而字"④，《仪礼·士冠礼》云：

> 字辞曰：礼仪既备，令月吉日，昭告尔字。爰字孔嘉，髦士攸宜。宜之于假，永受保之，曰伯某甫，仲、叔、季，唯其所当⑤。

---

① 《仪礼注疏》卷三，《十三经注疏》，第2067页。
② 《白虎通疏证》卷九，中华书局，第416页。
③ 李曦：《周代伯仲排行称谓的宗法意义》，第86—91页。
④ 《礼记正义》卷二，《十三经注疏》，第2688页。
⑤ 《仪礼注疏》卷三，《十三经注疏》，第2067页。

所谓的"字",即伯某甫、仲某甫等形式。伯、仲为排行,对应其在兄弟之中的长幼之序。如果贵族子弟不待成年而亡,则不能排行,其弟在冠礼之时便有可能接续其获得排行称谓。也就是说,如果原嫡长子未成年而夭折,就不能有"伯"称,而其母弟在冠礼之时可能获得"伯"称。从这一点来看,排行称谓的性质并不是严格意义上的出生排序,而更接近成年先后排序①。

其次,同一排行体系用以指示的人群范围也值得注意。有学者认为"如果嫡妻的长子才能称伯,那么,按同一规则,次于伯的仲、叔、季也是嫡子"②,还有学者认为"(伯仲叔季)是同父同母兄弟的一种行第标志,它有严格的嫡庶之分"③。如此,则意味着嫡庶并不共排行,这套称谓体系只在同母兄弟之间使用。按从金文和传世文献来看,排行为长的伯、孟虽有嫡庶之别(详下文),但仲叔季为诸同父兄弟所共用,似乎并无此区别。金文中多见仲、叔等,并不能证明均是嫡妻所生之子。而文献有明言庶妻所生之子称叔者,如《左传》文公七年:"穆伯娶于莒曰戴己,生文伯。其娣声己,生惠叔。"④文伯、惠叔之母并非是同一人,而分别获得伯、叔称号。还有,鲁国桓公嫡长子为庄公,同母弟是季友,异母弟为叔牙。叔牙作为庶弟,亦获得"叔"称。由此可见排行称谓并非是嫡子之专称,除了长子之外,嫡庶共排行,可用以指示所有的同父兄弟⑤。

二、排行称谓与区别字

周代贵族可能育有多子,而排行称谓的数量有限,难以一一对应,因此称

---

① 值得注意的是,文献记载天子、诸侯,或者天子、诸侯之子行冠礼的年龄要早于二十岁,有十二岁、十五岁、十九岁诸说。如《左传》襄公九年:"国君十五而生子,冠而生子,礼也。"《春秋左传正义》卷三十,《十三经注疏》,第 4218 页)《尚书·金縢》云:"王与大夫尽弁。"郑玄注云:"天子、诸侯十二而冠。"[(清)孙星衍撰,陈抗、盛冬铃点校:《尚书今古文注疏》卷十三,第 336 页]《荀子·大略》:"天子、诸侯子十九而冠,冠而听治,其教至也。"郝懿行曰:"天子、诸侯子十九而冠者,异于常人,由其生质本异,其教又至,故能尔也。传谓'国君十五生子,冠而生子,礼也'。于时鲁侯年才十二,则太早矣。荀子所言,当是古法。"[(清)王先谦撰,沈啸寰、王星贤点校:《荀子集解》卷十九,第 512 页]由此可见,在正常情况下,天子、诸侯(之子)十二、十五岁成年似乎略早,十九成年则与一般贵族二十成年相差不大。
② 李曦:《周代伯仲排行称谓的宗法意义》,第 87 页。
③ 陈絜:《商周姓氏制度研究》,北京:商务印书馆,2007 年,第 376 页。
④ 《春秋左传正义》卷十九,《十三经注疏》,第 4007 页。
⑤ 黄国辉亦有此看法。参黄国辉:《略论周代家族中兄弟排行的原则问题》,《史学史研究》2018 年第 4 期,第 123 页。

同一排行者可能并不止一人。《白虎通·姓名》云："质者亲亲,故积于仲。文家尊尊,故积于叔……不积于伯、季,明其无二也。"①明言称"伯、季"者分别只有一位,而称"仲、叔"者则可同时有多人。文献记载文王有子十人,"其长子曰伯邑考,次曰武王发,次曰管叔鲜,次曰周公旦,次曰蔡叔度,次曰曹叔振铎,次曰成叔武,次曰霍叔处,次曰康叔封,次曰冉季载,冉季载最少"②。其中称"伯、季"者只有一人(伯邑考、冉季载),而称"叔"者超过半数,可见《白虎通》所言大体合乎周代实情。这种情况体现在金文材料中,则是在"仲、叔"之前可能会加上"大、小"等区别字,如称"大仲"的有:

  盨曰:余其敢对扬天子之休,余用作朕文考大仲宝尊彝。 (盨驹尊,11812)
  (大)用作朕皇考大仲尊簋。 (大簋,05170)

"小仲":

  卫作文考小仲、姜氏盂鼎。 (卫鼎,02206)
  邓小仲甃得,弗敢取,用作厥文祖宝䵼尊。 (邓小仲鼎,02246)
  江小仲母生自作用鬲。 (江小仲鼎,01882)

"大叔":

  (叔向父禹)作朕皇祖幽大叔尊簋。 (叔向父禹簋,05273)
  肆武公亦弗遐忘朕圣祖考幽大叔、懿叔…… (禹鼎,02498)
  莒大叔之孝子平作其盥□壶。 (孝子平壶,12358)
  攻吴大叔柘如自作行盘。 (攻吴大叔盘,14415)

"小叔"

  尹小叔作䵼鼎。 (尹小叔鼎,01655)
  阳小叔毁父作恭叔姬宝鼎。 (叔毁父鼎,30215)

"仲、叔"分大小,明确说明称同一排行(仲、叔)者可以有多人③。关于区

---

① 《白虎通疏证》卷九,第418页。
② 《史记》卷三十五,第1563页。
③ "大小"而外,周代贵族还有可能用"先后"作区别字。如伯克壶(12440)"伯克敢对扬天君王伯友,用作朕穆考后仲尊壶","后仲"之"后"当非谥字,很有可能用作区别字,表示"先后"之"后"。"后"的内涵很有可能与"小"相近。

别字"大、小"的内涵,黄国辉已经指出有区分嫡庶之意①。从传世文献所见名"大叔"者的身份来看,这应该是可信的意见。"大、小"确有可能与嫡庶及继承资格的先后顺序有关。

传世文献所见称"大叔"者,多数是国君或宗子同母弟,属于嫡子,如武王嫡妻邑姜生成王与唐叔虞,叔虞又称"大叔"。《左传》昭公元年有:

> 当武王邑姜方震大叔,梦帝谓己:"余命而子曰虞,将与之唐,属诸参,而蕃育其子孙。"及生,有文在其手曰:"虞。"遂以命之。及成王灭唐而封大叔焉,故参为晋星②。

武王嫡妻邑姜在怀孕的时候梦见天帝告诉她要将此子命名为"虞",并且把唐国给他。等到大叔出生后,发现手掌纹路很像虞字,就取名为虞。成王灭唐之后,就把大叔封在了唐地,可知唐叔虞也称"大叔"。邑姜是成王之母,因此唐叔虞为成王同母弟,属于嫡妻所生之子。

春秋时代郑武公之子有共叔段,为庄公同母弟,也称"京城大叔"或"大叔段"。《左传》隐公元年:

> 初,郑武公娶于申,曰武姜,生庄公及共叔段。庄公寤生,惊姜氏,故名曰"寤生",遂恶之。爱共叔段,欲立之。亟请于武公……请京,使居之,谓之京城大叔……大叔完、聚,缮甲、兵,具卒、乘,将袭郑,夫人将启之。公闻其期,曰:"可矣。"命子封帅车二百乘以伐京。京叛大叔段,段入于鄢,公伐诸鄢。五月辛丑,大叔出奔共③。

郑庄公和共叔段均是武公正妻武姜所生之子,是大叔段亦具有"嫡"的身份。

周惠王之子带又称大叔、大叔带。《左传》僖公七年、二十四年:

> 闰月,惠王崩,襄王恶大叔带之难,惧不立,不发丧而告难于齐……冬,王使来告难曰:"不穀不德,得罪于母氏④之宠子带,鄙在郑地氾……"天子无出,书曰"天王出

---

① 黄国辉:《商周亲属称谓研究》,第 242 页。
② 《春秋左传正义》卷四十一,《十三经注疏》,第 4394 页。
③ 《春秋左传正义》卷二,《十三经注疏》,第 3724—3725 页。
④ 原文本作"得罪于母弟之宠子带",阮元校勘记云:"宋本无弟字,考文提要据僖五年《正义》弟作氏,是也。"此据阮校改。参《春秋左传正义》卷十五·校勘记,《十三经注疏》,第 3950 页。

居于郑",辟母弟之难也①。

引文明言大叔带为襄王之"母弟",可知二人为一母所生②。襄王继位属于嫡长子继承,作为同母弟之大叔带也应具有"嫡"之身份。排行称谓"叔"本身并无嫡庶属性,如此,则"大叔"之"大"应有"嫡"的意味在里面。

文献所见称"大"者多数地位较高,势力较大。称"大"者还在宗子继承制中占有着重要地位,往往是嫡长子之外宗子继承人的优先选择。春秋时代多位称"大"者曾逼近宗子之位,威胁宗子或国君统治便可作为辅证。如上所举郑国大叔段有宠于武姜,武姜欲立之。周王朝大叔带有宠于周惠后,惠后欲立之。二者最终均因意图夺权而引起内乱。春秋时代甚至还曾出现过宗子死后不立嫡子而立大叔的情况,如《左传》襄公二十二年:

> 十二月,郑游眅将归晋,未出竟,遭逆妻者,夺之,以馆于邑。丁巳,其夫攻子明,杀之,以其妻行。子展废良而立大叔③。

游眅即子明,良是游眅之子。大叔即游吉,是游眅之弟,也称子大叔。游眅死后,郑人舍良而立其弟大叔游吉,可见称"大叔"者在宗子继承中的重要地位。

由上可知,周代同父兄弟之中称"仲、叔"者可以有多人,排行称谓区别字"大小"可能包含"嫡庶"的意味在里面,称"大"者多是嫡子,在继承制中占有优势地位④。

---

① 《春秋左传正义》卷十五,《十三经注疏》,第3905、3947页。
② 《史记·周本纪》:"二十五年,惠王崩,子襄王郑立。襄王母蚤死,后母曰惠后。惠后生叔带,有宠于惠王,襄王畏之。"(《史记》卷四,第152页)如此,则襄王与叔带并非一母所生。但孔颖达早已指出《史记》所载不确,见《春秋左传正义》卷十二,《十三经注疏》,第3896页。
③ 《春秋左传正义》卷三十五,《十三经注疏》,第4288页。
④ 商代人物称谓也有"大中小"区别字,其内涵与周代仲叔区别字"大小"的关系还有待进一步的探讨。黄铭崇认为"大中小"可能与继统的次序有关,称"大"者具有优先继承的地位,"中"者次之,"小"者再次之,不过其认为这种区别字是在一个人出生时由母亲所拥有的区别字所决定的,而非出生以后才指定的。女性之所以有这种区别字,是因为他们负有传承此种区别字的任务。黄国辉则认为"大中小"是商人习惯用来区分同辈亲属中的长幼关系。黄铭崇:《甲骨文、金文所见以十日命名者的继统"区别字"》,《历史语言研究所集刊》第76本第4分,2005年,第625—706页;黄国辉:《商周亲属称谓研究》,北京师范大学博士学位论文,2010年,第193—196页;黄国辉:《商代亲称区别字若干问题研究》,《考古学报》2012年第3期,第269—288页。

同辈之中同称"仲、叔"者可有多人,仲叔名号可分大小的情况还对我们厘清贵族宗族内部人物关系和宗族分支情况有重要意义。典型如(叔向父)禹之家族与张家坡(丰)井叔家族的关系问题。西周晚期禹鼎有铭文作:

> 禹曰:丕显桓桓皇祖穆公,克夹绍先王,奠四方,肆武公亦弗遐忘朕圣祖考幽大叔、懿叔,命禹缵朕圣祖考,政于井邦…… （禹鼎,02498）

器主禹自言祖考均"政于井邦",亦即在井邦任事,可知其与井邦或井氏宗族有密切关系。禹之皇祖名"穆公",长安沣西张家坡井氏家族墓地 M163 出土井叔叔采钟铭文也有"皇祖穆公",朱凤瀚认为是同一人①,学者多从之。如此,则禹属于井氏宗族成员。西周晚期叔向父禹簋(05273)有"皇祖幽大叔",与禹鼎年代相近,器主私名及皇祖名均同,是禹当即叔向父禹。禹之皇祖、文考及自身均以"叔"为称(幽大叔、懿叔、叔向父),说明这一支不是井氏大宗(井氏大宗多以"伯"为称),很有可能是自穆公之子"幽大叔"分出并以"井叔"为称的井氏分支。

1983—1986 年,社科院考古所在长安沣西张家坡村分南北两区发掘了 390 座西周墓葬(365 座)、车马坑(3 座)和马坑(22 座),其中多数被盗严重。这一片多座墓内出土有井叔铜器,如 M170 井叔方彝、M165 井叔饮壶、M152 井叔鼎等,并从东到西紧密排列有四座带墓道大墓(M170、M168、M152、M157),研究者认为是井叔家族墓地②。此井叔家族既以"井叔"为氏,说明其始祖当为某代井叔。该墓地 M163 出土井叔叔采钟(15290)铭文有"皇祖穆公",从相关铭文可知"穆公"是西周中期一代井氏大宗,则丰井叔氏始祖"井叔"当是穆公之子,井叔叔采作器祭祀属于"祭其祖之所自出者"。如此一来,张家坡井叔家族之祖"井叔"与叔向父禹之族"幽大叔"均是穆公之子,李学勤、韩巍等均认为二者是同一人,叔向父禹即是张家坡井叔氏的一代井叔③。

按此说或可商榷。从金文材料可以看出,张家坡井叔一支在西周中晚期

---

① 朱凤瀚:《商周家族形态研究(增订本)》,第 351 页。
② 中国社会科学院考古研究所:《张家坡西周墓地》,第 376—381 页。
③ 李学勤:《禹鼎与张家坡井叔墓地》,《文物中的古文明》,北京:商务印书馆,2008 年,第 199—202 页;韩巍:《西周金文世族研究》,北京大学博士学位论文,2007 年,第 144 页。

一直任职于中央王朝,为王朝要臣,直接服务于天子,在朝廷有着重要的影响力①。而叔向父禹一支自其祖以来一直在"地方"任事(政于井邦),服务于贵族(武公)而非天子。张家坡井叔一支与叔向父禹一支的地位与实力有明显差别,似不能等同。同时,禹既然自祖考以来一直服务于井邦,其居地及葬地很有可能一直在井地,而不会远在沣西张家坡。因此,叔向父禹当不属于张家坡井氏家族,应为井邦之内的井叔氏,张家坡这一支则属于迁往丰地的井叔氏。二者之祖虽均是穆公之子,且同以"叔"为称,但并非一人。禹之祖称"大叔",张家坡井叔家族之祖则可能称"井叔"或"井小叔"。

三、五十以伯仲——论排行称谓的尊卑之别

从传世文献与金文材料来看,以排行为中心的人物称谓,总的来说可以分为三大类:第一类为"氏名+排行"形式,如倗伯(01960)、楷仲(01450)、芮叔(01266)、南季(02432)等;第二类为"排行+私名"形式,"私名"包括名与字,如伯鱼(01624)、伯家父(05160)、仲义父(01632)、叔㚤(01462)、季右父(02760)等②;第三类则是二者的复合,作"氏名+排行+私名"形式,如倗伯禹(05208)、单伯原父(03007)、吕仲仆(08578)、京叔休父(05548)、华季嗌(05596)等。三者之中尤以前两种占多数。

"氏名+排行"与"排行+私名"两类称谓形式的侧重似略有不同,以前者为称者,主要体现贵族在宗族中的地位与身份。而后者则更多的是对个人信息的展示。虽然从具体的金文材料来看,两类称谓形式均可以见于各种场合中,但总体而言二者内涵似仍有差别。这可以从如下两个方面得到证实:

1. 上位者称呼臣下,以及臣下在对上自称时,往往以私名为中心,很少用"氏名+排行"形式。前者如天子册命之时,往往直呼臣下之名或以"职官+私名"称之,如颂簋(05391)"王曰:颂,命汝官司成周贾"、引簋(05299)"王若曰:引,余既命汝更乃祖总司齐师"、由鼎(02453)"由,命汝作服,赐汝金车……",

---

① 关于西周中晚期井叔氏的地位及活动情况,韩巍曾有详细论述,可以参看。韩巍:《西周金文世族研究》,第137—140页。
② 严格来说,称"名"与称"字"仍有区别,但与本文论点关系不大,此处不详论。

"颂""引""由"均是私名。再如应侯视工簋(05311)"王若曰:应侯视工……"、师颖簋(05364)"王若曰:师颖,载先王既命汝作司土"、师𠭰簋(05381)"王曰:师𠭰,在昔先王小学,汝敏可使"等,"应侯视工、师颖、师𠭰"则为"职官+私名"形式。后者如受赐者在称扬主上恩德、赏赐时,往往以私名自称,如多友鼎(02500)"多友敢对扬公休"、师奎父鼎(02476)"奎父拜稽首,对扬天子丕丕鲁休"、师汤父鼎(02431)"师汤父拜稽首"等。《礼记·曲礼》云:"父前子名,君前臣名。"郑玄注云:"对至尊,无大小,皆相名。"①说的就是这种情况。由此可见,私名的使用含有一种位卑或低姿态的意思在里面。

2. 当贵族提及、称扬上位者或父祖时,多以"氏名/谥名+排行"为主,很少出现称私名的情况,如宁鼎有铭文作:

> 唯王九月既望乙巳,遣仲令宁总司奠田,拜稽首,对扬遣仲休,用作朕文考釐叔尊鼎。
> (02398)

由铭文"遣仲令宁总司奠田"可知"遣仲"地位比"宁"高。"宁"为器主,自称私名,而称上司与文考作"遣仲""釐叔",均为"族名/谥名+排行"形式而不见私名。两类称谓内涵差异可以想见。

这样的例子在金文中还有不少,如康鼎(02440)"王在康宫,荣伯入右康……(康)用作朕文考釐伯宝尊鼎"、利鼎(02452)"王格于般宫,井伯入右利……(利)用作朕文考㽞伯尊鼎"、豆闭簋(05326)"王格于师戏太室。井伯入右豆闭……闭拜稽首,敢对扬天子丕显休命,用作朕文考釐叔宝簋"等。从铭文内容可知右者地位应比器主高,这些铜器器主自称均是私名(康、利、豆闭),而右者作荣伯、井伯,称父祖为釐伯、㽞伯、釐叔,也都是"族名/谥名+排行",而不见私名的形式②。由此可知"氏名+排行"的内涵当包含一种尊崇的意味在里面,比私名更为正式。就名号所体现的尊卑内涵来看,"氏名+排行"要尊于私名。

排行称谓的这种尊卑差异也见于传世文献。《春秋经》桓公八年:"天王

---

① 《礼记正义》卷二,《十三经注疏》,第2688页。
② 当然,金文也偶有称呼祖考和名的情况,如斲簋(05295):"斲拜首稽首,对扬天子休,用作朕文考敏父宝簋。""敏父"为私名,但这类例子很少。

使家父来聘。"何休注云:"家,采地。父,字也。天子中大夫氏采,故称字不称伯仲也。"徐彦疏云:"上大夫称伯仲者,即祭伯、南季之属是也。次大夫不称伯仲者,即此是也。下大夫称官氏名且字者,即宰渠伯纠是也。"①由此可知"氏名+排行"的内涵最尊,"氏名+私名"以及"职官+氏名+私名"均不及。

排行称谓内涵的此种差异,还有助于我们理解"五十以伯仲"的内涵。《礼记·檀弓上》有:

> 幼名,冠字,五十以伯仲,死谥,周道也②。

"幼名,冠字,死谥"均比较好理解,即出生时命名,冠礼(成年)命字,死后称谥。对于"五十以伯仲",学者则有不同的理解,如贾公彦在《仪礼·士冠礼》"伯仲叔季,唯其所当"下曾疏云:

> 唯其所当者,二十冠时与之作字,犹孔子生三月名之曰丘,至二十冠而字之曰仲尼,有兄曰伯,居第二,则曰仲。但殷质,二十为字之时,兼伯仲叔季呼之。周文,二十为字之时,未呼伯仲,至五十乃加而呼之,故《檀弓》云五十以伯仲,周道也。是呼伯仲之时,则兼二十字而言。若孔子生于周代,从周礼呼尼甫,至五十去甫以尼配仲,而呼之曰仲尼是也。若然,二十冠而字之,未呼伯仲叔季。今于二十加冠而言者,一则是殷家冠时遂以二十字呼之,二则见周家若不死,至五十乃加而呼之。若二十已后死,虽未满五十即得呼伯仲,知义然者,见庆父乃是③。

贾疏的意思在二十岁成年冠礼命字之后即呼"伯仲叔季+私名"是殷文化的做法。周文化在二十命字之时,并不称伯仲,只有年满五十之后才能加上伯仲等排行称谓。不过如果年过二十但未满五十而死,也是可以称排行的。

孔颖达的观点则与贾公彦有所不同,其在《礼记·檀弓》"五十以伯仲"下疏云:

> 人年二十,有为人父之道,朋友等类不可复呼其名,故冠而加字。年至五十者艾,

---

① 《春秋公羊传注疏》卷五,《十三经注疏》,第4817页。
② 《礼记正义》卷七,《十三经注疏》,第2785页。
③ 《仪礼注疏》卷三,《十三经注疏》,第2067页。

转尊，又舍其二十之字，直以伯仲别之……《士冠礼》二十已有伯某甫、仲、叔、季，此云五十以伯仲者，二十之时虽云伯仲，皆配某甫而言。五十之时，直呼伯仲耳①。

孔颖达认为成年冠礼命字之后，可以伯某甫、仲某甫等形式相称。年至五十人老位尊之时，则单称伯、仲，而不再言某甫。现代学者如杨宽等赞同孔颖达的说法②，认为这带有敬老的意思。也有不少学者认为此说并不代表周代实情，不足为据③。

按若以年满五十为限定条件，此说自然是于史无征。但从原文上下文意和诸家注疏可知，"五十以伯仲"绝非首次命以伯仲，因此学者若据此理解来否定该说，似乎有偏差。命以伯仲在二十岁冠礼之时，这一点诸家均是同意的。贾、孔之别，简单说来是贾疏认为周文化中年满二十之时对伯仲等称谓是存而不用，至五十方用。孔疏则认为满二十岁用伯某父，满五十则只称伯。因此，"五十以伯仲"的内涵，当是涉及对排行称谓在不同情况下（如年龄段）采用不同表现形式的问题。从这个角度来说，从上对"氏名＋排行"与"排行＋私名"内涵差别的分析，"五十以伯仲"有合理成分在里面，即尊者往往以"氏名＋排行"为称，卑者则以"私名"或"排行＋私名"为称，孔颖达的理解大体符合经典原意。不过若结合铭文及周代的实际情况，则"五十"不能严格理解为年龄，而应代指尊者（包括位尊者与年尊者）。"以伯仲"也不是单称伯，严格来说应是直称"氏名＋排行"④。

第三节 "伯"称与嫡长子继承

以上谈到了排行称谓整体的使用规则、性质、表现形式及内涵等问题。实际上排行称谓系统内部名号的使用和内涵各有特点，在宗法制甚至是政治制度中的地位和作用并不相同。尤其是"伯"称，使用范围最广，内涵也最为复

---

① 《礼记正义》卷七，《十三经注疏》，第2785页。
② 杨宽：《"冠礼"新探》，《古史新探》，第245页。
③ 陈絜：《商周姓氏制度研究》，第355、376页；黄国辉：《商周亲属称谓研究》，北京师范大学博士学位论文，2010年，第241页。
④ 不过金文所见两类称谓形式的尊卑差异仍有不少反例的存在，产生这种情况的原因到底是礼书所言并未在周代真正实行，还是称名有其他规则等等，目前尚无法确定，有待将来进一步探索。

杂。要准确把握西周宗子继承制的内容与特点，首先需要明晰“伯”称的性质与意义，下面试作探讨。

一、“伯”称与排行

《白虎通》云：“伯者，长也。伯者，子最长迫近父也。仲者，中也。叔者，少也。季者，幼也。”[①]“伯”是对长子的排行称谓。传世文献亦曾将“伯”看作“公、侯、伯、子、男”的五等爵之一。现有研究已经证明殷周时期并未真正实行过五等爵制[②]，不过金文及传世文献所见“伯”也可用作宗子或国君称谓却是事实。春秋时代明确有不少非长子称“伯”的现象（详参第五章第二节）。那么，西周时代“伯”称与排行的关系如何，西周“伯”称的内涵该如何理解，便值得探讨。

首先，需要说明的是，西周金文所见“伯”称确有排行以外的内涵。这是因为“伯仲叔季”的称谓体系虽是周人特色，但“伯”称并非在周代才有，传世文献记载夏、商即有“伯”[③]，而殷墟甲骨文有：

> 辛巳卜，𡧊贞：王比昜伯䖍。（合集 03380，典宾，图 2.3a）
>
> 贞：呼取龙伯。（合集 06589，典宾）
>
> 甲申贞：其执三封（邦）伯于父丁。（32287，历二）
>
> 壬戌卜：王其寻二方伯。大吉。（合集 28086，无名组，图 2.3b）
>
> 贞：王其寻虘方伯，眢于止，若。（合集 28087，何组，图 2.3c）
>
> [癸卯王]卜，贞：旬亡畎。王占曰：引[吉]……甲辰劦祖甲。王来正盂方伯[炎]。（合集 36516，黄组）
>
> 在三月甲申祭小甲、[□大甲]。唯王来正盂方伯炎。（合集 36509，黄组，图 2.3d）

山东滕州前掌大墓地 M18 出土的商代晚期首乇盉（14766）铭中亦有“人方瀧伯”。这些“伯”亦作“方伯”“邦伯”等，前还可加族名，如昜伯、龙伯、盂方伯等。关于此“伯”称之内涵，朱凤瀚已经指出，“伯”非爵称，称“伯”者为方国

---

① 《白虎通疏证》卷九，中华书局，第 417 页。

② “五等爵制”的有无是先秦史研究的重要问题之一，不少学者曾参与讨论，相关的研究成果很多，此不详述。参魏芃：《西周春秋时期“五等爵称”研究》，南开大学博士学位论文，2012 年；刘源：《“五等爵”制与殷周贵族政治体系》，《历史研究》2014 年第 1 期，第 70 页。

③ 《国语・郑语》：“佐制物于前代者，昆吾为夏伯，大彭、豕韦为商伯矣。”《国语集解》，第 466 页。

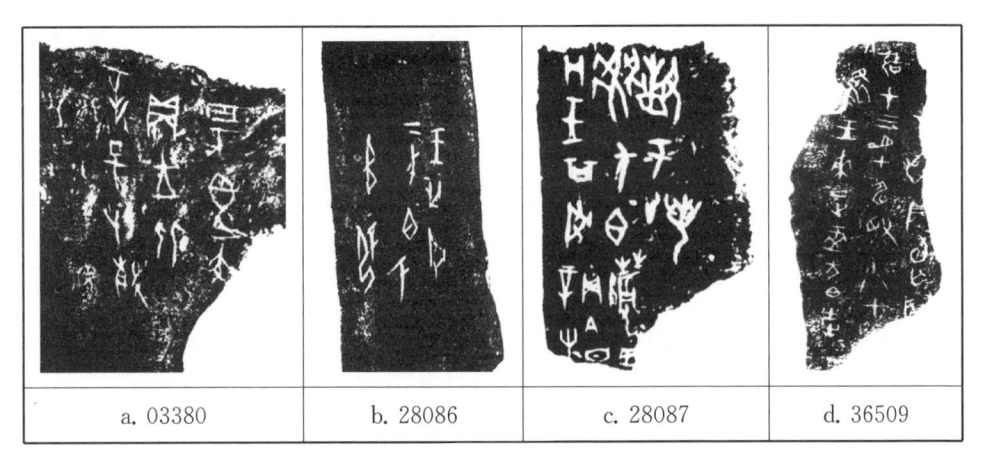

| a. 03380 | b. 28086 | c. 28087 | d. 36509 |

图 2.3　殷墟甲骨文所见"伯"之记载

之君,是当时活动于商王国边域内外臣属于商王的一些非商人族群的首领。"伯"并非商人语言,而是商人沿用这些非商人族群对一族之长的自称[①]。"伯"称指外族首领这一内涵,在西周金文中仍偶有所见,如乖伯簋、彔伯䟒簋有铭文作:

> 王若曰:乖伯,……乃祖克奔先王,翼自它邦……乖伯拜手稽首,天子休弗忘小裔邦……用作朕皇考武乖幾王尊簋。　　　　　　　　　　　　　　(乖伯簋,05385)

> 王若曰:彔伯䟒,繇自乃祖考有功于周邦……彔伯䟒敢拜手稽首……用作朕皇考釐王宝尊簋。　　　　　　　　　　　　　　　　　　　　　(彔伯䟒簋盖,05365)

乖伯簋中周天子明言乖伯之父祖来自"它邦",说明其本不属于周人集团。乖伯称其父考为"武乖幾王",西周时期有异族首领称王的情况,而周人集团除天子外其他贵族并不敢称王。同理,彔伯䟒称其父考为"釐王",也应是异族称王的例子,因此乖伯簋、彔伯䟒簋均是外族。周天子在册命时称此二人为"乖伯"和"彔伯䟒"。从西周册命或赏赐金文的体例来看,天子往往直呼受赐者之名,如颂簋(05391)"王曰:颂,命汝官司成周贾"、引簋(05299)"王若曰:引,余既命汝更乃祖鄦(总)司齐师"、由鼎(02453)"由,命汝作服,赐汝金车……";或者在名字前冠以职官名,如克罍(13831)"王曰:大保,唯乃明乃心,享于乃

[①] 朱凤瀚:《殷墟卜辞中"侯"的身份补正——兼论"侯"、"伯"之异同》,《古文字与古代史》第四辑,第22—23页。

辟……"、应侯视工簋(05311)有铭文作"王若曰：应侯视工……"、师颖簋(05364)"王若曰：师颖，载先王既命汝作司土"、师毁簋(05381)"王曰：师毁，在昔先王小学，汝敏可使"；或者在私名之前加亲属称谓，如毛公鼎(02518)铭文作"王若曰：父厝，丕显文武，皇天引厌厥德，配我有周……王曰：父厝，今余唯申先王命，命汝极一方……"。不见称受赐者排行的情况。因此，在赐命铭文中，"乖伯"和"录伯戜"之"伯"当不是指排行，而是周天子对异族首领的称谓①，这可看作周王朝承袭商以来的惯例。不过从金文总体情况来看，这类异族之长的"伯"称在西周较为少见。

还有学者认为西周时代存在"王官伯"或"方伯"一职（爵）②，有学者指出并不存在③。二者争论暂不详述，但正如学者所说的，现有的金文中尚未发现具有王官伯或方伯意义的"伯"的称谓④。因此，西周金文所见贵族称"伯"者绝大多数应是以其真实排行为基础，这可以从两个方面得到证明：

第一，西周金文所见有不少称仲、叔而为宗子或国君者，继位之后并未改称"伯"。如逆钟有铭文作：

> 叔氏在太庙，叔氏命史盟⑤召逆，叔氏若曰："逆，乃祖考许政于公室，今余锡汝毌五、锡戈彤绥，用䵣（总）于公室仆庸臣妾、小子室家，毋有不闻知，敬乃夙夜用屏朕身，勿废朕命，毋坠乃政。
>
> （15190-15193）

"太庙"为宗族祖庙的称谓，设在大宗之家。铭文记载"叔氏"在太庙命令史盟将器主逆召过来赐命，这与王朝册命礼仪基本一致。《礼记·祭统》："古者，明君爵有德而禄有功，必赐爵禄于大庙，示不敢专也。"能在太庙行赐命者，往往拥有很高的地位，当为此太庙之主人。如此"叔氏"应是宗子，即所在宗族

---

① 当然，他们能为宗族之长，很有可能本就是其父考之长子。
② 王健：《西周政治地理结构研究》，郑州：中州古籍出版社，2004年，第131—258页；陈恩林：《先秦两汉文献中所见周代诸侯五等爵》，《历史研究》1994年第5期；邵蓓：《西周伯制考索》，《中国史研究》2008年第2期；冯时：《周初二伯考——兼论周代伯老制度》，《中原文化研究》2018年第2期。
③ 杨宽：《西周史》，第320—321页；王冠英：《殷周的外服及其演变》，《历史研究》1984年第5期，第82页。
④ 邵蓓：《西周伯制考索》，《中国史研究》2008年第2期，第12页。
⑤ 该字形原铭作［字］，象两手持倒矢于皿上，也见于倗生簋(05307-05310)，作［字］、［字］、［字］。

之大宗。铭文后面所见叔氏命令逆"总于公室仆庸臣妾、小子室家",公室即大宗所在之组织,小子室家即小宗,"叔氏"能发布如此命令,也可证其确为此宗族大宗。大祝追鼎（02396）之"伯大祝"也称作"伯氏",疑尊、疑卣（30792、30881）铭中"仲义父"亦称作"仲氏",伯、仲均是各自真实排行。兑簋有"兑作朕皇考叔氏尊簋"（04922）、鼌休簋（05012）"鼌休作朕文考叔氏尊簋","叔氏"是对父考之尊称,"叔"亦当是真实排行。以此看来,逆钟"叔氏"之"叔"也应是此大宗之排行。可见当时排行为"叔"者在继任大宗之位后,仍以本身之行辈行世,并未改称作"伯"。

亳鼎有铭文作：

> 公侯赐亳杞土、麇土、䍧禾, 歔禾,亳敢对公仲休,用作尊鼎。　　　　　　　　　（02226）

铜器器主为亳,铭文内容比较简单,大意是公侯赐给亳土田与禾稼,伯感念公仲的赏赐,因此作器以纪念。如此"公侯"与"公仲"应是对同一人的不同称谓。"公"是对位高者的尊称,"侯"应是赏赐者职官,"仲"是排行。赏赐者有侯职,即一国之主,无疑也是所在宗族大宗,而臣下仍称其为"仲",可见赏赐者虽以非长子之身成为一国主,也无须改用"伯"称。

再如叔趯父卣有铭文作：

> 叔趯父曰：余老不克御事,唯汝焂其敬辥乃身,毋常为小子,余兄为汝兹小郁彝,汝其用飨乃辟轪侯逆造出入使人……　　　　　　（13341）

"叔趯父"与"焂"均为人名,铭文主要意思是叔趯父年老将不能治事,教导焂要认真地修治自身,不要因为自己是小子而懈怠。"小子"当即小宗之意,铭文是典型的宗子训诫族人语气,因此叔趯父应是此宗族大宗。"叔"当为真实排行,可见焂也并未因趯父是大宗而尊称其为"伯"。

第二,国君、宗子对其已逝之父祖,均仍其原排行,并不追赠"伯"称。如师𡩜钟有铭文作：

> 师𡩜曰：作朕皇祖大公、章公、耝公、鲁仲、宪伯、孝公,朕剌考静[公]龢钟……①
> 　　　　　　　　　　　　　　　　　　　　　　　　　　　　（15266）

---

① 传世姬寏母豆（06159）铭文有"姬寏母作太公、庸公、□公、鲁仲、宪伯、孝公、静公豆",世系与师𡩜钟相同,二者当有密切关系。

"师𡨄"是作器者,能遍祀诸祖,在西周时代是大宗才有的权力。因此师𡨄是其所在宗族之大宗。所祭之祖如大公、章公、𢆶公等,自然也是当时宗族宗子(大宗)。诸祖之中有名"鲁仲"者,"鲁"为谥号,"仲"是排行。说明"鲁仲"虽然曾为宗子,其后代亦继其位,但并没有追赠"伯"称,而仍称其真实排行。

滕侯苏盨有铭文作:

> 滕侯苏作厥文考滕仲旅簋,其子子孙孙万年永宝用。 (05620)

器主为滕侯苏,是滕国之主。其称父考为"滕仲",此"仲"也应是其父生前真实排行。滕侯虽为一国之主,也未追赠其父考"伯"称①。

综上可知,西周金文所见贵族无论是以非长子身份继位为宗子、国君者,或者是宗子(大宗)、国君对其非嫡长之父祖,均直称真实排行,并未僭用或追赠"伯"称。魏芃曾经论证"排行非'伯'者可以为宗子,但排行非'伯'者即使身为宗子,也不会改称'伯'……金文资料中目前未见以非'伯'身份称'伯'之例证。可见,'伯'称虽然可以同时代表多种身份,但其中最基本和核心的意义还是排行。有理由相信,西周时期的'伯'称,即使在作宗子和国君称谓时,也无法完全脱离排行之'伯'的内涵。西周金文中的'伯'称,首先是排行称谓。"②是可信的意见。因此西周时代贵族称"伯",除极少数的异族首领之外,绝大部分均当解为个人真实排行。周代小宗排行为伯者可以其分支氏名"某仲、叔、季"为称,但排行非长者亦是不得僭称为"伯"③。

二、伯、孟与嫡庶

先秦时期行长的称谓除了"伯"之外还有"孟",这在传世文献及金文材料均比较常见,如《左传》隐公元年有"惠公元妃孟子",鲁国叔孙穆子之子孟丙,

---

① 需要说明的是,西周时代虽然排行非长者不得僭称为"伯",但以"叔、仲、季"为号者,其真实身份却有可能是伯(长子)。这是因为此类"叔、仲、季"已经与族名复合成为某些大族分支的新氏名,如上所言井氏宗族之分支郑井(叔)氏与丰井(叔)氏,虢氏宗族之分支虢季氏等。他们作器铸铭时可以"井叔""虢季"为称,或称其已逝之父祖为"某叔/季"。此类排行已是新氏名的一部分,不代表作器者或受祭者之真实排行(真实排行可能为伯),与上述所言并不相同。
② 魏芃:《西周春秋时期"五等爵称"研究》,南开大学博士学位论文,2012年,第148页。
③ 不过从传世文献来看,这一情况到西周末期已经发生了改变,幽王少子违制称"伯"打破了这一规律,相关情况我们在下文将有探讨。

晋国赵鞅也称赵孟等。西周金文则有"孟妣作宝鬲"（02722）、"京叔作孟嬴媵盘"（14428）、"卫用作朕文考惠孟宝盘"（14800）等。《白虎通·姓名》有"嫡长称伯，伯禽是也。庶长称孟，鲁大夫孟氏是也"①，是伯、孟虽同是行长，但有嫡庶之别，宗法地位并不相同。近来有学者注意到金文中男性称孟的情况远不如男性称伯者与女性称孟者，以及"孟"可用作家族代称或氏名一部分，对"嫡长称伯，庶长称孟"提出质疑。如张再兴认为"伯""孟"的使用并非嫡庶之别，而是具有性别的差异②，韩宇娇亦是持此说，并作进一步的论证：

> 两周金文男子名字中含有"孟"字的，除去可以判断是作为私名的，疑似用为排行用字的有"孟湒父""孟狂父""孟奠父""孟肃父""孟辛父"等。这类称谓方式较之"伯某父"十分稀少，时代集中在西周时期。这些"孟"或为氏称……（春秋）庆父及赵盾排行为长而称孟，或为史家春秋笔法，贬其有弑君之罪，微言大义……反观金文中女性称谓，排行为长使用"伯"者数量亦寥寥……从现有材料来看，女子称伯者多与周室有关，或为周王之妻，或为姬姓之女（妻），这些人名均出现在西周时期。除此之外，其余女子排行为长者均称"孟"……遍检春秋战国金文，称"伯"者均为男性，称"孟"者均为女性……孟与伯的区别，至少可以说在东周时期实际使用时是以"孟"来表示女性排行为长者，"伯"来表示男性排行为长的，并不是传世文献中所论"伯"与"孟"是嫡庶的区别。男子排行为长称孟，或是传世文献中史家笔法的一种表达③。

按张文、韩文所论不少观点值得商榷。首先，从西周金文来看，"孟"除用作私名和氏名外，还可以用作排行。韩文举"孟湒父""孟狂父""孟奠父""孟肃父""孟辛父"为例，认为这些"孟"或可解作氏名。这是没有留意到人物称谓中名、字与氏名、排行搭配的区别。"某父"是字，常见与排行搭配，如"伯百父"（14399）、仲义父（01632）、叔伐父（01463）、季右父（02760）等。如果"某"为名的话，前所冠则多为氏名。兮甲（14539）、兮熬（12363），"甲、熬"是作器者之名，"兮"为氏，二者区别明显。"孟肃父"、"孟辛父"之"肃父"、"辛父"均是字，其格式与金文常见之"伯某父""仲某父""叔某父"等一致，因此这些"孟"也当

---

① 《白虎通疏证》卷九，第416页。
② 张再兴：《金文人名"某某父"中排行的计量考察》，《中国文字研究》2008年第2期，第43—52页。
③ 韩宇娇：《"伯"与"孟"是嫡庶之别吗》，《光明日报》2017年1月9日13版。

如伯、仲、叔等一样解作排行，而非氏名①。

不仅如此，西周金文所见贵族称其父祖为"孟"，如申簋有铭文作"用作朕皇考孝孟尊簋"（05312）、裘卫盉作"卫用作朕文考惠孟宝盘"（14800）、吴虎鼎作"用作朕皇祖考庚孟尊鼎"（02446）等。"孝、惠"为谥号，"庚"为日名，"皇考孝孟""文考惠孟""皇祖庚孟"的格式、性质与谏簋"文考惠伯"（05336）、柞伯鼎"烈祖幽叔"（02488）、师毁簋"文考乙仲"（05363）等完全一致，"孟"也当如伯、仲、叔等一样解作排行。由此可知，西周时代"孟"明确可以用作男性排行。

韩文指出金文中男性称孟的情况远不如男性称伯者与女性称孟者，这一点则完全正确。我们曾据吴镇烽《铭图》《铭续》作初步统计，发现西周春秋时期男性称"伯"的铭文约1 200余例，而男性称孟的铭文数量，除去疑似用作氏名或私名者外，明确用作排行的不足50例。不过这种情况产生的原因当不能如韩文所论用男女之别来解释。刘丽指出先秦时期男女均可称孟、伯，金文中男子称伯者较多可能与西周作器制度有关②，应是正确的意见。西周时代宗族内部铜器，尤其是宗庙祭器的铸作有较为严格的制度，往往是宗子主导宗族作器③。从西周铭文所见排行称孟者的地位来看，能明确为宗子者极少，也很少见其在王朝担任重要职务。伯、孟二者虽同为长子，称孟者无论是在王朝的影响力还是宗族内的地位均不及称伯者。由此可见，伯、孟二称的宗法内涵在西周时代就已经有高下之分，"嫡长称伯，庶长称孟"的说法不宜被轻易否定④。

---

① 吴镇烽曾言"孟"字表示行第是有局限性的，它的组成形式只能是孟字与表字组合，即孟字放在表字之前，如"孟肃父"等，而不能与国氏组成诸如"虢孟""邢孟"之类，也没有发现把孟字放在国氏与名字之间组成人名的现象。（吴镇烽：《金文人名汇编（增订本）》，第474页）按此说并不确，金文所见排行之"孟"既可冠以国氏，也见有孟字放在氏名与名字之间的情况。前者如"邓孟"（12304），"邓"即国氏。后者如"㝨孟延"（05610、05611），"㝨"为氏名，"延"为私名，"孟"即在二者之间。可见"孟"字表示行第与伯、仲等一样，并无限制。
② 刘丽：《"元子"问题补说》，《出土文献》第十三辑，上海：中西书局，2019年，第58—70页。
③ 相关研究参朱凤瀚：《金文所见西周贵族家族作器制度》，《青铜器与金文》第一辑，2017年。
④ 陈絜亦曾详论金文中"嫡长称伯，庶长称孟"的情况，参陈絜：《商周姓氏制度研究》，第369—375页。黄国辉指出，最初的"伯"称既可指嫡长子，也可以指庶长子。"孟"称的出现取代了"伯"称中指代"庶长子"的功能。《白虎通》所谓"嫡长称伯"，"庶长称孟"可能都是西周以后才逐渐普遍流行的，是宗法制发展的需要。黄国辉：《略论周代家族中兄弟排行的原则问题》，《史学史研究》2018年第4期，第123页。

三、"伯"称与嫡长子继承

从西周金文材料来看,称"伯"者往往地位比较高,绝大多数均可能是宗族宗子(大宗、小宗不论)。如虡簋有铭文作:

> 虡拜稽首,休朕宝君公伯,赐厥臣弟虡井五量,赐表胄、干戈,虡弗敢忘公伯休,对扬伯休,用作祖考宝尊簋。 (05173)

器主虡自称"臣弟",与"公伯"应为兄弟关系。"伯"是其兄的排行,"公"为尊称。西周金文所见"公"往往是对位高者和尊者的称谓,此处虡称兄长为公,可见排行为"伯"的赏赐者在宗族内地位不低,应是宗族宗子①。

1976年陕西扶风庄白村一号窖藏出土有器主名瘨的铜器多件,铭文作:

> 瘨桓桓夙夕圣爽,追孝于高祖辛公、文祖乙公、皇考丁公龢林钟。 (瘨钟,15592)
> 瘨曰:丕显高祖、亚祖、文考,克明厥心,疋尹典厥威仪,用辟先王。
>
> (瘨钟,15593)
> 微伯瘨作铺,其万年永宝。 (微伯瘨铺,06140)

器主名"瘨",排行为伯,由铭文可知其能祭祀高祖、亚祖等多位祖先。从宗族内部的祖先祭祀往往由宗子主导这一点来看,"微伯瘨"无疑是微氏宗族宗子。

不仅如此,考古发现西周墓地中墓主人称"伯"者的墓葬规格多数较同墓地其他墓葬为高,如:

陕西宝鸡渭滨区茹家庄西周墓地M1墓主人据出土铜器铭文可定为"强伯"②。该墓为带斜坡墓道的甲字形竖穴土坑墓,有殉车和殉人,出土器物十分丰富,墓葬规格在整个墓地中属于最高者③。

山西绛县横水镇西周墓地M2墓主人据出土铜器铭文可定为"倗伯",该

---

① 金文中还见有称呼对方为"伯氏"者,如琱生簋(05340)、不娶簋(05387)、敔簋(05083)等,据学者的研究,有这类称谓者多是指大宗。关于"伯氏"内涵的分析,可以参看陈絜:《商周姓氏制度研究》,第360—365页;魏芃:《西周春秋时期"五等爵称"研究》,南开大学博士学位论文,2012年,第148—151页。
② 出土多件强伯簋,如铭文有"强伯作旅用鼎簋"。(04449)
③ 卢连成、胡生智:《宝鸡强国墓地》,北京:文物出版社,1988年,第271—358页。

墓为带斜坡墓道的大墓，随葬品极为丰富，是整个墓地中规格最高的墓葬①。

山西翼城县隆化镇大河口西周墓地 M1017 所出有铭铜器大多为"霸伯"所作，霸伯应是墓主人。M1017 墓葬面积较大，东侧陪葬一较大车马坑，随葬青铜器数量众多，种类俱全，是整个墓地规格最高者②。

从墓葬规格来看，三座墓葬墓主人无疑是各自宗族的宗族长，彊伯、倗伯、霸伯三位称"伯"者，均是宗族宗子。

西周时代称"伯"者不仅多为宗族宗子，在宗族世官的继承上往往也具有优先权。如伯晨鼎有铭文作：

  唯王八月,辰在丙午,王命䩞③侯伯晨曰：嗣乃祖考侯于䩞…… (02480)

器主名伯晨，"伯"是其排行，"嗣"为继承之意，铭文记载周天子命伯晨继承其父祖䩞侯的职位。这是典型的嫡长子继承宗族世官继承的例子。

山西曲沃北赵晋侯墓地 M91 出土有晋侯喜父残器底，铭文作：

  唯五月初吉庚寅,晋侯喜父作朕文考剌侯宝䵼,子子孙孙其永宝用。 (14784)

同墓还出土伯喜父簋，铭文作：

  唯正月初吉丁亥,伯喜父肇作倗母宝簋,用夙夜享孝于王宗,子子孙孙其永宝用④。

晋侯喜父即晋靖侯，晋侯喜父与伯喜父明显是一人。如此，靖侯之排行为"伯"，说明原是嫡长子身份。

《首阳吉金》著录史䚄觯和䚄簋，铭文作：

  唯伯初令于宗周,史䚄赐马□,用作父癸宝尊彝。(10655)

---

① M2 出有倗伯鼎,铭文作"倗伯肇作宝鼎"(02261),墓葬信息参山西省考古研究所等：《山西绛县横水西周墓发掘简报》,《文物》2006 年第 8 期,第 4—17 页。
② 山西省考古研究所等：《山西翼城大河口西周墓地 1017 号墓的发掘》,《考古学报》2018 年第 1 期,第 89—139 页。
③ 谢明文释作"䩞"。谢明文：《释西周金文中的"䩞"字》,《中国文字学报》2015 年第 2 期,第 69—72 页。
④ 李伯谦：《晋伯卣及其相关问题》,上海博物馆、香港中文大学文物馆：《中国古代青铜器国际研讨会论文集》,2010 年,第 33 页。

唯九月诸子具服，公乃令，在犀，曰：凡朕臣兴晦。鬲敢对公休，用作父癸宝尊彝。
(05106)

还有多件同人所作铜器出土于山东滕州市姜屯镇庄里西遗址①，这两件铜器很可能也出自滕州。庄里西遗址内还发现滕侯家族墓群，出土多件滕侯器，史鬲应与滕国有密切关系。

史鬲觯"唯伯初令于宗周"，意即排行为"伯"者初次受命于宗周。多位学者指出此"伯"当即鬲簋之"公"，其未受命之前称"伯"，受命之后称"公"②。"诸子具服"，具，皆也；服，事也。诸子具服即诸子皆服事。联系"公"的内涵以及出土地临近滕侯家族墓地等情况，学者认为"伯""公"是指某任滕侯③。由此可见，是排行为"伯"者受命继位为滕侯④。

---

① 李鲁滕：《鬲鼎及其相关问题》，谢治秀主编：《齐鲁文博——山东省首届文物科学报告月文集》，济南：齐鲁书社，2002年，第111—119页。
② 朱凤瀚：《滕州庄里西滕国墓地出土鬲器研究》，上海博物馆、香港中文大学文物馆：《中国古代青铜器国际研讨会论文集》，第17—28页；韩巍：《读〈首阳吉金〉琐记六则》，朱凤瀚主编：《新出金文与西周历史》，第204—211页；黄国辉：《〈首阳吉金〉"鬲簋"新探》，《北京师范大学学报（社会科学版）》2014年第3期，第148—151页。
③ 上举朱凤瀚、韩巍、黄国辉等均有此说。
④ 不过需要说明的是，部分学者认为"国名＋侯"与"国名＋伯"是两类不相容的称谓，某侯以"国名＋伯"为称时，说明其尚不是"侯"，而如果称"（国名）侯"后，便不会再用"国名＋伯"的称谓。如平顶山应国墓地九十五号墓出土有应伯器多件，铭文作"应伯作旅盨/尊壶/宝盘"（05538、12146、14411）。王龙正认为"应国君当无舍应侯而称应伯之理，至少在称应伯之时尚未即应侯位。伯在此处指行第而言，应伯是应侯的嫡长子"（王龙正：《平顶山应国墓地九十五号墓年代、墓主及相关问题》，《华夏考古》1995年第4期，第70页）《首阳吉金》收录一件"晋伯卣"，铭文作："晋伯作厥膏宗宝彝，其万年永用。"李伯谦认为是某代晋侯长子在自己尚未继位时的称呼。（李伯谦：《晋伯卣及其相关问题》，上海博物馆、香港中文大学文物馆：《中国古代青铜器国际研讨会论文集》，第29—36页）韩巍同意李说，并进一步推定"晋伯"可能是武侯继位之前的称号。（韩巍：《读〈首阳吉金〉琐记六则》，朱凤瀚主编：《新出金文与西周历史》，第213页）贾海生认为"膏宗"指大宗，由晋伯卣铭文言为"膏宗"作器，可以断定器主晋伯之伯不是表示诸侯身份的爵称。晋伯当是晋侯庶子之后，是别子之后第二代大宗宗子。（贾海生：《从宗法制度论晋伯卣器主人的身份与年代》，《山西档案》2013年第6期，第86页）按"伯"是排行，"侯"是职官称谓，两类称谓的性质不同，并不存在截然相斥的道理。应伯、晋伯不见得一定是应侯、晋侯未继位时的称谓。山西翼城大河口西周墓地M6096出土有<unk>盆，铭文"唯王二祀，王令应伯征淮南夷……"，发掘者已经指出铜器和墓葬年代在西周晚期早段，很有可能在周厉王时。（山西省考古研究所：《山西翼城大河口西周墓地M6096发掘简报》，《文物》2020年第1期，第4—25页）铭文明言周天子命应伯征伐南淮夷，应伯能率领属下征伐南淮夷，当已实权在握，本身应已是应邦之主，是一代应侯，而不会只是侯的继承人而已。同期铜器有应侯视工器（02436、05311），铭文亦是天子命令应侯视工征伐淮南夷。"应伯"很有可能就是"应侯视工"。因此，嫡长子（伯）在继位为侯之后，仍然可以排行为称，两种称谓的性质和侧重不一样，晋伯与晋侯、应伯与应侯可以共存。

覞簋有铭文作：

> 唯二十又四年九月既望庚寅,王在周,格太室,即位,司工逨入右覞立中廷,北向。王呼作册尹册申命覞曰：更乃祖服,作冢司马……(覞)用作朕文祖幽伯宝簋,覞其万年孙子其永宝用。　　　　　　　　　　　　　　　　　　　　(05362)

师瘨簋盖铭文作：

> 唯二月初吉戊寅,王在周师司马宫,格太室,即位。司马井伯覞入右师瘨入门立中廷……　　　　　　　　　　　　　　　　　　　　　　　　　　(05338)

覞簋铭文有王命覞"更乃祖服,作冢司马",更,续也①,意即让覞继承其祖(幽伯)冢司马的职事。由师瘨簋盖可知覞又称"司马井伯覞","司马"为职官,"井"是氏名,"伯"为排行,是覞亦以"伯"的身份继承家族世官"冢司马"职位,说明称"伯"者在继承制中具有优先地位。

从西周春秋金文所见作器者排行身份的统计来看,亦可证明称"伯"者的地位总体而言远比称"仲、叔、季"者高。以吴镇烽《铭图》《铭续》所载西周春秋金文做初步统计,可以发现伯仲叔季在铭文中出现的频率和比例并不均衡。作器者称"伯"的情况最多,约1 200余例,称"仲"者500多例,称"叔"者约700例,称"季"者不足300例。而如果以单称排行作器,也就是铭文为"伯作""叔作""仲作""季作"形式,排行前后均不加氏名或私名的情况作统计的话,西周时期单言"伯作器"者超过150件,"仲作器""叔作器""季作器"加起来不到50件,不同排行称谓者作器能力的区别极为明显。若再以此系连未见排行称谓的铭文,"伯"称的优势将会进一步扩大。以古代贵族往往育有多子的情况来看,如果伯、仲、叔、季的地位相同,那么不同排行在铭文中出现次数以及作器能力的差距当不至于如此明显。某种称谓无论是用作自称还是他称,在铭文中越是经常出现,往往说明含此称谓者无论是作器能力或是社会影响力就越大。因此铭文的统计情况亦可以说明称伯者在当时社会上的地位及影响力远远高于称仲叔季者。

---

① 《国语·晋语四》有"姓利相更",韦昭注云："更,续也。"《国语集解》,中华书局,第337页)《周礼·春官·巾车》有"岁时更续",孙诒让云"更、续同义"。[(清)孙诒让著,汪少华整理：《周礼正义》卷五十二,北京：中华书局,2015年,第2633页]

综上可知,西周时代的"伯"称绝大多数均用作真实排行,表嫡长之意。从金文材料可以看出称"伯"者往往地位较高,多数是宗子,并且在继承制中具有优先地位。由此可以推知,西周时代的宗子继承以嫡长子继承优先,这是没有问题的。

四、"伯服"解

上文已经说明"伯"称在西周时期的内涵及在继承制中的地位。那么此种情况是一直如此还是会有变化？或者说是否曾出现例外？从相关材料来看,到了西周末期,"伯"称的使用开始出现新的情况,并对春秋时代产生了重大影响,这一点可以从伯服的相关史事谈起。

《国语·晋语》记载周幽王有子名"伯服":

> 周幽王伐有褒,有褒人以褒姒女焉,褒姒有宠,生伯服,于是乎与虢石甫比,逐太子宜臼而立伯服①。

《史记·周本纪》明言是幽王少子:

> 幽王嬖爱褒姒。褒姒生子伯服,幽王欲废太子。太子母申侯女,而为后。后幽王得褒姒,爱之,欲废申后,并去太子宜臼,以褒姒为后,以伯服为太子②。

"伯服"也作"伯盘",《左传》昭二十六年有"携王奸命,诸侯替之,而建王嗣",杜预注云"攜王,幽王少子伯服也,王嗣,宜臼也"。孔颖达《正义》引《汲冢书纪年》云:

> 平王奔西申,而立伯盘以为太子,与幽王俱死于戏。先是,申侯、鲁侯及许文公立平王于申,以本太子,故称天王。幽王既死,而虢公翰又立王子余臣于携。周二王并立。二十一年,携王为晋文公所杀。以本非嫡,故称"携王"③。

清华简《系年》有:

> 周幽王取妻于西申,生平王,王或(又)取褒人之女,是褒姒,生伯盘。褒姒嬖于

---

① 《国语集解》,第251页。
② 《史记》卷四,第147页。
③ 《春秋左传正义》卷五十二,《十三经注疏》,第4591—4592页。

王,王与伯盘逐平王,平王走西申①。

"服"当与"般"形近而讹,"般"与"盘"通假。从称名形式上看,"伯服/盘"之"服/盘"为私名,"伯"明显是排行。但上举文献已经明言,伯服是幽王少子,且为庶出,根据排行称谓的命名规则,本不当有"伯"称。幽王嫡长子为太子宜臼,本应称"伯"却并未获得此称。我们认为,如果从"伯"称在当时的内涵与地位来看,这种情况或许可以得到解释。上文已经说明,西周时期的"伯"称多指示排行(嫡长子),在宗子继承制中占有优先地位。由此带来的结果是,"伯"称逐渐成了宗子及宗子继承人身份的代称,是嫡长子继承的显著标志。因此,若想要取得宗子法定继承人的地位,最好是先得到"伯"称。幽王宠爱少子,欲立为继承人,很有可能在宜臼成年冠礼命字之时并未赐予其"伯"称,而是特意将此称谓留给了少子盘。少子盘得到"伯"称,至少在名义上确定了其法定君位继承人的身份,这是幽王为少子"合法"继位所作的努力。至于在实际操作上,第一步可能是废后。因为只有嫡妻所生之子才是嫡子,才有可能在继承制中占有优先地位。因此,幽王应是先废申后,改立褒姒为后。在褒姒取得正妻地位后,改称少子盘为"伯"便"名正言顺"了。《周本纪》所言"废申后,并去太子宜臼,以褒姒为后,以伯服为太子"的顺序正暗合此改立步骤。后世公羊家所谓"子以母贵,母以子贵"②也正是这个道理。类似行为在后世改立储君的谋划中更是数见不鲜③,若"追本溯源",可能正是自幽王始。

由"伯服"名号之事可知"伯"称在当时继承制中的重要作用与地位(就算是天子,也不能直接舍"伯"而立庶子)。但此事对"伯"这一名号的作用及继承制的影响是深远的:直接后果是导致庶子(伯服)与原嫡长子(宜臼)势力的冲突。《史记·周本纪》:"(幽王)申后,去太子也。申侯怒,与缯、西夷犬戎攻幽王……遂杀幽王骊山下,虏褒姒,尽取周赂而去。于是诸侯乃即申侯而共立故

---

① 清华大学出土文献研究与保护中心编:《清华大学藏战国竹简(贰)》,上海:中西书局,2011年。
② 《春秋公羊传注疏》卷一,《十三经注疏》,第4768页。
③ 春秋时代晋献公改立太子,先是立骊姬为夫人,然后才废太子申生,而改立骊姬之子奚齐为太子。鲁哀公欲立庶子公子荆,也是先立公子荆之母为夫人,然后才立荆为太子。至于春秋以后类似的情况就更多了,例不烦举。

幽王太子宜臼,是为平王,以奉周祀。"①申侯是申后之父家,属于支持太子宜臼的势力。幽王废嫡立庶之举招致原太子势力不满,幽王身死,西周王朝由此而亡。长远的影响是"伯"称与长幼之序不相符的现象往后逐渐多见,"伯"称用以指示嫡长身份的准确性降低。这种情况在春秋时代愈演愈烈,由此导致排行称谓的宗法内涵大为衰减,也为各色势力以诸种借口干扰宗子正常继承顺序拉开了序幕,原有的嫡长继承制度遭到了很大的冲击。相关情况我们在下文(第五章)将有详细说明,在此就不多说了。

第四节　庶子继承的表现形式与规则

一、庶子任宗子者举例及原因探索

西周时代的宗子继承虽以嫡长子优先,但这并不意味着非嫡长者不能继任为宗子。从西周金文材料的实际情况来看,以非嫡长身份为宗子者亦不在少数。体现在人物称谓上,便是排行"仲、叔、季"者得以为宗子。上文我们已经举出逆钟之"叔氏"(15190-15193)、亳鼎之"公仲"(02226)、叔趯父卣之"叔趯父"(13341)等均应是所在宗族大宗,"叔、仲"等即是各自真实排行。此处我们还可以再举几例,如贤簋铭文作:

> 唯九月初吉庚午,公叔初见于卫,贤从,公命使晦贤百晦粮,用作宝彝。
> (05070、05071)

铜器器主名贤,铭文开头言贤跟随公叔初见于卫,接着便是公赏赐贤,则"公叔"即"公"。公为尊称,叔是排行,"公叔"内涵应与上举亳鼎"公仲"类似,是排行为"叔"者被属下尊称为"公",而非"公之叔"(公的儿子叔)。"见"在此或可读作"视",传世文献见有二者相通的例子。视即视事,就职治事之意,"初见于卫"即首次视事于卫,很有可能是指"叔"即卫邦君主之位。若此推论可信的话,则排行为"叔"者任卫邦之主。

---

① 《史记》卷四,第149页。

盠驹尊(图 2.4)铭文作：

> 唯王十又二月,辰在甲申,王初执驹庞,王呼师豦召盠,王亲诣盠,驹赐两,拜稽首,曰：王弗忘厥旧宗小子,眷皇盠身。盠曰：王俯下,丕其则,万年保我万宗,盠曰：余其敢对扬天子之休,余用作朕文考大仲宝尊彝,盠曰：其万年世子子孙孙永宝之。

(11812)

图 2.4　盠驹尊器形及铭文拓片

盠驹尊 1955 年出土于陕西眉县李村西周铜器窖藏,同出还有一件盠方尊(11814)和两件盠方彝(13546、13547)[①]。铜器器主均为盠,由方彝铭文"用作朕文祖益公宝尊彝"可知盠属于益氏宗族。方彝铭文还有王令盠"司六师,王行,三有司：司马、司土、司工"及"总司六师罘八师艺",说明盠在王朝身居高位。驹尊铭文记载王行执驹礼,赏赐盠两匹马驹。盠感念王的赏赐,言"王弗忘厥旧宗小子",此"小子"是自况,是对王之谦语。接下来言"万年保我万宗",方彝云"万年保我万邦",是盠将天子赏赐其个人的行为与天子庇护天下邦、宗联系起来,说明盠即可代表其宗与其邦。西周时代唯有宗子才能代表所在宗、邦,这种语气非宗子不能有。因此,从盠之职位与铭文语气来看,盠不仅仅是

---

① 李长庆、田野：《祖国历史文物的又一次重要发现——陕西郿县发掘出四件周代铜器》,《文物参考资料》1957 年第 4 期,第 5—10 页。

益氏宗族成员,也应是益氏宗子(大宗)①。如此一来,则盠之文考"大仲"也应曾是益氏宗子(大宗)。"仲"为排行,说明盠之父本非嫡长子。

大簋铭文作:

> 唯六月初吉丁巳,王在郑,蔑大历。赐刍骍犅,曰:"用禘于乃考。"大拜稽首,对扬王休,用作朕皇考大仲尊簋。　　　　　　　　　　(大簋,05170)

铜器器主名"大",其皇考称"大仲",铭文记载王赐给大刍牲,让大禘祭父考(大仲)的事情。按禘祭是商周时期祭祀祖先的大礼②,《尔雅·释天》云:"禘,大祭也。"③从甲骨文、金文材料来看,行禘祭礼者,无论是主祭者还是受祭者,均有很高的地位,往往是天子或宗族大宗。如西周金文有:

> 王格庙……用牲啻(禘)周王、武王、成王……　　　　(小盂鼎,02516)
>
> 唯五月,王在□,辰在丁卯,王啻(禘),用牡于大室,啻(禘)昭王……
> 　　　　　　　　　　　　　　　　　　　　　　　　　　　　(剌鼎,02428)
>
> 唯五月既望戊午,王在莽京,啻(禘)于昭王　　　　　　(鲜簋,05188)

三件铜器所见主祭者均是"王",而受祭者为周(文)王、武王、成王、昭王等,是天子常用此礼祭祀祖先。

金文所见王朝大臣也可行禘祭之礼,如繁卣有铭文作:

> 唯九月初吉癸丑,公酚祀,越旬又一日辛亥,公啻(禘)酚辛公祀……
> 　　　　　　　　　　　　　　　　　　　　　　　　　　　　(繁卣,13343)

繁卣所见禘祭主祭者和受祭者均称"公"(公、辛公),学者早已指出此主祭者"公"应是所在宗族大宗,而"辛公"是其父④,这是可信的意见。依照这种情

---

① 韩巍认为盠是益氏小宗,主要依据是"仲"为次子排行(韩巍:《西周金文世族研究》,第166—167页)。按排行为仲、叔者亦有可能任大宗,因此该说似缺乏更坚实的证据。
② 先秦时期的禘祭之礼,文献多有记载,但有相互矛盾之处。商周出土文献资料也发现有不少与禘祭有关的内容,不少学者曾作过研究,相关的成果很多,如刘雨:《西周金文中的祭祖礼》,《考古学报》1989年第4期;潘小丽:《禘祭考略》,武汉大学硕士学位论文,2004年;曹玮:《西周时期的禘祭与祫祭》,北京大学考古文博院编:《考古学研究(六)》,2006年,第404—415页,可以参看。
③ 《尔雅注疏》卷六,《十三经注疏》,第5676页。
④ 陈佩芬:《繁卣、遇鼎及梁其钟铭文诠释》,《上海博物馆集刊》第二辑,上海古籍出版社,1982年,第16页。

况,大既然能行禘祭其父之礼,则"大"及其父考"大仲"也应是所在宗族宗子(大宗)。"仲"为排行,说明其父考本非嫡长子亦曾任宗族大宗①。

春秋金文还见有排行为"季"者居高位的例子,如春秋早期徐王量鼎,铭文作:

徐王■(䣩—量)用其良金,铸其饙鼎。(02309)

而春秋中期有宜桐盂,铭文作:

唯正月初吉日己酉,徐王季■(糧)之孙宜桐作铸飤盂……(06227)

"徐"是国族名,徐王量与徐王季量应是同一人,由此可知春秋早期徐国君主名量者的排行为"季",并非嫡长子。

从排行称谓的命名规则来说,先有伯,才会有仲叔季。因此,同辈之中有称"仲、叔"者,那么一定存在称"伯"者。上文已经指出称"伯"者在继承制中占有优先地位,因此称"仲、叔"而为宗族大宗者,严格来说当在"伯"之后才得以继位。即"仲、叔"宗子之位应是继其兄(伯)而来,而不是直承其父。

当然,这并不是说所有称"伯"者都曾任过宗子,也有不少可能是在继位之前便已经去世。如西周中期的作册嗌卣(图2.5)有铭文作:

作册嗌作父辛尊,厥名义曰:子子孙孙宝。不禄嗌子徣先盡死,无子=(子。子)引有孙,不敢㛸扰兄铸彝。用作大御于厥祖妣、父母、多神,毋念哉,式勿刿嗌鳏寡遗䚗,祐宗不剌。(13340)

铭文内容较为难懂,不少学者曾有研究②。"不禄"即死亡之意,《礼记·

---

① 陈梦家、韩巍认为大簋之"皇考大仲"与盠驹尊之"文考大仲"是同一人,盠与大为兄弟关系,这一支是益氏小宗。参陈梦家:《西周铜器断代》,北京:中华书局,2011年,第169页;韩巍:《西周金文世族研究》,第166—167页。按"大仲"仅是排行称谓加区别字的表现形式,言两"大仲"为同一人缺乏坚实的证据,亦没有证据表明大也是益氏宗族之人。并且从盠器与大簋铭文来看,二者均有很高的地位,那么将二者区分为兄弟或宗子庶子也缺乏有效的证据。因此,盠器与大簋可能并无联系。
② 陈梦家:《作册益卣》,《西周铜器断代》,第124—126页;马承源:《商周青铜器铭文选(三)》,北京:文物出版社,1988年,第95—96页;张亚初:《金文新释》,香港中文大学中国语言及文学系《第二届国际中国古文字学研讨会论文集》,1993年,第297—303页;连劭名:《商周青铜器铭文新证》,《考古与文物》2005年增刊《古文字论集(三)》,第49页;单育辰:《作册嗌卣初探》,《出土文献研究》第十一辑,第24—31页;王晖:《作册嗌卣铭文与西周士大夫礼研究》,《中原文化研究》2016年第1期,第73—80页;朱凤瀚:《金文所见西周贵族家族作器制度》,第36页。

图 2.5 作册嗌卣器形及铭文拓片

曲礼下》曰"寿考曰卒,短折曰不禄"①。"嗌子征"即作册嗌之子名"征"者。无子之"子"下有重文符号,因此"无子引"当读作"无子子引","无子"与"子引"当断开。"无子"即没有儿子,"子引"意即作册嗌之子名"引"者②。因此,"不禄嗌子征先盡死,无子=(子。子)引有孙"的意思是作册嗌的儿子征早死,没有留下子嗣,但是另一个儿子引已经有后代了。体会文义可知子征与子引当是兄弟关系,征是(嫡)长子,引为庶子。"式勿刋(剥)嗌鰥寡遗祜,祐宗不刺",大意即作册嗌向祖先请求保佑,希望不要使得嗌之族人受到伤害,宗庙毁坏③。作册嗌作祭祀父辛的祭器,希望子孙能永久宝用,并借此之际向祖先倾诉其长子早死,但是次子有后的情况,最后则是请求祖先保佑。作册嗌的这一系列行为,其目的当不仅仅是向祖先"诉苦"(若是诉苦,似无介绍次子有后的必要)。古代选立(或改立)宗族继承人,宗子必告于庙。从这个角度来看,该篇铭文的核心内容很有可能是讲述作册嗌上告祖先,在长子征先死且无后的情况下,改立子引为宗子继承人的事情。作册嗌希望此改立之举能得到祖先的认可和福佑,使宗族延绵不断。由此可见,在嫡长子未即位而亡的情况下,次子有可能递补成为宗子继承人。

---

① 《礼记正义》卷五,《十三经注疏》,第 2748 页。
② 陈梦家早已指出"征"和"引"均为作册嗌之子,参陈梦家:《西周铜器断代》,第 124—125 页。
③ 朱凤瀚:《金文所见西周贵族家族作器制度》,第 36 页。

嫡长子虽未早亡，若有废疾，往往也不能为宗子，而应由其弟继之。所谓"嫡子有废疾，不堪主宗庙"①、"世子有废疾不可立，而庶子立"②等，说的就是这种情况。《左传》襄公七年：

> 冬十月，晋韩献子告老。公族穆子有废疾，将立之。辞曰："……弗躬弗亲，庶民弗信。无忌不才，让，其可乎？请立起也……则神听之，介福降之。立之，不亦可乎？"庚戌，使宣子朝，遂老③。

韩献子即韩厥，为晋国韩氏宗子。穆子即无忌，为韩献子长子。起即宣子，为献子之子，穆子之弟。韩献子告老，本欲让长子无忌接任宗子，无忌有废疾，于是推辞，说到（由于废疾）不能亲躬政事，若任宗子民众不会信服。不如让弟弟起来任韩氏宗子。最终献子选定起为宗子。

如果国君或宗子无嫡子，而庶长子有废疾，亦是择立次子。如《左传》昭公七年：

> 秋八月，卫襄公卒……卫襄公夫人姜氏无子，嬖人婤姶生孟絷……晋韩宣子为政聘于诸侯之岁，婤姶生子，名之曰元。孟絷之足不良，能行……"孟非人也，将不列于宗，不可谓长……弱足者居，侯主社稷，临祭祀，奉民人，事民人，鬼神，从会朝，又焉得居？各以所利，不亦可乎？"故孔成子立灵公。十二月癸亥，葬卫襄公④。

卫襄公之夫人姜氏无子，嬖妾婤姶始生孟絷与元，均是庶子。如果按照无嫡则立长的顺序，则应是庶长子孟挚继位。但孟絷之足跛，众大臣认为足跛非全人，不可列为宗主。因为跛则偏弱，居家不能行。而作为国君（侯）则要主持国家，亲临祭祀，奉养百姓，侍奉鬼神，会见朝觐，是不能够在家闲居的。因此舍孟挚而立次子元为君，是为卫灵公。这也是长子有废疾不得立的例子。

无论是因为嫡长子先亡还是废疾导致其未能真正继位，庶子得以承其父而继任，从某种意义来看均可以看作是接替其兄而继位的（若嫡长健在，便轮不到庶子先继位）。即在西周时期，庶子（仲、叔）任宗子并不会降低嫡长子

---

① 参《丧服》"三年也正体于上，又乃将所传重也"贾公彦疏，《仪礼注疏》卷二十九，《十三经注疏》，第2382页。
② 参《丧服小记》"庶子王亦如之"郑玄注，《礼记正义》卷三十二，《十三经注疏》，第3240页。
③ 《春秋左传正义》卷三十，《十三经注疏》，第4207—4208页。
④ 《春秋左传正义》卷四十四，《十三经注疏》，第4455页。

(伯)在继承制中的地位。

二、无子弟继与子弱弟及——论"兄终弟及"的两种表现形式

以上所言是在嫡长子因故(先亡、废疾)不能继位的情况下,宗子立庶子为预定继承人的例子。但庶子任宗子者不少,不可能所有的都是嫡长子有故未能继位。从传世文献和金文材料来看,西周时代的宗子继承还存在直接传弟的情况,如叔趯父卣(图 2.6)有铭文作:

> 叔趯父曰:余老,不克御事,唯汝儵其敬乂乃身,毋常为小子,余兄为汝兹小郁彝,汝其用飨乃辟軝侯逆造出入使人,乌呼,儵,敬哉,兹小彝妹吹见,余唯用其僃汝。
>
> (13341、13342)

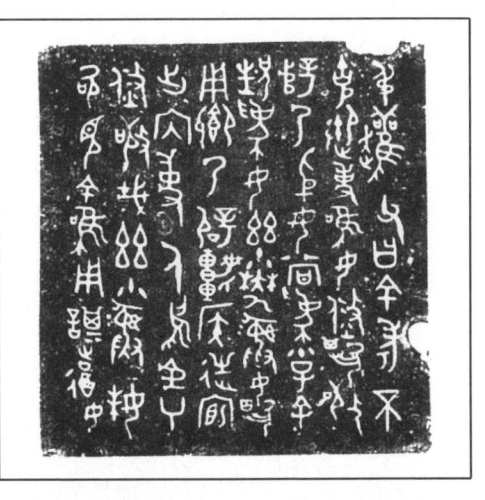

图 2.6 叔趯父卣器形及铭文拓片

该器在 1978 年出土于河北元氏县西张村西周墓,铭文经过多位学者的研究,其内容已经比较清楚①,主要意思是叔趯父(对儵)说:我老了,不能再处理事务了。儵你要认真地修治自身,不要以为自己还年轻。做哥哥的我为你铸作一件铜器,你要用来招待你的君主邢侯派来的使者。学者普遍认为这说明

---

① 李学勤:《元氏铜器与西周的邢国》,《新出青铜器研究(增订版)》,北京:人民美术出版社,2016年,第 52—58 页;朱凤瀚:《金文所见西周贵族家族作器制度》,第 42—445 页;冯时:《致事传家与燕私礼—叔趯父器铭文所见西周制度》,《华夏考古》2018 年第 1 期,第 113—119 页。

叔趯父即将告老,准备将宗族重任交付给煐,即立煐为宗子,李学勤、朱凤瀚等均认为叔趯父应当是煐之兄,应是可信的意见。如此,则铭文所见此宗族内部宗子之继承方式为弟及而非子继。

在嫡长子继承占有优先地位的情况下,为什么还会出现弟及的情况?最大的可能是传子之时出现了状况。如果是宗子之子先亡或者无子,便只能选立宗子之弟为宗子。我们可以称这种情况为"无子弟继",这是继承制的自然选择,古人亦以为礼。《礼记·礼运》有"大人世及以为礼",孔颖达疏云:"父子曰世,兄弟曰及,谓父传与子,无子则兄传与弟也,以此为礼也。"①这种情况时有发生,如《吴太伯世家》:"太伯卒,无子,弟仲雍立,是为吴仲雍。"②《左传》桓公十七年云:"蔡桓侯卒,蔡人召蔡季于陈。秋,蔡季自陈归于蔡,蔡人嘉之也。"杜预注云:"桓侯无子,故召季而立之。"孔颖达疏云:"蔡侯无子,以弟承位,群臣无废主,社稷不乏祀,故传称蔡人嘉之。"③《左传》昭公十二年有"甘简公无子,立其弟过"④等,均是这种情况。

若是宗子去世之时其子尚幼,也有可能舍子而传弟,这种情况可称作"子幼弟及"。如《左传》鲁国叔孙氏之宗子传承有:

> (文公七年)穆伯娶于莒,曰戴己,生文伯,其娣声己,生惠叔……(八年)穆伯如周吊丧,不至,以币奔莒,从己氏焉……(十四年)穆伯之从己氏也,鲁人立文伯……文伯疾,而请曰:"谷之子弱,请立难也。"许之。文伯卒,立惠叔⑤。

穆伯即公孙敖,文伯名谷,惠叔名难。文伯、惠叔是穆伯之子。穆伯出奔莒国之后,鲁人立文伯为叔孙氏宗子。文伯有疾,临死之际传位给其弟惠叔,理由是"谷之子弱",弱为幼少之意。即文伯认为自己儿子尚幼小,不能继承宗子之位,因而传位给其弟。类似情况在春秋时代还有,如《左传》昭公十九年有:

---

① 《礼记正义》卷二十一,《十三经注疏》,第 3063 页。
② 《史记》卷三十一,第 1446 页。
③ 《春秋左传正义》卷七,《十三经注疏》,第 3818 页。
④ 《春秋左传正义》卷四十五,《十三经注疏》,第 4479 页。
⑤ 《春秋左传正义》卷十九上,《十三经注疏》,第 4007、4025 页。

郑驷偃卒。子游娶于晋大夫,生丝,弱。其父兄立子瑕①。

驷偃即子游,为驷氏宗子,丝为子游之子。子瑕即驷乞,为子游之弟②。子游卒,虽有子,但尚幼,因此族人拥立子游之弟为驷氏宗子。这也是"子幼弟及"的典型例子。

出现"子幼弟及"现象的原因应主要是为避免出现主少国疑,宗族离心的情况。宗子是宗族的代表,对宗族的发展和稳定有着极为重要的作用。如果宗子过于年轻,威信不足,便难以有效驾驭宗族。若宗子行为不当,或是族人谋篡,均容易引起宗族动荡,甚至会有灭宗亡族的危险。这时候选择年长且与原宗子是近亲的弟弟为宗子,无疑可以在一定程度上避免这种情况的发生,对维护宗族团结,保持宗族凝聚力有重要意义。

三、嫡庶与长幼——论庶子继承的规则与条件

庶子继位还有一个问题值得探讨,即在嫡长子"伯"因故不任宗子之后,庶子继位是否需按照"仲、叔、季"的顺序进行? 也就是说,排行称"叔、季"者若为宗子,是否意味着之前先后有伯、仲以及叔曾继位为宗子? 从排行称谓的授予规则、区别字的内涵以及相关史实来看,似乎不必如此。

上文我们已经指出,排行称谓在同父兄弟之间行用,除长子分嫡庶之外(伯孟),"仲、叔、季"等排行本身并无嫡庶意味,多以长幼相次,嫡庶共排行。即长子而外,如果妾所生之子为次子,成年之后便可冠以"仲"称,嫡妻所生之少子若小于妾子,则须称"叔"或季"。如鲁桓公有子四人:庄公、庆父、叔牙、季友。庄公与季友均是桓公嫡妻文姜所生之子,庆父、叔牙为庶子。季友年最少,因此其排行需次于庆父、叔牙而称"季"。若碰到多人同称"仲、叔"者,则嫡妻所生之子会在排行之前冠以"大"字以示区别,如"大仲""大叔"。值得注意的是,同辈之中称"大"者的多少,关键在于嫡妻所生子的数量,同辈之中"大仲""大叔"不必同时存在,可以只有"大叔"而无"大仲"。上引大叔段、大叔带、

---

① 《春秋左传正义》卷四十八,《十三经注疏》,第4533页。
② 按杜预注云子瑕是子游叔父驷乞,但《世本》云:"子游偃、子瑕乞献并公孙夏之子。偃生丝,乞生子然、歇庄子。"[(汉)宋衷注,(清)秦嘉谟等辑:《世本八种·秦嘉谟辑补本》卷六,第175页]如此,则子游、子瑕是兄弟关系。

子大叔(游吉)等史实已经说明,称"大"者在继承制中拥有仅次于嫡长子(伯)的优势地位。因此,同辈之中若仅有"大叔"而无"大仲",在上举弟及的情况下,"大叔"便可以越过庶兄"仲"而直承嫡长子(伯)。传世文献所谓"太子死,有母弟则立之,无则长立"[①],说的就是这种情况。因此西周金文所见排行为"叔"而为宗子者,很有可能是直继"伯"而来,其间之"仲"不一定曾继位为宗子。这也可以说明,在嫡长而外的宗子继承制中,嫡庶的意义与作用要大于长幼。

由上可知,西周时代虽然存在不少非嫡长子继承现象,但并非无规律可言。反之,兄终弟及的落实往往要遵守严格的规范与限制,只有在嫡长子因故(早亡、废疾、幼弱)不能继任的情况下,庶子方得以有机会递补,递补的规则是嫡庶的作用大于长幼。正是因为有诸多规则与限制的保障,西周时代的宗子继承制才得以最大程度摆脱其他因素的干扰,以一种较为稳定的状态运行。春秋时代王子朝曾言"王不立爱,公卿无私,古之制也"[②],是说天子公卿不因为自己的偏爱和私心而干涉宗子继承的正常顺序,此"古之制",总体而言更像是西周时代的场景。

第五节 论逨盘世系的性质及相关问题

基于以上的认识,我们还可以对以往学者争论较多的,与宗族世系与继承有关的西周铜器铭文性质以及部分传世文献的说法再作探讨,其中逨盘便是一个绝佳的例子。

2003 年,陕西宝鸡眉县杨家村发现青铜器窖藏,出土铜器共 27 件,皆有铭文,26 件为单氏宗族所作[③]。其中逨盘(14543,图 2.7)铭文长达 372 字,器主名逨,铭文记录了从周文王至厉王时期单氏祖先服事周天子的事迹,相关铭文可以排列如下:

---

① 《春秋左传正义》卷四十,《十三经注疏》,第 4373 页。
② 昭公二十六年,《春秋左传正义》卷五十二,《十三经注疏》,第 4593 页。
③ 陕西省考古研究所、宝鸡市考古工作队、眉县文化馆杨家村联合考古队:《陕西眉县杨家村西周青铜器窖藏发掘简报》,《文物》2003 年第 6 期,第 4—42 页。

第二章 嫡庶与长幼——西周宗子继承制度考论

图 2.7　逨盘铭文拓片

皇高祖单公　————　夹召文王、武王挞殷

皇高祖公叔　————　克逨匹成王

皇高祖新室仲　————　会召康王

皇高祖惠仲盠父————　用会昭王、穆王

皇高祖零伯　————　用辟恭王、懿王

皇亚祖懿仲　————　匍保厥辟孝王、夷王

皇考恭叔　————　享辟厉王

关于单氏之族姓，文献曾记载单氏为成王之后。春秋时代有单氏，世为王朝卿士，文献亦明言为姬姓。不过杨家村铜器铭文记载单氏高祖单公"夹召文

王、武王挞殷",说明其活动在成王之前。若杨家村单氏与春秋单氏同为一族的话,则文献所记单氏为成王之后似有错讹。还有一点值得注意的是,应侯视工簋(05311)有铭作"(应侯视工)用作朕王姑单姬尊簋,姑氏用赐眉寿永命"。应侯是武王之后,明确为姬姓。铭文似是应侯视工送其姑的媵嫁之语。如此则"王姑单姬"之"单"应是姬姓女子的夫家氏名。根据西周贵族同姓不婚的原则,则"单"氏不会是姬姓。西周时代可能还存在一个非姬姓之单氏,与春秋任王朝卿士的单氏不同。杨家村之单氏到底属于哪一支,目前尚无法确定[①]。

逨盘铭文历数单氏祖先,与周天子世系有明确的对应关系,每位祖先当代表单氏宗族的一代。但自高祖单公而下,历代祖先多称仲、叔,称伯者仅有一位,这与前所见通常是称伯者常继位为宗子的情况不同。因此,关于这一世系的性质及宗法地位,学者有不同的理解:

李零认为"公叔"是单公下面分出来的公叔氏,"新室仲"是从公叔氏分出的属于仲这一行辈的新支,其下"惠仲盠父""懿仲"均同此例,均为小宗(图2.8a)[②];张天恩认为单氏家族应该有多个分支,逨只是其中的一支(图2.8b)[③]。

董珊认为单氏家族自单公以下,一直存在着伯、仲、叔至少三个支系,盘铭所见单公以下八代至逨,其间辈数应无缺环,被称颂的先祖考,应视为每一代人中最有代表性的人物,他们跟逨都不是直系血缘关系(图2.8c)[④]。

朱凤瀚认为盘铭自单公以下历数其各代先人,是一种类似于家谱形式的文字,既为了铭记自身所从出,一般不会舍自己的嫡系、直线相传的先人而选择旁系先人。因此他们应该是作器者逨的直系血亲。"高祖公叔"应是单氏家族分支之一,逨所属即单叔氏,为单氏小宗分支(图2.8d)[⑤]。

韩巍赞同朱凤瀚认为盘铭所列为逨直系祖先这一观点,但他认为如果单逨确是从单氏分出的单叔氏,那么单逨对历代祖考也应该都称谓"某叔"。单逨的

[①] 韩巍曾经说道"单氏姬姓,只是从《国语》得出的推论,虽然多数学者认为毫无疑义,但在金文中暂时没有看到直接的证据",是很审慎的意见。韩巍:《重论西周单氏家族世系》,朱凤瀚主编:《新出金文与西周历史》,第171页。
[②] 李零:《读杨家村出土的虞逨诸器》,《中国历史文物》2003年第3期,第22页。
[③] 张天恩:《从逨盘铭文谈西周单氏家族的谱系及相关铜器》,《文物》2003年第7期,第62—65页。
[④] 董珊:《略论西周单氏家族窖藏青铜器铭文》,《中国历史文物》2003年第4期,第46页。
[⑤] 朱凤瀚:《商周家族形态研究(增订版)》,第660—663页。

第二章 嫡庶与长幼——西周宗子继承制度考论 139

家族仍然使用大宗的氏名"单",历代宗子伯仲叔俱全,因此单逨的家族本身就是单氏大宗,是"单公"的直系后裔,并非是"公叔"之后分出的"单叔氏"(图 2.8e)①。

诸家说法可以如下图②:

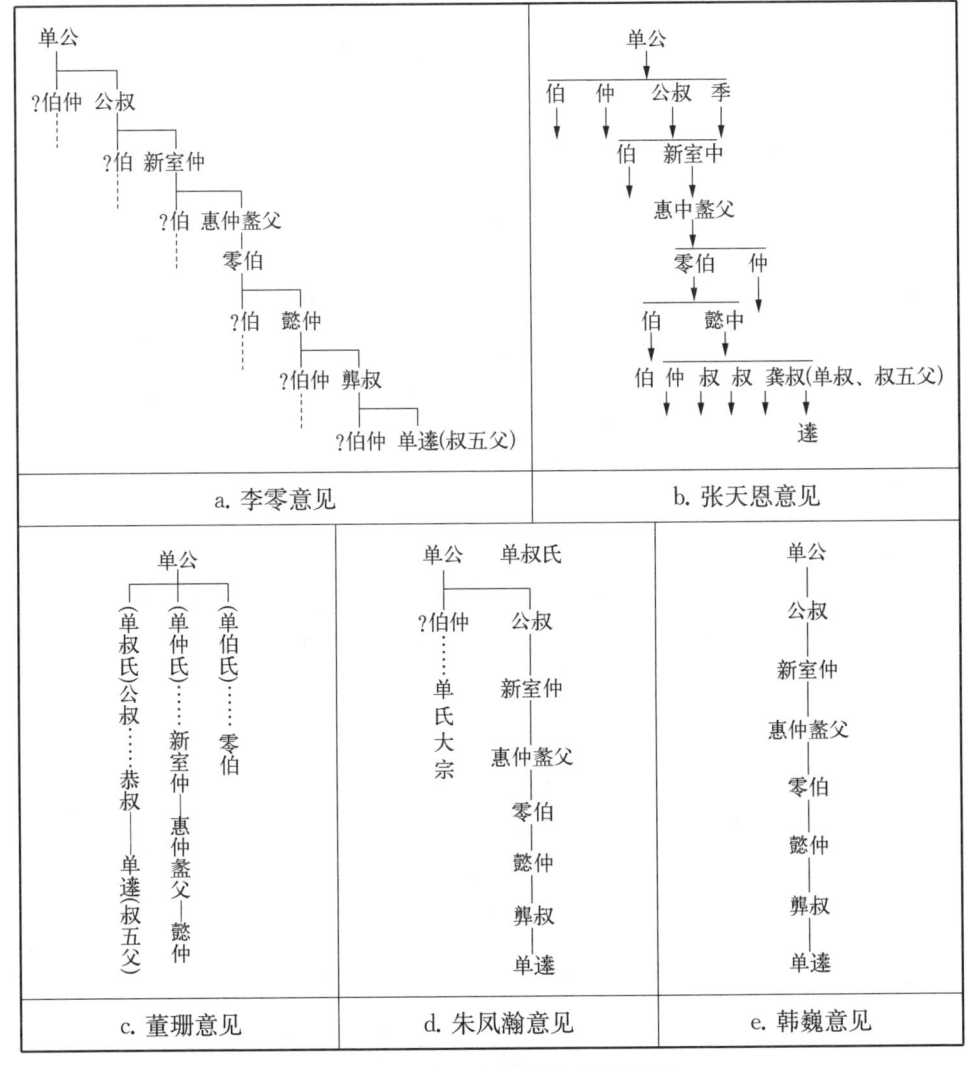

a. 李零意见	b. 张天恩意见
单公 ?伯仲 公叔 ?伯 新室仲 ?伯 惠仲盨父 零伯 ?伯 懿仲 ?伯仲 龏叔 ?伯仲 单逨(叔五父)	单公 伯 仲 公叔 季 伯 新室中 惠中盨父 零伯 仲 伯 懿中 伯 仲 叔 叔 龏叔(单叔、叔五父) 逨
c. 董珊意见	d. 朱凤瀚意见	e. 韩巍意见
单公 (单叔氏)公叔……恭叔——单逨叔五父 (单仲氏)……新室仲·惠仲盨父·懿仲 (单伯氏)……零伯	单公 单叔氏 ?伯仲 公叔 单氏大宗 新室仲 惠仲盨父 零伯 懿仲 龏叔 单逨	单公 公叔 新室仲 惠仲盨父 零伯 懿仲 龏叔 单逨

图 2.8 逨盘世系性质诸家意见图

---

① 韩巍:《重论西周单氏家族世系》,朱凤瀚主编:《新出金文与西周历史》,第 180—184 页。
② 表的绘制参考了韩巍《重论西周单氏家族世系》,第 180 页。

以上诸说,以韩巍意见最为晚出,其对之前的各种说法多有辨析,论述较全面。铭文明言单逨身居高位,且其职事是承袭父祖而来,当不可能是单氏族内连续数代的小宗分支之后(西周宗族内部独立小宗的数量其实有限,族支分衍并不会如此剧烈,详见下文)。而铭文所见西周贵族的祖先祭祀正如朱凤瀚所言以直系祖先为主,所以祭祀谱所列与逨不是直系血缘关系的代表性人物之说并不符合当时实情。同时,祖先排行仲、叔皆有,且"新室仲"之内涵尚未可知,言"高祖公叔"为宗族分支,此后皆为单叔一系的证据似略显不足。单逨能自陈其宗族始祖(高祖单公)以来历代的光辉事迹,并且逨盉(14777)有铭文作"逨作朕皇高祖单公、圣考尊盉,其万年子孙永宝用",是将选择宗族始祖与父考进行合祭,这种祭及高祖的行为往往是宗族大宗所特有的权力。因此,从西周宗族形态、祭祀礼制以及铭文通例等方面来看,韩巍的说法应该是可信的。逨盘铭文所载世系当为单逨的直系祖先,这一支是单氏宗族大宗。

逨盘世系的性质虽然已经确定,但仍然存在不少尚待解决的问题:为什么历代单氏大宗多数称叔、仲?其宗子之位的获得是否直接继承自上一代?逨所列直系祖先是否为单氏任宗子者(大宗)的全部?

逨盘所见高祖单公以下的六位祖先,只有零伯一人称"伯",其余称叔或仲,并无明显规律,因此这些称谓均应是各自真实排行。伯、仲、叔、季表示长幼之序,从排行称谓的命名规则来看,先有伯(或孟),然后才会有仲、叔。因此,逨历代单氏祖先凡称"仲、叔"者,他们的同辈之中必然会有一位称"伯"的嫡长兄存在。上文已经指出,"伯"在宗子继承中具有优先地位,一般情况下均是称"伯"者继位为宗子。单逨祖先极少有称"伯"者任宗子,如果均用嫡长子(伯)未即位而身故,庶子递补继位来解释,似乎不合常理。因为伯仲叔季的名号并非生下来就有,而是必须等到贵族成年(二十岁)才会被赐予。因此称"伯"者不存在早夭,即在二十岁之前亡故的情况(如果长子早夭,"伯"称便会赐予长子之弟)。单氏大宗六代中有五代未称伯,如果均认为他们是在二十岁以后,继宗子之位前的这段时间内亡故,这是难以让人信服的。并且,从同出铜器的风格、铭文措辞和语气等来看,逨盘的制作年代应与四十二年、四十三年逨鼎(02501-02502)等相近,此时已是宣王末年。

其前所列七位祖先,很有可能历仕包括今王在内十二位天子①,时间跨度在250年以上。这与其他贵族,如天子、诸侯、公卿的世系和在位时间相比,宗子人数明显偏少,而每任宗子平均在位时间过长。尤其是"高祖惠仲盠父,用会昭王、穆王",据文献记载昭王在位十九年,穆王在位五十五年,共计74年。惠仲盠父不可能在如此长的时间担任单氏宗子,期间必然还会有其他人曾任大宗。最有可能的情况是,与公叔、新室仲、惠仲、懿仲、恭叔同辈称"伯"者,就算不是全部,也当有不少曾任单氏大宗,"伯"殁之后,由其弟(仲、叔)继位②。因此,由逨盘世系可见单氏宗族内部当存在兄终弟及的现象。

至于为什么单氏宗族中称伯者曾为宗子却在逨盘世系中不曾体现,则很有可能与他们不是单逨直系祖先,而此次祭祀活动只祭直系祖先有关。如此一来,逨盘世系的性质,应是单氏大宗逨直系祖先的世系(列位祖先也曾任单氏大宗),但并非单氏宗族任大宗者的全部谱系(图2.9)。

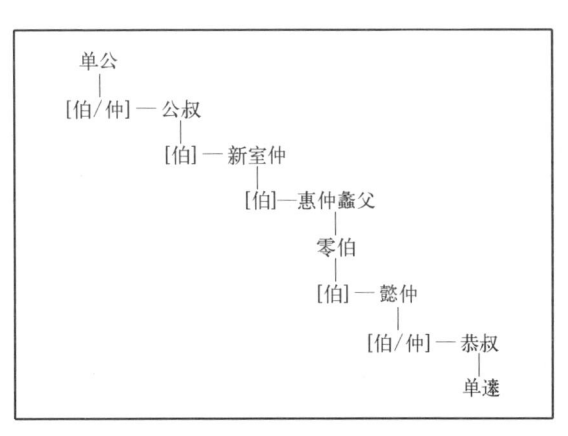

```
单公
[伯/仲]—公叔
  [伯]—新室仲
    [伯]—惠仲盠父
      零伯
      [伯]—懿仲
        [伯/仲]—恭叔
          单逨
```

图 2.9 西周单氏宗族世系

宗子继承出现子继与弟及杂糅的情况并不罕见。甚至在特定情况下,兄终弟及还可与父死子继复合形成"一继一及"的现象。如《史记·鲁周公世家》:

> 周公卒,子伯禽固已前受封,是为鲁公……鲁公伯禽卒,子考公酋立。考公四年卒,立弟熙,是谓炀公。炀公筑茅阙门。六年卒,子幽公宰立。幽公十四年,幽公弟溃杀幽公而自立,是为魏公。魏公五十年卒,子厉公擢立。厉公三十七年卒,鲁人立其弟具,是为献公。献公三十二年卒,子真公濞立……三十年,真公卒,弟敖立,是为武

---
① 按从逨鼎铭文来看,逨在宣公四十几年受到赐命,接续父考的职位。这说明其很有可能任事不会太久。若是自宣王继位之初或是厉王晚期便开始任单氏宗子,则已经四十多年,如此,天子册命之语气可能会有不同。因此,逨之父考很有可能在宣公早中期仍在世。
② 其弟之继位是宗子主动传位还是有其他变故,不得而知。

公……武公九年春,武公与长子括,少子戏,西朝周宣王……宣王弗听,卒立戏为鲁太子。夏,武公归而卒,戏立,是为懿公……周宣王伐鲁,杀其君伯御,而问鲁公子能道顺诸侯者,以为鲁后。樊穆仲曰:"鲁懿公弟称……"宣王曰:"然,能训治其民矣。"乃立称于夷宫,是为孝公①。

鲁国自伯禽而下连续五代均出现兄弟先后继位为鲁侯的情况(图2.9a),虽说继位原因各异,但从世系传承来看是典型的"一继一及"。这也是后世鲁庄公之弟叔牙所云"一继一及,鲁之常也"②的事实基础所在。

类似现象还见于春秋时代杞国,《史记·陈杞世家》记有:

(杞)共公八年卒,子德公立。德公十八年卒,弟桓公姑容立。桓公十七年卒,子孝公匄立。孝公十七年卒,弟文公益姑立。文公十四年卒,弟平公郁立。平公十八年卒,子悼公成立。悼公十二年卒,子隐公乞立。七月,隐公弟遂弑隐公自立,是为釐公。釐公十九年卒,子湣公维立。湣公十五年,楚惠王灭陈。十六年,湣公弟阏路弑湣公代立,是为哀公③。

西周时期杞国的世系传承情况并不清楚,文献存在较大缺环。不过从春秋杞共公以来较为明确的世系看,杞国君位传承子继和弟及交替出现的现象也是比较明显的(图2.10b),与西周鲁国的情况近同。由此可见,弟及亦是继承制度重要组成部分。

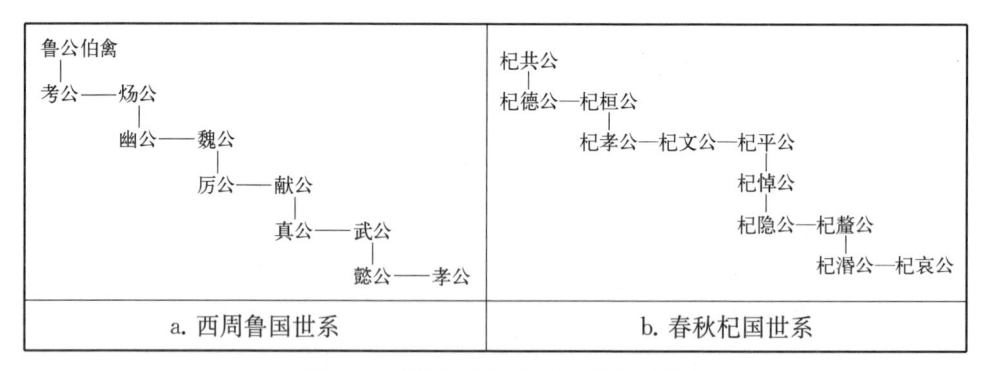

a. 西周鲁国世系	b. 春秋杞国世系
鲁公伯禽 考公——炀公 　　　幽公——魏公 　　　　　　厉公——献公 　　　　　　　　　真公——武公 　　　　　　　　　　　　懿公——孝公	杞共公 杞德公——杞桓公 　　　　　杞孝公——杞文公——杞平公 　　　　　　　　　　　　　　　杞悼公 　　　　　　　　　　　杞隐公——杞釐公 　　　　　　　　　　　　　　杞湣公——杞哀公

图2.10 西周鲁国、春秋杞国世系图

---

① 《史记》卷三十三,第1525—1528页。
② 《史记》卷三十三,第1532页。
③ 《史记》卷三十六,第1584页。

西周时代庶子继承并不罕见的事实以及遹盘世系的性质，还有助于我们重新检视传世文献的某些说法是否合于当时实情。如礼书记有大宗如果面临无子的情况，会收族人之子弟为继承人，而非直接传位给兄弟。《仪礼·丧服》云："大宗者，尊之统也。大宗者，收族者也，不可以绝，故族人以支子后大宗也，嫡子不得后大宗。"①意思是大宗是族人所尊，统领族人，这一系不可以断绝。如果大宗无子嗣，应从宗族之中选择族人庶子作为继承人。如此一来，大宗一脉可谓是"百世一系"，这种情况亦称为"继绝世"或"后大宗"。《左传》哀公二十六年载："宋景公无子，取公孙周之子得与启畜诸公宫……乃立得。"②宋景公没有子嗣，收取公族公孙周之子得与启养在公宫里，准备立其中之一为继承人。（经过一番风波）最终得被立为宋国君主，即宋（后）昭公。这种情况大体与《丧服》"后大宗"的情况相似。《春秋公羊传》成公十五年："仲婴齐者何？公孙婴齐也。公孙婴齐则曷为谓之仲婴齐？为兄后也。为兄后则曷为谓之仲婴齐？为人后者，为之子也。"③则是将仲婴齐继其兄公孙归父为东门氏宗子的情况与《丧服》的说法相比附。有学者以此为基础，再通过对金文的分析，认为西周时代就已经存在"后大宗"现象④。

按宋景公收养昭公之时已进入战国时代，仲婴齐是在公孙归父出奔之后继位为宗子的，这类宗子出奔，宗族另立新宗子的情况在春秋时代很普遍，不见得要用"为人后"来解释。仲婴齐"为人后"只是汉代公羊家的说法，不代表春秋实情。学者所举西周"后大宗"铭文并不算典型，铭文较为难懂，内涵似有再作探索的余地⑤。因此，以目前的金文材料和史实而言，至少在春秋晚期以前，尚未明确出现"后大宗"现象，更难以说是"制度"。

从西周所见为数不少的庶子继承来看，大宗的身份随继任者而不断转移。也就是说，无论嫡子还是庶子，谁继任，谁就是大宗，其直系血脉便是大宗一

---

① 《仪礼注疏》卷第三十，《十三经注疏》，第 2393 页。
② 《春秋左传正义》卷六十，《十三经注疏》，第 4740 页。
③ 《春秋公羊传注疏》卷十八，《十三经注疏》，第 4986 页。
④ 王晖：《西周金文所见大宗"收族"现象研究》，《史学月刊》2016 年第 12 期，第 25—31 页。
⑤ 如王晖认为所谓"寡子卣"内涵是族邦之大宗宗子没有子嗣，才在族邦之中选"邦子"为自己的继承人。李学勤对铭文有不同的理解。参李学勤：《试释所谓"寡子卣"》，《出土文献》第十辑，中西书局，2017 年，第 35—36 页。

系。如果其子孙未能继任大宗,这一支便会降为小宗,而不再保留大宗身份,并不存在大宗"百世一系"的情况。逨盘所见世系,正是单氏大宗一脉不断转移的真实记录。因此,礼书所言"大宗不绝"是真,但此"不绝"并非固定在嫡长子一脉。当宗子之位兄弟相及之时,大宗一脉所指亦同时随之转移。《丧服》所言"后大宗",很有可能是春秋晚期以来的新现象或是儒家构拟,并非西周春秋实情。

以上便是西周时代宗子继承制的主要内容。以此为基础,还有两个问题值得探讨:一是如何看待嫡长继承制中的非嫡长继承现象;二是嫡长子继承在整个宗法制度中的地位。

先说第一个问题,这其实与非嫡长继承在宗子继承制中的地位有关。由上文可知,西周时代的宗子继承确是以嫡长子优先,但非嫡长子继承的情况也同样存在,甚至在特定情况下子继还能与弟及复合形成"一继一及"的现象。从铜器铭文的内容可以推知,这些兄终弟及并非均由庶子谋篡造成,有相当一部分应该是"合法"的继任。结合出土材料与传世文献,可知庶子继承有着特定的限制与规则。只有在嫡长子因故(早亡、废疾、幼弱)不能继任的情况下,庶子方得以有机会递补,递补的规则是嫡庶先于长幼。非嫡长继承正是通过这些规则与限制,成为嫡长继承制的重要组成部分。不能简单以"特例"或"反常"视之。

父死子继和兄终弟及自商代以来,或者说从更早的时代起便是父家长或宗子继承的常见方式。文献所谓"殷道亲亲者,立弟。周道尊尊者,立子"[①],将弟及与子继对立,看作是殷周文化不同的表现,无疑过于绝对。实际上每个时代均有可能出现这两种继承现象。严格说来,弟及和子继各有利弊,并无绝对的优劣之分。嫡长继承制设立初衷,当有避免因不同继承方式的混乱而引起宗族动乱的考虑在里面,因此有意抑彼扬此,区分主次。但这并不意味着非此即彼,在传子过程出现问题的时候,弟及亦是十分必要的补充。在有相关条件和规则的限制,并且严格执行的情况下,传子与传弟并不冲突,一道构成嫡长继承制生动而丰富的场景。春秋时期宋宣公所谓"父死子继,兄死弟及,天

---

① 《史记》卷五十八,第 2091 页。

下之通义也"①,将两种方式均看作是继承制度普遍的道理和法则,可谓通达之言。

至于第二个问题,有学者或认为嫡长子继承是宗法制度的核心,无此则无宗法②,如此似是夸大了嫡长继承制在整个宗法制度中的作用与地位。前面我们已经指出,宗法制度分宗庙、宗子和族人之法三部分,宗法制先于嫡长继承制而存在。嫡长子继承仅是宗子继位方式的一种,不能说无嫡长子继承便无宗法。强调嫡长子继承优先地位,是有意避免因不同继承方式并行而引起宗族动乱,本质来说也是为了维护宗族的稳定,促进宗族的发展,这与宗法制度的整体目标是一致的。嫡长继承制度是西周宗法制度十分重要的组成部分,但同时宗法制度还包含有很多其他重要的内容,如宗子族人权力与责任的规范、宗族内部祭祀制度等等,这些我们即将在下一章作详细说明。

第六节 小 结

综上所述,本章所论西周贵族宗子继承制度要点可概括如下:

一、西周时代(男性)贵族名号称谓有多种,其中族氏名、排行、嫡庶、亲属称谓等要素可以指示人物宗族身份与地位,包含此类要素的称谓可称作宗法性称谓。其中以"地名+氏名""氏名+仲、叔、季"为氏者、身份为"旁"或"北子"者,以及部分"小子",多表示宗族分支。但"氏名+生"以及"亚祖"等,并没有宗族分衍的内涵。

二、伯仲叔季排行称谓是一种行第标志,需要在成年行冠礼之时才会被赐予。排行称谓用于贵族阶层同父兄弟间,并非嫡子专称,除了长子之外,嫡庶共排行。伯、孟均是行长者的称谓,二者宗法内涵在西周就已经有高下之分,"嫡长称伯,庶长称孟"的说法不宜被轻易否定。同辈之中可以有多人同称

---

① 《史记》卷三十八,第1622页。
② 如王国维《殷周制度论》认为"有传子之法,而嫡庶之法亦与之俱生……由嫡庶之制而宗法与服术二者生焉。商人无嫡庶之制,故不能有宗法……周人嫡庶之制,本为天子诸侯继统法而设,复以此制通之大夫以下,则不为君统而为宗统,于是宗法生焉"。(王国维:《殷周制度论》,《观堂集林》,第453—454页)此后不少学者同意此观点。

仲、叔。但"仲、叔"前区别字"大、小",则可能与"嫡、庶"有密切关系。

三、以排行为核心的宗法称谓所体现的尊卑内涵来看,总体而言"氏名+排行"尊于"排行+名、字"。传世文献所谓"五十以伯仲",并不是首次命以伯仲,如果理解为到达一定的地位或年龄之后,不再称私名,径以"氏名+排行"为称,则有合理成分在里面。

四、西周时代"伯"称虽然可以表示多种身份,但最基本与最核心的意义是排行,非嫡长不得僭称为"伯"。称"伯"者往往地位较高,在继承制中具有优先地位,多是宗子,因此西周时代宗子继承确是以嫡长子优先。不过当嫡长子因故不能继位(先亡或有废疾),嫡长子之弟可以递补成为宗子继承人。当宗子无子,或者有子尚幼,宗子之弟可以继其兄为宗子。在每种继承情况中,嫡庶的作用均大于长幼。因此周代宗子继承制的主要内容是"嫡长子优先、无子弟继、子弱弟及"。西周时代有不少以非嫡长身份(仲、叔)继任为宗子者,经由严格规则和限制下的庶子继承,并不会降低嫡长子(伯)在继承制中的地位,这也是继承制的重要组成部分,不能简单以"特例"或"反常"视之。

五、西周时代"伯"逐渐成为宗子及宗子继承人身份的代称,不过西周末期幽王庶子称"伯"(伯服),这可能是因为幽王宠爱少子,因此在嫡长子宜臼成年冠礼命字之时并未赐予"伯"称,而特意将此称谓留给了少子盘。少子盘得到"伯"称,至少在名义上确定了法定君位继承人的身份,这是幽王为少子"合法"继位所作的努力。

六、陕西眉县杨家村铜器窖藏出土逨盘铭文所载世系是单氏大宗逨的直系祖先,但并不是单氏宗族任大宗者的全部。《仪礼·丧服》记有大宗无子则收取族人子弟为继承人的情况,在西周时代并未明确见到,难以说是"制度"。当宗子之位兄弟相及之时,大宗一脉亦随之转移,并不存在大宗"百世一系"的情况。《丧服》所谓"后大宗",很有可能是春秋晚期以来的新现象或是儒家构拟,并非西周实情。

第三章　尊卑有序——论西周贵族宗族内部的关系与结构

宗法制度的实质在于宗子与庶子、小宗有关权利与义务的相互关系，以及由此产生的诸种行为规范。如果明晰各自的权利与义务，宗法制度的特点便可比较清楚地展现出来。以往有关西周宗法制度的研究，虽然取得丰硕的成果，但现在看来往往集中于天子、诸侯阶级，侧重宗子的地位、权力以及宗子继承制等问题，对于一般贵族宗族内部的结构与形态、宗子的责任以及族人的权利等重要问题则较少涉及，也难以展现宗法制度丰富而立体的面貌。因此，本章拟从贵族宗族的内部结构与形态入手，重点探究宗子与庶子、小宗有关权利与义务的相互关系，并在此基础上归纳出贵族宗族内部宗法制度的表现形式与特点。除了末尾小结之外，主要分四节：第一节主要探讨宗子的权力与责任，尤其侧重于对宗子责任分类与作用的梳理；第二节主要探讨宗族内部族人任事与经济状况，分析族人任事及经济来源的不同情况及由此所反映其在宗族内部的地位；第三节是贵族宗族内部祭祀制度考论，主要从"宗子主祭"的内涵及表现形式、族人祭祀的性质、祭祀对象与祭祀地点的选择入手；第四节是探讨宗族内部小宗家族不同形态的特点及与大宗的关系等。最后作小结，对以上四节的主要内容作概括，并对由此展现出来的贵族宗族内部宗法制度的特点作评析。

需要说明的是，本章所谓"贵族"，特指卿大夫及以下的贵族阶层成员，并不涉及天子、诸侯。有关天子、诸侯阶层宗法制度的特点，我们将在下章予以专门讨论。同时，本章所谓"庶子"，是对嫡长子之外诸子的称谓。"庶子"所指，在不同文献中本有不同内涵①。如《礼记·内则》有"嫡子、庶子见于外

---

① 传世文献中还见有将贵族子弟入宫宿卫者称作"庶子"，如《周礼·宫伯》有"掌王宫之士庶子凡在版者"，郑玄注"郑司农云：庶子，宿卫之官"。按这类不在本文讨论之列。

寝",郑玄注:"此嫡子谓世子弟也,庶子,妾子也。"①是嫡子为世子之(同母)弟,庶子为妾所生之子。又《仪礼·丧服》有:"庶子不得为长子三年。"郑玄注:"庶子者,为父后者之弟也。"贾公彦疏云:"庶子者,为父后者之弟也者,谓兄得为父后者是嫡子,其弟则是庶子……庶子,妾子之号,嫡妻所生第二者,是众子,今同名庶子,远别于长子,故与妾子同号也。"②是诸子有嫡子、众子、庶子之别,但众子亦可名庶子。由上可知,若就世子、嫡子、庶子三分而言,则嫡子指正妻所生长子(世子)之外诸子,庶子指妾子。若仅就嫡子、庶子相对而言,则嫡子指嫡长子,庶子指嫡长子之外诸子。胡培翚《仪礼正义》云:"长子、众子与嫡子、庶子,名异实同。凡长子者,则不独长子之弟为众子,而妾子亦为众子。言嫡子,则不独妾子为庶子,而嫡子之母弟亦为庶子。经中凡以嫡对庶言者,嫡为嫡长一人,其余皆庶也。"③胡氏观点可从。

第一节 宗子权力与责任考辩

有关宗子的地位与权力,传世文献诸如《仪礼》《礼记》中多有记载,朱凤瀚在用甲骨文、金文探讨商代家族形态时亦曾经总结到:"宗族长在宗族内主持对家族祖先神的祭祀,具有高于其他族人的至尊地位,他同时亦是宗族武装的指挥者,宗族经济的最高支配者,在宗族内实行一种父家长式的专制统治。宗族以下各分族的族长在本家族内具有类似的权力。"④这已经很精辟。西周时代大体也是如此,只是表现形式更为丰富。不过以往学者对于宗子责任的研究关注相对较少。本节拟在概述宗子地位与权力的同时,重点对宗子责任的类型、特点及意义作探讨。

一、族内至尊——宗子权力考论

宗子在宗族内部具有至尊地位,这一点从族人对其称谓便可见一斑。族

---

① 《礼记正义》卷二十八,《十三经注疏》,第 3183 页。
② 《仪礼注疏》卷二十九,《十三经注疏》,第 2381 页。
③ (清)胡培翚撰,杨大堉补:《仪礼正义》卷二十二,桂林:广西师范大学出版社,2018 年,第 1857 页。
④ 朱凤瀚:《商周家族形态研究(增订本)》,第 211 页。

人或称宗子为"君"或"宗君",如虞簋和琱生器有铭文作:

> 虞拜稽首,休朕宝君公伯赐厥臣弟虞井五量,赐表胄、干戈,虞弗敢忘公伯休,对扬伯休,用作祖考宝尊簋。　　　　　　　　　　　　　　　　　(虞簋,05173)
> 唯六年四月甲子,王在荟,召伯虎告曰……琱生奉扬朕宗君其休,用作朕烈召公尝簋,其万年子子孙孙宝,用享于宗。　　　　　　　　　　　(琱生簋,05341)

虞簋作器者虞自称"臣弟",与赏赐者"公伯"当为兄弟关系。"伯"为排行,西周时代称"伯"者多为宗子,故此处之"公伯"当即宗族宗子。庶子虞自称是"臣",而尊称宗子公伯为"宝君",可见在虞看来,其与兄长(宗子)在宗族内部的地位之别已经与君臣类似。琱生器中琱生作器祭祀召公,说明其为召氏宗族成员。召伯虎也见于传世文献,结合铭文可知是召氏为大宗,琱生为小宗。琱生称召伯虎为"宗君",意即宗族内之"君"。在小宗看来,大宗与"君"相当,正是"族人皆臣也"的体现,可证(大宗)宗子在宗族内部地位之尊崇①。

不仅如此,金文所见族人还称宗子为"公",如敔簋铭文作:

> 唯八月初吉丁亥,伯氏贶敔,赐敔弓、矢束、马匹、贝五朋。敔用从,永扬公休。
>
> (05083)

"贶"字形作"",金文所见亦有省去贝形作""者,有赏赐之义②。器主敔为受赐者,赏赐者为伯氏。西周金文所见器主称他人为伯氏者,二者多数属于同一宗族,如不娶簋(05387)中的伯氏与不娶、宗人簋(30461)中的伯氏与宗人、肃卣(30883)中的伯氏与肃等。因此该簋铭文中伯氏当是宗子,敔为族人。铭文末尾敔"永扬公休","公"无疑是指"伯氏"。西周时期的"公"基本

---

① 类似的例子在西周金文中还有,如伯克壶有铭文作"唯十又六年七月既生霸乙未,伯太师赐伯克仆三十夫,伯克敢对扬天君王伯赒,用作朕穆考后仲尊壶。克用匄眉寿无疆……"(12440),学者早已指出,伯太师与伯克是大宗、小宗关系。小宗伯克尊称大宗伯太师为"天君",二者地位之别可见一斑。
② 不少学者曾探讨"贶"或"宜"的音读及内涵问题,于省吾、唐兰等指出当为赐予之"予"。陈梦家曾概括"宜"在金文中的用法:作为铸作意、作为休美意、作为赏赐意,"宜"有赏赐之意已成为学者共识。周法高主编:《金文诂林》第七册,香港:香港中文大学,1975年,第4741—4750页;陈梦家:《西周铜器断代》,第138页。

上是对长者和位高者的尊称①，王朝执政大臣多称"公"，臣下对其主上也称公。此处族人称宗子为公，可见族人对宗子的尊崇②。

宗子既在宗族内部具有至尊的地位，自然也拥有最高的权力。上引朱凤瀚的观点已经说得比较清楚，此处从主导祭祀、使令族人和支配宗族财产等方面略作补充：

贵族宗子对祭祀具有主导权，宗族祖庙设在宗子之家，由宗子主持对宗族祖先的祭祀，宗子规定祭祀对象和相关祭仪，族人参与助祭。这种情况在《诗经》的宗庙祭祀诗歌以及《仪礼》的相关篇章里多有体现。庶子不能擅自在大宗宗庙祭祀祖先，如果想要私祭，往往需要得到宗子的许可，所谓"庶子不祭，祭必告于宗子"。这一点也得到了出土材料的证实，学者曾多有论及，下面我们将要提到，此不详述。

宗子是宗族之长，往往还有率领族人行事或者使令族人的权力。毛公鼎（02518）"王曰：父厝……以乃族捍御王身……"，毛公为毛氏宗子，"乃族"包括毛公宗族成员及附属于毛公宗族之势力。"以"即率领意，《左传》僖公二十六年有"凡师，能左右之曰以"③。毛公率领族人护卫天子，可见宗子有统率族人行事的权力④。不仅如此，当宗子与他人有狱讼之争时，宗子还可让族人代其出面处理事务，如曶鼎（02515）铭文记载了器主曶与效父之间的交易争端，"唯王四月既生霸，辰在丁酉，丼叔在异，为□，[曶]使厥小子觱以限讼于丼叔……"，器主"[曶]"残泐，根据铭文前后文义可补全。使，令也。"觱"为人名，"小子"表身份，意即小宗，这说明器主曶与觱为大小宗的关系。这件交易纠纷的当事人原本是大宗曶，效父不遵守约定，曶便使令其

---

① 刘源：《"五等爵"制与殷商贵族政治体系》，《历史研究》2014年第1期，第68页。
② 西周金文中庶子或小宗对大宗称"公"者还有不少，如繁卣（13343）中公与繁应均为"辛公"之子，而公能"禘酌辛公祀"，赐给繁宗庙彝器，说明公为兄，为宗子，繁只能是庶子或小宗；效尊（11809）"公赐厥濒子效王休贝二十朋，效对公休"，效对公自称"濒子"。"濒子"，学界有不同的解释，如顺子、世子、濒子（旁—支子）等，要之公与效为父子辈关系，公为宗族宗子。此外，沈子它簋（05384）中沈子它为小宗，其称大宗作"凡公"或"公"，也可以为证。
③ 《春秋左传正义》卷十六，《十三经注疏》，第3954页。
④ 金文所见宗子率领族人行事的情况并非个例，如师询簋（05402）"王曰：师询……率以乃友捍御王身"，大簋（02465）"唯十又五年三月既霸丁亥，王在𦍒𠈌宫。大以厥友守，王飨醴"，此处之"友"，学者早已指出是对宗族成员的称谓（朱凤瀚：《商周家族形态研究（增订版）》，第292页）。

小宗觳向王朝大臣井叔控告。由此可见宗族内部宗子、族人地位之差别及宗子对族人的使令①。

宗子也是宗族经济的最高支配者，有处置宗族财产的权力。宗族财产包括土地、臣仆、宗庙彝器、金贝等，宗子可以将财产赐予族人或臣下，也可以与其他贵族进行交易。如孟簋(05174－05176)"孟曰：朕文考眔毛公、遣仲征无需，毛公赐朕文考臣自厥工"，毛公称"公"，当为王朝大臣，也应是毛氏宗族宗子。"厥工"无疑是毛氏宗族之百工，"毛公赐朕文考臣自厥工"意思是毛公从其"(百)工"之中选择部分赐予孟之文考。毛公能将宗族百工赏赐给他人，正是其支配宗族财产的体现。再如卯簋(05389)"荣伯呼令卯曰：䵼乃先祖考死司荣公室……赐汝瓒四、璋毂、宗彝一肆，赐汝马十匹、牛十，赐于乍一田，赐于🗆一田，赐于陎一田，赐于戜一田"。荣伯当为荣氏宗族宗子，由铭文可知卯之家族世代为荣氏家臣。荣伯赐给卯数量众多的祭祀彝器、牛马和土田，这些显然原本是荣氏宗族之财产。再比如多友鼎(02500)中武公赐多友"圭瓒一、钖钟一肆，鐈鋚百钧"等，其所赐财物原本多属于武公所在宗族。宗子能将其赏赐给他人，正是其对宗族经济支配权的体现。

宗子还可以为了自身所需而将宗族田地与其他贵族进行交易，如倗生簋(05307)"格伯取良马乘于倗生，厥贾三十田"，格伯用三十田与倗生交易良马四匹。裘卫盉(14800)"矩伯庶人取瑾璋于裘卫，裁八十朋，厥贾，其舍田十田；矩或(又)取赤琥两、麀韐两，奉韐一，裁二十朋，其舍田三田"，矩伯其为了取得瑾璋、赤琥、奉韐等物品，用总计一百朋和十三田的价格从裘卫处进行交易。格伯与矩伯的称谓都是"氏名＋伯"的形式，应当是各自宗族宗子②。土地是西周时期最重要的生产资料，上引田地无疑均是宗族财产，一般不能随意处置。宗子用宗族之田交易以换取个人所需物品或赐予他人，正是其对宗族经

---

① 类似情况在春秋时代更是常见，族人也可替换成手下，如《左传》襄公十年"王叔陈生与伯舆争政……晋侯使士匄平王室。王叔与伯舆讼焉，王叔之宰与伯舆之大夫瑕禽坐狱于王庭"。(《春秋左传正义》卷三十一，《十三经注疏》，第4230页)王叔与伯舆有纠纷，狱讼之时二者并不亲自上场争论，而是由其手下(宰、大夫)代其出面。由此可见在宗子面前，族人的地位与作用与手下相近。
② 有学者认为金文中的格伯就是霸伯。参黄锦前、张新俊：《说西周金文中的"霸"与"格"——兼论两周时期霸国的地望》，《考古与文物》2015年第5期。

济拥有最高支配权的体现。

二、收族之道——宗子责任考论

权力与责任往往是相伴而行,宗子在宗族内处于至尊地位,在享有一系列特权的同时,也需要承担相应的义务。宗子义务的核心在收族,《仪礼·丧服》有"大宗者,收族者也"[①]。陈澔《礼记集说》云:"收,不离散也。宗道既尊,故族无离散。"[②]收族的目的在于团结族人,保持宗族凝聚力,这对整个宗族发展至关重要,有学者甚至认为"大宗不能收族而宗法废"[③]。综合传世文献和金文材料来看,宗子收族包含多种行为和内容[④],不同行为的意义和特点各有不同,下面试做说明:

(一) 宴飨以合族

《礼记·大传》载"君有合族之道""旁治昆弟,合族以食,序以昭穆,别之以礼义,人道竭矣",孔颖达疏云:"言设族食燕饮,有合食族人之道。"[⑤]"君"也可指宗子,合族,指宗子有设饮食宴飨族人的义务。《周礼·大宗伯》亦云"以饮食之礼亲宗族兄弟",郑玄注云:"亲者,使之相亲。人君有食宗族饮酒之礼,所以亲之也。"[⑥]宗子作为宗族之长,其政治、经济、甚至宗教地位的取得与威权的运行,无不需要同宗族人的支持。宗子举办燕飨礼[⑦],专门用以招待族人,与族人燕饮合食,体现出宗子亲宗统族的考量[⑧],是宗子用以笼络族人,敦睦宗族情谊的重要手段,是收族的重要内容。

《诗经》有很多篇章描述宗子举行燕飨之礼招待族人的场景,反复强调兄

---

① 《仪礼注疏》卷三十,《十三经注疏》,第 2393 页。
② (元)陈澔注,万久富整理:《礼记集说》,南京:凤凰出版社,2010 年,第 271—272 页。
③ (清)钱大昕:《潜研堂文集》卷二十一记二《钱氏祠堂记》,南京:凤凰出版社,2016 年,第323 页。
④ 有学者认为"收族"是指大宗如果没有亲生儿子,便从同族同宗中收养族人的"支子"作为自己继承人的现象(王晖:《西周金文所见大宗"收族"现象研究》,《史学月刊》2016 年第 12 期,第 25—31 页)。本文所谓"收族"与此不同。
⑤ 《礼记正义》卷三十四,《十三经注疏》,第 3268 页。
⑥ 《周礼注疏》卷十八,《十三经注疏》,第 1640 页。
⑦ 需要说明的是,宴飨之礼分燕礼和飨礼,西周春秋时代的燕飨之礼的招待对象不限于族人,还可以是同僚宾客等,此处仅就宴飨族人而言。
⑧ 李志刚:《周代宴飨礼的功能》,《古代文明》2012 年第 4 期,第 29 页。

弟和睦,族人关系融洽的重要性。如《大雅·行苇》"肆筵设席,授几有缉御。或献或酢,洗爵奠斝。醓醢以荐,或燔或炙。嘉肴脾臄,或歌或咢"①,生动地描述了宗族内部燕饮的欢乐场景:设席备酒,肉酱、烤肉等佳肴都端上来,主人(宗子)与族人相互敬酒,众人觥筹交错,欢笑妍妍。文中有"戚戚兄弟,莫远具尔",郑玄笺云:"戚戚,内相亲也,莫,无也。具犹俱也,尔,谓进之也。王与族人,燕兄弟之亲无远无近,俱揖而进之。"②意思是兄弟最亲密,不要疏远要亲近友爱,点明了宴飨的核心。

《小雅·常棣》:"常棣之华,鄂不韡韡。凡今之人,莫如兄弟……傧尔笾豆,饮酒之饫。兄弟既具,和乐且孺。妻子好合,如鼓琴瑟。兄弟既翕,和乐且湛。"③这也是一首宗子宴飨族人时的乐歌,《诗序》云:"《常棣》,燕兄弟也。"借燕饮反复言及"兄弟既具,和乐且孺""兄弟既翕,和乐且湛"的欢乐场景,强化"凡今之人,莫如兄弟"的观念,倡导兄弟和睦,宗族团结的目的显而易见。"兄弟"代指族人,孔颖达疏云:"作常棣诗者,言燕兄弟也。谓主者以兄弟至亲,宜加恩惠以时燕而乐之……兄弟者,共父之亲推而广之,同姓宗族皆是也。"④

再如《小雅·楚茨》有"诸父兄弟,备言燕私",毛传曰:"燕而尽其私恩。"郑笺:"祭祀毕,归宾客之俎,同姓则留与之燕,所以尊宾客,亲骨肉也。"⑤又有"尔肴既将,莫怨具庆。既醉既饱,小大稽首。神嗜饮食,使君寿考"。兄弟族人欢乐宴饮后,美酒佳肴已尽,心中没有怨言与愤怒,只有欢庆,于是长幼咸集,稽首祝福主人寿考多福。宗子、族人如此欢乐祥和的场景,正是宗法制度所追求的理想境界。

西周时代宗子十分重视通过宴飨族人以达到敦睦宗族情谊的目的,不仅见于传世文献,金文亦常见器主作器以飨朋友者,如命簋有铭文作:

> 唯十又一月初吉甲申,王在华,王赐命鹿,用作宝彝,命其用以多友殷(饱)食。

(05082)

---

① 《毛诗正义》卷十七,《十三经注疏》,第 1151 页。
② 《毛诗正义》卷十七,《十三经注疏》,第 1150 页。
③ 《毛诗正义》卷九,《十三经注疏》,第 872 页。
④ 《毛诗正义》卷九,《十三经注疏》,第 870 页。
⑤ 《毛诗正义》卷十三,《十三经注疏》,第 1008 页。

铜器器主为命,铭文内容是某年十一月甲申王在华地,赏赐给命一头鹿,命因此作器纪念,同时用此器与多友饱食(宴飨多友)。"毁"读作"饱"是谢明文的意见①,"多友"即朋友、诸友,学者早已指出,西周金文中"友"多指同宗族之人②,因此命很有可能是宗子。器主专门为宴飨族人铸作这件铜器,可见其对此事的重视。这类例子在金文中还有不少③。

历方鼎有铭文作:

> 历肇对元德,孝友唯刑,作宝尊彝,其用夙夕享。　　　　　　　　　　　　　　(02168)

元,善也,大也,元德即大德。刑,法也。器主"历"将孝、友均看作是大德,提醒自己时刻以为常法。《尔雅·释训》:"善父母曰孝,善兄弟曰友。"上引孔颖达"燕兄弟"疏云:"兄弟者,共父之亲推而广之,同姓宗族皆是也。故经云兄弟既具,和乐且孺。则远及九族宗亲,非独燕同怀兄弟也。"对宗族宗子而言,"友"不仅指"善兄弟",还应该推广为"善族人"。铭文将"友"与"孝"对举,在宗子看来,团结族人(友)拥有着与祭祀祖先(孝)同等重要的地位。也正是基于此,西周铜器铭文常见既言祭祀祖先,又言用飨朋友的情况,如:

> 伯康作宝簋,用飨朋友,用奉王(皇)父、王(皇)母……康其万年眉寿,永宝兹簋,用夙夜无已。　　　　　　　　　　　　　　(伯康簋,05168)
> 杜伯作宝盨,其用享孝于皇神、祖考,于好朋友。用祈寿,匄永令,其万年永宝用。
> 　　　　　　　　　　　　　　(杜伯盨,05642)

伯康、杜伯均称"伯",应是各自宗族宗子。铭文作"用奉朋友,用奉王(皇)父、王(皇)母"与"其用享孝于皇神、祖考,于好朋友",可知铜器既用于祭祀祖先,也用于宴飨朋友。周代祭器是重要的礼器,铸铭将宴飨族人与祭祀祖先并列,宗子心思可见一斑。

再如毛公旅鼎(图3.1)有铭文作:

> 毛公旅鼎亦唯簋,我用[图]眔我友酗,其用友亦引唯孝,肆毋有弗顺,是用寿老。
> 　　　　　　　　　　　　　　(02336)

---

① 谢明文:《说腹、饱》,《甲骨文与殷商史》新五辑,上海:上海古籍出版社,2015年,第94—99页。
② 朱凤瀚:《商周家族形态研究(增订版)》,第292页。
③ 如先兽鼎(02227)、七年趞曹鼎(02433)、十五年趞曹鼎(02434)等作器用途均是"用飨朋友"。

第三章 尊卑有序——论西周贵族宗族内部的关系与结构　155

图 3.1　毛公旅鼎器形及铭文拓片

铜器器主为"毛公","毛"为氏名,作器者自称"毛公",当为王朝执政大臣,同时也是毛氏宗族宗子。"毛公旅鼎亦唯簋",是说毛公所作的这件旅鼎也可以当作簋用。西周时期鼎一般用作炊煮器,簋为盛食器,功能有别,此器则兼具二者功能。"我用▨眔我友匍",▨,从甗从厚,学者或读为"甗厚",但从铭文字体结构看,有可能是一字。"厚"可能属于该字添加的声符或意符,整个字的意思仍当与"甗"有关。《说文·丮部》曰:甗,设飪也。甲骨文中也有"甗",意思是设食以祭祀祖先,此处也当作如此理解。"匍",谢明文、董珊读作"饱"①,"眔"为连词,"我友匍"的意思即是毛公与友用此器饱食。"甗"和"匍(饱)"意为设食祭祀和饱食,正与鼎(炊煮器)和簋(盛食器)的两种功能对应。"其用友亦引唯孝",孝与友各自有内涵,郑玄云"善父母曰孝,善兄弟曰友"②,在铭文中可能指祭祀祖先和团结(宴飨)族人③,正与前面的鼎、簋、甗、匍相呼应。因此铭文的主要意思是说:毛公铸造了一件旅鼎,也可以用作簋。毛公用来煮食祭祀祖先,也用来盛食和族人飨食。这件铜器既能用来祭祀祖先,也

---

① 谢明文:《说腹、饱》,《甲骨文与殷商史》新五辑,第 94—99 页;董珊:《毛公方鼎韵读》,《青铜器与金文》第一辑,上海:上海古籍出版社,2017 年,第 181 页。
② 《周礼注疏》卷二十二,《十三经注疏》,第 1700 页。
③ 有所谓仲师父壶(按,"仲"字模糊不清,疑非"仲")盖有铭文作"用友,眔以朋友酾"(12342),即此器之用途是"友",具体做法是与"朋友"宴饮,与毛公旅鼎表述有相似之处。

能用来团结族人。铭文将祭祀祖先和宴飨族人放在同等重要的位置,可见燕飨一事对宗子的重要意义。

(二) 赏赐以赈族

宗子除了宴飨族人以敦睦宗族情谊之外,往往还会赏赐族人财物以赈族。这些财物主要包括宗庙彝器、车马、武器、金、贝甚至是民人等,在金文中较为常见,如:

> 虞拜稽首,休朕宝君公伯,锡厥臣弟虞井五量,赐袤胄、干戈,虞弗敢忘公伯休,对扬伯休,用作祖考宝尊簋。 (虞簋,05173)

> 唯九月初吉癸丑,公酓祀,越旬又一日辛亥,公禘酓辛公祀,卒事亡尤,公蔑繁繁历,赐宗彝一肆,车马两,繁拜手稽首,对扬公休,用作文考辛公宝尊彝,其万年宝,或。 (繁卣,13343)

> 唯十又六年七月既生霸乙未,伯太师赐伯克仆三十夫,伯克敢对扬天君王伯友,用作朕穆考后仲尊壶。克用匄眉寿无疆…… (伯克壶,12440)

上文已经说过,虞簋铭文中"公伯"与虞既是兄弟,同时也是宗子与族人的关系。繁卣铭文开头记载"公"禘祭辛公之事,铭文后段又有"(繁)作文考辛公宝尊彝",前后两"辛公"所指应该是同一人,故"公"与繁可能是兄弟辈,"公"为宗子,繁为庶子①。伯克壶铭文中伯克称赏赐者为"伯太师",从西周金文来看,以"排行+职官"称呼对方者,二者多为大小宗关系,因此伯太师、伯克应是大小宗关系。

上举铭文记载了(大宗)宗子对器主的赏赐,作器者并没有说明受赏的缘由,与其他明言因任事或有功而受赏不同②。这意味着这类赏赐中有不少很有可能并非因器主任事或者有功,而仅是宗子基于宗法关系的赈族之举。宗子赈族之赏赐与因功或任事受赏的性质并不相同。宗子赈族的目的是笼络族

---

① 陈佩芬:《繁卣、趞鼎及梁其钟铭文诠释》,《上海博物馆集刊》第二辑,第16页;朱凤瀚:《商周家族形态研究(增订版)》,第310页。
② 西周金文中还见有族人(庶子、小宗)因任事或有功而受到宗子赏赐的情况,如不嬰簋(05387)中大宗伯氏因小宗不嬰率领宗族武装抵御玁狁入侵有功而赏以弓矢、臣仆、土田等。

人,加强宗族凝聚力,是收族的重要组成部分。文献所见"赈"兼富有、救济两意①,而金文所见西周时代宗子赏赐赈族之举亦包含两方面的内容,二者正可呼应:第一类是宗子赏赐以扶助实力(暂时)不足之族人,使其维持基本贵族身份与生活不坠;第二类则是赏赐已有相当地位之庶子或小宗,以稳固小宗地位与势力。

上举宗子赏赐的诸种财物,多为贵族身份、地位的标志和象征,是维持贵族基本生活所必须。西周时期贵族宗子是宗族经济的最高支配者,族人并不占有宗族生产资料和财产。部分族人如果因故(如居丧、废疾、年幼、疏族旁亲等)未能获得职事或功劳,经济能力便可能较为有限,无力置备与贵族身份相匹配的车马舆服、武器装备,甚至无力铸造铜器以行宗庙祭祀之礼。如果任由这种情况发生,族人便有可能失去贵族身份,导致宗族离散。在这种情况下,宗子有赈济族人的义务,通过赏赐财物维持贵族身份与基本生活不坠,防止离散败落。如由伯尊(图 3.2)有铭文作:

图 3.2 由伯尊器形及铭文拓片

由伯曰:知御,作尊彝。曰:毋入于公。曰由伯子曰知:为厥父彝。丙日,唯毋入于公。

(11795)

---

① 《尔雅·释言》云:"赈,富也。"《说文解字》"振"字云:"振,举救也,从手,辰声。"《说文·贝部》朱骏声《说文通训定声》云:"赈,假借为振,用为赈济、赈贷字。"

铭文经裘锡圭、朱凤瀚等的研究,其内涵已经基本清楚,大意为由伯吩咐 ⿱大 铸造一件祭祀 ⿱大 之父的铜器,并明言该件祭器作成之后无需上交给公家,可以归 ⿱大 私有①。"公"指公室,即大宗宗庙,由此可知由伯与 ⿱大 当属于同一宗族。由伯为大宗, ⿱大 之父考已亡,则其当为宗族小宗。推二者之间的关系, ⿱大 很有可能是由伯从子。按周代祭器的制备于贵族而言是极为紧要的事情,所谓"祭器未成,不造燕器"②。 ⿱大 祭祀其父的铜器是在大宗由伯的吩咐之下作成,并且由伯明言毋入于公,这说明铸作铜器的原料或资本可能是由伯提供的, ⿱大 此时尚无作器的实力。《礼记·礼运》"大夫具官,祭器不假",孔颖达疏云:"祭器不假者,凡大夫无地则不得造祭器。"③宗庙祭祀是贵族生活的重要内容,而拥有祭器更是贵族身份的标志。由伯助 ⿱大 作器,使 ⿱大 拥有祭器以进行基本的祭祀活动(祭祀父考),这是宗子赈族的表现。

应公鼎有铭文作:

> 应公作宝尊彝,曰:奄,以乃弟用夙夕䵼享。　　　　　　　　　　　　(02071、02072)

[图], 暂隶作"奄",此处当为人名④, "以"训作率领。铭文意思并不难懂:应公作了一件宝贵的祭器⑤, 说道:奄,率领你的弟弟们(用这件铜器)日夜祭祀。由此可知这件铜器是应公为奄及其兄弟而作。类似铭文在西周时期还有,如冉簋(05213、30443):"遣伯作冉宗彝,其用夙夜享昭文神,用祷祈眉寿。"遣伯为冉作用以祭祀祖先的宗庙彝器,这与应公鼎铭文内容相似,当可合观。从相关冉器

---

① 裘锡圭:《从几件周代铜器铭文看宗法制度下的所有制》,《裘锡圭学术文集》第 5 卷,第 202—209 页;朱凤瀚:《金文所见西周贵族家族作器制度》,第 30—32 页。
② 《礼记正义》卷十三,《十三经注疏》,第 2916 页。
③ 《礼记正义》卷二十一,《十三经注疏》,第 3070 页。
④ 清代吴荣光《筠清馆金石文字》卷四曾收录一件"周申月望鼎",后收录于《铭图》三编,改作"奄鼎"(0217),铭文为"奄作宝尊鼎,用夙夕御(?)公含"。(吴镇烽编著:《商周青铜器铭文暨图像集成三编》,上海:上海古籍出版社,2020 年,第 218 页)器主名"奄",字形图片为 [图], 与此铭 [图] 写法一致,很有可能是同一人。
⑤ 陈昭容认为金文所言"尊器"均是祭器。陈昭容:《周代妇女在祭祀中的地位——青铜器铭文中的性别、身份与角色研究(之一)》,李贞德、梁其姿主编:《妇女与社会》,北京:中国大百科全书出版社,2005 年,第 1—43 页。

第三章　尊卑有序——论西周贵族宗族内部的关系与结构　159

铭文可知遣伯与冉属于同一宗族之大宗与小宗。因此,应公与奄的关系似也当如此理解。应公为奄作器,让其率领群弟祭祀,应公为应国之主,无疑是大宗。奄能够率领弟弟祭祀,说明其已有祭祀祖先的权力,因此其与应公不是父子(如是父子,应公在世,奄是没有资格率领族人进行祭祀的)①,因此奄及群弟很有可能属于应氏旁支,于应公为小宗。应公之所以要帮助奄铸造祭器,很有可能是奄目前尚无此实力。《孟子·滕文公》有"牲杀、器皿、衣服不备,不敢以祭"。② 应公助奄做祭器以维持祭祀不坠,正是宗子赈族的体现。

宗子不仅会在族人实力不足或困厄之时给予必要的帮助,在小宗势力强大到可以自立之时,宗子亦会助力稳固地位,如荣仲方鼎(图 3.3)有铭文作:

图 3.3　荣仲方鼎器形及铭文拓片

> 王作荣仲序,在十月又二月生霸吉庚寅,子加荣仲璋一、牲大牢。己巳,荣仲速芮伯、𪓐侯、子,子赐白金钧,用作父丁鼏彝。史。
> (02412)

铜器年代在西周早期晚段,"序"当为某类宫室建筑名③,铭文中用作荣仲居所。"王作荣仲序"即周天子为荣仲作居室(序)以赐。何簋(05136):"唯八

---

① 该铜器年代大概在康王时,李学勤认为"应公"很有可能是第一代应侯,为武王之子。"奄"是应公长子。黄锦前从之。李学勤:《探寻久被遗忘的周代应国》,《文史知识》2010 年第 11 期,第 9—10 页;黄锦前:《晏鼎铭文试释》,《中国国家博物馆馆刊》2015 年第 3 期,第 57—58 页。
② 《孟子注疏》卷六,《十三经注疏》,第 5895 页。
③ 该字字形作"[字形]",有释"序"和释"宫"两种意见,从铭文字形演变特征来看,我们认为当以释"序"为是。此"序"当即是某类用以居住的宫室建筑,不一定即是学校或讲武堂。学者相关意见可以参看下所引论文。

月公夷殷年,公赐贝十朋,乃命何䕃三族,为何室。""公夷殷年"当指周公镇压武庚叛乱的事情,故"公"为周公①,周公赏赐何贝十朋,命令其管理三族,并为何作室。此"室"当即是居室,亦可代指成家立业。"王作荣仲序"与"(周公)为何室"的性质应该是相近的。

荣仲方鼎铭文的主要内容是周王为荣仲作居室,因此"子"嘉赏荣仲瓒和太牢。(建筑作成)之后的己巳日,荣仲延请芮伯、𣄰侯和"子","子"又赐给荣仲白金一钧,荣仲因此而作器纪念。关于"子"的身份,学界意见有多种,如认为是王子、侯伯之子、未逾年的新王、荣仲宗族之大宗、其他宗族之家族长等②。从商周时期宗子称谓以及铭文文义来看,我们认为此"子"的身份当以何景成、冯时的意见为是,即"子"为荣氏宗子,是大宗,荣仲为小宗。

荣仲虽是荣氏小宗,但得以获得天子赏赐的居所,并且能与芮伯、𣄰侯等王朝大臣往来,说明荣仲在王朝地位不低,应已有相当地位与实力。荣氏大宗频繁造访与赏赐,既是为了拉近二者关系,可能也有助小宗稳固地位与声望的用心在里面。在尊卑及宗法制度严密的时代,小宗势力的壮大,等于是整个宗族势力的壮大。荣氏宗子的赏赐之举,也应看作是宗子赈族,是宗族收族的重要内容。

(三) 理讼以庇族

宗子在维持族人基本生活,或助族人壮大势力的同时,如果宗族成员权益受到外人侵害,或与他人有纠纷产生狱讼之事,宗子也有责任出面帮助族人解决问题,这种行为可称作"庇族"。《左传》昭公二十八年:"冬,梗阳人有狱,魏戊不

---

① 张光裕:《䣄簋铭文与西周史事新证》,《文物》2009年第2期,第53—56页。
② 李学勤认为前面说王作荣仲之序,"子"对荣仲嘉赏,后面说荣仲召请芮伯、胡侯子,"子"又赏赐荣仲。这前后的"子"实际不同,前面的是王子,后面的则是两位侯伯之子。(李学勤:《试论新发现的□方鼎与荣仲方鼎》,《文物》2005年第9期,第59—69页;李学勤:《论荣仲方鼎有关的几个问题》,《黄河文明与可持续发展》第1卷第1期,2008年,第15—19页)李朝远认为"子"应指王子,以代表天子。(李朝远:《读荣仲方鼎》,《中国文物报》2005年12月2日第7版)王占奎认为铭文中的子应该是尚未逾年的新王。(王占奎:《新出现荣仲方鼎的年代学意义》,《中国文物报》2005年12月2日第7版)何景成、冯时认为"子"是史氏宗子,荣仲为小宗。(何景成:《关于荣仲方鼎的一点看法》,《中国历史文物》2006年第6期,第63—66页;冯时:《坂方鼎、荣仲方鼎及相关问题》,《考古》2006年第8期,第67—73页)陈絜认为铭文之"子"解释为家族长的专称更为稳妥,不过仅仅是"史"族之长,而非荣氏或荣仲之长。是子与荣仲并非同族,这个"子"才是方鼎真正的器主。(陈絜:《浅谈荣仲方鼎的定名及其相关问题》,《中国历史文物》2008年第2期,第64页)

第三章 尊卑有序——论西周贵族宗族内部的关系与结构

能断,以狱上,其大宗赂以女乐。"① 此大宗为梗阳人之大宗,梗阳人在有狱讼之事时,其大宗便试图通过贿赂主审官女乐以助其脱困,这是大宗庇族的典型例子。西周金文也见大宗帮助小宗处理狱讼之事的情况,如琱生器有铭文作:

> 唯五年正月己丑,琱生有事,召来合事,余献妇氏以壶,告曰:以君氏令曰,余老止,公仆庸土田多扰,式伯氏从许,公宕其叁,汝则宕其贰,公宕其贰,汝则宕其一……
> （五年琱生簋,05340）

> 唯六年四月甲子,王在荓,召伯虎告曰:余告庆。曰:公厥稟贝用狱扰,为伯有祇有成,亦我考幽伯、幽姜令,余告庆,余以邑讯有司,余典勿敢封,今余既讯,有司曰:戾令。今余既一名典献,伯氏则报璧,琱生奉扬朕宗君其休,用作朕烈祖召公尝簋,其万年子子孙孙宝,用享于宗。
> （六年琱生簋,05341）

铭文可以联读,琱生"作朕烈祖召公尝簋","召"为氏名,说明琱生为召氏族人,"召公"有可能是召公奭。琱生称召伯虎为宗君,铭文又有"其兄公,其弟仍",可知二者为大小宗关系,召伯虎为召氏宗族大宗,琱生为小宗。琱生器铭文记载召氏宗族大宗小宗协力为仆庸土田而与外宗族进行狱讼之事②。六年琱生簋铭文有"公厥稟贝用狱扰",狱即狱讼,这句话的意思是公家交付的贝已经用于狱讼之事。由此可见五年琱生簋"琱生有事,召来合事"之"事"即此狱讼之事。合,会也,"琱生有事,召来合事"意即琱生有狱讼之事,召氏大宗会同来处理,这也说明此次狱讼之事的直接主体是琱生。至于狱讼缘由,则是因为"公仆庸土田多扰",扰即侵扰之意,此处之"公"即整个召氏宗族的称谓③,但实际而言是琱生之土田被外族侵扰。琱生之土田附庸必是独立于召氏大宗所有田地民人之外者,如仍在一起,发生狱讼之事则大宗本身自然要出面,无须琱生相求④。召伯虎代表召氏宗族帮助琱生处理此事,这件事情最终以召伯虎"告庆"而结束。庆,贺也,"告庆"犹言报喜,说明这件事在召伯虎的参与之下最终完美解决。召伯虎因为同宗之情帮助小宗琱生处理土田侵扰之事,正是典型的大宗庇族之举。

---

① 《春秋左传正义》卷五十二,《十三经注疏》,第4603页。
② 朱凤瀚:《琱生簋铭新探》,《中华文史论丛》1989年第1期;《琱生簋与琱生尊的综合考释》,《新出金文与西周历史》,第71—81页。
③ 朱凤瀚:《琱生簋与琱生尊的综合考释》,第73页。
④ 朱凤瀚:《商周家族形态研究(增订本)》,第301页。

(四) 媵送以彰族

以上所言多是宗子施恩于男性族人,实际上宗子对本族女性也有庇护的义务,这一点多在女性族人出嫁之时体现得尤为明显。

西周中期县改簋(图 3.4)有铭文作:

图 3.4 县改簋器形及铭文拓片

唯十又三月既望,辰在壬午,伯屖父休于县改,曰:𠭯,乃任县伯室,赐汝妇爵、觚之戈、琱玉、黄𦀚。县改奉扬伯屖父休,曰:休伯眔蔑恤县伯室,赐君我唯赐倗,我不能不眔县伯万年保,韎敢施于彝,曰:其自今日孙孙子子毋敢忘伯休。(05314)

"县改"为妇名,"改"是姓,"县"为夫家之氏。"县伯室"之"室"为妻之意,《礼记·曲礼上》:"三十曰壮,有室。"郑玄注云:"有室,有妻也,妻称室。"①铭文有个别语词的内涵不好理解,但整体铭文的意思是清楚的,大体即是在某年十三月既望壬午这一天,伯屖父赏赐县改,(对县改)说:"啊,你(要)当县伯的妻子了,赐给你这新婚妻子爵、戈、玉等东西。"县改感念伯屖父的赏赐,说:"谢谢伯屖父体恤我这县伯的妻子,君赏赐我就跟赏赐给我俩一样,我一定会与县伯一起保有这些东西,并且将此次赏赐之事铸在铜器上,(铜器铭文)写到:从

---

① 《礼记正义》卷一,《十三经注疏》,第 2665 页。

第三章 尊卑有序——论西周贵族宗族内部的关系与结构 163

今日起,(以后)子子孙孙都不要忘了伯犀父的赏赐。"①

由铭文可知县改嫁与县伯为妻,在新婚之际伯犀父赏赐县改。如此,则伯犀父当是县改父家之人,所赐之财物有嫁妆之意。"伯犀父"之"伯"为排行,其能赏赐县改爵、戈、玉等贵重物品,其地位当不低。同一时期竞②卣(13336)铭文作"伯犀父以成师即东,命伐南夷……",御史竞簋(05121)"唯六月既死霸壬申,伯犀父蔑御史竞历,赏金,竞扬伯犀父休……",此"伯犀父"与县改簋之"伯犀父"当是一人。伯犀父能率领成周军队伐南夷,还能赏赐王朝官员御史竞,自是身居王朝高位,因此伯犀父当即所在宗族宗子(大宗)。县改不以亲称如"父、兄"等称伯犀父,则伯犀父当不会是县改之父,很有可能与县改是同辈,且关系不近③。因此伯犀父对县改之赏赐,属于宗子对族人的赏赐。县改出嫁之时收到父家宗子如此多的赏赐,明确表明了父家对其的重视,这无疑有助于抬高及稳固县改在夫家的地位,由此可见宗子对族人的恩赏与庇护并不限于男性,也泽及女性族人。

西周晚期还有丼公簋(图3.5)铭文作:

图3.5 丼公簋器形、铭文照片及拓片

丼公作仲姊娄姬宝尊簋,其万年子子孙孙永宝用。　　　　　　　　(04874、04875)

---

① 铭文释文参考了马承源:《商周青铜器铭文选(三)》,第123—124页。
② "竞"原铭作"󰀀",王子扬认为该字当释作"丽"。王子杨:《甲骨金文旧释"競"的部分字当改释为"丽"》,《出土文献》2020年第1期。
③ 西周晚期蔡姑簋(05216)"蔡姞作皇兄尹叔尊䵼彝",同时期射壶(12443、12444)"皇君尹叔命射司贾……乃事遂,遣念于蔡君子兴用天君之宠"。两"尹叔"可能是同一人,从"皇君"的称谓来看,尹叔应是尹氏宗子。蔡姞是尹氏宗族嫁于蔡国者,其称父家宗子为"皇兄",突出了二者的亲缘关系,说明蔡姞很有可能是尹叔亲妹。

铜器作器者为"井公","井"是氏名,"井公"应是井氏宗族宗子。此器是井公为其"仲姊娄姬"所作,"仲"为排行,"姊"是亲属称谓,为姐姐之意。"娄"为氏名,姬是井氏之姓,"娄姬"属于"夫氏+父姓","仲姊娄姬"即井公之姐嫁于娄氏者。因此该件铜器的性质当为媵器。宗子赏赐出嫁之女性族人,或为她们作媵器,无疑有助于维护女性在夫家地位,同时兼有彰显自身宗族实力之效果,这是宗子对族人之庇护,亦应算作宗子责任的一部分。

不仅仅是同辈,金文还见有为长辈女性作器的,如:

> 唯二月戊寅,伯庶父作王姑凡姜尊簋,其永宝用。　　　　　(伯庶父簋,04904)
> (应侯视工)用作朕王姑单姬尊簋,姑氏用赐眉寿永命,子子孙孙永宝用享。
> 　　　　　　　　　　　　　　　　　　　　　　　　　(应侯视工簋,05311)

伯庶父、应侯视工从称谓来看均是各自宗族宗子。"王姑","王"为修饰词,父之姊妹为姑①。铜器是宗子为姑姑所作,应当不是祭器,而是媵器,复公子伯舍簋(04934)"作我姑邓孟媿媵簋"可为证。侄儿为姑姑作媵器,很有可能是姑姑之父、同辈宗子(兄)皆已不在。现任宗子虽是晚辈,但作为宗族长须承担庇护女性族人的义务,因此作器以助媵。

宗子宴飨合族、赏赐赈族、理讼庇族以及媵送彰族等收族行为的具体对象和作用略有差异:宴飨合族是对整个宗族而言,其目的在于融洽宗族关系;赏赐赈族则分两部分,多是对宗族内部实力暂有不足的族人,目的是维持其基本生活,保持贵族身份不坠。还有部分则是助力新立小宗稳固基础,壮大实力;理讼庇族是在族人与外人有纠纷时的行为,目的是维护族人权益不受侵害。赏赐出嫁之女性族人,则可兼收展示自身宗族之实力与维护女性在夫家地位之效。宗子正是通过这些行为以笼络族人,对保持宗族凝聚力有重大意义。

第二节　族人任事与经济状况考论

上一节谈的是宗子的权力与责任,与之相应,贵族宗族内部族人(包括庶子和小宗,下同)也应有特定的权利与义务。族人义务比较好理解,核心在于

---

① 《尔雅注疏》卷四《释亲》,《十三经注疏》,第5638页。

尊事宗子。但对于族人权利之构成与特点,以及族人生活状况的探索等,以往学界关注较少。在宗子处于至尊地位,享有特权的情况下,族人该如何生活?他们的出路有哪些?可以获得哪些权利?需要遵循哪些方面的行为规范?等等,均是值得探讨的问题。本节拟从任事和经济状况两方面入手,探讨西周贵族宗族内部宗法制度对这一类宗族成员生活状态的实际影响。

一、论族人任事的选择与特点

春秋时期有"官以庇族"的说法,即贵族要担任一定的职官,取得政治身份,方得有用以庇身与庇族的资本。这不仅仅是对宗子而言,于族人也同样适用。族人想维持贵族身份与地位,甚至是壮大自身实力,获得一定的职事必不可少。从传世文献与西周金文材料所见的情况来看,按照服事对象的不同,族人任事主要有三种选择:

(一) 服事于天子

西周王朝实行世官制,贵族宗族往往世代拥有任官的权利。虽然(大宗)宗子在任官方面具有优先权,但不少庶子或小宗也凭借贵族身份获得任王官的权利,如伯狱诸器与卫簋有铭文作:

> 唯十又一月既望丁亥,王格于康太室。狱曰:朕光尹周师右告狱于王,王或赐狱佩、戈市、朱亢。曰:"用事。"狱拜稽首,对扬王休。用作朕文考甲公宝尊簋,其日夙夕用厥馨香敦祀于厥百神,孙孙子子其万年永宝,用兹王休,其日引勿替。
> (伯狱簋,05315 - 05318)
>
> 唯八月既生霸庚寅,王格于康太室。卫曰:朕光尹仲侃父右告卫于王,王赐卫佩、戈市、朱亢、金车、金䞞。曰:"用事。"卫拜稽首,对扬王休。卫用肇作朕文考甲公宝鼎彝,其日夙夕用厥馨香敦祀于厥百神⋯⋯孙孙子子其万年永宝用兹王休,其日引勿替,世毋忘。
> (卫簋,05368 - 05369)

狱器和卫簋年代均在西周中期早段,铭文遣词用句高度相似,祭祀对象均为"文考甲公",朱凤瀚指出器主狱和卫应是兄弟关系[①],这是可信的意见。狱

---

① 朱凤瀚:《卫簋与伯狱诸器》,《南开学报(哲学社会科学版)》2008年第6期,第1—7页。

也称伯狱(伯狱簋,05275),排行为"伯",应是宗族宗子。卫当为伯狱之弟,是庶子。卫簋铭文记载周天子对卫的册命,命其"用事"。事,职也,任职谓之事①。卫虽为宗族庶子,也得以出任王官。

善鼎有铭文作:

> 王曰:善,昔先王既令汝佐胥𣅱侯,今余唯肇申先王令,令汝佐胥𣅱侯,监齑师戍,赐汝乃祖旗,用事。善敢拜稽首……余其用格我宗子与百姓。 (02487)

铭文记载器主善接受新王赐命,继续旧职的事情。善作器纪念,言及"用格我宗子"。格,招也,来也②。"用格我宗子"即用来招待宗子,这说明善本身不是宗子。从善在先王时期便任职的情况来看,其很有可能已经有家庭组织。因此"宗子"应是指其所属宗族大宗,善本身为小宗。这是小宗任王官的例子。

值得注意的是,宗族庶子或小宗如果出任王朝职官,其职事往往与家族世官的职掌相同或相近,但职位比宗子低。如弭伯师耤簋和弭叔师察簋有铭文作:

> 唯八月初吉戊寅,王格于太室,荣伯入右师耤,即立中廷,王呼内史尹氏命师耤,赐汝玄衣、黹纯、素市、金衡、赤舄、戈琱内、彤沙、攸勒、銮旗五日,用事。弭伯用作尊簋,其万年子子孙孙永宝用。 (弭伯师耤簋,05294)

> 唯五月初吉甲戌,王在莽,格于太室,即立中廷,井叔入右师察,王呼尹氏册命师察,赐汝赤舄、銮勒,用胥弭伯。师察拜稽首,敢对扬天子休,用作朕文祖宝簋,弭叔其万年子子孙孙永宝用。 (弭叔师察簋,05292)

弭伯师耤簋和弭叔师察簋年代在西周中期,二者均是弭氏宗族成员,从伯、仲的称谓来看,弭伯当为弭氏宗族大宗,弭叔为庶子或小宗。弭伯和弭叔均任"师"职,则"师"很有可能是弭氏宗族世官。弭叔师察簋铭文记载周天子对弭叔的册命,其中有"用胥弭伯"。胥,辅也,助也③,是周天子命令弭叔辅佐

---

① 王引之:《经义述闻·书·有正有事》,上海:上海古籍出版社,2016年,第194页。
② 《尔雅·释言》有"格,来也",邢昺疏云"谓招来也。"《尔雅注疏》卷三,《十三经注疏》,第5614页。
③ 《方言》曰:"胥,由,辅也。吴越曰胥,燕之北鄙曰由。"《广雅·释诂第一》有"胥,由……助也"。周祖谟:《方言校笺》第六,中华书局,1993年,第40页;(清)钱大昭撰,黄建中、李发舜点校:《广雅疏义》卷第三,北京:中华书局,2016年,第139页。

弭伯。铭文记载的是王朝职官的册命,这是政治事务而非宗族事务。因此"用胥弭伯"的意思是让弭叔在王朝职事上辅佐弭伯。这说明二者虽然同任"师"职,弭伯的政治地位和职位却要高于弭叔。类似情况还见于师𩛥鼎,铭文作:

> 唯王八祀正月,辰在丁卯。王曰:"师𩛥!……赐汝玄衮、黹纯、赤市、朱衡、銮旗、太师金膺、鋚勒……"𩛥拜稽首,休伯太师肩𩛥臣皇辟……伯太师不自作,小子凤夕專由先祖烈德……𩛥敢肇王,俾天子万年,柬(范)𩎟(围)伯太师武……　　(02495)

铭文记载了周天子对师𩛥的赐命以及师𩛥对天子及伯太师的感激。师𩛥自称为"小子",称其长官为"伯太师"。学者早已指出,西周金文中"小子"多指小宗,因此伯太师与师𩛥当属于同一宗族,伯太师为大宗,师𩛥是小宗。太师和师均为"师"职,但太师的职位明显要高于师,这也是宗族内部大宗、小宗所任王官职官相同(近),但大宗地位高于小宗的例子。由此亦可知,宗族地位不同,所能获得的政治权力的大小也不同。

还有一部分贵族庶子则可能并未任王朝职官,而是成为王室家臣①,并形成新的世官体系,如宰兽簋铭文有:

> 昔先王既命汝,今余唯或申就乃命,赓乃祖考事,总司康宫王家臣妾,莫庸外内……用作朕烈祖幽仲、益姜宝金簋。　　(05376、05377)

"宰"为职官名,铭文内容记载天子任命宰兽管理"康宫王家臣妾",此为王家私属财产,因此宰兽为王室家臣。由铭文可知宰兽是继承其祖考的职事,也就是说,至少从其祖"幽仲"开始,就已经任王室之家臣。其祖排行为"仲",应是宗族庶子。这可算作庶子任王室家臣的例子。

西周郑井叔氏宗族有铭文作:

> 唯正月初吉丁亥,王在宗周,格于太室,卿事入右槐,命作册尹册命槐曰:"赐汝幽衡、鋚勒,用死司王家。"槐拜稽首,敢对扬天子丕显休,用作朕皇祖文考宝簋,用追孝百神,其子子孙孙永宝用。郑井槐。　　(槐簋甲、乙,30453、30454)
> 郑井叔槐肇作朕皇祖文考宝鼎,子子孙孙永宝。　　(郑井叔槐鼎,30175)

---

① 家臣是贵族的私家臣属,王官是王朝官吏。西周时期二者虽有相混之处,但总体而言,家臣与王官(或贵族属官)的性质应当有别,主要在于二者的隶属对象不同。家臣属于贵族之"家(室)",而王官则属于王朝政府,是超越家族概念的政治体。

> 唯三月初吉甲戌,王在康宫,荣伯入右康,王命死司王家,命汝幽黄、鋚勒,康拜稽首,敢对扬天子丕显休,用作朕文考釐伯宝尊鼎,子子孙孙其万年永宝用。郑井。
>
> （康鼎,02440）
>
> 郑井叔康作旅盨,子子孙孙其永宝用。　　　　　（郑井叔康盨,05592）

西周金文数见郑井氏或郑井叔氏作器,如叔禹父盨铭文末尾缀有"郑井",以及郑井匜(30986)等,"郑井"无疑是氏名。郑井叔所作铜器还有郑井叔㪯父鬲(02809)、郑井叔钟(15138)、郑井叔甗(03320)等。学者早已指出郑井氏即郑井叔氏①,这与丰井叔氏也称丰井氏情况相同。因此槐簋之"郑井槐"当是郑井叔槐鼎之"郑井叔槐"。康鼎铭文末尾缀有族氏铭文"郑井",说明器主康也属于郑井氏,铜器年代与郑井叔康相近,因此郑井康当即郑井叔康。槐簋和康鼎均记载周天子命其"死司王家",是二者均为王室家臣。槐和康同称"郑井叔",当属于郑井叔氏家族的两代,这说明郑井氏可能世为王室家臣。

西周时期畿内有井氏宗族,其宗子多称井伯或井公,历任王朝大臣,地位显赫。从小宗氏名来看,郑井氏和丰井氏当属于井氏宗族在郑地和丰地的分支。郑井氏也称郑井叔氏,"叔"当为其始祖之排行,是始祖"井叔"原为井氏宗族庶子。郑井氏家族历任王室家臣,很有可能便是从其始祖"井叔"开始。因此,西周井(伯)氏和郑井(叔)氏,正是大宗、小宗分任王朝官吏、王室家臣的例子。而这种同事天子却职事不同的情况,对小宗摆脱对大宗依附,渐趋独立具有重要意义。下文我们将有论及,此处先从略。

西周时期庶子、小宗服事天子的情况虽不罕见,但从所属宗族的总人数来看,仍然只是占少数。也即是说,在宗族内部得以外出服事天子任官者并不算多②。并且这类任事者还有两个明显的特点:一是其所属宗族为王朝大族。宗族势力越大,宗族内庶子、小宗任王官的机会就越大,人数也就越多;二是其

---

① 韩巍:《西周金文世族研究》,北京大学博士论文,第140页。
② 西周时代多数族人跟随宗子,而非以王朝职官身份参与王事,如毛公鼎(02518)"王曰:父厝,今余唯肇经先王命,命汝辥(乂)我邦我家内外……以乃族捍御王身",周天子命令毛公总管邦家事物,同时命他率领族人护卫王身。毛公是毛氏宗族宗子,由铭文可知应是王朝执政大臣。宗子有使令族人的权力,因此毛公族人是作为毛公手下参与王事(护卫王身)的,他们绝大多数并不是王朝职官。故王之赏赐往往只及宗子而不及族人。由此可知西周时代贵族宗族内部同任王官的族人数量并不会太多。

第三章 尊卑有序——论西周贵族宗族内部的关系与结构　169

在宗族内部地位原本可能就比较高。这些庶子或小宗可能多为宗子母弟或与大宗有紧密关系之小宗，至于那些疏族旁亲，服事天子天子的概率可能就要低很多。

(二) 服事于其他贵族

也有不少宗族庶子或小宗未能服事天子，转而服事其他贵族者。这种情况在春秋时代常见，如《左传》成公十七年有"鲍国去鲍氏而来为施孝叔臣"①，鲍国是齐国鲍叔牙曾孙，鲍牵之弟，原是鲍氏宗族庶子。由传文可知其离开鲍氏宗族成了鲁国施孝叔的家臣。《左传》昭公二十二年有"刘献公之庶子伯蚠事单穆公"②，也是刘氏庶子为单氏家臣的例子。从金文材料来看，西周时代这种情况也不少。如五祀卫鼎（02497）记载了卫与邦君厉有关土田的狱讼之事。最终结果是王朝大臣裁定邦君厉败诉，需要偿付卫土田。于是"邦君厉眾付裘卫田：厉叔子夙、厉有司申季、庆癸、彔麇、荆人敢、井人偶屖"，也就是说邦君厉执行判罚，并让其属下处理偿付卫土田的事情。其中"申季、庆癸、彔麇"等人明言是邦君厉之"有司"，这说明他们不属于王朝官员，而是服事于邦君厉之属臣。其中有名"申季"者，申为氏名，季是排行，申季当即申氏宗族之庶子或小宗。申氏为姜姓，是西周大族，《诗·大雅·崧高》记载宣王时有重臣"申伯"，周幽王之后名申姜，均出自申氏。申季作为大族族人却为邦君厉之属臣，正是族人服务其他贵族宗族的例子。

有司简簋盖有铭文作：

丰仲次父其有司简作朕皇考益叔尊簋，其万年无疆，子子孙孙其永宝用享。

(05104)

"简"为器主名，其身份是"丰仲次父其有司"，即简服事于丰仲次父，参考上举五祀卫鼎（02497）邦君厉之有司"申季"，则简可能不是王朝职官。丰仲次父之"丰"为氏名，是西周大族，西周金文常见丰氏宗族作器。简之父考名益叔，说明简为益氏族人。益氏也是西周大族，多位益氏宗子曾为王朝执政大

---

① 《春秋左传正义》卷二十八，《十三经注疏》，第4171页。
② 《春秋左传正义》卷五十，《十三经注疏》，第4560页。

臣。益叔从排行称谓看是益氏宗族庶子,则简应是益氏小宗,这正是贵族小宗服事其他宗族的例子。

从春秋史实来看,宗族中庶子、小宗服事其他贵族者,自身在原宗族内地位往往不高,多为失势、不受重用或与宗子关系疏远的族人。如上引鲍国原本是齐国鲍氏疏属。再如鲁国阳虎原为孟孙氏族人,却任季氏家臣,《左传》定公八年有:

> 季寤、公锄极、公山不狃皆不得志于季氏,叔孙辄无宠于叔孙氏……阳虎欲去三桓,以季寤更季氏,以叔孙辄更叔孙氏,己更孟氏①。

季寤是季桓子之弟,公锄极是公弥曾孙、桓子族子,叔孙辄是叔孙氏之庶子,他们在各自宗族的地位均不高,不得志或无宠。阳虎与他们串通一气,可以推知其原在孟孙氏族内的境遇也当相似。再如陈豹为齐国右相子我家臣,《左传》哀公十四年有:

> 初陈豹欲为子我臣……子我曰:"何害?是其在我也。"使为臣。他日,与之言政,说,遂有宠,谓之曰:"我尽逐陈氏,而立女,若何?"(陈豹)对曰:"我远于陈氏矣。"②

子我即阚止,官居齐国右相,亦是阚氏宗子。陈豹则原为陈氏族人,投靠阚止为家臣。阚止欲灭陈氏而立陈豹为陈氏宗子,陈豹推辞,说自己于陈氏已经疏远,可知陈豹在陈氏宗族地位并不高。由此可以推想,西周时代宗族庶子、小宗服事其他贵族者,在原属宗族之地位很有可能也是如此。

(三)服事于大宗

西周时代还有不少庶子或小宗并没有外出任事,而是依附于大宗,为己邦服务,充当大宗属臣。如卯簋盖铭文有:

> 唯王十又一月既生霸丁亥,荣季入右卯,立中廷,荣伯呼令命卯曰…… (05389)

此篇铭文的格式、内容与天子赐命臣下的册命铭文相同,性质是宗子赐命家臣。荣伯、荣季均属于荣氏,荣伯为赐命者,当即荣氏宗子,荣季应为庶子或

---

① 《春秋左传正义》卷五十五,《十三经注疏》,第4653页。
② 《春秋左传正义》卷五十九,《十三经注疏》,第4720页。

小宗。荣季在荣伯任命家臣的典礼中充当右者，可知其服事于荣伯。

不嬰簋有铭文作：

> 唯九月初吉戊申，伯氏曰：不嬰，驭方、玁狁，广伐西俞，王令我羞追于西，余来归献擒，余命汝御追于䐂，汝以我车宕伐玁狁于高陶……伯氏曰：不嬰，汝小子，汝肇敏于戎功…… （05387）

伯氏称不嬰为小子，学者早已指出伯氏与不嬰为大小宗关系。伯氏命令不嬰率领伯氏宗族武装（我车）抵御驭方、玁狁之入侵，由此可知不嬰当服事于大宗。

敔簋有铭文作：

> 唯八月初吉丁亥，伯氏赗敔，赐敔弓、矢束、马匹、贝五朋。敔用从，永扬公休。 （05083）

上文已经指出，"赗"有赏赐之义，伯氏赏赐敔财物，敔因此"用从"。"从"即跟随之意，叔邦父簋（05910）"叔邦父作簋，用征用行，用从君王"，麦鼎（02323）"邢侯延嚣于麦，麦赐赤金，用作鼎，用从邢侯征事"，"用从"表示用以跟随主上行事之意。"敔用从"当即"敔用从伯氏"之省，表示敔愿意跟从伯氏行事。这属于小宗服事大宗的例子。

莙簋有铭文作：

> 唯十月初吉壬申，驭戎大出于楷，莙搏戎。楷侯孷莙马四匹、臣一家、贝五朋。莙扬侯休，用作楷仲好宝。 （05179）

铭文末尾有"莙扬侯休，用作楷仲好宝"，从西周金文作器祭祀对象的规律来看，楷仲很有可能是莙的父亲，莙可能与楷侯同宗。楷仲为楷侯宗族庶子，莙当是楷侯宗族之小宗。铭文提到在戎人大举入侵楷国的时候，莙（率军）与戎人战斗，多有战功（执讯获馘），楷侯因此赏赐莙。可知莙当时是为楷侯服务，为楷国之臣。这也可算是小宗服事大宗的例子。

需要说明的是，西周贵族封地多称"邦"，是一个以邦君家族为核心，包括若干与之同姓或异姓的贵族、平民家族共同构成的政治地理单元①。庶子或

---

① 张海：《"邦"、"国"之别》，《青铜器与金文》第一辑，上海：上海古籍出版社，2017 年，第 582—583 页。

小宗服事于大宗,往往是协助大宗宗子管理"邦"事,如管理邦内之采邑、属民或者率领宗族武装等,上引不𡱒和舀分别率领伯氏、楷侯武装与异族战斗,敔簋的"用从(伯氏行事)"均属于这一类。一般而言,庶子或小宗并不直接管理宗子家庭的内部事务,这类往往是家臣的职事,多由外族人担任。所以说庶子或小宗服事于大宗宗子,多为宗子邦臣(属臣)而非宗子家臣[①]。从当时的社会生产力水平以及宗族形态来看,留在自家宗族领地内受大宗管辖,在大宗的控制与命令下行事的族人应当占绝大多数。

族人任事的三种选择各有特点:

第一,从任事人数上来看,留在本宗族内依附于大宗者当占绝大多数,外出任事者(包括服事天子和服事其他贵族)相对较少;

第二,西周庶子、小宗的任事选择与所属宗族的实力以及本人的宗族地位紧密相关。宗族势力大者,其任王官的人数就会越多。原本在宗族内部地位越高者,如宗子母弟或与宗子关系紧密之小宗,出任王官的概率越大。而服事其他贵族的族人原本宗族地位可能较低,多为宗族疏属旁亲或失势者;

第三,就未来的发展预期来看,服事天子者取得王朝职官,领有职事和俸禄(钱财、禄田等),其所属小家族的地位和势力获得迅速发展壮大的机会,对原属宗族大宗的依赖性会逐渐降低,独立性增强。若任事无差,还有可能形成新的世官,获得封地,从而在居住空间上与大宗分离,甚至得以有新的氏名。如井氏与郑井(叔)、丰井(叔)氏等就是如此;服事于其他贵族者,其与本宗的关系则会更加疏远;而服事本族大宗者对大宗的依赖程度最高,受大宗影响最深,宗法关系很容易转变为政治上的等级关系。

---

① 师𩛥簋(05363):"唯王元年正月初吉丁亥,伯龢父若曰:师𩛥,乃祖考有功于我家,汝有虽小子,余令汝死我家,总司我西偏、东偏,仆驭百工、牧臣妾,董裁内外,毋敢不善……用作朕文考乙仲肆簋,𩛥其万年,子子孙孙永宝用享。"师𩛥既为"小子",又死司伯龢父之家,学者多将其看作是小宗任大宗家臣的例子。但实际而言,师𩛥之职官为"师",这种职官并不属于家臣序列。且其"司我家,总司我西扁、东扁,仆驭、百工、牧、臣妾,董裁内外"等,职事远远超出了纯粹家臣的范畴。与这种情况类似的是毛公鼎,周天子命令毛公管理"我邦我家内外",将天子家事与王朝政事均交予毛公,毛公称"公",为王朝执政大臣,此举意在表明天子对其的信任与重视,没有人会将毛公看作是王室家臣。因此,师𩛥也不当单纯理解为伯龢父之家臣,而应该看作是受伯龢父重任,为伯龢父之邦的"执政大臣"。

第四,诸种任事并非固定不可改变,也存在迁转的可能。由于任王官者往往地位最高,出路最好。因此服事其他贵族或本族大宗者若转而服事天子、国君,多视作升迁。如《左传》襄公二十三年有:

> 季武子无嫡子,公弥长,而爱悼子,欲立之……季氏以公鉏为马正……敬共朝夕,恪居官次。季孙喜,使饮己酒,而以具往,尽舍旃。故公鉏氏富,又出为公左宰①。

公弥即公鉏,与悼子皆为季武子之子。季武子以悼子为宗子继承人,而命公鉏为季氏马正(家司马)。公鉏任事得宜,季武子很高兴,于是让他出任鲁侯(襄公)之左宰,这明显是一次擢升。从季氏家司马到鲁君左宰,正是从服事本宗到服事国君的升迁过程。

《左传》哀公十六年:"子伯季子初为孔氏臣,新登于公。"②子伯季子本是卫国孔氏家臣,又转而服事卫君,任卫国大夫。登,升也,可知从贵族家臣转为公臣是升迁。《论语·宪问》:"公叔文子之臣大夫僎,与文子同升诸公。"③大夫僎本公叔文子之家臣,文子荐之使与己并为大夫,同升在公朝,这也是家臣升转的例子。西周宗族成员的职事迁转,也当作如此理解。

二、族人经济状况探析

贵族财产主要有采邑、土田、臣仆、民人、宗庙彝器、车马、武器、金贝等。西周时期(大宗)宗子对宗族经济具有最高的支配权,宗族财产名义上均归宗子所有。当时尚无"析产"之制,宗子死后,继任者(宗子)会接替掌控宗族财产,诸庶子、小宗并不能从中分得多少遗产。但从文献及金文资料来看,庶子和小宗也会拥有部分可支配的财产,如《礼记·内则》云:"嫡子、庶子祇事宗子宗妇,虽贵富,不敢以贵富入宗子之家。虽众车徒,舍于外,以寡约入。"④这是说庶子、小宗要敬事大宗、宗妇,即使富贵了,不敢以富贵的排场进入宗子之家,就算有很多车马仆从,都应该停在门外,只带很少量的进去。小宗、庶子之

---

① 《春秋左传正义》卷三十五,《十三经注疏》,第4293页。
② 《春秋左传正义》卷六十,《十三经注疏》,第4730页。
③ 《论语注疏》卷十四,《十三经注疏》,第5457页。
④ 《礼记正义》卷二十七,《十三经注疏》,第3170页。

"富贵""众车徒"均为自有,而不是归属大宗。禹簋(05214)有铭文作"遣伯、遣姬赐禹宗彝,罘逆小子羑佣以友三十人",学者早已指出,遣伯与禹属于同一宗族,遣伯为大宗,禹是小宗①。如此大宗赐予小宗的宗庙彝器以及民人等,不会再归大宗所有,而应是属于小宗的私有财产。那么,族人的经济状况及财产的来源渠道等问题便值得探讨。从相关材料来看,庶子、小宗财产的来源主要有四个方面:任事得禄、因功受赏、宗法馈赠和交易转让。这四个方面各有特点,下面试作说明:

(一) 任事得禄

贵族承担某一职事,往往会得到一定财产的赏赐,相当于其职事的俸禄。如虢簋和大克鼎有铭文作:

> 唯壬正月,辰在甲午,王曰:虢,命汝司成周里人罘诸侯大亚,讯讼罚,取徸五锊,赐汝夷臣十家,用事。虢拜稽首,对扬王休命,用作宝簋,其子子孙孙宝用。(虢簋,05242)

> 王若曰:克,昔余既命汝出纳朕命,今余唯申就乃命,赐汝素市、参綱、苇心,赐汝田于埜,赐汝田于渒,赐汝井宇匐,田于峻舆厥臣妾,赐汝田于康,赐汝田于匽,赐汝田于陴原,赐汝田于寒山,赐汝史、小臣、霝龡鼓钟,赐汝井徵匐人敔,赐汝井人奔于量,敬夙夜用事,勿废朕命……(大克鼎,02513)

虢簋铭文记载了周天子对虢的赐命,虢的职事是"司成周里人罘诸侯大亚,讯讼罚",赏赐有"取徸五锊,夷臣十家"。克的职事是出纳王命,赏赐有命服、土地和民人等。铭文言"用事",也就是用以行事之意。朱凤瀚指出"取徸"是被册命贵族因其官职可取得相当于若干锊的资产,其性质是从王朝那里得到的另一类与其职务相应的俸禄②。与之相连的土地和民人等或也可看作是任事所取得的"禄"的一部分。

任官即得官禄,庶子、小宗任事自然也是如此。如衍簋有铭文作:

---

① 吴振武:《新见西周禹簋铭文释读》,《史学集刊》2006年第2期;朱凤瀚:《金文所见西周贵族家族作器制度》,《青铜器与金文》第一辑,第40页;高婧聪:《西周宗族形态及德教——以禹器所见遣氏宗族为中心的考察》,《历史研究》2016年第6期,第7页。

② 朱凤瀚:《西周金文中的"取徸"与相关诸问题》,《古文字与古代史》第一辑,2007年,第191页。

> 唯三月初吉戊寅,王在宗周,格于太室,荣伯入右衍,王命汝曰:"死司王家,赐汝絅衣、赤舄、幽衡、鋚勒,赐汝田于盇、于小水。"衍稽首,敢对扬天子丕显休,用作朕文考郑井季宝簋,子子孙孙其万年永宝用,遣姞眔作。
> (30455)

周天子命衍"死司王家",则衍为王室家臣。衍文考为"郑井季",郑井当为氏名,季是其排行。上文我们已经说到,郑井氏也称郑井叔氏,为畿内井氏宗族分支,历代为天子家臣。"郑井季"当为郑井叔氏庶子,衍为郑井叔氏小宗,与郑井氏一样,同任天子家臣。天子赏赐衍的有命服和位于盇、小水两地的田,这两处田地当为衍之"禄田"。

《周礼·天官·太宰》"以八则治都鄙……四曰禄位,以驭其士",孙诒让云:"凡公卿大夫贵戚有功德得世禄者,皆颁邑以为禄,是谓采邑。唯疏族新进未得世禄者,则赋田敛粟以颁禄,是谓禄田……禄田不世守,且仅食其田之租税,而不得主其邑……士有采地者甚少,且里数亦大减,其余则唯颁禄田而已,故国语晋语云'大夫食邑,士食田'。"[1]所谓的"疏族新进未得世禄者",便包括贵族宗族庶子或小宗新任官者。

不仅服事天子能得官禄,服事其他贵族,往往也会得到俸禄性质的赏赐。公臣簋有铭文作:

> 虢仲命公臣:"司朕百工,赐汝马乘、钟五、金,用事。"公臣拜稽首,敢扬天尹丕显休。用作尊簋,公臣其万年永宝兹休。
> (05183—05186)

虢仲命令公臣管理其百工,则公臣当为虢仲家臣,所赐予的"马乘、钟五、金",其性质可能即是公臣任事的职禄。

庶子、小宗任事俸禄所得,应当直接归自身所有,而不用上交大宗。任事得禄对庶子、小宗而言具有重要意义。如果庶子未能任事,即是"无命之士"或"不命之士",这种情况下没有俸禄,所谓"不命则无禄",财产来源将极为有限。如孙诒让曾谓:"其不命之士及庶人在官者,则又无禄,而唯有稍食。以禄与命相将,不命则亦无禄也。"[2]若长此以往,不说壮大家庭,可能连自身贵族身份都将保不住。任事得禄是族人财产最主要的来源之一,也是得以安家立命的

---

[1] 《周礼正义》卷二,第 8—85 页。
[2] 《周礼正义》卷二,第 84 页。

经济基础。

(二) 因功受赏

任事所得职禄较为固定，除此之外，贵族往往还会因为各种功劳（如出使、征伐等）而受到上位者（如天子、其他贵族、宗子等）的加赏。《左传》昭公十五年："夫有勋而不废，有绩而载，奉之以土田，抚之以彝器，旌之以车服，明之以文章，子孙不忘，所谓福也。"①有了功勋而不废弃，有了成绩便记载下来，用土田来奉养，用彝器来安抚，用车服来表彰，用旌旗来显耀（有功之人），由此可见赏赐之意义与内容。这种情况在西周金文中也很常见，如遇甗(03359)所见器主遇因出使于默侯而获赐金；公贸鼎(02341)记载贸因出使眉伯而获赠马乘；十月敔簋(05380)铭文记载敔受王命反击南淮夷有功而获赐"圭、瓒、贝五十朋，赐田于敔五十田，于早五十田"；多友鼎(02500)中多友因讨伐獫狁有功被武公赐予"圭瓒一，钖钟一肆，鐈鋚百钧"等等。庶子、小宗任事有功劳同样也会受到赏赐，这种赏赐也是财产来源的重要途径之一。

无㠯簋有铭文作：

> 唯十又三年正月初吉壬寅，王征南夷，王赐无㠯马四匹……无㠯用作朕皇祖釐季尊簋，无㠯其万年子孙永宝用。　　　　　　　　　　　　　　　(05244)

铜器器主名"无㠯"，其祖为"釐季"，季是排行，称季者极少为宗族大宗，因此无㠯当属于小宗而服事天子者。王征南夷的过程中赐给无㠯马四匹，很有可能是因为无㠯在征讨之行中有功。

不㠭簋有铭文作：

> 唯九月初吉戊申，伯氏曰：不㠭，驭方、獫狁，广伐西俞，王令我羞追于西，余来归献擒，余命汝御追于㫍，汝以我车宕伐獫狁于高陶，汝多折首执讯，戎大同，从追汝，汝彶戎大敦，汝休，弗以我车陷于艰，汝多擒，折首执讯，伯氏曰：不㠭，汝小子，汝肇敏于戎工，赐汝弓一，矢束，臣五家，田十田，用从乃事。不㠭拜稽首休，用作朕皇祖公伯、孟姬尊簋……　　　　　　　　　　　　　　　　　　　　　　　　(05387)

---

① 《春秋左传正义》卷四十七，《十三经注疏》，第 4512 页。

第三章　尊卑有序——论西周贵族宗族内部的关系与结构　177

铭文记载不嬹受"伯氏"之命率领宗族武装反击狁方、狎狁入侵的事情。上文已经说明,"伯氏"称不嬹为"小子",说明二者是大小宗关系。此役之后,伯氏赏赐不嬹"弓一,矢束,臣五家,田十田",应是对其卓著战功的奖赏。

值得注意的是,在因功受赏中,尤以军功最容易得到赏田。上举伯氏赏赐不嬹如此,多友鼎中天子赏赐武公、四十三年逨鼎中天子赏赐逨,以及敔簋中的天子赏赐敔等皆是如此。土田是当时最重要的生产资料,从传世文献来看,这种"赏田"与上举"禄田"性质还不太一样,是可以世代保有的。这对于缺少生产资料的小宗或庶子而言,意义尤为重大。

(三) 宗法馈赠

除了任事所得到的俸禄与赏赐之外,(大宗)宗子也会赠予族人财物。这本是宗子收族义务的重要组成部分,宗子通过施予恩惠拉拢族人,保持宗族凝聚力。宗法馈赠主要分两种情况:一是赏赐实力暂且不足之庶子或小宗,助其维持基本的贵族身份与生活;二是扶持新立之小宗,助其站稳脚跟。我们在本章第一节"赏赐以赈族"中已有介绍,此处再举几例以作说明。

关于第一种情况,如宗人鼎(图 3.6)有铭文作:

图 3.6　宗人鼎器形及铭文拓片(30231)

唯王三月初吉丁亥，伯戈①父作凡姬▨宫宝尊鼎，凡姬乃亲于宗人曰：用为汝帝宾器。宗人其用朝夕享事于帝宗室，肇学前文人，秉德其型，用夙夜于帝宗室。宗人其万年子子孙孙永宝用。

(30231)

铭文两见"帝"（汝帝、帝宗室），岛邦男曾指出殷墟卜辞中商王有"附帝号于父名而称之"的现象（如父乙帝、帝丁、帝甲等），他认为这跟西周金文称"帝考"性质相同，"帝"是对父考的尊称②。裘锡圭进而认为这类的"帝"与"嫡"的关系极为密切③。"汝帝"之"帝"或可解为父考之意④，"帝宗室"，朱凤瀚读作"嫡宗室"，指自身所从出的直系先人的宗室⑤，从铭文看，应即是父庙。铭文的主要意思并不难懂，大体是伯戈父为凡姬之▨宫作铸了一件铜器，凡姬将铜器转交给宗人，并让其用此器祭祀父考。宗人因此陈言要日夜于父考宗庙祭祀，率型前人之德，宗人及其子孙都要永远宝用此铜器。

本篇铭文的难点在于▨宫的性质，以及伯戈父、凡姬与宗人的关系，对此学者有不同的理解。"▨宫"之▨不识。曹锦炎认为凡姬是伯戈父之妻⑥。朱凤瀚认为▨宫很可能是祭祀凡姬夫君的宗庙，伯戈父是包含宗人所在分支宗族的更大规模的宗族族长，即大宗。凡姬、宗人为母子关系，是伯戈父宗族内之小宗⑦。韩巍亦指出伯或父为宗族大宗，宗人是小宗。不过他认为凡姬是伯或父之妻，"▨宫"之"▨"可能为地名，此是专属于凡姬

---

① 学者或释作"或"，朱凤瀚细审铭文拓片和照片，认为"戈"下横画应是锈泐所致，而非笔划，且"或"应有的口形也不明显，故暂隶作"戈"。
② ［日］岛邦男著，濮茅左、顾伟良译：《殷墟卜辞研究》，上海：上海古籍出版社，2006年，第336—343页。
③ 裘锡圭：《关于商代的宗族组织与贵族和平民两个阶级的初步研究》，第122—124页。
④ 韩巍认为"汝帝"之"帝"应读为"禘"，指禘祭，与我们的理解不同。参韩巍：《新出"宗人"诸器所反映的西周宗族关系》，《岭南学报》2018年第2期，第135页。
⑤ 朱凤瀚：《宗人诸器考——兼及再论西周贵族家族作器制度》，《青铜器与金文》第二辑，上海：上海古籍出版社，2018年，第19页。
⑥ 曹锦炎：《宗人鼎铭文小考》，吉林大学古籍所编：《吉林大学古籍研究所建所三十周年纪念论文集》，上海：上海古籍出版社，2014年，第19—22页。
⑦ 朱凤瀚：《宗人诸器考——兼及再论西周贵族家族作器制度》，《青铜器与金文》第二辑，第16—28页。

的宗庙。伯或父为凡姬在▆地的宗庙制作一件祭祀用的鼎,应该是让他祭祀娘家的先人①。按从伯戈父为凡姬▆宫作器,凡姬又转交给宗人,让其祭祀父考的情况来看,凡姬与宗人、宗人父考庙与凡姬▆宫当有密切关系,不然凡姬不可能将大宗特意为其所作的祭器转赠给关系疏远的族人。因此,从铭文逻辑与文义来看,朱先生的意见应当可信,凡姬▆宫即宗人父考之宗庙(帝宗室)。之所以名"凡姬▆宫",很有可能是因为该宗庙是凡姬为夫君所立,这说明当时宗人可能年纪较小或地位过低,尚无法为父亲立庙,其家族事务由其母凡姬主持。按周代祭器的制备于贵族而言是极为紧要的事情,所谓"祭器未成,不造燕器"②。宗人在这种情况下继小宗之位,应该是没有能力置办祭器用以祭祀其父的③。作为大宗的伯戈父赠小宗祭器,以助其完成祭祀活动,正可见宗子收宗统族的心思。族人接受宗子赠予,尤其是对于这类实力不足的庶子或小宗来说,无疑也是财产来源的重要途径④。

第二种情况,禹簋(图3.7)有铭文作:

> 遣伯作禹宗彝,其用凤夜享昭文神,用禣祈眉寿。朕文考其经遣伯、遣姬之德音,其竞余一子;朕文考其用乍厥身,念禹哉,亡勾。　　　　　　　　　　　　(05213)
>
> 遣伯、遣姬赐禹宗彝,粱逆小子羿佣以友三十人,其用凤夜享昭文神,用禣祈眉寿。朕文考其经遣伯、遣姬之德音,其竞余一子;朕文考其用乍厥身,念禹哉,亡勾。　　　　　　　　　　　　　　(05214)

---

① 韩巍:《新出"宗人"诸器所反映的西周宗族关系》,《岭南学报》2018年第2期,第129—145页。
② 《礼记正义》卷十三,《十三经注疏》,第2916页。
③ 《礼记·曲礼》有"无田禄者,不设祭器",《礼记·礼运》:"大夫具官,器不假。"孔颖达疏云:"凡大夫无地则不得造祭器。"《礼记正义》卷四,《十三经注疏》,第2724页。
④ 类似例子其实还有,如公作敢鼎铭文:"唯八月初吉丁丑,公作敢尊鼎,敢用赐眉寿永命,子子孙孙永宝用享。"(02301-02302)"公"为尊称,臣下对主上,族人对宗子均可称"公"。该器出土于河南平顶山西周应国墓地(M95),"公"可能是对时任应侯的称谓。"敢"为人名,也是该器实际的器主。尊鼎,据陈昭容研究金文所言"尊"均是祭器。"公作敢尊鼎"意为公为敢制作了一件祭器(公制作了一件祭器送给敢)。这说明二者的关系相当密切,根据"赏赐以赈族"节所举禹簋(05213、30443)、应公鼎(02071、02072)等尊者为卑者作器祭祀,尊者均是卑者宗族大宗的情况,此处"公"也很有可能是敢之大宗。公能作祭器赠予敢,很有可能说明敢当时可能尚无作器的能力。

180　两周宗法制度的演变

图 3.7　禹簋铭文拓片

禹器有多件,仅目前所知就有一鼎(30227)、一盨(05666)、四簋(05213 - 05214、30442 - 30444),铭文内容均与遣伯赐禹宗庙彝器,禹用日夜祭祀,祈求父考保佑有关。遣伯所赐除宗庙彝器之外,还有"逆小子罙佣以友三十人",即将逆小子罙之属从与族兄弟共三十人赐给了禹①。关于遣伯与禹的关系,学者早已指出遣伯是遣氏大宗,禹为小宗②。禹能使用这么多的铜器,说明其与父考地位当不低,绝不是实力不足之小宗,铭文语气与措辞亦可为旁证。因此大宗遣伯馈赠之意,当不在于"扶危济困",而是助其从父丧哀痛中走出来,稳固并加强其小宗身份与地位。遣伯赠禹如此多的宗庙彝器(亦可能是出资让禹作如此多铜器)及民人,禹之经济状况及实力无疑会大为增长③。

效尊有铭文作:

> 唯四月初吉甲午,王观于尝,公东宫纳飨于王。王锡公贝五十朋,公锡厥涉子效

---

① 朱凤瀚:《金文所见西周贵族家族作器制度》,《青铜器与金文》第一辑,第 39 页。
② 吴振武:《新见西周禹簋铭文释读》,《史学集刊》2006 年第 2 期,第 84—88 页。
③ 《左传》襄公二十三年:"季氏以公鉏为马正……敬共朝夕,恪居官次。季孙喜,使饮己酒,而以具往,尽舍旃。故公鉏氏富。"(《春秋左传正义》卷三十五,《十三经注疏》,第 4293 页)公鉏是季武子之子,季武子让其担任季氏家司马。公鉏任官得宜,季武子很高兴,就让他招待自己喝酒,带着饮宴的器具前往,季氏把器具全部留下给他,公鉏氏因此致富。由此可见宗子赠器不仅意义非凡,(经济)价值也甚高,足以显著提升小宗的经济实力。

王休贝廿朋。效对公休,用作宝尊彝。呜呼,效不敢不万年夙夜奔走扬公休,亦其子子孙孙永宝。
(11809)

铜器器主名"效",铭文显示"公"将王赏给他五十朋贝中的二十朋转赐给了"瀕子效"。"公"为尊称,从铭文可看出其地位明显高于效。"子"为亲属称谓,说明公与效当有亲缘关系,当属于同一宗族,公为宗子。"瀕",原铭作"![字]",以往学者或释作涉、巡(顺),读作顺子、世子、嫡子等①,于字形不符。朱凤瀚释作"瀕",认为"瀕子"即旁子,是所谓的支子②,大体是可信的意见。我们认为此处之"子"不一定是亲子,很可能是子辈之意。铭文显示效对公十分尊敬,要"夙夜奔走扬公休",并且想让自己子孙后代永宝此器,这不太像亲子对父亲的言语。因此"瀕子"即旁子,很可能是指小宗后辈。宗子(公)转赐给小宗(瀕子效)贝,并未说明效得贝之缘由,则该行为的性质很有可能也属于宗法馈赠。二十朋贝在当时并不是一个小数目,裘卫盉(14800)铭文显示二十朋贝与三田的价值相当。小宗受此馈赠,可见宗子对其的关照。

(四) 交易转让

交易转让在西周时代并不罕见,如倗生簋有铭文作:

唯正月初吉癸巳,王在成周,格伯取良马乘于倗生,厥贾三十田……(倗生)铸宝簋,用典格伯田,其万年子子孙孙永宝用,![田]。
(05307)

铜器器主为倗生,铭文末尾"![田]"标明所属宗族。格伯当即格氏宗族族长③,铭文所见格伯用三十田与倗生换取了四匹良马。这种交易对身份并无特别限制,只要双方有意,就算是庶子、小宗也能进行。如裘卫盉有铭文作:

---

① 如刘心源认为从累止从水,是"涉"之变体。郭沫若认为乃"巡"之古文,从步川声,假为"顺",即孝顺之子(《两周金文辞大系》)。杨树达读为"渁",认为涉子即世子。(杨树达:《积微居金文说(增订本)》卷四,长沙:湖南教育出版社,2007年,第101页)金祥恒假"涉"为"嫡",认为涉子即嫡子(金祥恒:《释涉》,宋镇豪主编:《甲骨文献集成》第十二册,成都:四川大学出版社,2001年,第510页)。
② 朱凤瀚:《金文所见西周贵族家族作器制度》,《青铜器与金文》第一辑,第26页。
③ 黄锦前、张新俊认为格伯即霸伯,参黄锦前、张新俊:《说西周金文中的"霸"与"格"——兼论两周时期霸国的地望》,《考古与文物》2015年第5期,第105—111页。

矩伯庶人取瑾璋于裘卫,裁八十朋,厥贾其舍田十田。矩或(又)取赤琥两、麀韋
两,韋韐一,裁二十朋,其舍田三田……卫用作朕文考惠孟宝盘,卫其万年永宝用。

(14800)

矩伯以总计一百朋和十三田的价格从裘卫处交易得来瑾璋、赤琥、麀韋、韋韐等物品。裘卫文考称"惠孟","惠"是谥号,"孟"是排行。"孟"是庶长子的称谓,在继承制中并不占优势,西周金文几乎不见称"孟"者为宗族大宗的例子。因此裘卫一支很有可能是小宗。此则铭文属于小宗用交易的方法得到土田的例子。

交易转让并不会使财富获得直接的增长,所以严格来说这并不算财产收入的来源。但这种行为可以丰富财产的类型,取得各自所需的物品,仍可算获取财富的方式之一。从西周金文可以看出,土地是最常见的交易物品。这对于庶子、小宗这类相对缺乏土地的人群来说,是获取土地的重要途径之一,于所属小家族的发展意义重大。

以上所言庶子、小宗财产来源有任事得禄、因功受赏、宗法馈赠、交易转让等几种渠道,其地位和性质各有特点:

第一,庶子、小宗财产来源最重要和最稳定的方式当属任事得禄,其次是因功受赏,二者均以任事为基础。宗法馈赠则需视大宗实力与自身发展状况而定,而交易转让在西周时期不能当作常态,只能算是有效的补充形式。

第二,任事得禄与因功受赏均是因政事行为而获得财产,在铭文简略等情况下,往往难以区分。不过二者性质有别,任事得禄属于"常俸",而因功受赏属于"加赏"。传世文献记有二者的区别,如《周礼》记载卿大夫之田有禄田与赏田,禄田所得需要缴税,而因功加赏之田则无需缴税。《周礼·夏官·司勋》有:"司勋掌六乡赏地之法,以等其功。……凡赏无常,轻重视功,凡颁赏地参之一食,惟加田无国正。"郑玄注云:"赏地,赏田也……玄谓赏地之税参分计税,王食其一也。二全入于臣。加田,既赏之,又加赐以田,所以厚恩也。郑司农云正谓税也,禄田亦有给公家之赋贡。若今时侯国有司农、少府、钱谷矣,独加赏之田无正耳。"① 不过这种区别是否与西周实际情况相符,限于材料,目前

---

① 《周礼注疏》卷三十,《十三经注疏》,第1817页。

不得而知。

第三,因功受赏和宗法馈赠同是赐予,尤其是当赏赐者为宗子,获赐者为族人时,二者从表现形式上看几乎一致,但性质有明显区别:因功受赏是政事性的,主要是为了赏有功,这是人君(主)的权责范围,本不是专门为族人而设;宗法馈赠则是宗法性质的赠予,主要是为了收族,对象限定为同宗族人,这是宗子的义务之一。

第四,在所获财产诸品类中,土田是极为关键的一项。获得土田是成为独立经济单位的重要前提,这对于庶子、小宗而言显得尤为重要。以上所言诸种渠道,任事得禄、因功受赏、交易转让均有助于族人获得土田。但就目前金文所见,在宗法馈赠的框架下,基本不见宗子赐予族人(包括庶子和小宗)土田的例子。这是因为周代土地的多少往往是与任职的大小、官位的高低相应的。对于任何一个贵族宗族来说,土田、民人在数量上都是有限的,且其所领有的土田、民人还要有一部分用来封赐家臣,并不具备不断地从大宗本族分予土地给诸庶子、小宗之可能[①]。以往学者或以不嬰簋(05387)铭文中伯氏赐予小宗不嬰土田为例说明西周时期有大宗赐予小宗土地的情况[②]。但该铭所见本质是因功受赏,与宗子之宗法馈赠并不是一回事情,这是需要注意的[③]。

第三节　贵族宗族内部祭祀制度考论

祖先祭祀在周代贵族生活中有着极为重要的地位,《礼记·祭统》云"礼有五经,莫重于祭"[④],祭礼在诸多礼仪中位最尊。关于卿大夫士这一阶层祖先祭祀的礼仪和制度,传世文献多有记载。如《仪礼》之《少牢馈食礼》,郑玄云

---

① 朱凤瀚:《商周家族形态研究(增订本)》,第374页。
② 裘锡圭:《从几件周代铜器铭文看宗法制度下的所有制》,《裘锡圭学术文集》第5卷,第203—204页。
③ 朱凤瀚曾指出西周时期依附于大宗之小宗不大宗见赠予土田的现象,如有小宗从宗族分出独立生活,往往可能是由于小宗成员因任事获得了新的土地、民人。这是可信的意见,先有任事,才有土田。参朱凤瀚:《商周家族形态研究(增订版)》,第328—330、374页。
④ 《礼记正义》卷四十九,《十三经注疏》,第3478页。

"诸侯之卿大夫祭其祖祢于庙之礼"①,《特牲馈食礼》,郑玄云"诸侯之士祭祖祢"②等等。但这些文献多成书于东周甚至更晚,所言诸多礼仪制度是否合于西周实情,似乎并不能从文献本身得到证明。所幸西周金文保留大量有关贵族宗庙祭祀的记载,为祭祀制度的研究提供了宝贵的一手材料。本节拟结合金文材料与传世文献,对西周时代贵族宗族内部祖先祭祀的特点与规律试作探讨。

一、论"宗子主祭"

商周时期宗子(大宗)为宗族长,对整个宗族祭祀具有主导权。所谓"宗子主祭",这一点学者早已多有研究,并取得了丰富的成果③。从传世文献和出土材料来看,西周时代的"宗子主祭"内涵丰富,包含多方面的内容:

首先,"宗子主祭"体现在宗族祭祀在宗子之家进行,宗子规定祖先祭祀的对象(范围)与仪节,宗子是整个祭祀活动的核心与主导者。

贵族宗子主持宗族祭祀,宗庙设在宗子之家,这一点在文献中有明确记载,如《礼记·内则》云"嫡子、庶子祇事宗子宗妇",郑玄注云"助祭于宗子之家"④,《曾子问》有"以上牲祭于宗子之家",孔颖达疏云"以庙在宗子家故也"⑤,等等。宗族宗子(大宗)往往可以祭祀多代先祖,直至始祖。这种情况在金文中不算少见,如上举杨家村西周铜器窖藏出土逨盘(14543)铭文所见单氏大宗逨历数单氏自始祖单公以来的历代直系祖先(单公—公叔—新室仲—惠仲盨父—零伯—懿仲—恭叔)以祭,此外还有宗子㽙遍祭其"皇祖益公、文公、武伯、皇考恭伯"(㽙簋,05151)、𤼈鼎(02439)言"高祖师娄、亚祖师夆、亚祖师𡝤、亚祖师仆、王父师彪与皇考师孝"等。不过宗子(大宗)也不是每次均遍祀先祖,多数时候也是只选祭近祖或比较重要的先祖(如始祖),如:

> 㽼桓桓夙夕圣爽,追孝于高祖辛公、文祖乙公、皇考丁公龢林钟。 (㽼钟,15592)

---

① 《仪礼注疏》卷四十七,《十三经注疏》,第2592页。
② 《仪礼注疏》卷四十四,《十三经注疏》,第2554页。
③ 如朱凤瀚《商周家族形态研究》,刘源《商周祭祖礼研究》等皆有详细研究。
④ 《礼记正义》卷二十七,《十三经注疏》,第3170页。
⑤ 《礼记正义》卷十九,《十三经注疏》,第3028页。

遱作朕皇高祖单公、圣考尊盉,其万年子孙永宝用。 (遱盉,14777)

毕伯克肇作朕丕显皇祖受命毕公鼒彝,用追享孝,子孙永宝用。

(毕伯克鼎,02273)

㝬钟出土于扶风庄白一号窖藏,同出还有微伯㝬器(06140、06307),㝬即微伯㝬,为微氏宗族宗子。所祭高祖辛公、文祖乙公、皇考丁公三代由同窖藏所出其他铜器铭文可以推知正是其曾祖、祖、父,属于近祖。遱盉器主为单氏大宗,由遱盘铭文可知"皇高祖单公"是单氏宗族始祖,而圣考是遱之父考,该器用于合祭宗族始祖与父考。毕伯克是毕氏宗族宗子,"受命毕公"即毕氏始祖毕公高,说明该铜器是毕氏宗子专为祭祀毕氏始祖而作。

同时,宗子若主持宗族祭祀,族人均需要到场,所谓"宗子祭则族人皆侍"①。在祭祀的整个礼仪活动中,宗子始终是主导者,是活动的中心,张鹤泉曾根据传世文献的相关记载描述宗子在整个祭祀活动中的行为与作用:

> 在筮日仪式中,"主人冠玄端,即位于门外西面。"宿尸,则"主人立于户外,门外"。正式祭祀开始,妥尸是重要环节,要"主人拜尸,尸答拜执奠,祝飨主人拜如初。"侑尸、酳醑尸、九献等仪式,都是由主人亲行。当祭礼行毕,"祝告利成,降出,主人降即位,宗人告事毕,宾出,主人送于门外,再拜。"由此可见,整个礼仪仪节的完成,都集中体现出了宗子在祭祀活动中的突出地位②。

其次,宗子对宗族祭祀的主导,还体现在其对族人祭祀活动的指导上。这一点在金文中往往是通过宗子为族人作器或者赐予族人宗庙祭器、牺牲的形式表现出来。朱凤瀚曾对贵族家族作器制度作过详细的研究,所举如由伯尊、卣(11795、13251)所见宗子由伯让小宗大铸作祭祀父考的铜器(由伯出资)、禹器(05213、05214等)铭文记载遣氏大宗遣伯赐给小宗禹宗庙彝器等,说明宗子对宗族作器具有决定权,并可以此督促小宗依宗法进行祭祀③。类似朱先生所言例子在西周金文中还有不少,如上举应公鼎(02071、02072)"应公作宝尊彝,曰:奄,以乃弟用夙夕饎享",大宗应公为小宗奄作器,让其率领其群

---
① 《仪礼注疏》卷四十四,《十三经注疏》,第2554页。
② 张鹤泉:《周代祭祀研究》,台北:文津出版社,1993年,第156页。
③ 朱凤瀚:《金文所见西周贵族家族作器制度》,《青铜器与金文》第一辑,第24—45页。

弟用以祭祀（详参第三章第一节）。

1961 年，湖北江陵出土一批西周早期铜器，其中有两件铭文作：

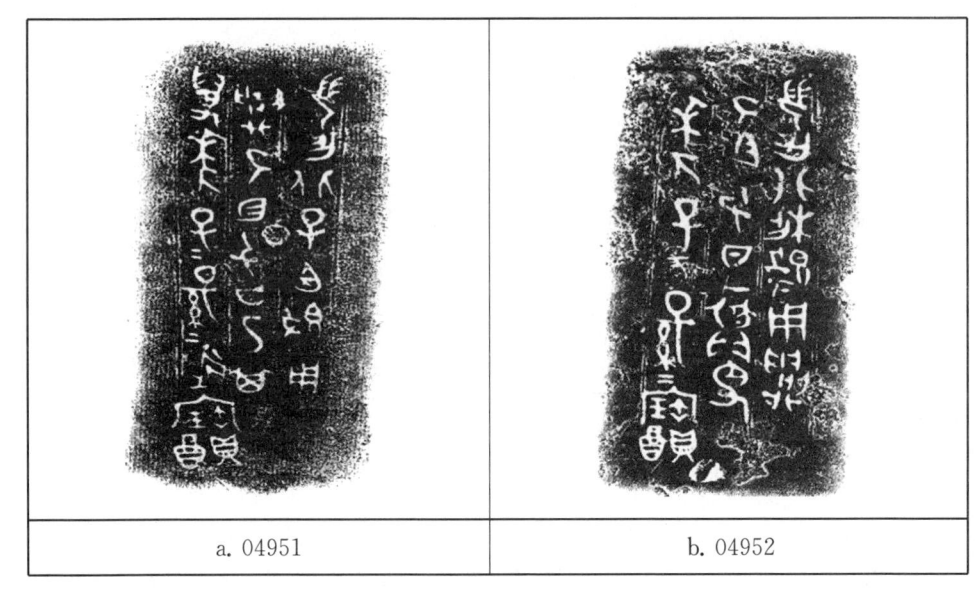

| a. 04951 | b. 04952 |

图 3.8　羿簋铭文拓片

羿作北子柞簋，用遗（馈）厥祖父日乙，其万年子子孙孙永宝。　　（04951 图 3.8a）
羿作北柞簋，用遗（馈）厥祖父日乙，其万年子子孙孙宝。　　　　（04952 图 3.8b）

"遗"原铭作▨、▨，此处从黄锡全释①。李学勤指出"北子"即别子、支子②。关于铜器所见人物关系，学者有不同意见，黄国辉指出"祖父日乙"当是"祖日乙"与"父日乙"的合称，"羿"为宗子，是整个宗族大宗。"柞"为别子，此时已经从原来的"宗氏"中分离出来，独立成一个小宗③，这应是可信的意见。不过黄认为"羿"与北子柞是兄弟关系，"羿"是嫡长子，为兄，北子柞当是其弟，"父日乙"是他们的父亲，则可能不确。"用遗（馈）厥祖父日乙"的主语当是北子柞而非"羿"，"厥"指代的亦是北子柞，这样的省略和指代关系西周金文所在多有。因此"厥祖父日乙"是柞的祖和父，并不一定是"羿"之祖、父。并且当时

---

① 黄锡全：《湖北出土商周文字辑证》，武汉：武汉大学出版社，1992 年，第 149—152 页。
② 李学勤：《长子、中子与别子》，《故宫博物院院刊》2001 年第 6 期。
③ 黄国辉：《江陵"北子"器所见人物关系及宗法史实》，《历史研究》2011 年第 2 期，第 173—178 页。

"弟"这一称谓早已出现,若两人是兄弟关系的话,当称"弟"而非"子",如虡簋(05173)的"赐厥臣弟"、宗人簋(30440)的"叔安父作朕叔弟宗人宝簋"等。因此,作为小宗的北子柞很有可能是夓的子辈(侄),而非兄弟。夓给柞作器,让其用以祭祀父、祖,正是大宗为小宗作器以督促指导其祭祀的例子。

此外仲盂父簋有铭文作:

> 仲盂父作厥叔子宝器,厥子獸其永用事厥宗。　　　　　　　(30403)

铭文大意是仲盂父为其叔子作了一件宝器,其子獸(用这件铜器)用于宗庙祭祀。至于"仲盂父"与"叔子"的关系,"子"为亲属称谓,"厥子獸"无疑是仲盂父的子辈。按西周金文有父亲为儿子作器的例子,如吕仲仆尊、爵(08578、11730)有"吕仲仆作毓子宝尊彝"、师寰簋(05366、05367)有"(师寰)用作朕后男鼠尊簋"等,"毓子、后男"均是长子之谓①。不过据陈昭容的研究,金文所言尊器皆是祭器,这些是父亲为祭祀其子而作,说明其亲子已经去世。目前西周铜器铭文尚未见有父亲为在世之亲子作宗庙祭器的例子。这其实也好理解,若父在,其祭祀往往由父亲主持,其子无由插手,故无需为亲子辈作器。而仲盂父簋所作为"宝器"而非"尊器",且"叔子"是在世之人,并且能进行宗庙祭祀。参照由伯尊中由伯让其从子作器、再器中遭伯赐其从子再铜器的例子,此"叔子"应非仲盂父亲子,很有可能是族子。此"叔子"称谓,与宗人簋(30440)铭文所见叔安父称其从弟宗人为"叔弟"近似。仲盂父很有可能是宗子,否则难以为从子作器,准此,此器亦是宗子为族人作器,督促其祭祀的例子,由此可见宗子对族人祭祀之指导。

西周除见有宗子为族人作器之外,还见有宗子赐予族人祭祀所需物品,如祭器、祭品以助其祭祀的例子,如荣仲方鼎:

> 王作荣仲序,在十月又二月生霸吉庚寅,子加荣仲玚瓒一、牲大牢。己巳,荣仲速芮伯、鼓侯、子,子赐白金钧,用作父丁䵼彝。史。　　　　　　　(02412)

前面我们已经提到,"子"即荣氏宗子,是大宗,荣仲为小宗。荣氏大宗赐给荣仲"玚瓒一、牲大牢"。瓒是进行祼祭不可或缺的祭器之一,祼祭是祭祀祖先的祭礼。牲太牢即牛、羊、豕三牲,也是祭祀所不可或缺的物品。荣氏宗子通过赐予

---

① 杨树达曾云:"后男或云后子,皆谓长子。"杨树达:《积微居金文说》,第244页。

荣仲祭器与祭品以督促其祭祀,亦可看做是宗子对族人祭祀活动的关心和主导。

第三,宗子对祭祀的主导权,还体现在庶子、小宗作祭器之时器形、铭辞对宗子祭器的模仿上。如狱器、卫器:

> 狱肇作朕文考甲公宝䵼彝,其日夙夕用厥馨香敦祀于厥百神,无不则燓夆馨香,则登于上下;用匄百福、万年裕兹百姓,无不郁临䁆鲁,孙孙子其万年永宝用兹彝,其世毋忘(盖铭);伯狱作甲公宝尊彝,孙孙子子其万年用(器铭)。
>
> (伯狱簋,05275、30460,图3.9a)

唯十又一月既望丁亥,王格于康太室。狱曰:朕光尹周师右告狱于王,王或赐狱

| a. 狱簋器形及铭文拓片 | b. 卫簋器形及铭文拓片 |

图 3.9 狱簋、卫簋器形及铭文拓片

佩、缁巿、朱亢。曰："用事。"𤞷拜稽首，对扬王休。用作朕文考甲公宝尊簋，其日夙夕用厥馨香敦祀于厥百神，孙孙子子其万年永宝，用兹王休，其日引勿替。

(𤞷簋、盨，05315－05318、05676)

唯八月既生霸庚寅，王格于康太室。卫曰：朕光尹仲侃父右，告卫于王。王锡卫佩、戈巿、朱亢、金车、金䑕。曰："用事。"卫拜稽首，对扬王休。卫用肇作朕文考甲公宝䵼彝，其日夙夕用厥馨香敦祀于厥百神，无不剢夆馨香，则登于上下，用匄百福，万年裕兹百姓，无不眯鲁，孙孙子子其万年永宝用兹王休，其日引勿替，世毋忘。

(卫簋，05368－05369、30462，图 3.9b)

目前见于著录的(伯)𤞷器包括𤞷鼎一、伯𤞷簋二、𤞷簋四、𤞷盘一、𤞷盉一，卫器则有同铭簋三件。卫簋形制与纹饰基本与𤞷簋相同，铭文在文句、语词上也多有与𤞷器重合之处，祭祀对象均是"文考甲公"。朱凤瀚指出伯𤞷诸器与卫簋属于同一宗族之宗子𤞷与其弟卫所作祭器，铜器器形与铭辞的高度重合，突出了宗子(伯𤞷)对庶子作器强大的控制与影响力①，这是可信的意见。类似例子在西周金文中还有，如伯陶鼎(图 3.10a)和仲燓簋(图 3.10b)：

伯陶作厥文考官叔宝䵼彝，用匄永福，子子孙孙其永宝。 (02229)

仲燓作厥文考官叔宝䵼彝，用匄永福，子子孙孙其永宝。 (04960)

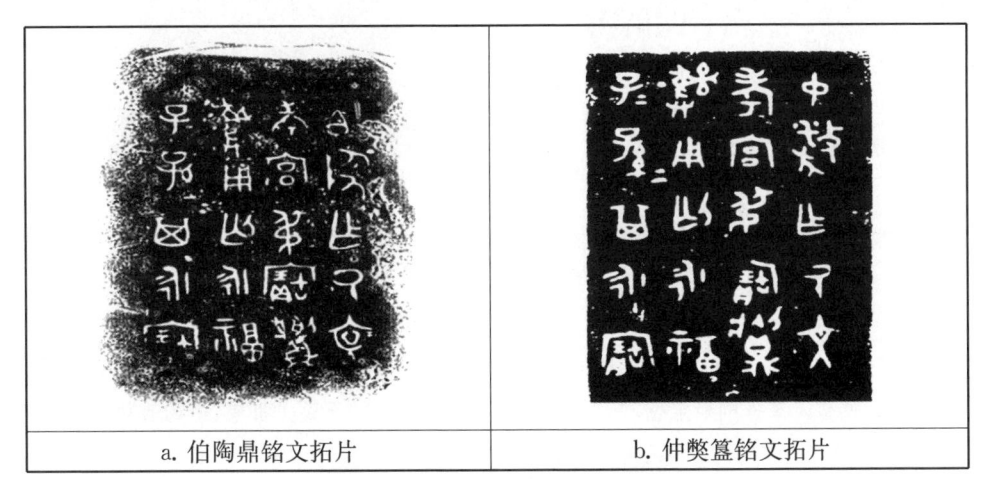

| a. 伯陶鼎铭文拓片 | b. 仲燓簋铭文拓片 |

图 3.10　伯陶鼎与仲燓簋铭文拓片

---

① 朱凤瀚：《卫簋与伯𤞷诸器》，《南开学报(哲学社会科学版)》2008 年第 6 期，第 1—7 页；朱凤瀚：《金文所见西周贵族宗族作器制度》，《青铜器与金文》第一辑，第 28 页。

两件铜器的年代均在西周中期前段,铭文均祭祀"文考宫叔",除作器者不同之外,其他诸如铭辞、行款、字体特征等几乎全同。目前铭文所见作"用匄永福,子子孙孙其永宝"者仅此二器,由此推知二者当有密切联系。从伯陶、仲獒之"伯、仲"排行称谓来看,二者很有可能是兄弟。伯陶是嫡长,当为宗子,仲獒为庶子。庶子作祭祀父考之铜器铭辞全仿宗子,宗子在宗族祭祀方面的影响力可见一斑。

山西绛县横水西周墓地 M1006 出土有倗伯簋(图 3.11a)和仲旬人盉(图 3.11b),其铭文作:

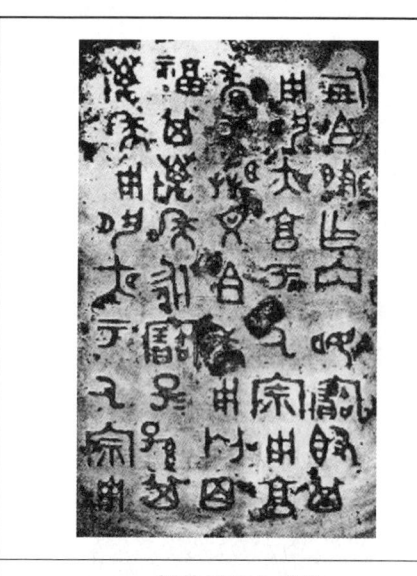

| a. 倗伯簋铭文照片 | b. 仲旬人盉铭文照片 |

图3.11　倗伯簋及仲旬人盉铭文照片

  倗伯肇作芮姬宝簋,其用夙夜享于厥宗,用享孝于朕文祖考,用匄百福,其万年永宝,子子孙其万年用,夙夜于厥宗用。　　　　　　　　　　　　　(倗伯簋,30442)
  仲旬人肇作剛姬宝盉,其用夙夜享于厥宗,用享孝于朕文祖考,用匄百福,其万年永宝,子子孙其万年用,夙夜于厥宗用。　　　　　　　　　　　(仲旬人盉,30981)

两件铜器同墓出土,年代均在西周中期前段,器主分别是倗伯和仲旬人,铭文均是器主为其妻作器,让其日夜祭祀,子孙永宝。除了人名不同之外(倗伯、芮姬;仲旬人、剛姬),其余内容基本全同,由此可见倗伯与仲旬人当有着密

第三章 尊卑有序——论西周贵族宗族内部的关系与结构　191

切的关系。倗伯无疑是倗族之长,即宗子。"仲旬人"之仲为排行,表明其为庶子,因此二者很有可能是兄弟关系。仲旬人为其妻作祭器模仿宗子倗伯书写,这也是宗子在祭祀方面强大影响力的表现。

芮公簋(图 3.12a)和芮公叔簋(图 3.12b)有铭文作:

> 芮公为祈官宝簋。 (04432)
>
> 芮公叔作祈官宝簋。 (04501)

图 3.12　芮公簋与芮公叔簋器形及铭文拓片

a. 芮公簋器形及铭文拓片　　　b. 芮公叔簋器形及铭文拓片

两件铜器均为祭器,器形高度相似,铭文内容也基本相同,吴镇烽认为"芮公""芮公叔"是同辈兄弟①,应是可信的意见。芮公为兄,是宗子,二者作器在造型、铭辞上的高度相似,或也可以看作是宗子影响力的表现。

需要说明的是,就传世文献而言,宗子主祭还有一种情况,即族人政治地位高于宗子时,族人亦不能擅自立庙,需寄立(曾)祖庙于宗子之家。上引《礼记·曾子问》:"曾子问曰:宗子为士,庶子为大夫,其祭也如之何?孔子曰:以上牲祭于宗子之家。"孔颖达疏云:"用大夫之牲是贵禄也,宗庙在宗子之家,是重宗也……但庶子为大夫得祭曾祖庙,己是庶子,不合自立曾祖之庙。崔氏云:当寄曾祖庙于宗子之家,亦得以上牲宗子为祭也。若己是宗子从父庶子兄弟,父之嫡子则于其家自立祢庙,其祖及曾祖亦于宗子之家寄立之,亦以上

---

① 吴镇烽:《新见芮国青铜器及其相关问题》,陕西省考古研究院、上海博物馆编:《两周封国论衡》,第 50 页。

牲宗子为祭……"①这说明族人不能凭政治身份动摇宗子宗族地位,属于宗子主祭的特殊情况。但寄立宗庙的情况目前尚不能得到西周金文的证实,不一定符合西周实情,相关情况仍需作进一步的研究。

二、庶子、小宗祭祀性质的分类

以上"宗子主祭"从几个方面论证了宗子对宗族祭祀的主导权与影响力。那么宗子而外,庶子祭祀活动的特点又有哪些,也是值得探讨的问题。不过在研究庶子、小宗祭祀活动之前,我们有必要对庶子、小宗祭祀活动的性质做说明。从传世文献来看,周代庶子和小宗祖先祭祀的性质大体可以分为两类:

第一类是助祭。周代宗子主持宗族祭祀,族人有助祭的义务。传世文献对此多有记载,如:

《仪礼·特牲馈食礼》:"子姓兄弟如主人之服,立于主人之南,西面北上。"郑玄注云:"小宗祭而兄弟皆来与焉,宗子祭则族人皆侍。"②

《仪礼·丧服》:"尊祖故敬宗,敬宗者尊祖之义也。"贾公彦疏云:"祖谓别子为祖,百世不迁之祖,当祭之日,同宗皆来陪位及助祭,故云尊祖也。"③

《礼记·内则》:"嫡子、庶子祗事宗子宗妇……夫妇皆齐而宗敬焉。"郑玄注云:"当助祭于宗子之家。"孔颖达疏云:"宗子谓大宗子,宗妇谓大宗子之妇。言小宗及庶子等敬事大宗子及宗妇也。夫妇皆齐而宗敬焉者,大宗子将祭之时,小宗夫妇皆齐戒以助祭于大宗,以加敬焉,谓敬事大宗之祭。"④

西周金文也见有宗子主祭,族人助祭的情况,如繁卣有铭文作:

> 唯九月初吉癸丑,公酻祀,越旬又一日辛亥,公禘酻辛公祀,卒事亡尤,公蔑繁历,赐宗彝一肆,车马两,繁拜手稽首,对扬公休,用作文考辛公宝尊彝,其万年宝,或。
>
> (13343)

铜器器主名"繁","公"为尊称。"酻""禘"均是祭名,殷墟甲骨文中常见。

---

① 《礼记正义》卷十九,《十三经注疏》,第 3028 页。
② 《仪礼注疏》卷四十四,《十三经注疏》,第 2554 页。
③ 《仪礼注疏》卷三十一,《十三经注疏》,第 2403 页。
④ 《礼记正义》卷二十七,《十三经注疏》,第 3170—3171 页。

酌祭的形式是倾洒酒液,祭祀对象多是祖先神,即文献中的祼祭①。"禘"亦是对祖先神的祭祀之一,金文常见,用于祭祀父考②。铭文的意思是九月初吉癸丑这一天,公举行酌祭(祭祖先),十一天过后的辛亥日,公又举行禘祭、酌祭以祭(父考)辛公。这些祭祀完成没有差错,公赏赐繁,赐给繁宗庙彝器和车马。繁感念公的赏赐,铸作祭祀父考辛公的铜器,万年宝用。按铭文前后两(文考)"辛公"当是同一人,因此"公"与繁可能是兄弟辈。"辛公"是他们父考,"公"为"或"族宗子,是繁的长兄,繁为庶子③。公用酌祭祖先之后,又用禘祭祭祀父考,无疑是两次祭祀的主祭者。而繁是在祭祀圆满完成后受赏,说明繁应该是参与到两次祭祀过程中的。公与繁的行事与地位,正是宗子主祭、族人助祭的例子。

第二类是私祭。庶子和小宗在助祭大宗宗子之外,还可以有自主的祭祀活动,文献称之为"私祭"或"自祭"。如《礼记·内则》云:"终事而后敢私祭。"郑玄注云:"祭其祖祢。"孔颖达疏云:"终事而后敢私祭者,谓大宗终竟祭事,而后敢以私祭祖祢也。"④由孔疏可知"私祭"是在大宗祭后,因此当不是由宗子主持,而是庶子或小宗的"个人"行为。《礼记·杂记上》:"大夫冕而祭于公,弁而祭于已。士弁而祭于公,冠而祭于己。"孔颖达疏云:"祭于公,谓助君祭也。祭于已,自祭庙也。"⑤"祭于公"与"祭于己",正是助祭与自祭的差别。此外,祭祀者如大夫、士等,不一定全是各宗族(大宗)宗子,也有庶子或小宗。《礼记·曾子问》:"曾子问曰:宗子为士,庶子为大夫,其祭也如之何?孔子曰:以上牲祭于宗子之家。"⑥即明言庶子或小宗也能在所属宗族宗子之庙进行祭祀活动,这类活动的性质当不是助祭而是私祭。如果将助祭看作是族人义务的话,那么私祭则可算是族人的权利。私祭与助祭的区别,正是宗族庶子、小宗在宗庙祭祀方面权利与义务的反映。

明晰助祭与私祭性质的区别,有助于深化我们对相关铜器铭文内涵的理解。西周铜器铭文常见有庶子或小宗作器祭祀祖考的记载,如:

---

① 朱凤瀚:《论酌祭》,《古文字研究》第 24 辑,北京:中华书局,2002 年,第 87—94 页。
② 大簋有铭文作"用禘于乃考"。
③ 陈佩芬:《繁卣、趩鼎及梁其钟铭文诠释》,《上海博物馆集刊》第二辑,第 16 页;朱凤瀚:《商周家族形态研究(增订版)》,第 310 页。
④ 《礼记正义》卷二十七,《十三经注疏》,第 3171 页。
⑤ 《礼记正义》卷四十一,《十三经注疏》,第 3372 页。
⑥ 《礼记正义》卷十九,《十三经注疏》,第 3028 页。

仲辛父作朕皇祖日丁、皇考日癸尊簋，辛父其万年无疆，子子孙孙永宝用。
（仲辛父簋，05092）

仲自父作季靠□宝尊盨，其用享用孝于皇祖、文考，匄眉寿无疆，其子子孙万年永宝用享。
（仲自父盨，05654）

师汤父有司仲柟父作宝簋，用敢享孝于皇祖考，用祈眉寿，其万年子子孙孙其永宝用。
（仲柟父簋，05156-05157）

勇叔买自作尊簋，其用追孝于朕皇祖、嫡考，用赐黄耈眉寿，买其子子孙孙永宝用享。
（勇叔买簋，05134）

师察拜稽首，敢对扬天子休，用作朕文祖宝簋，弭叔其万年子子孙孙永宝用。
（弭叔师察簋，05291、05292）

倗季作祖考宝尊彝。
（倗季鸟尊，11687）

上引铜器作器者称仲（仲辛父、仲自父、仲柟父）、叔（勇叔）、季（倗季），从排行来看均为宗族庶子，大部分可能并不能任宗族宗子（大宗）①。那么，这些铜器所言庶子祭祀祖考的行为是助祭还是私祭，便值得探索。

西周金文还见有不少庶子或者小宗作器"用享宗室"的例子，如：

仲觑父作朕皇考遲伯、皇母遲姬尊簋，其万年子子孙孙永宝用享于宗室。
（仲觑父簋，05093-05094）

仲殷父铸簋，用朝夕享孝宗室，其子子孙永宝用。　（仲殷父簋，04905-04914）

闭拜稽首，敢对扬天子丕显休命，用作朕文考釐叔宝簋，万年永宝用于宗室。
（豆闭簋，05326）

瘨拜稽首……用作朕文考外季尊簋。瘨其万年孙孙子子其永宝用享于宗室。
（师瘨簋盖，05338）

善敢拜稽首，对扬皇天子丕丕休，用作宗室宝尊……余其用各我宗子与百生，余用匄纯鲁万年，其永宝用之。
（善鼎，02487）

仲觑父、仲旬人、仲殷父的排行均为"仲"，应是宗族庶子。豆闭文考为"釐

---

① 西周时期宗子继承以嫡长子为主，所以宗子往往称"伯"。在嫡长子有故不能任宗子的情况下，排行为仲、叔、季者也有获得宗子之位的可能，但上引众多非伯称者如果均解为宗子，则不太合情理。铭文中有明确为非宗子者，如弭叔师察簋"王呼尹氏册命师察，赐汝赤舄、攸勒，用胥弭伯"，"胥"有辅助之意，周天子命弭叔辅佐弭伯，是弭叔地位要低于弭伯。从称谓以及地位上看，弭伯无疑是宗族宗子，学者多认为弭伯、弭叔是兄弟关系，应该是可信的意见。弭叔虽作器祭祀其祖，但本身只是庶子而不是宗子。

叔",师瘨文考称"外季",从排行称谓看也是庶子,因此他们很有可能为宗族小宗。善鼎铭文作"余其用各我宗子",则自身为小宗无疑。那么,这些庶子或小宗作器"用享于宗室"的性质该如何理解?

《礼记·大传》有"庶子不祭(祖祢),明其宗也"①,明言庶子没有主祭的权力。《诗经·召南·采蘋》:"于以奠之,宗室牖下。"毛传曰:"宗室,大宗之庙也。大夫士祭于宗庙。"②若依毛传理解,则上引铜器"用享于宗室"的祭祀场所均当在大宗之庙。学者或据此将金文所见庶子作器祭祀祖考或用享于宗室者理解为助祭之用,也就是庶子作器献给大宗宗庙③。

按这种说法或可商榷。首先,西周"宗室"并非专指大宗之庙。庶子、小宗"用享宗室"之外,金文也见有宗子(大宗)作器享于宗室者。如"晋侯僰马既为宝盂,则作尊壶,用尊于宗室,用享用孝"(晋侯僰马壶,12430)、"过伯从王伐反荆,俘金,用作宗室宝尊彝"(过伯簋,04771)、"伯偈父作姬櫜宝簋,用夙夜享于宗室"(伯偈父簋,04943)等,晋侯僰马既是晋邦之主,无疑也是晋侯宗族大宗,过伯与伯偈父从称谓上看也应是宗族宗子。他们作器所言"用享宗室",当不可能自谓大宗之室。且西周金文所见庶子、小宗有明确单独立庙者(详下),其自立之"宗室"也不可能是大宗之室。因此"宗室"在金文中只是宗庙之称,并不能全都理解为大宗宗庙。

其次,将庶子或小宗自作祭器(用享于宗室)当作助祭宗子(大宗)的物品,与周代礼制不符。祭祀是宗族大事,在祭祀活动中祭器不可或缺。宗子作为宗族祭祀的主导者,往往将祭器的制造作为紧要之事来处理,祭器的齐备与否,不仅是其有无笃行孝道的反映,往往也是衡量宗族实力和宗子身份的重要标志。《礼记·祭统》:"是故孝子之事亲也……祭则观其敬……夫祭也者……官备则具备……三牲之俎,八簋之实,美物备矣。"郑玄注云:"具谓所供众物。"④可知宗子行孝道有责任和义务备齐祭祀所需的各种物品,尤其是祭器之属。《礼记·曲礼

---

① 《礼记正义》卷三十四,《十三经注疏》,第 3268 页。
② 《毛诗正义》卷一,《十三经注疏》,第 602—603 页。
③ 刘源:《商周祭祖礼研究》,第 350—353 页;高婧聪、张利军:《周代"庶子不祭"新证》,《中国历史文物》2009 年第 3 期,第 82—88 页;杨小召:《西周春秋时期金文中的祖先观念》,四川大学博士学位论文,2009 年,第 25 页。
④ 《礼记正义》卷四十九,《十三经注疏》,第 3479 页。

下》:"问国君之富,数地以对,山泽之所出。问大夫之富,曰:有宰食力,祭器、衣服不假。"①祭器和祭服是否齐备成了贵族(卿大夫)地位、财富的象征。不仅如此,宗子祭器的制作往往在宗族事物中具有优先地位,《礼记·曲礼下》:"君子将营宫室,宗庙为先……凡家造,祭器为先,牺赋为次,养器为后。"②《礼记·王制》曰:"大夫祭器不假,祭器未成,不造燕器。"③明言宗族铸器必先铸祭器,宗子祭器当自备,不能借用,如果祭器没有制作齐全,便不能制造生活用器。可知齐备宗庙祭器本就是宗子应尽的义务,并不需要庶子或小宗献器以助祭。

传世文献有庶子、小宗向宗子"归(馈)器"的说法,如《礼记·内则》有:

> 嫡子、庶子祇事宗子、宗妇……子弟犹归器、衣服、裘衾、车马,则必献其上,而后敢服用其次也……若富,则具二牲,献其贤者于宗子,夫妇皆齐而宗敬焉④。

孔颖达疏云:

> 犹,若也。归谓归遗也。子弟若有功德,被尊上归遗衣服、裘衾、车马,则必献其善者于宗子。若富,则具二牲,献其贤者于宗子者,贤犹善也。善者献宗子使祭之,不善者私用自祭也⑤。

由孔疏可知"嫡子、庶子祇事宗子、宗妇"的内容可以分为日常生活和祭祀两大部分,二者并不混淆。平日尊上赏赐给子弟器物、衣服、车马等,子弟须把好的献给宗子。这相当于赏赐物的转赠,"馈器"并非献自作祭器。在宗子祭祀时,子弟助祭所供物品只是二牲之"贤"者,并没有提到需献祭器。从金文材料来看,只见宗子赠予族人宗庙彝器,或者将王所赐之物转赐给族人⑥,并不见族人回赠祭器的记载。琱生簋(05340)载召氏小宗琱生"献妇氏以壶",妇氏即召氏大宗宗妇,但由铭文可知此处小宗向大宗(宗妇)献器,是因为有求于大宗,与大宗祭祀之时献祭器的性质显然有别。并且不少小宗作器明言所祭之

---

① 《礼记正义》卷五,《十三经注疏》,第2745页。
② 《礼记正义》卷四,《十三经注疏》,第2724页。
③ 《礼记正义》卷十三,《十三经注疏》,第2916页。
④ 《礼记正义》卷二十七,《十三经注疏》,第3170页。
⑤ 《礼记正义》卷二十七,《十三经注疏》,第3170页。
⑥ 金文所见这种转赠现象不少,如效尊(11809):"唯四月初吉甲午,王观于尝,公东宫纳飨于王。王赐公贝五十朋,公赐厥濒子效王休贝廿朋。"铭文意思即天子赏赐给公五十朋贝,而公将其中的二十朋转赐给其濒子效。器主效自称为公的"濒子",说明二者亲缘关系很近。

父祖,不一定就是大宗直系父祖,若将此类铜器献与大宗,那大宗是用此器按铭文所言祭小宗父祖,还是不顾铭文而祭大宗直系父祖?似乎也难以处理。因此,以上庶子或小宗作器明言祭祀祖考或用享于宗室者,其性质当不是助祭,而应该理解为庶子小宗用以私祭的祭器。

三、族人祭祀对象(范围)及祭祀地点考论

上文明晰了宗族内部族人(庶子、小宗)助祭、私祭的区别以及族人宗庙祭祀铭文的性质。那么由此引出的问题是,族人私祭的对象有哪些,祭祀活动的地点在哪?与宗子相关行为有何异同?有何种规范?等等,均值得深入探讨。传世文献所见不同等级贵族祭祀对象的范围及庙制往往有别,如《国语·楚语》:"天子遍祀群神品物,诸侯祀天地、三辰及其土之山川,卿、大夫祀其礼,士、庶人不过其祖。"韦昭注云:"礼,谓五祀及祖所自出。祖,王父也。"①即卿、大夫祭五祀②与其祖之所自出者,而士、庶人则只能祭其祖考。《仪礼·丧服》:"都邑之士,则知尊祢矣。大夫及学士,则知尊祖矣。诸侯及其大祖,天子及其始祖之所自出。"③士人祭父,大夫祭祖,诸侯祭始祖,天子则可祭祀始祖所自出之天。至于庙制,《穀梁传》僖公十五年:"天子至于士,皆有庙。天子七庙,诸侯五,大夫三,士二。"④《礼记·礼器》则云:"礼有以多为贵者,天子七庙、诸侯五、大夫三、士一。"⑤按传世文献所见这类祭祀差别往往与政治等级相联系,不一定完全适合于宗族内部宗子、族人。并且文献所言如此整齐划一,而从出土材料的实际情况来看,往往并不如此。因此关于族人祭祀问题还有待结合金文材料再作探索。

小宗的祭祀地点和祭祀对象(范围)比较复杂。关于族人的祭祀地点,西周金文所见小宗有单独立庙者,也有祭于大宗之庙者,还有祭祀父祖分别在不同宗庙者,是族人私祭的地点会因不同情况而有不同选择。至于族人祭祀的

---

① 《国语集解》,中华书局,2002年,第518—520页。
② "五祀"之所指文献有不同的说法,或云是禘、郊、宗、祖、报五种祭礼,或云是五行之神,或是门、户、中霤、灶、行之属等,因与本文关系不大,故不展开论述。
③ 《仪礼注疏》卷三十,《十三经注疏》,第2393页。
④ 《春秋穀梁传注疏》卷八,《十三经注疏》,第5203页。
⑤ 《礼记正义》卷二十三,《十三经注疏》,第3100页。

范围,从金文材料来看,多数只能祭其直系父祖两代,上所举庶子祭祀祖考者,如"仲辛父作朕皇祖日丁、皇考日癸尊簋"(仲辛父簋,05092)、"仲柟父作宝簋,用敢享孝于皇祖考"(仲柟父簋,05156)、"勇叔买自作尊簋,其用追孝于朕皇祖、嫡考"(勇叔买簋,05134)、"倗季作祖考宝尊彝"(倗季鸟尊,11687)等可为证。不过金文还见有庶子、小宗祭祀小宗之祖、祖之所自出者甚至是大宗始祖的情况(详下),并且祭祀对象的不同与祭祀地点的选择密切相关。以往学界对此关注不够,本节则拟就族人祭祀对象与祭祀地点选择之间的关系,以及产生这种复杂情况的原因试做探索。

从出土金文资料来看,庶子或小宗的祭祀活动可以根据祭祀对象及祭祀场所的不同分为几种情况:

(一) 庶子祭于宗子之家

这一类祭祀者本身多为庶子,与宗子是兄弟关系,因父考新丧或自身实力不足等原因尚未立庙,因此祭祀活动多在宗子之家进行。孔颖达曾云:"大宗子为士,得有祖祢二庙也。若庶子是宗子亲弟,则与宗子同祖祢,得以上牲于宗子之家而祭祖祢也。"①说的就是类似情况。獄器、卫器铭文有:

> 獄肇作朕文考甲公宝鬵彝,其日夙夕用厥馨香敦祀于厥百神,无不则燹夆馨香,则登于上下;用匄百福、万年裕兹百姓,无不郁临睉鲁,孙孙子其万年永宝用兹彝,其世毋忘(盖铭);伯獄作甲公宝尊彝,孙孙子子其万年用(器铭)。
>
> (伯獄簋,05275、30460)
>
> 唯十又一月既望丁亥,王格于康太室。獄曰:朕光尹周师右告獄于王,王或赐獄佩、缁市、朱亢。曰:"用事。"獄拜稽首,对扬王休。用作朕文考甲公宝尊簋,其日夙夕用厥馨香敦祀于厥百神,孙孙子子其万年永宝,用兹王休,其日引勿替。
>
> (獄簋、盨,05315-05318、05676)
>
> 唯八月既生霸庚寅,王格于康太室。卫曰:朕光尹仲侃父右,告卫于王。王锡卫佩、戈市、朱亢、金车、金旟。曰:"用事。"卫拜稽首,对扬王休。卫用肇作朕文考甲公宝鬵彝,其日夙夕用厥馨香敦祀于厥百神,无不则燹夆馨香,则登于上下,用匄百福,

---

① 《礼记正义》卷十九《曾子问》,《十三经注疏》,第 3028 页。

第三章 尊卑有序——论西周贵族宗族内部的关系与结构

万年裕兹百姓,无不睰鲁,孙孙子子其万年永宝用兹王休,其日引勿替,世毋忘。

(卫簋,05368-05369、30462)

目前见于著录的(伯)狱器包括狱鼎一、伯狱簋二,狱簋四、狱盘一、狱盉一,卫器则有同铭簋三件。从上举铜器器形、纹饰以及铭文字体风格来看,这批铜器的年代均在西周中期中叶(穆恭之际)。狱与卫所作器在格式与遣词用句方面多有重合,祭祀对象均有"文考甲公",朱凤瀚指出伯狱诸器与卫簋属于同一宗族之宗子狱与其弟卫所作祭器①。关于这批铜器铭文的释读以及内涵的阐释,已有多位学者作过研究②。此处我们仅就伯狱和卫祭祀父考的地点,即宗庙所在地试作探析。

伯狱继位为宗子后作器祭祀其父甲公,因宗族之庙本就在宗子之家,故祭祀无疑即在自身之处所。至于庶子卫祭祀其父地点所在,可能性不外乎有二:一是去往宗子之家(大宗之庙);二是作为小宗别立宗庙。从铭文反映出的宗族成员间的关系来看,当以第一种可能性为大。

伯狱簋和狱鼎铭文有"肇作朕文考甲公宝䵼彝",朱凤瀚曾经指出,"肇"可训作"始",所谓的"肇作"某器,应该理解为器主首次作宗庙祭祀礼器③,王之赐命铭文云"用事",而不言"申就乃命"或"增命",则很有可能是天子对其首次任命。因此伯狱簋应是伯狱承继其父甲公为宗子后首次为父考所作器④。由此推知伯狱作器之时其父甲公当去世不久,伯狱与卫的关系,刚从兄弟变为宗子与族人。甲公在世之时,庶子卫自然不可能立有宗庙。而其父新丧不久,卫便别立宗庙的可能性无疑也是极低的。

卫簋铭文也有"肇作朕文考甲公宝䵼彝",说明这几件铜簋是卫首次为其

---

① 朱凤瀚:《卫簋与伯狱诸器》,《南开学报(哲学社会科学版)》2008年第6期,第1—7页;朱凤瀚:《金文所见西周贵族宗族作器制度》,《青铜器与金文》第一辑,第28页。
② 这批铜器公布的时间不一,不少学者曾就其中的意见或几件,或者铭文的某些词句作过研究,如陈全方、陈馨:《新见商周青铜器瑰宝》,《收藏》2006年第4期;吴镇烽:《狱器铭文考释》,《考古与文物》2006年第6期;吴振武:《试释西周狱簋铭文中的"馨"字》,《文物》2006年第11期;李学勤:《伯狱青铜器与西周典祀》,《古文字与古代史》第一辑,台北:"中央研究院"历史语言研究所,2007年;张光裕:《乐从堂藏狱簋及新见卫簋三器铭文小记》,中山大学学报2009年第5期等。朱凤瀚则对这批材料进行过综合研究,参朱凤瀚:《卫簋与伯狱诸器》,第1—7页。
③ 朱凤瀚:《论周金文中"肇"字的字义》,《北京师范大学学报(人文社会科学版)》2000年第2期。
④ 朱凤瀚:《卫簋与伯狱诸器》,第4页。

父所作的祭器。氒盘、盉与卫簋铭文均记载王的赐命，从铭文月相干支来看，很有可能在同一年之内①。此时甲公新丧不久，在如此短的时间内周天子分别赏赐与拔擢兄弟俩，或可理解为王对已故贵族的恩荫之举。而卫因王的赏赐与拔擢才得以作器祭祀其父，说明在此之前很有可能尚无实力进行此事。同时，卫簋形制与纹饰基本与氒簋相同，铭文在文句、语词上也多有与氒器重合之处，说明这批铜器很有可能是短时间内在同一作坊制作而成，这既暗示着卫与伯氒在生活地域上距离很近，也突出了宗子（伯氒）对庶子作器强大的控制与影响力。在父亲新丧、自身实力犹显不足、居住地与宗子临近且受宗子强烈影响的情况下，身为庶子的卫别立宗庙的可能性极低。因此，卫作器祭祀甲公，进行祭祀活动的地点很有可能在宗子之家。卫作器在宗子之庙祭祀其父甲公的行为，便是某种意义上的"私祭"。

庶子作器在宗子之庙祭祀父考的行为在金文中还有，但多数并未明言，需要深入理解铭文内涵方能得知。如繁卣、趩簋、黽尊所见祭祀地点便是一例。

上海博物馆藏有一件繁卣（图3.13a），原为李荫轩收藏，铭文作：

> 唯九月初吉癸丑，公酻祀，越旬又一日辛亥，公禘酻辛公祀，卒事亡尤，公蔑繁历，赐宗彝一肆，车马两，繁拜手稽首，对扬公休，用作文考辛公宝尊彝，其万年宝，或。

（13343）

该器腹部倾垂，盖钮作圈足状，盖面两侧有犄角，颈部前后有浮雕犠首，盖沿和颈饰对称的分尾长鸟纹，与录卣（13331）相似。铭文字体结构整饬，布局严整，竖成列横也成行，与班簋（05401）相似。器形、铭文均是典型的西周中期早段风格，陈佩芬认为铜器年代在穆王时期②，是可信的意见。

铭文开头记载"公"禘酻辛公之事，"卒事亡尤，公蔑繁历"，说明器主繁可能参加了这次禘祭（助祭）。铭文后段又有繁作文考辛公宝尊彝，前后两"辛公"所

---

① 朱凤瀚指出，这批铜器制作的先后顺序为伯氒簋、氒鼎——氒盘、氒盉——卫簋——氒簋，伯氒器与卫器的制作时间相隔不会太长，很有可能在短时间内制作而成。而卫簋和氒盘、氒盉的月相干支可以排进同一年。参凤瀚：《卫簋与伯氒诸器》，第1—7页；朱凤瀚：《金文所见西周贵族宗族作器制度》，第28页。
② 陈佩芬：《繁卣、趩鼎及梁其钟铭文诠释》，《上海博物馆集刊》第二辑，第17页。

指应该是同一人,故"公"与繁可能是兄弟辈,"公"为"或"族宗子,是繁的长兄,繁为庶子①。繁参与"公"所主持的禘祭父亲辛公之事,地点无疑是在大宗宗庙,也即是"宗子之家"。铭文末尾又言"作文考辛公宝尊彝",那么此件铜器的使用地点在哪里?庶子繁是能别立父庙以行祭祀活动,还是仍然需要去往大宗之家?要解决这个问题,可以结合与繁有密切关系的曩尊和曩簋铭文来理解。

曩簋(图 3.13b)和曩尊(图 3.13c)铭文作:

> 唯正月初吉丁卯,曩延公。公赐曩宗彝一肆、赐鼎二、赐贝五朋。曩对扬公休,用作辛公簋,其万年孙子宝。　　　　　　　　　　　　　　　　　　(曩簋,05167)

> 唯九月既生霸丁丑,公命曩从厥友启炎土,曩既告于公,休,无尤,敢对扬厥休,用作辛公宝尊彝,用夙夕配宗,子子孙孙,其万年永宝。　　　　　　　　(曩尊,11804)

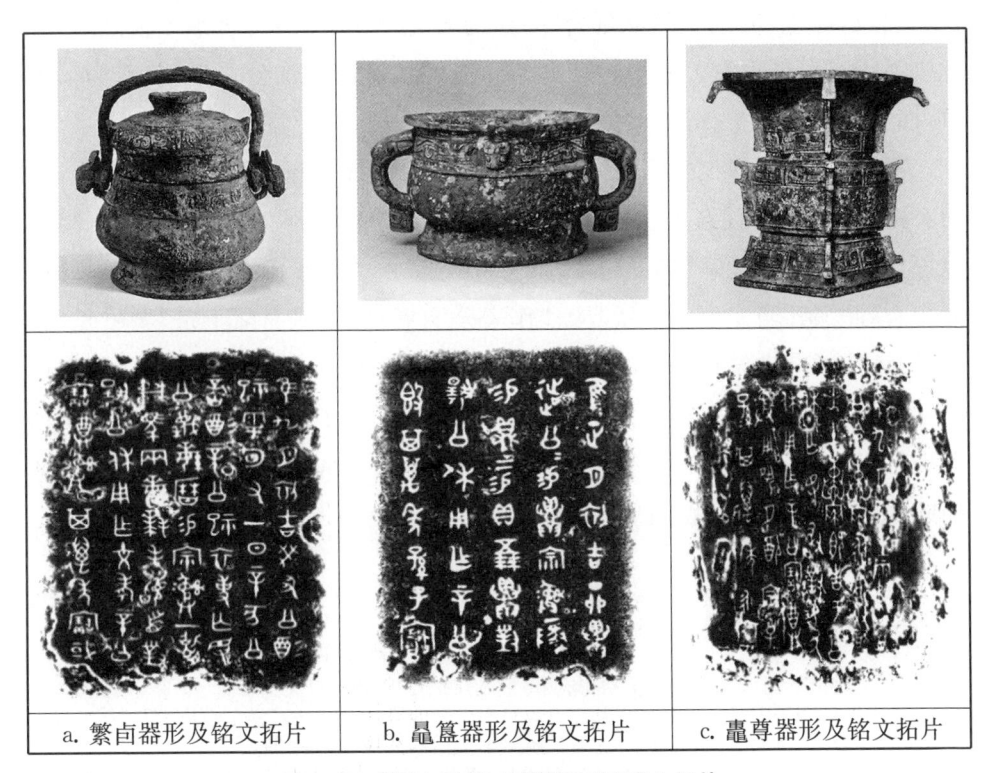

a. 繁卣器形及铭文拓片　　b. 曩簋器形及铭文拓片　　c. 曩尊器形及铭文拓片

图 3.13　繁卣、曩簋、曩尊器形及铭文拓片

---

① 陈佩芬:《繁卣、趞鼎及梁其钟铭文诠释》,《上海博物馆集刊》第二辑,第 16 页;朱凤瀚:《商周家族形态研究(增订版)》,第 310 页。

鼂簋颈部饰 S 形长卷尾尖喙鸟纹,其形制属于《中国青铜器综论》所分长卷尾鸟纹 B 型 II 式,主要流行于西周中期。铭文字体结构整饬,与穆王时期典型字体风格相同。鼂尊圆口方体,四隅有扉棱,颈、腹、圈足均饰窃曲纹。李学勤根据铜器纹饰、铭文用字习惯等判定鼂簋与鼂尊均是穆王时器①。

鼂尊和鼂簋铭文也提到"公"与"辛公",铜器年代又与繁卣相近,李学勤指出"公"、繁、鼂、鼂彼此有血缘关系②。若此说可信的话,则这几件铜器所见"公"、繁、鼂、鼂均是"辛公"之子,其中"公"在辛公死后继位为宗子,繁、鼂、鼂均为"公"之弟,是宗族庶子。

鼂尊铭文所记作器原因是他听从公的命令跟随族人开辟炎土③,由此可知鼂是在公的手下任事。鼂的作器缘由是因"延公"而受到公的赏赐。"延"可训作引也,导也,进也④。"鼂延公"即鼂为公充当引导,或有进献于公之意,如此则鼂很有可能也在公手下担任职事。繁、鼂、鼂或参加公之祭祀,或为公办事,而公多赏赐祭祀彝器,可见他们之间的联系是十分紧密的。

鼂尊铭文"用夙夕配宗"的内涵值得重视。宗即宗庙,"配"可训作合也,合而有助之意⑤。古代祭祀礼仪有配祀、配享与配食,"配"意与"祔"相近,暗含以卑对尊之意。"配宗"当即"配(享)于宗"或"祔(祀)于宗",从"配"尊卑的内涵来看,此"宗"当非庶子鼂所立。"作辛公宝尊彝,用夙夕配于宗"意思是(庶子鼂)铸作了一件祭祀辛公的铜器,希望能够日夜祔在宗庙使用。此宗最有可能在宗子之家。上引《礼记》所言"私祭"为庶子在宗子之家祭祀祖祢。祭祀活动需有祭器,这件铜器在大宗宗庙的使用行为,便可称得上是"配于宗"。若非如此,公、繁、鼂、鼂亲兄弟四人在关系如此紧密的情况下各立其父辛公之庙,

---

① 李学勤:《鼂尊考释》,《新出青铜器研究(增订版)》,第 250—251 页;李学勤:《再释鼂方尊》,《古文字研究》第 31 辑,北京:中华书局,2016 年,第 91—93 页。
② 李学勤:《鼂尊考释》,第 250—251 页;李学勤:《再释鼂方尊》,第 91—93 页。
③ 李学勤认为这句话的意思是鼂成功完成了公下达的率领僚属开辟炎土的命令。李学勤:《再释鼂方尊》,第 91—93 页。"从"有率领之意也是李学勤的意见,见于李学勤:《释读两片征盂方卜辞》,《甲骨学与殷商史》新三辑,上海:上海古籍出版社,2013 年,第 3 页。
④ 《尚书·顾命》"延入翼室",蔡沈曰:"延,引也。"《礼记·曲礼上》"主人延客祭",郑玄注云:"延,导也。"《仪礼·觐礼》"傧者延之曰升",郑玄注:"延,进也。"
⑤ 《诗·大雅·文王》有"永言配命",《诗集传》:"配,合也。"《孟子·公孙丑上》有"配义与道",《孟子集注》云:"配者,合而有助之意。"参(宋)朱熹集撰,赵长征点校:《诗集传》第十六,第 269—271 页;(宋)朱熹撰:《四书章句集注·孟子集注》卷三,中华书局,1983 年,第 231 页。

这是难以想象的。

从上引獻器和卫器，繁卣、黽尊和冟簋铭文以及西周春秋的史实来看，在宗族聚居、联系紧密的大背景下，亲兄弟分立宗庙的行为往往不会很快发生。在不短的一段时间内，他们祭祀父祖的地点一般多在已为宗子的兄长之家。庶子作器在宗子之家祭祀祖先的行为称"私祭"，与宗子主持的对父祖的祭祀性质不同。

(二) 小宗祭于大宗

这一类的祭祀者本身已为小宗，与大宗多非亲兄弟关系，但因某种原因尚未能单独立庙，故祭祀活动需要去往大宗宗庙进行。如西周早期由伯尊与由伯卣有铭文作：

> ▨由伯曰大御，作尊彝，曰：毋入于公。曰由伯子曰大：为厥父彝。丙日，唯毋入于公。　　　　　　　　　　　　　　　　　　　　　　　　　（由伯尊，11795）

> ▨由伯曰：力作父丙宝尊彝。　　　　　　　　　　　　　　　　　　　　　　　　　　（由伯卣，13251）

"▨"为族氏名，大和力是人名，裘锡圭、朱凤瀚先后对铭文作过精彩的考释①，文意已经比较清楚。由伯尊铭文大意为：由伯吩咐大去做事，即"作尊彝"，说：（铜器作成之后）毋需交给公家。又吩咐由伯之子对大说：作为祭祀其父的祭器，（大在祭祀完毕之后）毋须交给公家。由伯卣铭文的意思是由伯指示力做一件祭祀父丙的祭器。

由伯当即宗族宗子，力父考为"父丙"，大丙日祭祀其父，根据日名的称名原则，大和力的父亲很有可能是同一人（父丙），故二者当为兄弟关系。

---

① 裘锡圭认为力为人名，亦有学者读作七月。朱凤瀚认为如读作"七月"，则此卣作器者仍是大，这样当然可以解释为尊、卣可能是同人所作一组器。解释为七月，则此卣铭没有作器人名，从语义上看似不如解释作人名较为合宜。大尊和力卣是兄弟两人同在由伯指示下为父亲所作祭器，惟因是二人分作，是否属相配使用的一组器尚不能肯定，但作为宗族内小宗，在宗族内宗法与经济地位均不高，也不排斥有合用一套祭器的可能。参裘锡圭：《从几件周代铜器铭文看宗法制度下的所有制》，《裘锡圭学术文集》第5卷，第202—209页；朱凤瀚：《金文所见西周贵族家族作器制度》，《青铜器与金文》第一辑，第24—45页。

由伯吩咐 ⿱大卩 和 ⿱刀丁 祭祀他们的父亲,说明由伯与此二人并非父子或亲兄弟关系。裘锡圭、朱凤瀚认为 ⿱大卩 和 ⿱刀丁 当为由伯之从子或从兄弟,是宗族小宗,应是可信的意见。因此,三者人物关系可以表示(表3.1)如下:

表 3.1　由伯尊、卣人物关系表

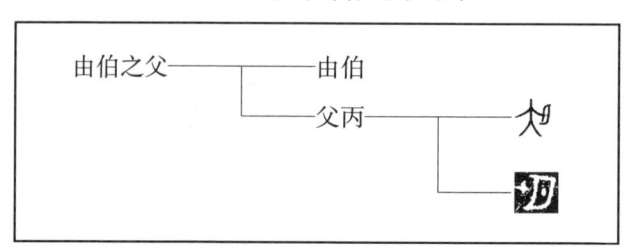

```
由伯之父─┬─由伯
         └─父丙─┬─⿱大卩
                 └─⿱刀丁
```

由铭文可知小宗 ⿱大卩 和 ⿱刀丁 祭祀父亲的铜器是在大宗由伯的指示下作成的,这说明 ⿱大卩 和 ⿱刀丁 当时的实力可能暂有不足(地位不高,经济实力不强),也体现了大宗宗子对宗族内祭祀制度的维护与对小宗制器的控制权[①]。

"毋入于公"即铜器毋需上交给公家,可以自己留着,是该器可以归 ⿱大卩 私有。关于 ⿱大卩 和 ⿱刀丁 祭祀其父的地点,学者或认为是在 ⿱大卩 的私庙,即小宗的庙中。按,由伯尊铭文开头由伯在让 ⿱大卩 作器的时候已经说过毋需交给公家。后文又有"丙日,唯毋入于公",如果说丙日 ⿱大卩 祭祀其父是在自家私庙的话,这时候由伯再让其子来 ⿱大卩 的私庙提醒祭祀之后铜器可以不用交给公家,似略显多余。参照沈子它的身份(贵族始封君庶子之后)与家族势力(有多子弟,有贮畜,能作器)仍然需要去往大宗祭祀的情况来看,则 ⿱大卩 和 ⿱刀丁 祭祀其父的地点或还有一种可能:即 ⿱大卩 和 ⿱刀丁 当时尚无力立庙,父丙可能祔于大宗祖庙,⿱大卩 需要拿上祭器去往大宗宗子之家举行祭祀(也就是文献所说的"私祭")。当然,这种祭祀是需要事先征得大宗宗子同意的(详下文)。也正是因为在大宗宗子之家,所以由伯才会再次差人告诉 ⿱大卩,祭祀完毕之后可以将祭器带回,毋

[①] 朱凤瀚:《金文所见西周贵族家族作器制度》,《青铜器与金文》第一辑,第31—32页。

需留在(大宗)宗子之庙,即"毋入于公"。

沈子它簋盖①(图 3.14)有铭文作:

图 3.14 沈子它簋盖器形及铭文拓片

它曰:拜稽首,敢敃昭告:朕吾考令乃鵙沈子作绂于周公宗,陟二公,不敢不绂。休凡公克成绥吾考,以于显显受命。乌呼!唯考[字]又(有)念自先王、先公,迺妹(昧)克衣(卒)告烈成功。戯!吾考克渊克,乃沈子其顾怀多公能福。乌呼!乃沈子妹(昧)克蔑(伐),见厌于公休。沈子肇毕[字]贮啬,作兹簋,用飨绘己公,用格多公。其孔哀乃沈子它唯福,用水灵命,用绥公唯寿。它用怀抚我多弟子、我孙,克有型效,懿父廼是子。

(05384)

---

① 沈子它簋盖据传于 20 世纪 30 年代出自河南洛阳,现藏比利时布鲁塞尔皇家美术历史博物馆。盖上有铭文近 150 字,不少学者曾作过研究,有不同的断读意见。参郭沫若:《沈子簋》,《两周金文辞大系图录考释》下,上海:上海书店出版社,1999 年,第 46—49 页;郭沫若:《沈子簋铭考释》,《金文丛考》,北京:人民出版社,1954 年,第 329—335 页;平心:《甲骨文金石文札记(二)沈子簋铭试释》,《华东师范大学学报》1958 年第 3 期,又见宋镇豪主编:《甲骨文献集成》第十一册,成都:四川大学出版社,2001 年,第 425—431 页,本文引自后者;陈梦家:《它簋》,《西周铜器断代》,第 113—115 页;唐兰:《沈子也簋盖》,《西周青铜器铭文分代史征》,第 320—326 页;李学勤:《它簋新释——关于西周商业的又一例证》,第 271—275 页;马承源主编:《商周青铜器铭文选(三)》第 56—58 页;刘雨:《金文中的䄍祭》,《故宫博物院院刊》,1998 年第 4 期,第 78—82 页;单育辰:《再论沈子它簋》,《中国历史文物》2007 年第 5 期,第 8—11 页;董珊:《它簋盖铭文新释——西周凡国铜器的重新发现》,《出土文献与古文字研究》第六辑,上海:上海古籍出版社,2015 年,第 163—178 页。

从铜器器形及铭文字体风格来看，沈子它簋的年代应在昭穆之际①。"它"是器主名，"沈子"，为"冲子"，认为是面对祖先的自称，即幼子、小子之意②，这一说法已经得到新出清华简的证实③。"乃鹝沈子"直译即"你的和顺（或诚信）的幼子"④，这是相对于"朕吾考"，即器主的亡父而言。"𣪘"，原铭作"𣪘"，右边所从主要有释为"夗""盈""趴"三种意见⑤。从"作𣪘于周公宗"的情况来看，"𣪘"的内涵当与祭祀有关。"周公宗"即周公宗庙，也就是放置有周公神主以供祭祀的宗庙。《左传》僖公十年有"神不歆非类，民不祀非族"⑥，沈子它能够在周公宗庙举行祭祀活动，则"它"及其亡父均应是周公宗族成员。

铭文中还有"凡公"。"凡"原铭作"凡"，旧释"同"或"凡"，王子扬曾梳理

---

① 沈子它簋器盖上有圈足状捉手，盖面饰连珠纹镶边的斜方格乳钉纹。董珊曾梳理这类纹饰的铜簋，指出年代在西周早期至穆王时代（《它簋盖铭文新释——西周凡国铜器的重新发现》，第176—177页），则该器年代也当在这一时期之内。该篇铭文字形大小不一，字体内部架构松散，字与字的间距不一致，行款竖成列但横不成行。这与昭王时期矢令簋、方彝（05352、13548）、小臣宅簋（05225）、鲁侯簋（04955）、中器（方鼎、甗、觯，02383、03364、10658）等铭文的特点接近。而与穆王时期典型铭文特征，如或鼎（02448、02489）、鲜簋（05188）、班簋（05401）、孟簋（05175）、庚嬴卣（13337）、虎簋盖（05399）、彔簋（05115）等所揭示的每个字大小相若、字体构架整饬、字与字的间距较为一致、行款齐整、多数竖成列横也成行的特点不同（穆王时期铭文布局与字体特征可参张懋镕《新见金文与穆王铜器断代》，《文博》2013年第2期，第19—26页）。因此，从铭文的整体布局以及字体特征来看，该篇铭文年代当晚不到穆王铭文风格的成熟期（中晚期）；同时，铭文起首作"它曰"，"它"为器主名。这种以"器主曰"开首的格式很有特点，从目前所见材料来看，主要是在西周中期前段，也就是穆王时期才开始出现，如或鼎（02489）"或曰"、孟簋（05174-05176）"孟曰"，以及伯宙父卣（13298）"伯宙父曰"等，往后逐渐多见，迄今尚未发现有早于穆王者。故该铭文年代或与此相差不远。因此，综合三方面的情况来看，沈子它簋的年代当以定在昭穆之际为宜。
② 董珊：《释它簋铭"沈子"和〈逸周书·皇门〉的"沈人"》，《出土文献》第二辑，上海：中西书局，2011年，第29—34页。
③ 蒋玉斌、周忠兵：《据清华简释读西周金文一例——说"沈子"、"沈孙"》，《出土文献》第二辑，第25—38页。
④ "鹝"，郭沫若读为《管子·侈靡》"鹝然若谪之静"之"鹝"，旧注云"鹝然，和顺貌"。李学勤认为"鹝"或即鹢字，可以读为亶，训为"诚"。参郭沫若：《沈子簋》，第47页；李学勤：《它簋新释——关于西周商业的又一例证》，第271—275页。
⑤ 刘钊：《释甲骨文中从夗的几个字》，《古文字考释丛稿》，第30—47页；李学勤：《它簋新释——关于西周商业的又一例证》，第271—275页；赵平安：《关于及的形义来源》，《新出简帛与古文字古文献研究》，北京：商务印书馆，2009年，第97—105页；董珊：《它簋盖铭文新释——西周凡国铜器的重新发现》，第174页。
⑥ 《春秋左传正义》卷十三，《十三经注疏》，第3910页。

甲骨金文"同""凡"之别,认为两竖笔左右不对称者均当释为"凡"①。"凡"为封邦名,是周公之后,《左传》僖公二十四年有"凡、蒋、邢、茅、胙、祭,周公之胤也"②。"公"为职官名或尊称③,此"凡公"当为凡邦之主。从该簋铭文来看,沈子它、吾考与"凡公"关系密切,而不见与其他周公宗族往来,因此身份最有可能是凡公宗族成员。同时,二人地位均低于"凡公",没有证据表明"吾考"生前曾任"凡公",故沈子它只能属于凡公宗族小宗④。

凡公为周公之后,故此周公宗当即凡邦祖庙,地点只能在大宗凡公之家而非小宗它处所⑤。因此沈子它"作朕于周公宗,陟二公"的地点应在大宗凡公之家。"二公"当为周公宗庙内两位已逝的祖先。"陟"训作升、登,与"跻"可互训⑥。《仪礼·士虞礼》记载袝祭时的祷词作:"辞曰:哀子某,来日某,跻袝尔

---

① 王子扬:《甲骨文旧释"凡"之字绝大多数当释为"同"——兼谈"凡"、"同"之别》,《出土文献与古文字研究》第五辑,上海:上海古籍出版社,2013年,第6—30页。
② 《春秋左传正义》卷十五,《十三经注疏》,第3944页。
③ 西周时期贵族称"公"的情况比较复杂,朱凤瀚曾作过详细梳理,可以看看。朱文提到,(生称)"公"一般是历代周王授予身为王朝卿士的执政大臣之内服职官,以"氏"(采邑名)加"公"为称,亦非爵称;只有部分可能与王室有近亲关系的近畿地区的姬姓侯国国君被任命为"某(国名)公",可能亦因兼有王朝卿士之责。此"凡公"称"公",可能就是这种情况。参朱凤瀚:《关于西周封国君主称谓的几点认识》,陕西省考古研究院、上海博物馆编:《两周封国论衡》,上海:上海古籍出版社,2014年,第285页。
④ 沈子它簋年代在昭穆之际,此时吾考新亡,则其活动年代应在此之前。周昭王在位十九年,时间并不算长。先秦时期贵族男子一般以行冠礼表示成年,冠礼多在二十岁左右,此后才能结婚生子,参与宗族祭祀等事物,故父子年龄相差当在二十岁以上。铭文中沈子它能够主持祭祀,且有"多子弟",说明"它"已成年,吾考不会太年轻,年龄至少在四十岁以上。那么,吾考可能生在康王时期,主要活动年代为康昭时期。康王在位不超过三十年,依父子相差之年岁推之,吾考之父的主要活动年代当在成康时期,吾考之祖的活动年代当在文王、武王、成王时期(周武王克商不久即去世,在位时间过短,因此吾考之祖的活动年代很有可能历三王)。吾考祖、父的活动年代,正与周公及其子凡国始封君的活动年代相合。因此,铭文所谓"作朕于周公宗,陟二公"之"二公"最有可能便是周公与凡国始封君。"吾考"既然不是凡邦宗子,则只能是凡邦始封君庶子,其子沈子它只能是凡公宗族之小宗。
⑤ 从西周、春秋祭祀制度以及金文材料来看,周代受封贵族在其封地内往往可以"祭其祖之所自出"者,亦即为始封君之父立庙祭祀。如鲁国名义上的始封君为周公,故鲁国有文王庙,《左传》襄公十二年"秋,吴子寿梦卒,临于周庙,礼也",杜预注云:"周庙,文王庙也。周公出文王,故鲁立其庙。"(《春秋左传正义》卷三十一,第4236页)郑国始封君郑桓公为周厉王子,《左传》昭公十八年郑国火灾,"使祝史徙主袝于周庙",杜预注:"周庙,厉王庙也。有大灾,故合群主于祖庙,易救护。"(《春秋左传正义》卷四十八,第4529页)一般而言,始封君能为其父立庙,但此庙只能在始封君之大宗宗子家世代保有,如果封君之族壮大分出小宗,小宗不能再立始封君之父的宗庙,如文王诸子,如武王、周公、卫康叔等均能立文王庙,鲁国作为周公长子所封之国,可以世代保有文王庙,但周公庶子如邢、胙等,便不能再立文王之庙。
⑥ 《尔雅·释诂一》:"陟、跻、登,升也。"《尔雅注疏》卷二,《十三经注疏》,第5603页。

于尔皇祖某甫,尚飨。"①祔,《说文》云:"后死者合食于先祖。"②《左传》僖公三十三年传有:"凡君薨,卒哭而祔,祔而作主。"杜注云:"以新死者之神,祔之于祖。"③意即孝子将亡父神主升祔于其皇祖神主旁。因皇祖神主在祖庙,实际上也就是将亡父神主升入祖庙,与祖先一起接受祭祀。"陟二公"的内涵当与"隮祔尔于尔皇祖某甫"一致,将亡父神主升入有二公神主的祖庙(周公宗)中④。如此,沈子它是将父考祔于大宗祖庙,并在此举行私祭。

不过需要说明的是,由伯尊铭文所见之小宗 ⽊ 与沈子它簋之它虽均在大宗宗庙祭祀父考,但二者的性质完全不同。⽊ 是因为实力不足,在祭器仍需大宗置备的情况下,无力立庙,不得已只能在大宗宗庙进行祭祀活动。而沈子它作为凡公宗族小宗,其父生前曾受重用,本身地位既高,又已有相当规模的家庭组织(多弟子、多孙)以及财产(贮啬),早已具备立父庙的基础。其父考之所以祔入大宗祖庙,应当是由于功劳卓著而有意恩赏所致("以于显显受命")。商代以来即有将功臣祔于宗庙祭祀的情况,如甲骨文所见商王对伊尹的祭祀,春秋时代晋国赵氏将董安于陪祀赵氏宗庙等,即与此类似。从沈子它簋来看,西周时代可能还存在同宗重臣陪祀祖庙的情况。这提醒我们虽然同在大宗祭祀,仍需注意不同小宗的具体情况,不可一概而论。

(三) 小宗私庙祭父,大宗祭祖

这一类祭祀者为宗族小宗,已有独立宗庙,不过祭祀其祖或祖之所自出者仍需去往大宗宗庙。

1974年,陕西扶风县强家村发现一座西周铜器窖藏,出土青铜器七件,其中有铭文者五件,分别为师𩵦鼎、即簋、恒簋盖(两件)和师丞钟,根据铭文所载人物系连,铜器的器主应属于同一家族⑤。其中师𩵦鼎铭文作:

---

① 《仪礼注疏》卷四十三,《十三经注疏》,第 2546 页。
② 《说文解字》卷一,第 2 页。
③ 《春秋左传正义》卷十七,《十三经注疏》,第 3981 页。
④ 刘雨早已指出沈子它铭文的内容与"祔祭"有关,是正确的意见。但这是否意味着"䢼"即表示祔祭,则仍有待进一步研究。刘雨:《金文中的禴祭》,《故宫博物院院刊》1998 年第 4 期,第 78—82 页。
⑤ 吴镇烽、雒忠如:《陕西省扶风县强家村出土的西周铜器》,《文物》1975 年第 8 期,第 57—60 页。

唯王八祀正月，辰在丁卯。王曰："师𫊻！汝克盡乃身，臣朕皇考穆王，用乃孔德琮纯，乃用心引正乃辟安德，助余小子肇淑先王德，赐汝玄衮、䩷纯、赤市、朱衡、銮旗、太师金膺、鋚勒。用型乃圣祖考鄩明𢿌（令）辟前王，事余一人。"𫊻拜稽首，休伯太师肩䚻臣皇辟，天子亦弗忘公上父默德，𫊻蔑曆，伯太师不自作，小子夙夕尃由先祖烈德，用臣皇辟。伯亦克款由先祖𡎎，孙子一䚻皇辟懿德，用保王身。𫊻敢𩁹王，俾天子万年，㯥（范）䪏（圉）伯太师武，臣保天子，用厥烈祖孚德。𫊻敢对王休，用绥，作公上父尊于朕考章（郭）季易父𢿌宗。（02495）

铭文中天子言"朕皇考穆王"，则时王应即恭王。铭文经吴镇烽、唐兰、裘锡圭、于豪亮、李学勤、马承源、刘桓等学者的研究[①]，大意已经基本清楚，主要讲述的是师𫊻因积功而受到今王的赏赐，师𫊻感念王的赏赐以及伯太师的赏识与推荐，发誓永远臣事天子和追随伯太师的脚步，并由此作器纪念的事情。综合各家意见，铭文大体可以翻译为：

在（恭）王八年正月丁卯这一天，王说："师𫊻，你能尽全力服事我的父亲穆王，用你的美德与谦逊，用你的心引导匡正你的君主喜好美德，帮助我开始嘉善先王的德行。赏赐你玄衮、䩷纯、赤跋、朱衡、銮旗、太师金膺、鋚勒等物品，用来效法你圣哲的祖考，像他们那样精明，善于臣事先王，以臣事我。"师𫊻拜稽首，赞扬伯太师保举𫊻臣事先王。天子也没有忘记公上父的大德。𫊻受到赏赐，伯太师不引为自己的功绩。小子我日夜广泛地追随先祖的烈德，用以作君主的臣。伯太师也能继行先祖之事业，（先祖的）孙子皆能承受君王的美德，用来保卫今王。𫊻祝福王，希望天子万年，同时跟随伯太师的脚步，以烈祖美好的德行，来作王的臣，保卫王。𫊻敢称扬王的赏赐，举行了一场祭祀，作了一件祭祀祖父公上父的祭器放在了父亲郭季易父的宗庙里。

铭文中涉及的人物较多，于豪亮已经指出伯太师是宗族宗子，𫊻和伯太师

[①] 吴镇烽、雒忠如：《陕西省扶风县强家村出土的西周铜器》，第57—60页；裘锡圭：《说" 𣱩 𢿌"白太师武"》，《裘锡圭学术文集》第3卷，第18—20页；唐兰：《西周铜器铭文史征》，第492—494页；于豪亮：《陕西省扶风县强家村出土虢季家族铜器铭文考释》，《于豪亮学术文存》，北京：中华书局，1985年，第7—24页；李学勤：《西周中期青铜器的重要标尺》、《师𫊻鼎剩义》，《新出青铜器研究（增订版）》，第71—79页、第80—82页；刘桓：《师𫊻鼎铭考释》，《考古与文物》2005年增刊古文字论集（三），第57—59页。

同祖而不同父,是从兄弟关系,公上父和郭季易父分别为师𰻞之祖、父①。如此,则伯太师为大宗,而师𰻞一支为宗族小宗,其关系可以图示如下:

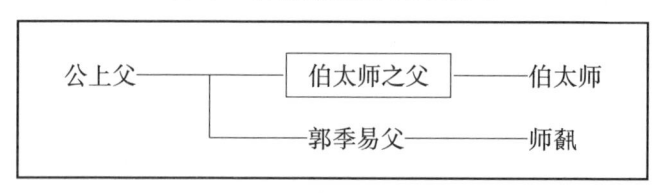

表 3.2　师𰻞鼎铭文人物关系表

```
公上父 ——┬—— 伯太师之父 —— 伯太师
         └—— 郭季易父 —————— 师𰻞
```

铭文最后一句"(师𰻞)作公上父尊于朕考郭季易父▨宗"的内涵值得探索。"▨宗",学者或释作"挞宗""酬宗""秩宗"等②。按西周金文"达"字作▨(达盨,05661)、▨(史墙盘,14541)、▨(师袁簋,05366)、▨(保子达簋,04725)等,所从之▨、▨与"▨"所从"▨"明显非一字,诸家释"达"并不确。"▨"从攴从"▨","▨"上为"止",下为"▨"。西周员方鼎(02293)"执"字作▨,左部所从"幸"作▨,与"▨"字形一致。"▨"即"幸",《新金文编》将"▨"隶作"𣪘"③,无疑是正确的意见。

"𣪘"从"攴"从"奉","奉"字在甲骨文中常见,如▨(合集 00506)、▨(合集 05928)、▨(合集 00137 正)、▨(合集 00568 正)等,学者原释作蓺、执、桎、𥈭、达等④,于字形、文义皆未安。赵平安认为"奉"从止从幸,止在幸外,本意当为逃逸,可能是"逸"的本字⑤,已经得到学界的公认⑥。因此,"𣪘"所从之

---

① 于豪亮:《陕西省扶风县强家村出土虢季家族铜器铭文考释》,《于豪亮学术文存》,第 7—24 页。
② 于豪亮释作"挞",认为"挞"与"易父"是一名一字的关系。李学勤疑读为"达",认为"达宗"有可能是宗庙的侧室。《铭文选》释作"达",读作"秩",认为"秩宗"指宗庙之有次秩。唐兰则读作"酬",认为"酬宗"即报于宗庙。
③ 董莲池:《新金文编》,北京:作家出版社,2011 年,第 397 页。
④ 于省吾主编:《甲骨文字诂林》,第 2583—2585 页。
⑤ 赵平安:《战国文字的"遊"与甲骨文"奉"为一字说》,《新出简帛与古文字考论》,北京:商务印书馆,2009 年,第 42—46 页。
⑥ 李宗焜:《甲骨文字编》,北京:中华书局,2012 年,第 291—293 页;刘钊主编:《新甲骨文编(增订版)》,福州:福建人民出版社,2014 年,第 573—574 页。

"夆"当即是"逸",可能用作声符。

"逸"可读作"肆",逸为余母质部,肆为心母质部,二者韵部相同,声纽相近(一为舌音,一为齿音)。多友鼎铭文有"汤钟一𦥑",李学勤已经指出"𦥑"即三体石经中"逸"字古文(㣙),音近可以假作"肆"①。出土文献"逸""肆"相通的例子还有不少②,应是当时常见的用字习惯。"肆"有展陈、陈列之意,《诗·大雅·行苇》有"或肆之筵",毛传曰:"肆,陈也。"③传世文献多见"肆"与祭祀相关,如"肆享"即"祭宗庙"④,"肆祀"为陈牲之祀⑤,"肆师"是掌陈列祭祀之位及牺牲等物品的职官⑥。因此"敱宗"或可读作"肆宗",指展陈各类(祭祀)物品的地方(宗庙)。"郭季易父肆宗"则说明此庙是为祭祀郭季易父而立。铭文最后一句意为"师𩰫制作了一件祭祀其祖公上父的铜器放在其父郭季易父的宗庙(肆宗)里"。

师𩰫铸造祭祀其祖的祭器之所以放在其父的宗庙里,很可能是因为小宗之家并无祭祀其祖的宗庙。若有,则直接放在祖庙便可,无需赘言。如此,则该祭器的使用地点可能性有二:一是郭季易父肆宗只是"公上父尊"的存放点,并非使用地点。师𩰫因无祖庙,祭祀其祖仍需去往大宗宗庙进行。待祭祀完毕之后,将祭器带回,放在了自家宗庙里,即祭祀其父的宗庙;二是师𩰫原无祭祀其祖的宗庙,但经过王的赏赐之后,师𩰫得以有立祖庙的权力,于是将其祖之神主请回小宗祭祀。也就是说在原为祭祀其父的宗庙中得以安置其祖的神主,因此祭祀其祖之礼器便安放在此庙中。从先秦礼制及祭祀制度来看,对于卿大夫而言,只有儿子祔食于父祖庙的情况,并无父亲屈身儿子之庙享食的道理。如果是将公上父神主请入郭季易父肆宗,则此庙当改名为"公上父宗",

---

① 李学勤:《论多友鼎的时代及意义》,《新出青铜器研究(增订版)》,第108页。
② 白于蓝:《简帛古书通假字大系》,福州:福建人民出版社,2017年,第821页;王辉:《古文字通假字典》,北京:中华书局,2008年,第608页。
③ 《毛诗正义》卷一七,《十三经注疏》,第1150页。
④ 《周礼·春官·大祝》:"凡大禋祀、肆享、祭示,则执明水火而号祝。"郑玄注云:"肆享,祭宗庙也。"《周礼注疏》卷二五,《十三经注疏》,第1751页。
⑤ 《诗·周颂·雝》:"于荐广牡,相予肆祀。"马瑞辰曰:"《诗》之'肆祀'承上'广牡'言,正谓举全体而陈之。与《牧誓》肆祀,《周礼》肆享,同为祭名。"(清)马瑞辰撰,陈金生点校:《毛诗传笺通释》卷二九,北京:中华书局,1989年,第1082页。
⑥ 《周礼·春官宗伯》:"肆师,下大夫四人。"郑玄注云:"肆犹陈也。肆师佐宗伯陈列祭祀之位及牲器粢盛。"《周礼注疏》卷一七,《十三经注疏》,第1623页。

恰如凡邦祖庙为"周公宗"一样。但从同出铜器铭文来看，师𩰫一系并未有公上父庙。如师丞钟有铭文作：

> 师丞肇作朕烈祖虢季、宽公①、幽叔，朕皇考德叔大林钟，用喜侃前文人，用祈纯鲁永命，用匄眉寿无疆。师丞其万年永宝用享。　　　　　　　(15350)

根据铜器铭文系联可知师丞是师𩰫之后，学者早已指出师𩰫父考"郭季易父"即师丞钟"烈祖虢季"。师丞祭祀祖先从烈祖虢季开始，包括幽叔、皇考德叔等，这是小宗一脉的传承，祭祀地点应在小宗宗庙。师丞祭祀上不及公上父，明确说明师丞之家没有为公上父立庙。因此，师𩰫为公上父所作的祭器，使用地点当以第一种可能性为大，即去往大宗之庙（伯太师家）私祭。

从铭文可以看出，师𩰫臣事周王已经很长时间，因此年龄当不会小。其父生前可能也有相当的职位和功劳（乃圣祖考邻明絭辟前王）。此次周天子又赏赐不少东西，并对他多有劝勉。故对于这一支小宗来说，获得王官及职事已有相当长的时间，地位当不低，并且家庭组织和财产也达到了相当的规模，基本已经具备独立小宗所应有的全部实力。但即便如此，师𩰫也只能为其父立庙，祭祀其祖仍然需前往大宗之家，可见当时祭祀及立庙制度之严格。

西周时期还有一件"作厥文祖尊"，其铭文作：

> □作厥穆穆文祖宝尊彝，其用夙夜享于厥大宗，其用匄永福，万年子子孙孙宝。　　　　　　　(11793)

铭文首字残泐，当是人名，铭文言及"用享大宗"，春秋战国之际陈逆簠和陈逆簠有铭文作：

> 唯王正月初吉丁亥，少子陈逆曰：余陈（田）桓子之裔孙，余寅事齐侯，欢恤宗家，择厥吉金，以作厥原配季姜之祥器，铸兹宝簠，以享以孝于大宗皇祖、皇妣、皇考、皇母……　　　　　　　(05977、05988)
>
> 冰月丁亥，陈纯裔孙逆作为皇祖大宗簠，以匄永令、眉寿，子孙是保。　　(05066)

陈逆自称"少子"，"少"与"长"对，少子应是小儿子（庶子）之意。陈逆作器

---

① 关于"宽公"是与虢季连读还是断读，学者有不同的意见，这个问题涉及传世师望器是否与此铜器群属于同一家族。韩巍认为师望器年代较晚，与强家铜器群没有关系，虢季当与宽公连读，虢季宽公即虢季易父。韩巍：《西周金文世族研究》，北京大学博士学位论文，2007年，第 322—326 页。

"以享以孝于大宗皇祖、皇妣、皇考、皇母"等，学者或认为这是小宗作器献给大宗的例子①。按陈逆簠明言是"作厥原配季姜之祥器"，即此器是做给正妻季姜以供其祭祀祖先用的，当不会再献给大宗。所谓"用享用献于大宗"云云，应如上文所言是（小宗）在大宗宗庙之内举行私祭活动。所以此句的意思是此器用以祭祀在大宗之皇祖妣、考母。此"大宗"当非庶子陈逆自身所立之庙，而只能是齐国陈氏大宗宗庙，陈逆为小宗。由此可以推知，金文中解作宗庙意之"大宗"，均当指大宗宗庙。而凡言及"用享大宗"者，自身很有可能属于小宗。因小宗所立宗庙不全，需前往大宗宗庙进行某些祭祀活动。

因此，该器是□为祭祀其祖而作，地点是享于大宗，则□很有可能是所属宗族小宗。铭文言祭祀其祖，是否立有父庙不得而知，但是其祭祀其祖却需要"用享大宗"，则说明至少是未能立祖庙的，这与师𩛥鼎的情况类似。

（四）小宗私庙祭小宗之祖

金文所见还有不少小宗可以在自家宗庙祭祀父祖，甚至上及小宗之祖的情况。如：

> 禹曰：丕显桓桓皇祖穆公，克夹绍先王，奠四方，肆武公亦弗遐忘朕圣祖考幽大叔、懿叔，命禹缵朕圣祖考，政于井邦。肆禹亦弗敢惷，惕共朕辟之命……
> （禹鼎，02498）

> 叔向父禹曰：余小子嗣朕皇考，肇帅型先文祖，恭明德，秉威仪，用申固奠保我邦、我家，作朕皇祖幽大叔尊簋，其皇在上，降余多福、䆅釐，广启禹身，擢于永命，禹其万年永宝用。
> （叔向父禹簋，05273）

禹鼎据传1942年出土于陕西扶风任家村，系窖藏，与梁其鼎、壶等器之窖藏相距不远，同出铜器一百余件，除禹鼎外，其他诸器多已散失。从铜器器形以及铭文内容来看，年代大致在厉王时期②。叔向父禹簋原藏为潘祖荫收藏，

---

① 叶国庆：《试论西周宗法制封建关系的本质》，《厦门大学学报（社会科学版）》1956年第3期，第9页；裘锡圭：《从几件周代铜器铭文看宗法制度下的所有制》，《裘锡圭学术文集》第5卷，第206页。
② 徐中舒：《禹鼎的年代及其相关问题》，《考古学报》1959年第3期，第53—65页；李先登：《禹鼎集释》，《中国历史博物馆馆刊》1984年总第6期，第110—119页。

现藏于上海博物馆,从器形看年代在西周晚期,器主名"叔向父禹",祖先名"幽大叔",与禹鼎相同。因此禹当即叔向父禹,两器为同一人所作。

禹鼎铭文开头追述其祖先光耀的历史,"丕显桓桓皇祖穆公,克夹绍先王,奠四方",说明禹的皇祖穆公曾身为王朝大臣,辅佐周天子平定天下。西周穆恭时期铜器铭文有"穆公",见于穆公簋盖(054206)、尹姞鬲(03039、03040)、𢦒簋盖(05289)、盠方尊(11814)等器。徐中舒、陈梦家等早已指出此穆公为一代井伯,即禹之皇祖①。1984年,长安沣西张家坡西周井叔家族墓地M163出土井叔叔采钟(15290)铭文有"文祖穆公",朱凤瀚认为与禹鼎之"穆公"应是同一人②。从禹鼎年代和相关铭文内容来看,这些都是可信的意见③。准此,禹属于井氏宗族。

西周铜器铭文表明井氏为姬姓。从禹的圣祖幽大叔开始,可能已经不在王朝任官,而是供职于井邦。"武公亦弗遐忘朕圣祖考幽大叔、懿叔,命禹缵朕圣祖考,政于井邦",这种语气多是主君对臣属而言,如师𩛥鼎(02495)"天子亦弗忘公上父胡德"、师望鼎(02477)"王用弗忘圣人之后"、蠚鼎(02405)"皇君弗忘厥宝臣"等。"武公"又见于多友鼎(02500)、敔簋(05380)、南宫柳鼎(02463)等,是当时地位很高的王朝大臣。武公命令禹继承其父祖的职事,"政于井邦"即为政于井邦,也就是治理井邦之意,说明自其祖幽大叔开始就已经在井邦任职④。

---

① 徐中舒:《禹鼎的年代及其相关问题》,第56页;陈梦家:《西周铜器断代》,第272页。
② 朱凤瀚:《商周家族形态研究(增订本)》,第351页。
③ 根据禹鼎铭文,穆公到禹之间还有圣祖幽大叔、皇考懿叔,所以穆公至少是其曾祖。西周贵族一般在二十岁左右行冠礼,以冠礼表示成年,之后才能结婚生子,所以父子年龄相差至少在20岁以上。以20年为一世代推算,其曾祖穆公的活动年代至少在禹之前60年。西周中期恭王、懿王、孝王、夷王在位时间均不长。据夏商周断代工程年表,其中恭王23年,懿王8年,孝王6年,夷王8年。此表虽然已有调整之必要,但相差不大。以禹鼎在厉王时期推算,则其曾祖穆公的活动年代应该在穆王晚期至恭王时期,恰与当时铜器铭文所见"穆公"年代相合。
④ 赵伯雄、韩巍等曾指出武公应是井邦之君,叔向父禹是井邦邦君的臣属,但绝非一般的臣属,应是井邦的公族子孙。其祖、父已非邦君,应是邦君支庶。按西周晚期孟姬𣄰(05015):"孟姬𣄰自作簠簋,其用追孝于其辟君武公,孟姬其子孙永宝。""辟"是妻子对丈夫的称谓,铭文大意是孟姬为其夫君武公作祭器。此武公与禹鼎之"武公"当为同一人。武公之妻为孟姬,根据西周贵族同姓不婚的原则,武公当不是姬姓。因此武公是否为井氏大宗似还可再讨论。赵伯雄:《周代国家形态研究》,第24页;韩巍:《西周金文世族研究》,北京大学博士学位论文,2007年,第143页。

从禹和武公的关系以及禹父祖的称谓情况来看，禹这一支当自其祖幽大叔时从井氏大宗分宗而出。幽大叔为穆公之子，为小宗始祖，此正合礼书所言"别子为祖，继别为宗"的情况。幽大叔并未获得王朝职官，而是服事武公宗族。禹鼎铭文追溯别子之所自出者穆公，应该有夸耀自身家世之意。但是禹虽然夸耀穆公的功业，在作器祭祀之时却只祭祀小宗始祖幽大叔，并不为穆公作器。这种情况可能说明禹并无祭祀穆公之资格，或者是禹所在之小宗并没有穆公的宗庙，其始祖庙只是从幽大叔庙始。这说明小宗禹只能作器祭祀其直系之祖，并不祭穆公，即"祖之所自出者"。

禹鼎及叔向父禹簋铭文所见还只是其祖恰是小宗之祖的情况，金文还见有小宗遍祭自小宗之祖下诸位先祖者，如师丞钟有铭文作：

师丞肇作朕烈祖虢季寏公、幽叔，朕皇考德叔大林钟，用喜侃前文人，用祈纯鲁永命，用匄眉寿无疆。师丞其万年永宝用享。（15350）

师丞钟也出土于强家铜器群，同出还有师𩛥鼎（02495）、恒簋盖（05218）、即簋（05290）等器，由铭文可知属于同一家族，彼此之间有着直系的血缘关系。学者早已指出师𩛥之父考"𩫚（郭）季易父"即师丞钟之"烈祖虢季"。由师𩛥鼎铭文可知，郭季易父是公上父庶子，即这一宗族的小宗之祖。在师𩛥时，已经可以为其父郭季易父立庙，但祭祀其祖公上父的话需要去大宗祖庙。而到师丞钟的时候，祭祀对象是从郭季易父开始的多代祖先，也就是从小宗之祖始，并不祭"其祖之所自出者（公上父）"，这在自家宗庙内进行即可，无需前往大宗宗庙。这种情况也说明师𩛥这一支始终未能立公上父庙，未能在小宗之庙祭"其祖之所自出者"，但小宗可有宗庙祭其始祖以下多代直系先祖。

（五）小宗私庙祭祀祖之所自出者

这一类祭祀者为宗族小宗，已有独立宗庙，并且能在宗庙祭祀小宗祖之所自出者。如井叔叔采钟有铭文作：

井叔叔采作朕文祖穆公大钟，用喜乐文神人，用祈福禄寿鯀鲁，其子孙孙永日鼓乐兹钟，其永宝用。（15290、15291）

井叔采钟出土于长安沣西张家坡墓地 M163，铜器年代在西周晚期偏早，约夷厉之时。研究者早已指出张家坡这一片墓地是（丰）井叔家族墓地，年代在西周中期中叶至西周晚期偏早，即穆王晚叶至厉王偏早这一段时间中①。从墓葬规格来看，井叔家族的地位在西周王朝不低②。并且西周中期金文便出现井叔，或担任王朝册命礼中的右者，如免尊、免卣（11805、13330）"王格太室，井叔右免"；或出使邦伯，如霸伯簋（05220）"井叔来麦，乃蔑霸伯歷"；或裁决贵族间的狱讼纠纷，如曶鼎（02515）"井叔在异，为□，[曶]使厥小子䞣以限讼于井叔"等。这些井叔（可能是两三代）当与丰井叔氏有密切关系，很有可能是宗族宗子。

该钟是井叔为祭祀"文祖穆公"而作，应是井叔叔采生前使用的祭器。井叔氏在沣地已经多代，历任王官，且有家族墓地，当有独立的宗庙。此祭器的使用地点应该在沣地的井叔氏宗族宗庙，而不会在井氏大宗宗庙。禹鼎也有"皇祖穆公"，朱凤瀚认为是同一人。上文已经说到，穆公主要活动在穆恭时期，是井氏大宗宗子。张家坡墓地第一代井叔（M170）的活动年代在穆恭之际③，可能正是穆公之子。庶子井叔从井氏大宗分宗而出，移居丰地而建立小宗，（第一代）井叔当为此小宗始祖，正与礼书所言"别子为祖，继别为宗"相合。井叔叔采祭祀文祖穆公，属于"祭其祖之所自出者"，是对于这一支井叔氏而言，他们拥有立"祖之所自出者"庙的能力。

需要说明的是，禹鼎铭文中禹之圣祖为"幽大叔"，也是穆公之子。学者或以为幽大叔即此井叔氏始祖井叔，因此禹也是此井叔氏的一员④。按井叔家族墓地在沣西，宗子均葬在此处，说明井叔氏宗族在沣地生活的时间已经较长，早已与井氏大宗分离。从墓葬规格和金文所见井叔的职官情况来看，井叔氏或有数代曾在王朝任官，身份不低。而禹这一支累世服务于井邦，他们的居住地更有可能与井氏大宗临近或聚居，而不会远在沣地。所以，从政治身份以

---

① 中国社会科学院考古研究所：《张家坡西周墓地》，第 376—381 页；朱凤瀚：《商周家族形态研究（增订本）》，第 649 页。
② 井叔家族墓地从东到西紧密排列有四座带墓道大墓（M170、M168、M152、M157），墓主人应是多代宗子。
③ 朱凤瀚：《商周家族形态研究（增订本）》，第 649 页。
④ 韩巍：《西周金文世族研究》，第 139 页。

及居住地等情况来看,禹所在井氏小宗与丰井叔氏当不是一支。不过他们的始祖可能均是穆公(井伯)之子,且排行同为"叔"。上文已经说到,贵族宗族如果同一代兄弟过多,则名仲、叔者可能并不止一位,传世文献与出土材料均可证明这一点①。因此,禹之文祖为"大叔",丰井氏之始祖很有可能是另一位"叔"。

(六) 小宗在大宗私祭大宗之祖

金文还见有小宗祭祀大宗之祖的例子,如琱生器有铭文作:

> 唯五年正月己丑,琱生有事,召来合事,余献妇氏以壶,告曰:"以君氏令曰:余老止,公仆庸土田多扰,弋伯氏从许,公宕其三,汝则宕其贰,公宕其贰,汝则宕其一。"余毕于君氏大章,报妇氏帛束、璜。召伯虎曰:余既讯,𢆶我考我母令,余弗敢乱,余或至我考我母令,琱生则堇圭。   (五年琱生簋,05340)
>
> 唯五年九月初吉,召姜以琱生𢦒五寻、壶两,以君氏命曰:"余老止,我仆庸土田多扰,弋许,勿使散亡。余宕其三,汝宕其贰。其兄公,其弟仍。"余毕大璋,报妇氏帛束、璜一,有司眔𦎫两屖。琱生对扬朕宗君休,用作召公尊盨,用祈通禄,得纯需终,子孙永宝。用之享,其有敢乱兹命,曰:汝事召人,公则明亟。   (五年琱生尊,11816、11817)
>
> 唯六年四月甲子,王在䣴,召伯虎告曰……伯氏则报璧,琱生对扬朕宗君其休,用作朕烈祖召公尝簋,其万年子子孙孙宝,用享于宗。   (六年琱生簋,05341)

五年琱生簋和六年琱生簋为传世器,原名召伯虎簋,现分别藏于美国耶鲁大学博物馆和中国国家博物馆。五年琱生尊有同铭器两件,2006年出土于陕西扶风五郡西村,现藏宝鸡博物馆。几篇铜器铭文内容联系密切,可以联读。主要讲的是召氏宗族大小宗协力为仆庸土田而与外宗族进行狱讼的事情②。其中琱生称召伯虎为"宗君","宗君"是族人对宗子的称谓,说明琱生是召氏小宗,以幽伯、召伯虎为代表的则是召氏宗族大宗。召伯虎又见于传世文献,是厉、宣时期王朝重臣,铜器年代也当在这一时期。

---

① 如文王之子有管叔、蔡叔、霍叔等,《白虎通·姓名》"质者亲亲,故积于仲。文家尊尊,故积于叔"(《白虎通疏证》卷九,第417页)。金文中则或以大、小再作区分,如大仲、小仲,大叔、小叔等。

② 朱凤瀚:《琱生簋与琱生尊的综合考释》,《新出金文与西周历史》,第75页。

这几件铜器铭文末尾有"琱生对扬朕宗君休,用作召公尊簋""琱生对扬朕宗君其休,用作朕烈祖召公尝簋,其万年子子孙孙宝,用享于宗",可见是琱生为祭祀召公而作,并希望其子孙万年永宝用。"召公"很可能是召公奭,为西周早期召氏宗子,后来召氏以之为祖①,与琱生时代远隔,绝非琱生父祖。琱生作器祭祀召公奭,属于小宗祭祀大宗始祖。按宗子主持宗族祭祀,把握对大宗历代祖先祭祀的主导权,从传世礼书记载以及西周材料的实际情况来看,除大宗之祖为小宗祖之所自出者外,均不见小宗为大宗之祖立庙的例子。因此此处琱生所作祭祀召公之器,祭祀地点可能是大宗之庙,而不是其自身(小宗)之庙,所谓"用享于宗",应是"用享于大宗"之省。是在西周时代,部分小宗亦能在大宗私祭大宗之祖②。

以上便是西周时代族人(庶子、小宗)祭祀对象及祭祀地点选择的多种情况。造成这种复杂现象的原因,应与族人自身地位、实力等密切相关,同时与大宗关系亦是一个重要的考量因素。若族人尚未分宗或实力不强,立庙能力便有限,所能祭祀的祖先亦不多,祭祀活动对大宗及大宗宗庙的依赖性较强。小宗势力愈强,所立宗庙便愈多,所能祭祀的祖先范围亦愈广,甚至可上及大宗之祖。不过在西周时代,小宗立庙与祭祀范围并不会无限延伸,终究有一个明确的界限。对于身为卿大夫的小宗而言,其所能立私庙以祭的最多不过"祖之所自出者",即为所自出之大宗立庙祭祀,如上引井叔叔采立井氏大宗穆公之庙便是如此。而对于出自天子、诸侯的高等级贵族而言,则是"祖天子(诸侯)",即为所自出之天子、诸侯立庙祭祀,如周公立文王之庙,应侯立武王之庙、郑祖厉王等,目前不见再往上溯的例子。可见西周时代庶子、小宗祭祀虽有丰富的表现形式,但亦有着严格的限制。这种规范与限制,是与"宗子主祭"相适应的,是宗族内部的尊卑结构在祭祀方面的表现,是宗法制度的重要内容。

---

① 严格说来,召公奭并不是召氏始祖,姬姓召氏很有可能自召公奭之父或祖时就已经分出。但召公奭于西周建国及政局稳定贡献巨大,周王室皆尊之,因此后来召氏便以召公奭为祖。
② 河南洛阳马坡出土的昭王时期矢令尊和方彝铭文记载周天子任命周公之子明保为执政大臣的事情,有铭文作"王令周公子明保,尹三事四方……甲申,明公用牲于京宫,乙酉,用牲于康宫……"(11821、13548),"明公"即周公之子"明保",陈梦家认为可能是周公次子君陈。明保在任执政大臣之后,便"用牲于京宫"。"京宫"是存放周代先公先王(包括文王、武王)神主的宗庙,本是天子祭祖的场所。明公作为周公之子,于周王室而言是小宗。其能在"京宫"献祭,也可看作是是小宗在大宗私祭大宗之祖的行为。

四、论族人祭祀之规范

上文我们已经对族人祭祀的性质、祭祀对象及祭祀地点进行了探讨,可知庶子、小宗部分祭祀行为需要去往大宗宗庙进行。可以想见,在"宗子主祭"的前提下,这种行为定然需要遵循一定的规范。如上引《礼记·内则》有"终事而后敢私祭",孔颖达疏云:"终事而后敢私祭者,谓大宗终竟祭事,而后敢以私祭祖祢也。"①庶子、小宗在助祭大宗之后,才敢进行私祭。

此外,从传世文献来看,庶子、小宗在大宗宗庙祭祀规范最核心的一点当在于"祭必告于宗子",《礼记·曲礼下》:"支子不祭,祭必告于宗子。"郑玄注云:"不敢自专,谓宗子有故,支子当摄而祭者也,五宗皆然。"孔颖达疏云:"支子,庶子也。祖祢庙在嫡子之家,而庶子贱,不敢辄祭之也。若滥祭,亦是淫祀。"②

郑注孔疏所言侧重其实有不同。郑注就主祭而言,认为宗子因故不能主持宗族祭祀,则庶子代替宗子以行之。孔疏所言不限于主祭,认为庶子在嫡子之家举行的祭祀行为都应当事先告诉宗子,不然便是淫祀。孔疏所言无疑更为全面。由此可知庶子、小宗如果要在(大宗)宗子之庙进行祭祀活动,需事先征得宗子的同意,这也是宗子主导宗族祭祀的重要体现。如此一来,族人私祭与宗子主祭并不冲突,这也有助于深化对铜器铭文内涵的理解。如上引沈子它簋主要讲述凡邦小宗"它"在大宗凡公祖庙祔祭父考的事情,前半段铭文作"朕吾考令乃鹏沈子作䵼于周公宗,陟二公,不敢不䣛。休凡公克成绥吾考,以于显显受命",其间的逻辑结构与内涵值得注意。

"朕吾考令乃鹏沈子作䵼于周公宗"记叙沈子它举行祭祀的原因,是遵照先父遗命,将其祔于祖庙。"以于显显受命","以"表示行为产生的原因,相当于"因为""由于"③。"于"当训作"其",指代"吾考"④。"以于显显受命"是用来

---

① 《礼记正义》卷二十七,《十三经注疏》,第 3170 页。
② 《礼记正义》卷五,《十三经注疏》,第 2747 页。
③ 《论语·卫灵公》有"君子不以言举人,不以人废言"。
④ 清人吴昌莹曾指出文献中有"于"、"其"互训的例子,如《左传》僖公十四年"无损于怨而厚于寇",《国语·晋语三》作"君深其怨,能浅其寇乎";《尚书·吕刑》有"苗民无辞于罚",《书集传》作"无所辞其罚";《左传》昭公七年"公室四分,民食於他",《中论》作"民食其他"等。吴昌莹:《经词衍释》,北京:中华书局,1956 年,第 19、23 页。

解释亡父之所以能够祔入祖庙,是因为其生前曾受到重任,立下显赫功劳。二者之间有"休凡公克成绥吾考","休"有美意,此处用来修饰、赞美"凡公"。为什么小宗私祭之时还要赞美现任大宗?凡公做了什么能够成绥吾考?如果从"支子不祭,祭必告于宗子"的角度来看,也就可以说得通了。周公宗是凡邦祖庙,在大宗凡公处所,而不会在沈子它之家。因此,沈子它若想要进行祔祭,必须取得大宗凡公的同意。"成绥吾考"即成就安抚吾考,《诗·周南·樛木》有"福履绥之""福履成之",毛传曰"绥,安也;成,就也"①,可能正是意味着凡公准许沈子它在祖庙内举行祔祭,将吾考祔于祖庙。此举遂了吾考生前遗愿,算是对其曾受重任,立下功业的奖励,称"成绥"是合适的。亦是因此,沈子它才会在铭文中极力赞美和讨好凡公。如此理解,与铭文行文的整体逻辑无疑也是相符的。因此,"凡公克成绥吾考"的内涵,当与"祭必告于宗子"有密切关系。

据此,我们或还可深化对师翻鼎铭中师翻极力颂扬伯太师用意的理解。由铭文可知师翻和伯太师属于同一宗族,伯太师是大宗,师翻是小宗。师翻鼎铭文除赞美周天子外,颂扬伯太师恩德的文字颇多。如"休伯太师肩瑚臣皇辟……伯太师不自作,小子夙夕尃由先祖烈德,用臣皇辟。伯亦克欵由先祖墾,孙子一瑚皇辟懿德,用保王身。翻敢……束(范)韡(围)伯太师武"②。一般而言,大宗对小宗有提携赏赐之恩,小宗作器称扬大宗是正常现象,但颂扬篇幅如此之大却是少见。铭文最后一句"(师翻)作公上父尊于朕考郭季易父㊙(逸—肆)宗",意思是师翻制作了一个用以祭祀其祖公上父的祭器存放在其父郭季易父的宗庙里。上文已经说过,郭季易父肆宗应该是小宗师翻自立的宗庙,但祭祀其祖仍然需要前往大宗之家。可以想见,师翻如此行为需要征得大宗伯太师的同意。因此师翻极力颂扬伯太师,用意可能有感激大宗准许其在祖庙祭祀的意味在里面。

商周时期部分女性也有祭祀的权力,往往是作为已嫁之妇陪同丈夫参加

---

① 《毛诗正义》卷一,《十三经注疏》,第 585 页。
② "束韡",裘锡圭读作"范围",认为"束韡伯太师武"是法则伯太师的所作所为而不违离。裘锡圭:《说㊙㊙白太师武"》,《裘锡圭学术文集》第 3 卷,第 19 页。

第三章　尊卑有序——论西周贵族宗族内部的关系与结构　221

夫家祭祀活动,或在夫君引导之下祭祀夫家祖先。若丈夫亡故,亦可作器祭祀夫君或夫君之父祖①。文献还明确记载已嫁之女对亲生父母仍要服丧,因此亦有可能作器祭祀其亲生父母。不过此类祭祀亦有严格的规范和限制,如西周晚期蔡姞簋(图 3.15)有铭文作:

图 3.15　蔡姞簋铭文拓片

　　蔡姞作皇兄尹叔尊肆彝,尹叔用绥多福于皇考德尹、惠姬,用祈匄眉寿、绰绾永命、弥厥生,令终,其万年无疆,子子孙孙永宝用享。
　　　　　　　　　　　　　　　　　　　　　　　　　　　　　　　　　(05216)

"蔡姞"是姞姓女子嫁于蔡国者(蔡为姬姓),称"皇兄尹叔","尹"为氏名,说明蔡姞本为尹氏族人。铭文意思并不难懂,即蔡姞为其兄尹叔作祭器,尹叔用此器来祭祀皇考德尹和皇母惠姬,用来祈祷长寿好运,希望子孙能够永远保有此器。张政烺曾指出"蔡姞簋是蔡君之妻为她娘家的哥哥尹叔作祭祀用的礼器"②,这是可信的意见。不过蔡姞作为已嫁之女,为本家哥哥作祭器,其

---

① 关于商周女性祭祀的研究,可以查看朱凤瀚:《论商周女性祭祀》,张国刚编:《中国社会历史评论(第一卷)》,天津:天津古籍出版社,1999 年,第 129—135 页;陈昭容:《周代妇女在祭祀中的地位——青铜器铭文中的性别、身份与角色研究(之一)》,李贞德、梁其姿主编:《妇女与社会》,第 1—45 页。
② 张政烺:《矢王簋盖跋——评王国维〈古诸侯称王说〉》,《古文字研究》第 13 辑,北京:中华书局,1986 年,第 175 页。

中的原因值得探讨。西周晚期射壶(12443、12444)也有"尹叔",铭文作"皇君尹叔命射司贾,乃使董徵其工……遣念于蔡君子兴用天尹之宠,式蔑射曆",器主射本为蔡国贵族之后(蔡君子兴之子),现在充当尹叔家臣,为其管理宗族商业事物和百工①。由此可知尹叔当是尹氏宗族宗子(大宗),尹氏与蔡国贵族有密切关系。因此蔡姞簋"皇兄尹叔"很可能即射壶"皇君尹叔"。尹叔既是宗族宗子,实力强大,本不劳已嫁之妹为其作祭器,故蔡姞此举绝非赈父族之意。最有可能的是,蔡姞欲作器祭祀亲生父母,但作为已嫁之女,属于夫家宗族,不能再入父家宗庙祭祀②。因此只有请其兄弟,同时也是父家宗子的尹叔代其祭祀。尹叔作为宗族宗子,主导宗族祭祀,唯有通过他,妇女父家之祭方能得以进行。女性族人祭祀规范与宗子主祭由此可见一斑。

第四节　论小宗家族形态及与大宗的关系

　　上文我们谈到了贵族宗族内部宗子、族人(庶子、小宗)在任事、经济、祭祀等多方面的权利与义务。如果以"宗族内部以庶子为始祖,有明确世次传承的亲属单位都可称小宗家族"为定义的话,那么宗族内部将有很多小宗家族。从铭文可知不同小宗家族之间的形态及实力差异极大。如上引由伯尊铭之小宗 大 仍需大宗为其作祭器,而琱生器所见召氏小宗琱生却已有土田仆庸,能向大宗献器,并作祭祀大宗之祖的祭器。那么,西周时代贵族小宗家族具体有哪些形态?有什么特点?不同形态小宗形成原因是什么?他们与大宗的关系又是如何?等等,均与宗法制度密切相关,值得探讨。

　　综合小宗的任事、财产和宗庙祭祀情况,根据小宗独立性的差异,我们可

---

① 有关射壶铭文的研究可以参看朱凤瀚:《射壶铭文考释》,《古文字研究》第 28 辑,北京:中华书局,2010 年,第 224—225 页;朱凤瀚:《中国国家博物馆近年来征集的西周有铭青铜器续考》,《近藏集粹:中国国家博物馆新入藏文物》,北京:北京时代华文书局,2016 年;郭晨晖:《略论"射壶"铭文中的"天尹"》,《青铜器与金文》第一辑,第 591—597 页。
② 陈昭容认为蔡姞不自己作器祭祀生身父母,而是作器转赠给母家兄长,可能跟已嫁女子不便参与母家祭祀有关。女子既嫁,就纳入夫家的宗族系统,与母家的亲属关系有所变化。陈昭容:《周代妇女在祭祀中的地位——青铜器铭文中的性别、身份与角色研究(之一)》,李贞德、梁其姿主编:《妇女与社会》,第 1—43 页。

以将西周小宗家族大体分为三类：依附型小宗家族、半独立型小宗家族、独立小宗家族。下面试作说明。

一、依附型小宗家族

这类小宗最显著特点是自身实力明显不足，对大宗的依赖程度较高，受大宗的直接控制。如逆钟（图 3.16）：

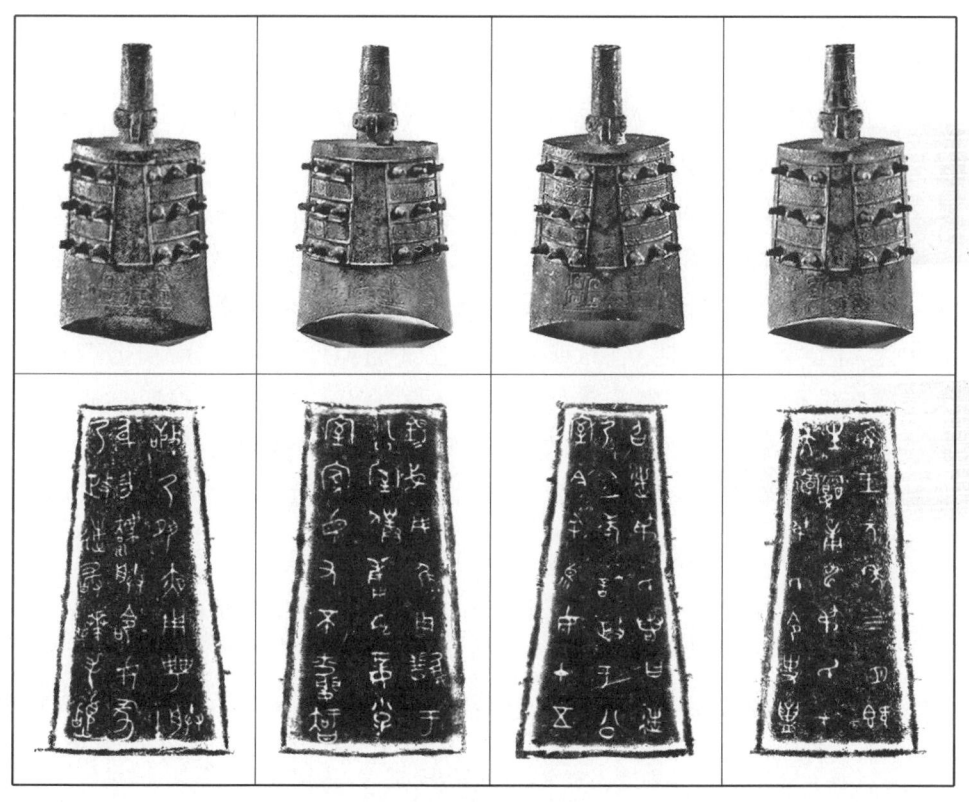

图 3.16 逆钟器形及铭文拓片

唯王元年三月既生霸庚申，叔氏在太庙，叔氏命史䚋召逆，叔氏若曰：逆，乃祖考许政于公室，今余赐汝毌五、锡戈彤绥，用総于公室僕庸臣妾、小子室家，毋有不闻知，敬乃夙夜用屏朕身，勿废朕命，毋惰乃政……

(15190 – 15193)

上文已经说到，叔氏在太庙发布任命，这与天子册命礼仪程序类似，叔氏应是宗族大宗。逆为叔氏家臣，叔氏命其"総于公室僕庸臣妾、小子室家"，总管公室的僕庸臣妾以及"小子室家"。西周时代的"小子"有小宗之意,"小子室家"指小宗家族。"小子室家"与私属於宗子之"公室僕庸臣妾"一道在大宗的直接控制下,可知此"小子室家"的实力不会太强。朱凤瀚认为这类直接受控于大宗的小宗家族至少有相当一部分并未独立出来,遂作为家臣不可能去控制作为小宗贵族成员的人身,其所治理的只是家务,即从家族长那里受权去安排小宗家族的经济生活,名"室家",说明其已各为一相对独立的居住单位,但并不是独立的经济单位,仍与大宗聚居①,这是可信的意见。此类"小子室家"无疑是依附型小宗家族。

依附型小宗家族的来源有多种,最常见的主要有以下两类:

第一类是新立实力不足之小宗。所谓新立小宗,即从血缘世次来说刚成为小宗形态不久。小宗之父(或其祖)原为宗族庶子,至己身则刚从庶子家庭转为小宗家族。新立小宗家族之宗子与大宗往往有比较密切的血缘关系,如果是同辈的话,多数是从父或从祖兄弟。由于是新立,家族规模不一定很大,不少可能尚未能立庙,或者就算立父庙,有不少祭祀活动仍需去往大宗宗庙进行。这类小宗若在其父新丧不久,而己身尚未取得职事或所获职事不高的情况下,政治地位不高,财产来源有限,经济实力较弱,很多并不是独立的经济单位,往往需要靠依附大宗才能维持基本的贵族生活。如宗人器有铭文作:

> 唯王三月初吉丁亥,伯戈父作凡姬□官宝尊鼎,凡姬乃新亲于宗人曰:用为汝帝宾器。宗人其用朝夕享事于帝宗室,肈学前文人,秉德其型,用夙夜于帝宗室。宗人其万年子子孙孙永宝用。 (宗人鼎,30231)

> 唯正月初吉庚寅,伯氏召祭伯食湅醩,内乐,伯氏命宗人舞。宗人卒舞,祭伯乃赐宗人祼。伯氏侃宴,乃赐宗人冊戈,冊五瓤,戈琱㭉、厚柲彤緌。仆五家,厥师曰学。宗人拜稽首,敢对扬王父之休,用作朕文母厘姬宝簋,其万年子子孙孙其永宝用。 (宗人簋,30461)

宗人鼎铭文的内容及人物关系上文已经言明:伯戈父为大宗,宗人为小宗,可能是伯戈父从子。凡姬是宗人之母,"凡姬□宫"即凡姬为其夫所作之宗庙,是宗

---

① 朱凤瀚:《商周家族形态研究(增订本)》,第 303、328—330 页。

人之"帝宗室"。铭文主要内容是大宗为小宗作器,督促小宗祭祀父考①。

宗人簋年代从器形来看与宗人鼎相近,核心人物亦名"宗人",当是同一人。宗人簋铭文的主要内容是伯氏召祭伯宴饮,并命宗人跳舞以助兴。宗人舞蹈完成之后,祭伯和伯氏均赏赐宗人,宗人因此感念王父的赏赐,作祭祀母亲釐姬的祭器,希望子孙万年永宝用。按学者早已指出"伯氏"多表示宗族长,此"伯氏"当即宗人鼎之"伯戈父"。"王父",不少学者已经指出即"伯父"②。由此可知宗人为伯戈父从子。铭文祭祀对象"釐姬",很可能是上文所言之"凡姬",此时凡姬亡故,故宗人簋所记之事年代要晚于宗人鼎。

伯氏命令宗人舞蹈以助兴,乐舞是周代贵族子弟必习的礼仪之一,《周礼·春官·大司乐》有"以乐舞教国子"③,《春官·乐师》:"乐师掌国学之政,以教国子小舞。"④"国子",郑玄注云:"公卿大夫之子弟。"⑤乐舞有"以安宾客,以说远人"的功能。《礼记·内则》"十三舞勺、成童舞象、二十舞大夏"⑥,贵族子弟学习和表演乐舞的年龄并不是很大。宗人年龄不大,担任小宗的时间不长,可以想见自身实力并不强。从大宗让其乐舞娱宾的情况来看,其受大宗的控制明显。因此,宗人所在小宗家族属于典型的依附型小宗家族。

第二类则是遇到变故之小宗家族,这类原本是下文所言半独立或独立小宗。但是因为遇到某种变故,如失去职秩或职事不升反降,其经济状况与政治身份不足以维持家族的运行和基本生活。在这种情况下,小宗可能会转而再次依附大宗,靠大宗的接济与恩赐而生活(大宗有收族之义务)。如周代之"士"以食禄田为生(士食田),官去禄除,则士之家族仍要依附大宗。

---

① 朱凤瀚:《宗人诸器考》,《青铜器与金文》第二辑,第16—28页。
② 陈絜:《䥏鼎铭文补释及其相关问题》,朱凤瀚主编:《新出金文与西周历史》,第196—202页;李晶:《〈尔雅·释亲〉王父王母考》,《历史研究》2016年第6期;田秋棉:《宗人簋铭文补释及西周依附民的管理问题》,北京大学"商周金文、青铜器与商周历史"博士生论坛论文,2016年;韩巍:《新出"宗人"诸器所反映的西周宗族关系》,《岭南学报》2018年第2期,第129—145页;朱凤瀚:《宗人诸器考》,《青铜器与金文》第二辑,第16—28页。
③ 《周礼注疏》卷二十二,《十三经注疏》,第1700页。
④ 《周礼注疏》卷二十三,《十三经注疏》,第1713页。
⑤ 《周礼注疏》卷十四,《十三经注疏》,第1573页。
⑥ 《内则》原文作"十有三年,学乐、诵诗、舞勺,成童舞象、学射御,二十而冠,始学礼,可以衣裘帛,舞大夏"。《礼记正义》卷二十八,《十三经注疏》,第3186页。

再如西周早期畿内召氏宗族明确有召氏、大保氏等多个分支,但自西周中期始,大保氏逐渐不见记载,而召氏仍然存在,到西周晚期仍然占据高位。大保氏湮没无闻的原因,很有可能是自西周中期以来逐渐没落,丧其职秩而重归于召氏宗族。

依附型小宗的特点,多是小宗未能任事或任事所得不足以庇族,于是不得不依附于大宗。依附家族多数并非独立的经济单位,在居住形态上往往与大宗相近或是聚居。他们参与的宗族事务较多,是宗族事务的主要承担者。宗法制度的影响在大宗与依附型小宗家族之间体现得最为明显。上文说到大宗有使令族人的权力,使令对象多数即是依附家族之族人。朱凤瀚曾经讨论宗族内部作器制度,指出宗子对宗族作器具有主导权和决定权[①],主要影响对象也是这类依附型小宗家族。他们的行为受到大宗的影响和控制,宗法制度的各项规定较为明确和严格。

当然,依附型小宗的状态并非不可改变。如果这类小宗能够获得相当的职事,取得庇族所需之政治身份与财富(主要是土地),那么也能逐渐摆脱依附状态而向半独立甚至独立型小宗的方向发展。

二、半独立型小宗家族

这类小宗家族的特点是对大宗的依附性已经有所减轻,多数可能已经是独立的经济单位,但由于在某些方面仍然明显受到大宗制约,因而称作"半独立"。这类小宗家族的构成主要也有两类:一类是小宗服事天子而与大宗职事相近者;一类则是直接服事于大宗者。

先说第一类,服事天子的小宗可因任事而获得用以庇族之政治身份以及相当于俸禄之封邑、土田、民人等,因此多数拥有独立的经济基础。所谓"致邑立宗",这类家族往往也有了独立的宗庙,已经形成较为独立的经济及生活单位,对大宗的依赖性有所降低。但是由于家族世官或者是宗子推荐等原因,这类小宗在王朝职事上与大宗相同或接近,但爵秩低于大宗,甚至要在职事上辅佐大宗,因此长时间接受大宗在政治与宗法上的双重领导。典型如上文所举

---

① 朱凤瀚:《金文所见西周贵族家族作器制度》,《青铜器与金文》第一辑,第24—45页。

之师毂鼎（02495），由铭文可知伯太师与师毂属于同一宗族，伯太师是大宗，师毂是小宗。师毂在王朝任职已经相当一段时间，有家庭组织和独立经济，可以独立作器。但师毂是在伯太师的保荐之下才得以担任王朝师职，而大宗所任"太师"正是诸师之长。从宗族身份来看，伯太师是师毂大宗，从政治地位来看，伯太师是师毂上司。因此师毂在作器铸铭之时才不忘大力褒扬伯太师的恩德，誓言要紧跟伯太师的脚步（東韡伯太师武）。不仅如此，师毂虽然立有父庙，但不能立其祖庙（祖为大宗），仍需要去大宗宗庙祭祀其祖，可见二者的居住地域当不会相隔很远。小宗虽已有职事与官禄（甚至是封地），但仍然受到大宗强烈的影响。

类似情况还见于弭氏宗族，弭伯师耤簋和弭叔师察簋有铭文作：

> 唯八月初吉戊寅，王格于太室，荣伯入右师耤，即立中廷，王呼内史尹氏册命师耤，赐汝玄衣、黹纯、素市、金衡、赤舄、戈琱内、彤沙、攸勒，銮旗五日，用事。弭伯用作尊簋，其万年子子孙孙永宝用。（弭伯师耤簋，05294，图3.17a）
> 唯五月初吉甲戌，王在莽，格于太室，即立中廷，井叔入右师察，王呼尹氏册命师察，赐汝赤舄、鋚勒，用胥弭伯。师察拜稽首，敢对扬天子休，用作朕文祖宝簋，弭叔其万年子子孙孙永宝用。（弭叔师察簋，05292，图3.17b）

弭伯师耤与弭叔师察同为弭氏，同任师职，"伯"为嫡长之称，因此"弭伯"当是弭氏大宗，弭叔为小宗。弭叔师察簋铭文记载王的册命有"用胥弭伯"。胥，辅也，助也，意即周天子命令弭叔辅佐弭伯。因此弭伯、弭叔的关系当与伯太师、师毂类似，小宗要在政治职事与宗族上接受宗子的双重领导。弭伯师耤簋出土于陕西蓝田县辋川乡新村，弭叔师察簋则出土于陕西蓝田县蓝关镇寺坡村西周铜器窖藏。铜器出土地很有可能暗示器主生前的居地，二者既同出蓝田，又相隔一定距离（三十多公里），正代表着二者已经各为独立的生活经济单位，但又相距不远，存在着紧密联系的情形。这正是半独立小宗家族的绝佳写照。

还有一类则是直接服事于大宗者。这类小宗并未外出任事，而是在宗子之"邦"内获得职事，成为宗子属臣，因此大宗宗子既是其宗族之长，也是其职事之主，与第一类的情况基本相似。这类小宗由于长期服事大宗，所以其居住地常常与大宗相近，二者的关系也相当密切。他们可因其任事而获得土田、民

a. 弭伯师耤簋　　　　　　　　　　　　b. 弭叔师察簋

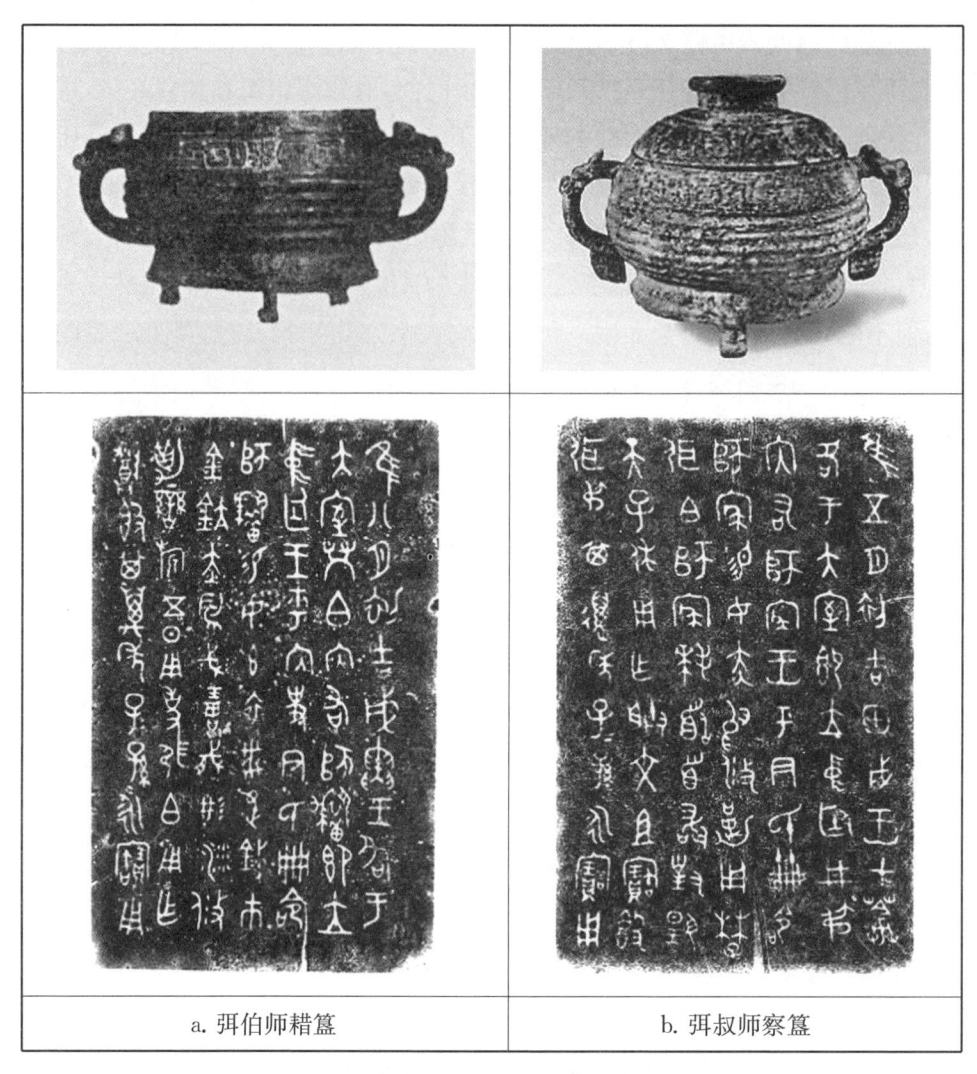

图 3.17　弭伯师耤簋、弭叔师察簋器形及铭文拓片

人等，因此在经济上当有相当的独立性。上引不㝈簋(05387)便是此类情况之典型。上文已经指出簋铭之"伯氏"为不㝈所属宗族大宗，不㝈是小宗。铭文主要内容是天子命令伯氏伐玁狁，大宗伯氏转而命令不㝈率领其宗族武装去讨伐。不㝈卓有战功，因此伯氏赏赐其"弓一，矢束，臣五家，田十田"。不㝈为伯氏下属，长于征战，地位当不低。受赐之臣仆与土田等是重要的生产资料，说明不㝈所在小宗家族当已是或者说可以形成较为独立的经济单位。但由于其直接服务于大宗,受赐的物品本质而言也均可说是归大宗所有,大宗拥有收回或转让他人的权力,宗子的奖惩直接影响着此类小宗的存续状况。因此这种小宗家族的独立性是不完全的,仍然受到大宗的强烈影响。

半独立型小宗家族的特点,其独立性源于已经获得了一定的职事,可以凭借职事所得形成较为独立的经济生活单位和较高的政治地位,因此自主性大增。典型如自主作器的情况的多见,大宗对此类小宗作器的控制较之依附性家族明显减弱。其不独立性源于其职事往往与大宗相关,多为大宗臣属,因此依附性难以完全消除。而这种"矛盾"特点,体现在宗庙祭祀上面,则是小宗在自家宗庙祭祀对象的上限往往只能到小宗之祖,而不能祭"祖之所自出者"。半独立小宗如果继续发展,如服事天子者取得世官,则很有可能成为独立之小宗,将大宗对其的影响进一步降低。若是小宗未能取得世官,则很有可能退回成为依附家族。

三、独立小宗家族

独立小宗家族宗子往往与大宗关系不近,血缘关系相隔较远。这类小宗可能无论在职事、经济、祭祀以及居住形态上均与大宗有所分离,不少还有新的氏名,整体的独立性相当高,因此称作独立小宗。这类小宗的来源主要也有两种:一类是服事天子而职事与大宗不同者;一类是服事其他贵族者。

服事天子而职事与大宗不同者,既可以有效避免大宗对小宗政治与宗族双重领导局面的出现,小宗发展上升的空间因而得以扩大。与此同时,天子对这类任事者还要赐以居所或封邑、土田、民人等,其活动空间往往会与大宗居住地有不小的距离,因此日常之联系会大为减少,受大宗的控制和影响有限。这种情况常见于金文。如召氏大宗长期官居高位,多为王朝执政大臣,而其小宗琱生却并非如此。西周晚期师𩚨簋(05381)铭文有"王在周,格于太室,即位,宰琱生入右师𩚨……",铜器年代与琱生器相近,二者同称"琱生",学者多认为是同一人。召氏小宗琱生职官为"宰",与大宗不同。由琱生器铭文可知琱生因与其他贵族有土田仆庸纠纷而发生狱讼之争,故而求助大宗召伯(君氏)。朱凤瀚指出,琱生之土田仆庸必独立于召氏大宗所有田地民人之外者,如仍在一起,发生狱讼则大宗本身自然要出面,无须琱生相求。土田仆庸不在一起,表明其在经济上亦应是独立的,另有自己家族居邑,不与大宗本家聚居[1],这是可信的意见。双方交往,则有献器(献妇氏以壶)、覷圭与报璧之礼仪,亲密关系已不如上两类。甚至作为小宗的琱生已经具备与大宗"讨价还价"的能力("公宕其三,汝则宕其贰,公宕其贰,汝则宕其一"),这说明琱生家族已有相当高的独立性。再如西周井氏大宗与其小宗家族,井氏宗族封地在井,大宗为王朝大臣,常任司马之职。而其分支家族郑井氏与丰井则长居郑地与沣地,郑井氏世为王室家臣,与司马之职无涉。从西周铭文来看,郑井氏与丰井氏很少与井氏大宗联系,有着相当高的独立性。而这类小宗在宗庙祭祀上也拥有着高于上述两类的权力,往往可以自立庙祭祀"祖之所自出者",甚至在特定情况下,还可以前往大宗祖庙祭祀大宗之祖。朱凤瀚曾经指出"小宗分支或因任王官受到王朝封赐等原因而得到土地采邑,即可能与大宗本族异居而采取非聚居形式独立生活,从而在经济上亦取得独立。但这种小宗家族与其大宗本家之间,一般仍保持着宗族联系,因而保存了一定的宗教社会功能,如共同的宗教祭祀活动等,而在西周社会中大小宗间尤为重要的是保持着体现宗法关系的政治联系。这种因分居而不再具有共同经济生活,但仍有种种社会关系的家族,可以说是西周贵族中一种高层次的家族组织",[2]就是这类小宗家族特点的真实写照。

　　服事其他贵族的小宗也容易摆脱大宗的控制与影响,这类小宗如果在其他贵族处任事日久,则会与所事家族形成较为稳定的关系,而与原大宗联系减少。《国语·晋语》载栾氏家臣辛俞曰"三世仕家,君之;再世以下,主之",[3]就是这个道理。不过需要说明的是,虽然同为独立小宗家族,但两个不同类型的地位可能有不小的差距。服事天子者往往地位较高,而服事其他贵族者原本便是宗族疏族或不得意者,任它族家臣后地位更低。如果所服事之宗族实力不济或自身未能长久任事,很有可能沦为平民甚至是奴隶。

　　独立小宗由于在职事、经济、宗庙、居住地等方面均与大宗有所分离,因此在日常的宗族联系中便不如其他类型小宗与大宗关系密切。所以独立小宗家

---

[1] 朱凤瀚:《商周家族形态研究(增订版)》,第301页。
[2] 朱凤瀚:《商周家族形态研究(增订版)》,第302页。
[3] 《国语集解》,第422页。

族承担的宗族实际义务较少,如宗子本有使令族人的权力,但日常的使令往往不涉及独立小宗。宗法制度下具体规定对此类小宗的制约和影响也大为减弱。

从周代贵族分支家族的发展形态来看,独立小宗家族并非发展的最终形态。上举独立小宗虽已有相当高的独立性,但仍与大宗有着或多或少的联系,如琱生器所见小宗琱生在遇事之时仍寻求大宗召伯的帮助,并敬称大宗为"宗君"。而井氏分支郑井氏、丰井氏等,以"地名+原氏"或"原氏+排行"为称,原宗族之痕迹明显。独立小宗若再往前发展,则与本支宗族分离,双方各有氏名,互不统属,成为完全独立的两个宗族。这种情况在春秋时候较为常见,如晋国范氏分为范氏与士氏两宗,荀氏分中行氏与智氏两宗。《国语·晋语九》还记载智宣子欲以知瑶为后,智果谏之,宣子不听。智果知智氏将亡,为了免受牵累,于是"别族于太史为辅氏,及智氏之亡也,唯辅果在"①。辅氏从智氏分出,成为完全独立之宗族,因此可以不受智氏灭族的牵连。这种情况在西周时代可能也是存在的,不过目前似并未见有实例,有待今后继续探索。

从血缘世次上来说,如果将以庶子为始祖,有明确世次传承的家族都叫小宗家族的话,那么小宗家族的分衍几乎是无条件的。但从金文及文献所见实际情况来看,每个宗族所能形成独立小宗家族的数量都是有限的,并不多见。独立小宗的形成不易,不全是宗族自然分衍的结果。除了西周开国之初因分封需要的特殊情况外,独立小宗家族的形成需要经历从依附型到半独立再到独立的过程,数代后方有可能成为独立小宗。在形成的过程中,职事、土田、宗庙是极为关键的三项要素。职事与土田是形成独立小宗必要的基础,所谓"官以庇族",只有担当某项职事,获得相应的土田、民人甚至是封邑,才有可能具备独立的经济生活能力,拥有独立生产生活的物质基础。而拥有能够承载其祭祀活动的宗庙则是小宗独立的重要标志,如果小宗能够在宗族内部完整进行祭祀活动,不需要去往大宗宗庙私祭,则小宗与大宗在宗族情感(祭祀)上的联系也会相对减弱,对大宗的依附性就更低了。在这种情况下,独立小宗方基本成型。

---

① 《国语集解》,第454页。

以上介绍了西周时代贵族宗族内部依附型、半独立型、独立型小宗家族的基本形态与特点①。从数量而言,贵族宗族内部依附型小宗家族的数量最多,半独立次之,独立宗族的数量最少。从与大宗的关系而言,独立性增强者,则小宗与大宗的亲缘关系也越来越疏远。依附型小宗家族及部分半独立型小宗家族是大宗统治的主体部分,他们与大宗关系密切,受大宗的影响甚深,宗法制度的相关规定在这一群体内体现得尤为明显。随着独立性增强,宗法制度具体规定的效力便在逐渐转弱。这种情况提醒我们在研究宗法制度时需要注意到不同小宗家族的类型及层级问题,在遵循宗法制度基本的原则之下,不同类型小宗家族对宗法制度具体规定的执行和完成情况会有不同的表现和内容,需要仔细辨别,不能一概而论。这些情况,正是宗法制度复杂而丰富内涵的重要体现。

第五节　小　　结

综上所论,本章要点可概括如下:

一、宗子作为宗族之长,族人往往尊称其为"君""宗君"或"公"等。宗子在宗族内部具有至高权力,体现在主导宗族祭祀、使令族人以及支配宗族财产等多方面;同时宗子为笼络族人以保持宗族凝聚力,也需承担相应义务。宗子义务的核心在于收族,有宴飨合族、赏赐赈族、理讼庇族以及媵送彰族等多种表现形式,不同方式各有特点。

二、族人须承担尊事宗子之义务,但也有凭借宗族身份任事的权利。族人任事选择主要有三种:服事天子、服事其他贵族、服事本族大宗。三种选择各有特点:

---

① 按近来田秋棉、陈絜撰文指出西周"小子"是"宗氏"的有机组成部分,不同于分族,并非分族首领。二人认为禹簋铭文所见"遣伯、遣姬赐禹宗彝,眔逆小子师佣以友三十人"的意思是遣伯、遣姬赐给禹宗庙彝器,随彝器一并赏赐者尚有以佣为首领的三十一家口众。遣伯、遣姬是遣族族长与宗妇,禹是遣氏新立分族之首领,以佣为首的三十一家小子是遣氏宗氏的有机组成部分,与分宗立氏之分族组织如遣仲、遣叔者不同。按二人所谓"小子"与"分族"的性质,与我们本节所言依附型小宗家族与独立小宗家族的特点有相似处,是很值得重视的意见。参田秋棉、陈絜:《禹簋铭文与西周家族组织形态及管理》,《安徽史学》2019年第1期,第127—132页。

从任事人数上看，留在本宗族内依附大宗者占绝大多数，外出任事者（包括服事天子和服事其他贵族）相对较少；

族人任事选择与所属宗族实力及本人宗族地位紧密相关。宗族势力大者，族人任王官的人数就会越多。原本在宗族内部地位越高者，如宗子母弟或与宗子关系紧密之小宗，出任王官的概率越大。服事其他贵族者在原宗族地位可能较低，多为宗族疏属旁亲或失势者。

就发展预期来看，族人服事天子者取得王朝职官，领有职事和俸禄（钱财、禄田甚至是封地等），所在小家族的地位和势力获得迅速发展壮大的机会，对大宗的依赖性会逐渐降低。服事其他贵族者，与本宗的关系则会更加疏远；而服事本族大宗者对大宗的依赖程度最高，受大宗影响最深，宗法关系很容易转变为政治上的等级关系。

族人任事并非固定不变，有迁转的可能。由于任王官者往往地位最高，出路最好。因此服事其他贵族及本族大宗者若转而服事天子、国君，多视作升迁。

三、西周时代宗族内部族人（包括庶子和小宗）亦可拥有私产，财产来源主要有任事得禄、因功受赏、宗法馈赠与交易转让。其中最重要和最稳定的来源是任事得禄，其次是因功受赏，二者均以任事为基础。宗法馈赠则需视大宗实力与自身发展状况而定，交易转让则是有效的补充形式。

任事得禄与因功受赏均是因政事行为而获得财产，不过二者性质有别。任事得禄属于"常俸"，因功受赏属于"加赏"。

因功受赏和宗法馈赠同是赐予，尤其是当赏赐者为宗子，获赐者为族人时，二者从表现形式上看几乎一致，但二者性质明显有别：因功受赏是政事性的，主要是为了赏有功，这是人君（主）的权责；宗法馈赠则是宗法性质的赠予，主要是为了收族，这是宗子的义务之一。

在所获财产的诸多品类中，土田是极为关键的一项。获得土田是成为独立经济单位的前提，这对庶子、小宗而言显得尤为重要。任事得禄、因功受赏、交易转让均有助于族人获得土田。但在宗法馈赠的框架下，基本不见宗子赐予族人土田的例子。

四、"宗子主祭"是指大宗对整个宗族祭祀具有主导权，这种主导权包含多个方面的内容：宗族祭祀在宗子之家进行；宗子规定祖先祭祀的对象（范围）与仪节，宗子是整个祭祀活动的核心与主导者；宗子通过为族人作器或者赐予族人宗庙祭器、牺牲等方式指导族人的祭祀活动；庶子、小宗所作祭器之器形、铭辞还有可能仿效宗子。

五、族人有助祭宗子之义务，同时也有私祭的权利。金文所见庶子、小宗作器"用享于宗室"者，均指在宗庙的私祭行为，并不是献器给大宗以助祭。

六、西周时代宗子与族人（庶子、小宗）在祖先祭祀上有明显的等级差，宗子所能祭祀的祖先范围要大于族人。族人祭祀对象与祭祀地点的选择比较复杂，多数只能祭直系父祖两代，但也存在祭祀小宗之祖、祖之所自出者甚至是大宗始祖的情况，祭祀地点有在自家所立之庙与大宗之庙的区别。不同祭祀对象和祭祀地点的选择与小宗的身份与实力密切相关，其与大宗关系亦是一个重要的考量因素。在西周时代，小宗所能立私庙以祭的最多不过"祖之所自出者"，即为所自出之大宗立庙祭祀，不能再往上溯。西周时代庶子、小宗祭祀虽有丰富的表现形式，但亦有着明确的界限与制度。

七、族人虽有私祭的权利，但需遵守相应的规范，其中最核心的是"祭必告于宗子"。男性族人在大宗之庙进行私祭之前，需征得大宗同意。已出嫁女性族人可为生身父母作器祭祀，但不能亲自去往父家宗庙，只能委托宗子或兄弟辈代祭。

八、根据族人任事、财产、宗庙祭祀的不同以及与大宗的关系，西周时期贵族宗族内部小宗家族可以分为依附型、半独立型和独立家族三种形态。这三种形态各有特点：

依附型小宗家族的数量最多，多是族人未能任事或任事所得不足以庇族，因而不得不依附大宗。依附型家族受大宗的控制和影响明显，多数并非独立的经济单位，在居住形态上往往与大宗临近或是聚居。他们参与宗族事务较多，是宗族义务的主要承担者。这类家族来源主要是新立且实力不足或遇到变故之小宗家族；

半独立型小宗家族独立性源于已经获得了一定的职事，可以凭借职事所得形成较为独立的经济生活单位和较高的政治地位，自主性大增。不独立性则源于职事往往与大宗相关，多为大宗臣属，因此依附性难以完全消除。这类家族的

来源主要是小宗服事天子而与大宗职事相近者,以及小宗直接服事大宗者;

独立小宗家族宗子往往与大宗关系不近,可能无论在职事、经济、祭祀以及居住上均与大宗有所分离,不少还有新的氏名,总体的独立性相当高。独立小宗家族承担的宗族实际义务较少,宗法制度下具体规定对此类小宗的制约和影响也大为减弱。这类小宗经由依附—半独立—独立发展而来,形成不易,数量较少。在形成过程中,职事、土田、宗庙是极为关键的三项要素。职事与土田是形成独立小宗必要的基础,而拥有能够承载完整祭祀活动之独立宗庙则是小宗独立的重要标志。

九、正是由于小宗家族存在不同的类型和特点,在遵循宗法制度基本原则下,不同类型小宗家族对宗法制度具体规定的执行和完成情况会有不同的表现和内容。总的来说,"尊卑有序、形式丰富"是西周时代贵族宗族内部宗法制度的基本特征。

宗族内部小宗之形态与特点			
	依附型小宗家族	半独立型小宗家族	独立小宗家族
任事状况	未任官	充任大宗臣属	任官,职事与大宗联系不紧
经济状况	非独立经济单位	独立经济单位	独立经济单位
祭祀情况	无庙或仅有父庙	有私庙,但有祭祀需在大宗庙进行	私庙,可祭所自出之祖
居住形态	与大宗聚居		与大宗分居
宗族事物承担情况	承担绝大部分宗族事务	承担部分宗族事务	较少承担宗族具体事物
数量	最多	较多	最少,形成不易

第四章 天下国家——天子、诸侯宗法考论

第二、三章是我们对西周时代卿大夫士阶层宗法制度所作的探索,这一阶层贵族宗族内部宗法制度有"尊卑有序、形式丰富"的特点。而对于卿大夫以上,即天子诸侯是否行宗法,是否有明确的宗法制度,历来有不同的意见:部分学者认为天子、诸侯绝宗,并不行宗法;还有学者则认为天子诸侯之间也存在宗法制度,并且周天子是天下之大宗。这两种观点肇端于汉代,19 世纪以来争论更为激烈,至今尚无统一的意见(详参绪论)。综观以往学者所论,多就传世经传注疏的内涵与逻辑结构作反复推考,囿于少见同时期金文材料,或未对西周金文材料予以同等的重视,于金文所见宗法内涵的发掘以及对天子诸侯所在宗族内部结构与形态的探讨稍显不足,因此西周时代天子诸侯宗法的实际情况尚不明晰。本章拟从天子、姬姓诸侯内部的宗族形态、相互关系入手,以金文所见宗法内涵为重要参考,就天子诸侯宗法问题再作探讨。本章主要分三个小节:第一节探讨天子所在亲属组织的构成与特点;第二节辨析西周早期高等级贵族宗族分宗的不同模式,重新审视传世文献所谓"长子就封,庶子留王畿"问题;第三节主要讨论周天子与姬姓诸侯的宗法关系;第四节则超出血缘,从传世文献所见"宗盟""王者天下之大宗"等说法的内涵分析入手,探索政治对宗法的改造与利用。最后做小结,总结天子诸侯阶层宗法及宗法制度的特点。

第一节 论天子宗族

宗族内部的结构与形态特点是研究宗法制度的重要基础,要讨论天子宗

法,首先需要弄清楚天子所在亲属组织的特点。周天子并不是独立的存在,其自身也处于某种亲属组织之中,也有父兄叔伯,儿女子孙等。周天子所在亲属组织可称作王族。朱凤瀚曾经指出:"王本人是一种高级贵族,王族,即时王所在的家族,亦属于一种贵族家族,故其在形态上与一般贵族家族当有一些共同之处。但王族在社会地位上要高于其他任何贵族家族,亦应有一些异于一般贵族家族的特点。"并将王族分成高低两个层次:"低层次的王族是指以时王为核心的近亲家族,规模比较小,主要包括王与其亲子(及其各自家族),一般应是聚居的;高层次王族则是指以低层次的王族为核心的宗族,包括与王有同宗关系的亲族子弟,未必是聚居的,亦不一定是一种政治、经济的实体。"①下面我们便结合文献与金文材料,对天子宗族的形态与特点作进一步的补充。

西周金文中有"公族",如番生簋和毛公鼎有铭文作:

> 丕显皇祖考,穆穆克慎厥德,严在上,广启厥孙子于下,擢于大服,番生不敢弗帅型皇祖考丕丕元德,用申圅大令,屏王位,虔夙夜,溥求不暋德,用谏四方,柔远能迩,王命㛐(总)司公族、卿士、太史寮……（番生簋,05383）

> 王曰:父厝,今余唯肇经先王命,命汝乂我邦我家内外……王曰:父厝,今余唯申先王命,命汝极一方,□我邦、我家……王曰:父厝,已曰,煢兹卿事寮、太史寮,于父即尹,命汝㛐(总)司公族,与三有司、小子、师氏、虎臣,与朕亵事……（毛公鼎,02518）

卿事寮、太史寮是西周王朝中央政权的两大职官系统,三有司指司马、司土、司工,师氏、虎臣则是军事职官名。"公族"与之并列,学者多认为也是职官之名②。按,与之并列的还有"小子",小子当即小宗,在铭文中指周王同姓贵族,并非职官。同时,西周金文所见"㛐(总)/官司"后所接的名词不一定都是职官名,也有可能是对某一类有特定身份人群的称谓,如申簋(05312)之"官司丰人罪九戲祝"、师瘨簋盖(05338)之"命汝官司邑人、师氏",九戲祝、师氏为职官,丰人和邑人则是指居住在丰地之人及邑内之人③。同理还有害簋(05296)

---

① 朱凤瀚:《西周家族形态研究(增订本)》第330—331页。
② 张亚初、刘雨:《西周金文官制研究》,中华书局,1986年,第39—40页;谢维扬:《周代家族形态》,第241页;杨宽:《西周史》,第344页。
③ 不少学者认为"邑人"是职官,参陈絜:《周代农村基层聚落初探》,朱凤瀚主编:《新出金文与西周历史》,第147—157页。

之"官司夷仆",引簋(05299)之"嬰(总)司齐师"等,夷仆、齐师也均是管理的对象,而不是职官。并且,金文所见"公族"也确有用以指某类人的例子,如中觯(10658)"王大省公族于唐,振旅"。省,视也,察也。"振旅"是整顿部队,操练士兵之意。这句话意即王在唐地检阅公族。因此,番生簋和毛公鼎所见之"公族"当不是职官,有可能是对某一特定人群的称谓①。

"公族"用以表示人群身份见于传世文献,《诗·周南·麟之趾》:

麟之趾,振振公子,于嗟麟兮;麟之定,振振公姓,于嗟麟兮;麟之角,振振公族,于嗟麟兮②。

学者对公子、公姓、公族所指之范围有不同理解。毛传曰:"公姓,公同姓。公族,公同祖也。"孔颖达疏云:"言同姓,疏于同祖,上云公子为最亲,下云公族。传云公族,公同祖。则谓与公同高祖,有庙属之亲。此同姓,则五服以外,故大传云五世祖免,杀同姓是也。"③王引之《经义述闻》卷五《毛诗上》云:"公姓、公族皆谓子孙也。"姚际恒曰:"趾、定、角,由下而及上。子、姓、族,由近而及远。"④学者对"公族"与时君关系的远近有不同的理解。朱凤瀚曾经对此有详细论述,认为公子、公姓、公族是指亲属组织由近及远的三个层次,并指出公族可分狭义与广义两种:"广义的公族是指包括有历代国君之后裔在内的亲属集团,狭义的公族亦有两种形态:一是初形,指国君在世时与其若干直系后代近亲组成的家族;二是发展形态,指国君去世后,此种家族的初形发展而成的亲属集团。"⑤那么,西周金文所见之"公族"到底是哪一种形态呢?

毛公鼎铭文有周天子命令毛公"乂我邦我家内外","乂"可训作治理。邦、家、内、外均是相对成文。邦即"外",家即"内"。"公族"与三有司、师氏、虎臣有别,当属于"我家"的范畴。天子之"家"也称作"王家",数见于铜器铭文,如大克鼎之"谏乂王家"(02513)、康鼎之"死司王家"(02440)等,是与王

---

① 张亚初、刘雨认为"西周金文中的公族,是既指公之族,又指管理公族的人"(《西周金文官制研究》,第39页),但从这篇铭文的文义理解来看,"公族"并非表示管理公族之职官。毛公任"总司公族"之职事,才是真正管理公族之人。因此,公族只是表示管理的对象,指具有公族身份的人群。
② 《毛诗正义》卷一,《十三经注疏》,第595页。
③ 《毛诗正义》卷一,《十三经注疏》,第595页。
④ 姚际恒:《诗经通论》,北京:中华书局,1958年,第30页。
⑤ 朱凤瀚:《商周家族形态研究(增订本)》,第433—437页。

朝相对的概念①，指由天子直属的有一定规模的经济实体，包括亲属组织、土地、臣妾、百工等②。"公族"是"王家"亲属组织的称谓，也应由王"私属"。"公族"当指在生活上未能独立而依附天子之直系近亲。这一类人多数可能尚未受到正式的册封，因为一旦天子任以职官或授民授疆土，他们将脱离天子发展，成为王朝政治体系的一部分。其所在封地也会形成相对独立的政治、经济实体，不再由王"私属"。这一点也可以从"公族"成员平时的名号以及在王朝政治中的地位看出来。如西周金文中有男性以"王"为号者，如：

  王伯作宝齋。   （王伯鼎，01393）
  王季作鼎彝。   （王季鼎，01394）
  王仲皇父作犀妘盘盉，其万年子子孙孙永宝用。 （王仲皇父盉，14775）

这些作器者不是周天子。金文中还有女性称王姬、王姜、王姒者，"王"相当于父或夫的氏名。此"王"称之性质，与金文常见之氏名如"荣"（荣伯、荣仲）、"倗"（倗季）等并无二致。"王"在此用作氏名，指时任周天子或者王族。王伯、王季、王仲皇父当是天子近亲（子辈或兄弟辈），是"公族"成员。一般而言，受封贵族多有氏名，所谓"胙土命氏"是也，如管叔、唐叔、柞伯、鲁侯、应公等，不会再以"王"为氏。王伯、王季、王仲皇父径以"王"为氏，说明他们很可能未获得正式分封，仍然是"王家（室）"成员。西周以"王"为氏者，应指王尚未受封的直系近亲，即朱凤瀚所言狭义公族的初形③。

  殷代王族的构成与西周"公族"相似，但双方在政治地位与影响力方面有很大的不同。殷代王族是由在位的商王以其诸亲子为骨干而结合其他近亲（如未从王族中分化出去的王的亲兄弟与亲侄等）组合而成的族氏④。甲骨文所见殷代王族成员能率军打仗、协助商王祭祀，具有很高的政治地位与权力。

---

① 西周时期邦、家的含义是有别的。白川静认为邦是言政治之统体，家是言宗法之统体，就其意义的区分而言，大体是正确的。[日]白川静：《金文通释》一八一"毛公鼎"，《白鹤美术馆志》第三十辑，白鹤美术馆，1970年，第637—700页。
② 朱凤瀚：《商周家族形态研究（增订本）》，第331页。
③ 不过需要指出的是，西周金文还有称"王人"者，如王人甗辅甗（03350）"王人甗辅归蒦，铸其宝，其万年子孙其永宝用鼎"。宜侯夨簋（05373）"赐在宜王人十又七里"，此"王人"不是指王之近亲，而是指王族依附者，即私属于公族（王族）的臣属。
④ 朱凤瀚：《商周家族形态研究（增订本）》，第69页。

而周代"公族"成员的政治地位和影响力似乎有限。西周金文所见以"王"为氏或有"公族"称谓的男性贵族作器较为少见，也不见现任"公族"成员担任王朝执政大臣或者显要职位的情况。与此同时，目前所见充当王朝执政大臣或者其他显要职官的姬姓贵族，如周公、召公、凡伯、应公、南公等，均不见其自称或被他人称作"公族"。王治国认为"王畿之内凡与周王同姓者即可视为拥有公族身份"①，并不能得到金文材料的证实。因此，西周金文所见之"公族"与受封之姬姓似并不能等同，当指时任天子未正式受封之近亲。

不过"公族"成员虽未受封，但并不等于尚未任事。《周礼》中的"庶子"，金榜、孙诒让等学者早已指出是在官当差而尚未受爵命的贵族子弟②，西周金文中的"公族"，即王族成员可能也是如此。如鸿叔簋有铭文作：

> 唯九月，鸿叔从王员征楚荆，在成周，誃作宝簋。　　　　　　　　　（04866、04867）

从器形来看铜器年代在西周早期后段，铭文记载了伐楚的史实，因此具体年代应在昭王时。"王员"之"员"为私名，"王"相当于氏名，"王员"当属于王族。传世安州六器记载了昭王南征伐楚的事情，上举中觯（10658）便是其中之一。从铭文年代及内涵来看，王员很有可能是中觯"王大省公族"中"公族"的一员。王员既以"王"为氏，自然属于未正式受封者，但是其能率领属下行征伐之事，则无疑是有任事的③。

---

① 王治国：《金文所见西周王朝官制研究》，北京大学博士学位论文，第87页。
② 《周礼·天官·宫伯》："宫伯掌王宫之士庶子，凡在版者。"郑司农云："庶子，宿卫之官。"孙诒让引金榜云"公卿大夫之子弟入学者谓之国子，其职宿卫者则谓之庶子……庶子虽未受爵王朝，而其数已列于群臣之版。如是，盖已命者谓之士……未命者谓之庶子……"，然后说道："则经之凡言士庶子者，所谓士即上中下士，凡王族及群臣子弟既命而有爵者，如司士'王族故士'是也……其未命者，下士一等，则与庶人在官者等，以其世家贵胄殊异，故不曰庶人而曰庶子。其他公邑及都家咸有贵族，侯国亦有公族世族，故亦有庶子。"《周礼正义》卷七，第281—285页。
③ 金文还见有称公族而参与政治活动的，如师西簋（05346-05349）"唯王元年正月，王在吴，格吴太庙。公族鸿鳌入右师酉立中廷……"，牧簋（05403）"王在周，在师汸父宫，格太室，即位，公族绁入右牧"。铭文主要记载周天子对臣下的册命，"公族鸿鳌""公族绁"为右者，"鸿鳌""绁"是人名，"公族"无疑是身份。此"公族"很有可能表示他们出自王所在之近亲"公族"。当然，此"公族"也有可能是职官名，不少学者均作此理解。西周金文所见右者在人名之前往往可以加职官名，如"司马丼伯亲入右师瘨"（05338）、"司工遣入右親"（05362）、"宰㚿入右蔡"（05398）、"司工扬父入右晋侯苏"（15308）等，司马、司工、宰均是职名。若"公族"为职官，主要职责当是管理天子公族，很有可能与后世所言"公族大夫"类似，任此官者不一定是公族成员，也有可能是异姓大臣。

至于受封之姬姓贵族，周天子往往称其为"小子"。如西周早期何尊（图4.1）有铭文作：

> 唯王初迁宅于成周……王诰宗小子于京室，曰：昔在尔考公氏，克逨文王，肆文王受兹大命，唯武王既克大邑商……乌呼，尔有虽小子，亡识视于公氏，有功于天……
>
> （11819）

图 4.1 何尊照片及铭文拓片

铭文提到王迁宅于成周事，也提到文王、武王丰功伟绩，可知时王为周成王。铭文主体是一篇训诰之辞，成王告诫"宗小子"要效法各自父辈尽心服务于周王朝。"宗小子"即宗族小子之意，在铭文中当是与周天子同宗之"小子"。《尚书·酒诰》有"文王诰教小子有正有事"，曾运乾注云："小子，盖同姓小宗也。"[①]铭文记载王曰"昔在尔考公氏，克逨文王"，意思是天子说"过去你们的父辈诸公，曾经辅弼文王"。"公"在此是对位高及年长者的尊称，说明"宗小子"之父辈曾有较高的地位和权势。由此看来，"宗小子"是那些曾经辅弼文王的姬姓贵族的后代，而不会是成王亲子弟。鉴于父考地位，这些"宗小子"所在之家族当已受封，他们应是各自所立宗族宗子。只是对于天子而言，他们永远是"小子"。这一点也可以从柞伯簋铭文中看出来。柞伯簋有铭文作：

---

① 曾运乾撰；黄曙辉点校：《尚书正读》卷四，第183页。

……王曰：小子、小臣，敬有取（贤）获则取。柞伯十称弓，无废矢。王则畀柞伯赤金十钣。

(05301)

"取"原铭作"㝨"，原多释为"又""夬"①，陈剑据楚简相同字形［郭店楚简《唐虞之道》简6有"爱亲尊㝨（贤）"］将此字释作"贤"②。"贤获"见于文献记载，多表射礼中所胜过的部分，如《仪礼·乡射礼》："司射复位。释获者遂进取贤获，执以升自西阶。"郑玄注云："贤获，胜党之算也。"③"贤"有"多于""胜过"一类的意思，"敬有贤获则取"即恭敬而又射中次数多的人可以取得（十钣赤金）④。柞伯十次拉弓，没有一次没射中，于是天子给了柞伯十钣赤金。值得注意的是，王称参与射礼的人员为"小子、小臣"，二者对举，说明身份当有别。"小臣"是王近侍之臣，多由异族担任。柞伯是姬姓，为周公之后，"柞"是封地之名，当不会是"小臣"。"小子"则是小宗之长，应与天子有同宗关系，柞伯无疑属于天子所言之"小子"。"小子"与天子的亲缘关系自是不及"公族"，上引毛公鼎中天子命令毛公总司"公族、小子"，二者分开，也正说明二者身份的不同。但"小子"仍保有同"宗"之名，可算是高层级的"王族"。"公族"与"宗小子"为两类人群，分别对应朱凤瀚所言王族之高低两个层次。周天子既称受封姬姓贵族为"小子"，则其自身的定位无疑是"大宗"。

"公族"与"宗小子"既是两类身份有别的人群，自然也对应两种不同的宗族形态。由于"公族"只是王未受封之近亲，所以亲属规模不会很大。"公族"成员多数为王之子辈或孙辈，兄弟辈已少见，天子身处其中，往往既是最尊者，也是年纪最长者，亲属关系较一般贵族宗族简单。从上引王伯、王季等称谓以及王仲皇父为妻子作器的情况来看，部分"公族"成员当已经成年，并且生子，有自己的小家庭。从"王员伐楚荆""大省公族，振旅"来看，部分的公族成员已经任事，或也有一定的私属经济。但是相对于那些已经受封的原王室贵族而言，公族成员之政治与经济实力仍属有限。他们需要依靠天子分封才能真正

---

① 王龙正、姜涛、袁俊杰：《新发现的柞伯簋及其铭文考释》，《文物》1998年第9期，第53—56页；李学勤：《柞伯簋铭考释》，《文物》1998年第11期，第67—70页。
② 陈剑：《柞伯簋铭文补释》，《甲骨金文考释论集》，北京：线装书局，2007年，第2页。
③ 《仪礼注疏》卷十二，《十三经注疏》，第2166页。
④ 陈剑：《柞伯簋铭文补释》，《甲骨金文考释论集》，第2页。

变得独立,现阶段而言仍"依附"天子而生活,所以他们的居地当与王相隔不远,甚至与王聚居,公族成员所在小家庭也并不是独立之经济单位。这种家族形态,与上文所言依附型小宗类似。

至于对"宗小子",即受封的姬姓贵族而言,他们已经被天子胙土命氏,各有氏名和领地,因此他们并非聚居。同时多数获得王朝政治身份(内服或外服职官),形成一个个相对独立的政治、经济实体,不再需要依附周天子而生活。其宗族形态与上文所言独立小宗类似。这两种王族形态的不同,最为关键的一点是获得政治权力(受封),可见政治对宗族形态的巨大影响,连王族也不例外。

第二节 长子就封还是庶子就封——论西周早期高等级贵族分宗

周革殷命,周人集团诸贵族因追随天子灭商立国有功而获得厚赏,所在宗族规模和实力随之迅速扩大,宗族分支逐渐增多。与此同时,周天子为稳定政局,巩固灭商成果,大行分封,"封建亲戚,以蕃屏周"①,众多亲戚功臣被封往各地以镇抚民人。宗族分宗与政治分封紧密结合,成为西周制度的一大特色。不过政权新立,朝堂之上亦需能臣贤佐协助天子稳定政局。因此之故,部分重臣虽有分封,亦兼任王朝职官。他们自身需留在王朝任职,需改令族人子弟代其就封。同时,世官制下,其在王朝职事也会由后人继承。因此所属宗族会被明显地分为畿内家族和封地家族等多个部分。在这种情况下,外封和留王畿该如何选择?何人将前往就封,何人又会留下继承王朝职事?《史记·鲁周公世家》司马贞《索隐》云:"周公元子就封于鲁,次子留相王室,代为周公。"②《史记·燕召公世家》又云:"(召公)亦以元子就封,而次子留周室,代为召公。"③"元子"即长子,司马贞认为周公、召公均让长子代往封地就封为侯,次子留在王朝接替其职位。按,司马贞所言周、召二公分宗情况是否可信?"长子就封,

---

① 《春秋左传正义》卷十五,《十三经注疏》,第3944页。
② 《史记》卷三十三,第1524页。
③ 《史记》卷三十四,第1549页。

次子留相王室"而外,是否还有其他的分宗模式?外封宗族与留王畿之宗族关系如何?这些问题既与西周政局紧密相连,也是宗法制度的重要内容。以往学者虽有所论及①,但并不全面,近几年新的考古发现又为此问题的深入讨论提供了新的线索。下面我们以西周金文材料为基础,结合相关史事对西周早期高等级宗族分宗情况试作探索。

在西周早期受封诸贵族中,尤以姬姓贵族为多。《左传》昭公二十八年载成鱄曰"昔武王克商,光有天下。其兄弟之国者十有五人,姬姓之国者四十人"②,《荀子·儒效》云"(周公)兼制天下,立七十一国,姬姓独居五十三人"③,可见数目之盛。其中周公、毕公、召公、南宫宗族的情况相对较为清楚,本节便以此四大宗族为例,谈谈西周早期姬姓贵族的分宗情况。

一、周公宗族分宗情况探析

周公名旦,是文王之子,武王之弟,为西周王朝的开创与稳定做出了重大贡献。周公宗族由多个以其子为祖而独立成氏的次一级宗族构成,有关周公宗族的结构及分宗情况,传世文献多有记载,并得到了出土材料的有力证明。

周公长子名伯禽,代周公就封于鲁。关于伯禽侯鲁的时间,传世文献有不同的说法。《史记》记载武王封周公于鲁,周公以其子伯禽就封。《鲁周公世家》云:

> (周武王)封周公旦于少昊之虚曲阜,是为鲁公。周公不就封,留佐武王……周公卒,子伯禽固已前受封,是为鲁公④。

伯禽在武王之时就已任鲁侯。但《诗经》记载伯禽侯鲁在成王之时,《鲁颂·閟宫》云:

---

① 比较有代表性的著作有陈梦家的《西周铜器断代》、朱凤瀚的《商周家族形态研究(增订本)》,以及韩巍的博士学位论文《西周金文世族研究》。此外还有不少学者就某一宗族或几个宗族内部关系作过详细探讨,这样的论文和著作有很多,部分见于下文,此不详引。
② 《春秋左传正义》卷五十二,《十三经注疏》,第4601页。
③ (清)王先谦撰,沈啸寰、王星贤点校:《荀子集解》卷四,第114页。
④ 《史记》卷三十三,第1515、1524页。

> 王曰叔父,建尔元子,俾侯于鲁。大启尔宇,为周室辅。乃命鲁公,俾侯于东。赐之山川,土田附庸①。

"元子"即长子,王既称周公为"叔父",则是成王无疑。这一章记载了成王对周公的诰命,据此则伯禽侯鲁当在成王之时。

从西周早期东土态势来看,武王之时山东之地并未归周所有。只有在周公东征平定东夷叛乱以后,周人才有在商奄旧地一带封邦建侯之可能。禽簋有铭文作:

> 王伐奄侯,周公谋禽祝,禽有敂祝。王赐金百孚,禽用作宝彝。　　（04984）

铜器年代在西周早期偏早,"奄"原作"𡎰",音近可通假。奄地在今山东曲阜附近。"王伐奄侯"亦即成王之时周公"一年救乱,二年克殷,三年践奄,四年建侯卫"之"践奄"。禽为器主之名,从铭文所见史事以及周公与禽的密切关系来看,多数学者认为禽即周公之子伯禽。朱凤瀚认为伯禽侯鲁很可能在周公东征克商、践奄之后将其留在奄地,建立鲁国,成为周人镇守新开发的东土边域的重镇②。因此,伯禽侯鲁的时间当如《閟宫》所言,在成王之时。伯禽为实际上的鲁国始封君,也被称作"鲁公",如鲁侯熙鬲铭文有:

> 鲁侯熙作彝,用享䵼厥文考鲁公。　　（02876）

鲁侯熙即鲁炀公熙,是伯禽之子,考公酋之弟。铭文所言祭祀"文考鲁公",指的就是伯禽。

周公让长子伯禽就封鲁国的同时,据上引《史记索隐》云将次子留在畿内继承其在王朝的职位。西周金文见有周公之子担任王朝大臣者,如矢令方彝有铭文作:

> 唯八月,辰在甲申,王令周公子明保尹三事四方,授卿事寮,丁亥,令矢告于周公宫,公令诞同卿事寮……　　（13548）

"周公子明保"即周公之子明保。铭文记载周天子令明保管理王朝内外之

---

① 《毛诗正义》卷二十,《十三经注疏》,第1328页。
② 朱凤瀚:《鲁国青铜器与周初鲁都城》,《青铜器与山东古国学术研讨会论文集》,上海:上海古籍出版社,2017年,第177页。

事(尹三事四方)，由职事可知其当为王朝执政大臣。明保也被称作"明公"，见于矢令方尊(11521)、鲁侯尊(04955)等，很可能是继承了其父"周公"的职位，这正与传世文献所言相同。陈梦家认为明保乃周公次子君陈①，很可能是正确的意见②。

除长子封鲁，次子为周公之外，周公其余诸子也各有分封，逐渐形成独立性较高、各有氏名的宗族。《左传》僖公二十四年有"凡、蒋、邢、茅、胙、祭，周公之胤也"③，这些均是周公受封之子辈，多数见于西周铜器铭文，如：

唯三月，王令荣眔内史曰䇂邢侯服，赐臣三品……朕臣天子，用典王命，作周公彝。
(邢侯簋，05274)

柞伯用作周公宝尊彝。
(柞伯簋，05301)

它曰：拜稽首，敢叡昭告：朕吾考令乃鵩沈子作䇂于周公宗，陟二公，不敢不䇂……
(沈子它簋盖，05384)

先秦时期"神不歆非类，民不祀非族"④，邢侯、柞伯能制作祭祀周公之器，凡公宗族有周公宗庙(周公宗)，说明他们为周公后代。

西周还有"𥛴"氏，有铭文作：

唯王伐东夷，𥛴公令𡧛眔史旟……
(𡧛鼎，02365)

王初□□于成周，𥛴公蔑司曆……
(司鼎，02225)

𥛴姬作父庚尊簋……
(𥛴姬簋，04900)

"𥛴"字形图片为 ▨、▨、▨、▨ 等，李学勤据郭店简《缁衣》简22"祭公"之"祭"写作 ▨ 而将此类字形读作"祭"，指出"𥛴"即周公之后祭氏⑤。由此看来，凡、蒋、邢、茅、胙、祭等均是周公之后，各自立氏，可算周公宗族之分族。

---

① 陈梦家：《西周铜器断代》，第37页。
② 西周金文还见有以"周"为氏者，如"晋司徒伯郗父作周姬尊彝，其万年永宝用"(02143)、"齐伯里父作周姜媵匜，其万年子子孙孙永宝用"(14966)。前者应是丈夫为其妻作器，其妻称谓属于"父氏＋父姓"格式；后者为父亲为女儿作媵器，属于"夫氏＋父姓"。从"周姬"可知此"周"为姬姓，不会是妘姓之䧹。而天子宗族以"王"为氏，如金文见有"王姜""王姞""王姒"等。准此，此"周"很有可能是畿内周公宗族的氏称。
③ 《春秋左传正义》卷十五，《十三经注疏》，第3944页。
④ 《春秋左传正义》卷十三，《十三经注疏》，第3910页。
⑤ 李学勤：《释郭店简祭公之顾命》，《文物》1998年第7期，第45页。

既是同属周公宗族,内部当有大宗、小宗之别。那么周公诸子孰为大宗?尤其是对于周公长子与次子而言,分别继承其畿外封地与王朝职事,二者宗族地位孰高孰低?这一点我们或可从诸家祭祀规格与等级的差别中找到答案。

祖先祭祀在周代社会中占有重要地位,西周时代宗庙祭祀制度谨严,一般由宗子主持宗族祭祀,其他宗族成员不得僭越,所谓"庶子不祭,明其宗也"①。祭祀权的归属、祭祀对象和祭祀规格的不同等均是祭祀者身份高低的体现。文献所见鲁侯在宗庙祭祀中的地位明显要高于其兄弟辈,说明外服鲁侯一支应是周公宗族大宗,畿内周公家族及其余诸子只能算是小宗。

首先,从宗庙设置情况来看,鲁侯立庙规格高于其他兄弟之族。鲁国有文王庙,鲁侯可以祭祀文王。《左传》襄公十二年:"秋,吴子寿梦卒,临于周庙,礼也。"杜预注:"周庙,文王庙也。周公出文王,故鲁立其庙。"②周公旦为周公宗族始祖,文王是周公之父,于周公后代而言属于"祖之所自出者"。唯有大宗才有立庙祭祀"祖之所自出者"的权力。周公其余诸子,包括畿内周公一支,均只能立周公宗庙,作器祭祀周公,而不见立文王庙的记载③。

其次,从祭祀规格来看,鲁国因周公之故,祭祀规格秩比天子,这也是其他诸子宗族所不能比的。《礼记·继统》云:

> 昔者周公旦有勋劳于天下。周公既没,成王、康王追念周公之所以勋劳者,而欲尊鲁,故赐之以重祭。外祭则郊社是也,内祭则大尝禘是也。夫大尝禘,升歌清庙下而管象,朱干玉戚以舞大武,八佾以舞大夏,此天子之乐也④。

周公之子均能祭祀周公,但天子褒扬周公勋劳而独尊鲁,说明鲁国在周公宗族中的地位明显要比其他兄弟高。这种祭祀上的差别,正是宗族内部地位高低的体现。因此,伯禽封鲁,不仅仅是代父就封,更是周公传重之所在。"传重者,传所受宗庙、土地、爵位、人民之重也"⑤。鲁侯这一支无疑是周公宗族

---

① 《礼记正义》卷三十四,《十三经注疏》,第3268页。
② 《春秋左传正义》卷三十一,《十三经注疏》,第4236页。
③ 沈子它簋(05384)"周公宗"为凡国祖庙,夨令方彝(13548)"周公宫"是周公之子明保祭祀周公的场所。邢侯簋(05274)"作周公彝",柞伯簋(05301)"用作周公宝尊彝",刑、柞(胙)亦是周公之子。铜器铭文表明他们均只能立庙祭周公,而不能祀文王。
④ 《礼记正义》卷四十九,《十三经注疏》,第3488—3489页。
⑤ 《白虎通疏证》卷四《封公侯》,第152页。

大宗。这一点也可以从西周金文中得到证明。伐簋(图4.2)有铭文作：

> 唯王七年正月初吉甲申，王命伐遗鲁侯，伯頵蔑厥老父伐历，赐圭瓒、彝一肆，暨尊以厥备；赐小子𫐐一家，师曰引，以友五十夫。伐拜稽首，敢对扬朕公子鲁侯丕显休，用作吕姜□宝尊簋，其用夙夜享于宗室，用祈纯鲁，世子孙孙永宝用。（05321）

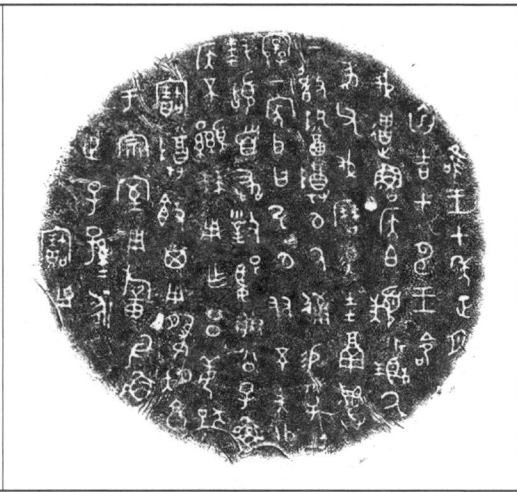

图4.2 伐簋器形及铭文拓片

铜器年代在西周晚期，器主为伐①。"遗"，吴雪飞认为当训为"问"，有"存问""存省"之意，"王命伐遗鲁侯"即王命令伐前往存问鲁侯②。伐受王命遗鲁侯，朱凤瀚认为伐本人是王朝卿士③。伐自称为鲁侯之"老父"，学者均认为是现任鲁侯之父辈。鉴于伐为王朝卿士，则很可能不是来自鲁侯家族，而是周公留在王畿的子孙后代④。伐当不是鲁侯亲叔父，而只是在辈分上为时任鲁侯叔父。铭文后面还称鲁侯为"朕公子鲁侯"，意即"朕公"之子鲁侯。"朕公"当是对上代鲁侯之尊称，而西周时期宗族内部族人往往可称宗子为"公"。伐为王朝卿士，却仍刻意强调或拉近其与鲁侯的亲缘关系（厥老父、朕公），说明其

---

① 朱凤瀚：《关于西周金文历日的新资料》，《故宫博物院院刊》2014年第6期，第11—24页。
② 吴雪飞：《新见伐簋铭文考释》，《殷都学刊》2017年第1期，第56—59页。
③ 朱凤瀚：《关于西周金文历日的新资料》，第11—24页。
④ 周宝宏认为伐当是周公之次子、鲁公伯禽的弟弟留在周王室继承周公职务的君陈的后代，是值得重视的意见。周宝宏：《伐簋铭文补释（外一篇）》，《中国文字研究》第二十二辑，2015年，第31—35页。

仍然将自身看作是与鲁侯同宗之人。而鲁侯对伐的赏赐,也多有大宗赏赐小宗的特点①。由此可以看出,王朝卿士伐与鲁侯仍然存在宗族联系,鲁侯为大宗,伐是小宗。

二、毕公宗族分宗情况探析

毕公名高,也是文王之子,武王之弟。《左传》僖公二十四年:"管、蔡……毕、原、酆、郇,文之昭也。"②毕公是西周早期重要的辅政大臣,毕公宗族分宗的全貌目前已不得而知,从铜器铭文来看,较为显赫的有畿外楷侯与畿内毕氏两支。

献簋(图4.3)有铭文作:

> 唯九月既望庚寅,楷伯于遘王,休亡尤。朕辟天子、楷伯令厥臣献金车,对朕辟休,作朕文考光父乙,十世不忘,献身在毕公家,受天子休。
> (05221)

图 4.3 献簋器形及铭文拓片

---

① 鲁侯赐伐之物,如宗庙彝器、民人等,与西周常见大宗宗子(宗妇)赐予小宗的物品相似,如禹簋(05214)铭文所见大宗遣伯遣姬赐予小宗禹"宗彝,罙逆小子夆偭以友三十人"、宗人簋(30461)中大宗伯氏赐给小宗宗人"丗戈、仆五家,厥师曰学"、季姬尊(11811)中宗妇赐予季姬"畎臣于空桑,厥师夫曰丁,以厥友二十又五家"等。
② 《春秋左传正义》卷十五,《十三经注疏》,第3944页。

该器侈口束颈，器腹较深，圈足较高，颈和圈足均饰三列云雷纹组成的列旗脊兽面纹，颈的前后增饰浮雕兽头，郭沫若认为是康王时器①。

"献"为器主名，称天子、楷伯为"朕辟"，而自称"厥臣"，可知献当是楷伯的属臣（若只是天子属臣，则不应称楷伯为"朕辟"）。"楷"为氏名，学者或认为即传世文献之"黎"，其地在今山西黎城附近②。铭文记载了楷伯赏赐厥臣献的事情，开头作"楷伯于遘王，休亡尤"，当是赏赐之起因与背景。献很有可能跟随楷伯前往觐见周天子，故而有此赏赐。献是楷伯之臣，铭文末尾却言及"十世不忘献身在毕公家"，由此可知楷伯与毕公当有密切联系。从铜器年代来看，"毕公"应指毕公高。郭沫若曾指出楷伯为毕公之子③，学者多从之④。"楷伯"之"楷"当为其封地之所在，"伯"为排行，表嫡长子，由此可知楷伯当为毕公长子。

毕公还有子孙留在畿内，世代以"毕"为氏。如《清华简·祭公之顾命》记载祭公谋父临终前与穆王对话的情形，其中有简文作"乃召毕桓、井利、毛班"（简9），《逸周书·祭公》也见有相似内容。"毕桓"之"毕"为氏名，于鬯《香草校书》指出"毕桓者，人氏名，疑毕公高之后"⑤，应是可信的意见。由简文可知毕桓为穆王朝三公之一，这当是继承毕公职事的结果。毕氏族人也见于金文，如毕伯克鼎铭文有：

> 毕伯克肇作朕丕显皇祖受命毕公䵼彝，用追享孝，子孙永宝用。　　　　　　（02273）

该器出土于陕西梁带村，年代在两周之际。铭文所见"皇祖受命毕公"，无疑是文王之子毕公高。"毕伯克"为毕氏宗族宗子，应是畿内毕氏后代。

毕公长子既然已经就封于楷，则畿内毕氏之祖当是其次子，段簋（图4.4）铭文或可佐证这一点：

---

① 郭沫若：《两周金文辞大系图录考释》，《郭沫若全集·考古编》第八卷，北京：科学出版社，2002年，第45页。
② 高智、张崇宁：《西伯既戡黎——西周黎侯铜器的出土与黎国墓地的确认》，《中国古代文明研究通讯》总第34期，2007年9月；李学勤：《从清华简谈到周代黎国》，《出土文献》第一辑，上海：中西书局，2010年，第1页。
③ 郭沫若：《两周金文辞大系图录考释》，第45页。
④ 韩巍：《西周金文世族研究》，第55—65页；李学勤：《从清华简谈到周代黎国》，第2—3页；陈颖飞：《清华简毕公高、毕桓与西周毕氏》，《中国国家博物馆馆刊》2012年第6期，第35—49页。
⑤ （清）于鬯：《香草校书》，第201页。

……王蔑段历,念毕仲孙子,令龏馘遗大则于段,敢对扬王休,用作簋,孙孙子子万年用享祀,孙子畈引。

(05234)

图 4.4 段簋器形及铭文拓片

铜器器主为段,从器形及铭文风格看,铜器年代当在西周中期。天子赏赐段,其原因是"念毕仲孙子",说明段为毕仲之子孙。此"孙子"是后代之意,不见得一定是孙辈或子辈,也有可能是曾孙或玄孙等。"毕仲"之"毕"为氏名,仲是排行,陈梦家认为毕仲是毕公之子[1],韩巍、陈颖飞进一步认为毕仲可能是楷伯之弟[2],当是可信的意见。毕公长子既然就封于楷,那么,畿内毕氏应是毕公次子毕仲之后。"毕仲"应即毕公宗族畿内毕氏的继承者。毕公宗族之分宗正与周公宗族"长子就封,次子留相王室"相同[3]。

毕公宗族既有分宗,那么分宗之后孰为大宗,孰为小宗?韩巍认为毕仲继

---

[1] 陈梦家:《西周铜器断代》,第54页。
[2] 韩巍:《西周金文世族研究》,第58页;陈颖飞:《清华简毕公高、毕桓与西周毕氏》,第40页。
[3] 西周早期还有一件追甗(《铭续》10275),铭文作"追作毕公宝尊彝"。"毕公"当即毕公高,根据铜器年代,器主"追"很有可能是毕公子辈。但其是属于畿内毕氏,还是跟随楷伯出封,抑或是别有所封则不得而知。

承了毕氏大宗,因此其宗子可以称毕伯①,李学勤也认为楷伯是毕公之别子②。按此说或可商榷。伯仲叔季是排行称谓,无论大宗小宗,每个宗族之内均可各有伯仲。因此毕仲之后每代嫡长子均可称毕伯,但这只代表其为畿内毕氏这一支之宗子,如同周公宗族之凡伯、胙伯为凡氏、胙氏宗子,甚至畿内"周公"之称世代相传,也并不代表他们是整个周公宗族之大宗。楷伯为毕公长子,按照嫡长继承制度,就该是毕公宗族传重之人,理应为毕公宗族大宗。而上引献簋、段簋铭文内涵也可佐证这一点。

献簋铭文记载献在感念楷伯赏赐之后,言及"十世不忘献身在毕公家"。是在献看来,服事楷伯即等于服事毕公之家,这无疑是将楷伯与毕公之家等同。楷伯若非毕公继承人,而是传重者,应当不得"毕公之家"之名,可见楷伯并非"别子"。同时,由段簋铭文可知段也是毕公之后,不过毕仲应为这一支的直系祖先,毕公属于"祖之所属自出者"。铭文言段为"毕仲孙子"却不言"毕公孙子",这种表述的差异恰可暗示毕仲一支的小宗地位。如禹鼎(02498)据铭文可知有皇祖曰"穆公"(禹曰:丕显桓桓皇祖穆公),此穆公原为井氏大宗宗子③,而禹所在"幽大叔—懿叔—禹"一支则是井氏小宗。因此铭文所见武公命禹之时,不言其是"穆公孙子",只是"弗遐忘朕圣祖考幽大叔",恰好点明其井氏小宗的身份。段簋铭文与此类似,只言"王念毕仲孙子"却不言"毕公孙子",正说明段与毕仲关系密切而与毕公有隔,可见毕仲一支当是毕公宗族之小宗④。准此,楷侯一系为毕公宗族大宗,畿内毕氏为毕仲之后,是宗族小宗,这点与周公宗族一致。

三、召公宗族内部结构分析

召公名奭,与周同为姬姓,是西周早期重要人物,历事文、武、成、康四朝,

---

① 韩巍:《西周金文世族研究》,第58页。
② 李学勤:《从清华简谈到周代黎国》,第2页。
③ 井叔叔采钟有铭文作"皇祖穆公",朱凤瀚认为穆公为同一人。
④ 类似的例子还有西周中期的冉簋(05233),器主名冉,由应侯冉盨(05639)可知为一代应侯。铭文有"王弗忘应公室",应公即应国始封君,原为武王庶子,是应侯冉直系祖先。铭文言"王弗忘应公室"而不言"王弗忘武王孙子",应公是武王别子,应侯一脉为王室小宗。因此只提及应公,而没有上系武王。

传世文献多有记载①。召公所在之召氏宗族本是姬姓支族②，东汉及以后或有文献言召公是文王之子，学者早已指出不可信③。现在看来，至迟在文王以前召氏宗族就已经分族而出。召公奭并非召氏宗族始祖，当商末周初召公任宗子之时，召氏宗族应已经有相当的规模。进入西周，随着召公功劳与地位的提升，召氏宗族的规模与实力愈益扩大。召公及其宗族成员（后裔）的事迹也常见于西周早期铜器铭文，如：

> 王伐录子耶，䵼厥反（叛），王降征令于太保，太保克敬亡谴，王侃太保，赐休余土，用兹彝对令。　　　　　　　　　　　　　　　　　　　　　（大保簋，05139）
>
> 唯公太保来伐反夷年，在十又一月庚申，公在盩师，公赐旅贝十朋。旅用作父丁尊彝，㞢。　　　　　　　　　　　　　　　　　　　　　　　　　（旅鼎，02353）
>
> 唯王荐于宗周，王姜使叔使于太保，赏叔鬱鬯、白金、䵼牛。叔对太保休，用作宝尊彝。　　　　　　　　　　　　　　　　　　　　　（叔簋，05113、05114）
>
> 公束铸武王、成王异鼎，唯四月既生霸己丑，公赏作册大白马，大扬皇天尹太保室，用作祖丁宝尊彝，㯱册。　　　　　　　　　　　　　　　（作册大鼎，02390—02393）
>
> 太保赐厥臣楲金，用作父丁尊彝。　　　　　　　　　　　　　　　（臣楲簋，04672）

召公之"召"在金文中均写作"𠾞"。召公官居太保，位列三公，西周早期

---

① 传世文献对召公服事文、武、成、康四朝的事迹多有记载，如《诗·大雅·江汉》："文武受命，召公维翰。"《诗·大雅·召旻》："昔先王受命，有如召公，日辟国百里。"郑玄笺云："谓文王、武王时也。""武王即位，太公望为师，周公旦为辅，召公、毕公之徒左右王，师修文王绪业。"《周本纪》"成王时，召公为三公。自陕以西，召公主之；自陕以东，周公主之。"《燕召公世家》"成王既迁殷遗民……召公为保，周公为师，东伐淮夷，残奄，迁其君薄姑。"《周本纪》"成王将崩，惧太子钊之不任，乃命召公、毕公率诸侯以相太子而立之……作《顾命》。太子钊遂立，是为康王。"《周本纪》
② 《集解》引谯周曰："周之支族，食邑于召，谓之召公。"
③ 东汉及以后有文献记载召公为文王之子，如《白虎通·王者不臣篇》："文武受命，召公维翰。召公，文王子也。"王充《论衡·气寿篇》："邵公，周公之兄也。"皇甫谧《帝王世纪》："邵公唯文王之庶子。"等等。但在此之前，诸如周代及西汉文献《左传》《史记》所载文王之子并无召公，如《左传》僖公二十四年有"管、蔡、郕、霍、鲁、卫、毛、聃、郜、雍、曹、滕、毕、原、酆、郇，文之昭也"，《史记·管蔡世家》云："武王同母兄弟十人。母曰太姒，文王正妃也。其长子曰伯邑考，次曰武王发，次曰管叔鲜，次曰周公旦，次曰蔡叔度，次曰曹叔振铎，次曰霍叔处，次曰康叔封，次曰冉季载。"因此梁玉绳《史记志疑》云："皇甫之说，本《白虎通》《论衡》，然不可信。孔颖达、陆德明并言《左传》富辰数文昭十六国无燕，则召公必非文王子，斥士安（皇甫谧）为谬。盖既为周同姓，称分子也可，称支族也可。"[（清）梁玉绳撰；贺次君点校：《史记志疑》卷十九《燕召公世家第四》，北京：中华书局，1981年，第892页] 学者或从"（召穆公）纠合宗族于成周""（文王之妻太姒）则百斯男"，以及召公在周初的尊崇地位等方面推测召公应当是文王庶子，论据皆不够充分，任伟曾有详细的论证。参看任伟：《西周封国考疑》，社会科学文献出版社，第161—162页。

铜器铭文举凡言"召公""太保"者,一般而言均指召公奭。"录子䣄"即纣王之子武庚禄父,"厥反(叛),王降征令于太保"指召公曾受成王之命镇压武庚禄父的叛乱。"公太保来伐反夷年"说明召公曾东征镇压过东夷反叛。"公束铸武王、成王异鼎",召公能铸作祭祀武王、成王的大鼎,可见其在周王朝地位之尊崇。

就目前所见材料而言,西周早期召公宗族有多个分族,可以确定的有燕侯家族、太保家族和召氏家族等。

《史记·燕召公世家》有"周武王之灭纣,封召公于北燕"①,西周初年武王即封召公于燕②。传世小臣䚄鼎有铭文作:

> 召公建匽(燕),休于小臣䚄贝五朋,用作宝尊彝。　　　　　　　　　(02102)

[图],此处从裘锡圭释作"建"③。"建"可训作"立","召公建燕"即召公建立燕国,这与文献所载周天子封召公于燕相合。不过去往燕地就封的可能并非召公奭本人,而是其子。1986年房山琉璃河西周燕国墓地西周早期墓葬M1193出土有克罍(图4.5)、克盉,铭文作:

> 王曰:"太保,唯乃明乃心,享于乃辟。余大对乃享,令克侯于燕⋯"克宔匽(燕),入土眔厥司。用作宝尊彝。　　　　　　　　　(克罍、克盉,13831、14789)

铜器年代在西周早期偏早。铭文主要内容是周天子感念召公勤劳王室,服事天子,于是命令克去往燕地为侯,克因此作器纪念这件事。学界对"克"是否为人名曾有不同的理解,但从前后文语义分析,现普遍认为是人名。天子因召公功劳而封克为燕侯,这说明召公与克有着极为密切的亲缘关系。参照天子封周公而其子伯禽侯于鲁,克最有可能是召公之子,这一点也得到学界的普遍认同。西周早期还有另一位燕侯也曾作器祭祀召氏祖先(燕侯旨鼎,见下文),可见燕侯家族属于召氏宗族的一支,这是没有疑问的。

---

① 《史记》卷三十四,第1549页。
② 《榖梁传》庄公三十年:"燕,周之分子也。"范宁注:"燕,周大保召公之后,成王所封。分子,谓周之别子孙也。"(《春秋榖梁传注疏》卷六,《十三经注疏》,第5184页)如此,则是成王封召公于燕。要之两说皆在西周初年,具体是武王还是成王所封,在此不作深入讨论。
③ 裘锡圭:《释"建"》,《裘锡圭学术文集》第3卷,第39—42页。

图 4.5 克罍器形及铭文拓片

西周早期还见有名为"㐭"的器主所铸铜器多件(图 4.6),其铭文作:

㐭作尊彝,太保。 (㐭鼎,01527－01531)
太保,㐭作宗室宝尊彝。 (㐭鼎,01863)
㐭作尊彝,太保。 (㐭觚,09820)

图 4.6 㐭器器形及铭文拓片

从器形来看,这几件铜器的年代均较早,唐兰定为康王时期。铭文"㐭作尊彝"和"太保"之间往往有明显的间隔,并不连在一起,因此二者当不能连读。"太保"为职官名,在西周早期多用以代指召公奭。但从"大保"在这批铜器中的位置来看,其性质应与商周常见之族氏铭文相同,即表示器主"㐭"所属之宗

族,属于典型的"以官为氏"。"檰"既是属于太保宗族,则为召公后代无疑。结合铜器年代,很有可能是召公奭之子。

西周早期还有召氏宗族,如:

> 穌作噩(召)伯父辛宝尊彝。 (穌爵,08569,图 4.7a)
> 伯穌作噩(召)伯父辛宝尊鼎。 (伯穌鼎,01900,图 4.7b)

伯、仲、叔、季表排行,"召伯"即召氏宗族之"伯",生前应是召氏宗族宗子。"召公"之"召"与此"召伯"之"召"字形相同,二者应属于同一宗族。"梁山七器"铭文既有召公也有召伯父辛,可为这一点作有力的证明。

清朝道光年间,山东寿张梁山出土七件青铜器(鼎三、彝一、盉一、尊彝一、甗一),即大保方鼎(两件)、大保簋、宪鼎、伯宪盉、大史友甗、小臣艅犀尊[①],学界称之为"梁山七器"。两件大保鼎铭文相同,其中一件被曲阜孔府收藏之后便不知所在,其余六件铭文作:

> 太保铸。 (大保鼎,01065)
> 王伐录子䎽,䎽厥反(叛),王降征令于太保,太保克敬亡遣,王侃太保,赐休余土,用兹彝对令。 (大保簋,05139)
> 唯九月既生霸辛酉,在燕,侯赐宪贝、金,扬侯休,用作召伯父辛宝尊彝,宪万年子子孙孙宝光用。太保。 (宪鼎,02386,图 4.7c)
> 伯宪作召伯父辛宝尊彝。 (伯宪盉,14752,图 4.7d)
> 太史友作召公宝尊彝。 (太史友甗,03305)
> 丁巳,王省夒🐚,王赐小臣艅夒贝,唯王来征夷方,唯王十祀又五,肜日。

(小臣艅犀尊,11785)

这批铜器的年代并不一致,小臣艅犀尊是殷末铜器,铭文记载商王征夷方后赏赐小臣艅的事情。其余六件年代均在西周早期,年代也有早晚,从器形看,宪鼎与伯宪盉的年代要晚于大保和大史诸器,应在昭王时期[②]。除小臣艅

---

① 关于"梁山七器"究竟是在何时出土,何地出土,以及具体指哪七件铜器,学界有不同意见。各家说法可参陈寿:《大保簋的复出和大保诸器》,张长寿:《商周考古论集》,北京:文物出版社,2007年,第168—177页;陈絜:《"梁山七器"与周代巡狩之制》,(台北)《汉学研究》34卷第1期,2016年,第1—25页。
② 彭裕商:《西周青铜器年代综合研究》,第242—245、277—278页。

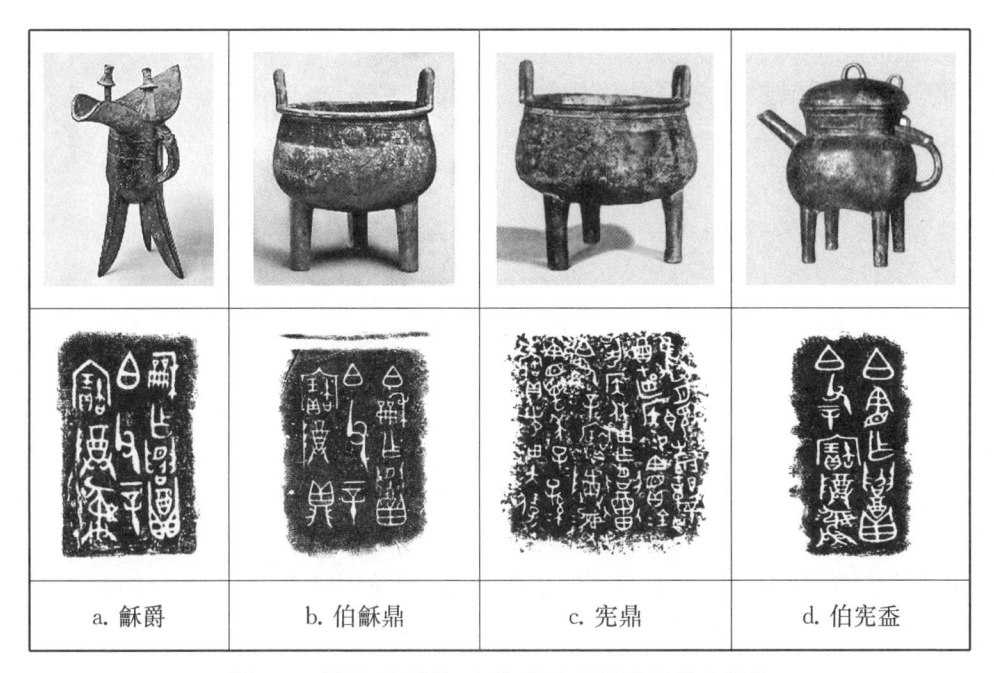

第四章 天下国家——天子、诸侯宗法考论 257

| a. 鰍爵 | b. 伯鰍鼎 | c. 宪鼎 | d. 伯宪盉 |

图 4.7 鰍爵、伯鰍鼎、宪鼎、伯宪盉器形及铭文拓片

犀尊而外，其余铜器铭文的内容均与召公或召伯父辛有关，因此二者当有密切的关系，应属于同一宗族。

西周早期召氏宗族铜器还有：

  䚋(召)父丁。   （召父丁爵，08144）

  七五六六六七，䚋(召)仲。   （召仲卣，13201）

"召"字写法与召公诸器相同，两件铜器年代均在西周早期。"召"为宗族名，说明作器者及受祭者属于召氏家族。召仲卣之"召仲"若作人名，则为召氏宗族排行为"仲"者。若作族名，则为召氏宗族之分支"召仲"家族。以年代推论，此"召仲"当为召公同辈或子辈。

上举伯鰍诸器和伯宪诸器年代相近，均提到"召伯父辛"，与此同时，西周早期燕侯旨鼎有铭文作：

  燕侯旨作父辛尊。   （01716）

燕侯家族是召氏宗族的一支，西周早期燕侯旨还有铭文作"燕侯旨初见事于宗周"(燕侯旨鼎,02203),见事即"视事",就职治事。所谓的"初见事于宗周",很可能是旨初任燕侯来宗周述职。上文已经言明,克是燕国始封君,根据燕侯旨铜器的年代,旨应该是第二任燕侯,为克之弟或子。"父辛"与"召伯父辛"日名相同。"梁山七器"之宪鼎铭文作"唯九月既生霸辛酉,在燕,侯赐宪贝……(宪)用作召伯父辛宝尊彝",宪鼎铜器在西周早期偏晚,此"(燕)侯"当不会是始封君燕侯克,而很有可能是燕侯旨。如此,则"父辛"很可能是"召伯父辛"。

伯龢、伯宪与燕侯旨均曾祭祀日名为辛的召氏父辈先人。他们之间以及与召公、燕侯克的关系值得探讨,不少学者曾作过研究①,但至今未能取得一致的意见,故在此仍需作进一步讨论。

燕侯旨无疑属于燕侯一脉,伯龢与伯宪的称名方式均为"排行+私名"。前面第二章我们已经言明,西周时期伯、仲、叔、季用以表排行时,仲与叔可能存在多个,如大仲、小仲、大叔、小叔等,但伯与季往往只有一个,似未见反例。《白虎通》云"积于仲、积于叔……不积于伯、季,明其无二也"②,便是对这种现象的反映。因此伯龢与伯宪当不可能是亲兄弟,只能是从父兄弟。从宪鼎铭文末尾有"大保"的情况来看,伯宪很有可能属于大保氏,如此,伯龢最有可能属于召氏宗族召伯一系了。

关于召公与召伯父辛的关系,学者或谓召公即召伯父辛。但召公奭生前均称"大保"或"召公",未见称"召伯"者。且如此一来,伯宪与伯龢的从父兄弟关系便不好理解。西周时期继承制度以传子优先,召公原为召氏宗子,召氏宗子之召伯这一支当由其亲子继承。同时,召公也是太保氏始祖,太保之职官当然也是由其亲子而非其弟继承。若召公为召伯父辛,则伯宪与伯龢为亲兄弟,这与西周兄弟排行只有一位"伯"的规律不符。并且,伯宪器的年代在西周早期偏晚昭王时,而召公在商末周初便已活跃在政治舞台,二者时间差距过大,

---

① 关于召公奭与召伯父辛的关系,以往学界有多种说法:召伯父辛是召公奭之父、召伯父辛即召公奭、召伯父辛是召公奭之子,以及"召伯父辛"为"召伯""父辛"二人等。任伟曾对诸家观点作过详细辨析(任伟:《西周封国考疑》,第159—178页)。此后韩巍、曹斌等亦曾详细讨论此问题。韩巍:《西周金文世族研究》,北京大学博士学位论文,2007年;曹斌:《匽侯铜器与燕国早期世系》,《江汉考古》2016年第5期,第70—76页。
② 《白虎通疏证》卷九,中华书局,第418页。

解作父子并不合适,当以解作祖孙为宜。还有最为关键的一点是,从西周早期召氏宗族铜器来看,召公日名并非"辛"。洛阳北窑出土西周早期叔造尊(图4.8)有铭文作:

> 叔造作召公宗宝尊彝,父乙。 (11736)

图 4.8 叔造尊器形及铭文拓片

铭文虽然不长,但其内涵及人物关系却值得探索。西周早期称"召公"者多指召公奭,此铭之"召公"也应作如此理解。铭首"叔造"是人名,为作器者,铭末"父乙"为受祭者,应是叔造之父。"叔造作召公宗宝尊彝"之断句有两种理解:一是断作"叔造/作/召公宗/宝尊彝",二是断作"叔造/作/召公/宗宝尊彝",二者的意思并不相同。

若是前者,则"召公宗"即(祭祀)召公之宗庙,铭文的意思是叔造铸造了一件在召公宗庙内使用的祭器,用来祭祀父乙。叔造能在召公宗庙内祭祀父乙,则父乙、叔造无疑均是召氏族人,此祭祀行为的内涵很可能与祔祭有关。将父乙祔于召公宗庙,父乙很有可能是召公之子,叔造为召公之孙[①]。

若是后者,则该器是叔造为召公而作,召公、父乙是同一人,召公为尊称,父乙是对受祭者信息的补充。铭文的意思是叔造为召公父乙作了一件宗庙祭

[①] 发掘者即持类似意见,参洛阳市文物工作队编:《洛阳北窑西周墓》,北京:文物出版社,1999年,第362页。

器,如此则召公日名为"乙",叔造是召公之子。这两种断读意见哪种更符合当时的实际情况,可从对"宗宝尊彝"的分析说起。

"宗宝尊彝"之宗、宝、尊均是修饰"彝",西周金文常见宗彝、宝彝、尊彝,例不烦举。不仅如此,"宗、宝、尊"三者合起来修饰"彝"的情况也不少见,如:

  (保)用作父癸宗宝尊彝。   (保尊,11801)
  毃作父乙宗宝尊彝,子子孙孙其永宝。   (毃尊,11760)
  公作宗宝尊彝。   (公卣,13120)
  伯扬作宝彝(器铭);作宗宝尊彝,万年孙子用(盖铭)。 (伯扬卣,30879)

前两件铜器在"宗宝尊彝"之前有人名信息,与叔造尊相同。后两件则无人物信息,仅有"宗宝尊彝",由此可知"宗宝尊彝"为固定词组,"宗"无需与"宝尊彝"断开。

不仅如此,"宗宝尊彝"还可以写作"宝尊宗彝",如西周日己方尊、西周日己方彝、西周日己方觥:

  作文考日己宝尊宗彝。   (11777、13537、13664)

或者省略"宝""尊",作"宗尊彝""宝宗彝""宗宝彝"等,如:

  豫作父乙宗尊彝。   (豫角,08785)
  异作厥考伯效父宝宗彝。   (异卣盖,13274)
  周免旁作父丁宗宝彝。   (旁尊,11709)

"宝尊宗彝""宗尊彝""宝宗彝""宗宝彝"与"宗宝尊彝"的内涵无疑是一致的,"宗"字可前后移动,可证"宗"用以修饰"彝",不当与前连读。因此,"叔造作召公宗宝尊彝"的断读当如第二种理解,即叔造铸造了一件用以祭祀召公的宗庙彝器。铭末之"父乙"是对受祭者召公信息的补充。铭文完整语序应该是"叔造作召公父乙宗宝尊彝"。这种在铭文末尾补充受祭者信息的情况亦见于其他金文,如许仲㪤尊、卣有铭文作:

  许仲㪤作厥文考宝尊彝,日辛。   (11740、13267)

"许仲㪤"是作器者,受祭者是其"文考",铭文末尾之"日辛"无疑是文考之日名，完整语序应该是"许仲㦰作厥文考日辛宝尊彝"，这种格式与叔造尊几乎一致，由此亦可证叔造尊之父乙是召公日名。

西周早期受祭者既名公，又有日名的情况，还见于宜侯夨簋。"宜侯夨扬王休，作虞公父丁尊彝"（05373），"虞公父丁"与"召公父乙"的称谓形式全同。准此，召公奭之日名为"乙"，与"召伯父辛"显然不是同一人。

因此，召伯父辛最有可能是召公之子，伯宪、伯龢与燕侯旨为召公孙辈，这一点已经为多位学者所指出。

召伯父辛为召公之子。燕侯一支已经"胙土命氏"，以燕侯为称，所以不会再称"召伯"，因此燕侯克不会是召伯父辛，两人应为兄弟关系。燕侯旨既称"父辛"，只能是燕侯克之子，而非其弟。禽和伯宪均属于太保氏，而上引禽器的年代早于伯宪器，则禽应该是伯宪的父辈，很有可能是其生父，属于召氏家族之伯龢很有可能是召伯父辛亲子。

综上，西周早期铜器铭文所见召氏宗族的分宗情况可图示（图 4.9）如下：

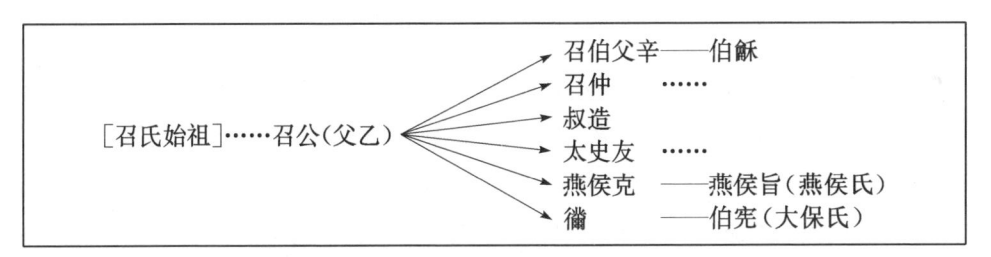

```
                          ┌→ 召伯父辛 ── 伯龢
                          ├→ 召仲   ……
[召氏始祖]……召公（父乙）┼→ 叔造
                          ├→ 太史友  ……
                          ├→ 燕侯克 ── 燕侯旨（燕侯氏）
                          └→ 禽    ── 伯宪（大保氏）
```

图 4.9　西周早期召公宗族分宗示意图

关于此谱系，还有几个问题需要说明：

一是关于召氏、大保氏和燕侯家族三者孰为大宗孰为小宗的问题。学者或以为召氏宗族也是"长子就封，次子留相王室"，因此以燕侯克为召公长子。如此一来，参照周公宗族情况，则燕侯一系为召氏宗族之大宗。还有学者认为继承太保氏者才是召氏宗族宗子，太保氏为召氏之大宗。

按两说似均可商。上文已经指出，"召伯父辛"是召公之子，"伯"表示排行，根据西周嫡长继承制的相关规定，嫡长子是传重者，是大宗的继承人，因此召伯父辛应是召公嫡长子，其所在召氏应是整个召公宗族大宗。司马贞所言召公以"长子就封"并不确。以往学者认为克为召公长子只是依据周公宗族情况推测而来,并未得到铜器铭文的证实。西周时期燕侯一系无论在祭祀还是其他方面并未见有高过召氏者。且从西周早期铜器铭文来看,畿内召氏家族包含众多分支,其宗族规模和势力似乎要高过燕侯一系。如果燕侯一系是召氏大宗,那么燕侯克就封之时理应携召氏宗族大部去往燕地。因为宗子传重,当总管族人,不然所谓大宗将有名无实。然而这种情况并未出现,并不见召氏宗族大部迁往燕地的景象。并且,由于召氏宗族在西周初年已有相当规模,如果燕侯为宗族大宗,携大量宗族成员去往燕地,可谓"举族迁徙",必将震动召氏宗族根基。而从西周早期周人稳定统治的措施来看,举族迁徙是镇压殷遗民的手段,所谓"则惟尔多方探天之威,我则致天之罚,离逖尔土"①是也。周人统治者当不会用镇压殷遗民的手段来对待开国功勋之族。所以,无论是从实际还是情理而言,燕侯一系也不会是召氏大宗。

至于太保氏,西周中期以后便基本不见,可能宗族消散,或重新并入召氏宗族。存在时间如此之短,难以当得上大宗之名。上引宪鼎铭文有"唯九月既生霸辛酉,在燕,侯赐宪贝、金,扬侯休",此"侯"当即燕侯旨(见上文),(伯)宪为太保氏宗子,二者是平辈。从铭文语气来看,二者更像是某种上对下的关系,至少宪的地位不会高于燕侯。因此,太保氏不太可能为召氏大宗。反观召氏宗族召伯一支,从西周早期到春秋晚期一直存在,长期占据王朝要职。因此,最有可能的情况是,召伯父辛为召公长子,继召公而为召氏宗子,其所在畿内召伯一支(召伯父辛—伯龢)是整个召氏宗族大宗。

二是从兄弟三人均祭祀"(召伯)父辛"的问题。王国维早已指出商代有祭祀诸父的习惯②,召公宗族此行为可能是延续商代以来的传统。更准确地说,燕侯旨和伯宪在已经分宗的情况下祭祀召伯父辛的行为,应该是沿袭商代小宗祭祀大宗的传统。

综上,西周早期召公宗族与周公宗族有不同,属于"庶子就封、长子留王畿",留在畿内之长子是整个召公宗族大宗。

---

① 《尚书正义》卷十七《多方》,《十三经注疏》,第489页。
② 王国维:《商三勾兵跋》,《观堂集林》,第883页。

四、南宫氏与曾侯家族关系探讨

南宫氏也与周同为姬姓①。南宫括也称伯括②,应为南宫氏宗子,在先周时代就已经受到重用,是"文王四友"③之一。《尚书·君奭》:"惟文王尚克修和我有夏,亦惟有若虢叔,有若闳夭,有若散宜生,有若泰颠,有若南宫括。"④武王克商之时也曾作出重要贡献⑤。但文献并未明言南宫括是某王之子,南宫氏很可能如召氏一般,为姬姓支族,很早就已经分族而出。克商之时辅佐周人的还有南宫百达和南宫忽,《逸周书·克殷》云:"乃命南宫忽振鹿台之财、巨桥之粟;乃命南宫百达、史佚迁九鼎三巫。"⑥《论语·微子》:"周有八士:伯达、伯适、仲突、仲忽、叔夜、叔夏、季随、季騧。"⑦学者或认为伯达、伯适、仲忽即南宫百达、南宫括与南宫忽,若此记载可信的话,则商末周初南宫宗族服事于周的人有不少,并且取得高位,可知南宫宗族在周初应已有相当的规模。

南宫宗族在西周早期的分宗全貌已不得而知,但从目前的材料来看,至少可以分为畿内南宫氏和畿外曾侯两支⑧。

西周早期畿内南宫氏见于文献的有南宫毛,成王去世时曾受命为康王顾命大臣,《尚书·顾命》:"越翼日乙丑,(成)王崩。太保命仲桓、南宫毛,俾爰齐侯吕伋以二干戈、虎贲百人逆子钊于南门之外。"⑨由此可以推测南宫毛的主

---

① 晋侯墓地曾出土有南宫姬鼎(01698、01699),"南宫姬"当为南宫姬姓女子嫁于晋地者。铭图还著录有南宫佣姬簋(04603),佣为媿姓,"南宫佣姬"是南宫姬姓女子嫁给佣氏者。近出曾侯与钟中曾侯与自述为南宫后代,又自称"稷之玄孙",是南公氏为姬姓无可怀疑。有学者认为南宫姬姓为赐姓说,似乎缺乏明显的文字证据的支持。
② 《论语·微子》有"伯括",学者认为即南宫括。随州文峰塔曾侯与钟"伯括上帝,左右文武",曾侯为南宫氏之后,所言"左右文武"之"伯括"无疑就是指南宫括。
③ 《汉书·古今人物表·上中仁人》:"大颠、闳夭、散宜生、南宫适。"颜师古注云:"大颠已下,文王之四友也。"《汉书》卷二十,中华书局二十四史点校本,第 892 页。
④ 《尚书正义》卷十六,《十三经注疏》,第 477 页。
⑤ 《史记·周本纪》:"(武王)命南宫括散鹿台之财,发巨桥之粟,以振贫弱萌隶。命南宫、史佚展九鼎保玉。"《史记》卷四,第 126 页。
⑥ 黄怀信等:《逸周书汇校集注》,第 357—358 页。
⑦ 《论语注疏》卷十八,《十三经注疏》,第 5497 页。
⑧ 西周晚期的吴王姬鼎(02187)有铭文作"吴王姬作南宫史叔飤鼎"。"南宫史叔"之"南宫"应是氏名,即南宫括之"南宫"。"史"原本是职官名,但在"史叔"这种称谓下,应用作氏名,很可能以官为氏。因此"南宫史叔"有可能是南宫氏之下以史为职,继而为氏的一个分支。
⑨ 《尚书正义》卷十八,《十三经注疏》,第 507 页。

要活动年代应在成王、康王时期,南宫毛很有可能是南宫括之子。

西周早期大盂鼎和小盂鼎有铭文作:

> ……唯九月,王在宗周,令盂……王曰:命汝盂型乃嗣祖南公……盂用对王休,用作祖南公宝鼎,唯王二十又三祀。　　　　　　　　　　　(大盂鼎,02514)

> ……盂与诸侯㫃侯、田、男囗囗从盂征……囗囗用牲禘周王、武王、成王……王令赏盂,囗囗囗囗囗,弓一、矢百……用作囗伯宝尊彝,唯王二十又五祀。

(小盂鼎,02516)

大盂鼎现藏国家博物馆,铭文共291字(合文5)。小盂鼎原器已不知所在,铭文为重锈所掩,漶漫不清。两盂鼎器主当为一人。从小盂鼎"用牲禘周王、武王、成王"来看,时王为康王。大盂鼎铭文记载康王对盂的训诫与赐命。盂之祖为"南公",学者早已指出此"南"当为"南宫"省称①,从西周晚期南宫乎钟(15495)器主称其祖为"南公"的情况来看("司土南宫乎作大林协钟……先祖南公、亚祖公仲必父之家"),这无疑是可信的意见。因此,盂为南宫氏族人。

大盂鼎、小盂鼎年代在康王二十三年和二十五年,此时盂在朝廷获得重要职事并立有大功。参照之前南公毛的活动年代和地位,盂很可能是南宫毛之子②。小盂鼎铭文末尾有"用作囗伯宝尊彝",唐兰认为"囗伯"当即盂之父③。因此南宫毛很有可能即"囗伯"。如此,畿内南宫氏一支在西周早期的传承为南宫括(伯括)——南宫毛(囗伯)——盂④。

---

① 李学勤:《大盂鼎新论》,《李学勤集》,哈尔滨:黑龙江教育出版社,1989年,第162页;朱凤瀚:《商周家族形态研究(增订本)》,第339页。
② 韩巍根据大盂鼎铭文常提其祖南公,而不提其父等情况,推测盂之父很有可能先于其祖而去世,盂之爵位乃直接袭自其祖,其祖为南宫毛。按盂屡屡提其祖南公可能是感念其在开国之初的辅弼之功,并无明确证据表明其父早逝。大盂鼎铭文中康王还历数文王、武王创业功绩,同样也没有提到其父成王,我们不能据此得出成王早亡的结论。而小盂鼎中没有再提其祖南公,而是为其父"囗伯"作器。可见盂父早逝之说缺乏明显证据支持。从人物活动的年代推算,盂之祖为南宫括,其父为南宫毛的可能性更大。韩巍意见参见《西周金文世族研究》,第118页。
③ 唐兰:《西周青铜器铭文分代史征》,第190页。
④ 李学勤认为南宫乎钟铭之"先祖南宫、亚祖公仲必父"是王朝南宫氏的最前两代。小盂鼎之"囗伯"可能是南宫未嗣位而卒的长子,公仲必父为"囗伯"之弟,盂之父。(李学勤:《试说南公与南宫氏》,《出土文献》第六辑,上海:中西书局,2015年,第8页)按"囗伯"早逝似缺乏明显证据,且若未继位而亡,作为子之盂在为其所作之祭器上书写如此重要之铭文亦难以理解。

湖北随州叶家山西周早期曾侯墓地 M111 出土簋有铭文作"犺作烈考南公宝尊彝"（30371），同墓所出还有曾侯犺簋，铭文作"曾侯犺作宝尊彝"（30362），可知曾侯犺之父为"南公"。同城文峰塔墓地出土春秋时期曾侯与编钟有铭文"唯王正月，吉日甲午，曾侯与曰：伯括上帝，左右文武，挞殷之命，抚定天下，王遣命南公，营宅汭土，君庇淮夷，临有江夏……"（31029）、"唯王十月，吉日庚午，曾侯与曰：余稷之玄孙……"（31032）曾侯与自称是"稷之玄孙"，无疑是姬姓。其追叙祖先功绩提及"伯括""南公"，伯括即南宫括，南公应是南宫氏祖先，说明曾侯一支确为南宫氏后代。

曾侯一支是否属于"长子就封"？要解决这个问题，首先需要确定叶家山曾侯墓地墓主人的关系，然后再与畿内南宫氏世系作对比。

叶家山曾侯墓地从北至南大致在一条线上有多座大墓，据已发表的资料，墓主人相当于曾侯身份的可能有 M65、M28 和 M111①。M65、M28 出土有"曾侯谏"铜器，M111 出土"曾侯犺"铜器。从墓葬排列及随葬品的时代特征来看，M65 年代最早，可能在成康之际；M28 稍晚，大体在康王之时；M111 最晚，应该在昭王时代②。有关三座墓的性质以及曾侯谏与曾侯犺的关系，学界目前还有很多争论，尚未形成共识。由犺簋铭文可知曾侯犺之父为"南公"，西周时期贵族受封为侯后往往以封地名为氏，称"某侯"或"某公"，不会再沿袭宗族原氏，如伯禽称鲁侯，去世后被尊称为鲁公，而不会称周公，燕侯不会称召公，楷侯可称楷公而不会称毕公等，所谓"胙土命氏"大概就是这个道理。因此，曾侯犺之父既为"南公"，则不会是同墓地之曾侯谏，而只能是畿内南宫氏宗子③。如此一来，曾侯谏

---

① 湖北省博物馆、湖北省文物考古研究所、随州市博物馆编：《随州叶家山：西周早期曾国墓地》，北京：文物出版社，2013年。
② 朱凤瀚指出 M111 部分出土器物有西周早期偏晚的特征，如 M111 出土的"曾侯犺作宝尊彝"的两件簋，与 M28 与 M65 所出一对曾侯谏簋（M28∶162、M65∶49）相比，形制相近，只是腹壁较斜直，垂腹程度更大，表现出相对较晚的形制特征。而 M111 出土方鼎垂腹已达极致，腹最大径在腹底，反映了其年代已在西周早期偏晚。同时，M111 所出有"曾侯犺作宝尊彝"的两件簋，与 M28 与 M65 所出一对曾侯谏簋（M28∶162、M65∶49）相比，形制相近，只是腹壁较斜直，垂腹程度更大，表现出相对较晚的形制特征。因此，M111 墓葬年代当已进入西周早期偏晚，大致可定在昭王时。参看朱凤瀚：《叶家山曾国墓地诸大墓之墓主人关系再探讨》，《青铜器与金文》第一辑，第 228—239 页；朱凤瀚：《枣树林曾侯编钟与叶家山曾侯墓》，《国家博物馆馆刊》2020 年第 11 期，第 7—20 页。
③ 南宫氏宗子均可称南公，西周中期有南公有司鼎，铭文作"南公有司替作尊鼎"（02230），此"南公"即当时南宫氏宗子。

与曾侯戌的关系无外乎三种：叔侄、兄弟以及非同族①。

曾侯谏、曾侯戌如果是兄弟，根据M28的年代，则"南公"最有可能是南宫括。如此一来曾侯谏、曾侯戌与南宫毛当为兄弟关系。由上文可知南宫毛即"□伯"，依据"伯"的称谓可知南宫毛是南宫括长子，那么，曾侯谏、曾侯戌只能是庶子；如果曾侯谏、曾侯戌是叔侄，则曾侯谏与南宫毛为兄弟，曾侯戌与盂为兄弟，曾侯谏是庶子自不待言，而从大盂鼎中康王对盂的训诫来看，作为南宫氏宗子的盂很有可能是南宫毛长子，如此，曾侯戌也只能是南宫毛庶子。如果曾侯谏、曾侯戌并非同族的话（M65、M28两墓并未出任何南宫氏器物，故这种可能性不能排除），根据M111的年代，曾侯戌可能是南宫括或南宫毛之子，根据以上分析，只能是庶子而非长子。因此，综合畿内南宫氏与叶家山曾侯墓地的情况来看，南宫氏宗族西周早期的分宗情况当与召公宗族类似，也是"庶子就封，长子留王畿"。

五、西周早期贵族分宗模式的特点及形成原因探析

以上便是西周早期周公、毕公、召氏和南宫氏宗族分宗的基本情况，可知当时高等级贵族分宗存在两种模式：第一种是长子就封，庶子留王畿，如周公、毕公宗族。这种模式下出封长子为整个宗族大宗，其余诸子，包括留在王畿继承王朝职事与身份者均是小宗；第二种是长子率领大部分族人留在王畿，庶子出封，新建分族而为小宗，召氏、南宫氏宗族即此类。传世文献所言"长子就封"并不能涵盖全部的分宗情况。两种模式既有区别又有联系，共通点在于无论哪种分宗模式，嫡长子所在家族往往是宗族大宗，这说明至迟在西周早期，嫡长继承制已经确立。至于长子就封与庶子就封的差别，则很有可能与分宗之初各自宗族之形态有关。

在"长子就封"模式中，就封者之父往往刚从原属宗族分宗而出，属于原宗族之"别子"。如周公、毕公均是文王庶子，他们从王室分族而出，成为各自宗族之始祖，所谓"别子为祖"是也。对于周公、毕公这种王室别子而言，分封是政治行为，也有强烈的宗法意义。分封的同时也意味着别子从本宗分离而出建立小宗。所谓胙土命氏，分封之地便是别子开宗立氏之起点和根本所在。理论而言，周

---

① 朱凤瀚对这三种可能曾有详细探讨，参朱凤瀚：《叶家山曾国墓地诸大墓之墓主人关系再探讨》，第228—239页。

公、毕公当与其他兄弟如管叔、蔡叔、曹叔等一般,前往封地就封。只是为了周初政局稳定计,深受天子倚仗的周公、毕公等重臣才不得不留在王都辅佐天子。因此他们需要安排其继承者代其就封。这不仅仅是封地政治权力的交接,同时也意味着继任者应担起在封地之内代其开宗立氏的责任。所以继任者应是传重之人,其所在宗族也会成为整个宗族大宗。在西周继承制度下,往往是(嫡)长子担此重任。所以周公、毕公宗族才会选择"长子就封"。

"庶子就封"的情况则有所不同,就封者之父往往并非宗族始祖。如召氏、南宫氏本是姬姓支族,至少在文王以前就已经分族而出,召公奭、南宫括均非宗族始祖。西周早期召氏、南宫氏的规模与实力扩大,伴随着分封制的推行,分宗是势所必然。但召公奭、南宫括已是宗族宗子,这与周公、召公起初为宗族别子不同。因此他们的首要任务应该是延续召氏、南宫氏之宗嗣不绝。就封诸侯对他们来说,更多的只是意味着分立支族,当不得开宗。如以召氏宗族而言,太保氏与燕侯均因召公功勋而存在,在本身已有召氏宗族的情况下,二者从宗族分出之后不再以召氏为名,自然当不得召氏大宗。就整个宗族而言,召氏宗族在长期的发展过程中会不断有族人分宗而出,如上引铭文所见早期之召仲、晚期之琱生家族均是召氏小宗。太保氏和燕侯不过是其中较早,也比较受人瞩目的两个分支而已。南宫氏也是如此,西周立国之前就已经存在,西周晚期仍然存在,当不会因为某代一个分支宗族的出现而使得原是本枝宗族的地位降为小宗。对于已有相当规模和世代的宗族而言,如果将新封之地视为根本,势必要举族(或宗族大部分)迁往封地。如此,则必须离开或者放弃原居地之土田、民人以及业已形成之影响力,宗族实力在短时间内无疑会大有折损。这是周初统治者用以对付殷遗民的手段之一,《左传》定公四年有:"分鲁公以……殷民六族:条氏、徐氏、萧氏、索氏、长勺氏、尾勺氏,使帅其宗氏,辑其分族,将其类丑。"①宗氏即宗子族长,分族、类丑均指六族之小宗与分支。②殷民六族原居地应在殷墟,周人将其整族迁出,借赏赐功臣之机以削弱殷遗民宗族实力,防止其反叛的意图十分明显。周人当不至于用此手段来对待功勋

---

① 《春秋左传正义》卷五十四,《十三经注疏》,第4635页。
② [日]竹添光鸿:《左氏会笺》,沈阳:辽海出版社,2008年,第543页。

宗族。因此,在分封此类贵族宗子时,胙土命氏只能算是扩大已有宗族之规模与实力。如果贵族不能亲自就封,往往会派庶子前往,由此形成新的分支和小宗。宗族大部将留在居地由嫡长子继承而为大宗。文献所言之"长子就封,次子留相王室"只适用于受封者自身为"别子为祖"者,对于原已有相当规模的贵族宗族而言,应该是以庶子就封。基于不同的宗族情况采用不同的策略和模式,可见分封制下贵族宗族分宗的复杂情况。

第三节 宗统与君统——天子与姬姓诸侯宗法考论

王国维在探讨殷周宗法制度的差异时,曾言"君统""宗统"之别[①],此后金景芳、陈恩林等学者对此多有发挥和阐述[②]。总的来说,宗统和君统是两个性质有别的概念,宗统是宗族内部权力的继承与运行系统,这是以血缘关系为基础的。君统则是王朝权力的继承与运行系统,其本质是政治的而非血缘。辨析这两个概念在不同层级王族的存在形式与地位,是探讨天子诸侯是否存在宗法制度的关键之一。本章第一节我们已经说明天子宗族的层级与特点,现在我们据此来讨论天子诸侯之间的宗法问题。

一、门内之治恩掩义——天子与"公族"宗法考论

关于周天子所在之低层级王族,即金文所言"公族"内部是否存在宗法制度,我们可以通过与一般贵族宗族内部形态比较而加以判定:周天子所在公族规模不是很大,有特定名号和共同的身份(称公族或以王为氏)。从亲缘关系来看,"公族"成员多是王的子孙辈以及部分兄弟辈,与时王的亲缘关系极近。从经济基础和依附关系来看,公族成员尚未获得用以立族的政治身份与经济基础,所以公族成员及其小家庭并不是独立的政治经济单位,需要依附天

---

① 王国维:《殷周制度论》,《观堂集林》,第451—480页。
② 金景芳:《论宗法制度》,《东北人民大学人文科学学报》1956年第2期,第203—222页;陈恩林:《关于周代宗法制度中君统与宗统的关系问题》,收入《逸斋先秦史论文集》,长春:吉林文史出版社,2010年,第28—39页。

子才能生活。这几点与卿大夫宗族内依附型小宗家族的形态基本相似。由于公族成员尚未受封,尚未承担重要的王朝职事,因此他们与周天子的关系仍应以血缘亲情为主,政治统属关系不占主要地位。而周天子、王后为(出嫁)子女作器或赏赐,如"王作仲姬宝彝"(01519)、"王作姬毚母尊鬲,子子孙孙永宝用"(02891)、"王作㛣姬宝尊彝"(01719)、"王作䫇王姬淼肆彝"(02790)、"王伯姜作季姬福母尊鼎"(02074)等,与贵族宗族内部父母或宗子为女性族人作器性质相同,均有浓厚亲情及宗族之谊在里面。《礼记·丧服四制》:"门内之治恩揜义。"孔颖达疏云:"门内之治恩揜义者,以门内之亲恩情既多,揜藏公义,言得行私恩,不行公义。"①天子与"公族"的关系正与这种"门内之治(亲)"相符,在此之内当有"宗统"而无"君统"。金景芳云:"在宗统范围内,所行使的是族权,不是政权,族权是决定于血缘身份而不决定于政治身份。"②因此,综合亲缘关系、宗族形态以及"公族"的政治地位等情况来说,周天子与公族成员的关系以宗族情谊为主,他们之间是有宗法的。

当然,天子与公族成员之间虽然有宗法,但与一般贵族(卿大夫)相比,此宗法制度又有其特点:

就宗族规模和成员结构而言,公族的规模比贵族宗族小,公族成员的构成更加"单纯",亲缘关系更为密切。公族成员主要由王的直系未受封的子孙辈组成,天子既是其中地位最尊者,往往也是年龄最长者。公族成员有不少可能已经成年,但总体而言年龄并不是很大(稍大他们即将分封而出),所以公族内部的亲缘主要以父子关系为核心。公族与其说是宗族,毋宁说更像一个大的"家庭"。卿大夫宗族的规模往往比公族大,宗族内部的年龄层次、世代层级和分支小宗等更为丰富,宗子是地位最尊者,却不一定是年龄最长者。宗族内部不仅包括近亲,可能也包括关系较远的小宗,宗族成员之间的亲属关系和结构更为复杂。

同时,由于天子、诸侯地位与势力远较一般贵族为高,宗子、族人权力、义务的表现形式也会有不同。以宗子"收族"来说,其对族人的荫庇与赏赐远较一般贵族宗族宗子丰厚。如对公族男性成员而言,他们的出路往往比较好,到

---

① 《礼记正义》卷六十三,《十三经注疏》,第3680页。
② 金景芳:《论宗法制度》,第205页。

了一定年龄多数会受封为高等级贵族(《荀子·儒效》所谓"周之子孙,苟不狂惑者,莫不为天下之显诸侯"①),基本不会存在世代依附天子或者充当其他贵族属臣的情况。对于一般贵族宗族成员而言,并不是所有的族人都能出任王官获得较高的政治地位,世代依附于宗子的情况并不少见,宗族内部由此存在依附、半独立、独立等多种类型的大宗小宗关系。而王族内部成员与天子是依附关系,一旦受封之后,就让位于政治上的统属关系(详下)。所以王族内部不存在半独立、独立的小宗关系类型。对于女性族人而言,她们在出嫁过程中所能获得的赠予更是一般贵族女性所不能比。季姬方尊有铭文作:

> 唯八月初吉庚辰,君命宰茀赐帠季姬畋臣于空桑,厥师夫曰丁,以厥友二十又五家誓;赐厥田,以牲马十又五匹,牛六十又九叙,羊三百又八十又五叙,禾二廪,其对扬王母休,用作宝尊彝,其万[年子孙]永宝用。　　　　　　　　　　(11811)

铭文经过多位学者的研究,内涵与人物关系均已比较清楚,主要讲述"君"赏赐嫁给帠氏的季姬土田、民人、牛马、粮食的事情。其中"君"为周王后,季姬是其幼女②。这种赏赐一般发生在女子出嫁之时。一般贵族宗族女性出嫁,父母或者宗子宗妇多是作器以媵,让其享孝姑公,西周时期常见媵器就是如此。或者再加赠珠玉、乘马等,如县改簋:"伯犀父休于县改,曰:戥,乃任县伯室,赐汝妇爵㼌之戈、瑅玉、黄𤣩。"(05314)即宗子伯犀父在县改嫁与县伯之时赏赐铜器、珠玉和马匹。像季姬方尊这般赠予数量如此庞大的土田、民人以及牲口粮食的现象难以得见,这些都是十分重要的生产资料,不要说是女性,一般贵族宗族内宗子对男性宗族成员的宗法馈赠也远不如这般丰厚。尤其是土田,就目前金文所见,卿大夫贵族宗族成员想要拥有土田,必须通过任事或者立功等手段获得,一般不会宗法赠予。天子之家可以对女性亲属如此慷慨,由政治等级的不同导致宗法制度表现形式的差异即可见一斑。

因此,天子与公族成员之间虽然也行宗法,宗法的核心精神亦与一般贵族宗族一贯,但是由于政治等级的差异,以及天子宗族形态及关系复杂程度不及一般贵族宗族,因此内部宗法制度的各种规定、具体表现形式会与一般宗族有相当的不同。

---

① (清)王先谦撰,沈啸寰、王星贤点校:《荀子集解》卷四,第134页。
② 李学勤:《季姬方尊研究》,《中国史研究》2003年第4期,第11—14页。

整体而言,天子公族宗法制度的内容和结构相对"简单",不及一般贵族宗族繁复。

二、门外之治义断恩——天子与受封姬姓贵族宗法考论

关于天子与高层次王族之间的关系,上文已经指出,天子是"大宗",受封姬姓贵族为"小宗"。但二者之间是否存在宗法制度,一直是学者争论的焦点。要想回答这个问题,我们可以先从当事双方如何看待彼此关系说起。

从传世文献和金文材料来看,周天子一直有意维护其与姬姓贵族之间的宗族关系,如受封姬姓贵族虽然早已脱离"公族",与时王亲属关系较远,天子往往还以"伯父""叔父"称之。《仪礼·觐礼》记载天子称诸侯"同姓大国则曰伯父……同姓小邦则曰叔父"①、《礼记·曲礼下》有"天子同姓谓之伯父",郑玄注云"称之以父,亲亲之辞也"②。叔父、伯父均为亲属称谓,周天子如此,无疑是为了拉近与姬姓诸侯的关系。同时,在王朝政治中,周天子也有意将姬姓贵族与其他大臣区分开来看待。如上引毛公鼎有周天子命令毛公总司"三有司、小子、师氏、虎臣",三有司、师氏、虎臣均是职官,为政治身份。"小子"与之并列,自然也是群臣之一。但此处"小子"却不是职官,而是对某一特定人群的称谓。从铭文来看,应是指小宗,即受封的姬姓贵族。"小子"与三有司、师氏、虎臣并非截然对立,二者的划分标准并不一致。小子是基于宗族身份来考虑的,三有司、师氏、虎臣则是基于职事的不同来划分的。"小子"(姬姓贵族)也可以担任王朝三有司、师氏、虎臣等职官,如此簋(05354)铭文有"司土毛叔","毛"为氏名,是文王之后,属于天子之"小子"。而周天子之所以将姬姓贵族从各种职官身份中"拎"出来而突出同"宗"的身份,无疑是有意抬高姬姓宗族群体,即高层级王族在政治中的身份与地位。因此,在周天子看来,其与受封姬姓贵族之间是有"宗族情谊"的③。

---

① 《仪礼注疏》卷二十七,《十三经注疏》,第2362页。
② 《礼记正义》卷五,《十三经注疏》,第2738页。
③ 静簋(05320):"唯六月初吉,王在莽京。丁卯,王令静司射学宫,小子眔服、眔小臣、眔夷仆学射。"铭文意思是王令静在学宫职司射艺,授艺的对象是小子、服、小臣和夷仆四类不同身份的人群。"眔"为连词,小臣和夷仆可能为宫中执事者,小子和服则是学宫中的未成年贵族子弟。周代天子设学,教育对象既有王同姓亲属子弟,也有异姓贵族子弟。"服"当为服事之意,此处很可能代指异姓贵族子弟,而"小子"则代表同姓子弟。学宫小子虽未受封,但这也是将姬姓与异姓区分开来。关于铭文内涵的理解,学者还有不同意见,可参袭俊杰:《两周射礼研究》,北京:科学出版社,2013年,第225—246页。

那么姬姓贵族如何看待他们与天子的关系？叔夨方鼎（图 4.10）铭文有：

> 唯十又四月，王彭大禘祡，在成周，咸祡。王呼殷厥士唐叔夨（虞）以裳、衣、车、马、贝三十朋。敢对王休，用作宝尊彝，其万年扬王光厥士。 （02419）

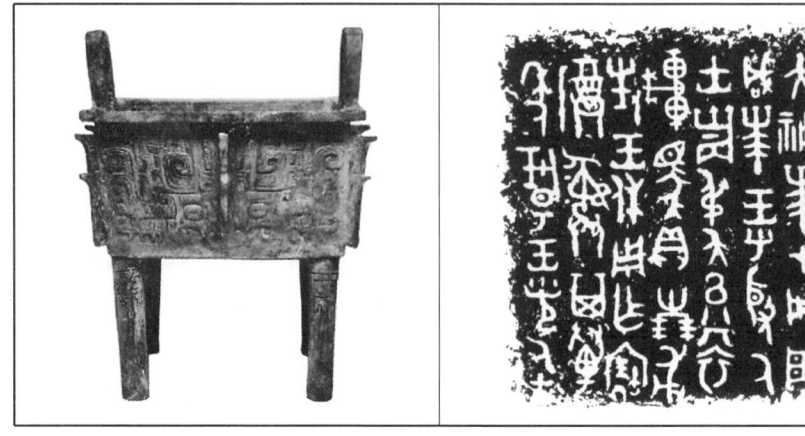

图 4.10　叔夨方鼎照片及铭文拓片

该器出土于山西曲沃县曲村镇北赵村晋侯墓地（M114.217），铜器年代在西周早期偏早阶段①。铜器作器者及器主为"冏叔夨"，冏，陈斯鹏认为即"觥"之象形初文，可以读为"唐"②。"夨"，学者多认为即"吴"之声符，可读作"虞"③。"冏叔夨"即唐叔虞，为武王之子、成王之弟，此"王"为周成王。"殷"数见于金文，作"殷（于）成周"，《说文》云"作乐之盛称殷"，郭沫若认为金文所见"殷殆殷覜、殷同之意，殷见之礼乃大会内外臣公之意"④。此件铜器为唐叔虞所作，铭文的叙述角度自然也以唐叔虞为出发点。"唐"为地名，既称"唐叔"，说明此时叔虞已经受封于唐，其身份便不再是"公族"。叔虞本是成王之弟，而在铭文中自我定位却是"厥士"，即成王之"士"。按"弟"是亲属称谓。士

---

① 北京大学考古文博学院、山西省考古研究所：《天马—曲村遗址北赵晋侯墓地第六次发掘》，《文物》2001 年第 8 期。
② 陈斯鹏：《唐叔虞方鼎铭文新解》，张光裕、黄德宽主编：《古文字学论稿》，第 180—191 页。
③ 李伯谦：《叔夨方鼎铭文考释》，《文物》2001 年第 8 期，第 39—41 页；李学勤：《谈叔虞方鼎及其他》，《文物》2001 年第 10 期。
④ 郭沫若：《令彝令簋与其他诸器物之综合研究》，《殷周青铜器铭文研究》，北京：科学出版社，1961 年，第 37 页。

者,事也,任事之称也①。《诗·大雅·文王》有"凡周之士",孔颖达疏云:"士者,男子成名之大号。下至诸侯及王朝公卿大夫总称,亦可以兼士也。"②群臣均可称为"士",这一称谓的政治意味明显。西周金文中还有不少"士",往往是对臣下的称谓,而非亲属称谓,如多友鼎(02500)"(王)命武公:遣乃元士"、趞簋(05304)"王若曰:趞,命汝作豳师冢司马,嫡官仆、射、士,讯小大有邻"等。叔虞自称"士"而不称"弟",这是强调政治上的以卑对尊③。说明唐叔虞已经将其与天子的关系定位为政治关系而非亲缘关系。陈恩林曾经指出"尽管天子、同姓诸侯、大夫这三个等级之间存在着事实上的亲缘关系,但是,这种亲缘关系在某种意义上是不相通的,体现在周代社会,就是只有上一等级才能强调这种关系,而下一等级一般不能表达这种关系,这便是《礼记》所说的'自卑别于尊'"④,正与叔虞鼎铭文称谓之内涵相合。这种情况并非个例,如上举柞伯簋有铭文作:

> 唯八月辰在庚申,王大射在周。王命南宫率王多士,师酓父率小臣。王俾赤金十钣。王曰:"小子、小臣,敬有叹(贤)获则取。"柞伯十称弓,无废矢。王则畀柞伯赤金十钣。徣赐祝见,柞伯用作周公宝尊彝。 (05301,图4.11)

柞伯之"柞"通"胙",此处用作氏名,为周公之后⑤,属于上举高层次王族。铭文记载柞伯参加天子射礼,并得到赏赐的事情。铭文既有柞伯之叙述,也引用周王原话,两者对参与者身份表述的差异值得重视。在柞伯看来,参加王射礼的有"多士"和"小臣"(王命南宫率王多士,师酓父率小臣)。而在天子眼中,则是"小子"和"小臣"(王曰:小子、小臣)。两相比照可知"多士"和"小子"是指同一群人。上面已经说到,"士"是群臣之称,政治意味明显。此"小子"即小

---

① 《白虎通疏证》卷一,中华书局,第18页。
② 《毛诗正义》卷十六,《十三经注疏》,第1084页。
③ 《左传》襄公二十六年:"晋韩宣子聘于周,王使请事。对曰:晋士起将归时事于宰旅,无他事矣。"杜预注云:"起,宣子名。礼,诸侯大夫入天子国称士。"《春秋左传正义》卷三十七,《十三经注疏》,第4325页。
④ 陈恩林:《关于周代宗法制度的两个问题》,《逸斋先秦史论文集》,长春:吉林文史出版社,2010年,第48页。
⑤ 铭文末尾有"柞伯用作周公宝尊彝",先秦时期"民不祀非族",柞伯既然祭祀周公,应当是周公之后。柞伯之"柞"当即传世文献之"祚"。《左传》僖公二十四年:"凡、蒋、邢、茅、胙、祭,周公之胤也"(《春秋左传正义》卷十五,《十三经注疏》,第3944页)。

图 4.11　柞伯簋器形及铭文拓片

宗,指受封之姬姓贵族,此称谓侧重与周天子同"宗"的关系。在天子看来,除"小臣"之外,参与者是同宗之人,因此称"小子"。柞伯将这群姬姓贵族(连同自己在内)称作"多士",强调的是他们的政治身份(天子臣属),而非宗族身份。这说明天子虽然有意将姬姓贵族当作同宗之人看待,但受封姬姓贵族却不敢以此自况,不敢以血缘关系掩盖与天子的政治尊卑关系。这正与文献所谓"自卑别于尊"①的内涵相合。《礼记·大传》"君有合族之道,族人不得以其戚戚君位也",郑玄注云:"君恩可以下施,而族人皆臣也,不得以父兄子弟之亲自戚于君。"②由此可以看出,天子与受封姬姓贵族的关系已经属于"门外之治义断恩"的范畴,即孔疏所谓"门外谓朝廷之间,既仕公朝,当以公义断绝私恩"③。

　　从高层次王族的结构、分宗之形态与缘由、以及双方关系性质等方面来看,也可证天子与受封姬姓贵族之间的宗族情谊已经让位于政治关系,双方有观念上的宗法联系,但不具有宗法制度的意义。

　　高层次王族与一般贵族宗族的宗族形态多有不同。以宗族内部的小宗形态而论,一般贵族宗族内部大宗小宗的关系虽然比较复杂,有依附、半独立、独立等几种形态。但基本共用同一个氏名(就算是独立小宗,也多是在原有氏名

---

① 《仪礼注疏》卷三十二,《十三经注疏》,第 2414 页。
② 《礼记正义》卷三十四,《十三经注疏》,第 3268 页。
③ 《礼记正义》卷六十三,《十三经注疏》,第 3680 页。

之前或之后缀以地名、排行等），大部分宗族成员聚居在一起，彼此间的祭祀、经济和日常往来比较密切。大宗收族，小宗庶子敬宗的相互关系比较明确。而高层次之王族内部各宗族的独立性更强。这些从天子公族分出之姬姓贵族往往各有氏名和封地，散居各地，是一个个独立的政治经济实体。他们与天子无论在祭祀还是日常的宗族往来均不如一般贵族宗族内部亲密。不仅如此，受封姬姓贵族这种独立"小宗"的形成并非宗族自然发展的结果，从西周时期贵族宗族分宗的情况来看，独立小宗的形成需要相当的条件和时间，宗族内部完全独立之小宗数量并不会很多，多数仍然与大宗保持或多或少的依附关系。但这些姬姓贵族往往不待己身家庭实力壮大便从公族分出，天子分宗的政治意图明显。周天子封建亲戚的目的是"以藩屏周"，即巩固周王朝的统治。因此，受封姬姓贵族所形成的宗族，并不算自然意义上的"小宗家族"，更像是周天子有意借助亲缘关系而扶持的政治集团。这种"小宗"从一开始就承担强烈的政治使命，他们在受封的同时还会获得职官或职事，成为王朝政治体系的一员，需要承担相应的政治义务。如此一来，天子与受封姬姓贵族之间在原有的宗族联系之上，又多了一层政治上的统属关系。双方在血缘联系上曾有同宗之实，因此在观念上仍属于同宗。但在实际上行为规范上，宗族内部的相互关系已经让位于政治上君臣的权利义务关系，宗法制度已经为政治制度所替代。陈恩林指出：

> 周初大分封以后形成的诸侯国，在本质上是地域性的结构，无论西周初年的统治者在怎样的程度上强调同姓、兄弟之间的宗法关系，即所谓的封建亲戚，以藩屏周，但大分封的结果却不可能是扩大了的家族结构，而只能是原有的家族结构的质变。周初大分封以后的诸侯国君，在本质上是国家这一地域性结构的首领，而不是单纯意义上的家族组织的首领。在同姓诸侯这一等级上，血缘宗法关系已让位于政治关系，退居到次要的地位①。

这是可信的意见②。周天子与受封姬姓贵族在政治上的这种权利与义务关系，已经凌驾宗族关系而成为首要关系。二者已经在君统范围内，所行使的

---

① 陈恩林、孙晓春：《关于周代宗法制度的两个问题》，《社会科学战线》2002年第6期，第135—142页。
② 类似观点郑玄在对《诗经》《三礼》的笺注中亦有提到，郑子良曾有专文论述，可以参看。郑子良：《再论"宗统"与"君统"——以郑玄笺注为中心的考察》，《四川大学学报（哲学社会科学版）》2011年第2期，第38—43页。

是政权,而不是族权①。准此,天子虽然与受封姬姓贵族之间存在宗法关系,但并不具有宗法制度的意义。所谓"天子诸侯绝宗",严格来说是指"天子、诸侯与受封之亲属绝宗",即他们之间不再以宗法制度行事。

第四节　论"宗盟"与"王者天下之大宗"

讨论天子宗法,还有一个问题不能回避,即如何理解"王者天下之大宗"?这个问题肇端于汉人,《诗·大雅·公刘》有:

> 笃公刘,于京斯依。跄跄济济,俾筵俾几。既登乃依,乃造其曹。执豕于牢,酌之用匏。食之饮之,君之宗之②。

这一章主要描绘的是公刘迁豳定居之后,宫室既成,君臣宴飨的盛况。但毛传和郑笺对宴飨中施受的主体,即"食之饮之,君之宗之"中"之"的所指理解正好相反。毛传认为"之"指代的是群臣,此是公刘设宴款待群臣。公刘其于群臣设馔以食之,设酒以饮之,已身与之为君,与之为大宗也。郑玄则认为"之"指代公刘,这一章意思是公刘宫室筑成之后,与群臣饮食以乐之。群臣为公刘设筵,相使为公刘设几,用酒食以进于公刘。于此之时,群臣之于公刘也,献酒以饮之,进食以食之,从而君敬之,从而尊重之。正是如此,毛郑对"宗"便有不同的解释,毛传曰:"为之君,为之大宗也。"郑玄笺云:"宗,尊也。公刘去邰国来迁,群臣从而君之尊之,犹在邰也。"③

从整体的诗义来看,既是公刘宫室落成,当如孔颖达所云"落室之礼,则是公家所为。筵几酒豕,当是公家之物"④。因此这一章当如毛传所云是公刘设宴款待群臣,公刘是主,群臣为客。所谓的"食之饮之",应该是公刘设酒食以款待群臣。但群臣不仅是姬姓周族,还有众多异姓。"君之宗之"若如毛传理解为"为之君,为之大宗也"不仅于语法结构显得不畅,并且从"宗"的本质是以血缘关系为基础这一点来看,也是不合适的。因此,"食之饮之,君之宗之"的

---

① 金景芳:《论宗法制度》,第205页。
② 《毛诗正义》卷十七,《十三经注疏》,第1169页。
③ 《毛诗正义》卷十七,《十三经注疏》,第1169页。
④ 《毛诗正义》卷十七,《十三经注疏》,第1169页。

施受主体可能经过转换,宋代李樗曾言到"君既饮食其群臣,群臣遂从而君之尊之"①,是很顺畅的解释。如此则"宗之"当如郑玄理解为"尊"更为合适。

毛传"为之君,为之大宗"的观点还见于《诗经·大雅·板》:

> 价人维藩,大师维垣,大邦维屏,大宗维翰,怀德维宁,宗子维城,无俾城坏,无独斯畏②。

对这一段的理解,毛传、郑笺也有明显的不同。毛传曰:"价,善也。藩,屏也。垣,墙也。王者天下之大宗,翰,干也。"③郑玄笺云:"价,甲也,被甲之人谓卿士掌军事者。大师,三公也。大邦,成国诸侯也。大宗,王之同姓之嫡子也,王当用公卿诸侯及宗室之贵者为藩屏垣干为辅弼,无疏远之。宗子谓王之嫡子。"④金景芳对此曾作过详细辨析:

> 大宗、宗子与价人,大师,大邦为同类,总为中央,地方,异姓,同姓各个方面分掌政权的人们。翰,城与藩、垣、屏为同类,总为内、外、大、小各种形式有防御作用的建筑物。两两相比,用意在说明价人、大师、大邦、大宗、宗子这些不同的人们,其保卫王室,跟藩、垣、屏、翰、城不同的建筑物对人所起的保卫作用一样,警告王,要依靠他们,不要残害他们。如果从传以"王者天下之大宗"解大宗,从笺以"王者之嫡子谓宗子"解宗子,则是价人、大师、大邦等都说王臣,而大宗、宗子却说王室自己。这样,不但不合语法习惯,即在文义上说也费解,因为,王室把自己和大师、大邦一例看待,都用防御建筑物作比喻,是没有意义的……郑笺解释大宗是对的,即大宗是王之同姓的嫡子。宗子应从陈奂说定为群宗之子……大宗、宗子所说的都是同姓诸侯(包括畿内受封的)⑤。

以上金景芳的分析的是有道理的,其结论大体是可信的意见⑥。就诗义

---

① (宋)李樗、黄櫄撰:《毛诗集解》卷三十三,《钦定四库全书荟要》卷八百九十三,长春:吉林出版集团,2005年。
② 《毛诗正义》卷十七,《十三经注疏》,第1185页。
③ 《毛诗正义》卷十七,《十三经注疏》,第1185页。
④ 《毛诗正义》卷十七,《十三经注疏》,第1185页。
⑤ 金景芳:《论宗法制度》,第206—207页。
⑥ 管东贵将毛传、郑笺的不同看作是宗法制早晚的不同,则又是另一种理解。他认为:"毛所说的是周人宗法制的早期面貌,而郑看到的是宗法制已因人口膨胀等因素引起了宗法组织重大变化的晚期'有君无宗'面貌,并把这种晚期的面貌看作是周人宗法制的全般面貌,以牵合他的宗君不合一想法。《板》这首诗,应是周政失能而陷于乱局时作的。惟当时政局虽乱,但周人对宗法制仍大体保有一些早期的面貌……所以我认为毛对君之宗之、大宗维翰句的解释,符合周人早期的历史状况。"管东贵:《周人"血缘组织"和"政治组织"间的互动与互变》,《从宗法封建制到皇帝郡县制的演变:以血缘解纽为脉络》,北京:中华书局,2010年,第33页。

和宗法之血缘本质而言,"王者天下之大宗"大概是不确的①。

"王者天下之大宗"虽说于宗法制度不符,但毛传有此说的原因何在？西周时期是否会存在类似的表述或现象？

20 世纪 50 年代,陕西眉县李家村出土有器主为盠的铜器多件②,其中驹尊和方彝有铭文作：

> ……王呼师豦召盠,王亲旨盠,驹赐两,拜稽首,曰：王弗忘厥旧宗小子,笿皇盠身。盠曰：王佣下丕基,则万年保我万宗,盠曰：余其敢对扬天子之休,余用作朕文考大仲宝尊彝…… （盠驹尊,11812）

> ……王命盠曰：总司六师罙八师艺,盠拜稽首,敢对扬王休,用作朕文祖益公宝尊彝,盠曰：天子丕遐丕基,万年保我万邦…… （盠方彝,13546）

铜器年代在西周中期前段(恭王),铭文有"皇祖益公",金文又见"益伯""益仲""益叔""益姜"等,"益"当为氏名,由此器主盠为益氏宗族成员。益氏是西周大族,多代宗子曾称"益公",在王朝担任重要职位。关于益氏之族姓,学者曾多认为是姬姓。盠自言为天子旧宗之后(王弗忘厥旧宗小子),陈梦家认为当为周之同姓子弟③。2003 年,距离眉县李家村不远的杨家村发现一铜器窖藏,出土单氏家族铜器多件。文献记载单氏为姬姓,其中单逨有两代皇祖名为"新室仲、惠仲盠父",与盠器之"大仲、盠"高度相似,学者或认为"惠仲盠父"与"盠"为同一人,并据此推断益氏为单氏小宗,也是姬姓④。但是韩巍指出益氏宗族铜器还见于长安张家坡窖藏,由相关铭文可知益氏族人与姬姓、姞姓女子联姻,根据同姓不婚原则,益氏当不会是姬姓。"惠仲盠父"与"盠"的称谓是一名一字的区别,不能等同。并根据宰兽簋铭文称其妣为"益姜"推断益氏宗族为姜姓⑤。韩巍的论证较为合理,准此,盠为姜姓,与周天子并非同族。此

---

① 需要说明的是,《诗》中所言之"大宗""宗子"与《仪礼》《礼记》所言之"大宗""宗子",是两种概念,不宜混同。不过金景芳曾云："诗、礼上的分歧,是由于所指的具体内容不同,从精神实质上看,完全是一致的。"
② 李长庆、田野：《祖国历史文物的又一次重要发现——陕西郿县发掘出四件周代铜器》,《文物参考资料》1957 年第 4 期,第 5—9 页。
③ 陈梦家：《西周铜器断代》,第 171 页。
④ 李零：《读杨家村出土的虞逨诸器》,《中国历史文物》2003 年第 3 期,第 16—27 页；董珊：《略论西周单氏家族青铜器窖藏铭文》,《中国历史文物》2003 年第 4 期,第 40—50 页。
⑤ 韩巍：《眉县盠器群的族姓、年代及相关问题》,《考古与文物》2007 年第 4 期,第 16—21 页。

"旧宗小子"之"旧宗",当理解为"旧族"或"故族"。《国语·晋语四》："昭旧族,爱亲戚。"韦昭注云："旧族,旧臣有功者之族。"①《左传》宣公二年："使屏季以其故族为公族大夫。"杜预注云："故官属。"孔颖达疏云："族即属也,故官属者,父时旧官属也。"②旧族、故族指旧时有功之族或属下,并不分同姓异姓。

盠虽是异姓,但既言旧宗,说明其宗族很早以前就服侍周天子。盠敢以王之"旧宗小子"自称,明显是有意拉近与天子之关系。商周时期"小子"有小宗之长意,常见与大宗(宗子)相对。盠既自称是王之"旧宗小子",依此反推,则天子似可称得上是盠之"旧时大宗(宗子)"。盠与天子并非同姓,实为君臣,却有类似大宗小宗的比拟,这种表述的内涵值得注意。不仅如此,驹尊铭文还有"(王)万年保我万宗",而方彝铭文则作"(天子)万年保我万邦"。从铭文整体文义来看,这两句话的内涵是一致的。但"万宗"和"万邦"这种用词的差异仍然值得注意。"宗"和"邦"实际上是两个性质不同的概念,宗即宗族,是以血缘关系为基础的亲属组织。而邦则是以邦君家族为核心,包括若干与之同姓或异姓的贵族、平民家族共同构成的政治地理单元③。庇族(宗)是宗子义务,庇佑万邦却是天子的职责。铭文既言"(王)万年保我万宗",又言"(天子)万年保我万邦",可能在器主盠看来,周天子既是万邦之主,同时也是万宗之主。若依此理解,则西周时期可能存在类似"王者天下之大宗"的表述。金景芳曾谓"有宗法之大宗,有政权之大宗"④,此处当即"政权之大宗"。

"政权之大宗"之所以可能,或者说原本用于血缘亲属集团内部结构之大宗小宗,这种形式通过何种方式得以被借用于政治关系上,也是值得探讨的问题。从传世文献来看,"宗盟"或在其中发挥了重要作用。《左传》隐公十一年：

> 十一年春,滕侯、薛侯来朝,争长。薛侯曰："我先封。"滕侯曰："我,周之卜正也。薛,庶姓也,我不可以后之。"公使羽父请于薛侯曰："君与滕君辱在寡人。周谚有之曰：'山有木,工则度之；宾有礼,主则择之。'周之宗盟,异姓为后。寡人若朝于薛,不

---

① 《国语集解》,中华书局,2002年,第350页。
② 《春秋左传正义》卷二十一,《十三经注疏》,第4055页。
③ 张海：《"邦"、"国"之别》,《青铜器与金文》第一辑,第582—583页。
④ 金景芳：《论宗法制度》,第210—211页。

敢与诸任齿。君若辱贶寡人,则愿以滕君为请。"薛侯许之,乃长滕侯①。

学者对"宗盟"的理解并不一致,孔颖达曾作了很好的梳理:

> 贾逵以宗为尊,服虔以宗盟为同宗之盟,孙毓以为宗伯属官,掌作盟诅之载辞,故曰宗盟。杜无明解。盟之尊卑自有定法,不得言尊盟也。周礼司盟之官乃是司寇之属,非宗伯也。唯服之言得其旨也。而孙毓难服云:"同宗之盟则无与异姓,何论先后?若通共同盟则何称于宗?"斯不然矣,天子之盟诸侯,令其奖王室,未闻离逖异姓,独与同宗者也。但周人贵亲,先叙同姓以其笃于宗族,是故谓之宗盟②。

孔颖达在辨析诸说的基础上,同意服虔的说法,认为"宗盟"即同宗之盟。但从盟会的情况来看,与盟者既有姬姓,也有异姓,算不得同宗。于薇则认为"宗"当作宗庙解,"宗盟"指的就是以周天子为盟主,在周宗庙中进行的,包括周天子治下的所有诸侯国参加的盟会活动③。按此说似仍有未当之处,宗庙是周代举行各类盟誓的常见地点之一,不见得所有在宗庙内举行的盟誓均可称"宗盟"。"宗盟"当是一种特定的会盟形式,而与一般盟会有别。"宗"很有可能指这种盟会的组织形式④,或可解作宗族。

所谓的"宗盟",即仿效宗族组织形式而缔结的盟会。既然是仿宗族形式,那便会有大宗、小宗。周天子为主盟者,自然是"大宗",参与者无论是同姓异姓,均为"小宗"。巴新生曾指出:"宗盟不是普通的宗族联盟,它是周天子为了构筑天下一统的宗法等级秩序,以宗法制为范式,以同姓贵族与异族贵族为对象的政权组织形式。这种政权组织形式把异姓贵族纳入其政权结构的前提,是将其血缘关系编织到以姬姓为正宗的宗法血缘秩序内。而宗法秩序则是周王以宗盟这种组织形式所建立起来的天下等级秩序。它是周王把姬姓宗法制组织原则推广到异姓贵族的结果。"⑤这是中肯的意见。

---

① 《春秋左传正义》卷四,《十三经注疏》,第 3768 页。
② 《春秋左传正义》卷四,《十三经注疏》,第 3768 页。
③ 于薇:《西周徙封与宗盟问题研究》,北京师范大学博士学位论文,2008 年;于薇:《西周宗盟考论》,《史学集刊》2008 年第 2 期,第 103—104 页。
④ 巴新生认为周人是以宗法制的组织原则为基础,创造了"宗盟"这一组织形式,构筑了西周的宗法秩序,解决了异姓诸侯进入西周政治结构的问题。巴新生:《西周伦理形态研究》,天津:天津古籍出版社,1997 年,第 69 页。
⑤ 巴新生:《西周"宗盟"初探》,《东北师大学报(哲学社会科学版)》1997 年第 2 期,第 40—47 页。

宗盟之核心仍在"盟","宗"不过是盟会的组织形式。盟的实质是参与各方订立政治上的各种权利与义务关系,盟会的目的本就在于消除猜忌,加强互信。《周礼·秋官·司盟》有司盟之官:"司盟掌盟载之法。凡邦国有疑会同,则掌其盟约之载及其礼仪。"①《周礼·春官宗伯·诅祝》谓当时有"诅祝"者:"诅祝掌盟……作盟诅之载辞,以叙国之信用,以质邦国之剂信。"②之所以会选择类似宗族组织的形式,很可能是看到了宗族在当时社会中发挥着重大的作用。宗盟与其他的会盟形式的不同,可能主要在于因"宗"而产生的"拟血缘关系"。常见的会盟,参与者多是各方政治势力,主盟者则是政治上之共主。周天子借助宗盟的组织形式而与诸贵族建立起"拟血缘关系",强化了"天下一家"的意识,这对于加强政治互信,巩固统治有重大作用(后世亦有所谓"兄弟之盟""叔侄之盟",甚至是"父子之盟")。可以说,借助宗盟的组织形式,周天子得以与各政治势力构成拟宗族的大宗、小宗关系,成为"天下政权之大宗"。

第五节 小　　结

综上所论,本章要点可概括如下:

一、天子、诸侯本身处在特定的亲属组织之中,天子所在亲属组织可称王族。根据王族成员及其家族的独立情况可分为高低两个层次:低层次王族在西周金文中称"公族",主要是由时王未正式受封的直系近亲组成;高层次王族则主要由受封姬姓贵族组成,天子一般称他们为"小子"。"公族"的规模不大,公族成员与天子的亲缘关系较近,日常以"王"为号。由于尚未正式受封,公族成员政治与经济实力有限,往往需要依附天子而生活,公族成员所在小家庭也不是独立经济单位。这种形态与卿大夫宗族内依附小宗家族类似。

二、西周早期部分高等级贵族存在既获得外服分封,同时也需留仕王朝的情况,因此所在宗族需分宗。结合文献及出土金文材料来看,当时高等贵族分宗存在两种模式:第一种是"长子就封,庶子留王畿",如周公宗族以长子伯

---

① 《周礼注疏》卷三十六,《十三经注疏》,第 1904 页。
② 《周礼注疏》卷二十六,《十三经注疏》,第 1762 页。

禽就封为鲁侯,庶子留王畿继承周公王朝职事。毕公宗族以毕公长子楷伯就封为楷侯,次子毕仲留王畿。第二种是"庶子就封,长子留王畿",如召氏是以召公长子召伯父辛留在王畿,庶子克就封为燕侯。南宫氏亦是以长子留在王畿,就封的曾侯为南宫氏庶子。传世文献所言"长子就封"并不能涵盖所有分宗现象。

"长子就封,庶子留相王室"与"庶子就封、长子留王畿"两种分宗模式的共同点在于均以长子一支为整个宗族大宗。如周公宗族以鲁侯为大宗,毕公宗族以楷侯为大宗,召氏宗族以畿内召伯一支为大宗,南宫氏宗族以畿内南宫氏为大宗。这说明至迟在西周早期,嫡长继承制就已经确立。

两种模式的不同与分宗之初各自宗族形态有关。周公、毕公本为别子,所属宗族自他们始从周王室出。对这类宗族而言,分封之地是开宗立氏之起点和根本所在,因此需要安排传重之人代其就封,这不仅仅是政治权力的交接,也意味着继任者当承担在封地内开宗立氏的责任。在嫡长继承制度下,嫡长子是传重之人,因此就封者会成为整个宗族之大宗。而召公奭、南宫括等原并非各自宗族始祖。在商末周初其宗族就已有相当的规模,这与周公、毕公起初为宗族别子不同。他们的首要任务应该是延续召氏、南宫氏之宗嗣不绝,就封诸侯对他们来说,更多的只是意味着分立支族,当不得开宗,因此多半是派庶子前往建立新的分族。

三、西周早期召氏宗族的分宗较多,分宗状况可图示如下:

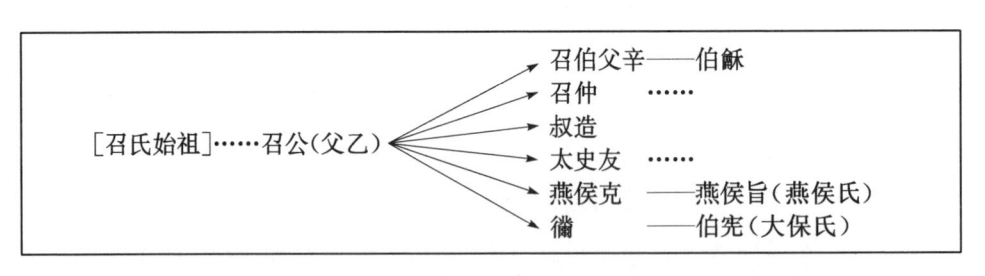

```
                              → 召伯父辛 —— 伯龢
                              → 召仲    ……
[召氏始祖]……召公(父乙) ←       → 叔造
                              → 太史友   ……
                              → 燕侯克   —— 燕侯旨(燕侯氏)
                              → 𬨂      —— 伯宪(大保氏)
```

四、综合亲缘关系、宗族形态以及"公族"的政治地位等情况来看,在"公族"的范围内,"门内之治恩掩义",天子与未正式受封的亲属行宗法,存在宗法制度。不过"公族"内部形态与结构较卿大夫宗族简单,因此宗法制度的各种规定、表现等不及卿大夫宗族繁复。

五、周天子在观念上是所有姬姓贵族之"大宗",且天子有意维持与同姓贵族之间的宗法关系,因此常对他们称以宗法性称谓,如"伯父""叔父""小子"等。但受封姬姓贵族往往自觉地"自卑别于尊",不敢以宗法关系掩盖与天子在政治上尊卑等级关系。"门外之治义断恩",天子与受封姬姓贵族之间的宗族情谊已经让位于政治关系,双方有观念上的宗法联系,但不具有宗法制度的意义。所谓"天子诸侯绝宗",严格来说是指"天子、诸侯与受封之亲属绝宗",即他们之间不再以宗法制度行事。

六、就宗法的实质而言,周天子只是姬姓贵族之大宗。但在"宗盟"的组织形式下,周天子得以成为"天下政权之大宗"。"宗盟"是仿效宗族组织结构而成的一种政治盟会形式,周天子借此与各政治势力构成拟宗族的大宗、小宗关系,强化了"天下一家"的意识。"王者天下之大宗"虽不具备宗法意义,但通过"宗盟"的形式,对加强政治互信,巩固统治有重要作用。

第五章　唯变所适——春秋宗法制度的新情况

周平王东迁洛邑（公元前770年）至鲁哀公十四年西狩获麟（公元前481年），是我国历史上的春秋时代[①]。这一时期是贵族宗族和宗法制度大发展的阶段，周王室及各诸侯国均出现为数众多的同姓或异姓大族。据学者初步统计，春秋经传所见当时主要国家，如周、鲁、晋、楚、齐、郑、卫、宋、陈等国之世族数量超过200个[②]。这些宗族往往数代传承，繁衍兴盛，不少宗族还分衍出多个独立成氏的小宗。宗族宗子及部分族人长期在朝堂占据重要职位，或左右朝/国政，或把控一方，宗族作为一个整体在当时的政局及社会生活中有着至关重要的作用。宗族发展兴盛，意味着以之为基础的宗法制度也获得了巨大的发展空间。春秋贵族宗族的基本结构与西周时期并无太大差异，总体而言均是以血缘关系为基础的亲属集团实体，由大宗家族和若干不同类型的小宗家族构成。与之相应，春秋宗法制度的基本框架，亦与西周时代相近，通过宗子与族人之间有关权利与义务的相互关系构成一个整体。因此春秋时代的宗法制度存在很多与西周时期相似的内容。

不过春秋时代的社会形势已经与西周有了很大不同：周王室衰微，诸侯

[①] 关于春秋时代的起止年代，其上限一般以平王东迁始。至于下限年代，学者则有不同的看法。由于这一时代得名由来与鲁国史书《春秋》有关，因此我们便以《春秋》所记最后一年，即鲁哀公西狩获麟，孔子绝笔之年（公元前481年）为止。（清）顾栋高《春秋大事表》，吕思勉《先秦史》，钱穆《国史大纲》，周谷城《中国通史》，范文澜《中国通史简编》，杨宽《战国史》，杨宽、吴浩坤《战国会要》等也依此例，我们与之相同。

[②] 整理研究春秋世族的著作有很多，如（晋）杜预《春秋释例》有"氏族谱"，（宋）程公说《春秋分记》有"世谱"，（清）陈厚耀有《春秋氏族谱》，（清）顾栋高《春秋大事表》有"春秋卿大夫世系表"等。此处之具体数字参何怀宏：《世袭社会——西周至春秋社会形态研究》，北京：北京大学出版社，2011年，第105—106页。如果再算上文献失载的、不能被称作"世族"之宗族以及强盛之小宗，春秋时代贵族宗族的数量会更多。

力政。周天子实际上已经丧失了天下共主的地位与实力,各主要诸侯国逐渐坐大,呈现出竞相争霸的局面,同时各国内部政治斗争与宗族斗争也日渐激烈。与此同时,各国生产发展水平显著提升,政治、经济等方面一系列的新制度也开始出现,社会结构与社会面貌出现了很大的改变。与大变革时代背景相适应,春秋时代的宗族形态也有了新的发展。而作为调节宗族内部关系及维护宗族稳定与发展的宗法制度,亦随着社会形势及宗族形态的变化而出现了很多新的情况。相较于西周时代的宗法制度而言,这些新情况反映在哪些方面,有什么样的特点,出现的原因是什么,又会产生什么样的影响等等,均是值得探讨的问题。因此,本章的主要内容,便围绕春秋宗法制度出现的新情况而展开。至于与西周相近的内容,则不再作过多的论述。

参照西周部分的论述结构,本章主要内容分四个部分,第一节讨论春秋时代宗子继承出现的新情况与特点;第二节探讨贵族名号出现的新内容及由此反映的相关制度的变化;第三节重点分析天子诸侯阶层不同亲属集团之规模与性质;第四节对贵族宗族内部关系的新情况作介绍。最后作小结,归纳春秋时代宗法制度新情况的主要内容并由此探讨宗法制度演变的基本线索与轨迹。

第一节 嫡长与德才——春秋宗子继承的新情况

西周时代的宗子(包括君位)继承制度,上文已经说过,总的来说按照嫡庶,长幼,子壮则继、子亡弟及等原则依序执行,宗子不得随意干预或改变。就实际情况而言,虽然也出现"一继一及"这种变体和某些波折,但嫡长子继承占据绝对的优势地位。春秋时代的宗子继承整体延续西周传统,嫡长制下的继承顺序深入人心,时人或名为"古之制也"。与之不合的行为会被视为不顺、不道,如《左传》僖公八年载宋襄公曾有意将太子之位让与其庶兄子鱼(目夷):

> 宋公疾,大子兹父固请曰:"目夷长且仁,君其立之。"公命子鱼,子鱼辞曰:"能以国让,仁孰大焉。臣不及也。且又不顺,遂走而退。"[①]

---

① 《春秋左传正义》卷十三,《十三经注疏》,第 3906 页。

太子让位的原因是"目夷长且仁",欲将继承制中的长幼因素置于嫡庶之前。而目夷认为这种舍嫡立庶的行为"不顺",与嫡长继承的顺序不合,坚辞不就。类似说法还见于郑国君位继承,《左传》宣公四年有:

> 夏,弑灵公……郑人立子良,辞曰:"以贤则去疾不足,以顺则公子坚长。"乃立襄公①。

子良即去疾,郑灵公、子良(去疾)、公子坚(襄公)均是郑穆公之子。子良,杜预注云是穆公庶子。而公子坚年长于去疾②。若按照传统嫡长继承制的长幼顺序而言,应是公子坚继位。弃疾也正是以此为说,"必以顺,则公子坚长",可见顺序之说深入人心。此外,《左传》文公十八年载东门襄仲杀文公太子恶及其母弟视,而立庶长子俀(宣公),文公夫人姜氏被迫回到齐国:

> 夫人姜氏归于齐,大归也。将行,哭而过市,曰:"天乎!仲为不道,杀嫡立庶。"市人皆哭,鲁人谓之哀姜③。

姜氏称襄仲杀嫡立庶之举为"不道",得到了众人的同情。《左传》昭公二十六年还有:

> 九月,楚平王卒。令尹子常欲立子西,曰:"大子壬弱……子西长而好善。立长则顺,建善则治。王顺国治,可不务乎?"子西怒曰:"是乱国而恶君王也。国有外援,不可渎也。王有嫡嗣,不可乱也……"令尹惧,乃立昭王④。

子西和太子壬均是平王之子,子西为庶长子,太子壬为法定继承人,应是嫡子。令尹子常欲立子西,其原因是"子西长而好善",如此是将长幼之序凌驾于嫡庶之上。子西反对这种做法,其理由是"王有嫡嗣,不可乱也"。可见嫡庶先于长幼、贤否的继承顺序在当时还是很有影响力的。甚至维护嫡长继承制度也会成为盟会的重要内容,《穀梁传》僖公九年载齐桓公葵丘之盟曰:

> 葵丘之会,陈牲而不杀,读书加于牲上,壹明天子之禁。曰:毋雍泉,毋讫籴,毋

---

① 《春秋左传正义》卷二十一,《十三经注疏》,第 4058 页。
② 《史记·郑世家》云公子坚是灵公庶弟,但徐广《集解》云"年表云灵公庶兄"。参《史记》卷四十二,第 1767—1768 页。
③ 《春秋左传正义》卷二十,《十三经注疏》,第 4040 页。
④ 《春秋左传正义》卷五十二,《十三经注疏》,第 4590 页。

易树子,毋以妾为妻,毋使妇人与国事①。

"毋易树子"之表述还见于《孟子·告子》和《公羊传》②。"易"为更改,"树",立也。"树子",范宁注云是嫡子之意,"毋易树子",不要更改已立之(嫡)子,即桓公与诸侯约定要严守嫡长继承制,不做废嫡立庶的行为。可见在时人看来,嫡子继承才是继承制最"正当"的做法。

但是从另一方面说来,以上所举贵族和诸侯盟会之所以着重强调维护传统嫡长继承制度,正说明这种制度正面临着巨大的冲击,"易树子"等非嫡长继承现象可能至迟在葵丘盟会之时(公元前651年)就已经较为常见,不然不会用订盟的方式来予以遏制。我们可以将与传统嫡长继承制不符的继承现象视作宗子继承的新情况。那么,这种新情况有何特点?产生的原因是什么?在整个宗子继承中的地位又如何?其所带来的影响又有哪些?下面试作分析。

一、宗子立爱与政治干预——宗子继承的新情况

所谓宗子继承新情况,主要是指不按传统嫡长继承原则继位的现象,当然,作乱篡位者不在此列。这种现象具体产生的原因有多种,按照性质的不同主要可以分为两大类:一类是宗子、宗妇立爱;一类是外部政治势力的干预。

(一)宗子、宗妇立爱

所谓宗子、宗妇立爱,是指宗子、宗妇因宠爱某人而不顾嫡庶长幼顺序将其立为继承人的行为。这种情况在西周末期已有,周幽王立少子伯服为太子即是典型。但总体而言西周时代少见,到春秋则较为常见,如:

1.《左传》庄公二十八年:

> 晋献公娶于贾,无子。烝于齐姜,生秦穆夫人及太子申生。又娶二女于戎,大戎

---

① 《春秋穀梁传注疏》卷八,《十三经注疏》,第5200页。
② 《孟子·告子》曰:"五霸桓公为盛,葵丘之会,诸侯束牲载书而不歃血,初命曰:诛不孝,无易树子,无以妾为妻。"(《孟子注疏》卷十二下《告子章句下》,《十三经注疏》,第6004页)《公羊传》则见于僖公三年齐桓公阳谷之会:"秋,齐侯、宋公、江人、黄人会于阳谷。此大会也,曷为末言尔?桓公曰:无障谷,无贮粟,无易树子,无以妾为妻。"(《春秋公羊传注疏》卷十,《十三经注疏》,第4882页)

> 狐姬生重耳,小戎子生夷吾。晋伐骊戎,骊戎男女以骊姬,归生奚齐。其娣生卓子。骊姬嬖,欲立其子,赂外嬖梁五与东关嬖五……二五卒与骊姬谮群公子而立奚齐①。

申生、奚齐均为晋献公之子,申生是长子,原已经被立为太子。晋献公因宠爱骊姬而立骊姬之子奚齐为太子,这与幽王嬖褒姒,废宜臼而立伯服相似。

2.《左传》文公元年:

> 初,楚子将以商臣为大子……既又欲立王子职,而黜大子商臣②。

王子职是太子商臣之庶弟,楚王因自身好恶废商臣而立王子职,这也是立爱的例子。

3.《左传》襄公二十三年:

> 季武子无嫡子。公弥长,而爱悼子,欲立之③。

公弥和悼子均是季武子之庶子,公弥年长,按照长幼顺序应是公弥为继承人。但因季武子喜爱悼子,最终用计舍长立幼,立悼子为继承人。

4.《左传》昭公八年:

> 陈哀公元妃郑姬,生悼大子偃师,二妃生公子留,下妃生公子胜。二妃嬖,留有宠,属诸司徒招与公子过。哀公有废疾。三月甲申,公子招、公子过杀悼大子偃师,而立公子留④。

太子偃师为嫡长子,公子留是庶子。公子留之立,虽然不是哀公直接废立的结果。但招与公子过之所以敢杀太子偃师,无疑与哀公宠爱公子留且有意将其立为继承人有密切关系。

春秋时代还有不少欲立爱而未成的例子,这种情况往往容易引起动乱,如《左传》隐公元年:

> 初,郑武公娶于申,曰武姜,生庄公及共叔段。庄公寤生,惊姜氏,故名曰寤生,遂恶之。爱共叔段,欲立之。亟请于武公⑤。

---

① 《春秋左传正义》卷十,《十三经注疏》,第3866页。
② 《春秋左传正义》卷十八,《十三经注疏》,第3988页。
③ 《春秋左传正义》卷三十五,《十三经注疏》,第4293页。
④ 《春秋左传正义》卷四十四,《十三经注疏》,第4457页。
⑤ 《春秋左传正义》卷二,《十三经注疏》,第3724页。

郑庄公和共叔段均是郑武公之子,同为武姜所生。庄公是嫡长子,武姜却宠爱少子,欲将共叔段立为太子。及至庄公继位,仍然动作不断,终酿成郑国内乱。《左传》僖公二十四年:

> 初,甘昭公有宠于惠后,惠后将立之,未及而卒……秋,颓叔、桃子奉大叔以狄师伐周,大败周师,获周公忌父、原伯、毛伯、富辰。王出适郑,处于氾。大叔以隗氏居于温①。

甘昭公即王子带,也称大叔带,是襄王之弟。惠后宠爱王子带,曾欲立为太子,但因惠后先亡而未成。之后大叔带率狄师攻周,造成周王朝政局动荡,这也是欲立爱之后果。

以上所举例子包括晋国、鲁国、陈国、楚国、郑国以及周王朝等,类似情况还有,可见宗子立爱在当时并不是个例。依据传统嫡长继承制度,宗子继承人的选择自有嫡庶、长幼等相对"客观"的原则约束,本不应受宗子爱憎的影响,所谓"王不立爱,公卿无私,古之制也"②,这是宗法继承制度的重要原则。宗子、宗妇立爱,本质上是与嫡长继承制度相违背的行为。

(二) 外部政治势力干预

周代宗子继承,不光是继承宗族内部之权力与财产,往往还会同时继承前宗子之政治身份与职事(不一定是原职)。这一点很重要,因为世官是贵族宗族得以存在的重要前提。而继任者政治身份与职事的获得,需要得到政治势力(天子、国君或权臣)的确认。因此,就继位的程序而言,宗族内部选立之宗子或继承人,只有得到政治势力的认可方得以最终确定。《周礼·典命》:"凡诸侯之嫡子,誓于天子,摄其君,则下其君之礼一等。未誓,则以皮帛继子男。"郑玄注云:"誓犹命也,言誓者,明天子既命以为之嗣,树子不易也。"③这种情况在西周时代就如此,如西周伯晨鼎(02480)"唯王八月,辰在丙午,王命韩④侯伯晨曰:嗣乃祖考侯于韩,赐汝秬鬯一卣,玄衮衣……"。"嗣"即继承之意,

---

① 《春秋左传正义》卷十五,《十三经注疏》,第3946页。
② 《左传》昭公二十六年:"昔先王之命曰:王后无嫡,则择立长。年钧以德,德钧以卜。王不立爱,公卿无私,古之制也。"《春秋左传正义》卷五十二,《十三经注疏》,第4593页。
③ 《周礼注疏》卷二十一,《十三经注疏》,第1685页。
④ 谢明文:《释西周金文中的"𤔲"字》,《中国文字学报》2015年第2期,第69—72页。

器主名伯晨，从排行称谓来看应是上任韩侯之嫡长子。铭文的主要内容是周天子赐命伯晨，让其继承父祖韩侯之位。伯晨在其父死后当继位为宗子。此次赐命，即是代表天子对伯晨继位的认可，伯晨得以袭得侯位。类似情况在春秋时代也有，如《左传》襄公七年有：

> 冬十月，晋韩献子告老。公族穆子有废疾，将立之。辞曰："……无忌不才，让，其可乎，请立起也……"庚戌，使宣子朝，遂老①。

公族穆子即无忌，起即韩宣子，二者均是韩献子之子。韩献子即将致仕退休（同时亦退去韩氏宗子之位），本意立长子无忌为宗子。无忌因自身有废疾而推辞，建议立其弟起。因此韩献子便让起（宣子）朝见晋君。"使宣子朝"的即向晋君寻求确认宣子韩氏宗子之位。《左传》定公六年：

> 秋八月，宋乐祁言于景公曰："诸侯唯我事晋，今使不往，晋其憾矣。"乐祁告其宰陈寅。陈寅曰："必使子往。"他日，公谓乐祁曰："唯寡人说子之言，子必往。"陈寅曰："子立后而行，吾室亦不亡，唯君亦以我为知难而行也。"见溷而行②。

乐祁是宋国乐氏宗子，溷是其子。乐祁受宋景公之命将出使晋国，因预计行程比较艰难，有被扣押或身亡的风险。因此家臣陈寅劝其为防止宗族覆亡，先立下继承人再前往。于是乐祁带领乐溷去见宋景公。"见溷而行"，杜注云"见于君，立以为后"，此举是向政治势力（宋君）寻求确认乐溷为宗子继承人。可见宗子继承虽本是宗族内部事务，但在世官制的背景下，与政治的关系密切。

也正是因为宗子继承之程序如此，给了外部政治势力干预宗子继承以可乘之机。所谓外部政治势力干预，是指不待宗族内部选立，直接由政治势力确定，或者废宗族原定继承人，而改立新宗子的行为。这种情况在西周晚期已有，如周宣王不顾劝阻废鲁武公长子戏而立少子括③，到了春秋时代则变得较

---

① 《春秋左传正义》，《十三经注疏》，第4208页。
② 《春秋左传正义》，《十三经注疏》，第4649页。
③ 《史记·鲁周公世家》有："武公九年春，武公与长子括、少子戏，西朝周宣王。宣王爱戏，欲立戏为鲁太子。周之樊仲山父谏宣王曰：'废长立少，不顺；不顺，必犯王命；犯王命，必诛之：故出令不可不顺也……'宣王弗听，卒立戏为鲁太子。夏，武公归而卒，戏立，是为懿公。"《史记》卷三十三，第1527页。

为常见。如：

1.《左传》成公十六年：

> 九月，晋人执季文子于苕丘。公还，待于郓。使子叔声伯请季孙于晋……乃许鲁平，赦季孙。冬十月，出叔孙侨如而盟之，侨如奔齐。十二月，季孙及郤犨盟于扈。归，刺公子偃，召叔孙豹于齐而立之①。

叔孙侨如即叔孙宣伯，为鲁国叔孙氏宗子。叔孙豹是侨如之弟，此时身在齐国。侨如为取得高位，鼓动晋国扣押并杀害鲁国执政卿季文子（季孙行父），阴谋失败后出奔齐国。季文子于是召叔孙豹回国立为叔孙氏宗子。按宗子选立本是宗族内部事务，季文子立叔孙豹之举，便是外部势力干预叔孙氏宗子继承的典型例子。

2.《左传》襄公二十二年：

> 十二月，郑游眅将归晋，未出竟，遭逆妻者，夺之，使馆于邑。丁巳，其夫攻子明，杀之，以其妻行。子展废良而立大叔，曰："国卿，君之贰也，民之主也，不可以苟。请舍子明之类。"②

子明即游眅，时为游氏宗族宗子，良是游眅之子，大叔是游眅之弟。子展属于罕氏（子罕之子），时任郑国执政。游眅因强抢他人妻子而被杀，按照嫡长继承顺序，本应由其子良继位为宗子。但子展却以游眅行为不道为借口，废良而立大叔，这也是外部政治势力干预宗族内部宗子继承的例子。

3. 鲁国臧氏两代三位宗子继位均与外部势力干预有关。《左传》襄公二十三年：

> 初，臧宣叔娶于铸，生贾及为而死。继室以其侄，穆姜之姨子也。生纥，长于公宫。姜氏爱之，故立之③。

臧贾、臧为、臧纥三人均是臧宣叔之子。臧贾、臧为是嫡子，臧贾年龄最长，为嫡长子，臧纥年龄最少，且为庶子。根据嫡长子继承制，本应是臧贾继位。不过臧纥自小在鲁侯宫中长大，受到鲁宣夫人的宠爱，因此姜氏

---

① 《春秋左传正义》卷二十八，《十三经注疏》，第4169页。
② 《春秋左传正义》卷三十五，《十三经注疏》，第4288页。
③ 《春秋左传正义》卷三十五，《十三经注疏》，第4294页。

强立臧纥为臧氏宗子,这无疑是外部势力干预的典型。《左传》襄公二十三年:

> 臧贾、臧为出在铸。臧武仲自邾使告臧贾,且致大蔡焉,曰:"纥不佞,失守宗祧,敢告不吊。纥之罪,不及不祀。子以大蔡纳请,其可。"贾曰:"是家之祸也,非子之过也。贾闻命矣。"再拜受龟。使为以纳请,遂自为也。臧孙如防,使来告曰:"纥非能害也,知不足也。非敢私请!苟守先祀,无废二勋,敢不辟邑。"乃立臧为①。

臧武仲即臧纥,臧纥有事出奔,本意是让臧贾接替宗子之位,如此也算是将宗子之位还给嫡长子。但是臧为却趁臧贾派其向鲁君请命之际,擅自向鲁侯请求立为臧氏宗子,鲁君同意。这又是借助外部政治势力登上宗子之位的例子。此后臧会(臧顷伯)继位再次显示外部政治势力对宗子继位的影响。《左传》昭公二十五年:

> 初,臧昭伯如晋,臧会窃其宝龟僂句,以卜为信与僭,僭吉……季、臧有恶。及昭伯从公,平子立臧会。会曰:"僂句不余欺也。"②

臧为之后,其子臧昭伯继位为臧氏宗子。季氏与臧氏有矛盾,臧昭伯随鲁昭公出奔齐国,季平子便立臧会(臧顷伯)为宗子。臧会是臧贾之子,臧昭伯之从兄弟。按照嫡长制继承顺序来说,就算臧昭伯出奔,优先继位者应是昭伯亲兄弟或昭伯之子(昭伯有母弟曰叔孙,有子名臧仓),而不会是其从兄弟。臧会继位,无疑也是外部政治势力干预的结果。

政治势力得以介入宗族内部宗子继承的契机,如上举有原宗子行为不道、君主或王后爱幸、宗子出奔等多种,其中最主要的还是宗子出奔。春秋时代贵族出奔现象较为常见,根据陆琦杨的统计,多达300多起③,其中绝大多数为宗子出奔。多数情况下,宗子并不会率领全族一起出奔,宗族主体仍会留在国内。宗子出奔之后,国内宗子之位空缺,迫使宗子出奔之政治势力往往会为此

---

① 《春秋左传正义》卷三十五,《十三经注疏》,第4294页。
② 《春秋左传正义》卷五十一,《十三经注疏》,第4584页。
③ 春秋早期出奔38起,春秋中期88起,出奔晚期196起。不过陆文所言"出奔"概念较为宽泛,包括逐、放等内容。参陆琦杨:《先秦时期出奔事件研究》,华东师范大学硕士学位论文,2016年,第26—27页。

宗族新立宗子。上举臧为、臧会之立均与前宗子出奔有关。这样的例子还有不少,如《左传》襄公二十八年:

> 卫人讨宁氏之党,故石恶出奔晋。卫人立其从子圃以守石氏之祀①。

"守石氏之祀"即继位为宗子之意。石恶原为石氏宗子,受卫人驱逐出奔之后,卫人便改立其从子石圃为石氏宗子。"卫人"应指卫国当权一派或者是卫君,而不会是石氏族人。兄弟之子曰从子,石圃并非石恶亲子,按照继承制度之顺序而言,石圃并非继任宗子的优先选择。之所以能够继位,关键在于"卫人"的扶持。

《左传》襄公二十九年:

> 为高氏之难故,高竖以卢叛。十月庚寅,闾丘婴帅师围卢。高竖曰:"苟请高氏有后,请致邑。"齐人立敬仲之曾孙酀,良敬仲也②。

高竖是高止(高子容)之子,高竖以卢叛之前,宗子高止已经出奔。高酀是敬仲后代,与高止、高竖亲属关系较远。高止出奔之后,按照继承顺序,本不当高酀继位。高酀得以继承高氏宗子之位,引文明言是齐人扶持的结果。从上举郑国、鲁国、卫国、齐国等国例子以及宗子出奔之统计数来看,外部政治势力介入宗族内部宗子继承的现象绝非少见。

二、新情况的特点及产生原因探析

宗子立爱与外部政治势力干预,从本质而言均是与传统嫡长继承制度对立的行为。二者各有特点,但也有相似之处。

先说不同点,就选择对象而言,宗子立爱是选择宗子继承人,并非直接立宗子。宗子立爱所选择的对象往往是宗子或其夫人宠爱之少子,属于直系近亲,本就生活在一起,亲属关系密切;而外部政治势力干预则多是直接选立宗子。并且很少选择原宗子之子,多数是原宗子之兄弟辈,或者是从兄弟、从子,甚至是关系更为疏远的族人等。如上举臧昭伯与臧顷伯(臧会)是

---

① 《春秋左传正义》卷三十八,《十三经注疏》,第4340页。
② 《春秋左传正义》卷三十九,《十三经注疏》,第4362页。

从兄弟,石圃为石恶从子,高鄡是高止之族父①等。甚至有的已经从宗族分离、成为他国贵族家臣,本已不在宗子候选人行列者,如《左传》成公十七年:"秋七月壬寅,刖鲍牵而逐高无咎……齐人来召鲍国而立之。初,鲍国去鲍氏而来为施孝叔臣。"②鲍国原本已是鲁国施孝叔家臣,也被齐人召回立为齐国鲍氏宗子。

宗子立爱与外部政治势力这种选择对象的差异,在于二者出发点的根本不同:宗子立爱,本质还是想将宗子之位留在己身直系一支,并不希望旁落;而外部政治势力之所以干预宗族内部继承,多数是与原宗子有矛盾,不愿意宗族权力再由原宗子一支掌握,因此往往刻意避开原宗子之子,而扶持关系相对疏远或实力不足者。从对宗族的影响来看,两种行为打破了宗族内部原有权力获得顺序(继承顺序即宗族权力大小的获得顺序)及等级结构,如宗子立爱使得嫡子庶子身份对调,外部政治势力干预则大宗小宗地位转换的概率增加,容易引起宗族旧势力的不满,加重族内冲突,导致宗族动荡甚至离散。

至于相似之处,宗子立爱和外部政治势力干预两种行为可能均意在加强对宗族的控制。外部政治势力刻意选立关系疏远或实力不足者为宗子,目的不言自明。这类宗子继位之后自身实力往往不足以迅速有效地镇服宗族内部旧势力,因此不得不依靠拥立者,外部政治势力因而得以有效地控制宗族。这与权臣拥立国君的做法如出一辙。如卫国孙文子(孙林父)、宁惠子(宁殖)逐献公而立公孙剽③。公孙剽与献公为从父兄弟(公孙剽之父子叔黑背与献公之父定公为兄弟),关系并不算近。公孙剽实力不足,孙、宁二族拥立他无疑是为了更好地控制卫国朝政。晋国晋灵公与赵盾有隙,赵氏弑灵公而迎立公子

---

① 高鄡与高偃是同一人,据襄公二十九年杜注,高鄡为敬仲曾孙。但高偃又见于昭公十二年,杜注云是高傒(敬仲)玄孙。由此可知"曾孙"可能并非实指。《世本》:"敬仲生庄子,庄子生倾子,倾子之孙武子偃。"《世本》记载齐国高氏世系又作:"敬子傒生庄子虎,庄子生倾子,倾子生宣子固,宣子生厚,厚生止,止生竖。"如此,则高偃当是高止之族父,高竖之族祖。参《世本八种·秦嘉谟辑补本》卷六,第 152 页。
② 《春秋左传正义》卷二十八,《十三经注疏》,第 4171 页。
③ 《左传》襄公十四年:"卫献公戒孙文子、宁惠子食,皆服而朝。日旰不召,而射鸿于囿。二子从之,不释皮冠而与之言。二子怒。……公使子蟜、子伯、子皮与孙子盟于丘宫,孙子皆杀之。四月己未,子展奔齐。公如鄄,使子行于孙子,孙子又杀之。公出奔齐,孙氏追之,败公徒于河泽。鄄人执之。……卫人立公孙剽,孙林父、宁殖相之,以听命于诸侯。"《春秋左传正义》卷三十二,《十三经注疏》,第 4248—4249 页。

黑臀于成周，是为成公①。按灵公被弑，按照传统继承制度，本应由灵公之子，或者灵公之弟继位为君（灵公有弟曰捷）。公子黑臀是灵公叔父，且长期在周为人质，并非继位之优先选择。赵盾不立灵公近亲而立黑臀，很有可能与其长期在外，于晋国之内几无根基，易于控制有关。而被选立者对此往往也是心知肚明的，如《左传》成公十八年：

> 十八年春，王正月庚申，晋栾书、中行偃使程滑弑厉公，葬之于翼东门之外，以车一乘。使荀䓨、士鲂逆周子于京师而立之，生十四年矣。大夫逆于清原，周子曰："孤始愿不及此。虽及此，岂非天乎！抑人之求君，使出命也，立而不从，将安用君？二三子用我今日，否亦今日，共而从君，神之所福也。"②

周子即晋悼公，为惠伯谈次子。惠伯谈与厉公是同曾祖但不同祖父（曾祖同为晋文公，惠伯祖为襄公，厉公祖为成公），属于再从兄弟，亲属关系已经疏远。因此悼公属于晋公族远支，年龄尚幼（十四岁）且身居晋国之外（居洛邑），于晋国毫无根基，早已丧失继位之资格。因此当栾书、中行偃弑厉公而迎立悼公之时，悼公自言本没想到能够继位为晋国国君，"孤始愿不及此……二三子用我今日，否亦今日"，是悼公意识到栾书、中行偃等人拥立自己的目的是将其当作傀儡以便于控制。

而宗子立爱，亦是想打破"王不立爱、公卿无私"的"古制"，以取得决定宗子继承人的权力，进一步加强对宗族或国家的控制。这一点可以从齐灵公立太子之事上看出来，《左传》襄公十九年：

> 齐侯娶于鲁，曰颜懿姬，无子。其侄鬷声姬，生光，以为大子。诸子仲子、戎子，戎子嬖。仲子生牙，属诸戎子。戎子请以为大子，许之。仲子曰："不可。废常，不祥；间诸侯，难。光之立也，列于诸侯矣。今无故而废之，是专黜诸侯，而以难犯不祥也。君必悔之。"公曰："在我而已。"遂东大子光，使高厚傅牙以为大子③。

---

① 《国语·晋语》："灵公虐，赵宣子骤谏……灵公将杀赵盾，不克。赵穿攻公于桃园，逆公子黑臀而立之，寔为成公。"韦昭注云："逆，迎也。迎于周也。黑臀，晋文公子、襄公弟成公也。"《国语集解》，中华书局，第381页）《史记·晋世家》："乙丑，盾昆弟将军赵穿袭杀灵公于桃园而迎赵盾。赵盾素贵，得民和，灵公少，侈，民不附，故为弑易。盾复位……赵盾使赵穿迎襄公弟黑臀于周而立之，是为成公。"《史记》卷三十九，第1675页）
② 《春秋左传正义》卷二十八，《十三经注疏》，第4174页。
③ 《春秋左传正义》卷三十四，《十三经注疏》，第4274页。

齐侯(灵公)先前曾立长子光为太子,后来因为宠爱戎子,便因戎子之请而改立少子牙为太子。子牙生母劝谏,认为改立太子会招致各方势力的不满,是不祥之举。齐侯的回答是"在我而已"。所谓"在我而已",是认为选择继承人是其应有之权力,由己意决定即可,不用考虑宗子继承制度的相关规定或其他意见。将原本相对独立的宗子继承变为宗子随意选择,这可看作是宗子集权以提高宗族控制力的手段。不过从此举的后果来看,继任宗子对宗族控制力减弱,宗族动荡,这恐怕是宗子事先所未能想到的。这一点我们下文将有论及,此不详述。

三、论"德"在春秋宗子继承中的地位

春秋时代宗子立爱和外部政治势力干预等非嫡长继承现象的经常出现,已经超出了特例或偶尔反常的范畴。那么,如何看待宗子继承新情况？或者说在传统嫡长继承制度仍占相当优势,继承顺序之说深入人心的情况下,非嫡长继承凭借何种理由得以"大行其道"？这是值得探讨的问题。

(一) 春秋时代"尚德不尚年"思潮的兴起

在回答上述问题之前,我们首先应对当时社会兴起的一股新思潮有所了解。春秋时代周王室衰微,诸侯力政,各国势力为了谋得更大的利益以及稳固统治,非常重视贵族之"德",在强调君德的同时,在任官授职等方面开始兴起以世官制为基础的选贤任能、尚德尚材风尚。强调君德的例子如《左传》僖公五年:

> 晋侯复假道于虞以伐虢。宫之奇谏曰:"虢,虞之表也。虢亡,虞必从之。晋不可启,寇不可玩,一之谓甚,其可再乎？……"……(虞)公曰:"吾享祀丰洁,神必据我。"(宫之奇)对曰:"臣闻之,鬼神非人实亲,惟德是依……非德,民不和,神不享矣。神所冯依,将在德矣。"①

晋侯假道于虞以伐虢,宫之奇劝虞公警惕。虞公认为晋自身祭祀丰盛,鬼神一定会保佑。宫之奇却认为鬼神惟德是依,真正的凭借在于君之德行。

---

① 《春秋左传正义》卷十二,《十三经注疏》,第 3897 页。

《左传》襄公十八年：

> 晋人闻有楚师，师旷曰："不害。吾骤歌北风，又歌南风。南风不竞，多死声。楚必无功。"董叔曰："天道多在西北，南师不时，必无功。"叔向曰："在其君之德也。"①

晋国听闻楚国出兵的消息，师旷、董叔分别以候风、天道等理由预测楚国不会成功。叔向不认同二者的说法，认为胜败、存亡在于君之德行。

《左传》昭公二十年：

> 齐侯疥，遂痁，期而不瘳，诸侯之宾问疾者多在。梁丘据与裔款言于公曰："吾事鬼神丰，于先君有加矣。今君疾病，为诸侯忧，是祝史之罪也。诸侯不知，其谓我不敬。君盍诛于祝固、史嚚以辞宾？"公说，告晏子。晏子曰：……若有德之君，外内不废，上下无怨，动无违事，其祝史荐信，无愧心矣。是以鬼神用飨，国受其福，祝史与焉……君若欲诛于祝史，修德而后可②。

齐景公生病长时间不愈，梁丘据与裔款认为是祝、史的罪过，建议齐侯杀祝固、史嚚。晏子以有德之君为例劝谏，建议景公修德，如此方能诸事顺遂。可见君德对于自身疾病以及国家治理的重要性。

春秋时代不仅十分重视君德，在任官方面亦以尚"德"为风尚，如《左传》僖公二十八年："晋郤縠卒，原轸将中军，胥臣佐下军，上德也。"③原轸得以拔擢为中军将，就是因为重视德才。《左传》襄公九年：

> 晋君类能而使之，举不失选，官不易方。其卿让于善……范匄少于中行偃而上之，使佐中军。韩起少于栾黡，而栾黡、士鲂上之，使佐上军。魏绛多功，以赵武为贤而为之佐④。

范匄比中行偃年轻而位在中行偃之上。韩起比栾黡年轻，而栾黡、士鲂使他在自己之上。魏绛的功劳很多，却认为赵武贤能而甘愿做他的辅佐。是"德/才"成为获取高位的重要考量因素，所谓"尚德/材不尚年"之意义即在此。这类事情之所以能够着重提出而加以称扬，是因为这与原来的权力获取顺序

---

① 《春秋左传正义》卷三十三，《十三经注疏》，第4267页。
② 《春秋左传正义》卷四十九，《十三经注疏》，第4544—4546页。
③ 《春秋左传正义》卷十六，《十三经注疏》，第3959页。
④ 《春秋左传正义》卷三十，《十三经注疏》，第4216页。

不同。这种观念在春秋时代已经相当流行,如《左传》定公四年:

> 四年春三月,刘文公合诸侯于召陵,谋伐楚也……将长蔡于卫。卫侯使祝佗私于苌弘曰:"闻诸道路,不知信否。若闻蔡将先卫,信乎?"苌弘曰:"信。蔡叔,康叔之兄也,先卫,不亦可乎?"子鱼曰:"以先王观之,则尚德也。昔武王克商,成王定之,选建明德,以蕃屏周……(周公、康叔、唐叔)三者皆叔也,而有令德,故昭之以分物。不然,文、武、成康、之伯犹多,而不获是分也,唯不尚年也……武王之母弟八人,周公为大宰,康叔为司寇,聃季为司空,五叔无官,岂尚年哉!曹,文之昭也;晋,武之穆也。曹为伯甸,非尚年也。今将尚之,是反先王也……吾子欲复文、武之略,而不正其德,将如之何?"苌弘说,告刘子,与范献子谋之,乃长卫侯于盟①。

召陵之会,诸侯盟歃之时,刘文公"将长蔡于卫",欲令蔡先卫歃。卫人对此表示不满。苌弘认为蔡国始祖蔡叔是卫国始祖康叔之兄,按照年龄长幼盟歃是合适的做法(蔡叔,康叔之兄也。先卫,不亦可乎?)。卫人祝佗(子鱼)则认为"以先王观之,则尚德也",历数周公、卫康叔、唐叔分封,周公、康叔、唐叔年龄并非最长(三者皆叔也),但是因有"令德",故而分封甚厚。西周早期许多年龄长于三者的贵族(排行为"伯"者)和武王另外五个同母弟均不及,因此周代传统是"尚德不尚年",即"德"在分封、任官、赏赐中的重要性要大于年龄长幼。按祝佗借古为说,是想以此为卫国谋得先于蔡歃的权力。但在西周时代,年龄的长幼之序是获取权力先后及大小的一项很重要的标准,这一点在宗子继承制中体现得尤为明显,前面我们已有详细说明。因此祝佗所谓"尚德不尚年"当并非西周实情,其依据很有可能是春秋时代诸侯力政下的情景。但这足以说明春秋时代类似于"尚德不尚年"的观点已经相当流行,并成了反抗传统秩序和观念的有力武器。此类"德"之内涵,包括个人贤、才、仁、孝等多种品格。

(二)"德"在继承制中的作用

非嫡长继承现象的经常出现,正与此社会背景密切相关。一个值得注意的现象是,虽然非嫡长继承在发生之时或有人指斥为不顺、无道,但如果继位

---

① 《春秋左传正义》卷五十四,《十三经注疏》,第 4638 页。

之人有材德,行为仁义或卓有政声,其继任之举最终会被认可。春秋早期宋穆公的继位便是典型的例子。《左传》隐公三年:

> 宋穆公疾,召大司马孔父而属殇公焉……对曰:"群臣愿奉冯也。"公曰:"不可。先君以寡人为贤,使主社稷,若弃德不让,是废先君之举也。岂曰能贤?光昭先君之令德,可不务乎?吾子其无废先君之功。"使公子冯出居于郑。八月庚辰,宋穆公卒。殇公即位。君子曰:"宋宣公可谓知人矣。立穆公,其子飨之,命以义夫。"①

宋穆公名和,是宣公之弟。穆公在临终之际将君位传给宣公之子与夷,这是因为早年宋宣公曾舍其子与夷而将君位传给了自己。宣公传弟之举,原本与传统嫡长制下继承顺序不符。穆公自言其得位原因是"先君以寡人为贤",是贤(德)超越嫡庶长幼而成为继位之第一要素。"命以义夫",孔疏曾认为指的是宋穆公立殇公(与夷),"义者,宜也……命以义夫,谓穆公命立殇公……是知穆公命殇公,是为义也。"②按从整个句子的语法结构及语义来看,"立穆公,其子飨之,命以义夫"的主语均是宋宣公,"命以义夫"应是指宋宣公立宋穆公。竹添光鸿笺云:"宣公者,武公之子也,卒于春秋前七年。命以义夫犹云命以义故哉,言宣公立穆公之命,出于义也。义者合理而权宜之谓也,故石碏杀子曰大义,宋宣公废子立弟曰命以义。"③是可信的意见。由此可见,宣公立弟之举非但没有招致批评,反被通人君子赞为"命以义",认为是合适的做法。

晋国赵氏舍嫡立庶之举也曾被广为传颂,《左传》僖公二十三、二十四年:

> 晋公子重耳之及于难也……遂奔狄。从者狐偃、赵衰、颠颉、魏武子、司空季子。狄人伐廧咎如,获其二女:叔隗、季隗……以叔隗妻赵衰,生盾……文公妻赵衰,生原同、屏括、楼婴。赵姬请逆盾与其母,子余辞。姬曰:"得宠而忘旧,何以使人?必逆之。"固请,许之,来,以盾为才,固请于公以为嫡子,而使其三子下之,以叔隗为内子而己下之④。

赵衰跟公子重耳流亡之时,曾娶狄女叔隗,生赵盾。后来回国,晋文公重

---

① 《春秋左传正义》卷三,《十三经注疏》,第 3741 页。
② 《春秋左传正义》卷三,《十三经注疏》,第 3741 页。
③ [日]竹添光鸿:《左氏会笺》,第 13—14 页。
④ 《春秋左传正义》卷十五,《十三经注疏》,第 3940、3943 页。

耳将公室女嫁于赵衰为妻,为赵姬。赵姬是正妻,所生之子同、括、婴齐等为嫡子。而叔隗所生之子只能是庶子,因此赵盾也称赵孟。按照传统嫡长继承顺序,赵姬之子应为宗子继承的优先选择。但赵姬"以盾为才",认为赵盾有材德,坚决舍其亲子而立赵盾为嫡子。赵盾最终得以继承赵氏宗子之位,并卓有政声。赵姬舍嫡立庶之举得到了广泛赞誉①。在春秋时代,德(贤、才)在一定条件下可以超越嫡庶长幼而成为选立宗子的首要因素。

甚至公族在图谋篡位之时,也是以此为借口。如《左传》庄公三十二年:"公疾,问后于叔牙。对曰:庆父材。问于季友,对曰:臣以死奉般。"②庆父、叔牙、季友为庄公兄弟,般为庄公嫡长子。按照传统继承制度,本应是嫡长子继位。庄公在向群兄弟征求选立继承人的意见时,叔牙却答"庆父才",即认为庆父有才能,应该继承君主之位。在叔牙的托词之中,"才德"超越嫡庶成为继承制度的第一要素。

正是如此,给各种非嫡长继承现象"合法化"提供了可乘之机。按"德"原本便是宗子选择的要素之一,不过在传统继承制下并不占主要地位,"德"排在嫡庶、长幼之后,所谓"立嫡以长不以贤""王后无嫡,则择立长。年钧以德,德钧以卜"说的就是这种情况。这是因为"德"与嫡庶、长幼等相对客观的因素相比,主观性更强,可操作的空间更大,使用不当很容易造成宗族动乱。但是在春秋力政的大背景及"尚德不尚年"的社会新思潮的影响下,宗子和各种政治势力努力提升"德"在继承制度中的地位与作用,纷纷以立德、立贤等为借口,为自身不顾嫡庶、长幼顺序的废立之举披上"正义"的外衣。如齐国在处置鲍牵之后,扶持鲍国为宗子。《左传》成公十七年:

> 初,鲍国去鲍氏而来为施孝叔臣。施氏卜宰,匡句须吉……以让鲍国,而致邑焉。施孝叔曰:"子实吉。"对曰:"能与忠良,吉孰大焉。"鲍国相施氏忠,故齐人取以为鲍氏后③。

鲍国之立是典型外部政治势力干涉的例子。鲍国已是鲁施孝叔家臣,与鲍氏宗族远隔,绝非宗子继承优先选择,严格说来甚至已经丧失了宗子继承之

---

① 刘向《列女传》卷二《贤明传》"晋赵衰妻"条有:"君子谓赵姬恭而有让。《诗》曰:'温温恭人,维德之基。'赵姬之谓也。"
② 《春秋左传正义》卷十,《十三经注疏》,第 3871 页。
③ 《春秋左传正义》卷二十八,《十三经注疏》,第 4171 页。

权力。齐人选择鲍牵，恐怕正是看中其在鲍氏宗族内无甚实力，便于控制。但明面理由却是"鲍国相施氏忠，故齐人取以为鲍氏后。""忠良"成了齐人不按传统继承顺序选择宗子的完美借口。

鲁国孟孙氏亦以"才"为借口废长而立庶，《左传》襄公二十三年：

> 孟庄子疾，丰点谓公鉏："苟立羯，请仇臧氏。"公鉏谓季孙曰："孺子秩，固其所也。若羯立，则季氏信有力于臧氏矣。"弗应。己卯，孟孙卒，公鉏奉羯立于户侧。季孙至，入，哭而出，曰："秩焉在？"公鉏曰："羯在此矣。"季孙曰："孺子长。"公鉏曰："何长之有？惟其才也。且夫子之命也。"遂立羯①。

丰点是孟氏家臣（御驺），孺子秩与羯均是孟庄子之子。"孺子长"，是孺子秩年长于羯。"孺子秩，固其所也"说明按照传统继承制度，本应是孺子秩继位。但是丰点与羯相善，一意立羯为孟氏宗子。当季武子欲以长幼之序否决时，公鉏说道："何长之有？惟其才也。"意思是有什么年长不年长的，应当以才德的高下选立继承人。最终羯成了孟氏宗子。这也是以"才"为借口而不顾传统继承顺序的典型例子。

宗子立爱也有类似的情况，如上引《左传》襄公二十三年：

> 季武子无嫡子。公弥长，而爱悼子，欲立之。访于申丰曰："弥与纥，吾皆爱之，欲择才焉而立之。"②

季武子立悼子为宗子继承人，这是立爱的典型。季武子也知道与传统继承顺序不符，于是便以"择才"为借口，是有意提升"才"的重要性以实现自己的目的。类似的情况还有，《左传》闵公二年：

> 晋侯使大子申生伐东山皋落氏。里克谏曰……公曰："寡人有子，未知其谁立焉。"③

晋侯即晋献公，此时已经立有太子（申生），却言"寡人有子，未知其谁立焉"，欲废太子而另立他子（奚齐）的意图明显。里克曾试图劝谏，献公却另有说辞，《国语·晋语》载献公言：

---

① 《春秋左传正义》卷三十五，《十三经注疏》，第4294页。
② 《春秋左传正义》卷三十五，《十三经注疏》，第4293页。
③ 《春秋左传正义》卷十一，《十三经注疏》，第3881页。

寡人闻之,立大子之道三:身钧以年,年同以爱,爱疑,决之以卜筮。①

献公所言立太子之道,身、年、爱、卜筮成了选择的先后顺序。身钧,韦昭注云:"德同也。"②若依韦注,则"德"是选立宗子继承人的第一要素。这明显与传统嫡长制的"立嫡以长不以贤"的继承顺序不合。因此,献公所闻之立太子之道,应不是传统的嫡长继承制度,很有可能是春秋时代兴起的与当时宗子继承新情况相合的一套变通办法,甚至有可能就是献公为立奚齐而"自创"的一套托辞。借着提升"德"在宗子继承中的地位和重要性,宗子立爱、外部政治势力干预等各种非嫡长继承行为有了合理的解释,不再不顺、无道,成了春秋时代宗子继承制度的重要组成部分。

综上,春秋时代的继承制度可以概括为:传统嫡长继承仍占相当优势,但各方势力为达到控制宗族的目的,努力提升"德"在继承制度中的地位,以"立德"为借口,使原本与嫡长继承制相违背的宗子立爱与政治干预等行为亦得以成为宗子继承制的一部分。传统嫡长继承制受到冲击,由此引发宗法制度内容和面貌发生一系列变化,下文我们将论及。

第二节　某子某孙与伯仲叔季——论春秋贵族名号使用的新情况

名号称谓是个人身份与地位的象征,也是其获得某类权力的标志。不同名号有着不同的内涵,某类名号的兴起与衰减,往往意味着背后所代表的相关制度或社会形势发生了变化。周代名号有多种,其中不少与宗法制度密切相关。与西周时代相比,春秋时代贵族对宗法性称谓的使用出现了一些新情况,归结起来主要有两点:一是新出现不少在西周时期不常用或基本不见的称谓,这类主要以"某子某孙"为代表;二是西周时代原有称谓的内涵和使用情况在春秋时代出现了新的变化,这类以伯仲叔季等排行称谓为代表。本节的重点即探讨这种新情况的特点、产生的原因以及与宗法制度的关系等问题。

---

① 《国语集解》,中华书局,第268页。
② 《国语集解》,中华书局,第268页。

一、"某子某孙"称谓的兴起及特点

所谓"某子某孙",是指贵族名号中含亲属称谓"子、孙"者,主要有四种形式:一是"太子";二是"公子"(包括王子,下同)、"国名+子"与"某某之子";三是"公孙"或"某某之孙";四是"某某之孙+某某之子"。下面分别作说明:

(一) 太子

春秋铜器铭文常见有器主自称"太子"者,如:

芮太子作铸鼎,子孙永用享。	(01945)
徐太子伯辰□作为其好妻□[鼎],永宝用之。	(02216)
上曾太子般殷,乃择吉金,自作肆彝……	(02381,图 5.1a)
唯正月初吉丁亥,黄太子伯克作其餴盆……	(06269,图 5.1b)
虢太子元徒戈。	(16861,图 5.1c)
攻吴太子姑发䦹反,自作元用……	(18076)

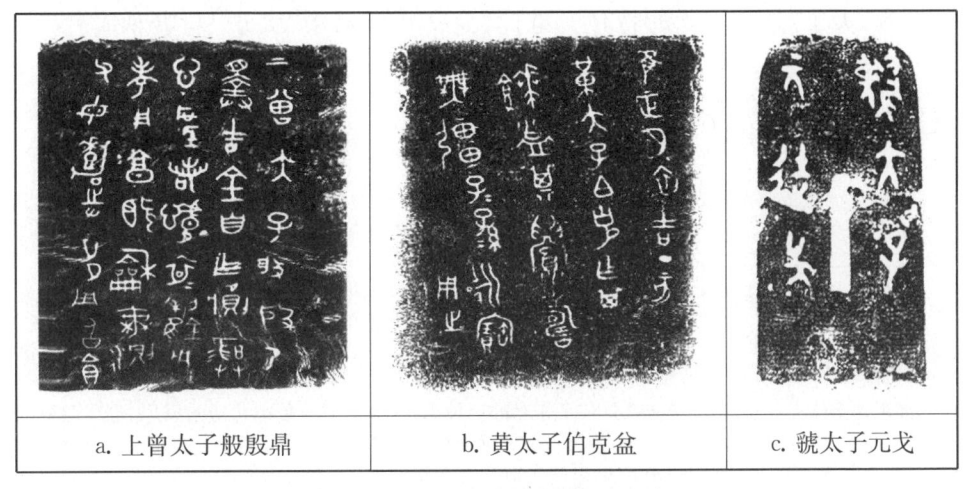

a. 上曾太子般殷鼎	b. 黄太子伯克盆	c. 虢太子元戈

图 5.1　春秋"太子"铜器铭文拓片

以上铜器年代最早者在春秋早期,"太子"原作"大子",大、太相通。"太子"是周代天子诸侯阶层宗子(君位)继承人的称谓。铜器所见"国名+太子"或"国名+太子+私名"者,也常见于春秋文献。如《左传》有曹大子、卫太子、齐太子光、莒太子仆等。铜器铭文与传世文献所见称谓形式一致,从文义理解来看，二者的内涵应该是一致的。

值得注意的是，西周时代的周人文献及所作青铜器铭文中很少见到"太子"称谓。但商金文及西周早期殷遗民所作铜器中有"大子"，如商金文有：

> 王赐小臣缶湡积五年，缶用作享大子乙家祀尊。冀，父乙。　　　　　(02224)
> 癸亥，王㰯于作册般新宗，王赏作册豐贝，大子赐东大贝，用作父己宝餗。(02314)
> 辛巳，王饮多亚，廷享。京迊，赐贝二朋，用作大子丁〔〕。　　　　(04920)
> 作大子丁尊彝。　　　　　　　　　　　　　　　　　　　　　　　　(13082)

西周早期前段堇鼎铭文作：

> 燕侯令堇飴太保于宗周，庚申，太保赏堇贝，用作大子癸尊䵼，㭰冊。(02290)

堇鼎铭文所见祭祀对象用日名，末尾缀族氏铭文，是典型商文化风格，作器者应是殷遗民。这些"大子"均是他称，而非自称，往往与器主有密切关系。商代贵族宗族宗子一般称作"子"①，庶子或小宗可称作"小子"②。不少学者已经指出，商金文中的"大子"有大宗之意，并非宗族继承者的称谓③，称（大宗）宗子为"大子"是商文化的特色。准此，商文化铜器中"大子"与春秋时代"太子"的内涵并不一致。铜器所见用"太子"表示君位预定继承人的做法可能是春秋时期始才开始流行。

---

① 朱凤瀚：《试论商人的族氏组织》，《中国先秦史学会第一届年会论文》（油印本），成都，1982年；裘锡圭：《关于商代的宗族组织与贵族和平民两个阶级的初步研究》，《裘锡圭学术文集》第5卷，第121—152页；朱凤瀚：《商周家族形态研究（增订本）》，第39—41、165页。

② 如商金文同篇铭文中有"子"与"小子"相对者，如"子赐小子爵王赏贝"（02202）、"子赏小子省贝五朋，省扬君赏"（12374）等，朱凤瀚认为"子"应是族长，"小子"应是其同宗下属，很可能是分族长。朱凤瀚：《论卜辞与商金文中的"后"》，《古文字研究》第19辑，北京：中华书局，1992年，第434页。

③ 如裘锡圭认为"（商代）小子应该是与子相对的一种称呼，他们不会是小儿子的意思，也不像是谦称，而应该是一种特定的身份的。"大子、小子应分别为大宗之长（宗子）和小宗的族长。（裘锡圭：《关于商代的宗族组织与贵族和平民两个阶级的初步研究》，《裘锡圭学术文集》第5卷，第130页）刘昭瑞认为甲骨文、商金文中的"大子"是族长。（刘昭瑞：《关于甲骨文中子称和族的几个问题》，《中国史研究》1987年第2期，第97—105页）钟柏生亦认为甲骨刻辞与金文中的大子为大家族的族长，小子为隶属于族长下的同宗子弟。（钟柏生：《卜辞中所见殷代的军礼之二——殷代的大蒐礼》，《中国文字》新16期，1992年，第124—125页）蔡哲茂认为："大子当为对小宗之子称小子的对称，而为大宗之子。"（蔡哲茂：《论卜辞中所商代宗法》，东京：东京大学东洋史学专攻博士论文，1994年，第46—47页）不过亦有学者坚持"大子"即宗子继承人说法者，如黄铭崇：《甲骨文、金文所以十日命名者的继统"区别字"》，第648页；黄国辉：《商周亲属称谓的演变及其比较研究》，《中国史研究》2014年第2期，第48页。

"太子"的宗法内涵,在于其作为天子诸侯阶层宗子(君位)继承人的标志,于继承制有特别的意义。西周时代并非没有立太子之制,为什么"太子"称谓在当时文献和铜器中绝少见到,而在春秋时代开始频繁出现?这可能与"太子"内涵的演变及春秋宗子继承新情况的出现有密切关系。先说"太子"之内涵,"大"本有(年)长之意①,周代"太子"原意可能是表示长子,这一点与"伯"称的内涵(嫡长子)基本一致。西周时代嫡长子拥有继承宗子之位或君位的优先权力。诸子称"伯"者往往同时也是宗子(君位)继承人,是"伯"称已经涵盖了"太子"的内涵。因此,宗子(君位)继承人可能便径直称以"伯"为称而不称"太子"("伯"称内涵与使用范围均广于"太子"),"伯"称逐渐成为宗子和宗子继承人身份的标志,故而"太子"称谓不显。

不过至迟到西周晚期,"太子"义项开始与"长子"分离,逐渐固定用作天子、诸侯阶层宗子(君位)继承人的代称。如周宣王舍鲁武公长子而强立其少子戏为鲁国太子②,周幽王因嬖幸褒姒,废原嫡长子(太子)宜臼而立少子伯服为太子③,两"太子"均只是宗子(君位)继承人之代称,与真实年龄长幼无关。自此以后,太子与长子成了性质与内涵均明显有别的两个概念:太子表示君位继承人,长子表示诸子中年龄最长者。称太子者不一定是长子,天子诸侯之长子也未必是太子。春秋时代晋国奚齐、齐国公子牙、陈国公子留、楚国王子职等均是非(嫡)长子而被立为太子者。春秋以来,非嫡长继承现象逐渐多见,并且以"立德""立贤"为借口而成为宗子或君位继承制的重要组成部分。在这种情况下,宗子继承人不再一定是(嫡)长子,本质为排行称谓之"伯"不再能有效指示宗子继承人的身份,于是已经脱离"长子"义项而专门作为天子诸侯继承人代称之"太子"便成了当时最好的选择。可以这么说,非嫡长继承现象的

---

① 曾子曰:"夫礼,大之由也,不与小之由也。"王聘珍解诂云:"礼,谓成人之礼。大,谓年长者。"参(清)王聘珍撰,王文锦点校:《大戴礼记解诂》卷四《曾子事父母》,北京:中华书局,1983年,第87页。
② 《史记·鲁周公世家》:"武公九年春,武公与长子括,少子戏,西朝周宣王。宣王爱戏,欲立戏为鲁太子。仲山父谏宣王曰……宣王弗听,卒立戏为鲁太子。夏,武公归而卒,戏立,是为懿公。"《史记》卷三十三,第1527页。
③ 《史记·周本纪》有:"幽王嬖爱褒姒。褒姒生子伯服,幽王欲废太子。太子母申侯女,而为后。后幽王得褒姒,爱之,欲废申后,并去太子宜臼,以褒姒为后,以伯服为太子。"《史记》卷四,第147页。

出现与发展,是天子诸侯阶层"太子"称谓兴起的重要原因。

(二) 公子、国子与某某之子

春秋铜器铭文还常见有以"公子""国名+子"或者以"某某之子"为称者,这几种称谓形式均少见于西周铜器铭文。

1. 公子

春秋铜器铭文称"公子"的有:

郳公子害自作簠,其万年眉寿无疆,子子孙孙永宝用。	(05907,图 5.2a)
郑伯公子子耳作盂鼎……	(02253)
陈公子子叔原父作旅瓯,用征用行……	(03361)
陈公子仲庆,自作筐簠,用祈眉寿……	(05935,图 5.2b)
蔡公子壬□自作尊壶……	(12409)
苏公子癸父甲作尊簋,其万年无疆……	(04982)
曹公子沱之造戈。	(17049)
曾公子弃疾之行鼎。	(30126)

"王子":

王子刺公之宗妇郜嫛,为宗彝肆彝……	(05037,图 5.2c)
唯正月初吉丁亥,王子午择其吉金,自作肆彝䜌鼎。	(02469)
王子启疆自作食𬂩。	(11690)
徐王子旃择其吉金,自作龢钟……	(15532)

| a. 郳公子害簠 | b. 陈公子仲庆簠 | c. 宗妇郜嫛鼎 |

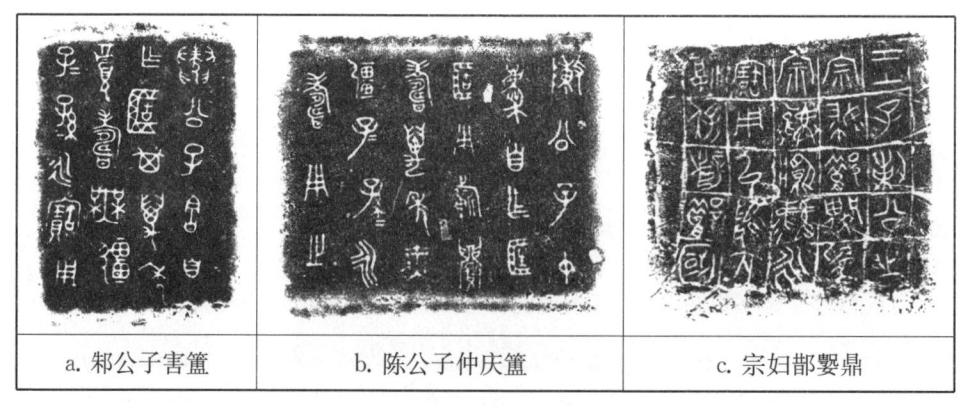

图 5.2 春秋"公子""王子"铜器铭文拓片

《仪礼·丧服》有"诸侯之子称公子"①,可知公子是诸侯子辈的称谓。同理,王子则是指称王者的子辈。按西周铜器铭文绝少见有天子、诸侯子辈以"公子"自称者,多称"国名/氏名＋排行"(王室则以王为氏),可见铜器所见以公子、公孙自称者是春秋以来的新情况。以上所见铜器之年代,从春秋早期到春秋晚期都有。"公子"的使用地域较为普遍,"王子"则多见于长江淮河流域如楚、徐、吴等国。公子称谓在春秋时代很常见,《左传》《国语》等文献中有大量的记载,如鲁国公子庆父、公子牙,卫国公子郢,周王朝王子带、王子克等。公子既可用于自称,也可用于他称。从传世文献的记载和铜器铭文语意内涵来看,"公子"多数实指国君之子,往往拥有较高的地位。

2. 国子

春秋铜器还常见器主以"国名＋子"为称者,如

曾子单用吉金,自作宝鬲。	(02845,图 5.3a)
郑子石作鼎,子子孙孙永宝用。	(01975,图 5.3b)
卫子叔无父作旅簠。	(05792)
黄子作黄夫人孟姬器则。	(02844)
铸子叔黑叵肇作宝盨……	(05608,图 5.3c)
芮子仲殿肇作叔媿尊鼎……	(02124)
楚子弃疾,择其吉金,自作食簠。	(05835)
息子行自作食盆,永宝用之。	(06262)
郲子白(伯)受之铎。	(15960)
彭子射之行繁。	(01666,图 5.3d)
徐子水之鼎,百岁用之。	(01883)

西周早期铜器铭文见有"氏名＋子"的情况,如荣子器"荣子作宝尊彝"(荣子方彝,13526)、"荣子旅作父戊宝鼎"(荣子旅鼎,01823)等,"子"为宗子之意,是商代以来的传统。西周早期以后"氏名＋子"的称谓逐渐少见,因此"国名＋子"亦可算是春秋以来的新情况。关于这类称谓的内涵,学界有不同的看法,其要者大致有三:

---

① 《仪礼注疏》卷三十二,《十三经注疏》,第 2414 页。

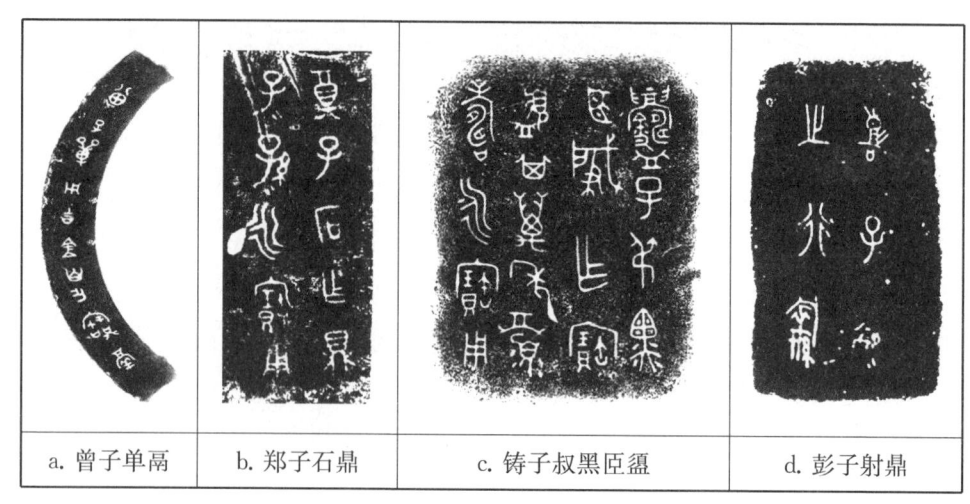

| a. 曾子单鬲 | b. 郑子石鼎 | c. 铸子叔黑臣盨 | d. 彭子射鼎 |

图 5.3 春秋"国名+子"铜器铭文拓片

其一,有学者认为"国名+子"之"子"不是诸侯或诸侯之公子,而是诸侯国侯子、侯孙的后裔,他们已经另立新氏,其始祖为王子、王孙(或公子、公孙)。"子"可以理解为名或字前的"尊称"或"美称"[①];

其二,有学者认为此类称谓代表旁系的小宗,身份可能是非嫡出的诸侯或诸侯的后裔[②];

其三,还有学者认为这种"国名+子"属于以国为氏,"子"为具有该国氏之公子身份者所用的称谓,凡是有公子身份者均能使用,即使已经继位为国君,仍可以为自称。此种自称仅限于列国国君及其近亲成员,即不出国君与诸公子范围[③]。

按与"国名+子"相近之名号有"国子",《国语·周语》有:

---

① 黄锡全:《楚器铭文中"楚子某"之称谓问题辨证》,《江汉考古》1986 年第 4 期,又见于《古文字与古货币文集》,北京:文物出版社,2009 年,亦收录于《曾器铭文中之"曾子"称谓问题——附曾公孙叔考臣三器》,《古文字研究》第 32 辑,北京:中华书局,2018 年。
② 如张昌平在研究"曾子"器时认为"曾伯曾仲可能分别代表着曾公族大、小不同的宗族,即伯仲属于曾侯直系的大宗,而曾子某则是旁系的小宗,身份可能是非嫡出的曾侯之子或者是曾侯的后裔。在其他诸侯国,青铜乐器铭文中的某子某也往往反映出较低的身份等级,他们的性质可能与曾子相同,楚子即为其例"。参张昌平:《曾国青铜器研究》,北京:文物出版社,2009 年,第 353 页。
③ 朱凤瀚:《关于春秋金文中冠以国名的"子"的身份》,《古文字与古代史》第五辑,2017 年,第 147—168 页。

宣王欲得国子之能训导诸侯者，樊穆仲曰："鲁侯孝。"……乃命鲁孝公于夷宫。

鲁孝公亦可谓"国子"。韦昭注云：

贾侍中云："国子，诸侯之嗣子。"或云："国子，诸侯之子，欲使训导诸侯之子。"唐尚书云："国子，谓诸侯能治国、治养百姓者。"昭谓：国子，同姓诸姬也。凡王子弟谓之国子①。

由韦注可知诸侯及诸侯之子弟均可称"国子"。从春秋铜器的相关情况以及传世文献的记载来看，"国名＋子"有明确为国君者，亦有不少非国君者，因此第三种意见较为可信。准此，"国名＋子"的内涵与"公子"大体相同，而与商及西周早期用以表示宗子之"氏名＋子"不是一回事。

需要说明的是，春秋文献中也多见"国名＋子"的称谓，如楚子、陈子、宋子等。对于这一类称谓的内涵，《左传》曾有特别的解释，《春秋经》僖公九年记有"宋子"："九年春王三月丁丑，宋公御说卒。夏，公会宰周公、齐侯、宋子、卫侯、郑伯、许男、曹伯于葵丘。"《左传》同年云："九年春，宋桓公卒，未葬而襄公会诸侯，故曰子。凡在丧，王曰小童，公侯曰子。"②"宋子"是宋国继位君主服丧期间的称谓。此外，《春秋经》僖公二十七年还记有"杞子"："二十有七年，春，杞子来朝"，《左传》同年文云："二十七年春，杞桓公来朝，用夷礼，故曰子。"③同样称谓也见于"滕子"，《春秋经》桓公二年有"滕子来朝"，杜注："无传。隐十一年称侯，今称子者，盖时王所黜。"④"杞子""滕子"是史官对杞国、滕国君主的贬称。铜器铭文所见"国名＋子"多是自称，身份并不全是国君⑤，多数是国君之子，且没有证据表明这些铜器均是在服丧期间所作，更无证据说明此称谓是

---

① 《国语集解》，第 23 页。
② 《春秋左传正义》卷十三，《十三经注疏》，第 3907 页。
③ 《春秋左传正义》卷十六，《十三经注疏》，第 3955 页。
④ 《春秋左传正义》卷五，《十三经注疏》，第 3778 页。
⑤ 湖北随州文峰塔 M35 出土有曾子斿戟（31158），铭文作"曾子斿之用戟"。同出还有曾叔斿壶（30813）"曾叔斿之尊壶"。曾子斿与曾叔斿明显是一人，是曾子亦可称曾叔。"曾叔斿"即西周以来常见的"氏名/国名＋排行＋私名"称谓形式，代表己身属于曾国公族。M35 墓葬规模不算大，墓口东西长 4.4，南北宽 2.8，墓底东西长 3.85，南北宽 2.2—2.4 米，等级不算高，一棺一椁，发掘者已经指出曾子斿是 M35 墓主（湖北省文物考古研究所、随州市博物馆：《湖北随州市文峰塔东周墓地》，《考古》2014 年第 7 期，第 23—24 页）。由墓葬等级、随葬品多寡等亦可知曾子斿不是曾侯。

自我贬称。因此,铜器铭文所见之"国名+子"的内涵与《春秋经》及《左传》所见之"国名+子"的内涵并不一致。这种称谓的差别,既是自称与他称的区别,也是实录与有意褒贬、春秋笔法的区别①。

从铜器铭文来看,"公子、王子"与"国子"的指称对象高度重合,"国+子"或可理解为"国+公子"的省略形式,因此我们可将公子、王子、国+子三者统称作公子类名号。太子、公子均是天子、诸侯阶层子辈的称谓,但二者的内涵和使用情况多有不同。"太子"是君位法定继承人身份的标志,虽说太子原本身份可能是公子,但称"太子"者往往不会再称"公子"。"公子"则是对除"太子"而外的其他子辈的称谓,他们不是继承制下的优先选择,只是拥有君位继承的潜在权利②,称"公子"者不可以僭称"太子"。在宗法制下,太子、公子是两种不同的身份。

3. 某某之子

春秋金文还见有自称"某某之子"的,如:

唯正月初吉丁亥,徐王之子庚儿,自作饮䨛……	(02325)
陈伯鳎之子伯元作西孟妫婤母滕匜……	(14967)
郑畺叔之子宝登作鼎……	(02122,图 5.4a)
鲁子仲之子归父,为其膳敦。	(06066,图 5.4b)
乐大司徒子□之子引作旅𬭚……	(14038)
庆孙之子崃之䥽簠。	(05796)

或者省略"子",如:

唯王正月初吉丁亥,余茂厥于之孙钟离公柏之季子[康],择……柏之季康是良……	(15790)
䣄季之伯归夷,用其吉金,自作宝鼎……	(02217-02218,图 5.4c)
唯王六[月]初吉壬午,郜叔之伯□友择厥吉金,用铸其龢钟……	(15319)
唯正月[初]吉[丁]亥,黄季之伯游父作其旅簋……	(19239)
鲁正叔之𡧧作铸其御盘……	(10124,图 5.4d)

---

① 这一点早已为多位学者多指出,如上引朱凤瀚文章,以及李学勤:《"秦子"新释》,《文博》2003 年第 5 期,第 37—40 页。
② 谢维扬:《周代家庭形态》,第 174 页。

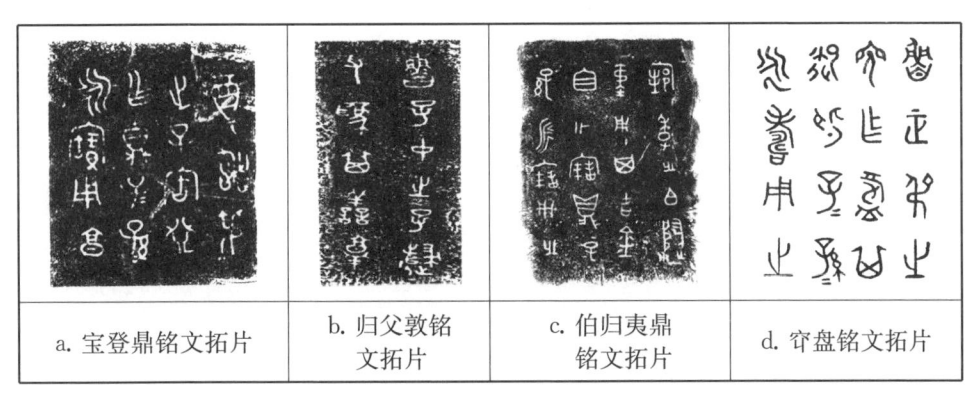

| a. 宝登鼎铭文拓片 | b. 归父敦铭文拓片 | c. 伯归夷鼎铭文拓片 | d. 冯盘铭文拓片 |

图 5.4　春秋"某某之子"铭文拓片

从季子康镈"钟离公柏之季子康"又可称"柏之季康"来看,上举伯归夷、伯□友、伯游父、冯等应该是廓季、邾叔、黄季与正叔之子。是"之"为"之子"的省称。这种称谓形式也见于春秋文献,如《左传》成公十六年有"潘尫之党",杜预注:"党,潘尫之子。"① 襄公二十三年"申鲜虞之傅挚",杜注:"傅挚,申鲜虞之子。"② 昭公十二年"丁酉,杀献太子之傅庚皮之子过"③,俞樾云:"'子'字衍文,本作'庚皮之过',亦是以父名子之例。"④ 西周金文很少见有自称"某某之子"或"某之某"者,上举这些例子,有本身为王/公子者,但从其父辈的称谓(如噩叔、廓季、邾叔、黄季、正叔等)来看,更多的可能是贵族支庶的后代,即从国君或大宗族分衍出来的小宗,还有一般贵族之子。他们虽然有不少还保留伯仲叔季的排行称谓,但在此前仍加上"之子",与上举"公子""国子"对应。由此可见,自称"某子"是春秋以来各阶层贵族普遍的称谓,并不限于诸侯或国君之子。

(三) 公孙与某之孙

春秋时代铜器作器者自称"某孙"的情况也很常见⑤,主要有两种形式:一

---

① 《春秋左传正义》卷二十八,《十三经注疏》,第 4165 页。
② 《春秋左传正义》卷三十五,《十三经注疏》,第 4292 页。
③ 《春秋左传正义》卷四十五,《十三经注疏》,第 4479 页。
④ （清）俞樾著:《古书疑义举例》卷三,北京:中华书局,2005 年,第 49 页。
⑤ 西周金文就有作器者自称"某某之孙"的情况,不过很少见。如西周晚期叔多父簋有铭文作"师趩父孙=叔多父作孟姜尊簋"(05000 - 05002)。不过关于此铭"孙=",是将"="看作衍符,还是读作"子孙""孙孙""逊孙"或"曾孙"等,学者有不同理解。各位学者意见可参蔡一峰:《叔多父簋铭"孙="释读斟议》,《出土文献》第九辑,上海:中西书局,2016 年,第 58—63 页。

是"公/王孙",一是"某之孙"。

1. 公孙、王孙

春秋铜器作器者称"公孙"的有:

邓公孙无嬰选吉金……	(02403)
陈公孙指父作旅瓶,用祈眉寿……	(14034,图 5.5a)
塞(息)公孙指父自作盥匜,其眉寿无疆……	(14989,图 5.5b)
邿公孙班,择其吉金,为其龢钟……	(15784)
卫公孙吕之造戈。	(17054)
蔡公孙鐔之用戈。	(31200)

称"王孙"的有:

周王孙季怡,孔臧元武,元用戈。	(17154)
楚王孙渔之用。	(16908)
吴王孙无土之厨鼎。	(01847)
王孙寿择其吉金,自作食瓯。	(03357,图 5.5c)
王孙诰择其吉金,自作龢钟。	(15606)

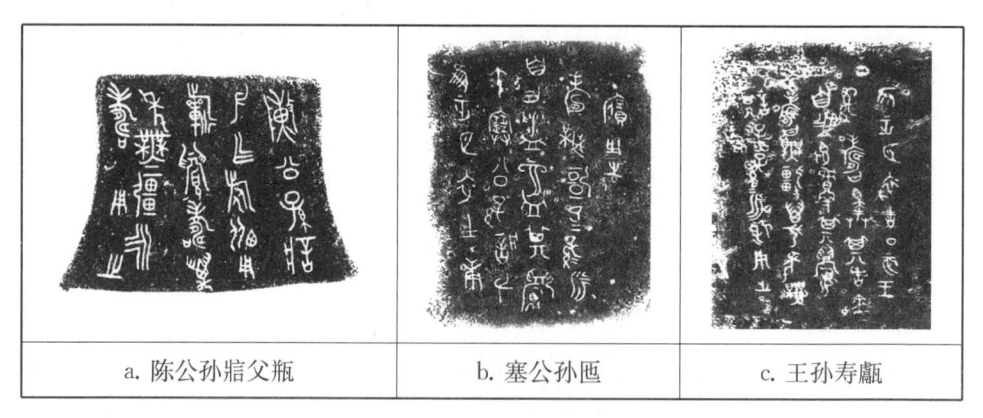

a. 陈公孙指父瓶	b. 塞公孙匜	c. 王孙寿瓯

图 5.5 春秋"公孙""王孙"铭文拓片

西周时代基本不见"公孙""王孙",这类称谓亦兴起于春秋时代。公孙、王孙分布地域的特点分别与公子、王子同,是公子、公孙是一套称谓体系。《仪礼·丧服》有"诸侯之子称公子,公子之子称公孙"①,认为公孙是公子子辈的

---

① 《仪礼注疏》卷三十二,《十三经注疏》,第 2414 页。

称谓。但从相关铭文来看,"公孙"之"孙"并不一定实指公子之子辈,很有可能是后代的泛称。如上举周王孙季怡戈,1979年出土于随州市郊义地岗季氏梁春秋墓葬,同墓还出有曾大工尹季怡戈,铭文作:

> 穆侯之子、西宫之孙,曾大工尹季怡之用。　　　　　　　　　　　　(17302)

两"季怡"明显是同一人。季怡职官为"曾大工尹",自言是"穆侯之子,西宫之孙",穆侯应是某任曾侯,因此季怡真实身份应是曾侯之子。曾侯与周天子同为姬姓,而曾侯一支自西周早期就已经受封,故"西宫"绝非某代周天子之名,"周王孙"只是季怡自称为姬姓的一种说法,而非确指为某代周天子之孙。因此铜器所见"公、王孙"内涵与《仪礼》所言并不能等同。

2. 某之孙与某(氏)孙

春秋铜器还见有器主以"某之孙"为称者,"某"多是人名,如:

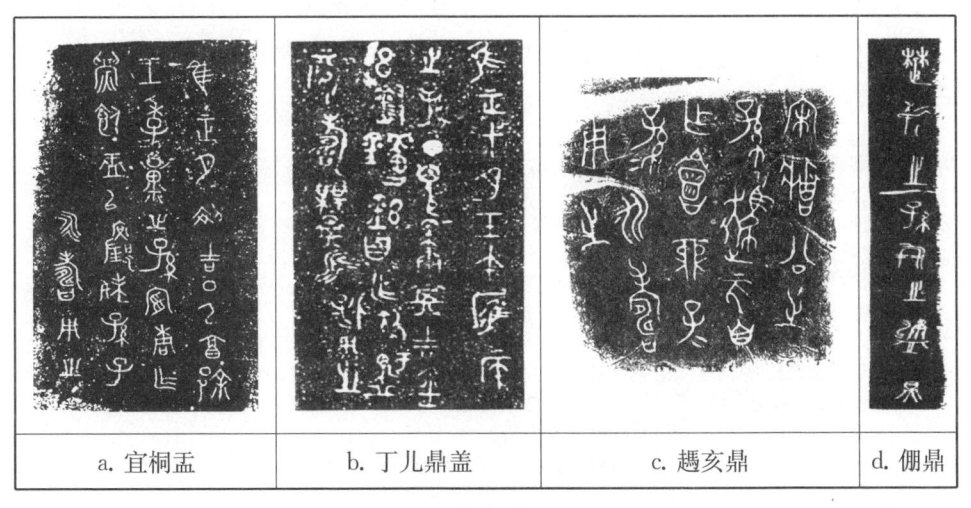

> 徐王季粮之孙宜桐作铸食盂。　　　　　　　　　　　　　(06227,图5.6a)
> 申文王之孙州棽,择其吉金,自作食簠　　　　　　　　　(05943)
> 獻侯之孙陈之鼎。　　　　　　　　　　　　　　　　　　(01745)
> 应侯之孙丁儿择其吉金,玄镠炉铝,自作食鼎。　　　　　(02351,图5.6b)
> 宋庄公之孙趞亥自作会鼎⋯　　　　　　　　　　　　　　(02179,图5.6c)
> 苏公之孙宿儿择其吉金,自作食繁⋯　　　　　　　　　　(02335)

| a. 宜桐盂 | b. 丁儿鼎盖 | c. 趞亥鼎 | d. 佣鼎 |

图5.6　春秋"某之孙"铜器铭文拓片

彭公之孙无所自作食簠。 (05906)
唯王正月庚午,浮公之孙公父宅铸其行匜。 (14992)
卲䜌公之孙益余及陈叔妫为其膳敦。 (05072)
陆融之孙邾公钅止作厥䚄钟…… (15275)
唯八月初吉庚午,邛仲之孙伯戈,自作䤒簋。 (06272)
唯正月初吉辛亥,鄩审之孙莒太史申…… (02350)
曾仲之孙不戲用戈。 (17078)
楚叔之孙佣之汤鼎。 (01843,图 5.6d)
楚叔之孙以邓,择其吉金,铸其繁鼎。 (02288)
楚叔之孙途为之盉。 (14746)

"某"有王(徐王、申文王①)、侯(䚽侯、应侯)、公(宋庄公、苏公)等,从称谓来看均是地位较高的人物,应是器主的重要祖先。从铭文来看,此"孙"不一定都是"子之子"意。上举邾公钅止钟云"陆融之孙",宋公栾簠曰"有殷天乙唐(汤)孙"(05904),曾侯与钟自言"稷之玄孙"(31032),按陆融即陆终②,为传说时代人物,是邾国之祖③。"有殷天乙唐"即商汤,是商王朝开国之君,宋续殷后,自然也是宋国之祖。稷为姬姓之祖,自然也可算是曾侯之始祖(曾为姬姓)。益余敦年代在春秋中期,铭文"卲䜌公之孙益余","卲䜌公"当为召穆公,也就是召伯虎④,是西周厉王、宣王之时期的重臣,与益余不可能是祖孙辈。楚叔,李零、李学勤认为是西周时代的"叔熊"⑤。因此,春秋铭文所谓的"公孙"或"某之孙"的"孙"并非实指,而应是后代之泛称。传世文献也有类似记载,如《左

---

① 李学勤认为"申文王"并非是申国称王者,而是指楚文王之孙申氏。李学勤:《楚国申氏两簠读释》,《江汉考古》2010 年第 2 期,第 117—118 页。
② 王国维:《邾公钟跋》,《观堂集林》,第 894 页。
③ 《大戴礼记·帝系》:"吴回氏产陆终。陆终氏娶于鬼方氏,鬼方氏之妹,谓之女隤氏,产六子,孕而不粥,三年,启其左胁,六人出焉。其一曰樊,是为昆吾;其二曰惠连,是为参胡;其三曰籛,是为彭祖;其四曰莱言,是为云郐人;其五曰安,是为曹姓;其六曰季连,是为芈姓。"[(清)王聘珍撰,王文锦点校:《大戴礼记解诂》卷七,第 127 页]《史记·楚世家》有:"共工氏作乱,帝喾使重黎诛之而不尽。帝乃以庚寅日诛重黎,而以其弟吴回,为重黎后,复居火正,为祝融。吴回生陆终。陆终生子六人,诉剖而产焉。其长一曰昆吾,二曰参胡,三曰彭祖,四曰会人,五曰曹姓,六曰季连。"(《史记》卷四十,第 1690 页)邾国即曹姓之后。
④ 李家浩:《益余敦》,保利艺术博物馆编著:《保利藏金续》,广州:岭南美术出版社,2001 年,第 183 页。
⑤ 李零:《楚国族源、世系的文字学证明》,《文物》1991 年第 2 期,第 54 页。

传》哀公十五年载子服景伯对公孙成说:"子,周公之孙也,多飨大利,犹思不义。"① 公孙成即公孙宿,本鲁国公族。子服景伯称他为"周公之孙",周公指周公旦,此处之"孙"无疑也是后代的意思。

此外还有称"某氏孙"者,如:

  申五氏孙矩作其旅甗,其眉寿无疆,子子孙孙永宝用之。 (03354,图 5.7a)

  䣇金氏孙作宝盘,子子孙孙永宝用。 (14442)

  唯正月初吉丁亥,齐鲍氏孙□,择其吉金,自作龢钟。 (15416)

  唯正月初吉乙亥,楚伯氏孙皮,择其吉金,自作匜簠。 (30512,图 5.7b)

"氏"或省略而作"某孙":

  唯正月初吉乙亥,毕孙何次,自作食簠,其眉寿万年无疆……

  (05952-05954,图 5.7c)

  唯正月初吉丁亥,发孙庑择其吉金,自作飤簠,永保用之。 (05922)

  郕孙宋之飤𩰫。 (01658)

  唯正月初吉,侩孙殷毂作沫盘,子子孙孙永寿之。 (14469,图 5.7d)

  唯正月初吉丁亥,黄孙须颈子伯亚臣,自作罐,用征,用祈眉寿…… (14007)

  曾孙伯国之行甗。 (30277)

  曾孙卲之行簠。 (30482)

  曾孙乔之行壶。 (30814)

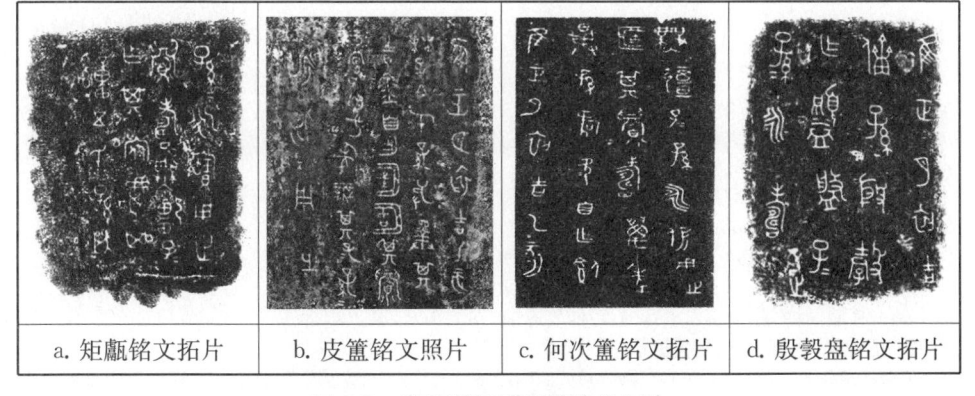

| a. 矩甗铭文拓片 | b. 皮簠铭文照片 | c. 何次簠铭文拓片 | d. 殷毂盘铭文拓片 |

图 5.7　春秋"某孙"铜器铭文拓片

---

① 《春秋左传正义》卷五十九,《十三经注疏》,第 4723 页。

毕、发、敜均当为氏名①,"黄孙"之"黄"为国名。曾孙伯国甗、曾孙昭簠、曾孙乔壶均出自随州文峰塔曾国墓地(M32、M21、M61)②,因此"曾"为国名。"侪孙"之"侪"原铭作"䜘",很可能通"齐",也应是国名。从传世文献来看,贵族以"某孙"为称者,往往有较高的地位。曾孙伯国甗在同墓(M32)其他器物上又作"曾大司马伯国",曾孙乔又称作"曾大司马乔"(M61),大司马为高级职官,可见出土器物称"某孙"者地位亦不低,与传世文献相合。春秋以"氏名＋孙"为称者,以鲁国最盛,如臧孙、厚孙、孟孙(仲孙)、叔孙、季孙等,多代均作此称。陈絜曾详细探讨春秋时代男性称"孙"的含义,指出此"孙"是一种身份的标志,已经从亲称辈分词转化成了一种美称或尊称,男子称名中系以"孙"字,表示他具有宗子身份③。

此外,《诗经》还有所谓"孝孙""曾孙"者,往往也是对宗子(国君)的称谓,如《小雅·楚茨》:"祝祭于祊,祀事孔明。先祖是皇,神保是飨。孝孙有庆,报以介福,万寿无疆。"④此"孝孙"即对宗族祭祀主祭者宗子的称谓。再如《小雅·信南山》:"献之皇祖,曾孙寿考,受天之祜。"⑤《周颂·惟天之命》:"曾孙笃之。"郑玄笺云:"曾,犹重也。自孙之子而下,事先祖皆称曾孙。是言曾孙欲使后王皆厚行之,非惟今也。"马瑞辰云:"曾孙当从笺通指后王为允。"⑥《礼记·曲礼下》:"诸侯见天子,曰臣某侯某。其与民言,自称曰寡人。其在凶服,曰嫡子孤。临祭祀,内事曰孝子某侯某。外事曰曾孙某侯某。"⑦金文所见"公孙""某之孙"与文献所见"某孙""孝孙""曾孙"等意思并不一定等同⑧,但"孙"

---

① "敜",李零、董珊认为字从卩从人从攴,敜孙氏未详所出。此字有可能从夕从凡省,则又可隶定为"𠈌",读为"宿",古有宿氏。李零、董珊:《敜孙宋鼎》,保利艺术博物馆编著:《保利藏金》,广州:岭南美术出版社,1999年,第137页。
② 湖北省文物考古研究所等:《湖北随州市文峰塔东周墓地》,《考古》2014年第7期,第18—33页。
③ 陈絜:《商周姓氏制度研究》,第341页。
④ 《毛诗正义》卷十三,《十三经注疏》,第1005页。
⑤ 《毛诗正义》卷十三,《十三经注疏》,第1011页。
⑥ (清)马瑞辰撰;陈金生点校:《毛诗传笺通释》卷二十八,第1045页。
⑦ 《礼记正义》卷五,《十三经注疏》,第2742页。
⑧ 值得注意的是,春秋金文也有自称"曾孙"而内涵可能与传世文献相近者。如三儿簠"唯王四月初吉丁巳,曾孙三儿:余吕以□之孙,□□敔子⋯⋯择厥吉金,用乍宝簠"(05279),仆儿钟"唯正九月初吉丁亥,曾孙仆儿,余夫敬斯于之孙,余兹咯之元子,曰:乌呼敬哉,余义楚之良臣⋯⋯"(15528),三儿簠与仆儿钟均非曾器,仆儿钟自言"余义楚之良臣",而"义楚"乃徐王之名(10657、14423、17839),是为徐器无疑。因此,此处之"曾"当不是国名,或与《诗经》"曾孙"内涵有相似之处。

有尊贵之意大概是一致的。金文与传世文献的区别,可能是使用场景的不同,也有可能是自称和史书写法的不同①。铜器器主选择以"孙"为称者,应当是有彰显身份与地位的意味在里面。

(四) 某某之孙+某某之子

春秋时代贵族自陈身份还常见"某某之孙+某某之子"的连用形式,如:

唯王正月初吉丁亥,郑武公之孙,圣伯之子良夫,择厥吉金,自作盥盘……
(良夫盘,14521)

余郑庄公之孙,余剌文之子虘,作铸肆彝,以为父母……　(虘鼎,02409)

唯王正月初吉乙亥,宣王之孙,雍王之子东姬,自作会匜……　(东姬匜,15002)

唯正月初吉丁亥,吕黛曰:余毕公之孙,吕伯之子,余颉冈事君,余兽釴武,作为余钟……
(吕黛钟,15570-15582)

唯王正月初吉丁亥,殷王之孙,右师之子武叔曰庚,择其吉金,以铸其盥壶。
(庚壶,12453)

唯王正月初吉丁亥,徐王之孙、寻楚默之子甚六,择厥吉金,作铸鯀钟,以享于我先祖。
(甚六镈,15794-15796)

唯王五月初吉丁亥,齐辟鲍叔之孙,跻仲之子□作子仲姜宝镈……
(鲍子镈,15828)

穆侯之子,西宫之孙,曾大工尹季怡之用。　(季怡戈,17302)

□□王之孙,嚣仲之子伯剌,用其良金,自作其元戈。　(17348)

类似的称谓形式在传世春秋文献中也能见到,如《诗·鲁颂·閟宫》有"周公之孙,庄公之子",《诗·召南·何彼襛矣》云"平王之孙,齐侯之子"等,但基本不见于西周时代的金文和文献,可见是春秋以来的新风尚。"某之孙+某之子"中的"之子"当是实指,上举春秋金文"某之子"便已经说明,但"孙"却并非"子之子曰孙",而应该看作是后代的泛称。上举良夫盘、虘鼎、吕黛钟、庚壶、甚六镈、鲍子镈等器年代在春秋晚期。吕黛钟之"毕公"即毕公高,是西周早期人物。良夫盘、虘鼎铭文所见"郑武公""郑庄公"均是春秋早期人物,郑庄公是

---

① 《礼记·郊特牲》:"祭称孝孙孝子以其义称也,称曾孙某谓国家也。""孝孙"侧重宗族身份,曾孙侧重政治身份。但这种区别是否是当时的实情,尚有待研究。

武公之子,公元前743—701年在位,距离春秋晚期一两百年。因此武公、庄公不可能是良夫、卢的祖父。庚壶"殷王之孙",殷王即商王,商王朝至此已经灭亡几百年,此"孙"也只能是泛指后代。鲍子镈之"齐辟鲍叔"应指鲍叔牙,为春秋早中期人物,器主不可能是鲍叔牙孙子①。东姬匜器主是女性,与周同姓(姬),铜器年代在春秋中期,"宣王之孙"的"宣王"应即周宣王,为西周晚期天子,断不可能是东姬祖父。因此,"某某之孙"是后代的泛称,而非实指"子之子"。

"某某之孙+某某之子"属于追溯远祖+实指近亲的组合方式,在这一虚一实的搭配中,着重强调的是世系的联系(纵向),也就是血脉传承关系,而不是同辈之间的嫡庶长幼(横向)。这种称谓方式与传统的宗法性称谓有很大的不同,显示出使用者的心态以及社会风尚与形势有了很大的变化。

二、排行称谓宗法内涵的缩减

春秋时代"某子某孙"类称谓兴起的同时,部分常见于西周时代的宗法称谓的内涵也出现了新的变化,其中以伯仲叔季排行最为典型。春秋时代排行称谓的宗法内涵有迅速衰减的趋势,这主要体现在两个方面:一是"伯"称内涵异化,不能再有效指示嫡长身份;二是春秋中晚期以来排行称谓在贵族名号中的使用率显著降低,下面分别作说明。

(一)"伯"称内涵的异化

西周时代的"伯"称虽可以表示多种身份,但最基本和核心的意义还是在于指示嫡长排行。春秋"伯"称内涵的异化,主要是指非嫡长子称"伯"的现象,这种情况在西周较为少见②,春秋时代增多,并且有不同的类型与特点。

1. 非嫡长而谥号称"伯"者

春秋文献所见"谥号+伯"者,有相当一部分生前并不是嫡长子,下面试举几例:

---

① 冯峰:《鲍子鼎与鲍子镈》,《中国国家博物馆馆刊》2014年第7期,第113页。
② 西周晚期明确非嫡长子而称伯的是幽王之子伯盘。幽王嫡长子为宜臼,伯盘为褒姒所生,本是幽王少子。之所以有"伯"称,很有可能是幽王刻意赐予,试图为其成为继承人提供"合法性"的身份。因为在当时,诸子称"伯"者往往被认为是宗子(君位)继承人的标志。但这种事情在西周极为少见,此事发生之时已经在西周晚期晚段。之前很少明确发现有此现象者。

第五章 唯变所适——春秋宗法制度的新情况

(1)《左传》隐公五年：

> 冬十二月辛巳，臧僖伯卒。公曰："叔父有憾于寡人。"

杜预注云：

> 臧僖伯，公子驱也。僖，谥也……诸侯称同姓大夫长曰伯父，少曰叔父。①

臧僖伯即公子驱，为孝公之子，《世本》云"孝公生僖伯驱"②。鲁隐公是惠公之子，孝公之孙。隐公称臧僖伯为叔父，则僖伯应为惠公之弟。惠公继孝公为鲁侯，当为孝公嫡长子。僖伯并非嫡长子，原不当有"伯"称。"僖伯"应是后人追赠的谥号，"伯"不代表公子驱生前实际排行，而只是一种尊称。同理，文献记载鲁孝公还有子曰邝惠伯巩③，谥号之"伯"亦非真实排行。

(2) 卫宣公有子曰公子顽，谥称"昭伯"。《左传》闵公二年："齐人使昭伯烝于宣姜，不可，强之。"杜预注云："昭伯，惠公庶兄，宣公子顽也。"④《诗经·墙有茨》毛诗序云："宣公卒，惠公幼，其庶兄顽烝于惠公之母，生子五人。"⑤公子顽并非嫡子，根据"嫡长称伯，庶长称孟"的规则，原当不得"伯"称。据《史记》记载，昭伯也并非宣公长子，《史记·卫康叔世家》："太子伋同母弟二人：其一曰黔牟，黔牟尝代惠公为君，八年复去；其二曰昭伯。"⑥太子伋、公子黔牟均是昭伯之兄。因此公子顽之"伯"称，也并非其真实排行的体现，而是后人追赠的谥称。

(3) 鲁国孟孙氏有名"懿伯"者，《礼记·檀弓下》：

> 滕成公之丧，使子叔敬叔吊，进书，子服惠伯为介。及郊，为懿伯之忌，不入。惠伯曰："政也，不可以叔父之私，不将公事。"遂入。

郑玄注云：

---

① 《春秋左传正义》卷三，《十三经注疏》，第3747、3751页。
② 《世本八种·秦嘉谟辑补本》卷六，第154页。
③ 邝，也作后、厚。《世本》："厚氏，孝公生惠伯革。其后为厚氏。"《礼记·檀弓》有"后木"郑玄注云："后木，鲁孝公子惠伯巩之后。"孔颖达疏云："案世本：'孝公生惠伯革，其后为厚氏。'世本云革，此云鞏，世本云厚，此云后。其字异耳。"参《世本八种·秦嘉谟辑补本》卷七上，第198页；《礼记正义》卷八，《十三经注疏》，第2796页。
④ 《春秋左传正义》卷十一，《十三经注疏》，第3880页。
⑤ 《毛诗正义》卷三，《十三经注疏》，第660页。
⑥ 《史记》卷三十七《卫康叔世家》，第1595页。

> 惠伯,庆父玄孙之子名椒……懿伯,惠伯之叔父。①

惠伯即子服椒,子服椒是孟献子之孙,子服孝伯之子。由郑注可知懿伯为惠伯之叔父,应是孟献子之子、子服孝伯之弟,明显非嫡长子。因此其谥称之"伯"不是生前排行。

(4) 孟孙氏还有名羯者,谥称作"孟孝伯"②,《左传》襄公二十三年:

> 孟庄子疾,丰点谓公鉏:"苟立羯,请仇臧氏。"公鉏谓季孙曰:"孺子秩,固其所也。若羯立,则季氏信有力于臧氏矣。"弗应。己卯,孟孙卒,公鉏奉羯立于户侧。季孙至,入,哭而出,曰:"秩焉在?"公鉏曰:"羯在此矣。"季孙曰:"孺子长。"③

孺子秩与羯均是孟庄子之子,季孙云"孺子长",说明孺子秩年长于羯。"孺子秩,固其所也"即固自当立之意,说明孟氏宗子之位本应由孺子秩继承。这说明孺子秩应是孟庄子嫡长子,而羯只是庶子。因此杜预注云:"羯,孟庄子之庶子,孺子秩之弟孝伯也。"④按照生前冠礼命字的顺序,羯不可能称"伯"。故"孟孝伯"之"伯"亦非其真实排行。

(5) 鲁国季氏有名公甫者,一名公甫靖,谥称作"穆伯"。《左传》昭公二十五年"诉于公甫",杜预注云:"公甫,平子弟。"⑤《礼记·檀弓下》:"帷殡非古也,自敬姜之哭穆伯始也。"郑玄注云:"穆伯,鲁大夫季悼子之子公甫靖也。"⑥公甫也作公父,《国语·鲁语下第五》"季康子问于公父文伯之母",韦昭注云:"文伯,鲁大夫,季悼子之孙、公父穆伯之子公父歜也。"⑦由此可知公甫靖是季悼子之子,季平子之弟,并非嫡长子。穆伯之"伯"也不是其真实排行。

(6) 季孙氏还有季寤,为季平子之子。《世本》云:"子寤氏。季平子生昭伯寤,其后为子寤氏。"⑧是季寤谥称"昭伯"。但文献明确记载季寤是季桓子

---

① 《礼记正义》卷十,《十三经注疏》,第 2840 页。
② 《左传》襄公二十四年有"孟孝伯侵齐晋故也",《春秋左传正义》卷三十五,《十三经注疏》,第 4298 页。
③ 《春秋左传正义》卷三十五,《十三经注疏》,第 4294 页。
④ 《春秋左传正义》卷三十五,《十三经注疏》,第 4293 页。
⑤ 《春秋左传正义》卷五十一,《十三经注疏》,第 4580 页。
⑥ 《礼记正义》卷九,《十三经注疏》,第 2816 页。
⑦ 《国语集解》,中华书局,第 191—192 页。
⑧ 《世本八种·秦嘉谟辑补本》卷七上,第 202 页。

之弟，《左传》定公八年有："季寤、公钼极、公山不狃，皆不得志于季氏。"杜预注云："（季寤）季桓子之弟。"①"昭伯"之"伯"也不是其生前排行。

上举谥号称"伯"者，均可明确生前非嫡长子，这样的例子还有不少。这说明在春秋时代，"伯"称脱离实际排行，单独作为尊称存在的现象已经较为普遍。

2. 国君非嫡长而称伯者

春秋文献还有不少称"国名＋伯"者，如秦伯、郑伯、卫伯、杞伯、曹伯等。这类"伯"也并不全是嫡长子，如：

（1）《史记·郑世家》："二年，楚伐郑，晋兵来救。是岁，悼公卒，立其弟睔，是为成公。"②郑悼公和郑成公均为郑襄公之子。郑悼公《春秋经》称郑伯费③，郑成公则经、传俱称郑伯睔④，二者既为兄弟，则至少有一人原非嫡长子。因此"郑伯"之"伯"并非表嫡长排行之意。

（2）《史记·陈杞世家》："桓公十七年卒，子孝公匄立。孝公十七年卒，弟文公益姑立。"⑤杞孝公与杞文公均为桓公之子，孝公匄《春秋经》称杞伯匄⑥，文公益姑又称杞伯益姑⑦。杞孝公与杞文公是兄弟，因此最多只有一位是嫡长子，而二者均称"杞伯"，可知此"伯"并不表示排行。由此看来，在春秋时代用"国名＋伯"代指国君，"伯"为君主尊号，与实际排行没有必然联系。

传世文献有"王官伯"或"方伯"者，所谓"五官之长曰伯"（《礼记·曲礼下》）或"九命作伯"（《周礼·春官·大宗伯》）。但上举第一类都是各诸侯国国内贵族，不是国君，当不得"王官伯"或"方伯"之称。第二类虽是国君，也不见得均是"九命作伯"，因此这些"伯"称亦不具备"官伯""方伯"的内涵。

需要说明的是，春秋文献所见西周人物也有非嫡长子称"伯"者，如文王之

---

① 《春秋左传正义》卷五十五，《十三经注疏》，第4653页。
② 《史记》卷四十二《郑世家》，第1770页。
③ 《春秋经》成公六年有"壬申，郑伯费卒"，《左传》作"六月，郑悼公卒"。《春秋左传正义》卷二十六，《十三经注疏》，第4130页。
④ 《春秋经》襄公二年有"庚辰，郑伯睔卒"，《左传》作"秋七月庚辰，郑伯睔卒"。《春秋左传正义》卷二十九，《十三经注疏》，第4186页。
⑤ 《史记》卷三十六《陈杞世家》，第1584页。
⑥ 《春秋经》襄公二十三年："三月己巳，杞伯匄卒……葬杞孝公。"《春秋公羊传注疏》卷二十，《十三经注疏》，第5014页。
⑦ 《春秋经》昭公六年："六年春王正月，杞伯益姑卒……葬杞文公。"《春秋左传正义》卷四十三，《十三经注疏》，第4437页。

子郇侯也称郇伯。《毛诗·曹风·下泉》:"四国有王,郇伯劳之。"毛传曰:"郇伯,荀侯也。诸侯有事,二伯述职。"郑玄笺云:"郇侯,文王之子,为州伯。"①"州伯"是一州诸侯之长的意思②。按郇侯为文王少子,并非嫡长子(嫡长子为伯邑考),《左传》僖公二十四年有"管、蔡、成、霍、鲁、卫、毛、聃、郜、雍、曹、滕、毕、原、酆、郇,文之昭也"③,从长幼排序来看,当不得"伯"称。并且西周时代之"伯"并非爵称,郇侯也非文王诸子中势力强大者,同为文王之子而实力大于荀侯者如卫康叔、管叔、蔡叔等,均称"叔"而不称"伯"。因此毛传、郑笺所谓郇侯为州伯之说与西周实情不符④。综合各方面因素来看,作为文王之子的荀侯在西周早期应不可能有"伯"称。《曹风》一般认为是春秋中期的作品⑤,此"郇伯"很有可能是春秋时人根据当时国君即可称"伯"的情况而对文王之子的追称,并不代表西周实情。同理,文献还记有"文王十六子原伯"⑥,此"伯"也非真实排行,而是春秋以降惯常使用的尊称。

此外,文献记载春秋时代还有不少明确为庶子而以"伯+字"为称者,如《左传》襄公二十五年:"秦伯车如晋莅盟。"杜预注云:"伯车,秦伯之弟针也。"⑦"秦伯"为秦景公,与伯车均是秦桓公之子。伯车既然是景公之弟,应不会是嫡长子。《左传》襄公二十六年:"二月庚寅,宁喜右宰谷伐孙氏,不克,伯国伤。"杜预注云:"伯国,孙襄也。父兄皆不在。故乘弱攻之。"⑧孙襄(伯国)为孙林父(孙文子)之子,孙林父还有子曰孙蒯、孙嘉。杜注之"父兄皆不在"应

---

① 《毛诗正义》卷七,《十三经注疏》,第 822 页。
② 《汉书·朱博传》有"古选诸侯贤者以为州伯",《汉书》卷八十三,中华书局二十四史点校本,第 3406 页。《礼记》亦有"州伯",《内则》云:"州吏献诸州伯,州伯命藏诸州府。"郑玄注:"五党为州。州,二千五百家也。州长,中大夫一人也。"孔颖达疏:"州伯则州长也。"职官之大小与此"州伯"不类。
③ 《春秋左传正义》卷十五,《十三经注疏》,第 3944 页。
④ 所谓"州伯",《礼记·王制》:"凡四海之内九州,州方千里。州建百里之国三十,七十里之国六十,五十里之国百有二十,凡二百一十国……二百一十国以为州,州有伯。"(《礼记正义》卷第十一,《十三经注疏》,第 2864—2865 页)学者早已指出如此整齐划一的建制是战国以降学者的构拟,并非西周春秋之实情。
⑤ 《诗序》云:"《下泉》,思治也。曹人疾共公侵刻下民,不得其所忧,而思明王贤伯也。"(《毛诗正义》,《十三经注疏》,第 822 页)曹共公是春秋中期曹国君主,公元前 653 年—前 618 年在位。
⑥ 郑樵云:"原氏,周文王第十六子原伯之后。"(宋)郑樵撰,王树民点校:《通志二十略·氏族略》,中华书局,1995 年,第 81 页。
⑦ 《春秋左传正义》卷三十六,《十三经注疏》,第 4313 页。
⑧ 《春秋左传正义》卷三十七,《十三经注疏》,第 4318 页。

是指孙林父和孙蒯、孙嘉。既称孙蒯、孙嘉为"兄",则"伯国"应非孙林父嫡长子;《左传》昭公二十二年有"刘献公之庶子伯蚠"①,则是明确为庶子而称"伯"者。从人名称谓常见"排行+字"形式来看,伯车、伯国、伯蚠之"伯"本应表示排行,但文献又明确其并非嫡长子。这种矛盾产生的原因,目前尚不清楚。

西周时代"伯"之所以有深刻的宗法内涵,可以用作宗子、宗子继承人甚至是邦国之长身份的标志,其根本原因便在于"伯"称能准确指示嫡长身份,这与嫡长继承制度的根本精神是相合的。从上举例子来看,春秋时代"伯"称用作尊号而非排行的情况已经较为普遍,不再能有效指示嫡长身份。说明"伯"称之宗法内涵在不断减弱。

(二) 伯仲叔季使用的缩减

春秋时代排行称谓的使用还有一个情况值得注意,那就是伯仲叔季排行称谓在贵族名号中的作用与地位有明显下降的趋势。这种下降趋势主要表现在两个方面:一是从春秋早期到春秋晚期,铜器铭文所见男性贵族名号中带排行称谓者显著减少;二是部分国家内贵族称谓很少见有带排行称谓者。下面略作说明:

先说第一点,在西周时代,铜器铭文中男性名号带有伯仲叔季者十分常见,从西周早期到西周晚期均是如此。及至春秋早期也是这种情况,如:

  曾子伯誩铸行器,尔永祜福。(01944)

  鲁仲齐肇作皇考肆鼎。(02236)

  薛子仲安作旅簠。(05855)

  叔牙父作姞氏尊鬲。(02929)

  黄季作季嬴宝鼎。(02088)

到了春秋中期,带排行称谓者便显著减少,多数仅有私名,或带以某子、某孙称谓,如:

  宋庄公之孙趯亥自作会鼎。(02179)

  唯正月初吉丁亥,徐王之子庚儿,自作食鐈……(02326)

---

① 《春秋左传正义》卷五十,《十三经注疏》,第 4560 页。

  蔫子受之鬻鬲。(02764)
  邓公乘自作食鼎……(02093)

  春秋晚期这种情况更为明显。我们以吴镇烽《铭图》所收春秋时期食器、酒器、水器铭文作初步统计①，其中春秋早期铜器铭文大约 390 件/套（同铭且同器形者算一件，下同），铭文所见男性称谓带排行者约 180 件/套，二者之比约为 46%（180/390），这与整个西周时期的比例基本相同；春秋中期有铭铜器约 85 件/套，其中男性贵族称排行者 18 件/套，整体所占比例约 21%；春秋晚期有铭铜器共 223 件/套，其中男性贵族称谓带排行者约 30 例，所占比例约为 13.4%（30/223）。从春秋早期到春秋晚期，铜器所见男性称谓带排行者下降的趋势十分明显（46%—21%—13.4%，表 5.1）②。

表 5.1 春秋时代含男性排行信息铜器比例演变趋势表

	春秋早期	春秋中期	春秋晚期
含男性排行铜器数量	180 件/套	18 件/套	30 件/套
有铭铜器数量	390 件/套	85 件/套	223 件/套
比例	46%	21%	13.4%

  顾炎武曾经指出，春秋自僖公以前，大夫并以伯仲叔季为称，此后则称"子"的现象多见③。王引之《春秋名字解诂》所引多数贵族之字称"子某"而不

---

① 之所以说是初步统计，主要是因为此次所统计之铜器范围仅以《铭图》所收为限，因《铭续》所载铜器有相当部分来源不清，所以暂不在统计之列。同时，统计之铜器并不包括兵器和乐器，因兵器性质与其他容器并不相同，而乐器铭文不少需要多件铭辞才能合成一篇铭文，在作数量统计时与单件铜器计算标准有别，因此也不在统计范围之内。还有，吴镇烽明确标明春秋早中晚者，也偶尔存在时代偏差、漏收、重出、伪器等情况，因此本文所统计之数字只能代表当时的总体情况，并不具备绝对意义。但总的来说，以《铭图》所收铜器考察春秋中晚期铜器铭文发展的整体趋势，应当没有问题，这是我们需要事先说明的。

② 以上这些还包括不少以"公子/国子＋排行"为称者，而"公子/国子"均是春秋时代兴起的名号。如果将此列排除在外，纯粹的"国名/氏名/谥名＋排行"或"排行＋私名"名号在整个男性贵族名号中所占的比例将会更低。

③ 《日知录》卷四"大夫称子"："春秋自僖公以前，大夫并以伯仲叔季为称。三桓之先曰共仲、曰僖叔、曰成季……晋之诸卿，在文公以前无称子者……其生也或以伯仲称，如赵孟、知伯，死则谥之而后子之，犹国君之死而谥称公也。于此可以见世之升降焉，读春秋者其可忽诸……春秋自僖、文以后，而执政之卿始称子。其后则匹夫而为学者所宗，亦得称子，老子、孔子是也。"（清）顾炎武著，陈垣校注：《日知录校注》，合肥：安徽大学出版社，2007 年，第 207—209 页。

称排行①,亦可以为证。僖公在位年代为春秋中期前段(公元前 659—前 627年),这正与铜器所见排行称谓使用衰减趋势的时间线索相符。

再说第二点,春秋时代不同国家对排行称谓的使用程度也是不一样的。以铜器铭文为例,诸如鲁国、曾国、郑国等国贵族使用排行称谓较为常见,文献所见这些国家贵族称谓也多见排行,铜器、文献二者情况相合。但部分国家则较少用到排行,如文献所见宋国公族绝少使用排行。就铜器而言,则是楚国最为典型。春秋时代楚国铜器数量众多,但贵族名号带排行者极少,往往是直接称名,或者冠以王子、王孙等称号。目前所见楚国铜器带排行者,春秋晚期有多件楚叔之孙器,如楚叔之孙佣鼎(01843-01845)、楚叔之孙以邓鼎(02288)、楚叔之孙克黄豆(06132)、楚叔之孙途盂(14746)等,但"楚叔"只是器主之祖先,器主自名佣、以邓、克黄、途等,均未以排行为称。上文已经指出,春秋以"某之孙"为称者,"孙"是后代泛称,"某"多居高位,为其所在宗族始祖。李零、李学勤认为此"楚叔"即"叔熊"②,应该是正确的意见③。而叔熊活动年代在西周,并非春秋人物。春秋早期还有一件楚季㝬盘(14465),"楚季"亦有可能是氏名④。文献所见活动于西周时代的楚国先祖名号带排行者尚有不少,如伯霜、仲雪、叔熊、季紃等。出土西周楚器也有称伯仲叔季者,楚季钟(31015)即是明证。由此或可推测,从西周到春秋时代,楚国对排行称谓的重视和使用程度是逐渐降低的。这种趋势,与春秋时代排行称谓使用的整体趋势相合。

需要说明的是,伯仲叔季排行称谓是周代每个成年男性贵族均拥有的,得之于冠礼时。冠礼是周代贵族成年大礼,在各国均普遍施行。因此,春秋时代所见贵族排行称谓使用的大幅度缩减,不在于贵族无此名号,只能是贵族对以此为称的意愿在不断下降。从名号使用的功能性角度来看,下降的原因可能

---

① 王引之:《春秋名字解诂》,《经义述闻》卷二十二、二十三,第 1289—1452 页。
② 李零:《楚国族源、世系的文字学证明》,《文物》1991 年第 2 期,第 54 页。
③ 关于楚叔之所指,学界尚有其他意见,但论据均不如李零充分。参田成方:《东周时期楚国宗族研究》,武汉大学博士学位论文,第 14—17 页。
④ 西周晚期有楚季钟(31015),李学勤认为"楚季"很有可能即季紃,周宣王时期在位。(李学勤:《试谈楚季编钟》,《夏商周文明研究》,北京:商务印书馆,第 153—156 页)"楚季㝬"很有可能是季紃的后代,以"楚季"为氏。器主亦单称名而不称自身真实排行。

在于这类称谓已经不足以有效标志使用者的身份与地位,或者说使用者并不能据此获得某些原本所能拥有的权力。

三、从横通到纵贯——名号新情况产生的原因探索

以上便是春秋时代贵族宗法类名号使用新情况的主要特点,总体而言即"某子某孙"类名号兴起,同时伯仲叔季排行称谓宗法内涵及使用习惯的衰减。按"子、孙"本是亲属称谓,"某子某孙"重在表现与祖先纵向的血缘联系(父子、祖孙),而伯仲叔季等则是侧重横向的先后顺序(兄弟)。二者性质有别,但并不冲突,完全可以共存。春秋时代新出现"公子、国子＋排行＋私名"类称谓,如曾子伯皮、陈公子仲庆、芮子仲殿、卫子叔无父等。那么,为什么西周贵族普遍以伯仲叔季排行为称,而同时期文献和铜器中绝少见到"公子、公孙"称谓①?而到了春秋时代,"某子某孙"类名号逐渐兴起的同时,排行称谓的使用意愿却在不断下降?两类名号一消一长之间是否存在着某种内在联系?这种现象产生的原因是什么?等等,均是值得探讨的问题。

如果说某子某孙类名号与伯仲叔季称谓有什么共同点的话,可能均属于我们第二章所言宗法性称谓,都有指示人物在所属亲属集团之身份与地位的作用。在宗法制度下,二者均与宗子(包括君位,下同)继承以及权力的获取有密切关系。关于排行称谓的宗法内涵,前引李曦文章已经说过,"是宗主继承制的一般性标志和维护继承次序的手段"。至于某子某孙类称谓,"太子"是天子诸侯阶层法定继承人的称谓,于继承制度有特别的意义。而公子类名号(公子、国子)的意义,谢维扬早已指出,"集中表现在拥有继承王位和君位的潜在

---

① 西周时代无论是铜器铭文,还是同时期文献,都绝少见到以此类称谓自称者。西周矢令尊有"周公子明保"(11821),按此为他称,且"公子"之间应断开,读作"周公/子/明保",意为周公之子明保,与春秋铜器所见如"曾公子弃疾"断作"曾/公子/弃疾",意为曾国之公子弃疾并不相同。同理,伐簋所见"朕公子鲁侯"(05321),意思是朕公之子鲁侯,而非朕之公子鲁侯。西周铜器铭文仅见之"公子"与春秋"公子"并不是一回事。同时,《左传》昭公十二年载楚灵王曰"昔我先王熊绎,与吕级、王孙牟、燮父、禽父,并事康王",王孙牟,杜注云:"卫康叔子康伯。"(《春秋左传正义》卷四十五,《十三经注疏》,第4482页)按此"王孙"称谓很有可能是楚灵王根据春秋时代常见王子王孙名号的情况而对西周人物的追称,不见得代表西周实情。

权利"①。因此春秋时代贵族宗法性称谓一消一长现象的出现,很有可能与宗子继承制的演变有密切关系。

西周时代嫡长继承制占据绝对的优势,宗子之位的继承及权力大小的获得均与贵族自身的嫡庶长幼身份密切相关。排行称谓的作用在于能有效指示这种顺序关系,公子类称谓相对而言并不具备明显的区分意义。因此,包括天子诸侯之子辈在内的所有贵族重视排行称谓便可以想见。

到了春秋时代,嫡长子继承制受到冲击,宗子立爱、外部政治势力干预等非嫡长子继承方式以立贤、立德等为借口而成了宗子继承的重要组成部分。"尚德不尚年"思潮兴起,原有的嫡庶长幼之序不再是获得宗子之位及权力大小的必要条件。尤其是对于诸侯阶层而言,不按传统嫡长继承顺序继位的情况已经相当普遍。朱凤瀚曾经详细统计鲁、卫、晋、郑、齐、宋、楚七国君位继承方式,发现不是以父死子继方式继位者比例高达近 40%②,但继位者绝大部分均拥有公子、公孙身份(多数是前君主之子孙)。而即使是所谓正常的父死子继,也有相当一部分以公子身份成为太子,然后再继位为君者(宗子立爱)。在朱凤瀚统计的基础上,我们将鲁、晋、卫、郑、齐、宋、楚、陈八国公子、公孙继位情况列于下③:

鲁国从惠公算起至哀公,一共 10 代 15 位君主,其中有 3 代共 6 位君主是由公子身份继位④。

晋国从曲沃武公算起,至定公一共 11 代 17 位君主,其中以公子、公孙身份继位的有 3 代 5 位(太子申生未即位而死,奚齐算是正常继位)⑤。

卫国从庄公算起至出公,共有 11 代 20 位君主,其中有 6 代 10 位由公子或公孙身份继位⑥。

---

① 谢维扬:《周代家庭形态》,第 174 页。
② 朱凤瀚:《商周家族形态研究(增订本)》,第 448—449 页。
③ 我们统计之公子、公孙即位情况与朱先生略有不同,我们将寻立寻废者也算在内,朱文并不包括此类。
④ 隐公(惠公庶子)、闵公、僖公(二者均是子般之弟,庄公死,子般立,不久便被公仲所杀)、昭公、定公(均是子野之弟,子野立,寻卒)、宣公(公子俀,东门襄仲杀嫡子恶、视)。
⑤ 晋献公之子卓子、惠公(夷吾)、文公(重耳)均曾立为国君。还有文公之子公子黑臀(晋成公)也是以公子身份继位的。此外晋悼公是以公孙身份继位。
⑥ 以公子身份继位的有州吁、宣公(公子晋)、公子黔牟、叔武(元咺曾想立叔武为卫国国君,曾摄立)、公子瑕(卫成公出奔之后元咺改立卫成公之弟公子瑕为君,史称卫中废公)、公子起。以公孙身份继位者则有卫戴公、卫文公、公孙剽(卫殇公)、公孙般师。

郑国从郑武公到声公一共 12 代 18 位君主,其中 3 代有 6 位以公子身份继位①。

齐国从庄公至平公有 9 代 19 位君主,共有 5 代有 9 位以公子身份继位②。

宋国从宋武公到宋景公共 11 代 17 位君主,一共有 5 代有 7 位以公子身份继位③。

楚国从武王算起到昭王一共 8 代 13 位君主,共有 2 代 4 位公子继位④。

陈国在春秋从夷公到闵公 12 代,其中 6 代有公子继位⑤。

以上各国在位君主人数远大于世代数(君位平均世代不足 11 世,在位君主人数却超过 17 人),其中非嫡长子传承比例之高明显可见。这些还只是包括已经继位者,如果再加上试图谋立而未成的,那么这个比例就会更大。典型如周王室,春秋一共 12 代君主,有两代曾是弟及(定王继匡王,敬王继悼王),还有 5 代曾经发生过王子谋立的事件(王子克、王子颓、王子带、王子佞夫、王子朝)。就春秋时代各国君位继承的实际情况而言,以公子、公孙而非(嫡)长子身份继位为君者比例如此之高,继位多数与嫡庶、长幼等顺序并没有必然联系。就算不能继位为君,他们凭借此身份在所属国或宗族也能占据很大的利益,多数会有重任,形成实力强劲之公族。这一点在宋国、郑国、鲁国等均有明证。权力的获得不再定然按照嫡庶长幼的顺序来,而是受爱幸、政治势力的干预等多种因素的影响。在这种情况下,排行称谓给贵族带来的身份及实力标识作用已经大为减弱。而称某子某孙者,直接道出与君主或重要祖先之亲缘关系,且暗示其所拥有的潜在权利,作为彰显身份地位的名号再合适不过。因此春秋贵族特意标榜某子某孙身份而对以排行为称的兴趣显著降低也就可以理解了。

---

① 公子亹、子仪、郑厉公(公子突)(三者均是郑庄公之子,郑昭公之弟)、公子坚、公子繻、郑成公(郑伯睔,悼公之弟)。
② 公子小白(齐桓公)、公子昭、潘、商人、元(均是齐桓公之子,公子无亏立不久后便被杀,此后四人争夺继位)、公子杵臼(齐景公)、公子阳生(齐悼公)、公子荼。齐国公孙无知也曾自立为君主,这是公孙即位的例子。
③ 公子和(宋穆公)、公子与夷(宋殇公)、公子冯(宋庄公)、公子游、公子御说(桓公)、公子御(《史记》记载成公卒,成公弟御杀太子及大司马公孙固而自立)、公子鲍(文公)。
④ 公子頵(楚成王)、公子围(楚灵王)、公子弃疾(楚平王)、公子比。
⑤ 平公燮(夷公之弟)、臣佗、公子跃(陈厉公)、公子杵臼(陈宣公)、公子留。陈惠公乃是以公孙身份被立。

由此亦可以看出，宗子继承制的演变对贵族名号的选择和使用有重大影响。

第三节　天子诸侯阶层亲属集团的结构与特征

春秋时代天子诸侯亲属集团的层级、基本结构与西周类似，并无显著不同。不过西周时代材料太少，且过于零散，我们只能据以探知此类亲属集团的大致轮廓，对于内部具体构成、运作特点及相互关系等，仍需借助春秋时代较为丰富的文献记载来作补充说明。与此同时，春秋时代天子诸侯阶层也出现一些新的情况。因此本节内容主要有二：一是用春秋文献补充前文所论天子诸侯亲属集团结构特征的模糊与不足之处；二是探讨春秋天子诸侯亲属集团相对于西周时代所出现的新情况与新特点。

一、论春秋公室之构成与规模

春秋时代天子诸侯所在之亲属集团，据文献可知有"公室"与"公族"两个层次（天子则称王室、王族，如无必要，以下不再分开说明）。关于公室、公族的规模与构成，不少学者曾作过探讨。其中以朱凤瀚、谢维扬的论述最为详尽。如朱凤瀚将公族分为广义和狭义两个层次，指出广义公族是指包括历代国君之后裔（也就是历代国君未继位的庶子们的家族）在内的亲属集团，而狭义公族则是指始出于同一国君的家族，又可分为初形和发展两种形态。其中狭义公族的初形便相当于"公室"[①]。按这种分法条理清晰，对于辨析不同层次亲属集团的特点与性质，以及把握公族形态的发展演变及相互关系较为明确和便利。对于广义的公族，诸家看法基本一致。不过对于春秋公室之具体构成，学者仍有不同的理解，有作进一步辨析的必要。

（一）公室构成的特点及演变趋势探索

"公室"一词，西周金文即已出现，西周、春秋"公室"之内涵相近，既可以指

---

① 朱凤瀚：《商周家族形态研究（增订本）》，第433—444页。

一种亲属组织,也可以指以此种亲属组织为核心的政治、经济共同体。关于作为亲属组织的公室之构成,学者的看法略有差异:有学者认为包括时君之兄弟及子孙,也有学者认为"公室内所含的亲属组织规模较小,只包括在位的国君即时君与其直系子孙"①。两说不同点主要集中在时君之兄弟是否在公室之内。按两种说法均能从传世文献中找到相应的证据(详下),但也不能完满解释所有的现象。我们认为,公室之构成与规模可能会因不同的情况而出现不同的形态,并不固定和单一。下面试做说明。

1. 时君兄弟依于公室的几种情况

第一,国君直系子孙在公室之内,这一点没有疑问。而在时君继位之初(父死子继),公室成员的构成往往还包括时君之兄弟辈,这可以从文献中找到证据,《左传》文公七年:

> 夏四月,宋成公卒。于是公子成为右师,公孙友为左师,乐豫为司马,鳞矔为司徒,公子荡为司城,华御事为司寇。昭公将去群公子,乐豫曰:"不可。公族,公室之枝叶也,若去之则本根无所庇荫矣。葛藟犹能庇其本根,故君子以为比,况国君乎?……"不听。穆、襄之族率国人以攻公,杀公孙固、公孙郑于公宫。六卿和公室,乐豫舍司马以让公子卬,昭公即位而葬②。

宋成公卒,子昭公即位。时任六卿均是历代先君之后。昭公将去群公子,乐豫以公族、公室为喻劝谏,可见所去之"群公子"指公族。"穆、襄之族率国人以攻公",如此"穆、襄之族"属于"群公子",是公族。穆、襄之族指宋穆公和宋襄公之后代。穆公是昭公远祖,襄公是成公之父,昭公之祖。襄公之后即是昭公之叔伯与从父兄弟辈。由此可知时君之叔伯与从父兄弟辈均属于"公族",不在公室范围之内。"六卿和公室,乐豫舍司马以让公子卬",六卿与公室达成妥协,作为六卿之一的乐豫让出司马之位给公子卬。六卿为公族,公子卬无疑属于公室成员(如果公子卬是公族,六卿为"和公室"而让出司马之位毫无意义)。公子卬是成公之子,昭公之弟。由此可以看出,在时君继位之初,时君之叔伯、从父兄弟辈及以上属于公族,而亲兄弟仍在公室之内。二者的区分相当

---

① 朱凤瀚:《商周家族形态研究(增订本)》,第 433—444 页。
② 《春秋左传正义》卷十九,《十三经注疏》,第 4005—4006 页。

明确。

　　这一点其实不难理解,在父死子继的情况下,新君未继位之前,原与兄弟同属于上任君主(其父)之公室成员。新君继位之初,相应人员当还来不及立马调整,当此之时,新君公室之结构与规模主要承袭上任君主。之所以不能立马调整,是因为天子诸侯之亲属从公室分出,往往需要相当的条件与程序,如赐予封地采邑或授予常职等,通常情况下这些并不能立刻完成。若是时君继位之时兄弟年幼,则更不宜立刻从公室分出。如文献记载鲁庄公、庆父、叔牙、季友均是桓公之子,叔牙、季友为庄公之弟。桓公在位共十八年,《左传》桓公六年有"九月丁卯,子同生",杜注云:"桓公子庄公也。"①庄公继位之时仅13岁,可想而知叔牙、季友年龄更小。因此,在庄公继位之初,叔牙、季友等应仍属于公室成员,不太可能从公室分出。

　　第二,如果时君子嗣不丰或者年龄尚幼,其兄弟辈也有可能会在较长一段时间内留在公室,如《左传》成公十六年:

　　　　宣伯通于穆姜,欲去季、孟,而取其室。将行,穆姜送公,而使逐二子。公以晋难告,曰:"请反而听命。"姜怒,公子偃、公子鉏趋过,指之曰:"女不可,是皆君也"②。

　　穆姜是宣公夫人、成公之母。公子偃、公子鉏是成公庶弟。穆姜让成公驱逐季氏、孟氏,成公不从。穆姜怒,威胁废成公而立公子偃、公子鉏,"女不可,是皆君也。"以往学者仅将此理解为单纯的威胁恫吓之语,对背后可能涉及的继承权及公室形态并未过多留意。如果从成公君位法定继承人,即其子嗣的实际情况来看,穆姜此语当有一定的现实依据,亦即是公子偃、公子鉏当时有可能仍然属于公室成员,具有君位继承之潜在权利。

　　穆姜威胁之事在成公十六年,也正是此年,成公之子襄公始生。《左传》襄公九年:

　　　　公送晋侯,晋侯以公宴于河上,问公年。季武子对曰:会于沙随之岁,寡君以生。晋侯曰:十二年矣③。

---

① 《春秋左传正义》卷六,《十三经注疏》,第 3798 页。
② 《春秋左传正义》卷二十八,《十三经注疏》,第 4167 页。
③ 《春秋左传正义》卷三十,《十三经注疏》,第 4218 页。

襄公九年与晋侯相会,晋侯问襄公年龄。季武子答以"会于沙随之岁,寡君以生"。会于沙随之岁在成公十六年,鲁成公在位共十八年,襄公九年距成公十六年恰好十二年,因此晋侯才会有"十二年矣"之语。襄公应为成公嫡长子,此外见于记载之成公子嗣极少①。因此,如果成公在此年之前将其弟公子偃、公子鉏排除在公室之外,那么公室几乎可谓无人,公室力量将极为弱小。公室是国君用以制衡公族及朝中其他势力的重要倚靠力量,公室无人于鲁君统治极为不利。因此,从成公子嗣的实际情况及公室力量的考虑来看,终成公之世,或者说至少在成公十六年前,成公之兄弟公子偃、公子鉏等极有可能仍然属于公室成员,有君位继承之潜在权利。这也是穆姜威胁之语的现实基础。

第三,终至时君临终之际,其兄弟仍然在公室之内的例子也有,如《左传》成公十五年云:

> 秋八月,葬宋共公。于是华元为右师,鱼石为左师,荡泽为司马,华喜为司徒,公孙师为司城,向为人为大司寇,鳞朱为少司寇,向带为大宰,鱼府为少宰。荡泽弱公室,杀公子肥。华元曰:"我为右师,君臣之训,师所司也。今公室卑而不能正,吾罪大矣……"②

在宋共公去世,宋平公继位之际,宋国政局为公族所把持。"荡泽弱公室,杀公子肥",荡泽为削弱公室力量,杀掉了公子肥,可知公子肥属于公室成员。杜预注云公子肥是宋文公之子、共公兄弟。但《史记》记载肥是共公太子,《宋微子世家》有:

> 十三年,共公卒。华元为右师,鱼石为左师。司马唐山攻杀太子肥,欲杀华元,华元犇晋,鱼石止之,至河乃还,诛唐山。乃立共公少子成,是为平公③。

《史记》云司马唐山(荡泽)杀太子肥,还想杀华元。梁玉绳对此有疑:

> 成十五年传,司马荡泽弱公室,杀公子肥,华元自罪身为右师不能讨泽,故出奔,鱼石止之乃反,因攻杀子山。荡泽亦名子山……杜注"肥,文公子",然则唐山无欲杀

---

① 据杜注,成公还有一子为公衡,曾为质于楚。但是从相关史实来看,成公姑姊、成公、公衡年龄对不上,所以公衡是否如杜注所言为成公之子尚有疑问。要之成公子嗣不多,且嫡子生得晚,在位之时如果将兄弟排除在外,公室几乎无人可在。
② 《春秋左传正义》卷二十七,《十三经注疏》,第4156页。
③ 《史记》卷三十八《宋微子世家》,第1630页。

华元之事,而肥亦非共公太子也。史误以公子肥为共公太子,故以成为少子,公羊注云"宋公卒,子幼",当是也①。

梁玉绳认为《左传》并没有记载荡泽想杀华元之事,因此"太子肥"也可能是误记。误记原因与共公卒后,继位之平公年幼有关。按梁说较为合理,学者多从之。公子肥当如杜注所言是文公之子,共公兄弟。在共公去世之际,公子肥仍属于公室成员。这可能与共公在位时间不算长(十三年),其子嗣尚幼,公室力量薄弱有关。

由上可以看出,在时君继位之初、时君兄弟年龄尚幼以及时君子嗣不丰或年幼等情况下,公室成员很有可能是包括其兄弟辈的,商及西周王室的构成也当与此相似。

2. 时君兄弟脱离公室的契机

首先,在一般情况下,随着国君在位时间的增长和条件的成熟,时君兄弟会逐渐从公室脱离而出。朱凤瀚曾经从私有财产的角度论证齐国公子商人和宋国公子地不在时君公室范围之内,《左传》文公十四年:

> 公子商人骤施于国,而多聚士,尽其家,贷于公,有司以继之。夏五月,昭公卒,舍即位……秋七月乙卯夜,齐商人弑舍而让元。元曰:"尔求之久矣。我能事尔,尔不可使多蓄憾。将免我乎?尔为之!"……齐人定懿公②。

公子商人(齐懿公)与齐昭公为兄弟,均是齐桓公之子。朱凤瀚认为"(公子)商人尽其家财以施舍财物,蓄养门客,家财不够用,又向掌管公室财物的官吏借贷。显然,作为时君(昭公)同父兄弟之公子商人已有自己独立的家族,不然不能言'尽其家'。而且其家已不属于公室,所以他才可以自由支配家财,并要向公室借贷"③。按此说可信,齐君在位情况亦可为此说之辅证。文公十四年相当于齐昭公二十年。在昭公之前,同为桓公之子的孝公曾在位十年。在公子商人邀宠于国人之时,其兄弟辈已经掌国三十余年,且有成年之子嗣(昭公之子舍)。所以商人当在此很久之前(很有可能在孝公时)就已经从公室

---

① 梁玉绳撰,贺次君点校:《史记志疑》卷二十,第963页。
② 《春秋左传正义》卷十九下,《十三经注疏》,第4024—4025页。
③ 朱凤瀚:《商周家族形态研究(增订版)》,第444页。

分出。

《左传》定公十年：

> 宋公子地嬖蘧富猎，十一分其室，而以其五与之。公子地有白马四。公嬖向魋，魋欲之，公取而朱其尾鬣以与之。地怒，使其徒抶魋而夺之。魋惧，将走。公闭门而泣之，目尽肿。母弟辰曰："子分室以与猎也，而独卑魋，亦有颇焉。"①

公子地是宋景公之弟。公子地宠爱蘧富猎，将家产分成十一份，给了蘧富猎五份。景公宠臣向魋想要公子的白马，最终却被公子地夺回并打了向魋一顿，景公对此亦无能为力。朱凤瀚认为公子地有自己的私家财产，可以私分与人，证明其家不在公室内②，这是可信的意见。此事发生在宋景公十七年，可知在此之时，景公之同父兄弟已经不在公室范围之内。

其次，如果继位之君担心同父兄弟会对其君位构成威胁，也有可能在即位之初就立刻采取手段，将兄弟辈"挤"出公室。挤出的手段主要有两种：一是铲除，二是封邑任官。《左传》宣公四年：

> 夏，弑灵公……郑人立子良，辞曰："以贤则去疾不足，以顺则公子坚长。"乃立襄公。襄公将去穆氏，而舍子良。子良不可，曰："穆氏宜存，则固愿也。若将亡之，则亦皆亡，去疾何为？"乃舍之，皆为大夫③。

灵公、子良（公子去疾）、公子坚均是郑穆公之子。穆公去世，灵公继位旋被杀。当此之时，公子坚、公子去疾等穆公之子辈应仍然属于公室成员，尚未来得及从公室分出④。郑人本意立子良为君，子良以公子坚长而让之，于是公子坚继位，是为襄公。"穆氏"即穆公之后，襄公之亲兄弟辈。"襄公将去穆氏，而舍子良"，是襄公继位便欲铲除其亲兄弟，因子良有禅让之举，决定独独放过

---

① 《春秋左传正义》卷五十六，《十三经注疏》，第 4667 页。
② 朱凤瀚：《商周家族形态研究（增订版）》，第 444 页。
③ 《春秋左传正义》卷二十一，《十三经注疏》，第 4059 页。
④ 这一点与晋献公时期之"群公子"内涵相似。《左传》僖公十五年："晋侯之入也，秦穆姬属贾君焉。且曰：尽纳群公子。"杜注云："群公子，晋武、献之族。宣二年传曰：骊姬之乱，诅无畜群公子。"（《春秋左传正义》卷十四，《十三经注疏》，第 3918 页）晋国骊姬之乱，骊姬为使其儿子专国，与献公、诸大夫盟诅无畜群公子。杜注云群公子是武公、献公后代，亦即是献公之兄弟和子辈。由此可知献公之时，至少有部分兄弟辈可能仍然在献公公室之内，他们也是骊姬之子继位的潜在威胁，所以骊姬需要除去他们。

他。穆公此举目的明显,即意在消除诸兄弟对其君位之威胁。襄公本不是继位的优先选择,郑人当初并未选择他。襄公有继承权,襄公之诸兄弟此时亦有继承权。襄公并不确定郑人是否会全力支持他,也不能确保其兄弟辈没有谋夺君位的想法,因此决定铲除诸兄弟以确保君位稳定。子良以同存偕亡力谏,最终襄公放弃了这个想法,转而任命诸兄弟为大夫。

值得注意的是,襄公"舍之",放弃的是铲除诸公子的想法,并不意味着其放弃稳固自身君位、消灭君位潜在威胁的意图。襄公原想通过铲除群公子的手段以达到稳定君位的目的,在子良的劝谏之下,改用了立为大夫的方法。铲除群公子与立群公子为大夫的性质其实是一致的,均是剥夺诸公子法定继承权的手段。诸公子一旦被任命为大夫,便有了职事和财产(甚至也有了封邑),具备了分宗立氏之基础,因此不再属于公室之列①,自然也就丧失了法定的君位继承权,襄公之位得以在"法理"上稳固。从引文来看,襄公命诸兄弟"皆为大夫"应在继位不久,短时间内便造成了公室成员全部为自身子孙而不包括兄弟家庭的局面。

最后,更有极端者,国君或宠姬为使爱子得以顺利继承君位,便试图将时君之诸公子也排出在公室之外。这一点以晋献公、骊姬的行为最为典型,《左传》庄公二十八年:

> 晋献公娶于贾,无子。烝于齐姜,生秦穆夫人及大子申生。又娶二女于戎,大戎狐姬生重耳,小戎子生夷吾。晋伐骊戎,骊戎男女以骊姬。归,生奚齐。其娣生卓子。骊姬嬖,欲立其子,赂外嬖梁五,与东关嬖五,使言于公曰:"曲沃,君之宗也。蒲与二屈,君之疆也。不可以无主……若使大子主曲沃,而重耳、夷吾主蒲与屈,则可以威民而惧戎,且旌君伐。"……晋侯说之。夏,使大子居曲沃,重耳居蒲城,夷吾居屈。群公子皆鄙,唯二姬之子在绛。二五卒与骊姬谮群公子而立奚齐,晋人谓之二耦②。

太子申生、重耳、夷吾、奚齐、卓子均是献公之子。骊姬有宠于献公,为使

---

① 诸公子被立为大夫之后,其子辈便以父字为氏,有了新的氏名,亦可证他们已经不在公室范围之内。如《左传》昭公四年:"浑罕曰:国氏其先亡乎。"国氏指的是子产(公孙侨),其父为郑穆公之子,襄公兄弟公子发,字子国。此外,子晳(公孙黑)称驷氏,其父是穆公之子公子騑,字子驷;子展(公孙舍)称罕氏,其父穆公之子公子喜,字子罕。于石(公子段)称丰氏,其父字子丰;子南(公孙楚)称游楚,其父公子偃字子游。
② 《春秋左传正义》卷十,《十三经注疏》,第3866页。

其子奚齐能够继承君位,骊姬伙同大臣力劝献公将申生、重耳、夷吾等派往外(边)地。按国君诸公子作为公室成员,往往与国君共同生活在国都,居所紧邻。这是宗族聚居传统的体现,不仅有利于公室内部成员之间交流与联系,也利于形成合力,使得公室作为一个整体发挥应有的力量。所谓"亲不在外"①,正是这个道理。公室成员若长久出居外地,将逐渐与公室脱离,其与国君的各种联系将大为减少,所能获得君位的概率以及其他作为公室成员应有的权利均会大为压缩,实际上等于是被排除在公室之外。不过这种现象毕竟算是少数②,不能以常情看待。

综上可知,天子诸侯阶层公室面貌并不单一,公室构成会因时君在位的不同阶段以及所处不同情况而有不同的特点:在时君继位之初,公室构成往往包括其子辈和兄弟辈,随着在位时间的增长和条件的成熟,时君兄弟便会逐渐从公室脱离而出。如果时君之兄弟年龄尚小,或者时君子嗣不丰或年幼,其兄弟辈则会在一定的时间段内仍然留在公室。而如果时君感觉兄弟辈威胁到其君位的话,也有可能在继位之初便将他们挤出公室。朱凤瀚曾指出"狭义公族(公室)实际上亦是不稳定的,成流动状"③,即公室的规模和构成有一个发展和演变的过程,这是正确的意见。总的来说,公室构成之面貌虽然多样,但总体的发展趋势是确定的,即是从包括时君子辈和兄弟辈向仅有子孙辈收缩。这种趋势可图示如下:

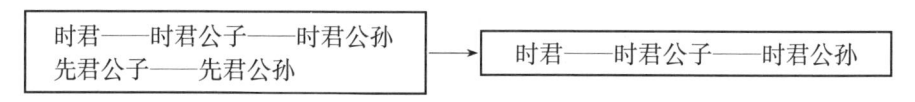

```
时君——时君公子——时君公孙          时君——时君公子——时君公孙
先君公子——先君公孙         →
```

春秋公室发展趋势(初形→最终形态)

(二) 公室面貌形成原因探索

以上介绍了天子诸侯阶层公室构成的特点及演变趋势。那么,我们如何

---

① 《春秋左传正义》卷四十五,《十三经注疏》,第 4476 页。
② 献公之时骊姬谮无畜群公子,自是晋无公族,此后直到成公之时情况才有所好转。孔颖达曾说道:"晋人因骊姬之难谮无畜群公子,故文襄之世公子皆出在他国。自成公更立公族。国内始有公子。"参《春秋左传正义》卷四十八,《十三经注疏》,第 4529 页。
③ 朱凤瀚:《商周家族形态研究(增订本)》,第 433—444 页。

判定先君之公子是否在公室之内？以及公室构成多种面貌产生的根本原因是什么？

先说第一个问题，判定时君兄弟是否仍在公室范围之内，主要依据有两点：一是看其是否仍拥有法定君位继承之潜在权利；二是公子有无独立之氏名，或者是否已有封地或任常职。这两点其实是相通的，所谓"法定继承之潜在权利"，即传统继承制所赋予先君之子的继承权。传统继承制虽以嫡长子继承为主，但并未完全排斥弟及的情况。只是因为通常情况下，弟及处于继承顺序最末（嫡庶—长幼—贤否—无子弟及），大多来不及实现，因此称作"潜在权"。在特殊情况下，这种"潜在权"也有发挥的可能。如鲁庄公死，太子般立两月而为庆父所杀①。公子启方（闵公）继位，立两年又为庆父所弑，公子申（僖公）继位。太子般继位属于父死子继，自然是嫡长子继承。从僖公继位之时年岁不算大的情况来看，其兄太子般和闵公当时很有可能无子，或者就算有子，其年岁尚幼。因此，闵公、僖公连续兄终弟及，均应享有自身所应有的法定继承权利，符合传统继承制的继位规则，他们均属于公室成员②。

至于第二点，朱凤瀚曾指出公子、公孙在自己未立新氏以前仍可以如同国君一样以国名为氏……公子、公孙没有自己独立的族氏，即在公族内附属于公。③ 王子、公子若是得氏，往往意味着领有私属之封邑和民人，自成体系，便不再属于公室成员。谢维扬早已指出"一旦另立新氏，周王和诸侯的后裔便再也没有继承王位或君位的潜在权利了，他们不再是王室或公室的成员"④。就

---

① 《左传》庄公三十二年："八月癸亥，公薨于路寝。子般即位，次于党氏。冬十月己未，共仲使圉人荦贼子般于党氏。"
② 实际上太子般、闵公在位时间均过短，应来不及对公室构成进行调整，所以在这一段时间内，庄公之子均应属于公室成员。
③ 朱凤瀚：《商周家族形态研究（增订版）》，第440—441页。
④ 谢维扬：《周代家庭形态》，第175页。不过谢维扬在之后接着说道："这就是为什么整个周代历史上虽然在王室和公室内部不断有争夺王位和君位的事件发生，却从来没有一件已立氏的王室和公室后裔觊觎王位或君位的事。"则不一定正确，周代天子诸侯后代夺君位不一定都是王室或公室内乱，也有已从公室分出而阴谋叛乱者。如齐国公孙无知弑襄公而自立，便属于这类。襄公与公孙无知为从父兄弟，公孙无知之父夷仲年为襄公之父僖公的弟弟。僖公在位超过三十年，按照公室的发展趋势，襄公在位之时，夷仲年便应已从公室分出，且襄公被弑之时已在位十余年，无论如何公孙无知也不可能属于齐国公室成员。还有，公孙无知又名仲孙，"仲"无疑是其氏名，这是以其父夷仲年之排行为氏，与鲁国孟孙、叔孙、季孙情况相同。因此公孙无知谋弑襄公早已超出了公室内乱的范畴。类似的例子春秋时代还有不少，这里就不再多说了。

算尚未立氏,但如果公子、公孙在朝廷拥有常职,得有官禄甚至封邑,亦等于是拥有了分宗立氏之基础(政治身份+私属财产),也意味着从公室分出。上举郑襄公将其兄弟皆立为大夫,便是这种情况。此外,鲁国公子遂也是庄公之子,在太子般、闵公乃至僖公继位之初,应属于公室成员,拥有法定继位之潜在权利。从僖公二十几年起,屡见于《春秋经》(此前并不见公子遂之记载),如《春秋经》僖公二十六年"公子遂如楚乞师"、二十七年"公子遂帅师入杞"、二十八年"公子遂如齐"、三十年"公子遂如京师,遂如晋",这说明当时其在朝中已担任重要职务,应该是已经从公室分出①。

再说第二个问题,即公室多种面貌产生的原因。这其实与公室的职能密切相关。"公室最重要的政治机能,是将君位与其继承权控制在这一家族组织内"②。因此,公室多种面貌产生的根本原因,在于维持公室一定的规模,保证君位继承的顺利进行及统治稳定。这一点其实在上文已经提到。公室规模不宜太大,内部血缘关系也不宜过于复杂,不然容易导致血脉芜杂,难以统系。且潜在继承者过多,不利于君位直系传承的顺利进行,公室有分裂的风险。因此,在正常情况下,在确保君位传承足以在子辈之中进行后,时君会以任官、赐邑、命氏等手段逐步将兄弟辈排除在公室之外。最终,或者说在理想情况下,公室将全部由时君直系子孙构成。但公室规模也不宜过小,如果国君子嗣不丰,公室人丁凋零,君位传承容易产生断绝的风险,且公室实力将会严重不足,难以有效镇服国内各方势力,很容易造成弱干强枝,尾大不掉的局面,不利于时君统治的稳定。这时国君往往会暂缓将兄弟排除公室的行为,正如谢维扬所指出的,"为了保证周王及诸侯本人有一定数量的同氏(国氏)亲属,以及王位和君位的继承人选,因而与周王或诸侯关系最近的一些父系亲属被留在国氏集团之内。"③公室构成面貌多样的原因,正是国君为稳定统治而根据实际情况不断调整的结果。

综上可知,春秋时代天子诸侯公室有限定君位继承人之范围、维护君主统

---

① 公子遂又名东门遂,"东门"是其氏名。其生前得氏,无疑说明已非公室成员。从其见于史籍记载的活动年代来看,得氏应该不会太早,晚于闵公或者是僖公早期,很有可能是在任事之后,即从公室分出政绩斐然之后。
② 朱凤瀚:《商周家族形态研究(增订版)》,第450页。
③ 谢维扬:《周代家庭形态》,第173—174页。

治等重要作用。公室之构成与规模并不固定,因每位国君所遇实际情况的不同,可能会存在不同的形态,并且这种形态会随着国君之需要、意愿及在位时间长短的变化而调整变化。不过公室构成的演变趋势是明确的,即从最初包括时君直系后代与兄弟辈向时君直系后代方向收缩。

二、"谥族"考论

春秋时代还见有以已逝天子、诸侯或王朝大臣之谥号为称的亲属集团,往往是由其未继位之子孙后代所组成。文献常见表现形式有:

1. "谥号+(之)族",如周王朝有"灵、景之族"①,指周灵王、景王的后代;晋国有"桓、庄之族"②,即曲沃桓叔与曲沃庄伯的后代;宋国有"戴、武、宣、穆、庄之族"③,指宋戴公、武公、宣公、穆公、庄公的后代。天子与诸侯之外,周王朝公卿宗族内部也有以此为称者,如单氏有"襄、顷之族"④,即单襄公、单顷公的子孙后代。甘氏有"成、景之族"⑤,即甘成公与甘景公后代。

2. 这类亲属集团还可以"谥号+氏"为称,如郑国有"穆氏"⑥,指郑穆公未继位之子孙。宋国有"桓氏"⑦,即桓族,也就是宋桓公的后代。氏、族在此可互换,或复合为"谥号+氏之族"形式,如《文公》八年有"夫人因戴氏之族"⑧、文公十八年"宋武氏之族道昭公子"⑨等,"戴氏之族""武氏之族"即宋戴公与宋武公之后,相当于戴族、武族。

---

① 《左传》昭公二十二年:"王子朝因旧官、百工之丧职秩者,与灵、景之族以作乱。"杜预注云:"灵王、景王之子孙。"《春秋左传正义》卷五十,《十三经注疏》,第4562页。
② 《左传》庄公二十三年:"晋桓、庄之族逼,献公患之。"《春秋左传正义》卷十,《十三经注疏》,第3860页。
③ 《左传》庄公十二年:"冬十月,萧叔大心及戴、武、宣、穆、庄之族以曹师伐之。杀南宫牛于师,杀子游于宋,立桓公。"《春秋左传正义》卷九,《十三经注疏》,第3843页。
④ 《左传》昭公七年:"单献公弃亲用羁。冬十月辛酉,襄、顷之族杀献公而立成公。"《春秋左传正义》卷四十四,《十三经注疏》,第4454页。
⑤ 《左传》昭公十二年:"甘简公无子,立其弟过。过将去成、景之族。"《春秋左传正义》卷四十五,《十三经注疏》,第4479页。
⑥ 《左传》宣公四年:"(郑)襄公将去穆氏,而舍子良。子良不可,曰:穆氏宜存。"《春秋左传正义》卷二十一,《十三经注疏》,第4059页。
⑦ 《左传》成公十五年:"六官者,皆桓族也。鱼石将止华元,鱼府曰:右师反,必讨,是无桓氏也。"《春秋左传正义》卷二十七,《十三经注疏》,第4156页。
⑧ 《春秋左传正义》卷十九上,《十三经注疏》,第4008页。
⑨ 《春秋左传正义》卷二十,《十三经注疏》,第4044页。

3. 还有不少亲属集团省略族、氏,仅言谥号,如《左传》成公十一年:"周公楚恶惠、襄之偪也。"①"惠、襄"即周惠王、襄王之族。此外,诸如鲁之"三桓"、郑之"七穆"、齐之"二惠"②,分别是指鲁桓公、郑穆公、齐惠公的后代。

这种以谥号为称,又多缀以"族""氏"的亲属集团,我们可以称之为"谥族"③。从目前所见文献来看,"谥族"多为天子、诸侯及王朝公卿之后,周王朝大夫阶层及各诸侯国卿大夫阶层后代尚未见以此为称者。这说明"谥族"很有可能是在高等级贵族阶层才出现的特殊现象。

西周、春秋时代之宗族,往往也以"族""氏"为称,如周王朝之召氏、毛氏,鲁国施氏、季氏,晋国之韩氏、赵氏以及羊舌氏之族等④。"谥族"与这类宗族相比有何异同?"谥族"之内部组织结构及性质有何特点?"谥族"出现的时间及原因如何?等等,均是值得探讨的问题。

(一) 谥族的结构与性质——兼论"公子之宗"

"谥族"内部构成情况较为复杂,虽然春秋时代偶见某些宗族以其所出之祖的谥号为称的现象,如宋国向氏又称桓氏,向魋又称桓魋⑤。但谥族往往并非单一的宗族。在分封制下,这些先君之后往往会较为容易地获得封地、民人及政治身份(职官)等,从而陆续形成一个个独立成氏的宗族。因此,对于大多数先君遗族,尤其是与时君世代相隔较远的亲属集团而言,谥族内部多数由一个个业已独立的宗族组成,如宋国戴族包括华氏、乐氏、皇氏、老氏等族,桓族包括鱼氏、荡氏、向氏、鳞氏等族;鲁国桓族有孟孙、叔孙、季孙;郑国穆族更是由驷氏、罕氏、国氏、良氏、印氏、游氏、丰氏等近十个宗族组成。这类谥族是由

---

① 《春秋左传正义》卷二十七,《十三经注疏》,第4146页。
② 《春秋左传正义》卷四十二,《十三经注疏》,第4414页。
③ 战国时代不少兵器铭文上有"以谥为族",董珊曾详细讨论这种情况。参董珊:《出土文献所见"以谥为族"的楚王族——附说〈左传〉"诸侯以字为谥因以为族"的读法》,《出土文献与古文字研究》第二辑,上海:复旦大学出版社,2008年,第110—130页。此处所讨论之"谥族"与战国所见"以谥为族"有密切关系,但又不全一样,其中的区别与联系我们将另文探讨,此不详述。
④ 《春秋左传正义》卷三十四,《十三经注疏》,第4280页。
⑤ 《左传》哀公十四年有:"向魋奔卫。向巢来奔,宋公使止之,曰:'寡人与子有言矣,不可以绝向氏之祀。'辞曰:'臣之罪大,尽灭桓氏可也。若以先臣之故,而使有后,君之惠也。若臣,则不可以入矣。'"(《春秋左传正义》卷五十九,《十三经注疏》,第4721—4722页)体会上下文义,此处之"桓氏"即"向氏"。

多个始出一祖但又各自独立成氏的宗族构成的联合体。对于这种联合体,谢维扬将其看作是"近缘氏集团"的一种,指出这是一种非家族的血缘团体:

> 所谓近缘氏集团,是指血缘相近的一些同氏集团的集合。……这种近缘氏集团对于各同氏集团内部固有的血缘约束关系、居住关系和财产关系却不加干涉和改变。在各个近缘氏之间,亦看不出有支配和被支配的关系。从这一点来看,近缘氏集团相当于血缘亲近的同氏集团的联合……反映了周代在超出家族组织的范围之外,血缘关系仍然起着一定的作用①。

朱凤瀚则认为属于广义公族的一部分,是一种政治集团:

> 春秋时期,列国内广义公族中的诸先君遗族本身一般均已分化为若干分支族氏,各自独立。各家族间只有名义上的血缘亲属关系,基本上不再具有共同的宗教、政治或经济的联系,甚至亲族观念亦日益淡薄。所以,严格起来说,此种宗族已不再属于我们所说的家族……而且在事实上形成了一种具有共同特殊政治利益的政治集团②。

两位学者所言均可信,学者多从之③。可以看出,这类谥族内部各宗族之间并无宗法意义上的尊卑等级之差,无大宗、小宗的区别,属于宗族联合体,其结构、性质与召氏、毛氏等不同,不属于严格意义上的"宗族"。

不过"谥族"并非全由一个个独立成氏的宗族组成,也有可能存在尚未立氏或仍属于公室成员的情况。如《左传》宣公四年:

> 楚人献鼋于郑灵公,公子宋与子家将见……夏,弑灵公。……郑人立子良,辞曰:"以贤则去疾不足,以顺则公子坚长。"乃立襄公。襄公将去穆氏,而舍子良。子良不可,曰:"穆氏宜存,则固愿也。若将亡之,则亦皆亡,去疾何为?"乃舍之,皆为大夫④。

郑灵公因不礼于公子宋、公子家,继位不久旋被弑。郑人欲立子良,子良推辞,让于公子坚,是为穆公。灵公、子良、公子坚均是郑穆公之子。襄公

---

① 谢维扬:《周代家庭形态》,第240—250页。
② 朱凤瀚:《商周家族形态研究(增订版)》,第435—436页。
③ 如马卫东则将这种集团看作是"别子之宗的联合",亦是认为各独立的别子之宗之间已不存在血缘等级的宗法约束关系,是一种具有共同特殊利益的政治集团。马卫东:《春秋公族政治述论》,《社会科学辑刊》2009年第5期,第119页。
④ 《春秋左传正义》卷二十一,《十三经注疏》,第4059页。

刚继位便"欲去穆氏","穆氏"即穆族,是郑穆公之后,襄公之群兄弟。按上文已经说过,此时穆公去世不久,灵公继位旋被弑,襄公新立。穆公诸子当仍属于公室成员。至襄公命群兄弟为大夫,穆族诸人方从公室分出。由此可见,国君一旦去世,其未继位的后代便已经被归入"谥族"中,尽管他们尚属于公室成员。

周王朝王子朝之乱也能说明这一点,《左传》昭公二十二年:

> 夏四月,王田北山……王有心疾,乙丑,崩于荣锜氏……五月庚辰,见王,遂攻宾起,杀之,盟群王子于单氏……(六月)丁巳,葬景王。王子朝因旧官、百工之丧职秩者,与灵、景之族以作乱①。

昭公二十二年即周景王二十五年,这年四月景王崩,五月王子猛继位,是为悼王。六月王子朝因灵、景之族作乱。"灵、景之族"即周灵王、周景王的子孙。王子猛、王子朝均是景王之子、灵王之孙。此时景王新丧,作为景王之后的诸王子至少有相当一部分当尚未立氏,仍属于王室成员。因此"景族"当不可能由独立成氏的宗族组成,而是属于王室。

对于这类由仍属公室成员的先君后代(往往是因为先君新丧)组成的亲属集团的性质,学者有不同的意见。谢维扬认为"景族可能还没有另立新氏的成员,这时它当然还称不上近缘氏集团(因为这时它所有的成员还都属于国氏)。但它又不等于整个国氏集团,而只是国氏集团中的一个较小的集团,从本质上说它是近缘氏集团的雏形"②。朱凤瀚将此看作是"狭义公族的发展形态",认为"其成员多具有公子、公孙身份,故仍多以公族成员资格直接干预君权。但当其规模发展到一定的程度时,即要从中分化出若干相互独立的卿大夫家族……此种亲属集团虽然仍有观念上的血缘亲近感与共同的政治利益,但未必再是一个统一的亲属组织实体,已只是在观念上仍保留着公族的名义,以所出国君谥号为称,或在某些场合下联合起来干预政治"③。在两位学者看来,这种亲属组织也称不上是严格意义上的"宗族"。

---

① 《春秋左传正义》卷五十,《十三经注疏》,第 4562 页。
② 谢维扬:《周代家庭形态》,第 244 页。
③ 朱凤瀚:《商周家族形态研究(增订版)》,第 437 页。

陈恩林、马卫东则将这些先君遗族的最初形态，即由未立氏的先君遗族组成的亲属组织称作"公子之宗"，如陈恩林认为：

> 由王、公之子到受封成为"别子"……在新的别子家族形成之前，新君与他的诸昆弟处于一种特殊状态中……于是在王、公家族中，在昆弟之间就出现了一种血缘关系上的散无统纪状态。为解决这一矛盾，王、公乃命嫡昆弟为宗，使群王子、公子宗之。王子、公子之宗由是产生。……而王子、公子之宗的产生则标志着原本是父子一体的王、公家族现在已经一分为二：一方面嗣君即位，继承了君统体系；另方面新君的昆弟建立了公子、王子之宗，这是有别于君统的宗统①。

马卫东从之，认为公室成员可以分为两部分：时君及其直系子弟构成"君统"。未即位的公子，即时君之兄弟辈建立"公子之宗"的宗法体系，与时君为"宗统"，公子之宗内部存在着基于血缘等级的宗法关系②。两位学者并以鲁国三桓为例，认为庆父、叔牙、季友组成公子之宗，其中庄公母弟季友为大宗。

按"公子之宗"见于《礼记·大传》：

> 有小宗而无大宗者，有大宗而无小宗者，有无宗亦莫之宗者，公子是也。公子有宗道。公子之公，为其士大夫之庶者，宗其士大夫之嫡者，公子之宗道也③。

天子、诸侯之子除太子外，其余称公子。据《礼记》所言，有小宗而无大宗、有大宗而无小宗、无宗亦莫之宗是公子之宗的三种形态。公子的为宗之道，便是国君让庶兄弟尊其嫡兄弟为大宗（二者均为大夫）。按在礼书的框架之内，"公子之宗道"能够成立，其前提是"天子、诸侯绝宗"，即诸公子不得宗君，于是国君便指定某嫡兄弟代为大宗。这无疑是处理时君与其未立氏兄弟关系一个理想的方法。但前面我们已经说过，从西周春秋的实际情况来看，所谓的"天子、诸侯绝宗"，主要是指天子、诸侯与已经分封立氏的亲属之间的血缘关系让位于政治等级关系。但是在公室内部，即国君与尚未立氏的公室成员之间，血缘关系大于政治关系，不存在所谓的君统、宗统之分。春秋史实也并未明确发

---

① 陈恩林：《关于周代宗法制度中君统与宗统的关系问题》，《社会科学战线》1989年第2期，第171—178页。
② 马卫东：《春秋公族政治述论》，《社会科学辑刊》2009年第5期，第116—117页。
③ 《礼记正义》卷三十四，《十三经注疏》，第3269页。

现有国君任命其母弟为诸兄弟大宗的情况。季友鸩杀叔牙、庆父是政治斗争的结果,而非基于大宗、小宗的宗法关系。因此"公子之宗"并不见得真实存在,很有可能是战国以降学者根据"天子、诸侯绝宗"理念而构建的一种理想状态。这类"谥族"的性质,仍当以谢维扬、朱凤瀚所言为是。

综上,"谥族"之构成主要可分两种情况,多数由多个始出一祖且已独立成氏的宗族组成,还有少部分由尚未立氏的先君子孙组成。前者属于宗族联合体,后者是公室的一部分,在组织上均算不得严格意义上的"宗族"。因此谥族内部自然也就不能构成严格意义上的"宗法制度"。

(二) 谥族产生的时代及条件探索

以上主要介绍了谥族的基本构成和性质。与之相关,谥族产生的时代问题也值得探索。从现有材料来看,西周时代的文献及金文材料中尚未明确见有谥族,且目前所见活跃于春秋各国之谥族,产生年代最早者往往也只能追溯到春秋早期。如:

宋国所见谥族以戴族最早,宋戴公卒于公元前766年,当春秋初期,戴族形成自应在此之后;

晋国所见最早谥族为桓、庄之族,曲沃桓叔卒在春秋早期(公元前731年),桓族亦应是在桓叔卒后方能形成;

卫国之宁氏、孙氏均为卫武公之后,二氏曾长期联合把持国政,形成事实上的"武族"①。卫武公卒于公元前758年,武族形成之年代自应在此之后;

鲁国真正意义上的谥族为桓族(三桓)②,桓公卒于公元前694年,则桓族成型已近春秋中期。

这种现象产生的原因是西周文献失载,抑或谥族确是春秋以来的新情况?

---

① 《左传》哀公二十六年:"宁武子、孙庄子为宛濮之盟而君入。"杜注云:"盟在僖公二十八年。"孙氏和宁氏在鲁僖二十八年即已结与卫君结盟。此后二氏联合控制国政。孙氏历任宗子如孙昭子、孙庄子、孙良夫、孙林父、孙蒯,宁氏历任宗子如宁俞、宁相、宁殖、宁喜,皆为文、宣、成、襄之时卫国政坛重要人物。襄公十四年,孙文子还曾联合宁殖驱逐卫献公,立孙剽为君。

② 鲁孝公之子有公子益师、众仲、臧僖伯(公子彄)、公子展、邱惠伯等,均曾在鲁国朝堂有重要职位,但似乎并未见其联合把控朝政的现象。且孝公亦是春秋早期人物,孝公之后果成孝族的话,亦是在春秋时代。

要解决这个问题，恐怕需要从谥族的形成条件说起。

上文我们已经说过，谥族是基于血缘亲属关系而形成的政治集团。如此一来，形成谥族至少需要满足两个条件：一是成员需要有同出一祖的亲缘关系；二是内部各成员存在共同的利益诉求以及联合行动之可能。这两点缺一不可，第一点是谥族区别于其他政治集团，如齐国崔庆集团、陈鲍集团等的显著标志。第二点则明确其作为一个整体能及时发挥应有的效力，而与某些松散组织或集团区别开来（如先秦之"姓族"或各国广义上之"公族"）。对于天子、诸侯等高等级贵族而言，他们子嗣往往较多，因此第一点不难达到。第二点则并非从来如此。谥族如果需要形成持续而有效的合力，内部主要成员的活动地域应当接近或者集中，否则难以作为整体一致行动。在先秦时期的交流沟通条件及分封制的大背景下，这就要求谥族主要成员之封地紧邻，或者多数在朝堂任职，日常的活动地点不在封地而在国都（如果谥族成员仍在公室之内，则他们的生活地域亦是多数集中在国都）。

按西周时代要满足这一点并不容易。以天子后代为例，周天子封建亲戚以藩屏周，王室子弟多数外封以助天子镇抚各地。天子子弟的封地往往与王都相隔较远，同出一王的诸位王子彼此封地并不一定临近。他们多数前往就封，并不会在王朝任职，往往难以保持日常的紧密联系及协同行动，形成真正的政治合力。《国语·晋语》曾有"武族"："周之大功在武，天祚将在武族。苟姬未绝周室，而俾守天聚者，必武族也。"①"武族"指的是周武王之后。若依此说，武族似乎很有可能在西周时代就已经形成。但谢维扬早已指出"在周代现实政治生活中，所谓武族之类实际上并没有什么特别的活动和表现。真正具有一定集团性质的由某王后裔组成的近缘氏集团，是指王畿内一些立氏或未立氏的王族贵族，由于出自同一个周王而形成的集团"②，这是可信的意见。武王后代有邢、晋、应、韩，封地均在王畿之外，且彼此并不临近。四者均为诸侯，不在王朝任职，在西周时代当不可能形成严密的政治集团。因此所谓"武族"并不能与春秋谥族等同，很有可能是春秋时人根据当时情况构拟而来，并

---

① 《国语集解》，中华书局，第327页。
② 谢维扬：《周代家庭形态》，第244页。

不代表西周时代的实情。

平王东迁之后,周王室势力衰微,所辖之地大幅缩小,周天子已经无力外封子弟,只能就近封在王畿之内,这样一来,不仅距离国都相近,彼此封地之间的距离亦大为缩小,相互之间的往来沟通无疑更为密切。同时,不少受封子弟亦有王朝职事,他们的主要活动地点多集中于王都,具备了联合行动的条件。因此,对于天子之后而言,真正成型并且形成一股合力之谥族,只有在春秋时代才能出现,西周尚不具备这个条件。春秋时代各国强有力谥族之主要成员往往担任朝堂要职,集中于各国都城。如郑国穆族长期把持郑国六卿之位①,穆族内部诸族,如驷氏、罕氏、游氏等的主要活动地点是在郑国都城之内,并未长居封地。同样,鲁国三桓轮流执政,三桓虽各有封地,但孟孙、叔孙、季孙氏宗子主要活动地点仍是在鲁国都城。唯有如此,谥族内部诸势力才有可能快速协同一致,形成一股强大的势力。由此似可推断,谥族很有可能是春秋以来新出现的政治集团形式。

(三) 论谥族对传统宗法关系的挑战

谥族虽非严格"宗族",但因同出一祖,其亲缘关系天然比较密切。谥族的形成可以说是宗法制度发展和延伸的结果,他们之间虽然不存在明确的宗法制度,但借由亲缘关系和曾经处于同一宗法团体的特性而得以抱成团。谥族内部各宗族之间虽也时有争斗,但总体而言是相互依存的关系。因此在郑襄公将去穆氏,而独舍子良之时,作为穆族成员的子良会极力劝谏,直言"穆氏宜存,则固愿也。若将亡之,则亦皆亡"②。是将自身命运与穆族命运绑在一起。鲁国季氏受困于昭公时,同为桓族之叔孙氏会有"无季氏,是无叔孙氏也"③之语。这种依存与联合关系,既有血缘情谊在里面,但更多时候是出于政治利益

---

① 如《左传》襄公九年有:"将盟,郑六卿公子騑、公子发、公子嘉、公孙辄、公孙虿、公孙舍之及其大夫、门子皆从郑伯。"(《春秋左传正义》卷三十,《十三经注疏》,第4217页)公子騑、公子发、公子嘉为穆公之子,公孙辄、公孙虿、公孙舍之则是穆公之孙,六卿均归属于穆族。昭公十六年有:"夏四月,郑六卿饯宣子于郊。"(《春秋左传正义》卷四十七,《十三经注疏》,第4516页)此六卿为子瘥、子产、子大叔、子游、子旗、子柳,分别属于穆族之罕氏、国氏、游氏、驷氏、丰氏、印氏。
② 《春秋左传正义》卷二十一,《十三经注疏》,第4059页。
③ 《春秋左传正义》卷五十一,《十三经注疏》,第4582页。

的考量。尤其是在谥族不少成员担任朝堂要职,如郑国穆族垄断六卿之职,鲁国三桓轮流执政,宋国戴族、桓族长期占据高位,齐国惠族栾、高二氏共事等情况下,为了应对来自同僚以及时君的压力,在激烈的政治斗争中得以保全甚至壮大,相互扶持组成集团以联合应对成了普遍的选择。因此,从本质而言,谥族是基于血缘关系的政治集团。春秋时代这种宗族联合或者政治集团有不少,如郑国简公时司氏、堵氏、侯氏、子师氏、尉氏五族联合以作乱①。晋国悼公至定公七十余年间,韩、赵、魏、范、中行、智氏六族形成六卿集团,轮流执政。齐国灵公至景公时期有崔、庆集团②,之后又有陈、鲍集团③等。与这种非血缘的政治集团相比,谥族往往存在的时间更长,内部关系更为稳定,可见血缘关系在当时的政治生活中仍然有着不可忽视的作用。

不过,谥族内部虽有着较为密切的亲缘关系,但谥族的出现和发展并不意味着高等级贵族阶层宗法关系的加深。与之相反,这种政治集团的出现本质上可以说是"反宗法"的,是宗法的制约作用与影响力在高等级贵族亲族之间逐渐衰减的体现。

在宗法制度下,天子作为同姓贵族之"大宗",诸侯作为其国内众亲族之"大宗",无论是已经立氏之公族,还是尚未受封的公室成员,均有辅佐、尊事"大宗"之义务。《左传》文公七年:"公族,公室之枝叶也,若去之则本根无所庇荫矣。"④公室是本,公族是枝叶,枝叶用以荫蔽本根。这也是周王朝统治者"封建亲戚,以藩屏周"的题中之意。这一点在时君受到非公族之臣的挑战甚

---

① 《左传》襄公十年:"初,子驷与尉止有争,将御诸侯之师而黜其车。尉止获,又与之争。子驷抑尉止曰:'尔车,非礼也。'遂弗使献。初,子驷为田洫,司氏、堵氏、侯氏、子师氏皆丧田焉,故五族聚群不逞之人,因公子之徒以作乱。于是子驷当国,子国为司马,子耳为司空,子孔为司徒。冬十月戊辰,尉止、司臣、侯晋、堵女父、子师仆帅贼以入,晨攻执政于西宫之朝,杀子驷、子国、子耳,劫郑伯以如北宫。"《春秋左传正义》卷三十一,《十三经注疏》,第4229页。
② 《左传》成公十七年"(灵公)使崔杼为大夫,使庆克佐之",襄公二十五年,弑庄公而立景公,"崔杼立而相之,庆封为左相。盟国人于大宫,曰:'所不与崔、庆者。'"《春秋左传正义》卷三十六,《十三经注疏》,第4307页。
③ 齐景公之时,陈、鲍联合灭栾、高二氏。《左传》昭公十年:"齐惠栾、高氏皆耆酒,信内多怨,强于陈、鲍氏而恶之。夏,有告陈桓子曰:'子旗、子良将攻陈、鲍。'亦告鲍氏。桓子授甲而如鲍氏,遭子良醉而骋,遂见文子,则亦授甲矣。使视二子,则皆从饮酒。桓子曰:'彼虽不信,闻我授甲,则必逐我。及其饮酒也,先伐诸?'陈、鲍方睦,遂伐栾、高氏。"《春秋左传正义》卷四十五,《十三经注疏》,第4470页。
④ 《春秋左传正义》卷十九上,《十三经注疏》,第4005页。

至反叛时体现得较为明显,谥族往往会联合公室或时君共同对敌①。但这并不意味着时君与谥族之间的关系总是融洽的,尤其是谥族作为一种联合体,往往形成一股较大的势力,容易打破原有的实力格局,出现威压朝堂,甚至是进逼君主、宗子的局面,对君主、宗子权威及统治稳定构成了很大的威胁。这种情况不仅为同僚所忌惮②,更经常引起时君或宗子的警惕与反感。因此文献常见二者相斗的例子。如:

1.《左传》庄公二十三到二十五年:

> 晋桓、庄之族偪,献公患之。士蒍曰:"去富子,则群公子可谋也已。"公曰:"尔试其事。"士蒍与群公子谋,谮富子而去之……晋士蒍又与群公子谋,使杀游氏之二子。士蒍告晋侯曰:"可矣。不过二年,君必无患。"……晋士蒍使群公子尽杀游氏之族,乃城聚而处之。冬,晋侯围聚,尽杀群公子③。

"桓、庄之族"即曲沃桓叔与庄伯之后,为献公之祖辈与叔父辈。他们势力强盛逼迫公室,威胁到时君的权威与统治的稳定,引起了献公的不满和忧虑。在士蒍的设计之下,最终献公尽灭桓庄之族,消除了谥族对于公室的威胁。

2. 文公七年:

> 夏四月,宋成公卒。于是公子成为右师,公孙友为左师,乐豫为司马,鳞矔为司徒,公子荡为司城,华御事为司寇。昭公将去群公子,乐豫曰:"不可。公族,公室之枝叶也,若去之则本根无所庇荫矣……"不听。穆、襄之族率国人以攻公,杀公孙固、公

---

① 如《左传》庄公十二年:"十二年秋,宋万弑闵公于蒙泽。遇仇牧于门,批而杀之。遇大宰督于东宫之西,又杀之。立子游。群公子奔萧。公子御说奔亳。南宫牛、猛获帅师围亳。冬十月,萧叔大心及戴、武、宣、穆、庄之族以曹师伐之。杀南宫牛于师,杀子游于宋,立桓公。"《春秋左传正义》卷九,《十三经注疏》,第 3843 页)宋万即南宫(长)万,为宋国大夫,并非宋之公族。"戴、武、宣、穆、庄之族"即宋戴公、武公、宣公、穆公、庄公之后。宋闵公与宋桓公均是庄公之子。南宫万弑闵公,杀太宰华督。此谋弑之举严重背离公室与公族的利益,因此遭到谥族的集体反对。最终各谥族联合镇压南宫氏叛乱,立闵公之弟为君,是为桓公。可见在时君遇到非公族之叛乱的时候,各谥族往往会合力维护公室之权威与稳定。
② 如《左传》成公十一年:"周公楚恶惠、襄之偪也。"(《春秋左传正义》卷二十七,《十三经注疏》,第 4146 页)周公楚是畿内周公宗族宗子,世袭周公之位。"惠、襄"即惠王、襄王之族,偪为侵迫之意思。惠族、襄族的实力强盛引起了周公楚的不满。《左传》宣公十八年:"公孙归父以襄仲之立公也有宠,欲去三桓以张公室。"(《春秋左传正义》卷二十四,《十三经注疏》,第 4102 页)公孙归父因其父东门襄仲立宣公有功而受到重用,不满三桓强势威把控朝政,因此想铲除三桓。
③ 《春秋左传正义》卷十,《十三经注疏》,第 3860—3863 页。

孙郑于公宫①。

宋成公卒，昭公继位。昭公欲去群公子，招致穆、襄之族的反抗。"穆、襄之族"即宋穆公与宋襄公之后，两谥族能率国人以攻公，其实力及与国君之关系可想而知。

3. 文公八年：

> 宋襄夫人，襄王之姊也，昭公不礼焉。夫人因戴氏之族，以杀襄公之孙孔叔、公孙钟离及大司马公子卬，皆昭公之党也②。

宋襄夫人为昭公嫡祖母，昭公不礼。宋襄夫人便借助戴族力量以打击昭公，杀昭公之党。戴族反抗昭公，已不见宗法所谓"小宗尊事大宗"的影子。

4. 文公十八年：

> 宋武氏之族道昭公子，将奉司城须以作乱。十二月，宋公杀母弟须及昭公子，使戴、庄、桓之族攻武氏于司马子伯之馆。遂出武、穆之族，使公孙师为司城，公子朝卒，使乐吕为司寇，以靖国人③。

"武氏之族"即宋武公之后。昭公被弑，文公新立。武族与昭公之子一道，欲联合文公母弟公子须以作乱，可见当时谥族甚至有参与继位之争与谋弑君主之野心。

5. 昭公二十二年：

> 丁巳，葬景王。王子朝因旧官、百工之丧职秩者，与灵、景之族以作乱④。

景王崩，王子猛继位，是为悼王。"灵、景之族"是周灵王与周景王的后代，亦即悼王之父辈与兄弟辈。悼王刚继位，王子朝便因灵景之族以作乱，这是天子近亲作乱反叛的例子。

6. 文献还见有谥族谋弑时君或宗子的例子，如襄公七年：

> 郑僖公之为大子也，于成之十六年，与子罕适晋，不礼焉。又与子丰适楚，亦不礼

---

① 《春秋左传正义》卷十九上，《十三经注疏》，第 4005 页。
② 《春秋左传正义》卷十九上，《十三经注疏》，第 4008 页。
③ 《春秋左传正义》卷二十，《十三经注疏》，第 4044 页。
④ 《春秋左传正义》卷五十，《十三经注疏》，第 4562 页。

焉。及其元年,朝于晋。子丰欲愬诸晋而废之,子罕止之。及将会于鄬,子驷相,又不礼焉。侍者谏,不听,又谏,杀之。及鄬,子驷使贼夜弑僖公,而以疟疾赴于诸侯。简公生五年,奉而立之①。

子罕、子丰、子驷均是穆公之子,属于穆族,为僖公之祖辈。郑僖公不礼诸穆,最终为穆族所杀。

7. 王朝公卿宗族内部这种情况也时有所见,如昭公七年:

单献公弃亲用羁。冬十月辛酉,襄、顷之族杀献公而立成公②。

"亲"指同宗族人,"羁",寄客也,亦即是外宗族之人。"襄、顷之族"即单襄公、单顷公的后代。单献公为单氏宗族宗子,不用族人而好用外人,被襄、顷之族联合杀死。

8. 昭公十二年:

甘简公无子,立其弟过。过将去成、景之族,成、景之族赂刘献公。丙申,杀甘悼公,而立成公之孙鳅③。

"成、景之族"即甘成公与甘景公的后代,成公、景公是简公、悼公之祖与父,因此"成、景之族"即甘悼公之叔父辈与兄弟辈。甘悼公属于弟及,恐宗子之位不稳,因此想铲除其父辈及兄弟辈,结果反被成、景之族所杀。

春秋时代所见谥族多数情况下是作为与时君或宗子相对抗的势力出现的,非但没有成为国君、宗子统治的有益助力,反而成了挑战君主权威的主要力量之一。无论是作为名义上之"小宗"(天子、诸侯阶层之谥族),还是实际的小宗(王朝公卿宗族内部),他们因势力坐大而引起时君或宗子的警惕,相互的斗争十分残酷和激烈,所谓的"亲以宠偪,犹尚害之"④,就是这个意思。这表明在高等级贵族之间,政治权力之争占据主要地位,基于血缘的宗法制度影响力与制约作用在不断下降。

---

① 《春秋左传正义》卷三十,《十三经注疏》,第4208页。
② 《春秋左传正义》卷四十四,《十三经注疏》,第4454页。
③ 《春秋左传正义》卷四十五,《十三经注疏》,第4479页。
④ 《春秋左传正义》卷十二,《十三经注疏》,第3897页。

第四节　宗不余辟，余恶识宗——
　　　　宗族内部关系的新情况

所谓宗族内部关系，前面在探讨西周宗法制度时已经说过，宗子在宗族内部具有至尊地位，有主持祭祀、支配宗族财产、任使族人及裁决宗族事务等权力，也有收族、庇族等责任。而族人在获得宗族权益的同时，亦需承担尊事宗子之义务。宗族内部正是通过宗子、族人之间权利与义务的相互联系，构成一个尊卑有序的整体。这种结构的整体框架在春秋时代并没有改变，宗子履行责任和行使权力的事迹在春秋文献中也多有记载，如《左传》昭公二十八年：

> 梗阳人有狱，魏戊不能断，以狱上，其大宗赂以女乐①。

梗阳人有狱讼之事，其大宗贿赂主审官女乐以助其脱罪，这是大宗庇族的表现。哀公十四年：

> 子我夕，陈逆杀人，逢之，遂执以入。陈氏方睦，使疾，而遗之潘沐，备酒肉焉，飨守囚者，醉而杀之，而逃②。

子我即阚止，阚止在晚上去朝见齐简公的路上碰见陈逆杀人，就把他逮捕带进公宫。陈氏一族当时正和睦团结，就让陈逆假装生病，并送去洗漱品及酒肉，设计杀死守卫而逃走。从之后阚止盟于陈宗的情况来看，营救行动的主使者当为陈氏大宗陈成子。这也是宗子庇族的典型例子。

不仅如此，如果族人行为不当，宗子也有裁决族人的权力。如晋国赵氏婴齐与其侄妻赵庄姬私通，时任大宗赵括便将他放逐到齐国③。而宗子在裁决此类事务之时，可以清晰体现宗族内部之结构与秩序，如《左传》昭公二十五年：

---

① 《春秋左传正义》卷五十二，《十三经注疏》，第4603页。
② 《春秋左传正义》卷五十九，《十三经注疏》，第4720页。
③ 《左传》成公四、五年："晋赵婴通于赵庄姬。五年春，原、屏放诸齐。""原、屏"指赵括、赵同，与赵婴齐均是赵盾之弟。赵盾死后，赵括为赵氏宗族宗子。参《春秋左传正义》卷二十六，《十三经注疏》，第4128页。

初，季公鸟娶妻于齐鲍文子，生甲。公鸟死，季公亥与公思展与公鸟之臣申夜姑相其室。及季姒与饔人檀通，而惧，乃使其妾抶己，以示秦遄之妻，曰："公若欲使余，余不可而抶余。"又诉于公甫，曰："展与夜姑将要余。"秦姬以告公之，公之与公甫告平子。平子拘展于卞而执夜姑，将杀之。公若泣而哀之，曰："杀是，是杀余也。"将为之请。平子使竖勿内，日中不得请。有司逆命，公之使速杀之①。

季平子是季悼子之子、季孙宿之孙，为季氏大宗。公甫与公之是平子之弟。季公鸟是季孙宿之子，季平子从父，为季氏小宗，季公亥（公若）是公鸟之弟。公思展亦是季氏族人。申夜姑为季公鸟家臣。季公鸟卒后，季公亥、公思展、申夜姑联合辅佐公鸟之室。公鸟之妻季姒与饔人私通，为避免惩罚而与人串谋向公甫与公之诬陷季公亥、公思展、申夜姑。公甫与公之将此事报告给季平子，最终由季平子下令杀小宗家臣申夜姑。季公亥虽是平子族父，但宗族地位远低于平子，向平子求情，平子不予理会。由此可以看出春秋宗族内部事务的处理流程：小宗若有事，可向大宗亲信申诉，亲信再将消息报告给大宗，大宗有裁决宗族事务之权，并由大宗家臣负责实施（处罚）。小宗如有异议可申诉，但并无改变或者不遵判决之权力。宗族内部宗子、族人（庶子、小宗）等级结构可见一斑。《左传》桓公二年师服曾言：

> 国家之立也，本大而末小，是以能固。故天子建国，诸侯立家，卿置侧室，大夫有贰宗，士有隶子弟，庶人、工、商，各有分亲，皆有等衰。是以民服事其上而下无觊觎②。

侧室、贰宗、子弟、分亲等，皆是对同宗族人的称谓，他们与宗子有亲疏尊卑之别。为保持宗族稳定与发展，宗子有安置族人之职责，而族人则"服事其上而下无觊觎"，即族人有尊事宗子之义务，不可有觊觎上位之心，这是宗族内部关系"尊卑有序"之核心，亦是理想状态。

但是到春秋时代，尤其是春秋中晚期以来，宗族内部"尊卑有序"的结构开始发生改变，宗子至尊地位受到挑战，族人反抗宗子的现象多见，不少族人不再"服事其上而无觊觎"。学者早已注意到这些问题，但是对这类现象产生的原因以及影响等我们认为还可以再作探索。

---

① 《春秋左传正义》卷五十一，《十三经注疏》，第4580页。
② 《春秋左传正义》卷五，《十三经注疏》，第3786页。

第五章 唯变所适——春秋宗法制度的新情况

一、宗族内部关系新情况的表现及特点

族人反抗宗子的表现形式有多种，大体可以分为三类：

（一）族人无礼于宗子

宗族内部关系的新情况，轻则表现为族人无礼于宗子，春秋晚期宋国乐氏宗族内部的情况可说明这一点。《左传》昭公二十五年：

> 二十五年春，叔孙婼聘于宋，桐门右师见之。语，卑宋大夫而贱司城氏。昭子告其人曰："右师其亡乎！君子贵其身而后能及人，是以有礼。今夫子卑其大夫而贱其宗，是贱其身也，能有礼乎？无礼必亡。"①

桐门右师即乐大心。司城氏，杜预注云是乐氏大宗，结合当时史实来看，应是担任司城之乐祁。乐氏是宋戴公之后，为宋国大族。当此之时，身为小宗的乐大心，却在与鲁国使者交谈之时，对自家大宗多有贬低，这无疑与族人需尊事宗子不符。乐大心的无礼行为不仅如此，《左传》定公九年：

> 九年春，宋公使乐大心盟于晋，且逆乐祁之尸。辞，伪有疾。乃使向巢如晋盟，且逆子梁之尸。子明谓桐门右师出，曰："吾犹衰绖，而子击钟，何也？"右师曰："丧不在此故也。"既而告人曰："己衰绖而生子，余何故舍钟？"子明闻之，怒，言于公曰："右师将不利戴氏，不肯适晋，将作乱也。不然无疾。"乃逐桐门右师②。

乐祁亡于晋，宋景公让乐大心去晋国结盟，且迎回乐祁尸体。这事无论于宋国还是乐氏宗族，均算合情合理，但乐大心却称疾不往。子明即乐溷，是乐祁之子。乐祁在去晋国之前，已经将子明（乐溷）立为宗族继承人③，乐祁死后，子明继位为乐氏大宗。子明质问乐大心何故不往，乐大心振振有词，毫无愧色，可见其并未给予乐氏大宗应有的尊重，不事宗子可想而知。而作为大宗

---

① 《春秋左传正义》卷五十一，《十三经注疏》，第4575页。
② 《春秋左传正义》卷五十五，《十三经注疏》，第4655页。
③ 《左传》定公六年："秋八月，宋乐祁言于景公曰：'诸侯唯我事晋，今使不往，晋其憾矣。'乐祁告其宰陈寅。陈寅曰：'必使子往。'他日，公谓乐祁曰：'唯寡人说子之言，子必往。'陈寅曰：'子立后而行，吾室亦不亡，唯君亦以我为知难而行也。'见溷而行。"参《春秋左传正义》卷五十五，《十三经注疏》，第4649页。

之子明未能对乐大心予以直接的惩罚，只能通过诬陷其谋逆使襄公将其驱逐，这说明乐氏大宗并不能有效约束这一支小宗，宗子权威受到严重冲击。

(二) 族人侵夺宗族财产或宗子之位

春秋时代还有不少族人企图攫取本不属于他的宗族财产，甚至是宗子之位者。前者如宋国华氏小宗华臣弱宗子之室，《左传》襄公十七年：

> 宋华阅卒。华臣弱皋比之室，使贼杀其宰华吴。贼六人以铍杀诸卢门合左师之后……宋公闻之，曰："臣也，不唯其宗室是暴，大乱宋国之政，必逐之！"……十一月甲午，国人逐瘈狗，瘈狗入于华臣氏，国人从之。华臣惧，遂奔陈①。

华氏是戴公之后，为宋国大族。华阅是华元之子，官至右师，为华氏宗子。华臣是华阅之弟，皋比是华阅之子。华阅卒后，皋比继承华氏宗子之位及财产。华臣作为小宗，本应尊事宗子，却趁皋比刚继位地位不稳之际，杀其家宰华吴（亦是华氏族人），阴谋削弱皋比实力，侵夺其财产。此举连宋平公亦认为是暴虐宗室。类似例子在鲁国也有，如《左传》昭公四年：

> 初，穆子去叔孙氏，及庚宗，遇妇人，使私为食而宿焉。……既立，所宿庚宗之妇人，献以雉。问其姓，对曰："余子长矣，能奉雉而从我矣。"召而见之，则所梦也。未问其名，号之曰："牛！"曰："唯。"皆召其徒，使视之，遂使为竖。有宠，长使为政。……竖牛欲乱其室而有之，强与孟盟，不可……牛又强与仲盟，不可……十二月癸丑，叔孙不食。乙卯，卒。牛立昭子而相之②。

竖牛本是叔孙穆子与庚宗妇人所生之私生子，叔孙氏并未将其看作是宗子继承人选，因梦验的原因而命其为叔孙氏家臣。按家臣所能获得的宗族财产本有限，竖牛并不满足，"欲乱其室而有之"，即图谋通过作乱占有叔孙穆子家产。此后竖牛接连设计陷害穆子之子孟丙、仲壬，扶立其幼子昭子继位，从而达到把控叔孙氏宗族的目的。华臣与竖牛的行为，与"服事其上而下无觊觎"相悖。

族人图谋宗子之位者亦时有所见，《左传》昭公四年：

---

① 《春秋左传正义》卷三十三，《十三经注疏》，第4263页。
② 《春秋左传正义》卷四十二，《十三经注疏》，第4422页。

> 宣伯奔齐,(叔孙穆子)馈之。宣伯曰:"鲁以先子之故,将存吾宗,必召女,召女,何如?"对曰:"愿之久也。"鲁人召之,不告而归①。

宣伯即叔孙侨如,本为叔孙氏宗子,叔孙穆子是其弟。叔孙宣伯原与鲁成公母亲穆姜私通,欲谋夺孟氏、季氏家产,阴谋未成而出奔齐国。其弟叔孙穆子给他送食物。宣伯说道:"鲁国因为我们先人有功的缘故,将会存留我们的宗族,一定会召你回去。要是召你回去,怎么样?"穆子回答说:"早就愿意了。"所谓的鲁人召之,意思是将穆子召回立为叔孙氏宗子。穆子答"愿之久矣",是说他有当叔孙氏宗子的想法已经很久了。因此鲁国一召唤,他不与宣伯辞行便赶回,其急切心态可想而见。有叔孙穆子这类想法的族人在当时可能并不少见,甚至有为了夺得宗子之位而不惜谋弑宗子或为乱宗族者,如《左传》昭公十八年:"周毛得杀毛伯过而代之。"②毛伯过为毛氏宗子,毛得是其族人。毛得杀毛伯过而代其为宗子,周王亦不能禁。再如《左传》定公八年:

> 季寤、公钼极、公山不狃皆不得志于季氏,叔孙辄无宠于叔孙氏,叔仲志不得志于鲁,故五人因阳虎。阳虎欲去三桓,以季寤更季氏,以叔孙辄更叔孙氏,己更孟氏③。

季寤是季桓子之弟,公钼极是公弥曾孙、桓子族子。叔孙辄是叔孙氏之庶子,叔仲志是叔孙带之孙,阳虎则可能是孟孙氏之远支。这几人在各自所在之宗族均不得势,所能获得的宗族权利有限,却企图通过作乱的方式谋取季氏、叔孙氏、孟孙氏宗子之位。

再如定公十四年:"范皋夷无宠于范吉射,而欲为乱于范氏。"④范吉射为晋国范氏宗子,范皋夷据杜注云为范氏侧室子,并不受范吉射的重视,因此想通过作乱以谋取范氏宗子之位。这些人的行为,亦与"服事其上而下无觊觎"大相径庭。

(三) 族人弑杀宗子

春秋时代如果宗子行为侵犯了族人利益,族人甚至会奋起谋弑宗子,如

---

① 《春秋左传正义》卷四十二,《十三经注疏》,第 4421 页。
② 《春秋左传正义》卷四十八,《十三经注疏》,第 4528 页。
③ 《春秋左传正义》卷五十五,《十三经注疏》,第 4653 页。
④ 《春秋左传正义》卷五十六,《十三经注疏》,第 4670 页。

《左传》定公元年、二年：

> 周鞏简公弃其子弟而好用远人……鞏氏之子弟贼简公①。

鞏简公为周王朝鞏氏宗族宗子。远人，杜预注云"异族人也"，"鞏氏之子弟"则代指鞏氏族人。简公置其族人子弟不用而喜欢任用外族之人。按任事往往与职官、财产等的获得密切相关，族人如果不能受到重用，其所能获得的宗族权益无疑会显著减少。也就是说，任用外人而弃用本族之人，会大大侵占本族成员所应得的利益。此举招致族人的不满，最终联合起来杀死简公。这无疑要比上文所言族人无礼于宗子严重得多。这种情况在春秋时代并非个例，《左传》昭公七年：

> 单献公弃亲用羁，冬十月辛酉，襄、顷之族杀献公而立成公②。

单献公当为单氏宗族宗子。亲、羁相对。羁，寄客也，与上文所言"远人"内涵相近，指外宗族投奔者，亲则是指本族之人。"襄、顷之族"即单襄公、单顷公的后代，襄公、顷公是献公之曾祖与祖。"单献公弃亲用羁"与上文"周鞏简公弃其子弟而好用远人"一致，均是侵犯了族人利益，导致被族人所杀。

晋国也有这样的例子，如《左传》文公八、九年：

> 夷之蒐，晋侯将登箕郑父、先都，而使士縠、梁益耳将中军。先克曰："狐、赵之勋，不可废也。"从之。先克夺蒯得田于堇阴。故箕郑父、先都、士縠、梁益耳、蒯得作乱……九年春，王正月己酉，使贼杀先克。乙丑，晋人杀先都、梁益耳③。

先克是先且居之子，任中军佐，为先氏大宗。先都世系不详，应是先氏小宗。晋襄公在夷地举行大蒐之礼（阅兵），准备擢升箕郑父、先都，而让士縠、梁益耳率领中军。先克却建议任用狐偃、赵衰之后，晋襄公听从了。于是箕郑父、先都等人未能升官，由此怨恨先克，并在襄公九年的时候让人杀死了先克。此事被晋人察觉，晋侯下令杀先都、梁益耳等人，这说明先都是杀死先克的主谋之一。由此可以看出，虽然同属于先氏宗族，如果宗子妨碍到了族人利益，

---

① 《春秋左传正义》卷五十四，《十三经注疏》，第4630—4631页。
② 《春秋左传正义》卷四十四，《十三经注疏》，第4454页。
③ 《春秋左传正义》卷十九上，《十三经注疏》，第4009—4010页。

便很有可能被族人侵害,已经不见族人尊事宗子的痕迹。

二、新情况产生原因的探讨

诸如上举族人不尊宗子,甚至对抗、侵害宗子的事情还有不少。值得注意的是,这种情况在西周时代较为少见,而在春秋时代,尤其是春秋中晚期以来则逐渐多见,甚至在部分宗族内部会接连出现(详下文),因此可称得上是宗族内部关系的新情况。按在宗子处于至尊地位,总握宗族权力及财产,履行义务的情况下,族人得以不行尊事宗子之义务的原因何在?学者以往对此亦有不少讨论,指出与当时生产力的发展、日益激烈的社会竞争环境以及新制度的产生密切相关。按从整体的社会发展趋势及根本原因来看,这当然是很中肯的意见。不过要论相对具体或直接原因的话,似乎还应该结合当时宗法制度出现的新情况,从宗子、族人地位及实力变化的角度去找。我们认为,很有可能是宗子继承新情况导致宗子权威的下降,控制力不足。族人任官的增多导致独立性增强,与大宗利益出现分歧。在这种情况下,族人不尊宗子实属必然。下面便以晋国赵氏还嫡与宋国华氏之乱事件为切入点,对此问题试作分析。

(一)赵盾还嫡与邯郸氏反叛——论非嫡长继承对宗族内部关系的影响

首先从宗子方面来看,宗子控制力减弱的原因是多方面的,其中很重要的一点可能与因继承制新情况而导致宗子权威下降有关。在传统嫡长继承制下,宗子继承有着严格的先后顺序,族人在宗族内的地位及所能获得的权益与继承顺序的先后有密切关系。这种顺序一般情况下并不会被打乱,所以宗族的整体结构是较为稳定的,宗子法定继承人的宗法地位及实力往往要高于其他族人,容易形成上文所言"皆有等衰,是以民服事其上而下无觊觎"的尊卑等级关系。而此继承制一旦被破坏,如凭借政治势力干涉或宗子立爱等违背嫡长继承顺序的方式继位,宗族内部之嫡庶、大宗小宗关系往往随之发生调转。新立宗子(国君)虽然取得了名义上的至尊地位,但由于不是原继承制下的优先选择,往往不一定能够得到宗族旧有势力,尤其是原嫡子或大宗势力的支持,威信和实力不足,容易引起宗族甚至是国家动荡。这在西周晚期就体现得很清楚,如周宣王强行废鲁武公长子括而立少子戏,是为懿公,导致括嫡长子伯御不满,率鲁人攻杀懿公。周幽王废太子宜臼而立少子盘,招致宜臼及其母家申侯势力的不满,申侯联合缯和犬戎攻打幽王,幽王、伯盘身死,宜臼复位,周室东迁。春秋以来,各级贵族似并未吸取此前教训,宗子立爱和外部政治势力干预等非嫡长继承以"德、才"为借口而成为宗子继承的重要组成部分,这种情况就更为严重了。以此类方式继位之宗子对宗族的控制力大为减弱,就算不少继任者确有材德,可以率领宗族获得大发展,也未必能保证宗族齐心。这一点以晋国赵氏最为典型,如《左传》僖公二十三—二十四年:

> 晋公子重耳之及于难也……遂奔狄。从者狐偃、赵衰、颠颉、魏武子、司空季子。狄人伐廧咎如,获其二女:叔隗、季隗……以叔隗妻赵衰,生盾……文公妻赵衰,生原同、屏括、楼婴。赵姬请逆盾与其母,子余辞。姬曰:"得宠而忘旧,何以使人?必逆之。"固请,许之,来,以盾为才,固请于公以为嫡子,而使其三子下之,以叔隗为内子而己下之①。

赵衰在跟公子重耳流亡之时,曾娶狄女叔隗,生赵盾。后来重耳回国为晋文公,将公室女嫁与赵衰为妻,是为赵姬。因赵姬是正妻,其所生之子同、括、婴齐等为嫡子。而叔隗所生之子只能是庶子,因此赵盾也称赵孟。在宗法制下,赵同、赵括、赵婴齐的地位原本要高于赵盾,且晋文公又分别赐予原、屏、楼三地以为采邑,是三子实力原也强于赵盾。但赵姬认为赵盾有材德,坚决立赵盾为嫡子。在这种不合常理的"立爱"干预之下,赵盾地位反超,最终成为赵氏宗子。可以想见,在赵盾成为嫡子乃至宗子之时,其族内声望及势力不见得能完全压制赵同、赵括和赵婴齐,可能有相当部分族人(包括三子)不愿意配合赵盾行动或接受赵盾指令,成为宗族内部潜在的不稳定因素。这一点可从赵盾主政期间赵氏族人的活动及赵盾还嫡于赵括等行为中看出来。

晋文公以来,晋国设三军,置六卿(每军有将、佐)。此后或设五军、六军等,任卿人数会有所增减。如果某个宗族得势,或者某族宗子担任正卿(执政卿),往往会有多位族人担任将、佐等职。如在赵盾任事之前,晋文公初作三军之时(三年),狐氏宗族之狐毛、狐偃分别为上军将与上军佐;晋文公八年(公元前629年)新作五军之时,先轸为执政卿,任中军将,其子先且居为上军将,先

---

① 《春秋左传正义》卷十五,《十三经注疏》,第3940、3943页。

都为新下军佐;及至在赵盾为执政卿之年,即灵公元年,晋国舍二军而复立三军之制,先氏宗族势力犹在,先克为中军佐,先蔑为下军将,先都为下军佐;而在赵盾去世之后,晋厉公之时(六年),郤氏宗族郤锜为上军将、郤犨为新军将、郤至为新军佐,人称"三郤";晋悼公之时(四年、八年),范氏大宗士匄(范宣子)任中军佐,同宗族小宗士鲂为下军佐,士富为侯奄、士贞伯为太傅。作为执政者,或者宗族势力盛大之时,多位族人同居要职是常见的事情。但是在赵盾执政二十余年间,晋国六卿、十卿等常有转换,甚至赵盾曾直接主持六卿将佐的安排,但始终不再有赵氏族人任卿者,这显得很不寻常。尤其是赵同、赵括、赵婴齐作为赵盾异母弟,在很早就已经受采邑为大夫的情况下,赵盾执政期间史书基本不见此三人活动记载,这不得不令人疑惑。这一时期活跃于晋国政坛之赵氏族人唯有赵穿,其身份还是晋君之婿,且其对赵盾任命六卿之时"弃亲用羁"颇有不满①。还可用作鲜明对比的是,赵盾死后,赵括继任为赵氏宗子。晋景公十二年始作六军,赵括为新中军佐,赵同为下军佐,赵旃为新下军佐,一族三人同时为卿。由此可见,在赵盾为宗子之时,与赵氏宗族之间可能颇有隔阂,赵括等人并不与赵盾亲近。是赵盾虽为晋国正卿,对赵氏宗族的控制力却有限。赵盾对此应心知肚明,因此才会有之后的还嫡之举。《左传》宣公二年:

> 初,丽姬之乱,诅无畜群公子,自是晋无公族。及成公即位,乃宦卿之嫡子而为之田,以为公族,又宦其余子亦为余子,其庶子为公行。晋于是有公族、余子、公行。赵盾请以括为公族,曰:"君姬氏之爱子也。微君姬氏,则臣狄人也。"公许之。冬,赵盾为旄车之族。使屏季以其故族为公族大夫②。

晋成公重设公族、余子、公行等官,其中卿之嫡子可任公族大夫,余子及庶子则任余子、公行。赵括是赵姬之子,赵盾异母弟。赵盾请求立赵括为公族,也就是说重新将赵括立为赵衰嫡子,成为赵氏宗族继承人,晋成公同意了这个

---

① 赵盾在安排六卿之时,不任族人,却将其亲信臾骈擢为上军佐。臾骈为赵盾属大夫,并非赵氏族人,当得上"羁"字。《左传》文公十三年有"赵有侧室曰穿,晋君之婿也,有宠而弱,不在军事,好勇而狂,且恶臾骈之佐上军也。"(《春秋左传正义》卷十九下,《十三经注疏》,第4020页)赵穿不满赵盾擢臾骈为上军佐。
② 《春秋左传正义》卷二十一,《十三经注疏》,第4055页。

请求。赵盾还嫡于赵括之原因,明面看来是报答赵姬恩情,实际恐怕与赵氏旧族对赵盾继位多有不满,赵盾无法有效控制全部赵氏势力有关。为保赵盾一支在赵盾死后能够存续,因而主动避让。王杰峰曾经指出赵盾还嫡之举是为了协调宗族关系。赵盾能够执政,是篡夺了赵括兄弟的权利,赵括兄弟失去了其应有的地位和权利,心中有所不甘,与赵盾一系发生矛盾在所难免。为维持宗族内部的和谐,赵盾只能向赵姬之子作出妥协。其还嫡之举,使赵姬之子取得了宗子的地位,赵盾一系则退居小宗。赵盾试图以此平衡内部势力,消除族内矛盾①。这是可信的意见。最终赵盾让其子为旄车之族②,而赵括率领赵氏"故族"任公族大夫。所谓"故族",即赵氏之故旧官属,应包括除赵盾一支而外其他多数的赵氏族人及属民。他们全部跟随赵括而非赵盾一支,亦可证赵氏族人一直对赵盾是有所抵触的。在这种情况下,宗子虽为宗族至尊,对宗族的掌控力实则有限。如果宗子处理宗族事务失当,便很容易引起宗族动荡。仍以晋国赵氏为例,《左传》定公十三年:

> 晋赵鞅谓邯郸午曰:"归我卫贡五百家,吾舍诸晋阳。"午许诺。归,告其父兄,父兄皆曰:"不可。卫是以为邯郸,而置诸晋阳,绝卫之道也。不如侵齐而谋之。"乃如之,而归之于晋阳。赵孟怒,召午,而囚诸晋阳。使其从者说剑而入,涉宾不可。乃使告邯郸人曰:"吾私有讨于午也,二三子唯所欲立。"遂杀午。赵稷、涉宾以邯郸叛③。

赵鞅是赵衰之后,邯郸午为赵夙之后。赵夙是赵衰之兄,原为赵氏大宗,晋献公赐采邑于耿④。后赵衰因跟从晋文公重耳流亡有功,文公举以为卿,并赐采邑于原,赵衰一支便取代赵夙而为赵氏大宗。大宗小宗地位互易之后,降为小宗的赵夙一支仍保有相当的实力,先是留在耿地,后来晋君又赐邯郸以为赵胜采邑。赵胜是赵夙之后,所以这一支又称邯郸氏。新任大宗赵衰也并未

---

① 王杰峰:《从赵盾"还嫡"之举看"嫡长子"继承制的局限性》,《邯郸学院学报》2007年第2期,第27页。
② 孔颖达疏云:"盾本卿之嫡子,其子世承正嫡,当为公族。使辟屏季,故更为旄车之族。自以身为姜子,故使其子为姜子之官。知非盾身自为旄车之族而云使其子者,旄车之族,贱官耳。盾身既为正卿,无容退掌贱职。"《春秋左传正义》卷二十一,《十三经注疏》,第4055页。
③ 《春秋左传正义》卷五十六,《十三经注疏》,第4669页。
④ 《左传》闵公元年:"晋侯作二军,公将上军,大子申生将下军。赵夙御戎,毕万为右,以灭耿、灭霍、灭魏。还,为大子城曲沃。赐赵夙耿,赐毕万魏,以为大夫。"

对这一支采取过多的控制，因此两支多数时候各有采邑，独立发展，大宗对小宗的约束力并不强。下宫之难，赵氏大宗一支因孟姬之谗差点族灭，而赵夙一支基本没有受到什么影响，亦可见二者之间的联系并不紧密。

正是因为有此背景，所以大宗赵鞅在令小宗邯郸午归还原置于邯郸之地的卫贡五百家时，邯郸午一支有所犹疑，意图用计解决此事，而非直接听从大宗命令。小宗虽说有服事大宗之义务，但事实上独立既久，所以首先是站在自身（小宗）立场来考虑问题。这种行为在大宗看来明显是冒犯抗命之举，赵鞅得知后大怒，而随后邯郸午随从入不脱剑的行为更是被认为挑战大宗权威的无礼行为，最终赵鞅杀邯郸午，邯郸氏一支亦因此而据邑反叛。按大宗使令、裁决小宗，本是大宗之权力。而从邯郸午一支犹疑、交涉过程中的无礼，乃至最后的反叛来看，小宗称不上尊事宗子（大宗），可见赵氏宗族内部大小宗转换之后，新任大宗对原大宗一支的控制力有限。赵氏宗族的这类事件并非个例，对于因立爱或政治势力干预而继位的宗子，或涉及宗族内部大宗小宗转换的宗子而言，他们多少都会面临这种问题。

（二）华氏之乱解析——族人任官与宗族关系考论

再从族人方面来看，促使族人独立性增强的原因自然也是多方面的，但其中最关键的一点可能与族人任仕概率的提升有密切关系。前面我们在讨论西周贵族宗族内部关系时，曾将宗族内部小宗家族分为依附型、半独立型、独立型三种形态，指出随着独立性的增加，小宗与大宗的关系逐渐疏远，履行宗族具体义务减少，宗法制度的影响效力和制约性也会有很大程度的减弱。春秋时代宗族内部关系的新情况，应该是这种趋势进一步发展的结果。而小宗家族独立性的提升，则与任事密切相关。

春秋时代，诸侯力政，社会形势日益复杂，为了进行有效的社会控制与治理，官僚制度得到了极大的发展，官僚体系日益精密和完善，官职之设立与任官人数都较之西周有了很大的增长。在世官制仍然发挥着重要作用的情况下，大量新增职官多数由贵族宗族族人来充任。因此，春秋时代不仅仅是各族宗子，越来越多的族人（庶子、小宗等）亦得以出任王官或者诸侯公臣。上文我们所举晋国六卿或十卿常见同宗族人的身影，便是明证。如果再加上任稍低级别职官者,族人同任公臣的人数将会更多。如晋厉公之时郤氏宗族不仅有三郤任卿,还有五位族人任大夫,三卿五大夫同时在朝,人称"八郤"①。楚国成王之时,若敖氏之斗谷於菟(子文)、子玉、斗勃(子上)先后为令尹,而斗克、斗椒、斗宜申(子西)均任司马之职,斗谷於菟之弟子良、子斗般亦均有官职。宋国华氏、鱼氏、向氏等均是同一时段内多人任卿、大夫之职。

族人在进入各国官僚体系,成为天子王臣或诸侯公臣之后,有了可以庇族之政治身份(职官)以及如采邑、禄田、民人等财产,这些是分宗立氏之基础,可以逐渐不依赖大宗而存活。同任公臣之族人数量显著增加,独立小宗的形成速率和数量无疑也会大为增长,这使得宗族内部关系发生重大变化。大宗对于独立小宗的约束能力较弱,庶子或小宗独立性的增强,也就意味着大宗对于整个宗族的控制力进一步减弱。宗族不再是利益共同体和行动一致体。甚至在特定情况下,大宗、小宗、宗子、族人之间会因为利益不同或其他原因起冲突,上文所举宗族内部庶子、小宗对抗大宗很多便是这种情况,此处我们还可以宋国华氏宗族的例子再作分析。

宋国华氏是戴公之后,自华督把控宋国政局以来,华氏历代均有族人任高官,属于宋国大族。宋平公、元公之时,至少有十余位华氏族人同为宋国公臣(职位高低不等),如华合比、华亥先后为右师,华牼为少司寇,华定为司徒,华弱、华费遂先后为大司马,华貙为少司马,华多僚为御士,华豹为吕封人,华登作为华合比之党,很可能亦是公臣等。这些族人关系亲疏远近不等,有为父子、兄弟者,亦有宗族旁支远亲②。在此期间,华氏族人因为利益不同而相互对抗甚至侵害的事件接连出现。如:

1.《左传》昭公六年:

> 宋寺人柳有宠,大子佐恶之。华合比曰:"我杀之。"柳闻之,乃坎、用牲、埋书,而告公曰:"合比将纳亡人之族,既盟于北郭矣。"公使视之,有焉,遂逐华合比,合比奔卫。于是华亥欲代右师,乃与寺人柳比,从为之征,曰:"闻之久矣。"公使代之,见于左

---

① 《国语集解》,中华书局,第 439 页。
② 以上华氏族人至少可以分为四支:其中华合比、华亥、华牼为亲兄弟,华定、华弱为同祖兄弟(二人均是华椒之孙),华费遂与华貙、华多僚、华登为父子,华豹则亲缘关系不详。四支的共同祖先为华督,而华督亡时距此时已经一百多年,所以这几支虽同属华氏宗族,但亲缘关系并不近。

师,左师曰:"女夫也。必亡!女丧而宗室,于人何有?人亦于女何有?"①

华合比官至宋国右师,本是华氏宗子,华亥是华合比之弟。华合比原欲助太子佐铲除寺人柳,却反遭诬陷。作为华氏族人之华亥不思帮助宗子,反而图谋其所任右师之位,不惜与寺人柳合谋陷害华合比。这种族人侵害宗子的行为,时人(左师向戌)讥为"丧宗室"。

2.《左传》昭公二十年:

> 宋元公无信多私,而恶华、向。华定、华亥与向宁谋曰:"亡愈于死,先诸?"华亥伪有疾,以诱群公子。公子问之,则执之……公如华氏请焉,弗许,遂劫之。癸卯,取大子栾与母弟辰、公子地以为质。公亦取华亥之子无戚、向宁之子罗、华定之子启,与华氏盟,以为质……公请于华费遂,将攻华氏……冬十月,公杀华、向之质而攻之。戊辰,华、向奔陈,华登奔吴②。

华亥是华合比之弟,华定是华椒之孙,华费遂是华督后代,三者均是华氏族人,但亲属关系不近。当此之时,华亥为华氏大宗,华定、华费遂均为小宗。宋国华、向之乱,华定、华亥、向宁劫持诸公子以要挟宋元公,迫使元公交质立盟。元公欲灭华、向二氏,而命华费遂攻打华亥、华定等人,可见华费遂与华亥、华定并非利益共同体。与此同时,华登作为华费遂之子,却是华亥、华定之党,是父子亦非行动一致者。

3.《左传》昭公二十一年:

> 宋华费遂生华貙、华多僚、华登。貙为少司马,多僚为御士,与貙相恶,乃谮诸公曰:"貙将纳亡人。"亟言之……公惧,使侍人召司马之侍人宜僚,饮之酒而使告司马。司马叹曰:"必多僚也。吾有逸子而弗能杀,吾又不死,抑君有命,可若何?"乃与公谋逐华貙,将使田孟诸而遣之。公饮之酒,厚酬之,赐及从者……五月丙申,子皮将见司马而行,则遇多僚御司马而朝。张丐不胜其怒,遂与子皮、臼任、郑翩杀多僚,劫司马以叛,而召亡人。壬寅,华、向入。乐大心、丰愆、华牼御诸横③。

华费遂为宋国司马,华貙、华多僚、华登均是其子。从人名排序及职官大

---

① 《春秋左传正义》卷四十三,《十三经注疏》,第4440页。
② 《春秋左传正义》卷四十九,《十三经注疏》,第4544页。
③ 《春秋左传正义》卷五十,《十三经注疏》,第4556页。

小来看,华貙应是华费遂(嫡)长子,为此华氏小宗继承人。但华多僚与华貙相恶,多次向宋元公诬陷华貙,导致华貙差点被逐,最终华多僚为华貙随从所杀,这是庶子不敬嫡子、兄弟相残的例子。华貙随从杀华多僚之后,劫持华费遂而叛,召集华亥、华定等人重返宋国,则又是子叛父的典型。宋国派华犟等人率军阻止华亥等人回国,而华犟为华亥庶兄,虽同为兄弟,此时却站在了对立面。由此可见,在当时的华氏宗族内,这些任官之族人几乎每个均自成相对独立的利益体,大宗小宗、父子、兄弟之间的斗争与联合十分复杂,几无宗族温情之存在。所谓"宗不余辟,余恶识宗"①,大概也无过于此。(多位)族人任官对宗族内部关系之影响可见一斑。

以上所言是族人出任公臣者独立性将大为增加。而文献所见就算是服事于本宗族大宗者,小宗往往也拥有胜于以往之独立性,《左传》襄公二十九年有:

> 夏四月,葬楚康王。公及陈侯、郑伯、许男送葬……公还,及方城。季武子取卞,使公冶问,玺书追而与之,曰:"闻守卞者将叛,臣帅徒以讨之,既得之矣,敢告。"公冶致使而退,及舍而后闻取卞……五月,公至自楚。公冶致其邑于季氏,而终不入焉。曰:"欺其君,何必使余?"……及疾,聚其臣,曰:"我死,必无以冕服敛,非德赏也。且无使季氏葬我。"②

季武子为季氏宗子。公冶,杜注云为季氏属大夫,又见于《国语》,作季冶。《鲁语》:"襄公在楚,季武子取卞,使季冶逆。"韦昭注云:"季冶,鲁大夫,季氏之族子冶也。"③公冶当为季氏小宗。季武子强取卞地,鲁襄公回国,季武子派公冶前去问候,出发之后又派人追上来,让其告知襄公已经取得卞地的事情。公冶因事先被蒙在鼓里而心有不满,因此将从季氏所得之邑还给季武子,不再进

---

① 此句原出自《左传》襄公二十八年:"癸臣子之,有宠,妻之。庆舍之士谓卢蒲癸曰:'男女辨姓。子不辟宗,何也?'曰:'宗不余辟,余独焉辟之?赋诗断章,余取所求焉,恶识宗?'"《春秋左传正义》卷三十八,《十三经注疏》,第 4342 页)癸即卢蒲癸,子之即庆舍,卢蒲氏与庆氏均是姜姓。卢蒲癸为庆舍家臣,受到宠信,庆舍将女儿嫁给他。庆舍属下对卢蒲癸说:"男女结婚要区别是否同姓,你为什么不避同宗?"卢蒲癸说:"同宗既然不避我,为什么要我避开同宗?比如赋诗时的断章取义,我取我所需要的就是了,何必在意同宗不同宗。"准此,"宗不辟余,余恶识宗"亦可指代为了自身利益而不顾宗法限制与宗族规矩的人或事。
② 《春秋左传正义》卷三十九,《十三经注疏》,第 4354 页。
③ 《国语集解》,中华书局,第 186 页。

入季孙家门,并且告诫其族人死后不要让季武子主持葬礼。按作为小宗,能对大宗行为表示不满,且将从大宗所得田邑还回之后,小宗仍然能保持其家族不散(仍有家臣),说明此小宗已有相当的独立性,可不依赖大宗而生存。也正是因为有此基础,所以大宗小宗之间不再是利益共同体,如果遇到直接的利益冲突,相互对立是可以想见的。

当然,影响宗族内部关系的原因还有很多,如生产力的发展,新制度如田制、官制及行政制度的施行等,也是促使族人独立性增强的重要原因。但由于多数仍处于初始阶段,所以在春秋时代对宗族内部关系之改变所能起的作用似乎有限,不宜作过分解读。这些因素在战国时代会发挥其真正的影响,下文我们将有论及,此不详述。

以上便是春秋时代宗族内部关系新情况的主要内容,可知春秋时代,尤其是春秋中晚期以来,贵族宗族内部尊卑有序的等级结构受到破坏,族人不满于宗子垄断宗族资源与权利,逐渐不再遵守"服事其上而不觊觎"之义务,为了利益不惜反抗甚至侵害宗子,宗子、族人对抗、斗争时有所见。造成这种现状的原因有多种,但主要在于因宗子立爱及外部政治势力干预等非嫡长子继承现象的出现导致宗子对宗族内部的控制力及权威有所不足,同时官僚制度的发展使得族人同任公臣的数量大为增长,因而各小宗的独立性增强,整个宗族不再是利益共同体和行动一致体。宗族内部出现这种情况,意味着宗法制度已经不再能有效调节宗族内部关系,传统宗族及宗法制度开始出现崩解的先兆。

第五节 小 结

本章所论春秋时代宗法制度新情况的要点可归纳如下:

一、春秋时代的宗子、君位继承,虽然嫡长继承仍占有相当的优势,但出现了不少不按传统嫡长继承原则继位的现象。这种现象按性质的不同主要分为两类:一是宗子、宗妇立爱;二是外部政治势力的干预。二者各有特点:宗子立爱是选择宗子继承人,并非直接立宗子,选择对象多是宗子或其夫人宠爱之少子,属于直系近亲,本就生活在一起,关系密切;外部政治势力干预则多是直接选立宗子,选择对象很少是原宗子直系子孙,多为宗子兄弟甚至是关系疏远之族人。这种选择差异的原因在于宗子立爱本质还是想将宗子之位留在己身直系一支,并不希望旁落;外部政治势力之所以干预宗族内部继承,多数是因为与原宗子有矛盾,不愿宗族权力再由原宗子一支掌握,往往刻意避开原宗子之子,而扶持关系相对疏远或实力不足者。

二、宗子立爱与外部政治势力干预,从本质而言均是与传统嫡长继承制度背离的行为。但各方势力为达到控制宗族的目的,努力提升"德"在继承制度中的地位和作用,以"立德"为借口,使宗子立爱与政治干预得以成为宗子继承制的一部分。传统嫡长继承制受到冲击,破坏了宗族内部原有权力获得顺序及等级结构,由此引发宗法制度内容和面貌发生一系列变化。

三、春秋时代贵族宗法性称谓的使用出现新情况,归结起来主要有两点:一是"某子某孙"类称谓的兴起,如太子、国名+子、公(王)子、某某之子、公(王)孙、某某之孙等,西周时期不常用或基本不见,在春秋时代大量出现;二是排行称谓的宗法内涵大为缩减,主要包括"伯"称宗法内涵的衰减以及伯仲叔季排行称谓使用率的明显降低。

"某子某孙"类称谓侧重表现纵向的血缘联系(祖孙父子),排行称谓则重在表现同辈之间(横向)的先后顺序(兄弟)。从横通到纵贯,两类称谓使用一消一长的现象,与春秋时代嫡长继承制受到冲击有密切关系。非嫡长继承的情况多见,表明权力的获得不再定然按照嫡庶长幼的顺序,原本用于表示权力获取顺序的排行称谓用以标识贵族身份及实力的作用大为减弱。而称某子某孙者则直接道出与祖先的亲缘关系,暗示其所拥有的潜在继承权利,作为彰显身份地位的名号再合适不过。由此可以看出,宗子继承制的转变对贵族名号的选择和使用有重大影响。

四、"公室"是天子诸侯等高等级贵族所在亲属组织的称谓,公室的构成和规模并不固定和单一,会随着时君在位时间及子嗣情况的不同而不断调整:在时君继位之初,公室成员往往包括其子孙辈和兄弟辈,如果时君兄弟年龄尚小,或者时君子嗣不丰或年幼,其兄弟辈会在一定的时间段内仍然留在公室;随着时君在位时间的增长和条件的成熟,时君兄弟便会逐渐从公室脱离而出。如果时君感觉兄弟辈威胁到其君位的话,也有可能在继位之初便将他们挤出公室。公室构成不同面貌的根本原因在于公室有限定君位继承人之范围、维护君主统治的重要作用。

五、"谥族"是指由已逝天子、诸侯或王朝大臣未继位的后代组成,以其谥号为称的集团,本质是天子诸侯阶层一种基于同出一祖的血缘关系而形成的政治集团。其构成主要可分两种情况:多数由多个业已独立成氏的宗族组成,还有少部分是由尚未立氏的先君子孙构成。前者属于宗族联合体,后者是公室的一部分,均算不得严格意义上的"宗族",因此谥族内部不具有宗法制度的意义。东周礼书曾依据谥族后一种形态构拟出"公子之宗",并非春秋实情。不过谥族的存在说明血缘关系在当时的政治生活中仍然有着不可忽视的作用。

六、谥族是春秋以来新出现的政治集团形式,是宗法制度发展和延伸的结果,但并不意味着高等级贵族阶层内部宗法关系的加深。与之相反,谥族的出现本质上是"反宗法"的,多数情况下是作为与时君或宗子相对抗的势力出现,非但没有成为国君、宗子统治的有益助力,反而成了挑战宗子权威的主要力量之一。

七、春秋时代,尤其是春秋中晚期以来,贵族宗族内部尊卑有序的等级结构受到破坏,族人对抗宗子的现象多见。造成这种现象的直接原因主要在于宗子继承新情况导致宗子权威下降,控制力不足。同时族人任官的增多导致独立性增强,与大宗利益出现分歧,整个宗族不再是利益共同体和行动一致体。宗族内部这种情况的多见,意味着宗法制度已经不再能有效调节宗族内部关系,传统宗族及宗法制度开始出现解体的先兆。

第六章　大厦倾颓——论战国时代传统宗法制度的崩解与余绪

鲁哀公西狩获麟(公元前481年)到秦始皇一统六国(公元前221年),是我国历史上的战国时代。"战国者,古今一大变革之会也"①。战国时代的社会面貌、结构等多方面与春秋时代相比有了显著的不同,顾炎武曾在《周末风俗》中指出:

> 春秋终于敬王三十九年庚申之岁(公元前481年),西狩获麟。又十四年,为贞定王元年癸酉之岁(公元前468年),鲁哀公出奔。二年卒于有山氏,左传以是终焉(公元前467年)。又六十五年,威烈王二十三年戊寅之岁(公元前403年),初命晋大夫魏斯、赵籍、韩虔为诸侯。又一十七年,安王十六年乙未之岁(公元前386年),初命齐大夫田和为诸侯。又五十二年,显王三十五年丁亥之岁(公元前334年),六国以次称王,苏秦为从长。自此之后,事乃可得而纪。自左传之终以至此,凡一百三十三年,史文阙轶,考古者为之茫昧。如春秋时犹尊礼重信,而七国则绝不言礼与信矣。春秋时犹宗周王,而七国则绝不言王矣。春秋时犹严祭祀,重聘享,而七国则无其事矣。春秋时犹论宗姓氏族,而七国则无一言及之矣。春秋时犹宴会赋诗,而七国则不闻矣。春秋时犹有赴告策书,而七国则无有矣。邦无定交,士无定主,此皆变于一百三十三年之间,史之阙文,而后人可以意推者也。不待始皇之并天下,而文、武之道尽矣②。

顾炎武认为及至战国中期,"文、武之道尽矣",西周以来的诸种制度已经消亡殆尽。从相关文献来看,不少新旧制度确于此时完成了转换,如藉田制(劳役地租制)瓦解,授田制普遍推行;采邑制衰退,郡县制兴起;世官世禄制被

---

① (清)王夫之撰,舒士彦点校:《读通鉴论·卷末·叙论四》,北京:中华书局,1975年,第954页。
② (清)顾炎武著,陈垣校注:《日知录校注》卷十三"周末风俗",第715页。

破坏,新官僚制度建立等等,由此导致西周以来的分封制解体,中央集权的政治体制确立。这种情况对商周以来的宗族形态和宗法制度也产生了重大影响。那么这种影响的表现如何?传统宗法制度是否还会继续存在?最终又要走向何方?下面我们从贵族亲属组织的结构与规模、贵族祖先祭祀的特点、宗法精神的转变等方面试作说明。

第一节 战国早中期贵族亲属组织的结构与特点

战国早中期贵族亲属组织根据形成时间的早晚大体可以分为两类:第一类是传承自春秋以来的世族;第二类则是战国时代新起的各类家族。两类亲属组织不唯产生的时代背景不同,其内部结构、规模以及演进趋势等均有较大的差异,下面分开讨论。

一、春秋世族在战国早中期生存状态及特点

春秋时代宗族发展繁盛,周王朝和各国均涌现出数量众多且多代传承的强宗大族。但并非所有宗族均能长盛不衰,在竞争日趋激烈的大背景下,新宗族不断兴起的同时,也有不少宗族衰落甚至覆亡。早在春秋晚期,大量宗族陨落的现象就已经引起了人们的注意,《左传》昭公三年晋国叔向云:"……栾、郤、胥、原、狐、续、庆、伯,降在皂隶……晋之公族尽矣……肸之宗十一族,唯羊舌氏在而已。"①到战国时代,这种情况更为普遍。那么各国有哪些春秋世族可以传承到战国,而这些宗族又会发生哪些变化,则是值得研究的问题。

(一) 春秋世族在战国早中期的生存状态

春秋世族的发展状况总的来说,从春秋早期到春秋中期,宗族增长的速率远大于覆亡的速率,因此强宗大族的数量不断增多。但从春秋晚期开始,由于

---

① 《春秋左传正义》卷四十二,《十三经注疏》,第4411页。

兼并战争的加剧使众多宗族亡国灭宗,以及宗族之间包括私家与公室之间的兼并和刮削导致大量宗族的灭亡①等原因,宗族落败的速率明显大于增长的速率,因此春秋晚期以来强宗大族的数量不断减少。及至战国时代,各国世族存续的面貌已经与春秋时代大有不同,如:

周王朝春秋时代所见世族的来源主要有两部分,一部分是随平王东迁而来的西周世族,在王朝仍然占据着重要地位,如周公宗族、召氏、毛氏、南宫氏、单氏、尹氏、原氏等;还有一部分则是春秋时代新起的宗族,如以僖王之子王子虎为祖的王叔氏、以惠王之子王子带为祖的甘氏、以顷王之子刘康公为祖的刘氏、以简王之子儋季为祖的儋氏等。春秋中期以来,不断有世族败亡于政治斗争之中下。如简王八年(公元前580年),周公楚恶惠、襄之族偪,且与伯舆争政不胜,出奔晋国,此后周公宗族消失于王朝政坛②;灵王九年(公元前563年),王叔陈生亦与伯舆争政不胜而奔晋③,王叔氏遂亡;春秋晚期王子朝之乱,召氏、毛氏、尹氏、南宫氏、原氏、甘氏、儋氏等族均因王子朝的失败而遭受打击,走向败亡④,悼王之党刘氏、单氏把持朝政。春秋战国之际,刘氏受晋国范氏、中行氏之乱的牵连,为晋国赵鞅所讨⑤。贞定王时(公元前468年—前441年在位),刘氏亡族⑥。至战国早期,周之大族唯单氏最盛。

鲁国春秋时代的世族以公族为主,主要有孝公之后臧氏、郈氏、展氏、众氏,惠公之后施氏,桓公之后孟孙、叔孙、季孙氏,庄公之后东门氏,文公之后(子)叔氏等,这些宗族还有不少分支宗族,如孟孙氏之南宫氏和子服氏;叔孙氏之叔仲氏,季孙氏之公钼氏、公思氏、公若氏等。从春秋中期僖公开始,三桓(孟孙、叔孙、季孙氏)开始掌权,此前的众宗族逐渐败落。如宣公时季氏驱逐

---

① 田昌五、臧知非:《周秦社会结构研究》,西安:西北大学出版社,1996年,第244页。
② 《左传》成公十一年:"周公楚恶惠、襄之偪也,且与伯舆争政,不胜,怒而出。三日,复出奔晋。"《春秋左传正义》卷二十七,《十三经注疏》,第4146页。
③ 《左传》襄公十年:"王叔陈生与伯舆争政。王右伯舆,王叔陈生怒而出奔。"《春秋左传正义》卷三十一,《十三经注疏》,第4231页。
④ 《左传》昭公二十六年、昭公二十九年、定公六至八年。
⑤ 《左传》哀公三年:"刘氏、范氏世为婚姻,苌弘事刘文公,故周与范氏。赵鞅以为讨。"《春秋左传正义》卷五十七,《十三经注疏》,第4686页。
⑥ 《国语·周语》:"及范、中行之难,苌弘与之,晋人以为讨。二十八年,杀苌弘。及定王,刘氏亡。"《国语集解》,中华书局,2002年,第133页。

东门氏①,昭公时孟孙氏灭郈氏②等。至春秋晚期政权牢牢被三桓把握,未能有与之抗衡之宗族③,这种情况一直延续到战国时期。

晋国强宗大族数量众多,活跃于政坛的有栾氏、范氏、韩氏、赵氏、魏氏、狐氏、先氏、郤氏、羊舌氏、荀氏(中行氏、智氏)、胥氏、祁氏、籍氏等。晋国内部斗争历来比较激烈,早在春秋早中期之际,曲沃武公代晋,属于原晋侯势力之众多宗族被灭。献公时去群公子,公族势力大减,同姓远支和异姓宗族逐渐占主要地位。晋灵公之时狐氏亡族(公元前621年)④;晋景公之时先氏亡族(公元前596年)⑤;厉公之时郤氏亡族⑥,胥氏为栾氏、中行氏所灭(公元前574年)⑦;平公之时栾氏灭族(公元前550年)⑧;顷公之时祁氏、羊舌氏灭族(公元前514年)⑨。春秋末期,赵氏宗族内乱,小宗邯郸氏反叛大宗赵鞅,由此引起晋国长达数年之久的卿族动荡。最终赵鞅联合韩氏、魏氏和智氏驱逐范氏、中

---

① 宣公十八年,《春秋左传正义》卷二十四,《十三经注疏》,第4102页。
② 昭公时期郈氏因与季氏有矛盾,昭公二十五年,郈昭伯参与昭公讨伐季氏的行动,最终郈昭伯被孟孙氏所杀,郈氏流亡到齐国,遂从鲁国亡族。《左传》昭公二十五年:"孟氏执郈昭伯,杀之于南门之西,遂伐公徒。"
③ 鲁国中晚期从成公至哀公共有八任执政卿,均是三桓宗子。臧氏、施氏等族在春秋晚期虽仍然存在,但地位和实力远不能与三桓相比。
④ 狐氏亡族的原因是狐偃之子狐射姑(食邑于贾,又称贾季)与赵盾有矛盾,不满阳处父干预其任中军将,命族人续简伯(狐鞫居)杀死阳处父。晋人杀死了续简伯,狐射姑奔狄,狐氏遂亡族于晋。此事见于《左传》文公六年,《春秋左传正义》卷十九上,《十三经注疏》,第4005页。
⑤ 先氏亡族的原因在于晋楚邲之战时,先縠不听将令,擅自行动,导致晋军大败。之后更是勾结狄人伐晋,最终晋景公杀先縠,尽灭先氏之族。《左传》宣公十三年:"晋人讨邲之败,与清之师,归罪于先縠而杀之,尽灭其族。君子曰:恶之来也,己则取之,其先縠之谓乎。"
⑥ 值得注意的是,《左传》记载郤氏亡族与其族大多怨,多有骄横之举有关,如成公十七年:"胥童以胥克之废也怨郤氏……郤锜夺夷阳五田……郤犫与长鱼矫争田,执而梏之……栾书怨郤至以其不从已而败楚师也,欲废之。"出土文献也见有郤氏亡族之事,上博简(五)有《姑成家父》,姑成家父即苦成家父,亦即郤犫。简文记载晋厉公,栾书与三郤(郤锜、郤犫、郤至)故事,其基本立场是同情三郤,如简文:"苦成家父事厉公,为士官,行政迅强,以见恶于厉公。厉公无道,虐于百豫……三郤中立,以正上下之讹,强于公家。"郤氏形象颇为正面。因此,两类文献书写者立场可能不一致。参马承源主编:《上海博物馆藏战国楚竹书(五)》,上海古籍出版社,2005年,第67—78页(图版)、第237—249页(释文考释)。
⑦ 《左传》成公十七年:"胥童以甲劫栾书、中行偃于朝。……闰月乙卯晦,栾书、中行偃杀胥童。"《春秋左传正义》卷二十八,《十三经注疏》,第4173页。
⑧ 《左传》襄公二十三年:"晋人克栾盈于曲沃,尽杀栾氏之族党。栾鲂出奔宋。"《春秋左传正义》卷三十五,《十三经注疏》,第4295页。
⑨ 《左传》昭公二十八年:"晋杀祁盈及杨食我。食我,祁盈之党也,而助乱,故杀之。遂灭祁氏、羊舌氏。"《春秋左传正义》卷五十二,《十三经注疏》,第4599页。

行氏与邯郸赵氏,共分范、中行氏之地。战国早期,智氏屡次侵凌韩、赵、魏三家,最终为三家所灭,由此韩、赵、魏三家分晋之格局形成。

宋国春秋时代的强宗大族也以公族为主,异姓不显。宋国历朝公子、公孙均有不少身居要职,形成显赫宗族者,如出自闵公之孔氏,戴公之华氏、乐氏、老氏、皇氏,庄公之仲氏,桓公之鱼氏、荡氏、鳞氏、向氏,文公之灵氏,共公之石氏,平公之边氏等。其中尤以戴族、桓族为盛。随着宗族争斗的加剧,不少宗族逐渐没落。如公元前 710 年孔氏宗子孔父嘉为戴族华督所杀,此后孔氏为华氏打压,最终奔鲁①;宋文公之时(公元前 609 年),武、穆之族因叛乱而亡②;宋共公卒年(公元前 576 年),桓族荡泽弱公室,华元灭荡氏,鱼氏、鳞氏等族出奔③;春秋晚期华向之乱(公元前 522—前 520 年),华氏亡族于宋④;春秋末期又有向魋之乱(公元前 481 年),向氏亦亡族⑤。及至战国早期,宋国强宗只剩戴族皇氏、乐氏,文族灵氏三家,共同把控宋国朝政⑥。

郑国世族明显分前后两部分,前一部分形成于郑穆公(公元前 628 —前 606 年在位)之前,主要活动在春秋早期和中期,如公父氏、司氏、堵氏、侯氏、子师氏、皇氏、石氏等。后一部分则由穆公诸子及后代组成,主要活动年代在春秋中期和晚期。郑穆公共有子十三人⑦,其中太子夷(灵公)继位之初即被

---

① 《左传》桓公二年:"二年春,宋督攻孔氏,杀孔父而取其妻。"(《春秋左传正义》卷五,《十三经注疏》,第 3780 页)《世本》云:"孔父嘉为宋司马,华督杀之,而绝其世。其子木金父降为士。木金父生祁父,祁父生防叔,为华氏所偪,奔鲁为防大夫。"(《世本八种·秦嘉谟辑补本》卷六,第 162 页)
② 《左传》宣公三年:"宋文公即位三年,杀母弟须及昭公子,武氏之谋也。使戴桓之族攻武氏于司马子伯之馆,尽逐武、穆之族。"《春秋左传正义》卷二十一,《十三经注疏》,第 4056 页。
③ 《左传》成公十五年,《春秋左传正义》卷二十七,《十三经注疏》,第 4156 页。
④ 《左传》昭公二十年:"宋元公无信多私,而恶华、向。华定、华亥与向宁谋……冬十月,公杀华、向之质而攻之。戊辰,华、向奔陈,华登奔吴。"昭公二十二年:"己巳,宋华亥、向宁、华定、华貙、华登、皇奄伤、省臧,士平出奔楚。"
⑤ 《左传》哀公十四年:"宋桓魋之宠害于公,公使夫人骤请享焉,而将讨之……向魋奔卫,向巢来奔。"《春秋左传正义》卷五十九,《十三经注疏》,第 4719 页。
⑥ 《左传》哀公二十六年:"宋景公无子,取公孙周之子得与启,畜诸公宫,未有立焉。于是皇缓为右师,皇非我为大司马,皇怀为司徒,灵不缓为左师,乐茷为司城,乐朱锄为大司寇。六卿三族降听政……盟曰:三族共政,无相害也。"《春秋左传正义》卷六十,《十三经注疏》,第 4740—4741 页。
⑦ 分别为太子夷(灵公)、公子坚(襄公)、公子喜(子罕)、公子騑(子驷)、子丰、公子偃(子游)、公子舒(子印)、公子发(子国)、公子去疾(子良)、公子嘉(子孔)、公子志(士子孔)、子然和子羽。

弑，公子坚继位，是为襄公。其余诸子则被立为大夫①，其后代分别称罕氏、驷氏、丰氏、游氏、印氏、国氏、良氏、孔氏、士孔氏、然氏和羽氏。诸穆当权之后，排挤和打压其他宗族，原来世族失势。《左传》襄公十年（公元前563年）记载郑国子驷与尉止有争②，最终尉氏、司氏、堵氏、侯氏、子师氏等亡族于郑③。襄公十八、十九年（公元前555—前554年），穆族内乱，子孔被杀，子革、子良出奔，孔氏、然氏、士孔氏基本消失于郑国政坛④。襄公二十九、三十年（公元前544—前543年），伯有（良宵）与子晳（驷氏）相恶，羽颉（羽氏）党于伯有。最终驷氏杀伯有，羽颉出奔，羽氏亡族于郑⑤。至此，穆公十一子为大夫，孔氏、然氏、士孔氏、羽氏亡族，罕氏、驷氏、国氏、游氏、丰氏、印氏和良氏⑥联合把持郑国国政，史称"七穆"。七穆联合执政的情况一直持续到战国早期。不过在战

---

① 《左传》宣公四年："郑人立子良，辞曰：'以贤则去疾不足，以顺则公子坚长。'乃立襄公。襄公将去穆氏，而舍子良。子良不可，曰'穆氏宜存，则固愿也。若将亡之，则亦皆亡，去疾何为？'乃舍之，皆为大夫。"《春秋左传正义》卷二十一，《十三经注疏》，第4059页。
② 《左传》襄公十年（公元前563年）："初，子驷与尉止有争，将御诸侯之师而黜其车……初，子驷为田洫，司氏、堵氏、侯氏、子师氏皆丧田焉，故五族聚群不逞之人，因公子之徒以作乱……子蟜帅国人助之，杀尉止，子师仆，盗众尽死。侯晋奔晋。堵女父、司臣、尉翩、司齐奔宋。"参《春秋左传正义》卷三十一，《十三经注疏》，第4229页。
③ 段志洪认为："七穆兴起前有较大影响的世族的衰落，应与七穆的兴起有密切的关系，他们当是在七穆强大势力的威逼下偃旗息鼓或坠命亡氏者。"（段志洪：《周代卿大夫研究》，台北：台湾文津出版社，1994年，第112页）总体而言是可信的意见，不过打压、驱逐尉氏、司氏、堵氏等族的可能不止"七穆"，七穆之外的孔氏、然氏、士孔氏、羽氏甚至其他势力可能亦参与其中。因此比较稳妥的说法是以群穆为主的贵族合力打压原来贵族宗族。
④ 襄公十八、十九年（公元前555—前554年）："郑子孔欲去诸大夫，将叛晋而起楚师以去之……郑子孔之为政也专。国人患之，乃讨西宫之难，与纯门之师。子孔当罪，以其甲及子革、子良氏之甲守。甲辰，子展、子西率国人伐之，杀子孔而分其室。书曰：'郑杀其大夫。'专也。子然、子孔，宋子之子也；士子孔，圭妫之子也。圭妫之班亚宋子，而相亲也；二子孔亦相亲也。僖之四年，子然卒，简之元年，士子孔卒。司徒孔实相子革、子良之室，三室如一，故及于难。子革、子良出奔楚。"《春秋左传正义》卷三十四，《十三经注疏》，第4266、4275页。
⑤ 襄公二十九、三十年（公元前544—543年）："郑伯有使公孙黑如楚，辞曰：'楚、郑方恶，而使余往，是杀余也。'伯有曰：'世行也。'子晳曰：'可则往，难则已，何世之有？'伯有将强使之。子晳怒，将伐伯有氏，大夫和之……子晳以驷氏之甲伐而焚之（伯有）。伯有奔雍梁，醒而后知之，遂奔许……伯有闻郑人之盟也，怒……癸丑，晨，自墓门之渎入，因马师颉介于襄库，以伐旧北门。驷带率国人以伐之……伯有死于羊肆，子产襚之，枕之股而哭之，敛而殡诸伯有之臣在市侧者……仆展从伯有，与之皆死。羽颉出奔晋，为任大夫。"《春秋左传正义》卷四十，《十三经注疏》，第4371页。
⑥ 伯有（良宵）虽被杀，但并未灭族，不久即复立良宵之子良止，原因是"其族大，所冯厚矣"。《左传》昭公七年："良宵，我先君穆公之胄，子良之孙，子耳之子，敝邑之卿，从政三世矣。郑虽无腆，抑谚曰'蕞尔国'，而三世执其政柄，其用物也弘矣，其取精也多矣。其族又大，所冯厚矣。"《春秋左传正义》卷四十四，《十三经注疏》，第4452页。

国早中期之际(公元前375年),郑国为韩国所灭。

齐国宗族主要有国氏、高氏、隰氏、崔氏、庆氏、二惠(栾氏、高氏)、晏氏、管氏、鲍氏、晏氏、陈(田)氏等。国、高二氏为天子之守,世为齐国上卿,在春秋早期和中期势力较盛①。齐惠公之时,崔杼有宠,高、国畏其偪。成公十七年(公元前574年),齐灵公逐高无咎,国氏、高氏据邑反叛,崔杼、庆克伐之②。次年齐灵公杀国佐、国胜,崔、庆二氏始掌齐国国政。襄公十九年(公元前554年),崔杼立原太子光为君,是为庄公,并杀高厚于洒蓝而兼其室③。襄公二十五年(公元前548年),崔杼弑庄公,立其弟杵臼(景公)而相之,庆封为左相④。襄公二十七年(公元前546年),庆氏灭崔氏⑤。襄公二十八年(公元前545年),陈氏联合鲍氏、二惠(栾氏、高氏)灭庆氏⑥。昭公十年(公元前532年),陈氏联

---

① 《国语·齐语》载管仲制国以为二十一乡,"工商之乡六,士乡十五,公帅五乡焉,国子帅五乡焉,高子帅五乡焉"(《国语集解》,第222页)。国、高二氏所掌乡的数量与齐侯相同。《齐语》又云:"三军。故有中军之鼓,有国子之鼓,有高子之鼓。"(《国语集解》,第224页)时齐侯与国氏、高氏分掌三军,可见二氏实力之强大。

② 《左传》成公十七年:"国子相灵公以会,高、鲍处守。及还,将至,闭门而索客。孟子诉之曰:'高、鲍将不纳君,而立公子角。国子知之。'秋七月壬寅,刖鲍牵而逐高无咎。无咎奔莒,高弱以卢叛。……齐侯使崔杼为大夫,使庆佐之,帅师围卢。国佐从诸侯围郑,以难请而归。遂如卢师,杀庆克,以谷叛。"《春秋左传正义》卷二十八,《十三经注疏》,第4171—4172页。

③ 《左传》襄公十九年:"齐侯娶于鲁,曰颜懿姬,无子。其侄鬷声姬,生光,以为大子。诸子仲子、戎子,戎子嬖。仲子生牙,属诸戎子。戎子请以为大子,许之……齐侯疾,崔杼微逆光。疾病,而立之……夏五月壬辰晦,齐灵公卒。庄公即位,执公子牙于句渎之丘……秋八月,齐崔杼杀高厚于洒蓝而兼其室。"(《春秋左传正义》卷三十四,《十三经注疏》,第4274页)

④ 《左传》襄公二十五年:"齐棠公之妻,东郭偃之姊也。东郭偃臣崔武子。棠公死,偃御武子以吊焉。见棠姜而美之,使偃取之……遂取之。庄公通焉,骤如崔氏。以崔子之冠赐人,侍者曰:'不可。'公曰:'不为崔子,其无冠乎?'崔子因是,又以其间伐晋也,曰:'晋必将报。'欲弑公以说于晋……公逾墙。又射之,中股,反队,遂弑之…叔孙宣伯之在齐也,叔孙还纳其女于灵公。嬖,生景公。丁丑,崔杼立而相之。庆封为左相。"《春秋左传正义》卷三十六,《十三经注疏》,第4306页。

⑤ 《左传》襄公二十七年:"齐崔杼生成及强而寡。娶东郭姜,生明。东郭姜以孤入,曰棠无咎,与东郭偃相崔氏……九月庚辰,崔成、崔强杀东郭偃、棠无咎于崔氏之朝。崔子怒而出,其众皆逃,求人使驾,不得。使圉人驾,寺人御而出。且曰:'崔氏有福,止余犹可。'遂见庆封。庆封曰:'崔、庆一也。是何敢然?请为子讨之。'使卢蒲嫳帅甲以攻崔氏。崔氏堞其宫而守之,弗克。使国人助之,遂灭崔氏,杀成与强,而尽俘其家。其妻缢。嫳复命于崔子,且御而归之。至,则无归矣,乃缢。崔明夜辟诸大墓。辛巳,崔明来奔,庆封当国。"《春秋左传正义》卷三十八,《十三经注疏》,第4337—4338页。

⑥ 《左传》襄公二十八年:"齐庆封好田而耆酒,与庆舍政……卢蒲癸、王何卜攻庆氏……十一月乙亥,尝于大公之庙,庆舍莅事。卢蒲姜告之,且止之。弗听……庆氏以其甲环公宫。陈氏、鲍氏之圉人为优。庆氏之马善惊,士皆释甲束马而饮酒,且观优,至于鱼里。栾、高、陈、鲍之徒介庆氏之甲……遂杀庆绳、麻婴……庆封归,遇告乱者,丁亥,伐西门,弗克。还伐北门,克之。入,伐内宫,弗克。反,陈于岳,请战,弗许。遂来奔。"《春秋左传正义》卷三十八,《十三经注疏》,第4343页。

合鲍氏逐二惠(栾氏、高氏),陈氏始大①。哀公六年(公元前489年),陈氏联合鲍氏逐世卿高氏(国夏)、国氏(高张)②,晏氏亦随之出奔。同年弑景公,立公子阳生。哀公十四年(公元前481年)弑简公,继而"田常于是尽诛鲍、晏、监止及公族之强者"③。此后陈氏一家独大,奠定了陈(田)氏代齐的基础。

楚国宗族主要有若敖氏(斗氏、成氏)、蒍(薳)氏、屈氏、申(叔)氏、潘氏、伍氏、阳氏、沈氏、伯氏等。若敖氏是对楚君若敖后代的称谓,包括斗氏、成氏等族,在春秋早期和中期势力强盛,时人称"宗竞于楚"④。公元前605年,楚庄王与若敖氏战于皋浒,灭若敖氏⑤。楚共王时,子重、子反杀(申公)巫臣之族子阎、子荡及清尹弗忌及襄老之子黑要,而分其室(公元前584年)⑥,申氏亡族于楚;蒍(薳)氏宗族在春秋早中期数代多位族人为楚国重臣,在楚灵王(公元前540—前529年)之时受到重大打击⑦,此后逐渐消失于楚国政坛⑧;楚平王之

---

① 《左传》昭公十年:"齐惠栾、高氏皆耆酒,信内多怨,强于陈、鲍氏而恶之。夏,有告陈桓子曰:'子旗、子良将攻陈、鲍。'亦告鲍氏。桓子授甲而如鲍氏,遭子良醉而骋,遂见文子,则亦授甲矣。使视二子,则皆从饮酒。桓子曰:'彼虽不信,闻我授甲,则必逐我。及其饮酒也,先伐诸?'陈、鲍方睦,遂伐栾、高氏……五月庚辰,战于稷,栾、高败,又败诸庄。国人追之,又败诸鹿门。栾施、高强来奔。陈、鲍分其室。……公与桓子莒之旁邑,辞。穆孟姬为之请高唐,陈氏始大。"《春秋左传正义》卷四十五,《十三经注疏》,第4471页。
② 《左传》哀公六年:"夏六月戊辰,陈乞、鲍牧及诸大夫,以甲入于公宫。昭子闻之,与惠子乘如公,战于庄,败。国人追之,国夏奔莒,遂及高张、晏圉、弦施来奔。"《春秋左传正义》卷五十八,《十三经注疏》,第4694页。
③ 《左传》哀公十四年:"齐简公之在鲁也,阚止有宠焉。及即位,使为政。陈成子惮之,骤顾诸朝……庚辰,陈恒执公于舒州……甲午,齐陈恒弑其君壬于舒州。"《春秋左传正义》卷五十九,《十三经注疏》,第4719页。
④ 《春秋左传正义》卷二十一,《十三经注疏》,第4053页。
⑤ 《左传》宣公四年:"秋七月戊戌,楚子与若敖氏战于皋浒。伯棼射王,汰辀,及鼓跗,着于丁宁。又射汰辀,以贯笠毂。师惧,退。王使巡师曰:'吾先君文王克息,获三矢焉。伯棼窃其二,尽于是矣。'鼓而进之,遂灭若敖氏。"《春秋左传正义》卷二十一,《十三经注疏》,第4059页。
⑥ 《左传》成公七年:"及共王即位,子重、子反杀巫臣之族子阎、子荡及清尹弗忌及襄老之子黑要,而分其室。子重取子阎之室,使沈尹与王子罢分子荡之室,子反取黑要与清尹之室。"
⑦ 《左传》昭公十三年:"楚子之为令尹也,杀大司马蒍掩而取其室。及即位,夺蒍居田……蔓成然故事蔡公,故蒍氏之族及蒍居、许围、蔡洧、蔓成然,皆与焉所不礼也。因群丧职之族,启越大夫常寿过作乱,围固城,克息舟,城而居之。"《春秋左传正义》卷四十六,《十三经注疏》,第4493页。
⑧ 田成方认为"蒍氏兴起于成王时期的蒍吕臣,在庄王、共王和康王时期世代为卿,地位显赫。灵王即位之后(公元前540—529年),削弱、打击蒍氏家族势力,成为其由盛转衰的分水岭。蒍氏不见诸战国时期文献资料,多数族人大概已没落为平民"。是可信的意见。参田成方:《东周时期楚国宗族研究》,武汉大学博士学位论文,第26页。

时(公元前522年),费无极谗杀武奢、伍尚,伍员奔吴,伍氏亡族于楚①。昭王之时(公元前515年),令尹子常信费无极之谗而尽灭郤氏之族党,杀阳令终与其弟完②,伯氏与阳氏亡族③。此事为国人所谤,子常又杀费无极,灭费氏一族④。及至战国早期,春秋世族只有屈氏仍然在楚国政坛发挥重要影响力。

由上可以看出,春秋绝大多数世族至战国早期均已败落,只有极少数得以存留⑤。按具体宗族的兴替存灭,本不足为怪。但是如果宗族大规模消亡,或者说消亡的速度远大于新立宗族的速率,则说明原用于存续宗族的宗法制度出现了很大问题。对于那些败落宗族而言,下场往往是被"灭族"或"亡族"。不少宗族全体族人均惨遭屠戮或驱逐,或者宗族多位核心人物被杀或出逃,宗庙被毁,宗族之封邑、爵禄甚至是氏号均被收回⑥,宗族丧失了赖以存在的基

---

① 《左传》昭公二十年:"费无极言于楚子曰:'建与伍奢将以方城之外叛。自以为犹宋、郑也,齐、晋又交辅之,将以害楚。其事集矣。'王信之,问伍奢。伍奢对曰:'君一过多矣,何言于谗?'王执伍奢。……伍尚归。奢闻员不来,曰:'楚君、大夫其旰食乎。'楚人皆杀之。员如吴。"《春秋左传正义》卷四十九,《十三经注疏》,第4541页。
② 《左传》昭公二十七年:"郤宛直而和,国人说之。鄢将师为右领,与费无极比而恶之。令尹子常赂而信谗,无极潜郤宛焉……令尹使视郤氏,则有甲焉。不往,召鄢将师而告之。将师退,遂令攻郤氏,且爇之。子恶之,遂自杀也……令尹炮之,尽灭郤氏之族党,杀阳令终与其弟完及佗。"参《春秋左传正义》卷五十二,《十三经注疏》,第4597页。
③ 郤宛祖为伯宗,父为伯州犁,子为伯嚭,因此郤宛属于伯氏。《史记集解》引徐广曰:"伯州犁者,晋伯宗之子也。伯州犁之子曰郤宛,郤宛之子曰伯嚭。宛亦姓伯,又别氏郤。楚世家云杀郤宛,宛之宗姓伯氏子曰嚭。吴世家云楚诛伯州犁,其孙伯嚭奔吴也。"参《史记》卷六十六,第2175页。阳令终、完及佗均为阳匄之子,三者属于阳氏,此役之后,不再见有阳氏族人活跃于楚国政坛的记载,应是亡族于楚。
④ 《左传》昭公二十七年:"楚郤宛之难,国言未已,进胙者莫不谤令尹……九月己未,子常杀费无极与鄢将师,尽灭其族,以说于国。谤言乃止。"《春秋左传正义》卷五十二,《十三经注疏》,第4597页。
⑤ 许倬云曾统计春秋战国世族的存灭情况,"发现卿大夫的世家,自春秋中叶以后,数量逐渐减少。用数字来说明《左传》中所见强宗大族,由公元前572至543年的23个,逐步跌到公元前542至513年的14个,公元前512至483年的13个,以及公元前482至464年的7个。"(许倬云:《春秋战国间的社会变动》附表三,《求古编》,台北:联经出版事业公司,1982年,第339页)屈会涛也曾统计春秋时代卿族兴衰存亡情况,发现春秋时期王室、鲁、郑、卫、宋、晋、齐、楚共有119个卿族,到春秋末期确定尚存的只有32个,占全部卿族的27%。(屈会涛:《春秋时代的卿族政治》,华东师范大学博士学位论文,2014年,第351页)二者界定和统计的标准略有不同,因此具体数字有较大差距,但整体的发展趋势以及比率仍具有重要参考意义。
⑥ 徐鸿修指出,春秋时代的灭族是一种包含多重惩罚在内的综合治理手段,主要内容有四:一是取消被灭宗族的封号—氏;二是诛杀被灭宗族首领及其主要族党;三是拆毁被灭宗族的宗庙,取消其祭祀权利;四是收回被灭族的封邑。参徐鸿修:《春秋贵族法规研究》,《先秦史研究》,济南:山东大学出版社,2002年,第178—179页。

础(世官+封邑),往往无力维持原有之实力与组织结构,宗族崩解,族人离散。多数沦为平民,甚至是降在皂隶,不复贵族荣光。世族数量急遽缩减,不仅意味着政治权力的转移,更主要的是它拉开了社会变革的序幕,导致了政治权力结构的变化①。

(二) 化宗为国——论存留世族的集权化进程

对于少部分尚存之世族而言,宗子多担任朝堂正卿,把控朝政,宗族势力非但没有败落,反而进一步扩大。他们侵夺国君权利,瓜分公室及其他落败宗族之采邑与民人,甚至凌驾于国君及公室之上。这样的情况在战国早期不少,如:

齐国田常弑其君简公,此后"齐国之政皆归田常……而割齐自安平以东至琅琊,自为封邑,封邑大于平公之所食",其"襄子使其兄弟宗人尽为齐都邑大夫,与三晋通使,且以有齐国"②。

晋国韩、赵、魏三家灭智氏,瓜分包括智氏及晋侯在内的晋国大部分土地,晋幽公"反朝韩、赵、魏之君,独有绛、曲沃,余皆入三晋"③。

周王朝单氏亦有"取周"的事迹,《韩非子·说疑》云:"以今时之所闻,田成子取齐,司城子罕取宋,太宰欣取郑,单氏取周,易牙之取卫,韩、魏、赵三子分晋,此六人,臣之弑其君者也。"④单氏行为能与田氏代齐、韩赵魏三家分晋等并列,可见其对周王室的侵凌程度。

鲁国"悼公之时,三桓胜,鲁如小侯,卑于三桓之家"⑤。此后季氏据费邑而为小国之君⑥,鲁侯不能禁。

宋国在战国早期亦曾出现"戴(皇)氏篡宋"的现象,《韩非子》有"皇喜遂杀

---

① 田昌五、臧知非:《周秦社会结构研究》,第 249—250 页。
② 《史记》卷四十六,第 1885 页。
③ 《史记》卷三十九,第 1686 页。
④ (清)王先慎撰,钟哲点校:《韩非子集解·说疑》,北京:中华书局,1998 年,第 407 页。
⑤ 《史记》卷三十三《鲁周公世家》,第 1546 页。
⑥ 《孟子·万章》有"非惟百乘之家为然也,虽小国之君亦有之。费惠公曰……"(《孟子注疏》卷十上,《十三经注疏》,中华书局第 5966 页)。明言费惠公为"小国之君"。王应麟推测费惠公属季氏,此后顾炎武、阎若璩、梁玉绳、童书业、何浩等学者均从之,认为季氏之族最终独立为费国。参何浩:《鲁季氏立费国及其相关的问题》,《史林》1987 年第 2 期,第 7—13 页;杨朝明:《"鲁季氏立费国"说商榷——兼论曾子处费之地所在》,《东岳论丛》1999 年第 6 期,第 125—129 页。

宋君而夺其政""司城子罕取宋""戴氏夺子氏于宋""子罕杀宋君而夺政。故子罕为出彘以夺其君国"等说法①,清代梁履绳、苏时学早已指出皇喜、司城子罕、戴氏为同一人②。

此外,郑国还有驷氏"子阳之乱"③、罕氏"太宰欣取郑"④,卫国南氏亦曾驱逐国君,族人被任命为侯⑤等等。

值得注意的是,这些世族势力在不断扩张的过程中,其内部结构与统治方式也发生了重大变化,逐渐不再采用原有的分封体制,而是加强集权,宗族之长一跃而为集权君主⑥,化宗为国。这种情况在齐国以及韩、赵、魏三家身上最为典型。这种"化宗为国"的集权化进程主要是通过以下几个方式完成:

一是宗子吸收大量外族之人充当臣属,宗族势力的血缘色彩逐步降低。同时让部分家臣充任公臣,在侵夺公室的同时,模糊公、私之界限,宗族势力逐渐转变为国家政权。春秋时代的"弃亲用羁"往往还会招致族人的不满,甚至

---

① 《韩非子集解·内储说下》,第 256、407、466 页。
② 如梁履绳、苏时学认为"韩非既言戴氏,又曰皇喜、曰子罕者何也?则戴其氏而喜其名,子罕乃其字也。凡名喜者,多字子罕,若郑之公孙喜字子罕是也。而宋之名喜者,亦有两子罕焉。春秋时有司城乐喜,字子罕,宋之贤臣也。战国时有司城皇喜,亦字子罕,宋之篡臣也。之二人者,其名同,其字同,其官亦同。而乐、皇二族并出于戴,则其所自出又未尝不同,而一为贤臣,一为篡臣"。梁履绳认为司城子罕即皇喜,说见《左通补释》。[苏时学说转引自(秦)吕不韦编,许维遹集释,梁运华整理:《吕氏春秋集释》卷二十三《贵直论第三·壅塞》,北京:中华书局,2009 年,第 635—636 页]《史记·鲁仲连邹阳列传》"宋信子罕之计而囚墨翟"(《史记》卷八十三,第 2473 页),子罕与墨子为同时代之人。墨子主要活动年代在战国早期,故子罕亦应是战国早期人物。孙诒让指出子罕(皇喜)所杀为战国早期宋后昭公(前 468 年至前 422 年在位),《墨子间诂》:"考宋有两昭公,一在鲁文公时,与墨子相去远甚;一在春秋后鲁悼公时,与墨子时代正相当。子罕所杀宜为后之昭公。"参(清)孙诒让撰,孙启治点校:《墨子间诂·墨子后语上·墨子传略第一》,北京:中华书局,2001 年,第 691 页。
③ 子阳原为郑国之相,《汉书·古今人表》作"郑相驷子阳"(《汉书》卷二十,中华书局,第 941 页),可知其为驷氏。《韩非子·说疑》有"郑子阳身杀,国分为三",将其与陈灵公、楚灵王等并称,很有可能其曾一度为君。《吕氏春秋·适威》还将子阳与桀、纣并列,高诱注云"子阳,郑君也,一曰郑相也"。
④ 太宰欣,学者或认为是罕氏之后,童书业、晁福林认为太宰欣与子阳可能是同一人。童书业:《春秋左传研究》,上海:上海人民出版社,1980 年,第 265 页;晁福林:《论周代卿权》,《中国社会科学》1993 年第 6 期,第 217 页。
⑤ 南氏为公子郢(卫灵公之子,字子南)之后,公元前 470 年,公子郢之子公孙弥牟驱逐卫出公,立悼公而为相,把控卫国军政大权。之后有南氏族人南劲被魏惠成王任命为侯。古本《竹书纪年》有"卫将军文子为子南弥牟,其后有子南劲,朝于卫。后惠成王如卫,命子南为侯"。(方诗铭、王修龄:《古本竹书纪年辑证》,第 126—127 页)
⑥ 晁福林:《论周代卿权》,《中国社会科学》1993 年第 6 期,第 201—219 页。

因此出现宗子、族人对抗的现象。至战国时代这种对抗已经极为少见，反映出世族内部结构与发展方向已经与春秋宗族有很大不同。前者如战国早期魏文侯重用翟璜、吴起、西门豹、乐羊、屈侯鲋、李悝、李克等人，并以卜子夏、田子方、段干木等为师，这些均非魏氏族人。屈会涛还曾统计过赵简子与赵襄子的家臣，发现见于记载的赵简子家臣有董安于、尹铎、烛之过、少室周、徐子、牛谈、阳虎、薄疑、邮无恤、姑布子卿、窦犨、新稚狗、蒯聩、周舍、鸾缴、阳城胥渠等，赵襄子家臣有楚隆、张孟谈、延陵生、常庄谈、高共、原过、王登、中章、胥己等①，几乎全是外族之人。这些外族之人与世族往往并没有血缘关系，并且与先前累世依附，多代同事一族（主）的家臣不同，多是新招而来，士无定主，流动性增强，"主卖官爵，臣卖智力"②的局面形成，成为新集权制下的君主与官僚的关系。

至于后者，掌权之世族宗子还让不少家臣，包括族人和异姓家臣，出任公臣，以借机侵吞公室之土地、民人。如上举齐国之田襄子"使其兄弟宗人尽为齐都邑大夫，与三晋通使，且以有齐国"。晋国在春秋晚期即有这种现象，《左传》昭公二十八年载魏献子主政之时，分祁氏与羊舌氏之田分为十县，任命十人为县大夫，其中有四人分别为智氏、韩氏、魏氏、赵氏之余子。《晋世家》云："晋之宗家祁孙、叔向子，相恶于君。六卿欲弱公室，乃遂以法尽灭其族，而分其邑为十县，各令其子为大夫。"③在这种情况下，这些家臣名为公臣却听命于世族宗子，公私界限逐渐模糊，世族势力具有了国家政权的性质④，宗子、族人之间原有的亲缘关系亦让位于政治上的君臣关系。

二是宗子对于新侵夺的采邑和土地，往往设县而治，多数不再按照原来的方式分封，仅派家臣或宗人进行管理，出任县邑大夫，但他们并不占有土地与人民，县邑之所有权及军政财权等均受宗子控制。这不仅有效遏制了新的贵族宗族势力的产生，还加速了集权化的进程。正如增渊龙夫曾经所指出的："韩氏、魏氏和赵氏，三分晋国领有之邑，实行家父长制的统治。齐的陈氏并吞

---

① 屈会涛：《春秋时代的卿族政治》，华东师范大学博士学位论文，2014年，第368页。
② 《韩非子集解·外储说右下》，第338页。
③ 《史记》卷三十九，第1684页。
④ 关于卿大夫家臣双重身份的作用与意义，还可参看杨小召：《春秋中后期晋国卿大夫家臣身份的双重性》，《中国史研究》2009年第1期，第19—30页。

其他世族,把家父长制推及于齐邑……领有的邑成为县,全面实行所谓郡县制的专制统治。上下关系此时也有不同,家父长制豢养家臣或私属,当作新式国君之左右手,产生官僚的雏型,……在君主统御的官僚制之下,渐次推动郡县制的管治,原来的邑族组织现在也逐步崩溃了。"①

三是在所占地域内广泛实行授田制,将土地直接分给农民和小家庭。银雀山汗简《孙子兵法·吴问》记载春秋晚期晋国六卿在各自势力范围内授田的情形。授田制的推行结束了西周以来由分封制所导致的土地为各级贵族分割占有的局面。授田制与编户齐民相结合,让不少族人得以摆脱原宗族之控制,权臣宗子得以直接控制所辖地域内广大人群。在这种情况下,世族势力突破血缘的限制,其结构、统御方式及性质已经与典型宗族,即与西周春秋时代以血缘关系为基础之宗族有了根本性的不同,化宗为国,成了新型集权制的国家。公元前403年,周威烈王正式命韩虔、赵籍、魏斯为侯,三家分晋之势成。公元前386年,田和逐齐康公于海上,周安王正式命田和为齐侯,陈(田)氏代齐最终完成。

有学者曾经总结春秋宗族进入战国时代的两种命运:一是化室(宗)为国,最终取代了国家的地位;二是室(宗)散人离。无论哪种去向,最终都导致作为卿大夫大家族实体在历史舞台的消亡②,从上述情况来看,应是可信的意见。

二、战国新兴贵族亲属组织之结构与特点

以上介绍的是春秋世族在战国早中期的存续情况及特点,实际上当时最常见的是以各级新兴贵族为核心组成的亲属集团,根据有无封地或食邑的不同,主要可以分为封君与食禄官僚两类:

(一) 战国封君亲属组织之结构与特点

封君是对领有封地或食邑的贵族的称谓。战国时代封君比较普遍,不同

---

① 增渊龙夫:《春秋战国时代的社会与国家》,杜正胜编:《中国上古史论文选集(下)》,台北:华世出版社,1979年,第884—885页。
② 牛克诚:《室—父系大家族组织在春秋晚期的解体及小农的产生》,《中国社会科学院研究生院学报》1989年第4期。

国家各有特点,封君之形态与职权并不一致,不少学者已经做过很好的研究①。不过在各国普遍加强中央集权的大背景下,不同类型封君发展演变的总体趋势是相似的。在此我们主要谈谈战国封君的普遍发展趋势和特点。

战国封君的来源多为国君亲属(包括血亲与姻亲)、宠幸或有功的高层官僚。封地或食邑的大小不等,有的以户为单位,有的以邑为单位,还有的以县甚至是郡为单位等②。从形式上看,战国封君与西周春秋受封贵族多有相似之处,可以看作是春秋时期分封卿大夫的继续③。但不少学者研究已经指出,战国封君不同于西周、春秋时代所分封的世袭贵族,从采邑制发展到封君制,性质已经发生了很大的变化④。

战国多数封君,尤其是中晚期以来的封君,往往对封邑/食邑的控制力有限。封邑之内的政治权力受到集权君主的严格制约,部分封君虽然可以在封邑内任用私吏,但诸如司法权、行政管理等均需按国家法令行事。《战国策·魏策》:"安陵君曰:吾先君成侯受诏襄王以守此地也,手受大府之宪。"⑤《管子·立政》云:"正月之朔,百吏在朝,君乃出令布宪于国,五乡之师,五属大夫,皆受宪于太史……太史既布宪,入籍于太府……宪既布,有不行宪者,谓之不从令,罪死不赦。考宪而有不合于太府之籍者,侈曰专制,不足曰亏令,罪死不赦。"⑥包括封君在内的百官贵族均需严格按国君颁布的宪令行事。有时国君甚至直接派遣官吏对封地进行管理。如《史记·赵世家》云赵武灵王"封长子

---

① 刘泽华、刘景泉:《战国时期的食邑与封君述考》,《北京师范学院学报(社会科学版)》1982年第3期;何浩:《战国时期楚封君初探》,《历史研究》1984年第5期;何浩:《论楚国封君制的发展与演变》,《江汉论坛》1991年第5期;钱林书:《战国时期齐国的封君及封邑》,《复旦学报(社会科学版)》1999年第2期;白国红:《试论先秦时期赵国的封君制度》,《河北师范大学学报(哲学社会科学版)》2002年第1期;彭华:《燕国的政治制度——战国时期的官僚机构与封君制度》,《宜宾学院学报》2005年第5期;孙志国:《战国时期秦国封君考论》,《求是学刊》2002年第4期;郑威:《楚国封君研究》,武汉:湖北教育出版社,2012年。
② 如秦吕不韦被封文信侯,"食河南、洛阳十万户"、齐孟尝君田文"封万户于薛"、秦孝公封商鞅"于商十五邑"、吕不韦"食蓝田十二县"、秦封嫪毐"以河西、太原郡为毐国"等。
③ 刘泽华、刘景泉:《战国时期的食邑与封君述考》,《北京师范学院学报(社会科学版)》1982年第3期,第66页。
④ 杨宽:《战国史(增订版)》,上海:上海人民出版社,1998年,第259—268页;吕文郁:《周代的采邑制度(增订版)》,北京:社会科学文献出版社,2006年,第271页。
⑤ 何建章注释:《战国策注释》卷二十五,北京:中华书局,1990年,第952页。
⑥ 黎翔凤撰,梁运华整理:《管子校注》卷一,北京:中华书局,2004年,第66页。

章为代安阳君……主父又使田不礼相章也"①。包山楚简中亦可见楚国对封君直接的管辖与监督,对其在封地内行政、司法权力的限制②。封君自主性已经不可与西周春秋受封贵族同日而语。

大部分封君并不临土治民,只是享有在封邑内衣食租税及某些经济特权。且封君所能拥有的武装力量也极为有限,多数以门(食)客为主,没有在封地内征兵或组织武装力量的权力,不再如春秋贵族一般拥有强大的私人武装。《韩非子·爱臣》:"是故大臣之禄虽大……党与虽众,不得臣士卒……居军无私交,此明君之所以禁其邪。"③直言大臣不能拥有私人武装,不得在军中私自串联,这是明君用来禁止奸邪的办法。同时,封君不能将封地再次分封给其他族人或家臣。封君在封邑内的亲属组织已经不像春秋时代的贵族宗族一样具有政治、军事组织功能④。

不仅如此,封君之爵禄与封邑亦不能长久世袭,《战国策·触龙说赵太后》:

> 左师公曰:"今三世以前,至于赵之为赵,赵王之子孙侯者,其继有在者乎?"曰:"无有。"曰:"微独赵,诸侯有在者乎?"曰"老妇不闻也。"……子义闻之曰:"人主之子也,骨肉之亲也,犹不能恃无功之尊,无劳之奉,而守金玉之重也,而况人臣乎?"⑤

左师触龙的活动年代在战国晚期,触龙问赵太后赵国从现在上推到三世以前,甚至到赵氏立国的时候,赵王子孙被封侯的,其后代是否还有在位者。然后又问到其他诸侯的子孙,是否有长久袭封君者,赵太后均回答说没有。由此可见,即使是国君近亲为封君者,战国时代亦是绝少有多代世袭的情况,这与西周春秋时期常见绵延上百年之世族明显有别。至于那些与国君无血缘关系之封君则更是如此。造成这种情况的原因,有不少固然是由于封君自取祸,但也与当时不少国家规定封君不能多代世袭有密切关系。如战国早期李克建议魏文侯"夺淫民之禄":

---

① 《史记》卷四十三,第1813页。
② 郑威:《楚国封君研究》,第228—229页。
③ 《韩非子集解·爱臣第四》,第25页。
④ 蔡礼彬:《战国时期齐国卿大夫家族形态初探》,《管子学刊》2003年第1期,第46页。
⑤ 何建章注释:《战国策注释》卷二十一,第802页。

第六章　大厦倾颓——论战国时代传统宗法制度的崩解与余绪

　　魏文侯问李克曰："为国如何？"对曰："臣闻为国之道，食有劳而禄有功，使有能而赏必行，罚必当。"文侯曰："吾赏罚皆当，而民不与，何也？"对曰："国其有淫民乎？臣闻之曰，夺淫民之禄，以来四方之士。……其父有功而禄，其子无功而食之，出则乘车马、衣美裘、以为荣华，入则修竽瑟钟石之声，而安其子女之乐，以乱乡曲之教，如此者，夺其禄以来四方之士，此之谓夺淫民也。"①

　　"食有劳而禄有功"即封赏有功劳之臣。所谓"淫民"，是指无功而承袭父祖爵禄者。李克认为这一类人乱乡曲之教，于国有害，主张"夺其禄"，即剥夺他们世袭先人爵禄的权利。《史记·乐毅列传》："乐毅者，其先祖曰乐羊。乐羊为魏文侯将，伐取中山，魏文侯封乐羊以灵寿。乐羊死，葬于灵寿，其后子孙因家焉。"②乐羊在魏文侯时曾受封于灵寿，死后只说其子孙因家焉，并未提及袭封的事情。乐羊很有可能是身死封夺，封地及爵禄并未传给子孙。魏国而外，楚国本有"楚邦之法，禄臣再世而收地"③，吴起楚国变法亦是着重强调"使封君之子孙三世而收爵禄"④，明确规定封君之爵禄与封地三世之内要收回，不能长久世袭。更有甚者，秦国商鞅变法规定"宗室非有军功论，不得为属籍"。⑤ 国君亲属若无军功，不得入宗室谱籍，也就是没有获赐爵禄与封地的资格。因此秦国"未尝见秦免罢丞相、功臣有封及二世者"，⑥是在秦国，封君往往是及身而止。因此，战国时代各国名臣贤相及受封者虽众，但绝少出现世代传承、长居高位的世族。这一点与西周春秋时代有很大不同。

　　封君势力既不能世袭形成世族，那么其所在亲属组织的规模便不会太大，且难以保持长久的凝聚力。所谓"世禄不绝，则宗无削夺"⑦，若世禄断绝，则宗之侵削可想而知。在爵禄尽夺之后宗族便很有可能崩解为一个个相对独立的家庭，不再有"百世不迁"之大宗，所谓"守其官职，保族宜家"⑧、"弃官则族

---

① （汉）刘向撰，向宗鲁校证：《说苑校证》卷七《政理》，北京：中华书局，1987年，第166页。
② 《史记》卷八十，第2427页。
③ 《韩非子集解·喻老》，第157页。
④ 《韩非子集解·和氏》，第96页。
⑤ 《史记》卷六十八《商君列传》，第2230页。
⑥ 《史记》卷八十七《李斯列传》，第2549页。
⑦ 秦蕙田：《辨小宗不立后》，《皇朝经世文编》卷五九《礼政六·宗法下》，清光绪乙未（1985），积石书局石印本。
⑧ 襄公三十一年，《春秋左传正义》卷四十，《十三经注疏》，第4378页。

无所庇"①便是这个道理。许倬云曾说道:"春秋时政治上具有决定地位的强宗巨室似乎绝迹于战国政治……整个战国时代几乎未见有春秋时代的那种巨室。若新贵没有填补旧有贵族的社会地位,而且连可以对应的家族也找不着,似可说,新的社会结构已经取代了旧有的秩序。"②由此可见,战国封君所在之亲属组织的结构与规模已经与西周春秋时代之传统宗族大有不同③。

(二) 新型官僚所在亲属组织之结构与特点

封君而外,战国时代贵族阶层更常见的是没有封邑或食邑的官吏。他们的俸禄多以谷粟或禄田为主,春秋晚期即已出现这种情况,如《史记·孔子世家》:"卫灵公问孔子居鲁得禄几何?对曰:奉粟六万。卫人亦致粟六万。"④孔子在鲁国任官之时俸禄是以谷粟计算的。童书业曾经指出"谷禄制度之兴,实春秋战国间政治、经济制度上一大变化"⑤。谷粟制的对象多以中下层官吏为主,他们既不占有土地、民人,爵禄往往是及身而止,官去俸夺。充当这类官吏者往往是"士"。"士"的来源比较复杂,既有没落的贵族,也有出身平民或手工业者等,但多数没有显赫的宗族背景,主要靠个人才智而非宗族出身服务于各级贵族。士在任事之前所属亲属组织结构多数比较简单,多以家庭为主。由于职事不能世袭,任之则官,去之则民,因此往往难以有立族的条件,难以形成规模庞大之亲属组织。并且这类官员俸禄也不见得丰厚,尤其是底层官员甚至还会出现所得不足以养活家族或亲属的情况。如《说苑·政理》记载孔子之兄子孔蔑之言曰:"奉禄少,饘鬻不足及亲戚,亲戚益疏矣。"⑥孔蔑任事俸禄少,不足以赈济亲戚,与亲戚关系日益疏远。《战国策·赵策》:"腹击曰:臣羁

---

① 文公十六年,《春秋左传正义》卷二十,《十三经注疏》,第 4037 页。
② 许倬云:《春秋战国间的社会变动》,《求古编》,第 329—340 页。
③ 战国时代亦有"巨室",《孟子·离娄》:"为政不难,不得罪于巨室。"(《孟子注疏》卷七上,《十三经注疏》,第 5913 页)不过学者已经指出,这种"巨室"已由春秋时经济、政治、军事三位一体的实体转变为战国时较为单纯的生活组织(蔡礼彬:《战国家族形态研究》,南开大学博士学位论文,2004 年,第 27 页)。
④ 《史记》卷四十七,第 1919 页。
⑤ 童书业:《春秋左传研究》,第 370—371 页。
⑥ 《说苑校证》卷七《政理》,第 161 页。

第六章　大厦倾颓——论战国时代传统宗法制度的崩解与余绪

旅也,爵高而禄轻,宫室小而帑不众。"①"帑"为子孙之意。由于其俸禄少,导致子孙不丰。因此,对于食谷粟的官僚而言,其所在亲属组织的规模往往不会很大,主要是以人类学意义上的联合家庭或者是直系家庭为主,不太可能形成包含众多旁系亲属之宗族,更难以形成世族。

从战国族刑的施行范围来看,亦可知当时官员实体亲属组织的规模要比春秋小。春秋时代贵族斗争失败,往往会被"尽灭其族",如《左传》宣公十三年"归罪于先縠而杀之,尽灭其族"②、襄公二十三年"晋人克栾盈于曲沃,尽杀栾氏之族党"③、昭公四年"执齐庆封而尽灭其族"④、昭公二十七年"尽灭郤氏之族党"⑤等等。屠灭的范围是整个宗族而不仅是宗子一支。战国时代则有"刑及三族"之说,《商君书·刑赏篇》:"守法守职之吏,有不行王法者,罪死不赦,刑及三族。"⑥官吏不行王法,其三族都要受牵连。关于"三族"之所指,历来有不同的看法,《史记·秦本纪》:"(秦文公)二十年,法初有三族之罪。"裴骃《集解》引张晏曰:"父母、兄弟、妻子也。"如淳曰:"父族、母族、妻族也。"⑦《墨子·号令篇》有"归敌者,父母、妻子、同产皆车裂""诸有罪自死罪以上,皆逮父母、妻子、同产"。同产即兄弟,是投敌或者犯死罪者,父母、兄弟和妻子都要受到牵连。同篇"若欲以城为外谋者,父母、妻子、同产皆断"与"其以城为外谋者,三族"⑧相对成文,是"三族"即父母、妻子及同产。因此就刑罚而论,"三族"当以张晏所说"父母、兄弟、妻子"更符合战国秦汉之实情⑨。从春秋到战国,族刑的惩罚范围明显缩小,从整个宗族降为直系家庭。杜正胜曾经指出:

  秦汉最终的罪行牵连的亲属并未超出父母、妻子和兄弟姊妹,不牵涉伯叔父母、兄弟之配偶及其子女。这并不意味秦汉统治者对于大逆谋反的人比后世皇帝仁慈,实与

---

① 何建章注释:《战国策注释》卷十八,第624页。
② 《春秋左传正义》卷二十四,《十三经注疏》,第4093页。
③ 《春秋左传正义》卷三十五,《十三经注疏》,第4295页。
④ 《春秋左传正义》卷四十二,《十三经注疏》,第4419页。
⑤ 《春秋左传正义》卷五十二,《十三经注疏》,第4597页。
⑥ 蒋礼鸿撰:《商君书锥指》卷四《赏刑》,北京:中华书局,1986年,第101页。
⑦ 《史记》卷五,第179页。
⑧ (清)孙诒让撰,孙启治点校:《墨子间诂》卷十五《号令》,第607页。
⑨ 关于"三族"所指张晏和如淳两种说法,沈家本曾有辨析。(清)沈家本:《历代刑法考》,中华书局,1985年,第72页。

当时的社会与家族结构息息相关的。……秦汉的族多指三族,其父母、妻子、同产,此外便疏远了,故不负法律连坐相收的责任。而秦汉之际的宗比三族也大不了多少。《史记·吕不韦列传》有"夷嫪毐三族",篇末太史公《赞》曰:"遂灭其宗。"《淮阴侯列传》"夷信三族",太史公《赞》曰:"夷灭宗族。"他们的宗族是不可能超过父母、妻子、同产的①。

这一说法提前到战国仍然能够成立。由此可见,当时官僚贵族所在之实体亲属组织大多已经不再是大型宗族,社会基本生产生活单位已经为相当于人类学上的家庭所取代②。

还有一个值得注意的现象是,战国文献中部分"宗""族"开始出现非血缘的内涵。如《周礼·地官·大司徒》有:

> 令五家为比,使之相保;五比为闾,使之相受;四闾为族,使之相葬;五族为党,使之相救;五党为州,使之相赒③。

此为《周礼》基层地域组织的设计构想,《周礼》主体成书年代当在战国,这种构想或可反映当时对"族"的认识或基层地域组织的部分事实。"百家为族",按战国时代血缘聚居的现象仍普遍存在,甚至将血缘组织编入基层行政组织的现象也不少见。但上面我们已经说过,当时绝大多数的贵族宗族组织已经不可能有如此大的规模(百家),平民实体血缘组织则更是不及。因此所谓的"百家为族",在绝大多数情况下都并非单纯的血缘共同体。"族"有"聚"的内涵,在此用作基层行政组织之名。正是因为如此,这类"族"的首领,即基层行政组织长官,不称宗子,而称"族师",如《周礼·地官·族师》:"族师各掌其族之戒令政事……以邦比之法,帅四闾之吏,以时属民,而校登其族之夫家众寡……五家为比,十家为联;五人为伍,十人为联;四闾为族,八闾为联。"④战国基层性质组织以"族"为名,其性质较之西周血缘团体之"族"已经有了根本性的转变。

---

① 杜正胜:《传统家族试论》,黄宽重、刘增贵主编:《家族与社会》,北京:中国大百科全书出版社,2005年,第63—65页。
② 关于家庭成为社会生产生活基本单位的原因,以往学者多有研究,归结起来主要有五点:一是社会生产力,特别是农业生产力的进步;二是土地制度的变革,三是赋税制度的改革;四是"编户齐民"制的建立;五是国家对个体家庭发展所采取的强制和鼓励政策。张国刚主编,王利华著:《中国家庭史第一卷·先秦至南北朝时期》,广州:广东人民出版社,2007年,第122页。
③ 《周礼注疏》卷十,《十三经注疏》,第1522页。
④ 《周礼注疏》卷十二,《十三经注疏》,第1549页。

不仅仅是"族"与"族师",战国时代的"宗"也有了非血缘的内涵,如《管子·立政》:"分国以为五乡,乡为之师。分乡以为五州,州为之长。分州以为十里,里为之尉。分里以为十游,游为之宗。"① 师、长、尉、宗为从高到低行政层级长官的称谓,宗是基层地域组织之长,而非血缘组织之主。战国时代"族""宗"的新内涵,亦可作为当时宗族结构与性质发生重大改变的辅证②。

综上可知,战国时代无论是自春秋传承而来的世族,还是新兴的贵族亲属组织,均不复传统宗族之规模与结构。而当时所谓之"族""宗",亦有了超出血缘组织的内涵,顾炎武云"春秋时犹论宗姓氏族,而七国则无一言及之矣"③,可谓中肯之言。

第二节 僭祭与淫祀——论战国贵族的祖先祭祀

战国时代仍然是等级社会,传统世族虽然大量解体,仍会不断涌现出新的贵族。这些新贵族处在特定的亲属组织中,那么他们的行为有什么特点?是否仍然在传统宗法制度的框架下行事?这也是值得探讨的问题。

前面已经提到,宗庙(祖先)祭祀是宗法制度的重要组成部分,商、西周、春秋时代的祖先祭祀十分隆重,有材料表明战国时代祭祀之风依然盛行,贵族经常举行各种祭祀活动(包括祖先祭祀)。因此,这一节我们从贵族祖先祭祀的特点入手来探索宗法制度的演变情况。

需要说明的是,战国时代列国争霸,秦始皇统一后有焚书之令④,因此传世文献所见各国祖先祭祀的材料不多,且较为零散,不成系统。所幸考古工作中不断有战国竹简出土,其中有不少是墓主人卜筮祭祷的记录,据此我们得以窥知当

---

① 黎翔凤撰,梁运华整理:《管子校注》卷一,第 65 页。
② 不仅仅是"宗""族",当时的"庶子"亦有了非血缘的内涵。《商君书·境内》:"其有爵者乞无爵者以为庶子,级乞一人。其无役事也,其庶子役其大夫月六日;其役事也,随而养之军。"此处之"庶子",与军功贵族并无血缘关系,而只是服事贵族者。
③ (清)顾炎武著,陈垣校注:《日知录校注》卷十三"周末风俗",第 715 页。
④ 《史记·秦始皇本纪》载李斯向秦始皇建言焚书:"臣请史官非秦记皆烧之。非博士官所职,天下敢有藏诗、书、百家语者,悉诣守、尉杂烧之。"《史记》卷六,第 255 页。

时祭祀的特点。由于目前所见战国竹简全是楚简,因此我们先从竹简入手探讨楚国贵族的祭祀特征,再结合传世文献对其他国家贵族的祖先祭祀作探讨。

一、从出土文献看楚国贵族的祖先祭祀

楚地出土的战国简牍中,有不少与墓主人卜筮祭祷有关的内容,即向各路鬼神(包括祖先)祭祀祈福的记录。这些墓葬的绝对年代有早有晚,墓主人的身份有高有低,大体可以反映战国时代楚人祭祀的总体风貌。从简文可以看出,他们对所祭鬼神,尤其是祖先亲属的选择很有特点。如1986年,湖北考古工作者发掘荆门包山二号楚墓,根据竹简等信息可知墓主人为楚国左尹昭佗,墓葬下葬年代为公元前316年①。从墓中所出卜筮祭祷简的内容来看,昭佗祭祷的祖先主要有四类:

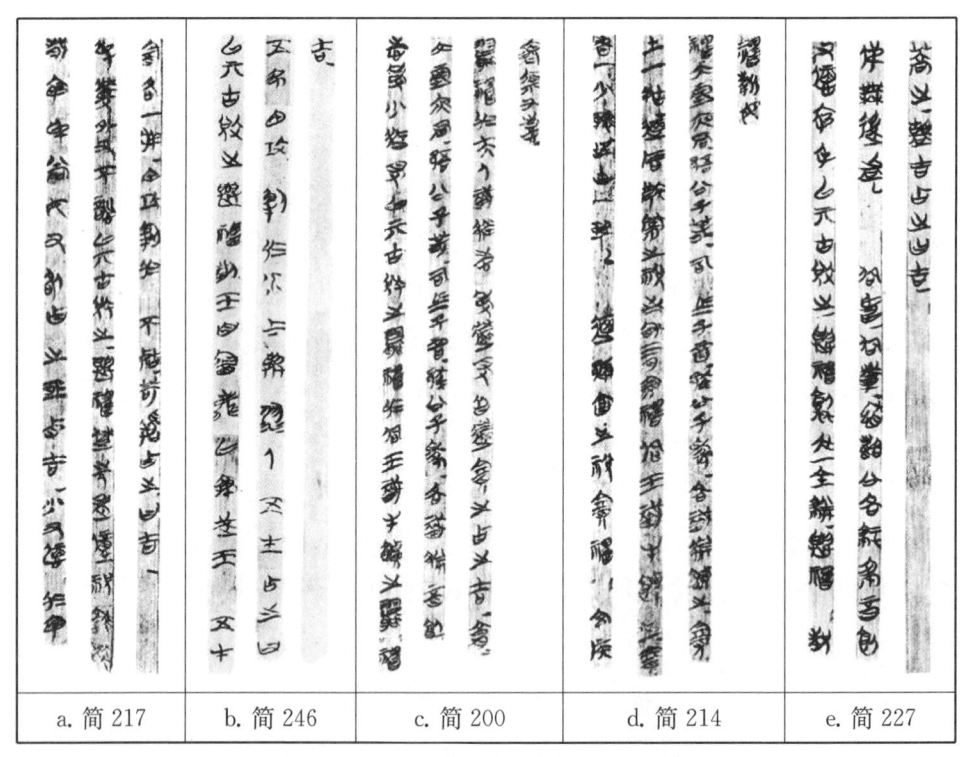

a. 简217	b. 简246	c. 简200	d. 简214	e. 简227

图6.1 包山楚简有关祭祀祖先的简文图片

---

① 湖北省荆沙铁路考古队编:《包山楚墓》,北京:文物出版社,1991年,第330—337页。

1. 楚先

占之：恒贞吉，少有戚于躬身，且外有不顺，以其故敚之。举祷楚先老童、祝融、鬻熊各一牂，囟（思—使）攻解于不辜。苛嘉占之曰：吉。【简217，图6.1a】

昭𣲟祭祷对象"老童、祝融、鬻熊"身份为"楚先"。《史记·楚世家》："楚之先祖出自帝颛顼高阳。高阳者，黄帝之孙，昌意之子也。高阳生称，称生卷章，卷章生重黎。"裴骃《集解》引徐广曰："《世本》云老童生重黎及吴回。"又引谯周曰："老童即卷章。"①又《左传》僖公六年："夔子不祀祝融与鬻熊，楚人让之。"杜预注："祝融，高辛氏之火正，楚之远祖也。鬻熊，祝融之十二世孙。"②《史记·楚世家》又载楚武王云："吾先鬻熊，文王之师也。"③是三者为传说中的楚人先祖。

2. 荆王

大司马悼滑以将楚邦之师徒以救郙之岁，荆夷之月己卯之日，五生以丞德以为左尹𣲟贞：既腹心疾，以上气，不甘食，久不瘥，尚速瘥，毋有祟。☰☷占之：恒贞吉，疾变，病瘥。【简245】以其故敚之。举祷荆王，自熊丽以就武王，五牛、五豕。囟（思—使）攻解于水上与溺人。五生占之曰：吉。【简246，图6.1b】

"举祷荆王，自熊丽以就武王"，"就"可训作"至"，意思是遍祀从熊丽至武王之间的历代荆（楚）王。熊丽的活动年代在西周初年，为鬻熊之子。《楚世家》："周文王之时，季连之苗裔曰鬻熊。鬻熊子事文王，蚤卒，其子曰熊丽。"④武王即楚武王熊通，春秋早期人物，公元前740—前690年在位，距离昭𣲟的生活年代有几百年。

3. 直系先祖

宋客盛公边聘于楚之岁，荆夷之月乙未之日，石被裳以訓䓍为左尹𣲟贞：自荆夷之月以就荆就荆夷之月，尽卒岁，躬身尚毋有咎。占之，恒贞吉，少外有戚，【简199】志事稍迟得。以其故敚之。罷祷于昭王特牛。馈之。罷祷文平夜君、郚公子春、司马子音、蔡公子家，各特豢，酒食【简200，图6.1c】

---

① 《史记》卷四十，第1689页。
② 《春秋左传正义》卷十六，《十三经注疏》，第3954页。
③ 《史记》卷四十，第1695页。
④ 《史记》卷四十，中华书局二十四史点校本，第1691页。

> 东周之客许珵归胙于哉郢之岁,冬夕之月癸丑之日,鼅祷于文平夜君、郚公子春、司马子音、蔡公子家,各特豢,馈之。昭吉为位,既祷致福。【简206】
>
> 移石被裳之祱,至秋三月,赛祷昭王特牛,馈之;赛祷文平夜君、郚公子春、司马子音、蔡公子家,各特豢,馈之。【简214,图6.1d】

昭沱祭祀的有楚昭王、文平夜君、郚公子春、司马子音、蔡公子家,在不同简文中多次出现,排列顺序均一致,可见代表着某种次序。昭沱之"昭"属于"以谥为氏",源自楚昭王之谥,因此昭王为昭沱所自出之祖。文平夜君在同出其他简文中又作文平夜君子良,《左传》哀公十七年有"子良",据杜注可推知为楚昭王之子①,学者早已指出二者为同一人。司马子音又被称为"新王父",蔡公子家被称为"新父"。按新父即亲父,新王父即亲祖父之意。综合墓葬年代、文献及简文记载,学界普遍认为这五人加上昭沱是父子相继,世代衔接的六代人②,这是可信的意见。由此可见,所祭祷的五人为昭沱五世直系祖先。

4. 兄弟无后者

> 大司马悼滑将楚邦之师徒以救郙之岁,荆夷之月己卯之日,盬吉以宝家为左尹沱贞:出入事王,自荆夷之月以就集岁之荆夷之月,尽集岁,躬身尚毋有咎。占之:恒贞吉,少【简226】有戚躬身。以其故敚之。举祷蚀太一全豢;举祷兄弟无后者昭良、昭乘、县貉公,各冢豕,酒食,蒿之。盐吉占之曰:吉。【简227,图6.1e】

昭沱称受祭者"昭良、昭乘、县貉公"为"兄弟无后者",说明三者是昭沱兄弟,但他们没有后代。

昭沱身份为"左尹",为楚昭王后代,本是公族人员。结合墓葬的形制、规模,以及随葬品的多寡等情况来看,身份可能属于上大夫③或者低级别的卿一类。昭沱活动年代在战国中期晚段,作为楚王室远支,却能祭祀楚国远祖、世代远隔的楚国君王,直系五代祖先及兄弟无后者,祖先祭祀范围远大于《礼记》

---

① 《左传》哀公十七年有"王与叶公枚卜子良以为令尹",杜预注云"子良,惠王弟"(《春秋左传正义》,《十三经注疏》,第4733页)。按楚惠王为楚昭王之子,子良既为惠王弟,无疑即是昭王子。
② 包山楚简原整理者曾认为昭王至文平夜君之间在辈分上应有缺环(《包山楚简》第13页),但此后不少学者已经论证当无缺环。何浩:《文坪夜君的身份与昭氏的世系》,《江汉考古》1992年第3期,第68—70页;吴郁芳:《包山二号墓墓主昭沱家谱考》,《江汉论坛》1992年第11期,第62—64页。
③ 整理者认为是大夫(《包山楚墓》第334—337页),杨权喜认为是上大夫(杨权喜:《楚文化》,北京:文物出版社,2000年,第78页)。

第六章　大厦倾颓——论战国时代传统宗法制度的崩解与余绪　391

所谓"诸侯不敢祖天子,大夫不敢祖诸侯"①、"诸侯立五庙……大夫立三庙二坛,曰考庙,曰王考庙,曰皇考庙,享尝乃止"②的范畴。出土材料及传世文献所见西周、春秋时代卿大夫宗庙祭祀,甚至是诸侯祭祀亦绝少有如此者。

值得注意的是,昭𰿐祖先祭祀的这种情况并非个例。1994 年,河南省文物考古研究所发掘新蔡县李桥镇葛陵村一座大型战国墓(编号 94XGM1001),墓中所出竹简有不少是卜筮祭祷的内容③,祖先祭祀的特点与包山二号墓高度相似,也可分为几类:

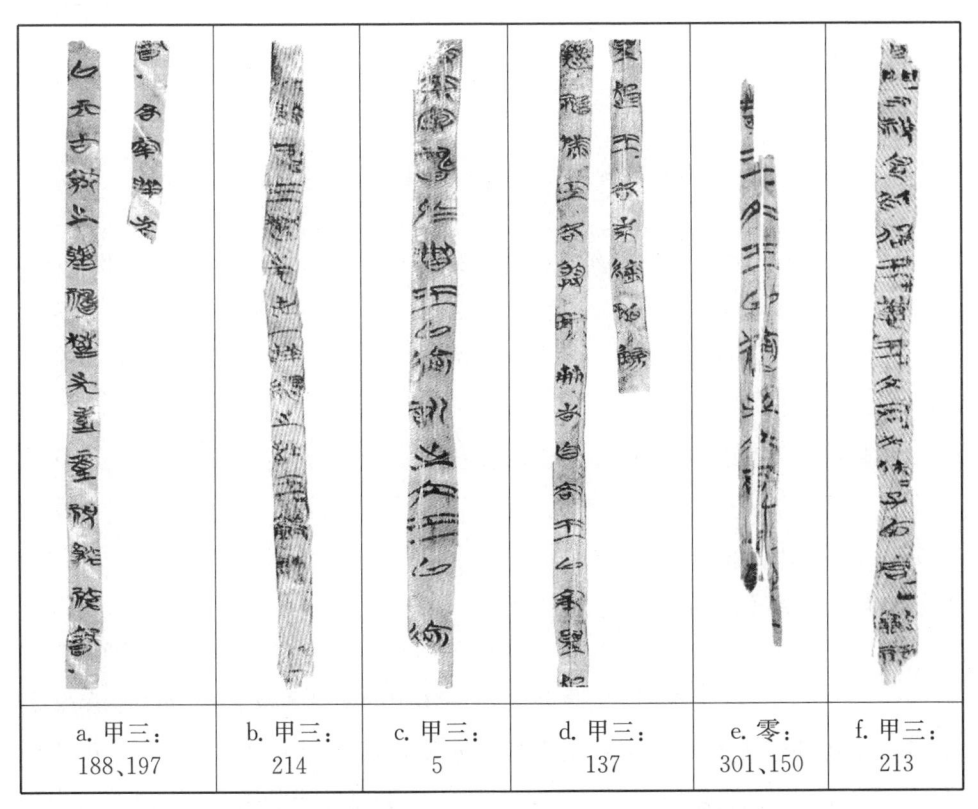

a. 甲三: 188、197	b. 甲三: 214	c. 甲三: 5	d. 甲三: 137	e. 零: 301、150	f. 甲三: 213

图 6.2　新蔡葛陵竹简有关祭祀祖先的简文图片④

---

① 《礼记正义》卷二十五《郊特牲》,《十三经注疏》,第 3136 页。
② 《礼记正义》卷四十六《祭法》,《十三经注疏》,第 3447 页。
③ 河南省文物考古研究所编:《新蔡葛陵楚墓》,郑州:大象出版社,2003 年。
④ 简文照片来自武汉大学简帛研究中心、河南省文物考古研究所:《楚地出土战国简册合集(二)》,北京:文物出版社,2013 年。

1. 楚先

　　……举祷楚先老童、祝融、鬻熊各两羊。……　　（《葛陵》甲三：188、197,图 6.2a）

　　……就祷三楚先屯一羊……　　（《葛陵》甲三：214,图 6.2b）

"三楚先"即老童、祝融与鬻熊。

2. 荆王

　　……□柰赛祷于荆王以逾,顺至文王以逾……　　（《葛陵》甲三：5,图 6.2c）

楚文王是楚武王之子,公元前 689—前 675 年在位。简文意思是说赛祷荆王一直到楚文王。

3. 自文王以下楚王及至自身直系祖先

　　……举祷佩玉各彂璜,册告自文王以就声桓王,各束锦加璧。

　　　　　　　　　　　　　　　　　　　　　　　（《葛陵》甲三：137,图 6.2d）

　　苇为君贞,祈福于昭王、献惠王、柬大王……　　（《葛陵》甲一：21）

　　荆王、文王以逾至文君　　（《葛陵》零：301、150,图 6.2e）

　　择日于八月朕祭景平王以逾至文君,占之：吉。　　（《葛陵》甲三：201）

　　有祝见于昭王、惠王、文君、文夫人、子西君。　　（《葛陵》甲三：213,图 6.2f）

葛陵一号墓墓主人为平夜君成,是楚国封君,地位远高于昭佗。关于该墓的下葬年代,学界根据竹简纪年资料推算有不同的看法,李学勤认为墓葬年代在楚肃王四年（公元前 377 年）①,宋华强则认为应在楚悼王元年（公元前 401 年）至悼王七年（公元前 395 年）之间②。

平夜君成祭祀的第 1、2 类楚先、荆王与昭佗相同,第 3 类祭祷对象有"文君",位列楚昭王、惠王之后,在同墓其他简中又称作"平夜文君"或"平夜文君子良",无疑即包山二号墓所见文平夜君子良,也就是《左传》哀公十七年年所见昭王之子、惠王之弟子良。至于平夜文君与平夜君成的关系,整理者认为是祖孙,宋华强论证是父子③,应可信。

由简文可知平夜君成与昭佗均是平夜文君子良的后代,平夜君成继承子

---

① 李学勤：《论葛陵楚简的年代》,《文物》2004 年第 7 期。
② 宋华强：《新蔡葛陵楚简初探》,武汉：武汉大学出版社,2010 年,第 134 页。
③ 宋华强：《新蔡葛陵楚简初探》,第 118 页。

良的爵位,而从祖先排列顺序来看,昭氏曾祖邟公子春应是平夜君子良之子,很可能是平夜君成之弟。根据平夜君成与昭氏双方的身份、地位,参照礼书"别子为祖,继别为宗"的说法,学者早已指出二者为大宗、小宗关系①。平夜君成继其父子良为平夜君宗族大宗,子良庶子邟公子春至昭氏一支为平夜君宗族小宗。

不过需要说明的是,平夜君成的祖先祭祀也有与昭氏不同的地方,最大的不同在于昭氏所祭自昭王以下均是直系血亲,但平夜君成所祭祷之祖自昭王以下,并不都是如此。第3类中平夜君成祭祀的对象有"昭王、献惠王、柬大王"和"昭王、惠王、文君、文夫人、子西君",成之父子良为昭王之子,因此楚惠王是子良兄弟,平夜君成叔伯辈。楚简王是平夜君成从兄弟。至于子西君,整理者认为即传世文献所见令尹子西②,为楚平王庶子、昭王兄长。若据此说,则子西是平夜君成之祖父辈(非亲王父)。平夜君成祭祀父祖同辈重要先祖,不见于昭氏,这种差异,陈伟认为是大宗、小宗身份不同造成的,很有可能是正确的意见③。

楚国贵族祭祀三楚先与多代楚王的并非只有昭氏,其他公族同样也是如

---

① 何浩:《文平夜君的身份与昭氏的世系》,第70页;陈伟:《楚人祷词记录中的人鬼系统以及相关问题》,《古文字与古代史》第一辑,台北:中研院史语所,2007年,第385页。不过要指出的是,虽然他们正确地指出了二者的大宗小宗关系,但有些说法仍可商。如何浩认为"昭氏属于子春后人,因另立门户,以昭为氏,已与平夜君封邑无关。继为平夜君者的后人,自然不属于昭氏家族"。按昭氏是楚昭王未继位的后代的统称,并不是只有子春之后人才能称昭氏,平夜君一支严格意义上说也是昭氏。同时,"昭"属于"以谥为氏",前面我们已经说过,"谥族"绝大多数情况下是宗族联合体,并非严格意义上的宗族,所以"昭氏家族"这种提法也不恰当。陈伟所言昭氏大宗、小宗,亦是混淆了谥族与严格意义上宗族的区别。
② 至于为什么作为昭王之兄、平夜文君的伯父,在祭祷的时候却位列最后,整理者认为平夜君祭祷子西没反应出子西与昭王、惠王以及平夜文君子良的密切关系。但他毕竟不是楚王或平夜君成的直系先祖,所以他在受祭时往往位次最后,受祭和位次反映了他特殊的身份。河南省文物考古研究所编:《新蔡葛陵楚墓》,第183页。
③ 陈伟:《楚人祷词记录中的人鬼系统以及相关问题》,《古文字与古代史》第一辑,第385页。按陈伟以宗法制度大宗、小宗不同的祭祀权限来解释平夜君成与昭它祭祀的差异,这无疑是合适的。但其认为"从宗法的角度讲,平夜文君子良为别子,是昭氏之祖,平夜君成继为宗,是昭氏大宗的宗子……邟公子春为庶子,其长子继祢者为小宗,昭它就是昭氏小宗的后人",所谓"昭氏大宗"、"昭氏小宗"的提法却有问题。"昭"是属于"以谥为氏",楚昭王未继位的后代均可以此为氏,这是"谥族"的概念,"谥族"在多数情况下是宗族联合体的概念,并非严格意义上的宗族。所谓的楚国"昭氏",是由多个类似于平夜君宗族这样的实体宗族形成的联合体。平夜君子良之后代,包括昭氏,可以形成平夜君宗族,其中平夜君成为大宗,昭氏为小宗。因此,此处所谓的大宗、小宗,并不是"昭氏"大小宗,而应该是平夜君宗族的大、小宗。

此。如位于湖北江陵裁缝乡的望山一号墓所出竹简亦见有祭祀楚先和多代楚王的记录：

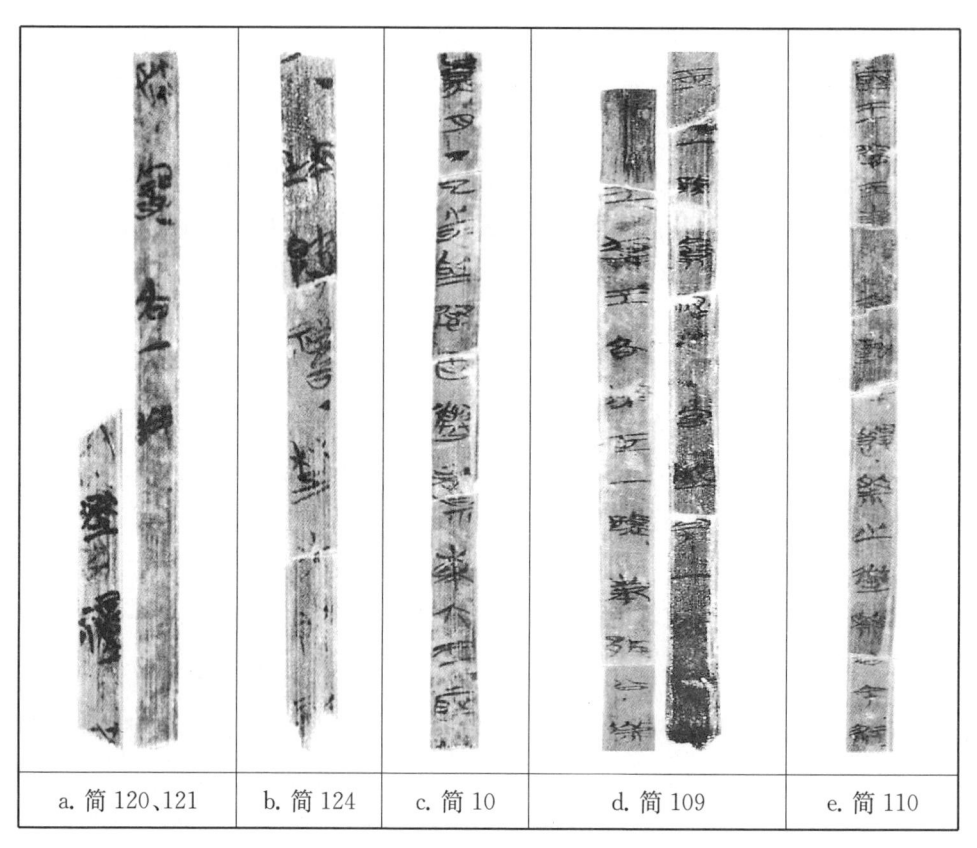

| a. 简 120、121 | b. 简 124 | c. 简 10 | d. 简 109 | e. 简 110 |

图 6.3　望山简有关祭祷祖先的简文图片

……先老童、祝[融]【120】、毓熊，各一牂。　　　　　　【121，图 6.3a】

楚先既祷　　　　　　　　　　　　　　　　　　　　　【124，图 6.3b】

爨月丁巳之日，为悼固举祷柬大王、圣[桓王]　　　　　【10，图 6.3c】

圣桓王、悼王，各佩玉一环。东宅公，佩玉一环……　　【109，图 6.3d】

圣（声）王、悼王、东宅公，各特牛，馈祭之①。　　　【110，图 6.3e】

望山一号墓墓主为悼固，是楚悼王之后，与平夜君、昭佗属于楚昭王之后

---

① 简文引自陈伟等著《楚地出土战国简册（十四种）》，北京：经济科学出版社，2009 年，第 272—275 页。

有别。根据所出竹简纪年材料,墓葬年代应该在楚威王九年(公元前331年)①,结合墓葬形制、规模和随葬器物的组合特征等来看,悼固身份等级并不高,发掘者推断墓主人悼固生前的身份地位相当于下大夫一级②。

此外,荆州望山桥一号楚墓所出竹简亦有祭祀多代楚王的记录③。由此可见,楚国公族,无论是封君还是大夫,无论大宗还是小宗,几乎都可以祭祀楚先和多代楚王,这是不见于西周、春秋的新情况。

二、僭祭与淫祀——论楚国贵族祭祀对传统宗法制度的冲击

以上所见楚国贵族的祖先祭祀,与西周春秋时代的宗庙祭祀制度相比,有两个突出的特点:

第一,楚国公族,无论是封君还是大夫,无论是所在宗族大宗还是小宗,均可祭祀楚先及多代楚王,甚至是祭祀与父、祖、己身同辈的楚王及重要非直系亲属,这一现象不见于西周春秋,甚至商时期也不曾如此④。前面我们曾探讨西周时代贵族宗族内部宗子(大宗)、族人(小宗)祖先祭祀的特点与规范,当时的宗庙祭祀以"宗子主祭"为核心,宗子、族人在祖先祭祀方面有明显的等差,族人立庙、作器及祭祀规范等多方面都受到宗子(大宗)明显的制约。尤其是祖先祭祀范围,族人所能祭祖的范围明显要小于宗子,通常情况下,只有宗子(大宗)可以祭祀宗族历代先祖,族人或小宗最多只能上溯至小宗所自出者。从王(公)室所分出的别子宗族不可以祭祀多世天子、诸侯,最多只能祭所自出

---

① 刘信芳:《战国楚历谱复原研究》,《考古》1997年第11期。
② 湖北省文物考古研究所:《江陵望山沙冢楚墓》,北京:文物出版社,1996年,第211—214页。
③ 荆州望山桥一号楚墓出土祭祷简有"秦客窟成闻王于葴郢之岁【1】☐苍义怿以轊灵为中厩尹贞:有祱,举祷于简王,特牛。举【2】【祷于声王,特牛。举祷】于悼王,特牛。【3】举祷于肃王,特牛。举祷于【王子丙,特羚】☐【4】☐,举祷于王子丙,特羚。举祷于社,特猎,义怿占之曰:吉。☐【5】"(蒋鲁敬、刘建业:《荆州望山桥一号楚墓出卜筮祭祷简及墓葬年代初探》,《江汉考古》2017年第1期,第81—84页)。该墓墓主为"中厩尹",可能为"王子丙"之子,也是楚国公族。简文所见祭祷对象有楚简王、楚声王、楚悼王、楚肃王等,亦是多代楚王。
④ 陈伟指出楚人将熊丽至武王与文王以后的楚君看作两个系列,楚先是楚人远祖,荆王相当于"先公",自武王以降的已故楚王相当于"先王"。(陈伟:《包山楚简初探》,武汉:武汉大学出版社,1996年,第170—172页)大体是可信的意见。楚国公族均可祭楚先及先公、先王。这种祭祀范围,在商晚期也只有商王如此,其余子姓贵族,只有极少数可以在商王授权之下,选择特定的先公、先王行祭祀之礼,绝大部分均无此权力。楚国贵族祭祀逾制的程度远迈前代。

之王或诸侯，"宋祖帝乙、郑祖厉王"便是这种制度的反映。如果有谁违反这种规定，擅自祭祀自身地位所不当祭者，则属于淫祀或僭祭，"非其所祭而祭之，名曰淫祀。淫祀无福。"①会被时人所讥，甚至招来灾咎。这种宗庙祭祀制度在西周时代较为明显，春秋时代各国虽偶有逾制之举②，祖先祭祀也出现了一些新的现象③，但总体情况仍然是如此④。宗族内部祭祀因身份的不同而有明显等差的现象，是传统宗法制度的重要内容。既是宗子权威与地位的重要表现与保证，对于维护宗族的稳定、提高宗族凝聚力也有重要作用，"皆有等衰，是以民服事其上而下无觊觎"⑤。

而楚国贵族祖先祭祀的这种现象，消弭了不同身份（宗子、族人）与等级（封君、大夫）的人群在祖先祭祀范围上的差别⑥，这种差别，即"等衰"，本是传统祭祀制度乃至宗法制度的重要内容。楚国公族均可祭祀楚先和多代楚王，如果从传统宗庙祭祀的角度讲，均属于"非其所祭而祭之"的淫祀范畴。杨华已经指出包山简、望山简和新蔡葛陵简所见的祖先祭祀是与传世文献所见"支子不祭"的原则相违背的⑦。但当时楚地社会普遍如此，甚至是异姓低等级贵族或平民也能达到原来诸侯卿大夫级别的祭祀规格，如秦家嘴竹简有：

……五世王父以逾至新父……　　　　　　　　　　（秦家嘴M1：2）
乙未之日，赛祷五世以至新父母肥豢　　　　　　　（秦家嘴M13：1）

---

① 《礼记正义》卷五《曲礼下》，《十三经注疏》，第2746页。
② 《左传》成公五年："季文子以鞌之功立武宫，非礼也。"（《春秋左传正义》卷二十六，《十三经注疏》，第4130页）武宫即鲁武公之庙。《左传》定公元年："九月大雩，立炀宫。"杜预注云："炀公，伯禽子也。其庙已毁，季氏祷之而立其宫，书以讥之。"（《春秋左传正义》卷五十四，《十三经注疏》，第4628页）
③ 罗新慧：《春秋时期祭祖范围研究》，《史学集刊》2020年第2期，第62—72页。
④ 《左传》襄公十一年记载多国亳地盟会："载书曰：凡我同盟……司慎司盟，名山名川，群神群祀，先王先公，七姓十二国之祖，明神殛之，俾失其民，队命亡氏，踣其国家。"杜预注："先王，诸侯之大祖，宋祖帝乙、郑祖厉王之比也。先公，始封君。"（《春秋左传正义》卷三十一，《十三经注疏》，第4234页）盟会是各国约定要共同遵守的准则，由此可知各诸侯国最多只能上祭"祖之所自出者"，即宋祭帝乙、宋祭厉王，这与西周时代的祭祀制度是一致的。
⑤ 《春秋左传正义》卷五，《十三经注疏》，第3786页。
⑥ 楚王的祖先祭祀范围目前虽无法确知道，但应该也不出传说中的楚先和历代楚王的范畴。平夜君大宗一支于楚王而言是"小宗"，昭佗一系则明确属于平夜君宗族小宗。如此一来，楚王、平夜君、昭佗作为三个不同等级、三种不同（宗族）身份的贵族，祖先祭祀的范围均高度重合。
⑦ 杨华：《楚礼庙制研究》，《古礼新研》，第226—262页。

第六章 大厦倾颓——论战国时代传统宗法制度的崩解与余绪　397

祷之于五世王父王母顺至新父母① 　　　　　　　　　　（秦家嘴 M99：10）

秦家嘴墓地在江陵庙湖鱼场，M99 有"秦客公孙鞅聘于楚之岁八月庚子之日"，李学勤考订在楚宣王三十年（公元前 340 年），M1 有"周客□抚王于宋东之岁"，李学勤定在楚顷襄王十六年（公元前 283 年）②。M1、M13、M99 都是小型墓，如 M1 为一棺一椁，无封土、墓道和台阶。三座墓墓主人并非与楚王同姓，且身份都不高，可能相当于士或庶民③。三者的祭祷对象都是"五世王父以至亲父母"，即从父母往上至五代先祖。上博六《天子建州》有：

> 凡天子建之以州，邦君建之以都，大夫建之以里，士建之以室。凡天子七世，邦君五世，大夫三世，士二世。士象大夫之位，身不免；大夫象邦君之位，身不免；邦君象天子之位，身不免。

简文内涵关乎庙制之礼④，明言"士二世"，即士只能立二庙，祭祀父、祖。这与《礼记·祭法》所云"嫡士二庙一坛，曰考庙，曰王考庙，享尝乃止"相合。《国语·楚语》曾记载楚昭王问观射父祭祀之礼，观射父答："卿、夫祀其礼，士、庶人不过其祖。"韦昭注："祖，王父也。"⑤说明楚国之礼，士、庶人祭祀一般不超过祖父。所谓"士象大夫之位，身不免；大夫象邦君之位，身不免；邦君象天子之位，身不免"，意思是如果某级贵族僭越礼制，祭以高一等级的贵族之礼，便会不免于诛讨⑥。而实际上秦家嘴几座墓墓主人祭祖范围均远至五世王父，已是"象邦君之位"，似乎并没有受到责难和灾咎。楚国各级贵族为了寻求自身利益而不再遵循传统祭祀制度，多淫祀以求福，这说明传统宗庙祭祀制度已经丧失了约束力，失去了规范贵族行为的作用，西周以来的宗庙祭祀制度在战国楚地已经溃散。《礼记·大传》云"收族故宗庙严"，反之，若是宗庙不"严"，则"收族"的目的恐怕难以达到。"宗子主祭"的要义不复存在，由此必然导致宗子在宗族内部的权威与威信降低，族人各自为政，宗族凝聚力降低，传

---

① 简文引自晏昌贵《秦家嘴卜筮祭祷简释文辑校》，《巫鬼与淫祀：楚简所见方术宗教考》，武汉：武汉大学出版社，2010 年，第 371—375 页。
② 李学勤：《试说江陵天星观、秦家嘴楚简的年代》，《文物中的古文明》，第 439、462 页。
③ 晏昌贵：《巫鬼与淫祀：楚简所见方术宗教考》，第 21—24 页。
④ 曹锦炎：《〈天子建州〉首章重释》，《出土文献》第四辑，第 156—161 页。
⑤ 《国语集解》，中华书局，第 518 页。
⑥ 杨华：《上博简〈天子建州〉礼疏》，《古礼新研》，第 428 页。

统宗族结构受到严重冲击而趋于崩解,宗法制度消亡。

第二,西周时代贵族祭祀以祖先祭祀为核心,众多青铜器铭文内容可证实。其他类型的祭祀活动也有,如对天地、山川、社稷等,但并不算多,也不频繁。其与祖先祭祀有一个共通点是,这些祭祀活动也是依政治身份的高低而有等差,春秋时代大体也还是如此,所谓"天子遍祀群神品物,诸侯祀天地、三辰及其土之山川,卿、大夫祀其礼"①,"天子祭天地、祭四方、祭山川、祭五祀,岁徧;诸侯方祀,祭山川、祭五祀,岁徧;大夫祭五祀,岁徧;士祭其先"②等,都是这个意思。但是从出土文献来看,楚国各级贵族祭祀对象繁多,祭祀活动也十分频繁,前人早已称之为"淫祀"③。有学者曾将楚简中的祭祷对象分为天神、地祇、人鬼三类④。其中天神有太一、日、月、司命等;地祇包括土地神(社、后土、地主)、四方、五祀、山川等;人鬼除了祖先亲属之外,还有恶鬼与巫鬼等⑤,祖先亲属只是祭祷对象的一部分。因此,相较于西周春秋而言,祖先祭祀在楚国贵族祭祀活动中的地位大大降低了。罗新慧曾指出竹简表明祖先神并非总处于最重要的位置,在若干时刻并不是最为重要的神灵⑥。与此形成鲜明对比的是,商晚期武丁时期的祭祀亦是名目繁多,在祖先之外,还有上帝、山川河岳、风云雨日、四方神等。但从武丁到帝乙帝辛时代,殷墟甲骨文显示商人越来越少地向自然神进行祭祀与祈祷,而祖先祭祀越来越规范,"祖先神"权能增强,在宗教观念与祭祀体系中得到了强化和完善⑦。这一过程伴随着嫡长继承制的确立,显示出商王朝宗法制度呈现出越来越严密的趋势。由此可见,提升祖先祭祀在所有祭祀中的地位,本身就是宗法制度不断完善和稳固的表现。那么反之,如果祖先祭祀的地位和重要性不断降低,可能暗示着祭祀者对血缘关系重视和依赖程度的减弱,对实体宗族身份认同感的降低,而血缘

---

① 《国语集解》,中华书局,第518页。
② 《礼记正义》卷五《曲礼下》,《十三经注疏》,第2746页。
③ 关于淫祀的内涵与特征,可以参看曹建墩:《东周淫祀探析》,《先秦古礼探研》,北京:社会科学文献出版社,2018年,第130—151页。
④ 陈伟:《包山楚简初探》,第173页。
⑤ 具体可参晏昌贵:《巫鬼与淫祀:楚简所见方术宗教考》,第77—178页。
⑥ 罗新慧:《卜筮祭祷简与战国时期的祖先崇拜》,《出土文献与先秦经史国际学术研讨会论文集》,香港大学,2015年,第159页。
⑦ 郭晨晖:《论商周时期的帝与天》,北京大学博士学位论文,2017年,第103—106页。

关系、宗族身份等均是传统宗法制度得以运行的重要保障。楚国贵族将祖先祭祀混杂在淫祀之中而地位不显,当可看作传统宗法制度在战国时代崩解的表现。

三、其他贵族的祖先祭祀

不仅楚国贵族追溯远祖,祭祀先王,其他国家也有类似现象。上文提到的春秋时代贵族便好自称"某某之孙"以彰显身份,如邾公钬钟"陆融之孙",庚壶"殷王之孙"、宋公栾簠曰"有殷天乙唐(汤)孙"、曾侯舆钟的"稷之玄孙"等。再如春秋晚期齐叔夷镈有铭文作:

  ……夷用或敢再拜稽首,膺受君公之锡光,余弗敢废乃命,夷典其先旧,及其高祖,赫赫成汤,有严在帝所,溥受天命,剗伐夏司,敗厥灵师…… （15829）

叔夷为齐国贵族,受到齐侯的赏赐,于是追念先祖,上溯至高祖成汤。按成汤是商王朝开国之祖,叔夷钟年代在春秋晚期,二者相距上千年,且叔夷连宋国嫡嗣都不是,当不可能与成汤有明确的血缘世系联系。叔夷追念始祖成汤,是春秋以来逐渐兴起的追溯"想象"先祖的例子之一。这种将己身与缥缈的始祖系连,按照礼制已属于"僭越"之举①,对于强调明确世系传承的宗族和宗法制度来说,也可算是冲击。类似情况在战国齐地仍然存在,如陈侯因齐敦有铭文作:

  唯正六月癸未,陈侯因齐曰:皇考孝武桓公恭哉,大谟克成,其惟因齐扬皇考,绍緟高祖黄帝,缵嗣桓文,朝闻诸侯,合扬厥德,诸侯赍荐吉金,用作孝武桓公祭器敦,以烝以尝,保有齐邦,世万子孙,永为典常。 （06080）

陈侯因齐即齐威王因齐,为齐桓公(田午)之子,公元前378—前320年在位。铭文中齐威王称黄帝为"高祖",即始祖。按田齐本出自陈厉公之子陈完,原为陈国支族,至齐后逐渐壮大,最终田氏代齐。陈国公室为妫姓,是虞舜之后。而传说虞舜为黄帝之后,《史记·三代世表》:"黄帝生昌意,昌意生颛顼,颛顼生穷蝉,穷蝉生敬康,敬康生句望,句望生桥牛,桥牛生瞽叟,瞽叟生重华,

---

① 《礼记·大传》:"礼,不王不禘,王者禘其祖之所自出,以其祖配之。"《祭法》云:"殷人禘喾而郊冥,祖契而宗汤。"(《礼记正义》卷三十四、四十六,《十三经注疏》,第3264、3444页)唯有商王才得以"宗汤"。叔夷非王,本不得以成汤为始祖。

是为帝舜。"①田齐追溯至黄帝以为始祖,这比楚贵族追祭三楚先(老童、祝融、鬻熊)更进一步。

传世文献所见齐国公族亦有祭祀先王者,如《战国策·齐策》有:

> 靖郭君善齐貌辨……至于薛,昭阳请以数倍之地易薛。辨又曰:'必听之。'靖郭君曰:'受薛于先王,虽恶于后王,吾独谓先王何乎!且先王之庙在薛,吾岂可以先王之庙与楚乎?'又不肯听辨②。

靖郭君名田婴,是齐威王爱子,齐宣王异母弟,孟尝君之父③。靖郭君是封君,封地在薛,但宣王很不喜欢他。靖郭君与齐人貌辨相善,因此貌辨去齐都劝谏齐宣王。由引文可知楚国令尹昭阳曾想以数倍之地与靖郭君交换薛地,靖郭君拒绝,理由是薛地是先王(齐威王)所赐,有"先王之庙",不能交易。此处"先王之庙",根据文意当是其父齐威王之庙,靖郭君祭祀其父,与礼制相合。

不过至靖郭君之子孟尝君田文时,又有立先王之庙的举动,《战国策·齐策》有:

> ……(魏王欲拜孟尝君为相国)齐王闻之,君臣恐惧,遣太傅赍黄金千斤,文车二驷,服剑一,封书谢孟尝君曰:"寡人不祥,被于宗庙之祟,沈于谄谀之臣,开罪于君,寡人不足为也,愿君顾先王之宗庙,姑反国统万人乎!"冯谖诫孟尝君曰:"愿请先王之祭器,立宗庙于薛。"庙成……④

齐闵王罢孟尝君相位,孟尝君门客冯谖游说魏侯拜孟尝君为相国,闵王听说之后,连忙派人卑辞厚币挽回。冯谖建议孟尝君向齐王求得先王祭祀用的礼器,并在薛邑建立宗庙。按此"立宗庙于薛"当不是立其父靖郭君之庙(父庙本孟尝君所应立,无需请示齐王),也不是上文靖郭君所立"先王之庙"(齐威王之庙),而是新立的齐王宗庙。如此一来,庙中所祭先王明显要超出威王。因此,作为齐王小宗的孟尝君可能亦得以祭祀多代齐王,如果再加上当时常见追

---

① 《史记》卷十三,中华书局二十四史点校本,第490页。
② 何建章注释:《战国策注释》卷八,第302页。
③ 《史记·孟尝君列传》:"孟尝君名文,姓田氏。文之父曰靖郭君田婴。田婴者,齐威王少子而齐宣王庶弟也。"《史记》卷七十五,中华书局二十四史点校本,第2351页。
④ 何建章注释:《战国策注释》卷十一,第382页。

溯祖先的现象,则齐地贵族与楚国公族祭祀可能多有相似之处。由此或可推测,战国时代公族逾制祭祀远祖及多代先王,可能非一地之风俗,而是较为普遍存在的情况。

传统祭祀礼制衰败的场景当时贵族亦是心知肚明的,如秦骃玉版有文字作:

> 周世既没,典法散亡,惴惴小子,欲事天地、四极、三光、山川、神祇、五祀、先祖,而不得厥方……　　　　　　　　　　　　　　　　　　　　　（19829、19830）

玉版据传1999年出土于陕西华山下乡村,年代在战国晚期,玉版文字主要记载秦国贵族名骃者因病向华山神祭告,祈求保佑的事情①。引文意思是秦骃向华山神告祷说:周王朝灭亡之后,典制、礼法散亡,骃想祭祀天地、四极、先祖等而不得法。按此说虽有夸大之处,但其中内涵仍非常重要。"不得厥方"即不得祭祀之法的意思。按在战国时代,祭祀并非全然散漫无忌。传世文献和出土材料均可证明战国时代各国祭祀有相当的规制②,秦国亦不例外。因此,秦骃所说的"不得厥方",并非不知道如何祭祀。联系引文开头的"周世既没,典法散亡",骃所说应不清楚周人传统的宗庙祭祀之法。可见传统周人礼仪制度在战国时代的衰败场景。作为周代典制重要组成部分的宗法制度,也应该是在"散亡"之列,战国贵族已不再遵循传统宗法制度行事。

第三节　从孝友到孝悌——宗法精神向家庭伦理的转变

战国时代实体亲属组织规模变小,与之相应,用以调节亲属组织内部成员

---

① 李零、李学勤、曾宪通、周凤五、王辉等均对玉版文字进行研究。详情可参各家文章,以及侯乃峰:《秦骃祷病玉版铭文集解》,《文博》2005年第6期,第69—75页;刘珏:《秦骃玉版铭文释读述评》,《湖南省博物馆馆刊》(第八辑),长沙,岳麓书社,2012年,第332—338页。
② 如楚地祭祀虽被称为"淫祀",这只是说明楚国贵族祭祀与传统宗庙祭祀制度的理念相悖,并不代表楚人祭祀没有规范。实际上就楚简所见楚人祭祀而言,楚人的祖先祭祀无疑是有相当规制的,如祖先位次的排列,祭品的多寡等等,均显示出较为明显的规律性。杨华指出楚人是淫祀而非滥祭。杨华:《楚礼庙制研究》,《古礼新研》,第259页。

关系之伦理精神的内涵亦发生了转变。以往学者对此问题曾有论及①,此处再稍作补充。

一、"孝友""孝悌"内涵解

在西周时代,周人贵族便对"孝、友"十分重视,不孝不友在当时为极大之恶。《尚书·康诰》:"王曰:封,元恶大憝,矧惟不孝不友。"②意思是大恶之人为人所痛恨,还有不孝不友之人更加可恶。西周早期的历方鼎有铭文作:

> 历肇对元德,孝友唯刑,作宝尊彝,其用夙夕享。   (02168)

前面已经说过,"肇对元德,孝友唯刑"即"配大德,以孝友为常法"。西周早期贵族将"孝""友"均看作是"大德",需要时刻以为常法。《康诰》与历方鼎的年代相近,所言"孝""友"的内涵当一致,从一正一反两个角度说明了这种德行的重要性。

《尔雅·释训》云"善父母为孝、善兄弟为友"③,是孝为善事父母,友为善待兄弟。但从西周文献及金文材料来看,西周时代"孝""友"的内涵与此似不尽相同。

先说"孝",《论语·为政》有"孟懿子问孝……子曰:生,事之以礼。死,葬之以礼,祭之以礼。"④是孝包括生养、死葬、祭祀等多个内容。《尔雅》所言"善父母"侧重生养,而西周之"孝"则侧重祭祀,祭祀对象包括父母、祖妣在内的众多祖先。如西周金文常见"孝"的内容:

> 唯八月既生霸,㚘作文祖考尊宝簋,用孝于宗室,其万年孙孙子子永宝。 (05090)
> 郜史硕父作宝尊鼎,用享孝于宗室。   (02233)
> 伯鲜作旅鼎,用享孝于文祖,子子孙孙永宝用。   (02274)
> 倗伯肇作宝鼎,其用享孝于朕文考,其万年永用。   (02261)
> (师酉)用作朕文考乙伯、究姬宝尊鼎。酉其用追孝……   (02475)

---

① 查昌国:《先秦"孝"、"友"观念研究:兼汉宋儒学探索》,合肥:安徽大学出版社,2006年;张国刚主编,王利华著:《中国家庭史第一卷:先秦至南北朝时期》。
② 《尚书正义》卷十四,《十三经注疏》,第434页。
③ 《尔雅注疏》卷四,《十三经注疏》,第5637页。
④ 《论语注疏》卷二,《十三经注疏》,第5346页。

> 章叔将自作尊簠，其用追孝于朕嫡考…… (05007)
> 兮仲作大林钟，其用追孝于皇考己伯。 (兮仲钟，15236)

金文中"孝"可单用，但更常见的是作"享孝""追孝"等，《诗经·小雅·天保》有"吉蠲为饎，是用孝享"，郑玄笺谓将祭祀也①。《周颂·载见》有"率见昭考，以孝以享"，孔颖达疏云以孝以享是祭祀之事②。宗室即宗庙，"用孝于宗室"，即用以在宗庙行孝，"孝"应与祭祀有关。引文所见孝享、追孝的对象有父考、文祖等，均是逝去之先辈，并不局限于父母一代。童书业早已指出："在西周、春秋时，孝之道德最为重要，庶人之孝固以孝事父母为主，然贵族之孝则最重要者为尊祖敬宗、保族宜家。仅孝事父母，则不以为大孝。"③这是可信的意见。

再说"友"，西周金文常见"用飨朋友"的内容，如：

> 伯武父作宝盨鼎，其朝夕用飨朋友、婚媾于宗室。 (30174)
> 伯旬作宝簠，其朝夕用盛稻粱、穤，其用享于尹人眔朋友。 (04989)
> 克拜稽首……用作旅盨，唯用献于师尹、朋友、婚媾。 (05678)

上举铜器用飨对象包括朋友、婚媾、师尹/尹人等，师尹为同官之人，婚媾即姻亲，因此"朋友"不会是姻亲，也不会是器主政治上的同僚。师询簋有铭文作"率以乃友捍御王身"（05402），毛公鼎则为"以乃族捍御王身"（02518）。"友"与"族"相对成文，所指内涵应一致，"友"当指血亲，是器主同宗族人（并不局限于兄弟一辈），这一点早已为多位学者所指出④。

西周时代不仅将族人称友，宗子宴飨族人这种行为亦称作友，如毛公旅鼎有：

> 毛公旅鼎亦唯簠，我用飤眔我友饱，其用友亦引唯孝，肆毋有弗顺，是用寿老。
> (毛公旅鼎，02336)

铭文的主要意思是毛公所作的这件铜器是鼎也是簠，(毛公)用来设饪（祭

---

① 《毛诗正义》卷九，《十三经注疏》，第880页。
② 《毛诗正义》卷十九，《十三经注疏》，第1286页。
③ 童书业：《春秋左传研究》，第269页。
④ 朱凤瀚：《商周家族形态研究（增订版）》，第292—295页；钱宗范："朋友"考，《中华文史论丛》第八辑。

祀)也用来与友饱食,(其作用)是用来友也用来孝,都没有不顺的。铭文有两个"友","我用龡羁我友饱"之"友"为名词,即"朋友"之"友",指族人。"其用友亦引唯孝"之"友"与"孝"相对,应该是动词。该铜器既可以用作祭器,又可以用作燕器,"孝"为祭祀(父祖),"友"则应该是指宴飨。族人为"友",(宗子)宴飨族人的行为也可以称作"友"。

西周铜器常见祭祀父祖与用飨朋友的内容同见于一篇铭文,可见"孝、友"二德在当时均具有重要地位:

先兽作朕考宝尊鼎,兽其万年永宝用,朝夕飨厥多朋友。　　　　　(02227)
(乖伯)用作朕皇考武乖几王尊簋,用好宗庙,享夙夕,好朋友与百诸婚媾……日用享于宗室。　　　　　(05385)
伯康作宝簋,用飨朋友,用馈王父、王母,它它受兹永命……　　　　　(05168)
应侯再肇作厥不显显文考釐公尊彝,用绥朋友,用宁福……　　　　　(05639)
杜伯作宝盨,其用享孝于皇神祖考,于好朋友。　　　　　(05643)

西周时代的宗族祭祀有着严格的制度和规定,往往由宗子主持。而宴飨族人属于收族的一部分,是宗子义务之所在。因此"孝、友"的施行主体往往是宗子,上举铜器器主有乖伯、伯康、应侯等,多是所在宗族宗子,亦可以为证。查昌国曾指出"孝友"是君德、宗德,是宗子统御族人的重要手段。这是很精辟的意见①。"孝、友"对提高宗族凝聚力,和谐宗子、族人关系有着重要作用,是宗法制度的重要组成部分。

到了春秋时代,"孝友"之内涵开始发生变化,其中最显著的是"友"指称人

---

① 查昌国指出西周春秋时代之"孝"与政治权力有密切关系,无疑是正确的。不过其将"孝"限定为君宗之子的规范,即主要限于嫡子或长子,并且认为对象为祖先考妣,不包括健在的人,则似乎有待商榷。从西周金文来看,庶子、小宗亦有祭祀祖考的权利。他们也可以通过祭祀祖先来显示自己拥有或者凭此获得部分权利。西周金文、《诗经》所见之"孝"多与祭祀有关,这是由金文与《诗经》相关篇章的性质决定的。西周铜器是礼器,多用于宗庙祭祀,而《诗经》所见关于"孝子""孝孙"的篇章也多用在祭祀的场合,在这种情况下,"孝"为祭祀之意自然可以理解。但这并不能说明当时之"孝"仅是祭祀,而不包括侍奉生人。只能说当时"孝"之内涵侧重于祖先祭祀。王利华曾经指出西周的孝礼并不只表现在宗庙祖先祭祀方面,对父母生以礼养,死以礼葬,也是实践孝的重要内容。但是,由于孝礼在初步形成时期的特殊政治背景和历史过程,祭之以礼在孝礼的三大组成部分中最先受到重视,孝养与孝葬则较为后起,则应是可信的意见。相关说法参查昌国:《西周"孝"义试探》,《中国史研究》1993年第2期,第143—151页;查昌国:《论春秋之"孝"非尊亲》,《先秦"孝"、"友"观念研究:兼汉宋儒学探索》,第62—79页;张国刚主编,王利华著:《中国家庭史第一卷:先秦至南北朝时期》,第195页。

群的变化,春秋铜器有铭文作:

> 余武于戎工,霝闻,用乐嘉宾、父兄、大夫、朋友。　　　　　　　　(15179)
>
> 余文公之母弟,余霝静,朕配远迩。用宴乐诸父兄弟,余不敢困□,恭好朋友……
> 　　　　　　　　　　　　　　　　　　　　　　　　　　　　　　(15277)
>
> 唯正月初吉元日癸亥,徐王子旃择其吉金,自作龢钟,以敬盟祀,以乐嘉宾、朋友,诸贤,兼以父兄、庶士,以宴以喜,中翰且扬,元鸣孔皇。　　　　　　(15532)
>
> 唯正月初吉丁亥,王孙遗者择其吉金,自作龢钟,中翰且扬,元鸣孔煌,用享以孝,于我皇祖文考……用宴以饎,用乐嘉宾、父兄、及我朋友。　　　(15632)

以上钟铭用以宴乐的对象多为"嘉宾、父兄、朋友",三者连言。"父兄"应是器主之族人,"朋友"应与"父兄"有别,即不会是与器主有血缘关系之族人。"同师曰朋,同志曰友"①,是友为志同道合之人,不限于血缘亲属。因此,作为德行之"友"亦是从基于血缘关系的宗法精神中脱出,扩大成为处理人际关系的一种规范,而不再是宗子统御族人的手段了②。

自春秋晚期以来,尤其是战国时期,"孝悌"开始常见,如《论语·学而》:"弟子入则孝,出则悌,谨而言,泛爱众,而亲仁。"③"悌"为敬事兄长之意,《学而》有"其为人也孝悌",皇侃疏云:"善事兄曰悌也。"④《孟子·离娄上》云:"仁之实,事亲是也。义之实,从兄是也。"《尽心》作:"孩提之童,无不知爱其亲者;及其长也,无不知敬其兄也。亲亲仁也,敬长义也。"孟子所言之"事亲""爱亲"即"孝",而"从兄""敬其兄"即"悌"。是守"孝悌"即是行仁义的表现。

"孝悌"的作用和意义在战国时代被提升到很高的地位,《论语·学而》:"有子曰:其为人也孝悌,而好犯上者,鲜矣;不好犯上而好作乱者,未之有也。君子务本,本立而道生。孝悌也者,其为仁之本与。"⑤有若认为守孝悌却喜欢犯上的人很少,不犯上却喜欢作乱的人更是没有。君子致力于根本,根本建立

---

① 《周礼·大司徒》"联朋友"郑玄注,《周礼注疏》卷十,《十三经注疏》,第1522页。
② 查昌国指出,春秋战国之际,友由"善兄弟为友"变为"同门曰朋,同志为友",朋友由西周的族人演变为以士为基本成员的社会群体。这一边不仅使朋友主体面貌渐一新,亦使朋友之道蜕变为以士所志之"道"为底蕴。查昌国:《友与两周君臣关系的演变》,《历史研究》1998年第5期,第94—109页。
③ 《论语注疏》卷一,《十三经注疏》,第5337页。
④ (梁)皇侃撰;高尚榘校点:《论语义疏》卷一,中华书局,2013年,第5页。
⑤ 《论语注疏》卷一,《十三经注疏》,第5335页。

了,治国做人的原则也就有了。"孝悌"就是仁的根本。按"仁"是儒家思想的核心,在有若看来,"孝悌"更是"仁"的根本。《孟子·告子》"尧舜之道,孝悌而已矣"①,意思是儒家所追慕的尧舜之道,其核心也不过是"孝悌"而已。可见"孝悌"已经成为处理亲属关系最基本、最重要的伦理规范。

值得注意的是,"悌"这一概念与内涵在西周时代并不显。而"孝悌"之"孝"的内涵,从《论语》及相关文献来看,在战国时期侧重已经转变为敬养在世之父母,这可以从孔子、曾子、孟子等人的相关言论中看出来,如:

1.《论语·为政》:"子游问孝,子曰:今之孝者,是谓能养。至于犬马,皆能有养,不敬,何以别乎。"②"今之孝者,是谓能养",在孔子时代,人们对"孝"的普遍理解已经是赡养父母,而孔子则在此基础上突出了敬事父母的重要性。

2.《论语·为政》:"子夏问孝,子曰:色难。有事,弟子服其劳。有酒食,先生馔,曾是以为孝乎?"③色难者,谓承顺父母颜色乃为难。这句话的意思是孔子认为父母有事,儿女替父母去做,有了酒饭,让父母吃,这仍不足以说是孝,必须要承顺父母之颜色方可谓孝。可见当时在敬养父母方面有着很高的要求。

3.《论语·里仁》:"子曰:事父母几谏,见志不从,又敬不违,劳而不怨。"④类似表述又见于《礼记·坊记》:"子云:从命不忿,微谏不倦,劳而不怨,可谓孝矣。"⑤所谓的"孝",是要做到听从父母的教导,如果父母有过错,要含蓄地规劝,为父母办事要毫无怨言。

4.《礼记·祭义》:"曾子曰:孝有三,大孝尊亲,其次弗辱,其下能养。"⑥在曾子看来,"孝"可以分为几个层次,尊亲、敬亲是最重要的,赡养父母则是最基本的要求。所言三个层次,均以在世之父母为对象。

5.《孟子·离娄下》:"世俗所谓不孝者五,惰其四支,不顾父母之养,一不孝也;博弈好饮酒,不顾父母之养,二不孝也;好货财,私妻子,不顾父母之养,

---

① 《孟子注疏》卷十二,《十三经注疏》,第 5996 页。
② 《论语注疏》卷二,《十三经注疏》,第 5347 页。
③ 《论语注疏》卷二,《十三经注疏》,第 5347 页。
④ 《论语注疏》卷四,《十三经注疏》,第 5367 页。
⑤ 《礼记正义》卷五十一,《十三经注疏》,第 3515 页。
⑥ 《礼记正义》卷四十八,《十三经注疏》,第 3468 页。

三不孝也;从耳目之欲,以为父母戮,四不孝也;好勇斗狠,以危父母,五不孝也。"①所谓的"五不孝",即指不赡养父母、使父母声名受辱,以及危及父母的行为。

由孔子、曾子、孟子的言论可以看出,春秋末期以来"孝"的表现形式、层次和要求虽然有多种,但最核心的均针对在世父母而言。"孝"的侧重已经从西周时代的祭祀祖先转为了敬养在世之父母。

春秋末期以来不仅"孝悌"之内涵与西周"孝友"有不同。与之相应,施行主体和主要施行对象也发生了很大的改变。前面提到,西周"孝友"的施行主体多是宗族宗子,施行对象则是上及已逝之先祖,下达所有族人,包括庶子、小宗及宗族疏属。而"孝悌"施行主体则不限于宗子,不是家主特权,甚至不限于贵族。《孟子·梁惠王》:"百亩之田,勿夺其时,数口之家可以无饥矣。谨庠序之教,申之以孝悌之义,颁白者不负戴于道路矣。"②是平民子弟亦受孝悌之教。从"孝悌"的内涵看,核心的施行对象是直系亲属(父母、兄弟),较之西周宗族的规模大为缩小。正如管东贵所指出的,"周人封建制解体后,宗法制已非周初原貌,宗族内原有的对大宗百世不迁的向心力已变为由五世则迁的新伦理所取代,除父子以外的血缘内聚力已不敌政治利害关系"③。从"孝友"到"孝悌",二者的性质与作用范围属于从宗法精神转变为家庭伦理④。

二、"孝悌"兴起之原因探析

"孝悌"既属于家庭伦理,其兴起应该与独立家庭的大量出现有密切关系。战国时代常见有"数口之家"的记载,如《孟子·梁惠王》有"百亩之田,

---

① 《孟子注疏》卷八下,《十三经注疏》,第5940页。
② 《孟子注疏》卷一上,《十三经注疏》,第5798页。
③ 管东贵:《柳宗元〈封建论〉读后》,《从宗法封建制到皇帝郡县制的演变:以血缘解纽为脉络》,第126页。
④ 王利华将西周的"孝友"看作是一种政治伦理,只不过当时的政治是一种建立在血缘关系之上,具有严格亲属等差和政治等级的宗法政治,是"家国一体"的政治,故而处处弥漫着差序分明的"亲亲之情"(张国刚主编、王利华著:《中国家庭史第一卷:先秦至南北朝时期》,第195页)。按此伦理之血缘、等级特点,与我们所言之"宗法精神"的内涵相同。不过其将当时政治看作是基于血缘关系之上,我们并不认同。政治与血缘是两码事,如同分封与宗法的性质不同。"孝友"之内涵固然可以引申对政治秩序的构建产生影响,但其出发点与最核心的作用范围仍然在宗族范围内,因此我们认为用"宗法精神"比"政治伦理"更合适。

勿夺其时,数口之家可以无饥矣"①,又作"百亩之田,勿夺其时,八口之家可以无饥矣"②。《礼记·王制》:"制农田百亩,百亩之分,上农夫食九人,其次食八人,其次食七人,其次食六人,下农夫食五人。"③银雀山汗简《田法》:"食口七人,上家之数也。食口六人,中家之数也;食口五人,下家之数也。"当时之"家"有上下之分,人数从五到九不等,多是"治田百亩"。关于这一类"家"的特点,《汉书·食货志》引战国早期魏国李悝尽地力之教的一段话值得重视:

> 今一夫挟五口,治田百晦,岁收晦一石半,为粟百五十石,除十一之税十五石,余百三十五石。食,人月一石半,五人终岁为粟九十石,余有四十五石。石三十,为钱千三百五十,除社间尝新春秋之祠,用钱三百,余千五十。衣,人率用钱三百,五人终岁用千五百,不足四百五十。不幸疾病死丧之费,及上赋敛,又未与此④。

李悝描述了"一夫挟五口"一年的劳作、收入和支出情况。从中可以看出,这是一个基本的生产和消费单位。"一夫"即丈夫,指成年劳动力。"一夫挟五口"指包括成年劳动力以及其父、母、妻、子在内的五口之家。此种亲属组织之结构与规模明显不是宗族,而是人类学意义上的"(直系)家庭"。上引"数口之家",多数也属于此类家庭。可知在战国早期,直系家庭已经十分普遍,可以有自己的土地,已经是基本的生产和消费单位,我们可称此类家庭为"独立家庭"。

"独立家庭"的来源有多种,如原来的奴隶、百工以及落败之宗族等,但最主要的应是原依附于大宗之族人与小宗家庭。"家庭"很早就已经产生,但作为独立生产与生活单位的"独立家庭"出现可能是春秋晚期以来的新事物,产生的直接原因应是授田制的推行。各国或掌权世族将土地直接分给小家庭耕种,一般是以百亩为数。《管子·巨乘马》有"一农之量,壤百亩也"⑤,《轻重

---

① 《孟子注疏》卷一下,《十三经注疏》,第5798页。
② 《孟子注疏》卷一下,《十三经注疏》,第5810页。
③ 《礼记正义》卷十一,《十三经注疏》,第2863页。
④ 《汉书》卷二十四上,第1125页。
⑤ 黎翔凤撰,梁运华整理:《管子校注》卷二十一,第1223页。

甲》云"一农之事,终岁耕百亩"①。银雀山汗简《吴问》记载了春秋晚期晋国六卿授田的情况,传世文献亦见有"魏氏之行田也百亩"②等说法,说明至迟在战国早期授田制就已经比较普遍。原来依附大宗之族人或小宗家庭从国家获得土田,在当时生产力大发展的背景之下,基本可以以家庭为单位独立耕种。而各国在推行授田制的同时,亦辅以编户齐民之制,将小家庭作为国家征收赋役的基本单位。这样一来,国家绕过宗族宗子而直接与小家庭联系,小家庭受到国家的直接控制,大量原属于宗族力量之族人成了国家编户之下的"齐民",对原宗族的依附性大为降低。在授田制与编户齐民制的直接作用下,原依附于宗族之小家庭纷纷独立③。传统宗族解体,导致原本的血缘关系格局发生了显著改变:一方面,原本属于同一宗族内部不同个体家庭间的亲属关系逐渐疏离;另一方面,个体家庭内部的亲属关系进一步强化④。正是在这种情况下,用以调节直系家庭内部关系之"孝悌"逐渐取代用以调节宗族内部关系的"孝友"成为最基本的亲属伦理规范⑤,正与当时实体亲属组织降宗为家,独立家庭成为社会主体的趋势相合。当然,从宗法精神到家庭伦理的转变,或者说从宗法秩序到家庭秩序的转变得以成功,亦与儒家的努力密不可分⑥。"孝悌"成

---

① 黎翔凤撰,梁运华整理:《管子校注》卷二十一,第 1436 页。
② 《吕氏春秋集释》卷十六《先识览·乐成》,第 416 页。
③ 不少学者曾经指出授田制与编户齐民之制对独立家庭形成的重要作用。如张金光:"立户授田,为个体小家庭的真正独立奠定了经济基础。成年男子分居立户,政府给予一定数量的份地,这便使个体小家庭获得了独立存在与发展的物质基础……普遍实行编户齐民制,使个体小家庭及其成员获得社会、政治上的独立地位。每一个体小家庭在国家版籍上单独著册立户,其家庭成员在其独立户头下列名版编,直接与政府发生联系,摆脱了如村社、宗族等形形色色共同体外壳,而使个体小家庭成员普遍取得公民身份。……已经成为一个较为完备的、自给自足的经济实体,真正成为社会经济生产、生活的最基本细胞。"张金光:《商鞅变法后秦的家庭制度》,《历史研究》1988年第 6 期,第 81—82 页。
④ 张国刚主编,王利华著:《中国家庭史第一卷:先秦至南北朝时期》,第 152 页。
⑤ 需要指出的是,西周时代的"孝友"并非简单地缩减为战国以来的"孝悌",准确来说是孝友伦理逐渐分化,其中一部分转化为以孝敬父母为核心的家庭孝悌伦理,另一部分则转化为以忠君为核心的新型政治伦理,还有一部分则转变为适用于社会之中的朋友相交之道(张国刚主编,王利华著:《中国家庭史第一卷:先秦至南北朝时期》,第 205 页)。但忠君与朋友相交均与宗法血缘无关,此处不再展开。
⑥ 陈赟指出,从西周的宗法秩序到孔孟早期儒学的伦常秩序,意味着一种伦理范式的嬗变,这一嬗变与政治社会的结构性变动相关,当社会的基本单位从宗族转变为家庭,秩序的思考及其建构便不能不寻求新的起点。早期儒学为伦常秩序奠定了思想基础,其后的两千余年里,客观地起到了为两千年传统秩序奠基的作用。陈赟:《从宗法秩序到伦常秩序——早期中国伦理范式的嬗变》,《学海》2018 年第 1 期,第 154—159 页。

为极具儒家特色的伦理思想,查昌国曾指出"孔子之孝,在中国思想史上首次鼓吹家庭重于宗族,它一方面为家庭组织的兴起提供了理论武器,一方面动摇了君宗垄断孝祀权的理论基础,由之使君宗失去统族、收族的思想武器。孔子的孝观念从思想上瓦解了西周的宗族组织,标志了中国宗法制时代的结束"①。这是值得重视的意见。

第四节　大厦倾颓——传统宗法制度的消亡及余绪

由以上论述可知,战国时代传统宗族大多已经解体,贵族"僭祭"的现象较为普遍,以"宗子主祭"为核心的传统宗庙制度已经溃散,个体家庭纷纷独立,大宗对各类小宗家庭的控制力减弱,商周以来用以调节宗族内部成员关系的宗法制度至此时失去了强制作用,走到了尽头。战国时代不少贵族虽然居官豪富,却不再收族、赈族也可证明这一点。如《管子·轻重丁》:

> 桓公曰:"大夫多并其财而不出,腐朽五谷而不散。"管子对曰:"请以令召城阳大夫而请之。"桓公曰:"何哉?"管子对曰:"城阳大夫嬖宠被绨绤,鹅鹜含余粖,齐钟鼓之声,吹笙篪,同姓不入,伯叔父母远近兄弟皆寒而不得衣,饥而不得食。子欲尽忠于寡人,能乎?故子毋复见寡人。灭其位,杜其门而不出。'"功臣之家皆争发其积藏,出其资财,以予其远近兄弟②。

《轻重》篇的成书年代在战国中期以前③。引文讲到桓公忧虑很多贵族隐藏财产,粮食就算烂了也不肯提供出来。管子建议以城阳大夫为典型进行处罚,剥夺他的官位。其他贵族见到这种情况,纷纷拿出财物来救济远近兄弟。"同姓""伯叔父母远近兄弟"应指贵族同宗而非直系之族人。城阳大夫即城阳之长,身家豪富,姬妾穿着高贵的衣服,鹅鸭有吃不完的剩食,鸣钟击鼓,吹笙

---

① 查昌国:《论孔子孝观念的革命性》,《先秦"孝"、"友"观念研究:兼汉宋儒学探索》,第87页。
② 黎翔凤撰,梁运华整理:《管子校注·轻重丁》,第1490—1491页。
③ 《管子·轻重》的成书年代,历来有战国、西汉文景之时、王莽时代等多种说法,近年来学者从多方面论证其成书年代当在战国中期以前,应是可信的意见。详参张固也:《〈管子·轻重〉篇成书年代新论》,《国学研究》第十一卷,北京:北京大学出版社,2003年,第129—146页。

奏篾,但同族之人不得参加,叔伯兄弟寒不得衣,饥不得食而不知赈济。城阳大夫在当时虽有收族、赈族之实力,但并不愿意这么做,可见其与同宗族人关系疏离,已无宗族之情。从"功臣之家皆争发其积藏,出其资财,以予其远近兄弟"来看,当时贵族有实力却不收族、赈族的情况已经较为普遍。这与春秋晚期宗子尚努力收族的情形完全不同,《晏子春秋》载鲁昭公、孔子曾对齐国晏婴侍奉不正之君的行为有疑,晏婴说到"婴不肖,婴之族又不若婴,待婴而祀先者五百家,故婴不敢择君"①、"如婴者,岂能以道食人者哉!婴之宗族待婴而祀其先人者数百家"②,是晏婴自知其行为有不当之处,但由于族人尚不如他,整个宗族数百家都要靠晏婴方得以祭祀先人,因此不敢挑选君主。晏婴身为宗子,依据宗法制度有收族、赈族之义务。晏婴为了能赈济族人,维持宗族不坠,不得不曲意奉迎君主,其收族庇族之良苦用心可见一斑。两相对比可知,及至战国时代,商周以来传统宗法制度已经崩解③。

不过需要说明的是,战国时代传统宗族结构与宗法制度虽然已经崩解,但是血缘聚居的现象仍然比较普遍。这种情况在平民阶层和贵族阶层均存在,如:

1.《管子·九变》有:"凡民之所以守战至死而不德其上者,有数以至焉。曰:大者亲戚坟墓之所在也;田宅富厚足居也。不然,则州县乡党与宗族足怀乐也。"④意思是民之所以敢守地至战死而不悖之以德于上是有原因的,或是

---

① 赵蔚芝注解:《晏子春秋注解·内篇问下》,齐鲁书社,2009年,第187页。
② 赵蔚芝注解:《晏子春秋注解·外篇第七》,第375—376页。
③ 人物称谓名号的变化,亦可反映宗族结构及宗法制度的变化。自战国以来,姓氏合流,传统姓、氏二分的体系被打破,姓即氏,二者可以通称。如《孟子》:"讳名不讳姓,姓,所同也。名,所独也。"此"姓"与"氏"的内涵相同。并且同家庭内男女均以姓氏为称,"男子称姓,女子称氏"之区别已经不在。不仅如此,姓氏的使用范围扩大,不再为贵族阶层所独有,平民亦可有姓氏。顾炎武曾谓:"自战国以下,以氏为姓,五帝以来之姓亡矣。"(《日知录》卷二十三)多位学者指出,自西周以来姓、氏两分体系下的姓氏制度是为了维护宗法制度以及血族等级结构而存在的,它是当时由姓族而宗族、由宗族而家族这样一种社会结构体系的概括性的表述系统,具有尊祖敬宗、别贵贱的功能。战国以来的姓氏合流,已经丧失了"别贵贱"的社会功能,成了一种单纯血缘性质的标识符号。(李向平:《春秋战国时代的姓氏制度》,《广西师范大学学报(哲学社会科学版)》1984年第3期,第29—35页;严军:《〈左传〉姓氏相关问题的探索》,《浙江学刊》1994年第4期,第91页;阎晓君:《论姓氏合一》,《寻根》1998年第3期,第13—14页;陈絜:《商周姓氏制度研究》,第411—423页;张淑一:《先秦姓氏制度考索》,福州:福建人民出版社,2008年)从姓氏二分到形式合流的转变,也预示着传统宗法制度的消亡。
④ 黎翔凤撰,梁运华整理:《管子校注》卷十五,第898页。

此地为亲戚坟墓之所在,或是在此居家富厚,或是此地州县乡里与宗族的情谊令人感怀亲慕。由此可以推知当时之民仍多是以血缘聚居的。

2.《论语·子路》载子贡问何如可谓之士,孔子答道:"宗族称孝焉,乡党称弟焉。"此宗族与乡党属于互文见义,即宗族乡党称孝悌。宗族是血缘组织,乡党是基层地域组织,这说明当时有不少血缘亲属成员,宗族应以聚居形式生活在同一基层地域组织之中。

3.《庄子·逍遥游》记载:"宋人有善为不龟手之药者,世世以洴澼絖为事。客闻之,请买其方百金。聚族而谋之曰:我世世为澼絖,不过数金。今一朝而鬻技百金,请与之。"①此宋人能聚族而谋,说明其与族人居住地相邻,属于聚族而居。而面对重要事情能一起谋划,血缘之作用隐隐可见。

4.《史记·田单列传》有:"田单者,齐诸田疏属也。湣王时,单为临菑市掾,不见知。及燕使乐毅伐破齐,齐湣王出奔,已而保莒城。燕师长驱平齐,而田单走安平,令其宗人尽断其车轴末而傅铁笼。已而燕军攻安平,城坏,齐人走,争涂,以辖折车败,为燕所虏,唯田单宗人以铁笼故得脱,东保即墨。"②田单为田齐疏属,燕军破齐之时,率"宗人"设计逃脱,说明他们平常的居住地域应当是相邻的。此"宗人"当不仅仅只是其直系家庭成员,还应该包括不少田齐疏属,可见国君之后亦存在聚居的现象。

在血缘聚居的情况下,个体家庭虽然已经纷纷独立,但血缘意识仍然比较浓厚,彼此之间在现实的政治、经济、生活乃至亲属伦理之间仍或多或少地存在着联系。这也是上举宋人"聚族而谋"、田单能率领宗人行动的原因之一。贵族亲属的聚合,往往会形成一股强大的势力,宰治一方。如降至楚汉之际,故齐国田氏仍有不少族人维持着紧密联系,时称"宗强"。《史记》载"田儋者,狄人也,故齐王田氏族也。儋从弟田荣,荣弟田横,皆豪,宗强,能得人"③、"田广据千里之齐,田闲将二十万之众,军于历城,诸田宗强,负海阻河济"④。而就算是平民家庭,也会在日常的生产生活中,通过守望相助、互保、丧服等结成

---

① (清)王先谦、刘武撰,沈啸寰点校:《庄子集解》卷一,中华书局,1987年,第7页。
② 《史记》卷八十二,第2453页。
③ 《史记》卷九十四,第2643页。
④ 《史记》卷九十四,第2694页。

一个较为亲密的亲属团体,《荀子·礼论》有"庶人之丧合族党,动州里"①,《墨子·明鬼下》云"今絜为酒醴粢盛,以敬慎祭祀……内者宗族,外者乡里,皆得如具饮食之。"②就算庶人之丧事,也会聚集同族亲戚,显示出血缘的力量以及传统宗法制遗存的影响力。考古发现不少战国时代族居和族葬的遗迹③,亦可证明这点。这也是有学者认为战国时期新的统治者和贵族并没有废弃宗法制,而是将宗法制作为巩固自己地位的手段,将宗法制纳入于尊卑秩序之列的原因之一④。也正是如此,为秦汉及以降的宗族及宗法重建埋下了伏笔⑤。传统宗法的某些观念及宗法精神依然以一种变异的方式存留下来,深刻地影响着当时及后世社会。

第五节 小 结

本节要点可归纳如下:

一、战国早中期贵族亲属组织根据形成时间的早晚可分传承自春秋之世族与战国时代新起的各类家族两种。至战国早中期,原本活跃于春秋时代的世族绝大多数已经败亡,败亡宗族无力维持原有组织结构,宗族崩解。少部分存留下来的世族则在战国早期继续发展,其中不少通过推行新官僚制、郡县制及授田制等措施完成集权化进程,使世族统治的血缘色彩降低,化宗为国,成了新型的集权制国家。

战国新兴贵族则根据有无封地或食邑的不同分为封君与食禄官僚两种。封君实力与职权受到集权君主很大限制,且绝少长久世袭,因此亲属组织的规模不会很大,难以保持长久的凝聚力,不能形成世族。而无封邑之食禄官僚更

---

① (清)王先谦撰,沈啸寰、王星贤点校:《荀子集解》卷十三,第360—361页。
② (清)孙诒让撰,孙启治点校:《墨子间诂》卷八,第248页。
③ 邢义田:《从战国至西汉的族居、族葬、世业论中国古代宗族社会的延续》,黄宽重、刘增贵主编:《家族与社会》,北京:中国大百科全书出版社,2005年,第88—121页。
④ 晁福林:《试论战国时期宗法制度的发展和衍变》,《史学史研究》1999年第1期,第41—45页。
⑤ 张国刚主编,王利华著:《中国家庭史第一卷:先秦至南北朝时期》,第208—213页;赵沛:《两汉宗族研究》,济南:山东大学出版社,2002年;冯尔康:《秦汉以降古代中国"变异型宗法社会"试说——以两汉、两宋宗族建设为例》,《天津社会科学》2008年第1期,第123—134页。

是难以有立族的条件,所在亲属组织以人类学意义上的联合家庭或者是直系家庭为主。两类亲属组织均与西周春秋时代贵族宗族的结构与规模有很大的不同。说明在战国时代,传统宗族的结构已经解体。

二、楚简所见战国时代楚国公族,无论是封君还是大夫,无论其宗族是大宗还是小宗,均可祭祀楚先及多代楚王,甚至是祭祀与父、祖、己身同辈的楚王及重要非直系亲属。同时,楚国贵族祭祀对象繁多,相较于西周春秋而言,祖先祭祀在楚国贵族祭祀活动中的地位大大降低,祖先神未必总是处于最重要的位置,这些与传统宗庙祭祀制度显著不同。楚国各级贵族为了寻求自身利益多淫祀以求福,其他国家贵族也有类似的行为,这说明传统宗庙祭祀制度已经丧失了约束力,失去了规范贵族行为的作用,西周以来的宗庙祭祀制度在战国时代已经溃散。"宗子主祭"的要义不复存在,由此导致宗子在宗族内部的权威与威信降低,族人各自为政,宗族凝聚力降低,传统宗族结构受到严重冲击而趋于崩解,宗法制度消亡。

三、西周时代的宗法精神以"孝友"为核心,"孝"侧重于祖先祭祀,"友"指族人,团结族人的行为亦可称作"友"。"孝、友"是宗子统御宗族的重要手段,是宗法制度的重要组成部分。到春秋时代,"友"的指称泛化,指志同道合之人,而不限于血缘亲属。作为德行之"友"亦从基于血缘关系的宗法精神中脱出,成为处理人际关系的规范,不再仅是宗子统御族人的手段。春秋末期以来,"孝悌"思想兴起,取代"孝友"成为处理血缘亲属关系最基本、最重要的伦理规范。"孝悌"的施行对象以直系近亲(父母、兄弟)为核心,较之西周宗族的规模大为缩小,侧重尊事在世父母与兄长,施行主体不限于宗子,"孝悌"不再是家主特权。从"孝友"到"孝悌",代表着血缘亲属规范从宗法精神向家庭伦理的转变。

四、"孝悌"精神的流行,是与战国时代实体亲属组织的规模普遍从宗族缩小为独立家庭紧密联系的,同时亦与儒家的努力密不可分。授田制与编户齐民等制度的推行使得大量原本依附于宗子的小家庭得以摆脱原宗族控制,成为独立的生产和生活单位,儒家的宣扬则为小家庭的兴起提供了理论支持。战国时代,独立家庭和孝悌伦理从组织结构与思想方面瓦解了传统宗族,以及用以协调宗族内部关系的宗法制度,加上宗子收族义务的丧失与姓氏名号从两分到合流,使得传统宗族解体,宗法制度消亡。

五、战国时代传统宗法制度虽然消亡,但在贵族和平民阶层仍普遍存在血缘聚居的现象。各独立小家庭在现实的政治、经济、生活乃至亲属伦理之间仍或多或少地存在着联系,显示出血缘的力量以及宗法制度遗存的影响力。传统宗法的某些观念及宗法精神依然以一种变异的方式存留下来,为秦汉及以降的宗族及宗法重建埋下伏笔,深刻地影响着当时及后世社会。

结　　语

宗法制度是先秦时期最重要的社会制度之一，牵涉范围广，内涵复杂，历来研究者众多，争论未绝。本书在前人研究基础上，对两周时期宗法制度的主要内容、特点以及发展演变轨迹作了系统考察，现将以上诸章主要观点作归纳，以为结语。

一、主要观点归纳

（一）殷周宗法侧重的转变及意义

先秦时期的"宗法"，指以血缘为基础，反映宗族内部成员关系、权责规范的理念。"宗法制度"则是以实体宗族为基础，以宗法思想为指导，以维护宗族团结、存续宗族为主要目的，以宗子、族人相互的权利义务关系为基本内容的一系列行为规范的总和。宗庙、宗子和族人是构成实体宗族必不可少的三大要素，因此宗法相应地也可以分为宗庙、宗子和族人之法三部分，每一部分各有内容与特点。从殷墟甲骨文、商金文以及传世文献材料来看，至迟在商晚期就已经存在宗法与宗法制度。商人宗法体系已较完备，其中祖先祭祀，即宗庙之法，尤为成熟与盛大，是当时宗法侧重之所在。

商周铜器铭文有着丰富的宗法内涵，不同铭文内容与格式可以反映使用者所行宗法的内在性差异。商和西周早期铜器铭文根据内容与格式的不同可以分为"殷式"与"周式"两大系统。殷式铭文系统出现于商代，并延续到西周早期。铭文内容以祖先祭祀为核心，重点突出受祭者信息（亲称＋日名、族名），对作器者或祭祀者私人身份信息的重视有限，使用主体是商人（包括殷遗民）及与商文化有密切关系的族群。周式铭文系统的内容则自西周早期始常见,总体而言作器者在铭文中的地位显著提升,大量铜器铭文不见受祭者,只言"某作彝"或"某用飨某人",这是商金文不常见的内容。周式铭文系统有明显的周文化特色,使用主体是周人集团或与周人集团有密切联系的族群。

殷式铭文系统突出受祭者,反映祖先祭祀在当时生活中的重要地位,这与商人宗法侧重宗庙之法的特点是一致的。《礼记·表记》所谓"殷人尊神,率民以事神,先鬼而后礼",亦可看作殷代宗法侧重的反映。而周式铭文系统中作器者的职官和排行信息占据重要地位。这两类名号代表作器者在王朝政治体系以及所属宗族的身份与地位,是获取政治、宗族权力及宣扬统治正当性与合法性的重要标志。西周早期贵族作器铸铭强调作器者身份,是"器与名"的结合,是"正名"的表现,符合"唯器与名,不可以假人,君之所司也"的治道原则,这是周人稳定政局、巩固统治的手段之一。

与此同时,在祖先祭祀以外,周式铭文系统新增不少"用飨诸友"的内容。西周时代"友"多指族人,善于族人的行为亦可称"友"。周人统治者努力提升"友"的地位,说明这一时期对处理与族人关系的重视程度大为提升,大体与《表记》所言"周人尊礼尚施,事鬼敬神而远之,近人而忠焉"的特点相符。从"尊神"到"近人",代表着殷周宗法实践侧重的转变。

殷式、周式铭文系统均出现"日名",从相关史实以及铭文内容的分析来看,"日名"并不能作为区分商周文化与人群的绝对标志。周人集团也用日名,并且可能有相当早的渊源。不过自西周早期以来,周人集团对日名的使用,尤其是对受祭者单称日名的情况逐渐减少,称受祭者以尊号(谥号、公等)及排行的现象则越来越多。与日名相比,排行和尊称能更好地体现逝者生前在宗族或政治上的身份与地位。这与突出作器者身份信息一样,周人有意借此彰显祖先身份、地位以抬高自己,表明自身出身及权力来源的正当性,是周人为巩固统治所作诸多努力的一部分。

从日名的使用情况以及传世文献的记载来看,周人集团直至西周初期宗法的特点应与商人一致,均侧重"尊神",这可能是周人在先周时代学习商文化的结果。不过到西周早期,宗法侧重迅速转变为"近人"。转变的原因与周人集团封建亲戚以藩屏周,力图借助宗族力量以迅速稳定政局,以及吸取殷末周初宗族离乱的教训有密切关系。周人宗法侧重从"尊神"到"重人"的转变，奠定了周文化"尚文"的性格，重视处理人与人之间的关系，讲求"礼"的规矩与规范，对后世产生了深远的影响。

(二) 两周宗子继承制度的演变

宗子是族内至尊，选择宗子的方式与规则，即宗子继承制度，是宗法制度的重要内容。影响宗子继承的要素有嫡庶、长幼、贤否(德才)、卜筮等，不同要素的内涵各有特点，在继承制中的地位与作用也不同。在西周时代，排行称谓可以有效反映嫡庶与长幼，对指示宗子继承制有重要作用。

西周时代的"伯"称虽然可以代表多种身份，但最基本和核心的意义还是排行，表嫡长之意。称"伯"者往往地位较高，多数会任宗子，在继承制中具有优先地位，说明当时的宗子继承确是以嫡长子优先。不过西周时代也有不少以非嫡长身份(仲、叔)任宗子者，是庶子亦有继承之权利。从相关材料来看，当嫡长子因故不能继位(先亡或有废疾)，嫡长子之弟可以递补成为宗子继承人。当宗子无子，或者有子尚幼，宗子之弟亦可以继其兄而为宗子。在各种继承情况中，嫡庶均先于长幼。因此西周时代宗子继承制的主要内容可以概括为"嫡长子优先、无子弟继、子弱弟及"。在理想状态下，宗子或国君不应干预此种继承顺序，即"王不立爱，公卿无私"。

西周继承制虽以嫡长子优先，但经由严格规则和限制下的庶子继承，并不会降低嫡长子(伯)在继承制中的地位，也是继承制的重要组成部分，不能简单以"特例"或"反常"视之。同时，西周时代兄弟相及的现象亦说明《仪礼·丧服》所言大宗无子则收取族人子弟为继承人的情况并不常见，更难说"制度"。当宗子之位兄弟相及时，大宗一脉亦随之转移，并不存在大宗"百世一系"的情况。《丧服》所谓"后大宗"，很可能是春秋晚期以来的新现象或是儒家之构拟，并非西周实情。

嫡长继承制在西周晚期开始受到破坏，周宣王废鲁武公长子括而立少子戏，周幽王废太子宜臼而立少子盘，均是违背嫡长继承制的行为，由此使得政局动荡，尤其是后者，成了西周灭亡的导火索。

春秋时代，各级贵族并没有吸取西周晚期因破坏嫡长继承而引起政局动荡的教训。嫡长继承虽占相当优势，但与嫡长继承制不符的现象已经较为常见。这种现象按性质的不同主要可分为两类：一是宗子、宗妇立爱；二是外部政治势力的干预。二者各有特点：宗子立爱是选择宗子或君位继承人，并非直接立宗子，选择对象多是宗子或夫人宠爱之少子，属于直系近亲，关系密切；外部政治势力干预则多是直接选立宗子，选择对象很少是原宗子直系子孙，多为宗子兄弟甚至是关系疏远的族人。两种选择的差异在于二者出发点不同：宗子立爱，本质还是想将宗子之位留在己身直系一支，并不希望旁落；而外部政治势力之所以干预宗族内部继承，多数是与原宗子有矛盾，不愿意宗族权力再由原宗子一支掌握，因此往往刻意避开原宗子之子，而扶持关系相对疏远或实力不足者。

宗子立爱与外部政治势力干预，从本质而言均是与嫡长继承制度相悖的行为。但各方势力为达到控制宗族的目的，努力提升"德"在继承制度中的地位和作用，以"立德""尚德不尚年"等为借口，使宗子立爱与政治干预等亦得以成为宗子继承制的一部分。嫡长继承制受到冲击，宗族内部原有权力获得顺序与等级结构被破坏，宗族内部关系的不稳定性增加，加速了宗法制度的崩解。

（三）两周宗法称谓使用特点的演变及与宗法制度的关系

商周男性贵族称谓有多种，其中族氏、排行、嫡庶、亲属称谓等要素可以指示使用者宗族身份与地位，有鲜明的宗法内涵，因此包含此类要素者可称作宗法性称谓。宗法性称谓使用的变化，往往反映着宗法制度的变化。

西周时代的男性称谓以排行为中心，伯仲叔季称谓系统是周文化特色，是同父兄弟间的行第标志，性质接近于指示成年的先后顺序。其中行长者有嫡庶之分，嫡长称伯，庶长称孟，"仲、叔、季"本身无嫡庶，同辈称"仲、叔"者可以有多人，可通过冠以"大、小"等区别字区分嫡庶。在嫡长继承制下，排行称谓是维护继承次序的手段，是获取宗族权力顺序的标志。西周时代排行称谓的盛行，正与嫡长继承制的推行有密切关系。

进入春秋以来，贵族宗法性称谓的使用出现重大变化："某子某孙"类称谓，如太子、国名+子、公（王）子、某之子、公（王）孙、某之孙等基本不见于西周时代的名号大量出现；同时排行称谓的宗法内涵大为缩减，这种缩减包括"伯"称宗法内涵的衰减以及伯仲叔季排行称谓使用率的明显降低。春秋时代两类称谓使用一长一消的现象，与嫡长继承制受到冲击有密切关系。排行称谓重在表现同辈之间横向的先后顺序（兄弟），"某子某孙"则侧重表现与祖先纵向的血缘联系（祖孙父子）。春秋时代非嫡长继承的多见，表明权力的获得不再定然按照嫡庶长幼的顺序来进行，原本用于表示权力获取顺序的排行称谓给贵族带来的身份及实力标识作用大为减弱。而称某子某孙者，直接道出与祖先的亲缘关系，暗示其拥有潜在的继承权利，作为彰显身份地位的名号很合适。由此可以看出，宗子继承制的转变对贵族名号的选择和使用有重大影响。

及至战国时代，姓氏合流，氏名丧失了"别贵贱"的社会功能，成了单纯血缘性质的标识符号，则是传统宗族组织结构解体，宗法制度消亡的表现。

（四）两周贵族祭祀制度的主要内容及演变

祖先祭祀是宗族大事，西周时代宗子（大宗）主导宗族祭祀，这包括宗族祭祀在宗子之家进行，宗子规定祖先祭祀的对象（范围）与规格，是整个祭祀活动的核心与主导者；宗子通过为族人作器或者赐予族人宗庙祭器、牺牲的等方式指导族人祭祀活动；庶子、小宗所作祭器（器形、铭辞）模仿宗子等多方面的内容，宗族内部祭祀存在着较为严格的规范和制度。

西周时代宗子与族人（庶子、小宗）在祖先祭祀上有明显的等级差，宗子所能祭祀的祖先范围要大于族人。族人有助祭宗子之义务，同时也有私祭的权利。族人祭祀有多种情况，不同祭祀对象和祭祀地点的选择与小宗的身份与实力密切相关，与大宗关系亦是一个重要的考量因素。在西周时代，小宗能立私庙以祭最多不过"祖之所自出者"，即为所自出之大宗立庙祭祀，不能再往上溯。

西周时代族人祭祀虽有丰富的表现形式，但亦有着明确的界限与制度，需遵守相应的规范，其中最核心的是"祭必告于宗子"。这对于男性族人而言，要在大宗之庙进行私祭之前，需征得大宗的同意。出嫁之女性族人亦可为生父母作器祭祀,但不能亲自去往父家宗庙,需委托宗子或兄弟代其致祭。

春秋时代祖先祭祀的基本结构与特点和西周时代相近,宗族内部祭祀因身份的不同而有明显的等差,但"宗子主祭"受到冲击,违制立庙和攀附远祖的现象增多。前者如季文子立鲁武公之庙(武宫)、季平子立鲁炀公之庙(炀宫),后者如曾侯與钟自言"余稷之玄孙"(31032)、邵黛钟"毕公之孙"(15570)等,与西周祭祀规范不合。

及至战国时代,各国贵族为了寻求自身利益而不再遵循传统祭祀制度,多淫祀、僭祭以求福,以"宗子主祭"为核心的传统宗庙祭祀制度遭到破坏,已经失去了规范贵族行为,团结宗族的作用。如出土文献所见楚国公族,无论是封君还是大夫,无论所在宗族是大宗还是小宗,均可祭祀楚先及多代楚王,甚至是祭祀与父、祖、己身同辈的楚王及重要非直系亲属。同时,楚国贵族祭祀对象繁多,祖先祭祀在楚国贵族祭祀活动中的地位大大降低,祖先神未必总是处于最重要的位置。类似现象在战国其他国家也有,有贵族感慨"周世既没,典法散亡,惴惴小子,欲事天地……五祀、先祖而不得厥方",说明西周以来的传统宗庙祭祀制度在战国时代已经溃散,族人各自主祭,宗族凝聚力降低,传统宗族结构受到严重冲击而趋于崩解,宗法制度消亡。

(五)两周卿大夫宗族内部关系及组织结构的演变

周代贵族宗族内部由大宗家族以及多个庶子、小宗家族或家庭构成。宗族内部结构与宗法制度,主要即是通过宗子、族人有关权利与义务的相互关系,以及基于此关系的诸种行为规范体现出来。

西周时代宗子是族内至尊,享有最高权力的同时,也承担相应的责任。宗子权力包括主导宗族祭祀、使令族人以及支配宗族财产等方面。宗子责任的核心则在于收族,主要有宴飨合族、赏赐赈族、理讼庇族以及媵送彰族等多种表现形式。族人(包括庶子、小宗)义务的核心在于尊事宗子,主要包括承担宗族事务、听从宗子指令以及助祭等。同时族人也有祭祀(私祭)、任事、获得财产等权利。这些权力的获得会因族人与宗子关系的差异而呈现出不同的特点。

综合族人任事、财产以及宗庙祭祀的特点及与大宗的关系,西周卿大夫宗族内部小宗家族可以分为依附型、半独立型和独立家族三种形态。独立小宗家族形成不易,在宗族内部并不多见。绝大多数还是依附型或者是半独立的小宗家族,需要依靠大宗才得以生存。因此大宗对整个宗族的控制力较强,宗族结构和宗族内部关系较为稳定,总的来说是一个尊卑有序的整体。

进入春秋以来,宗子权力与责任并无太大改变,但由于继承制的新情况导致宗子权威下降,对宗族内部的控制力减弱。同时族人同任公臣及服事其他贵族的人数增多,各小宗对大宗的依附性减弱,独立小宗的数量大为增长。族人逐渐不满于宗子垄断宗族权力,开始不行尊事宗子之义务。族人、宗子对抗的情况多见,整个宗族不再是利益共同体和行动一致体,宗族内部的稳定性结构受到冲击。

至战国时代,原本活跃于春秋时代的世族绝大多数已经败亡,少部分存留下来的世族则通过推行新官僚制、郡县制及授田制等措施完成集权化进程,化宗为国。而新兴贵族(新封君、食禄官僚等)实体亲属组织则不复宗族的规模。传统的宗族组织结构解体,个体小家庭纷纷摆脱原大宗控制,成为独立的经济生活单位。宗族内部各家庭间的关系逐渐疏离,宗子不再行收族之责任,用于维系宗族的宗法精神收窄为家庭伦理,传统宗法制度崩解。不过传统宗法的某些观念及宗法精神依然以一种变异的方式存留下来,深刻地影响着当时及后世社会。

(六) 天子、诸侯阶层宗法的探讨

天子、诸侯本身亦处在特定的亲属组织之内,根据内部成员身份与所在家庭形态的不同可以分为高低两个层级,用传世文献的说法,即公室与公族。公(王)室由天子、诸侯与其尚未受封的近亲组成,有限定君位继承人范围、维护君主统治等重要作用。公室的构成与规模会因时君在位时间及子嗣的变化而有不同的面貌,但总体发展趋势是从包括时君子孙辈和兄弟辈向仅有子孙辈收缩。在"公室"的范围内,"门内之治恩揜义",天子、诸侯与公室成员有宗法关系,存在宗法制度。不过公室内部结构较之卿大夫宗族简单,规模亦不大,因此宗法制度的各种规定、表现等不及卿大夫宗族繁复。

公族是天子、诸侯已受封之亲属及后代组成的松散集团。周天子有意维持与同姓贵族之间的宗法关系，在观念上是所有姬姓贵族之"大宗"。但受封贵族往往自觉地"自卑别于尊"，不敢以宗法关系掩盖与天子在政治上尊卑等级关系。因此天子与受封姬姓贵族之间不具有宗法制度的意义。所谓"天子诸侯绝宗"，严格来说是指天子、诸侯与受封亲属政治关系高于血缘关系。与此同时，周天子借助"宗盟"的组织形式与诸异姓贵族建立起拟宗族关系，意图强化"天下一家"的意识。所谓"王者天下之大宗"，并不具备宗法意义。不过在宗盟形式下周天子得以为"天下政权之大宗（盟主）"。

"谥族"是春秋以来新出现的，由已逝天子、诸侯等未继位的后代组成，以其谥号为称的集团，本质是天子诸侯阶层一种基于同出一祖的血缘关系而形成的政治集团，并不是严格意义上的宗族，不具备宗法制度的意义。"谥族"的形成是宗法制度发展和延伸的结果，但本质是反宗法的，多数情况下"谥族"作为与时君或宗子相对抗的势力出现，是宗法的制约作用与影响力在高等级贵族之间逐渐衰减的体现。

二、对具体问题的新认识

以上介绍了宗法制度相关方面在两周时期发展演变的总体情况，此外还有不少与宗法制度相关的具体问题也很重要。以往学者或有不同意见，或未曾予以足够重视，本文对其中一些有新的认识，现择要归纳如下：

（一）"伯盘""荀伯"解——兼论"伯"称内涵的演变

西周金文所见"伯"称虽然可以表示多种身份，但从不少庶子（仲、叔）继位为宗子或国君之后并未改称"伯"，以及宗子、国君对已逝父祖均仍其原排行，并不追赠"伯"称等情况来看，"伯"称最基本与核心的意义还是排行，表嫡长之意。"伯"能有效指示嫡长身份，在嫡长继承制下，成了宗子和宗子继承人身份的标志。不过春秋时代"伯"称不再能有效指示嫡长子身份，非嫡长称"伯"现象常见，"伯"称政治内涵增加，宗法内涵衰减。

从目前材料来看，"伯"称内涵转变的关键点在西周末期。文献记载周幽王有少子名"伯盘"。幽王正妃为申后，嫡长子是宜臼，根据排行称谓的获得规则，宜臼原应称"伯"，少子盘本当不得称"伯"。"伯盘"称谓的得来，很有可能是幽王宠爱少子，欲立盘为继承人，因此在宜臼成年命字之时并未赐予"伯"称，而是特意将此称谓留给了少子盘。少子盘得到"伯"称，在名义上确定了法定君位继承人的身份，这是幽王为少子"合法"继位所作的努力。

春秋文献所见西周早期人物也有非嫡长子称"伯"者，如《毛诗·曹风·下泉》有"四国有王，郇伯劳之"。郇伯指文王之子郇侯，传笺认为"伯"是州伯之意。按西周时代并无"州伯"之设置，"伯"非爵称，同时郇侯不是文王长子，从排行获取规则来看亦当不得称"伯"。《曹风》一般认为是春秋中期的作品，此"郇伯"很可能是春秋时人根据当时国君即可称"伯"的情况而对文王之子的追称，并不代表西周实情。

（二）杨家村窖藏逨盘世系的性质

陕西眉县杨家村窖藏出土西周宣王时期逨盘，记载器主单逨祖先的世系，"高祖单公—高祖公叔—高祖新室仲—高祖惠仲盨父—高祖零伯—亚祖懿仲—皇考恭叔"。对于该世系的性质，学者曾有不同的意见。综合当时祭祀制度、宗族分衍等情况来看，当如韩巍所论是单氏大宗逨直系祖先的世系。

不过如果从历代单氏任大宗者的角度来看，这一世系并不完整。逨盘所见高祖单公以下的六位祖先，只有零伯一人称"伯"，其余称"叔"或"仲"，这些均应是单逨祖先的真实排行。从排行称谓的命名规则来看，先有伯（或孟），然后才会有仲、叔。因此，逨历代单氏祖先凡称"仲、叔"者，他们的同辈之中必然会有一位称"伯"的嫡长兄存在。在嫡长继承制下，嫡长子（伯）有优先继承的权力。从该世系所跨时间以及当时继位规则来看，与公叔、新室仲、惠仲、懿仲、恭叔同辈称"伯"者，就算不是全部，也当有不少曾任单氏大宗，"伯"殁之后，方由"仲"或"叔"继位。因此逨盘世系只是单氏大宗逨直系祖先的世系，并不是单氏宗族任大宗者的全部。

单氏大宗的实际传承，当存在兄终弟及现象。这种现象与子继相结合，在形式上便与西周鲁国君位继承"一继一及"的结构类似。在严格规则和限制下,父子相继与兄弟相及均是嫡长继承制的重要组成部分,二者并不冲突。

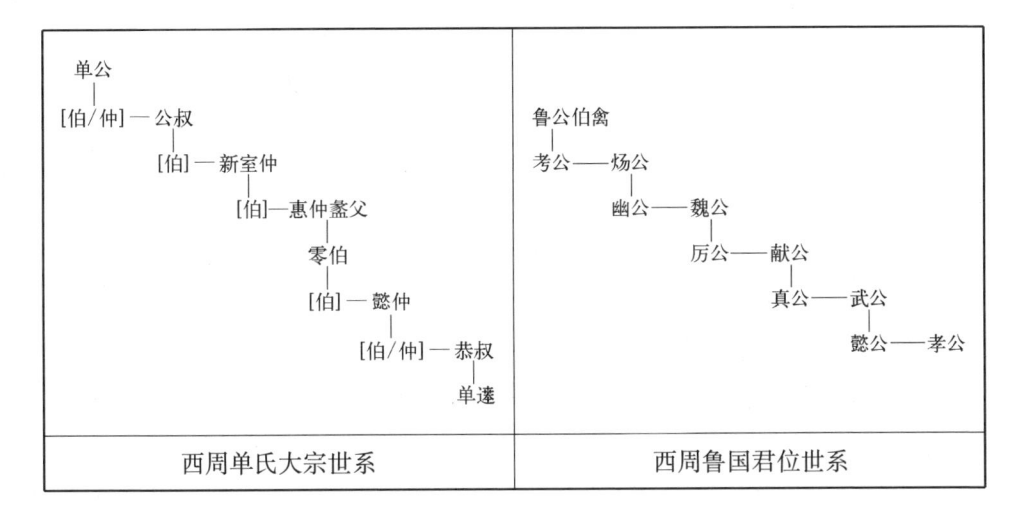

西周单氏大宗世系	西周鲁国君位世系
单公 [伯/仲]—公叔 　　[伯]—新室仲 　　　　[伯]—惠仲盨父 　　　　　零伯 　　　　　[伯]—懿仲 　　　　　　[伯/仲]—恭叔 　　　　　　　单逨	鲁公伯禽 考公——炀公 　幽公——魏公 　　厉公——献公 　　　真公——武公 　　　　懿公——孝公

(三) 铜器铭文所见族人作器"用享宗室"的性质

西周铜器铭文常见"用享宗室"者,不少作器者的身份是宗族庶子或小宗。传世文献记载"宗室"有"大宗之庙"意,"享"可训作"献",因此学者或认为这类"用享宗室"的内涵是庶子、小宗作器献给大宗宗庙以作助祭之用。

按文献明确记载族人祭祀活动有助祭与私祭的区别,分别代表族人在祖先祭祀方面的义务与权利。同时西周金文所见"宗室"并无专指大宗之庙的意思。从相关礼制来看,宗子主导宗族祭祀,往往将祭器的制造作为紧要之事来处理,齐备宗庙祭器是宗子应尽的义务,不能借用,亦不需要庶子或小宗献器以助祭。因此西周金文所见庶子、小宗作器"用享于宗室"均指他们在宗庙的私祭行为,并不是献器助祭。庶子、小宗所作器为私有财产,并不归大宗所有。

(四) 沈子它簋铭文人物关系及宗法内涵

沈子它簋盖从纹饰、铭文格式及行款特征等可以推定年代在昭穆之际。

在前人研究的基础上,通过对铭文内容的再分析,可知该篇铭文主要内容是凡邦小宗它将其父祔于大宗凡公祖庙(周公宗)以祭祀时的祷词。铭文所见人物有沈子它、凡公、周公、二公、多公、己公等,相互关系可图示如下:

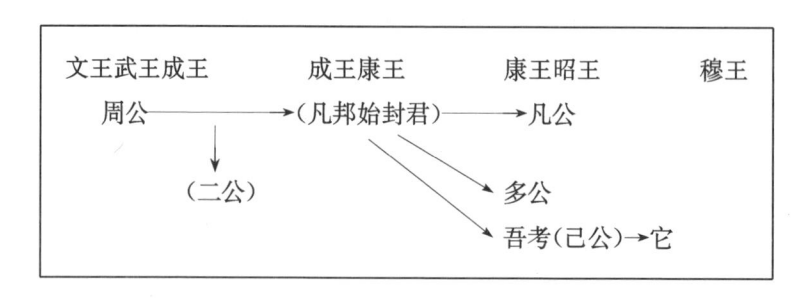

```
文王武王成王        成王康王        康王昭王      穆王
 周公 ─────────→ (凡邦始封君) ──→ 凡公
      ↓                  ↘
    (二公)                 多公
                      ↘
                       吾考(己公)→它
```

沈子它将父考祔入大宗祖庙以祭,并非自身实力不足,无力立父庙,而是由于其父考生前曾受重用,功劳卓著,因此大宗凡公特许其祔入祖庙以陪祀,这是大宗对小宗的恩赏。"凡公克成绥吾考"即凡公成就安抚吾考之意,结合前后文意,可知此句铭文的内涵与传世文献所谓"祭必告于宗子"有密切关系,说明小宗在大宗祖庙进行祭祀活动需事先取得大宗的同意,这也是宗子主导宗族祭祀的重要体现。

(五) 西周早期召公宗族分宗情况探析

西周早期召公宗族有多个分族,目前可以确定的有燕侯家族、太保家族和召氏家族等。一直以来学界对西周早期铭文所见召氏族人的相互关系及世系有不同的意见,尚未形成共识。

伯宪、伯龢以及燕侯旨均祭祀"召伯父辛",说明三者属于同一代。而从西周"伯"称的使用规则来看,同父兄弟间只有一位称"伯",因此伯龢与伯宪不会是亲兄弟,只能是从兄弟。伯龢、伯宪、燕侯旨属于召公宗族的三支。

关于召公奭与召伯父辛的关系,叔造尊铭文有"叔造作召公宗宝尊彝,父乙"。"宗宝尊彝"为当时常见搭配,铭末"父乙"是受祭者"召公"的补充信息,铭文完整语序应是"叔造作召公父乙宗宝尊彝"。"召公"即召公奭,"乙"是其日名,明确表明召公奭不会是召伯父辛。

同时再结合多件铜器的年代、铭文史实以及其他人物关系来看，西周召公宗族之分宗可图示如下：

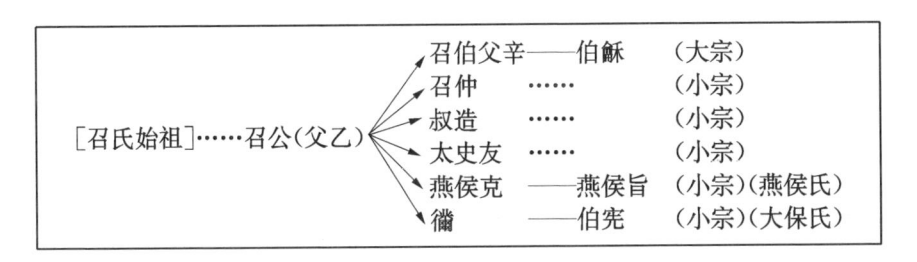

```
                          ┌→ 召伯父辛——伯龢   （大宗）
                          ├→ 召仲    ……      （小宗）
                          ├→ 叔造    ……      （小宗）
[召氏始祖]……召公（父乙）┤→ 太史友   ……     （小宗）
                          ├→ 燕侯克——燕侯旨  （小宗）（燕侯氏）
                          └→ 䕾      ——伯宪  （小宗）（大保氏）
```

（六）西周早期高等级贵族分宗的两种模式

西周早期部分高等级贵族存在既获得外服分封，同时也需留仕王朝的情况，因此所在宗族需分宗。当时高等贵族分宗存在两种模式：第一种是"长子就封，庶子留王畿"，如周公宗族以长子伯禽就封为鲁侯，庶子留王畿继承周公王朝职事。毕公宗族是毕公长子楷伯就封为楷侯，次子毕仲留王畿。第二种是"庶子就封，长子留王畿"，如召氏是召公长子召伯父辛留在王畿，庶子克就封为燕侯。南宫氏亦以长子留在王畿，庶子就封为曾侯。传世文献所言"长子就封"并不能涵盖所有分宗现象。两种分宗模式的共同点在于均以长子一支为整个宗族大宗。如周公宗族以鲁侯为大宗，毕公宗族以楷侯为大宗，召氏宗族以畿内召伯一支为大宗，南宫氏宗族以畿内南宫氏为大宗。这说明至迟在西周早期，嫡长继承制就已经确立。

两种不同模式产生的原因与分宗之初各自宗族形态有关。周公、毕公本为别子，所属宗族自他们始从周王室分族而出。对于这类宗族而言，分封之地是开宗立氏之起点和根本所在。因此需要安排传重之人代其就封，这不仅仅是政治权力的交接，也意味着继任者当承担在封地内开宗立氏的责任。在西周嫡长继承制度下，嫡长子是传重之人，因此就封者会成为整个宗族之大宗。而召公奭、南宫括等并非各自宗族始祖。在商末周初之时，两个宗族就已有相当的规模，这与周公、毕公起初为宗族别子不同。因此他们的首要任务应该是延续召氏、南宫氏之宗嗣不绝。就封诸侯对他们来说，更多的只是意味着分立支族，当不得开宗。因此在分封之时不会将整个宗族迁往封地，而多半是派庶子前往建立新的分族。

(七) 赵盾还嫡事件解析

春秋时代不少非嫡长继承以"立德"为借口得以成为宗子继承制的一部分，由此带来的直接后果是部分继位宗子权威不足，对宗族的控制力大为减弱。就算是该宗子确有材德，也未必能得到整个宗族的归附，赵盾还嫡事件便是此种结果的典型。

春秋中期晋国赵衰在随公子重耳流亡之时，曾娶狄女叔隗，生赵盾。后重耳回国即位，将公室女嫁与赵衰为妻，是为赵姬。因赵姬是正妻，所生之子同、括、婴齐等是嫡子。而叔隗所生之子只能是庶子，因此赵盾也称赵孟。在宗法制下，赵同、赵括、赵婴齐的地位原要高于赵盾，且晋文公又赐三子原、屏、楼以为采邑，是三子实力本强于赵盾。但赵姬认为赵盾有材德，坚决立赵盾为嫡子。在这种不合常理的"立爱"干预之下，赵盾地位反超，最终成为赵氏宗子。

赵盾继位之后并未得到原嫡子势力，如赵同、赵括、赵婴齐等的衷心拥护。在赵盾执政晋国二十余年之间，晋国六卿、十卿等常有转换，赵盾甚至曾直接主持六卿将佐的安排，却始终不见再有赵氏族人任卿者。这与当时贵族担任执政卿，多有同宗族人任将、佐的情况明显不同。而在赵盾死后，赵括继任为赵氏宗子，晋景公十二年始作六军，赵括为新中军佐，赵同为下军佐，赵旃为新下军佐，一族三人同时为卿。两相比较可知在赵盾为宗子之时，赵括等人并不与赵盾亲近。赵盾虽为晋国正卿，对赵氏宗族的控制力却有限。赵盾对此应心知肚明，因此在晋成公重设公族、余子、公行等官，其中卿之嫡子可任公族大夫之时，赵盾请求立赵括为公族，重新将赵括立为赵衰嫡子，成为赵氏宗族继承人。赵盾还嫡于赵括之举，明面看来是报答赵姬恩情，实际恐怕与赵氏旧族对赵盾继位多有不满，赵盾无法有效控制全部赵氏势力有关。赵盾为保子孙在其死后能够存续，因而主动避让。

参 考 文 献

一、基本古籍

（汉）班固撰，（唐）颜师古注，中华书局编辑部点校：《汉书》，北京：中华书局，1962年。

（元）陈澔注，万久富整理：《礼记集说》，南京：凤凰出版社，2010年。

（清）陈厚耀：《春秋氏族谱》，清道光二十年宝翰楼刻本。

（清）陈立撰，吴则虞点校：《白虎通疏证》，北京：中华书局，1994年。

（清）程瑶田撰，陈冠明等点校：《程瑶田全集》第一册，合肥：黄山书社，2008年。

（晋）杜预撰：《春秋释例附校勘记》，北京：中华书局，1985年。

（南朝宋）范晔撰，（唐）李贤等注，中华书局编辑部点校：《后汉书》，北京：中华书局，1965年。

方诗铭、王修龄：《古本竹书纪年辑证》，上海：上海古籍出版社，1981年。

（清）顾栋高辑，吴树平、李解民点校：《春秋大事表》，北京：中华书局，1993年。

（清）顾炎武著，陈垣校注：《日知录校注》，合肥：安徽大学出版社，2007年。

何建章注释：《战国策注释》，北京：中华书局，1990年。

（清）胡培翚撰，杨大堉补：《仪礼正义》，桂林：广西师范大学出版社，2018年。

（梁）皇侃撰，高尚榘校点：《论语义疏》，北京：中华书局，2013年。

黄怀信、张懋镕、田旭东撰：《逸周书汇校集注》，上海：上海古籍出版社，2011年。

（清）黄以周撰，王文锦点校：《礼书通故》第八，北京：中华书局，2007年。

蒋礼鸿撰：《商君书锥指》，北京：中华书局，1986年。

黎翔凤撰，梁运华整理：《管子校注》，北京：中华书局，2004年。

（宋）李樗、黄櫄撰：《毛诗集解》，《钦定四库全书荟要》，长春：吉林出版集团，2005年。

（清）梁玉绳撰，贺次君点校：《史记志疑》，北京：中华书局，1981年。

（汉）刘向撰，向宗鲁校证：《说苑校证》，北京：中华书局，1987年。

（秦）吕不韦编，许维遹集释，梁运华整理：《吕氏春秋集释》，北京：中华书局，2009年。

（清）马国瀚：《玉函山房辑佚书》，上海：上海古籍出版社，1990年。

（清）马瑞辰撰，陈金生点校：《毛诗传笺通释》，北京：中华书局，1989年。

（清）毛奇龄纂：《大小宗通绎》，《丛书集成初编》，上海：商务印书馆，1935年。

（清）钱大昕：《潜研堂文集》，南京：凤凰出版社，2016年。

（清）钱大昭撰，黄建中、李发舜点校：《广雅疏义》，北京：中华书局，2016年。

（清）阮元校刻：《十三经注疏（清嘉庆刊本）》，北京：中华书局，2009年。

（清）沈家本：《历代刑法考》，北京：中华书局，1985年。

（汉）司马迁撰，（南朝宋）裴骃集解，（唐）司马贞索隐，（唐）张守节正义，中华书局编辑部点校：《史记》，北京：中华书局，1982年。

（汉）宋衷注，（清）秦嘉谟等辑：《世本八种》，北京：中华书局，2008年。

（清）孙星衍撰，陈抗、盛冬铃点校：《尚书今古文注疏》，北京：中华书局，2004年。

（清）孙诒让著，汪少华整理：《周礼正义》，北京：中华书局，2015年。

（清）孙诒让撰，孙启治点校：《墨子间诂》，北京：中华书局，2001年。

（清）万斯大撰：《学礼质疑》，阮元辑：《皇清经解》，道光九年（1829）广东学海堂刊本。

（清）王夫之撰，舒士彦点校：《读通鉴论》，北京：中华书局，1975年。

（清）王聘珍撰，王文锦点校：《大戴礼记解诂》，北京：中华书局，1983年。

（清）王先谦撰，沈啸寰点校：《庄子集解》，北京：中华书局，1987年。

（清）王先谦撰，沈啸寰、王星贤点校：《荀子集解》，北京：中华书局，1988年。

（清）王先慎撰，钟哲点校：《韩非子集解》，北京：中华书局，1998年。

（清）王引之：《经义述闻》，上海：上海古籍出版社，2016年。

（汉）许慎撰，（宋）徐铉校定：《说文解字》，北京：中华书局，2015页。

（清）于鬯：《香草校书》，北京：中华书局，1984年。

（清）俞樾：《古书疑义举例》，北京：中华书局，2005年。

（宋）张载撰，章锡琛点校：《张载集》，北京：中华书局，1978年。

赵蔚芝注解：《晏子春秋注解》，济南：齐鲁书社，2009年。

（清）赵在翰辑，钟肇鹏、萧文郁点校：《七纬》，北京：中华书局，2012年。

（宋）郑樵撰，王树民点校：《通志二十略》，北京：中华书局，1995年。

（宋）朱熹集撰，赵长征点校：《诗集传》，北京：中华书局，2017年。

（宋）朱熹撰：《四书章句集注·孟子集注》，北京：中华书局，1983年。

〔日〕竹添光鸿：《左氏会笺》，沈阳：辽海出版社，2008年。

（春秋）（旧题）左丘明撰，徐元诰集解，王树民、沈长云点校：《国语集解》，北京：中华书局，2002年。

二、考古报告、出土文献整理类书籍及工具书

陈国强、石奕龙主编：《简明文化人类学词典》，杭州：浙江人民出版社，1990年。

陈梦家：《美帝国主义劫掠的我国殷周铜器集录》，北京：科学出版社，1962年。

陈伟等：《楚地出土战国简册（十四种）》，北京：经济科学出版社，2009年。

冯禹主编：《中华传统文化大观》，北京：中国大百科全书出版社，1996年。

郭沫若主编，胡厚宣总编辑，中国社会科学院历史研究所：《甲骨文合集》，北京：中华书局，1978—1982年。

河南省文物考古研究所：《新蔡葛陵楚墓》，郑州：大象出版社，2003年。

湖北省博物馆等：《随州叶家山：西周早期曾国墓地》，北京：文物出版社，2013年。

湖北省荆沙铁路考古队：《包山楚墓》，北京：文物出版社，1991年。

湖北省文物考古研究所、北京大学中文系编：《望山楚简》，北京：中华书局，1995年。

湖北省文物考古研究所：《江陵望山沙塚楚墓》，北京：文物出版社，1996年。

卢连成、胡生智：《宝鸡强国墓地》，北京：文物出版社，1988年。

罗国杰等：《中国伦理学百科全书·伦理学原理卷》，长春：吉林人民出版社，1993年。

洛阳市文物工作队编：《洛阳北窑西周墓》，北京：文物出版社，1999年。

马承源：《商周青铜器铭文选（三）》，北京：文物出版社，1988年。

马承源主编：《上海博物馆藏战国楚竹书（五）》，上海：上海古籍出版社，2005年。

彭克宏等主编：《社会科学大词典》，北京：中国国际广播出版社，1989年。

清华大学出土文献研究与保护中心编，李学勤主编：《清华大学藏战国竹简（壹）》，上海：中西书局，2010年。

清华大学出土文献研究与保护中心编，李学勤主编：《清华大学藏战国竹简（贰）》，上海：中西书局，2011年。

陕西省考古研究所编：《高家堡戈国墓》，西安：三秦出版社，1995年。

王宇信、杨升南主编：《甲骨学一百年》，北京：社会科学文献出版社，1999年。

吴镇烽：《金文人名汇编（增订本）》，北京：中华书局，2006年。

吴镇烽：《商周青铜器铭文暨图像集成》，上海：上海古籍出版社，2012年。

吴镇烽：《商周青铜器铭文暨图像集成续编》，上海：上海古籍出版社，2016年。

武汉大学简帛研究中心、河南省文物考古研究所：《楚地出土战国简册合集(二)》,北京:文物出版社,2013年。

姚孝遂主编:《殷墟甲骨刻辞类纂》,北京:中华书局,1989年。

姚孝遂主编:《殷墟甲骨刻辞摹释总集》,北京:中华书局,1998年。

于省吾:《甲骨文字诂林》,北京:中华书局,1996年。

于省吾:《双剑誃吉金文选》,北京:中华书局,1998年。

郑天挺等:《中国历史大辞典》,上海:上海辞书出版社,2000年。

中国社会科学院考古研究所编:《小屯南地甲骨》,北京:中华书局,1980年。

中国社会科学院考古研究所编著:《张家坡西周墓地》,北京:中国大百科全书出版社,1999年。

周法高主编:《金文诂林》,香港:香港中文大学,1975年。

三、论著

巴新生:《西周伦理形态研究》,天津:天津古籍出版社,1997年。

[日]白川静:《金文通释》,日本:白鹤美术馆,1962—1984年。

查昌国:《先秦"孝"、"友"观念研究:兼汉宋儒学探索》,合肥:安徽大学出版社,2006年。

常建华撰:《中华文化通志》,刘泽华主编:《制度文化典·宗族志》,上海:上海人民出版社,1998年。

常玉芝:《商代周祭制度》,北京:中国社会科学出版社,1987年。

晁福林:《天命与彝伦:先秦社会思想探研》,北京:北京师范大学出版社,2012年。

晁福林:《夏商西周社会史》,北京:北京师范大学出版社,2010年。

晁福林:《先秦社会思想研究》,北京:商务印书馆,2007年。

晁福林:《先秦社会形态研究》,北京:北京师范大学出版社,2003年。

陈恩林:《逸斋先秦史论文集》,长春:吉林文史出版社,2010年。

陈剑:《甲骨金文考释论集》,北京:线装书局,2007年。

陈梦家:《西周铜器断代》,北京:中华书局,2011年。

陈梦家:《殷虚卜辞综述》,北京:中华书局,2013年。

陈伟：《包山楚简初探》，武汉：武汉大学出版社，1996年。

陈伟：《新出楚简研读》，武汉：武汉大学出版社，2010年。

陈絜：《商周姓氏制度研究》，北京：商务印书馆，2006年。

陈英杰：《西周金文作器用途铭辞研究》，北京：线装书局，2009年。

陈致主编：《当代西方汉学研究集萃·上古史卷》，上海：上海古籍出版社，2016年。

［日］岛邦男著，濮茅左、顾伟良译：《殷墟卜辞研究》，上海：上海古籍出版社，2006年。

杜正胜：《编户齐民——传统政治社会结构之形成》，台北：联经出版事业公司，1990年。

杜正胜：《古代社会与国家》，台北：允晨文化实业股份有限公司，1992年。

段志洪：《周代卿大夫研究》，台北：台湾文津出版社，1994年。

范文澜：《中国通史简编（修订本）》第1编，北京：人民出版社，1955年。

冯尔康：《中国古代的宗族和祠堂》，北京：商务印书馆，2013年。

冯尔康：《中国宗族史》，上海：上海人民出版社，2009年。

冯尔康：《中国宗族制度与谱牒编纂》，天津：天津古籍出版社，2011年。

高达观编著：《中国家族社会之演变》，南京：正中书局，1944年。

管东贵：《从宗法封建制到皇帝郡县制的演变：以血缘解纽为脉络》，北京：中华书局，2010年。

郭沫若：《郭沫若全集·考古编》，北京：科学出版社，2002年。

郭沫若：《郭沫若全集·历史编》，北京：人民出版社，1982—1985年。

郭沫若主编：《中国史稿》第一册，北京：人民出版社，1962年。

韩江苏、张林昌：《〈殷本纪〉订补与商史人物徵》，宋镇豪主编：《商代史》卷二，北京：中国社会科学出版社，2010年。

何怀宏：《世袭社会——西周至春秋社会形态研究》，北京：北京大学出版社，2011年。

胡厚宣：《甲骨学商史论丛（初集）》，济南：齐鲁大学国学研究所，1944年。

黄天树：《殷墟王卜辞的分类与断代》，北京：科学出版社，2007年。
黄锡全：《古文字与古货币文集》，北京：文物出版社，2009年。
瞿同祖：《中国封建社会》，上海：上海人民出版社，2005年。
李峰著，吴敏娜等译：《西周的政体：中国早期的官僚制度和国家》，北京：生活·读书·新知三联书店，2010年。
李峰著，徐峰译，汤惠生校：《西周的灭亡：中国早期国家的地理和政治危机》，上海：上海古籍出版社，2016年。
李文治、江太新：《中国宗法宗族制和族田义庄》，北京：社会科学文献出版社，2000年。
李学勤等主编：《中国古代文明与国家形成研究》，昆明：云南人民出版社，1997年。
李学勤：《李学勤集——追溯·考据·古文明》，哈尔滨：黑龙江教育出版社，1989年。
李学勤、彭裕商：《殷墟甲骨分期研究》，上海：上海古籍出版社，1996年。
李学勤：《三代文明研究》，北京：商务印书馆，2011年。
李学勤：《通向文明之路》，北京：商务印书馆，2010年。
李学勤：《文物中的古文明》，北京：商务印书馆，2008年。
李学勤：《夏商周年代学札记》，沈阳：辽宁大学出版社，1999年。
李学勤：《新出青铜器研究（增订版）》，北京：人民美术出版社，2016年。
李学勤：《中国古代文明研究》，上海：华东师范大学出版社，2004年。
李亚农：《李亚农史论集》，上海：上海人民出版社，1962年。
林剑鸣：《秦史稿》，上海：上海人民出版社，1981年。
林沄：《林沄学术文集》，北京：中国大百科全书出版社，1998年。
林沄：《林沄学术文集（二）》，北京：科学出版社，2008年。
刘广明：《宗法中国》，上海：上海三联书店，1993年。
刘节：《中国古代家族移植史论》，南京：正中书局，1948年。
刘源：《商周祭祖礼研究》，北京：商务印书馆，2004年。
刘钊：《古文字考释丛稿》，长沙：岳麓书社，2005年。
吕思勉：《先秦史》，上海：上海古籍出版社，2005年。

吕思勉：《中国宗族制度小史》，《民国丛书》第五编，上海：中山书局，1929年。

吕文郁：《周代的采邑制度（增订版）》，北京：社会科学文献出版社，2006年。

钱杭：《血缘与地缘之间：中国历史上的联宗与联宗组织》，上海：上海社会科学院出版社，2001年。

钱杭：《中国宗族史研究入门》，上海：复旦大学出版社，2009年。

钱杭：《中国宗族制度新探》，香港：中华书局有限公司，1994年。

钱杭：《周代宗法制度史研究》，上海：学林出版社，1991年。

钱杭：《宗族的世系学研究》，上海：复旦大学出版社，2011年。

钱穆：《国史大纲》，北京：商务印书馆，2010年。

钱宗范：《周代宗法制度研究》，桂林：广西师范大学出版社，1989年。

秦照芬：《商周时期的祖先崇拜》，台北：兰台出版社，2003年。

裘锡圭：《裘锡圭学术文集(1—6)》，上海：复旦大学出版社，2012年。

任伟：《西周封国考疑》，北京：社会科学文献出版社，2004年。

容庚：《商周彝器通考》，哈佛燕京学社，1941年。

沈长云：《上古史探研》，北京：中华书局，2002年。

施治生、徐建新：《古代国家的等级制度》，北京：中国社会科学出版社，2003年。

宋华强：《新蔡葛陵楚简初探》，武汉：武汉大学出版社，2010年。

宋镇豪：《中国风俗通史·夏商卷》，上海：上海文艺出版社，2001年。

孙曜：《春秋时代之世族》，上海：中华书局，1931年。

孙作云：《诗经与周代社会研究》，北京：中华书局，1966年。

唐兰：《西周青铜器铭文分代史征》，北京：中华书局，1986年。

陶希圣：《婚姻与家族》，上海：商务印书馆，1934年。

陶希圣：《中国社会之史的分析》，沈阳：辽宁教育出版社，1998年。

田昌五、臧知非：《周秦社会结构研究》，西安：西北大学出版社，1996年。

童书业：《春秋左传研究》，上海：上海人民出版社，1983年。

王贵民：《商周制度考信》，台北：明文书局，1989年。

王国维:《观堂集林》,北京:中华书局,2015年。
王晖:《商周文化比较研究》,北京:人民出版社,2000年。
王健:《西周政治地理结构研究》,郑州:中州古籍出版社,2004年。
王玉波:《中国家庭的起源与演变》,石家庄:河北科学技术出版社,1992年。
王震中:《中国文明起源的比较研究》,西安:陕西人民出版社,1994年。
吴昌莹:《经词衍释》,北京:中华书局,1956年。
[美]夏含夷:《兴与象:中国古代文化史论集》,上海:上海古籍出版社,2012年。
谢维扬:《中国早期国家》,杭州:浙江人民出版社,1995年。
谢维扬:《周代家庭形态》,北京:中国社会科学出版社,1990年。
徐扬杰:《中国家族制度史》,武汉:武汉大学,2012年。
徐中舒:《徐中舒历史论文选辑》,北京:中华书局,1998年。
[美]许烺光著,薛刚译:《宗族·种姓·俱乐部》,北京:华夏出版社,1990年。
许倬云:《求古编》,台北:联经出版事业有限公司,1982年。
许倬云:《西周史》,北京:生活·读书·新知三联书店,1993年。
许倬云:《中国古代社会史论》,桂林:广西师范大学出版社,2006年。
晏昌贵:《巫鬼与淫祀:楚简所见方数宗教考》,武汉:武汉大学出版社,2010年。
杨宽:《古史探微》,上海:上海人民出版社,2016年。
杨宽:《古史新探》,北京:中华书局,1965年。
杨宽:《西周史》,上海:上海人民出版社,1999年。
杨宽:《战国史(增订版)》,上海:上海人民出版社,1998年。
杨权喜:《楚文化》,北京:文物出版社,2000年。
杨树达:《积微居金文说(增订本)》(湖湘文库),长沙:湖南教育出版社,2007年。
杨希枚:《先秦文化史论集》,北京:中国社会科学出版社,1995年。
姚际恒:《诗经通论》,北京:中华书局,1958年。

易建平：《部落联盟与酋邦——民主·专制·国家：起源问题比较研究》，北京：社会科学文献出版社，2004年。

于省吾：《甲骨文字释林》，北京：商务印书馆，2010年。

曾资生：《中国宗法制度》，上海：商务印书馆，1946年。

张昌平：《曾国青铜器研究》，北京：文物出版社，2009年。

张光裕：《雪斋学术论文二集》，台北：艺文印书馆，2004年。

张光裕：《雪斋学术论文集》，台北：艺文印书馆，1989年。

张国刚主编，王利华著：《中国家庭史第一卷：先秦至南北朝时期》，广州：广东人民出版社，2007年。

张鹤泉：《周代祭祀研究》，台北：文津出版社，1993年。

张懋镕：《古文字与青铜器论集》，北京：科学出版社，2002年。

张懋镕：《古文字与青铜器论集（第二辑）》，北京：科学出版社，2006年。

张懋镕：《古文字与青铜器论集（第三辑）》，北京：科学出版社，2010年。

张懋镕：《古文字与青铜器论集（第四辑）》，北京：科学出版社，2014年。

张懋镕：《古文字与青铜器论集（第五辑）》，北京：科学出版社，2016年。

张淑一：《先秦姓氏制度考索》，福州：福建人民出版社，2008年。

张亚初、刘雨：《西周金文官制研究》，北京：中华书局，1986年。

张政烺：《甲骨金文与商周史研究》，北京：中华书局，2012年。

赵伯雄：《周代国家形态研究》，长沙：湖南教育出版社，1990年。

赵光贤：《周代社会辨析》，北京：人民出版社，1980年。

赵林：《殷契释亲——论商代的亲属称谓及亲属组织制度》，上海：上海古籍出版社，2011年。

赵沛：《两汉宗族研究》，济南：山东大学出版社，2002年。

赵平安：《金文释读与文明探索》，上海：上海古籍出版社，2011年。

赵平安：《文字·文献·古史赵平安自选集》，上海：中西书局，2017年。

赵平安：《新出简帛与古文字古文献研究》，北京：商务印书馆，2009年。

赵平安：《新出简帛与古文字古文献研究续集》，北京：商务印书馆，2018年。

郑威：《楚国封君研究》，武汉：湖北教育出版社，2012年。

周祖谟：《方言校笺》，北京：中华书局，1993年。

朱凤瀚：《商周家族形态研究（增订本）》，天津：天津古籍出版社，2004年。

朱凤瀚、徐勇编著：《先秦史研究概要》，天津：天津教育出版社，1996年。

朱凤瀚：《中国青铜器综论》，上海：上海古籍出版社，2009年。

四、期刊、析出文献与学位论文

巴新生：《西周"宗盟"初探》，《东北师大学报（哲学社会科学版）》1997年第2期。

巴新生：《西周孝道试析》，南开大学历史系先秦史研究室编：《王玉哲先生八十寿辰纪念文集》，天津：南开大学出版社，1994年。

白国红：《试论先秦时期赵国的封君制度》，《河北师范大学学报（哲学社会科学版）》2002年第1期。

北京大学考古文博学院、山西省考古研究所：《天马—曲村遗址北赵晋侯墓地第六次发掘》，《文物》2001年第8期。

蔡礼彬：《战国家族形态研究》，南开大学博士学位论文，2004年。

蔡礼彬：《战国时期齐国卿大夫家族形态初探》，《管子学刊》2003年第1期。

蔡一峰：《叔多父簋铭"孙="释读刍议》，《出土文献》第九辑，上海：中西书局，2016年。

蔡哲茂：《殷卜辞"三公二父"试解》，《承继与拓新：汉语语言文字学国际研讨会论文集》，香港中文大学，2012年。

曹斌：《匽侯铜器与燕国早期世系》，《江汉考古》2016年第5期。

曹建墩：《东周淫祀探析》，《先秦古礼探研》，北京：社会科学文献出版社，2018年。

曹锦炎：《〈天子建州〉首章重释》，《出土文献》第四辑，上海：中西书局，2013年。

曹锦炎：《宗人鼎铭文小考》，吉林大学古籍所编：《吉林大学古籍研究所建所三十周年纪念论文集》，上海：上海古籍出版社，2014年。

曹玮：《西周时期的禘祭与祫祭》，北京大学考古文博院编：《考古学研究（六）》，2006 年。

常正光：《春秋时期宗法制度在晋国的开始解体与晋国称霸的关系》，《四川大学学报（社会科学版）》1963 年第 1 期。

晁福林：《卜辞所见商代祭尸礼浅探》，《考古学报》2016 年第 3 期。

晁福林：《从商王大戊说到商周时代祖宗观念的变化——清华简〈说命〉补释》，《学术月刊》2015 年第 5 期。

晁福林：《关于殷墟卜辞中的"示"和"宗"的探讨——兼论宗法制的若干问题》，《社会科学战线》1989 年第 3 期。

晁福林：《好仁、好贤与朋友——简本〈缁衣〉"轻绝贫贱"章和〈大雅·既醉〉篇补释》，《北京师范大学学报（社会科学版）》2014 年第 2 期。

晁福林：《论殷代神权》，《中国社会科学》1990 年第 1 期。

晁福林：《论战国相权》，《中国社会科学》1998 年第 5 期。

晁福林：《论周代国人与庶民社会身份的变化》，《人文杂志》2000 年第 3 期。

晁福林：《论周代卿权》，《中国社会科学》1993 年第 6 期。

晁福林：《试论春秋时期的祖先崇拜》，《陕西师大学报（哲学社会科学版）》1995 年第 2 期。

晁福林：《试论战国时期宗法制度的发展和衍变》，《史学史研究》1999 年第 1 期。

晁福林：《试论宗法制的几个问题》，《学习与探索》1999 年第 4 期。

晁福林：《说商代的"天"和"帝"》，《史学集刊》2016 年第 3 期。

晁福林：《先秦社会最高权力的变迁及其影响因素》，《中国社会科学》2015 年第 2 期。

晁福林：《宗法制研究综述》，文史知识编辑部：《中国史学研究动态》，北京：中华书局，1993 年。

陈恩林、孙晓春：《关于周代宗法制度的两个问题》，《社会科学战线》2002 年第 6 期。

陈恩林：《关于周代宗法制度中君统与宗统的关系问题》，《社会科学战线》1989年第2期。

陈恩林:《先秦两汉文献中所见周代诸侯五等爵》,《历史研究》1994年第5期。

陈光宇:《儿氏家谱刻辞综述及其确为真品的证据》,《甲骨文与殷商史》新六辑,上海古籍出版社,2016年。

陈剑:《柞伯簋铭文补释》,《甲骨金文考释论集》,北京:线装书局,2007年。

陈絜、刘洋:《宜侯夨簋与宜地地望》,《中原文物》2018年第3期。

陈絜、马金霞:《叔虞鼎的定名与西周历史上的虞国》,朱凤瀚、赵伯雄编:《仰止集——王玉哲先生纪念文集》,天津:天津人民出版社,2007年。

陈絜:《"梁山七器"与周代巡狩之制》,(台北)《汉学研究》34卷第1期,2016年。

陈絜:《瞏鼎铭文补释及其相关问题》,朱凤瀚主编:《新出金文与西周历史》,上海:上海古籍出版社,2011年。

陈絜:《从商金文的"寝某"称名形式看殷人的称名习俗》,《华夏考古》2001年第1期。

陈絜:《浅谈荣仲方鼎的定名及其相关问题》,《中国历史文物》2008年第2期。

陈絜:《血族组织地缘化与地缘组织血族化——关于周代基层组织与基层社会的几点看法》,《社会科学战线》2009年第1期。

陈絜:《燕召诸器铭文与燕召宗族早期历史中的两个问题》,《中国社会历史评论(第一卷)》,天津:天津古籍出版社,1999年。

陈絜:《应公鼎铭与周代宗法》,《南开学报(哲学社会科学版)》2008年第6期。

陈絜:《周代农村基层聚落初探》,朱凤瀚主编:《新出金文与西周历史》,上海:上海古籍出版社,2011年。

陈佩芬:《繁卣、趞鼎及梁其钟铭文诠释》,《上海博物馆集刊》第二辑,上海:上海古籍出版社,1982年。

陈全方、陈馨:《新见商周青铜器瑰宝》,《收藏》2006年第4期。

陈寿：《大保簋的复出和大保诸器》，张长寿：《商周考古论集》，北京：文物出版社，2007年。

陈斯鹏：《唐叔虞方鼎铭文新解》，张光裕、黄德宽主编：《古文字学论稿》，合肥：安徽大学出版社，2008年。

陈伟：《楚人祷词记录中的人鬼系统以及相关问题》，《古文字与古代史》第一辑，台北：中研院史语所，2007年。

陈伟：《楚人祷祠记录中的人鬼系统以及相关问题》，《新出楚简研读》，武汉：武汉大学出版社，2010年。

陈伟：《葛陵楚简所见的卜筮与祷祠》，《出土文献研究》第六辑，上海：上海古籍出版社，2004年。

陈伟：《望山楚简所见的卜筮与祷词——与包山楚简相对照》，《江汉考古》1997年第2期。

陈颖飞：《清华简毕公高、毕桓与西周毕氏》，《中国国家博物馆馆刊》2012年第6期。

陈赟：《"殷唯有小宗，而周立大宗"：关于商周宗法的讨论——以王国维〈殷周制度论〉为中心》，《学术月刊》2014年第11期。

陈赟：《从宗法秩序到伦常秩序——早期中国伦理范式的嬗变》，《学海》2018年第1期。

陈昭容：《周代妇女在祭祀中的地位——青铜器铭文中的性别、身份与角色研究（之一）》，李贞德、梁其姿主编：《妇女与社会》，北京：中国大百科全书出版社，2005年。

程有为：《西周宗法制度的几个问题》，《河南师大学报（社会科学版）》1981年第1期。

丁鼎：《〈仪礼·丧服〉所体现的周代宗法制度》，《史学集刊》2002年第4期。

丁鼎：《〈仪礼·丧服〉所体现的周代宗法制度与伦理观念》，《民俗研究》2002年第3期。

丁山：《宗法考源》，《历史语言研究所集刊》第4本第4分，1934年。

董珊：《版方鼎和荣仲方鼎铭文的释读》，北京大学震旦古代文明研究中心编:《古代文明研究通讯》总第 27 期,2005 年。

董珊:《出土文献所见"以谥为族"的楚王族——附说〈左传〉"诸侯以字为谥因以为族"的读法》,《出土文献与古文字研究》第二辑,上海:复旦大学出版社,2008 年。

董珊:《略论西周单氏家族窖藏青铜器铭文》,《中国历史文物》2003 年第 4 期。

董珊:《毛公方鼎韵读》,《青铜器与金文》第一辑,上海:上海古籍出版社,2017 年。

董珊:《试论殷墟卜辞之"周"为金文中的妘姓之琱》,《中国国家博物馆馆刊》2013 年第 7 期。

董珊:《释它簋铭"沈子"和〈逸周书·皇门〉的"沈人"》,《出土文献》第二辑,上海:中西书局,2011 年。

董珊:《它簋盖铭文新释——西周凡国铜器的重新发现》,《出土文献与古文字研究》第六辑,上海:上海古籍出版社,2015 年。

董珊:《疑尊、疑卣考释》,《中国国家博物馆馆刊》2012 年第 9 期。

董作宾:《论商人以十日为名》,《大陆杂志》第二卷第三期,1951 年。

杜正胜:《传统家族试论》,黄宽重、刘增贵主编:《家族与社会》,北京:中国大百科全书出版社,2005 年。

恩格斯:《家庭、私有制和国家的起源》,《马克思恩格斯选集》第 4 卷,北京:人民出版社,1972 年。

冯尔康:《秦汉以降古代中国"变异型宗法社会"试说——以两汉、两宋宗族建设为例》,《天津社会科学》2008 年第 1 期。

冯峰:《鲍子鼎与鲍子镈》,《中国国家博物馆馆刊》2014 年第 7 期。

冯时:《坂方鼎、荣仲方鼎及相关问题》,《考古》2006 年第 8 期。

冯时:《琱生三器铭文研究》,《考古》2010 年第 1 期。

冯时:《堇鼎铭文与召公养老》,《考古》2017 年第 1 期。

冯时:《我方鼎铭文与西周丧奠礼》,《考古学报》2013 年第 2 期。

冯时:《殷代史氏考》,陕西师范大学、宝鸡青铜器博物馆编:《黄盛璋先生八秩华诞纪念文集》,中国教育文化出版社,2005 年。

冯时:《致事传家与燕私礼——叔趯父器铭文所见西周制度》,《华夏考古》2018年第1期。

冯时:《周初二伯考——兼论周代伯老之制》,《中原文化研究》2018年第2期。

高婧聪、张利军:《周代"庶子不祭"新证》,《中国历史文物》2009年第3期。

高婧聪:《青铜器铭文与周代宗法制度新研》,北京师范大学博士学位论文,2011年。

高婧聪:《清人对周代宗法制度的研究》,《古代文明》2019年第1期。

高婧聪:《西周宗族形态及德教——以冉器所见遣氏宗族为中心的考察》,《历史研究》2016年第6期。

高智、张崇宁:《西伯既戡黎——西周黎侯铜器的出土与黎国墓地的确认》,《古代文明研究通讯》总第34期,2007年。

顾颉刚:《〈逸周书·世俘篇〉校注、写定与评论》,《文史》1963年第2期。

管东贵:《柳宗元〈封建论〉读后》,《从宗法封建制到皇帝郡县制的演变:以血缘解纽为脉络》,北京:中华书局,2010年。

管东贵:《周人"血缘组织"和"政治组织"间的互动与互变》,《从宗法封建制到皇帝郡县制的演变:以血缘解纽为脉络》,北京:中华书局,2010年。

郭晨晖:《论商周时期的帝与天》,北京大学博士学位论文,2017年。

郭晨晖:《略论"射壶"铭文中的"天尹"》,《青铜器与金文》第一辑,上海:上海古籍出版社,2017年。

郭沫若:《跋江陵与寿县出土铜器群》,《考古》1963年第4期。

郭沫若:《两周金文辞大系图录考释》,《郭沫若全集·考古编》第八卷,北京:科学出版社,2002年。

郭沫若:《令彝令簋与其他诸器物之综合研究》,《殷周青铜器铭文研究》,北京:科学出版社,1961年。

郭沫若:《沈子簋》,《两周金文辞大系图录考释》下,上海:上海书店出版社,1999年。

郭沫若:《沈子簋铭考释》,《金文丛考》,北京:人民出版社,1954年。

郭沫若：《先秦天道观之进展》，《青铜时代》，《郭沫若全集·历史编》第一卷，北京：人民出版社，1982年。

郭沫若：《中国古代社会研究》附录《古代用牲之最高记录》，《郭沫若全集·历史编》第一卷，北京：人民出版社，1982年。

韩巍：《册命铭文的变化与西周厉、宣铜器分界》，《文物》2009年第1期。

韩巍：《从叶家山墓地看西周南宫氏与曾国——兼论"周初赐姓说"》，北京大学出土文献研究所编：《青铜器与金文》第一辑，上海：上海古籍出版社，2017年。

韩巍：《单逨诸器铭文习语的时代特点和断代意义》，《南开学报（哲学社会科学版）》2008年第6期。

韩巍：《读〈首阳吉金〉琐记六则》，朱凤瀚主编：《新出金文与西周历史》，上海：上海古籍出版社，2011年。

韩巍：《眉县盠器群的族姓、年代及相关问题》，《考古与文物》2007年第4期。

韩巍：《西周金文世族研究》，北京大学博士学位论文，2007年。

韩巍：《西周金文中的"异人同名"现象及其对断代研究的影响》，《东南文化》2009年第6期。

韩巍：《新出"宗人"诸器所反映的西周宗族关系》，《岭南学报》2018年第2期。

韩巍：《重论西周单氏家族世系》，朱凤瀚主编：《新出金文与西周历史》，上海：上海古籍出版社，2011年。

韩宇娇：《"伯"与"孟"是嫡庶之别吗》，《光明日报》2017年1月9日13版。

何浩、张君：《试论楚国的君位继承制》，《中国史研究》1984年第4期。

何浩：《鲁季氏立费国及其相关的问题》，《史林》1987年第2期。

何浩：《战国时期楚封君初探》，《历史研究》1984年第5期。

何浩：《论楚国封君制的发展与演变》，《江汉论坛》1991年第5期。

何浩：《文坪夜君的身份与昭氏的世系》，《江汉考古》1992年第3期。

何景成：《关于荣仲方鼎的一点看法》，《中国历史文物》2006年第6期。

何景成：《论西周王朝政府的僚友组织》，《南开学报》2008 年第 6 期。

何景成：《释金文词语"逆送"》，《中国文字研究》2015 年第 2 期。

河南省信阳地区文管会、河南省罗山县文化馆：《罗山天湖商周墓地》，《考古学报》1986 年第 2 期。

贺润坤：《论秦的宗法制——兼谈胡亥篡位与秦朝灭亡的根本原因》，《文博》1990 年第 5 期。

侯乃峰：《秦骃祷病玉版铭文集解》，《文博》2005 年第 6 期。

胡厚宣：《殷代婚姻家族宗法生育制度考》，《甲骨学商史论丛（初集）》，济南：齐鲁大学国学研究所，1944 年。

胡辉平：《殷卜辞中商王庙主问题研究》，中国社会科学院研究生院硕士学位论文，2003 年。

湖北省文物考古研究所、随州市博物馆：《湖北随州市文峰塔东周墓地》，《考古》2014 年第 7 期。

黄国辉：《"家谱刻辞"研究新证》，《出土文献》第三辑，上海：中西书局，2013 年。

黄国辉：《〈首阳吉金〉"螽簋"新探》，《北京师范大学学报（社会科学版）》2014 年第 3 期。

黄国辉：《江陵"北子"器所见人物关系及宗法史实》，《历史研究》2011 年第 2 期。

黄国辉：《略论"姬㚖母温鼎"中的人物关系及婚姻制度》，《中国史研究》2010 年第 1 期。

黄国辉：《略论周代家族中兄弟排行的原则问题》，《史学史研究》2018 年第 4 期。

黄国辉：《商代亲称区别字若干问题研究》，《考古学报》2012 年第 3 期。

黄国辉：《商周亲属称谓的演变及其比较研究》，《中国史研究》2014 年第 2 期。

黄国辉：《商周亲属称谓研究》，北京师范大学博士学位论文，2010 年。

黄锦前、张新俊：《说西周金文中的"霸"与"格"——兼论两周时期霸国的地望》，《考古与文物》2015 年第 5 期。

黄锦前：《晏鼎铭文试释》，《中国国家博物馆馆刊》2015年第3期。

黄铭崇：《甲骨文、金文所见以十日命名者的继统"区别字"》，"中央研究院"《历史语言研究所集刊》第76本第4分，2005年。

黄天树：《妇女卜辞》，《黄天树古文字论集》，北京：学苑出版社，2006年。

黄天树：《谈谈殷墟甲骨文中的"子"字——兼说"王"和"子"同版并卜》，《古文字研究》第27辑，北京：中华书局，2008年。

黄锡全：《曾器铭文中之"曾子"称谓问题——附曾公孙叔考臣三器》，《古文字研究》第32辑，北京：中华书局，2018年。

黄锡全：《楚器铭文中"楚子某"之称谓问题辨证》，《江汉考古》1986年第4期。

黄锡全：《湖北出土商周文字辑证》，武汉：武汉大学出版社，1992年。

黄子通：《宗法制度与等级制度是不是封建制度的特征？》，《北京大学学报（人文科学）》，1957年第1期。

吉德炜：《中国古代的吉日与庙号》，《殷墟博物苑苑刊》创刊号，北京：中国社会科学院出版社，1989年。

贾海生：《从宗法制度论晋伯卣器主人的身份与年代》，《山西档案》2013年第6期。

蒋鲁敬、刘建业：《荆州望山桥一号楚墓出土卜筮祭祷简及墓葬年代初探》，《江汉考古》2017年第1期。

蒋玉斌、周忠兵：《据清华简释读西周金文一例——说"沈子"、"沈孙"》，《出土文献》第二辑，上海：中西书局，2011年。

蒋玉斌：《殷墟子卜辞的整理与研究》，吉林大学博士学位论文，2006年。

金景芳：《论宗法制度》，《东北人民大学人文科学学报》1956年第2期。

金祥恒：《释涉》，宋镇豪主编：《甲骨文献集成》第十二册，成都：四川大学出版社，2001年。

雷海宗：《中国的宗族制度》，《社会科学》2卷4期，1937年。

李伯谦：《晋伯卣及其相关问题》，《中国古代青铜器国际研讨会论文集》，香港：香港中文大学出版社，2010年。

李伯谦：《叔夨方鼎铭文考释》，《文物》2001年第8期。

李朝远：《读荣仲方鼎》，《中国文物报》2005年12月2日第7版。

李春桃：《说"夬""韘"——从"夬"字考释谈到文物中扳指的命名》，《吉林大学社会科学学报》2017年第1期。

李峰：《西周宗族社会下的"称名区别原则"》，《文汇报》2016年2月19日第15版。

李家浩：《包山楚简所见楚先祖名及其相关的问题》，《文史》第42辑，北京：中华书局，1997年。

李家浩：《益余敦》，保利艺术博物馆编著：《保利藏金续》，广州：岭南美术出版社，2001年。

李家骥：《宗法今解——兼与杨宽先生商榷》，《学术月刊》1982年第5期。

李晶：《〈尔雅·释亲〉王父王母考》，《历史研究》2016年第6期。

李静：《论张载重建宗法的思想》，《重庆社会科学》2000年第4期。

李凯：《季姬方尊铭文与西周宗族经济》，《华夏考古》2018年第2期。

李立新：《甲骨文中所见祭名研究》，中国社会科学院研究生院博士学位论文，2003年。

李零、董珊：《皎孙宋鼎》，保利艺术博物馆编著：《保利藏金》，广州：岭南美术出版社，1999年。

李零：《楚国族源、世系的文字学证明》，《文物》1991年第2期。

李零：《读杨家村出土的虞逑诸器》，《中国历史文物》2003年第3期。

李鲁滕：《鬲鼎及其相关问题》，谢治秀主编：《齐鲁文博——山东省首届文物科学报告月文集》，济南：齐鲁书社，2002年。

李守奎：《出土文献中"迁"字的使用习惯与何尊"迁宅"补说》，《出土文献》第四辑，上海：中西书局，2013年。

李文治：《西周宗法制释义——论西周典型宗法制从属于封建领主制》，《谱牒学研究》第一辑，北京：书目文献出版社，1989年。

李文治：《中国封建社会土地关系与宗法宗族制》，《历史研究》1989年第5期。

李曦：《周代伯仲排行的宗法意义》，《陕西师大学报（哲学社会科学版）》1986年第1期。

李先登:《禹鼎集释》,《中国历史博物馆馆刊》1984年总第6期。

李向平:《春秋战国时代的姓氏制度》,《广西师范大学学报(哲学社会科学版)》1984年第3期。

李向平:《西周春秋时期士阶层宗法制度研究》,《历史研究》1986年第5期。

李向平:《西周春秋时期庶人宗法组织研究》,《历史研究》1989年第2期。

李学勤:《元氏铜器与西周的邢国》,《新出青铜器研究(增订版)》,北京:人民美术出版社,2016年。

李学勤:《鼍尊考释》,《新出青铜器研究(增订版)》,北京:人民美术出版社,2016年。

李学勤:《"秦子"新释》,《文博》2003年第5期。

李学勤:《伯㺇青铜器与西周典祀》,《古文字与古代史》第一辑,台北:中研院史语所,2007年。

李学勤:《楚国申氏两簠读释》,《江汉考古》2010年第2期。

李学勤:《从清华简谈到周代黎国》,《出土文献》第一辑,上海:中西书局,2010年。

李学勤:《大盂鼎新论》,《李学勤集——追溯·考据·古文明》,哈尔滨:黑龙江教育出版社,1989年。

李学勤:《多友鼎的"卒"字及其他》,《新出青铜器研究(增订版)》,北京:人民美术出版社,2016年。

李学勤:《古代的礼制和宗法》,王力等著:《中国古代文化史讲座》,北京:中央广播电视大学出版社,1984年。

李学勤:《祼玉与商末亲族制度》,《史学月刊》2004年第9期。

李学勤:《何尊新释》,《中原文物》1981年第1期。

李学勤:《季姬方尊研究》,《中国史研究》2003年第4期。

李学勤:《考古发现与古代姓氏制度》,《考古》1987年第3期。

李学勤:《令方尊、方彝新释》,《古文字研究》第16辑,北京:中华书局,1989年。

李学勤:《鲁方彝与西周商贾》,《史学月刊》1985年第1期。

李学勤：《论多友鼎的时代及意义》，《人文杂志》1981年第6期。

李学勤：《论高青陈庄器铭"文祖甲齐公"》，《东岳论丛》2010年第10期。

李学勤：《论葛陵楚简的年代》，《文物》2004年第7期。

李学勤：《论卿事寮、太史寮》，《吉林师范大学学报（人文社会科学版）》1989年第3期。

李学勤：《论荣仲方鼎有关的几个问题》，《黄河文明与可持续发展》第1卷，2008年。

李学勤：《论西周王朝中的齐太公后裔》，《烟台大学学报（哲学社会科学版）》2010年第4期。

李学勤：《论殷代亲族制度》，《文史哲》1957年第11期。

李学勤：《评陈梦家〈殷虚卜辞综述〉》，《考古学报》1957年第3期。

李学勤：《青铜器与周原遗址》，《西北大学学报》1981年第2期。

李学勤：《戎生编钟论释》，《文物》1999年第9期。

李学勤：《师酓鼎剩义》，《新出青铜器研究（增订版）》，北京：人民美术出版社，2016年。

李学勤：《试论董家村青铜器群》，《文物》1976年第6期。

李学勤：《试论新发现的□方鼎和荣仲方鼎》，《文物》2005年第9期。

李学勤：《试释所谓"寡子卣"》，《出土文献》第十辑，上海：中西书局，2017年。

李学勤：《试说江陵天星观、秦家嘴楚简的年代》，《文物中的古文明》，北京：商务印书馆，2008年。

李学勤：《试说南公与南宫氏》，《出土文献》第六辑，上海：中西书局，2015年。

李学勤：《释"出入"与"逆造"》，《通向文明之路》，北京：商务印书馆，2010年。

李学勤：《释读两片征盂方卜辞》，《甲骨学与殷商史》新三辑，上海：上海古籍出版社，2013年。

李学勤：《释郭店简祭公之顾命》，《文物》1998年第7期。

李学勤：《它簋新释——关于西周商业的又一例证》，《文物与考古论集》，北京：文物出版社，1986年。

李学勤：《谈叔虞方鼎及其他》，《文物》2001年第10期。

李学勤：《探寻久被遗忘的周代应国》，《文史知识》2010年第11期。

李学勤：《西周金文中的土地转让》，《新出青铜器研究（增订版）》，北京：人民美术出版社，2016年。

李学勤：《西周中期青铜器的重要标尺》，《新出青铜器研究（增订版）》，北京：人民美术出版社，2016年。

李学勤：《新出应公鼎释读》，张光裕、黄德宽主编：《古文字学论稿》，合肥：安徽大学出版社，2008年。

李学勤：《由沂水新出盂铭释金文"总"字》，《出土文献》第三辑，上海：中西书局，2012年。

李学勤：《禹鼎与张家坡井叔墓地》，《文物中的古文明》，北京：商务印书馆，2008年。

李学勤：《再释黽方尊》，《古文字研究》第31辑，北京：中华书局，2016年。

李学勤：《柞伯簋铭考释》，《文物》1998年第11期。

李学勤：《长子、中子和别子》，《故宫博物院院刊》2001年第6期。

李则鸣：《殷商宗法制简议》，《江汉论坛》1984年第11期。

李长庆、田野：《祖国历史文物的又一次重要发现——陕西郿县发掘出四件周代铜器》，《文物参考资料》1957年第4期。

李志刚：《周代宴飨礼的功能》，《古代文明》2012年第4期。

连劭名：《商周青铜器铭文新证》，《考古与文物》2005年增刊《古文字论集（三）》。

林鹄：《宗法、丧服与庙制——儒家早期经典与宋儒的宗族理论》，《社会》2015年第1期。

林沄：《"百姓"古义新解——兼论中国早期国家的社会基础》，《吉林大学社会科学学报》2005年第4期。

林沄：《从武丁时代的几种"子卜辞"试论商代的家族形态》，《古文字研究》第1辑，北京：中华书局，1979年。

林沄：《琱生簋新释》，《古文字研究》第 3 辑，北京：中华书局，1980 年。

林沄：《关于中国早期国家形式的几个问题》，《吉林大学社会科学学报》1986 年第 6 期。

林沄：《华孟子鼎等两器部分铭文重释》，吉林大学古籍研究所编：《吉林大学古籍研究所建所三十周年纪念论文集》，上海：上海古籍出版社，2014 年。

林沄：《再论殷墟卜辞中的"多子"与"多生"》，《古文字与古代史》第三辑，台北：中研院史语所，2012 年。

刘彬徽：《湖北出土两周金文国别年代考述》，《古文字研究》第 13 辑，北京：中华书局，1986 年。

刘桓：《师䣄鼎铭考释》，《考古与文物》2005 年增刊《古文字论集（三）》。

刘家和：《宗法辨疑》，《北京师范大学学报》1987 年第 1 期。

刘珏：《秦骃玉版铭文释读述评》，《湖南省博物馆馆刊》第八辑，长沙：岳麓书社，2012 年。

刘丽：《"元子"问题补说》，《出土文献》第 13 辑，上海：中西书局，2019 年。

刘信芳：《楚简"三楚先"、"楚先"、"荆王"以及相关祀礼》，《文史》第 73 辑，2005 年。

刘信芳：《战国楚历谱复原研究》，《考古》1997 年第 11 期。

刘雨：《金文中的飨祭》，《故宫博物院院刊》1998 年第 4 期。

刘雨：《西周金文中的祭祖礼》，《考古学报》1989 年第 4 期。

刘源：《"五等爵"制与殷商贵族政治体系》，《历史研究》2014 年第 1 期。

刘源：《从甲骨文、金文材料看西周贵族社会的"德"》，《南方文物》2017 年第 4 期。

刘源：《周承殷制的新证据及其启示》，《历史研究》2016 年第 2 期。

刘泽华、刘景泉：《战国时期的食邑与封君述考》，《北京师范学院学报（社会科学版）》1982 年第 3 期。

刘钊：《释甲骨文中从夗的几个字》，《古文字考释丛稿》，长沙：岳麓书社，2005 年。

刘昭瑞：《关于甲骨文中子称和族的几个问题》，《中国史研究》1987 年第

2期。

陆琦杨：《先秦时期出奔事件研究》，华东师范大学硕士学位论文，2016年。

罗检秋：《社会变迁与清代汉学家的宗族观念》，《河北学刊》2017年第4期。

罗泰：《有关西周晚期礼制改革及庄白微氏青铜器年代的新假设：从世系铭文说起》，"中央"研究院历史语言研究所会议论文集之四《中国考古学与历史学之整合研究》，1997年。

罗新慧：《"帅型祖考"和"内得于己"：周代"德"观念的演化》，《历史研究》2016年第3期。

罗新慧：《卜筮祭祷简与战国时期的祖先崇拜》，《出土文献与先秦经史国际学术研讨会论文集》，香港大学，2015年。

罗新慧：《春秋时期祭祖范围研究》，《史学集刊》2020年第2期。

罗新慧：《周代天命观念的发展与嬗变》，《历史研究》2012年第5期。

罗新慧：《祖先形象与周人的祖先崇拜》，《南开学报（哲学社会科学版）》2015年第5期。

罗振玉：《六朝写本礼记子本疏义·跋》，《罗雪堂先生全集》第七编，台北：大通书局影印。

洛阳市第二文物工作队：《洛阳五女冢西周早期墓葬发掘简报》，《文物》2000年第10期。

洛阳市文物工作队：《洛阳东车站两周墓发掘简报》，《文物》2003年第12期。

马卫东：《春秋公族政治述论》，《社会科学辑刊》2009年第5期。

马卫东：《春秋时期贵族政治的历史变迁》，吉林大学博士学位论文，2007年。

马卫东：《春秋时期宗法制度的延续及其瓦解》，《鲁东大学学报（哲学社会科学版）》2008年第7期。

牛克诚：《室—父系大家族组织在春秋晚期的解体及小农的产生》，《中国社会科学院研究生院学报》1989年第4期。

潘小丽：《禘祭考略》，武汉大学硕士学位论文，2004年。

彭邦本：《从曲沃代翼后的宗法组织看晋国社会的宗法分封性质》，《中国史研究》1989年第4期。

彭浩：《包山二号楚墓卜筮与祭祷竹简的初步研究》，《包山楚墓》附录二三，北京：文物出版社，1991年。

彭华：《燕国的政治制度——战国时期的官僚机构与封君制度》，《宜宾学院学报》2005年第5期。

彭裕商等：《保利艺术博物馆收藏的两件铜方鼎笔谈》，《文物》2005年第10期。

平心：《甲骨文金石文札记（二）沈子簋铭试释》，宋镇豪主编：《甲骨文献集成》第十一册，成都：四川大学出版社，2001年。

钱杭：《"类型学"视野下的宗族制度研究》，《光明日报》2013年1月14日。

钱杭：《"族"与"前宗族时代"——兼论"宗族"概念的二元结构》，《上海师范大学学报（哲学社会科学版）》2009年第9期。

钱杭：《〈尚书〉宗法思想研究》，《社会科学战线》1985年第4期。

钱杭：《楚国的宗法继承制与世系排列方式》，《史林》1988年第2期。

钱杭：《鲁国继承制度中的"一继一及"问题》，《史林》1990年第1期。

钱杭：《周代宗法制度在我国历史上的演变》，《河北学刊》1987年第4期。

钱杭：《宗法制度史研究中的几个基本问题》，《史林》1987年第2期。

钱杭：《宗族建构过程中的血缘与世系》，《历史研究》2009年第4期。

钱杭：《宗族与宗法的历史特征——读吕思勉〈中国制度史〉第八章〈宗族〉》，《史林》1991年第2期。

钱林书：《战国时期齐国的封君及封邑》，《复旦学报（社会科学版）》1999年第2期。

钱宗范：《"朋友"》，《中华文史论丛》第八辑，上海：上海古籍出版社，1978年。

钱宗范：《论世界和中国诸民族宗法制度发展形态的共同规律性》，《社会科学家》1997年第3期。

钱宗范：《论西周、春秋时代天子、诸侯、卿、大夫、士之间的宗法关系》，王仲荦主编：《历史论丛（第五辑）》，济南：齐鲁书社，1985年，第1—14页。

钱宗范：《中国古代原始宗法制度的起源和特点——兼论宗族奴隶制和宗法封建制》，《北京社会科学》1987年第2期。

钱宗范：《周代"宗盟"制度浅论》，《广西师范大学学报（哲学社会科学版）》1987年第3期。

钱宗范：《周代宗法制度新论（上）》，《历史教学问题》1990年第2期。

邱汉生：《宋明理学与宗法思想》，《历史研究》1979年第11期。

裘锡圭：《从几件周代铜器铭文看宗法制度下的所有制》，《裘锡圭学术文集》第5卷，上海：复旦大学出版社，2012年。

裘锡圭：《关于商代的宗族组织与贵族和平民两个阶级的初步研究》，《裘锡圭学术文集》第5卷，上海：复旦大学出版社，2012年。

裘锡圭：《甲骨卜辞中所见的逆祀》，《裘锡圭学术文集》第3卷，上海：复旦大学出版社，2012年。

裘锡圭：《释"建"》，《裘锡圭学术文集》第3卷，上海：复旦大学出版社，2012年。

裘锡圭：《说"❏❏白太师武"》，《裘锡圭学术文集》第3卷，上海：复旦大学出版社，2012年。

裘锡圭：《殷墟卜辞中的"卒"和"䢔"》，《裘锡圭学术文集》第1卷，上海：复旦大学出版社，2012年。

屈会涛：《春秋时代的卿族政治》，华东师范大学博士学位论文，2014年。

山东省博物馆：《山东长清出土的青铜器》，《文物》1964年第4期。

山西省考古研究所：《山西翼城大河口西周墓地M6096发掘简报》，《文物》2020年第1期。

山西省考古研究所等：《山西绛县横水西周墓发掘简报》，《文物》2006年第8期。

山西省考古研究所等：《山西翼城大河口西周墓地1017号墓的发掘》，《考古学报》2018年第1期。

陕西省考古研究所等：《陕西眉县杨家村西周青铜器窖藏发掘简报》，《文物》2003 年第 6 期。

单育辰：《再论沈子它簋》，《中国历史文物》2007 年第 5 期。

单育辰：《作册嗌卣初探》，中国文化遗产研究院编：《出土文献研究》第十一辑，上海：中西书局，2012 年。

邵蓓：《西周伯制考索》，《中国史研究》2008 年第 2 期。

沈长云：《〈书·牧誓〉"友邦冢君"释义——兼说西周宗法社会中的善兄弟原则》，《人文杂志》1986 年第 3 期。

沈长云：《关于中国早期国家的几个问题》，《史学月刊》2001 年第 2 期。

沈长云：《酋邦、早期国家与中国古代国家起源及形成问题》，《史学月刊》2006 年第 1 期。

盛冬铃：《西周铜器铭文中的人名及其对断代的意义》，《文史》第 17 辑，北京：中华书局，1983 年。

孙志国：《战国时期秦国封君考论》，《求是学刊》2002 年第 4 期。

孙作云：《从诗经中所见的灭商以前的周社会》，《诗经与周代社会研究》，北京：中华书局，1966 年。

谭步云：《蓝氏诸器▼字考释——兼说"曾祖"原委》，《容庚先生百年诞辰纪念文集》，广州：广东人民出版社，1998 年。

唐嘉弘：《论楚王的继承制度——兼论先秦君位传袭的演变》，《中州学刊》1990 年第 1 期。

田成方：《东周时期楚国宗族研究》，武汉大学博士学位论文，2011 年。

田秋棉、陈絜：《禹簋铭文与西周家族组织形态及管理》，《安徽史学》2019 年第 1 期。

田秋棉：《宗人簋铭文补释及西周依附民的管理问题》，北京大学"商周金文、青铜器与商周历史"博士生论坛论文，2016 年。

童书业：《论宗法制与封建制的关系——评黄子通"宗法制度与等级制度是不是封建制度的特征？"》，《历史研究》1957 年第 8 期。

王彪、黄朴民：《晋国宗法政治的蜕变》，《人文杂志》2015 年第 5 期。

王承祒：《周代社会史试论》，《文史哲》1953 年第 1 期。

王恩田：《楚国之举，恒在少者——楚国幼子继承制答疑》，《中国史研究》

2014 年第 1 期。

王恩田：《从鲁国继承制度看嫡长制的形成》，《东岳论丛》1980 年第 3 期。

王恩田：《随州叶家山西周曾国墓地的族属》，《江汉考古》2014 年第 3 期。

王冠英：《殷周的外服及其演变》，《历史研究》1984 年第 5 期。

王贵民：《商朝官制及其历史特点》，《历史研究》1986 年第 4 期。

王国维：《北伯鼎跋》，《观堂集林》，北京：中华书局，2015 年。

王国维：《商三勾兵跋》，《观堂集林》，北京：中华书局，2015 年。

王国维：《殷卜辞中所见先公先王考》，《观堂集林》，北京：中华书局，2015 年。

王国维：《殷礼征文》，《王国维遗书》第九册，上海：上海古籍书店，1983 年。

王国维：《殷周制度论》，《观堂集林》，北京：中华书局，2015 年。

王晖、高芳：《周代宗法组织结构新探》，《学术月刊》2015 年第 10 期。

王晖：《从虞簋铭看西周井田形式及宗法关系下的分封制》，《考古与文物》2000 年第 6 期。

王晖：《西周金文所见大宗"收族"现象研究》，《史学月刊》2016 年第 12 期。

王晖：《西周金文所见宗族分化问题研究》，《历史教学问题》2018 年第 6 期。

王晖：《庠序：商周武学堂考辨——兼论周代小学大学所学内容之别》，《中国史研究》2015 年第 3 期。

王晖：《周初改制考》，《中国史研究》2000 年第 2 期。

王晖：《作册嗌卣铭文与西周士大夫礼研究》，《中原文化研究》2016 年第 1 期。

王杰峰：《从赵盾"还嫡"之举看"嫡长子"继承制的局限性》，《邯郸学院学报》2007 年第 2 期。

王钧林：《先秦山东地区宗法研究》，《历史研究》1992 年第 6 期。

王龙正、姜涛、袁俊杰：《新发现的柞伯簋及其铭文考释》，《文物》1998 年第 9 期。

王龙正：《平顶山应国墓地九十五号墓年代、墓主及相关问题》，《华夏考古》1995年第4期。

王占奎：《新出现荣仲方鼎的年代学意义》，《中国文物报》2005年12月2日第7版。

王治国：《金文所见西周王朝官制研究》，北京大学博士学位论文，2013年。

王子扬：《甲骨文旧释"凡"之字绝大多数当释为"同"——兼谈"凡"、"同"之别》，《出土文献与古文字研究》第五辑，上海：上海古籍出版社，2013年。

王子杨：《甲骨金文旧释"競"的部分字当改释为"丽"》，《出土文献》2020年第1期。

魏芃：《西周春秋时期"五等爵称"研究》，南开大学博士学位论文，2012年。

吴浩坤：《西周和春秋时代宗法制度的几个问题》，《复旦学报（社会科学版）》1984年第1期。

吴雪飞：《新见伐簋铭文考释》，《殷都学刊》2017年第1期。

吴郁芳：《包山二号墓墓主昭𰐁家谱考》，《江汉论坛》1992年第11期。

吴振武：《试释西周㺇簋铭文中的"馨"字》，《文物》2006年第11期。

吴振武：《新见西周禹簋铭文释读》，《史学集刊》2006年第2期。

吴镇烽、雒忠如：《陕西省扶风县强家村出土的西周铜器》，《文物》1975年第8期。

吴镇烽：《高祖、亚祖、王父考》，《考古》2006年第12期。

吴镇烽：《新见芮国青铜器及其相关问题》，陕西省考古研究院、上海博物馆编：《两周封国论衡》，上海：上海古籍出版社，2014年。

吴镇烽：《㺇器铭文考释》，《考古与文物》2006年第6期。

谢明文：《臣谏簋铭文补释》，《中国国家博物馆馆刊》2014年第3期。

谢明文：《释西周金文中的"垣"字》，《中国文字学报》2015年第2期。

谢明文：《说腹、饱》，《甲骨文与殷商史》新五辑，上海：上海古籍出版社，2015年。

谢维扬：《中国早期国家研究中一些概念意义的理解问题》，《中原文化研究》2013 年第 4 期。

谢尧亭：《倗、霸及其联姻的国族初探》，陈光祖主编：《金玉交辉——商周考古、艺术与文化论文集》，"中央"研究院历史语言研究所，2013 年。

信阳地区文管会、罗山县文化馆：《河南罗山县蟒张商代墓地第一次发掘简报》，《考古》1981 年第 2 期。

信阳地区文管会、罗山县文化馆：《罗山县蟒张后李商周墓地第二次发掘简报》，《中原文物》1981 年第 4 期。

邢义田：《从战国至西汉的族居、族葬、世业论中国古代宗族社会的延续》，黄宽重、刘增贵主编：《家族与社会》，北京：中国大百科全书出版社，2005 年。

徐鸿修：《春秋贵族法规研究》，《先秦史研究》，济南：山东大学出版社，2002 年。

徐扬杰：《宋明以来的封建家族制度述论》，《中国社会科学》1980 年第 4 期。

徐中舒：《禹鼎的年代及其相关问题》，《考古学报》1959 年第 3 期。

许倬云：《春秋战国间的社会变动》，《求古编》，台北：联经出版事业有限公司，1982 年。

严军：《〈左传〉姓氏相关问题的探索》，《浙江学刊》1994 年第 4 期。

阎晓君：《论姓氏合一》，《寻根》1998 年第 3 期。

杨朝明：《"鲁季氏立费国"说商榷——兼论曾子处费之地所在》，《东岳论丛》1999 年第 6 期。

杨华：《楚地丧祭礼制研究——以出土简帛为中心的讨论》，《文史哲》2010 年第 6 期。

杨华：《楚礼庙制研究》，《古礼新研》，北京：商务印书馆，2012 年。

杨华：《上博简〈天子建州〉礼疏》，《古礼新研》，北京：商务印书馆，2012 年。

杨宽：《"冠礼"新探》，《古史新探》，北京：中华书局，1965 年。

杨宽：《试论西周春秋间的宗法制度和贵族组织》，《古史新探》，北京：中华书局，1965 年。

杨升南：《从殷墟卜辞中的"示"、"宗"说到商代的宗法制度》,《中国史研究》1985年第3期。

杨升南：《是幼子继承制,还是长子继承制?》,《中国史研究》1982年第1期。

杨希枚：《论商王庙号问题兼论同名与异名制及商周卜俗》,《殷墟博物苑苑刊》创刊号,中国社会科学院出版社,1989年。

杨希枚：《论先秦所谓姓及相关问题》,《先秦文化史论集》,北京：中国社会科学出版社,1995年。

杨希枚：《论先秦姓族和氏族》,《先秦文化史论集》,北京：中国社会科学出版社,1995年。

杨希枚：《先秦赐姓制度理论的商榷》,《先秦文化史论集》,北京：中国社会科学出版社,1995年。

杨小召：《春秋中后期晋国卿大夫家臣身份的双重性》,《中国史研究》2009年第1期。

杨小召：《西周春秋时期金文中的祖先观念》,四川大学博士学位论文,2009年。

杨英杰：《周代宗法制度辨说》,《辽宁师院学报》1982年第6期。

姚晓娟：《周代家臣制度研究》,吉林大学博士学位论文,2011年。

叶国庆：《试论西周宗法制封建关系的本质》,《厦门大学学报(社会科学版)》1956年第3期。

于宝华：《周代宗法制度研究》,《大同高等专科学校学报》1997年第2期。

于豪亮：《陕西省扶风县强家村出土虢季家族铜器铭文考释》,《于豪亮学术文存》,北京：中华书局,1985年。

于薇：《西周徙封与宗盟问题研究》,北京师范大学博士学位论文,2008年。

于薇：《西周宗盟考论》,《史学集刊》2008年第2期。

曾謇：《古代宗法社会与儒家思想的发展——中国宗法社会研究导论》,《食货》5卷7期,1937年。

曾謇：《殷周之际的农业的发达与宗法社会的产生》,《食货》2卷2期,

1935 年。

曾謇：《中国古代社会(上)》，上海：新生命书局，1935 年。

曾謇：《周金文中的宗法记录》，《食货》2 卷 3 期，1935 年。

增渊龙夫：《春秋战国时代的社会与国家》，杜正胜编：《中国上古史论文选集(下)》，台北：华世出版社，1979 年。

查昌国：《论春秋之"孝"非尊亲》，《先秦"孝"、"友"观念研究：兼汉宋儒学探索》，合肥：安徽大学出版社，2006 年。

查昌国：《论孔子孝观念的革命性》，《先秦"孝"、"友"观念研究：兼汉宋儒学探索》，合肥：安徽大学出版社，2006 年。

查昌国：《西周"孝"义试探》，《中国史研究》1993 年第 2 期。

查昌国：《友与两周君臣关系的演变》，《历史研究》1998 年第 5 期。

张得水：《中国史前的骨卜、龟卜和玉卜》，张伯达编：《中国玉文化玉学论丛》三编·上，北京：紫禁城出版社，2005 年。

张固也：《〈管子·轻重〉篇成书年代新论》，《国学研究》第十一卷，北京：北京大学出版社，2003 年。

张光裕：《𤨪簋铭文与西周史事新证》，《文物》2009 年第 2 期。

张光裕：《乐从堂藏㺇簋及新见卫簋三器铭文小记》，《中山大学学报》2009 年第 5 期。

张光直：《商王庙号新考》，《中国青铜时代》，北京：生活·读书·新知三联书店，1983 年。

张光直：《中国古代王的兴起和城邦的形成》，《中国考古学论文集》，北京：生活·读书·新知三联书店，1999 年。

张海：《"邦"、"国"之别》，《青铜器与金文》第一辑，上海：上海古籍出版社，2017 年。

张海：《西周建"侯"制度与边域政治地理研究》，北京大学博士学位论文，2017 年。

张剑、蔡运章：《洛阳东郊 13 号西周墓的发掘》，《文物》1998 年第 10 期。

张金光：《商鞅变法后秦的家庭制度》，《历史研究》1988 年第 6 期。

张君：《论楚国宗族制解体的历史原因》，《安徽史学》1984 年第 6 期。

张君：《试论楚国的宗族制及其特点》，《武汉师范学院学报（哲学社会科学版）》1984年第4期。

张懋镕：《金文所见商周之际诸兄地位的变迁》，《古文字与青铜器论集》第三辑，北京：科学出版社，2015年。

张懋镕：《三论"周人不用日名说"》，《古文献整理与研究》第1辑，北京：中华书局，2015年。

张懋镕：《新见金文与穆王铜器断代》，《文博》2013年第2期。

张懋镕：《再论"周人不用日名说"》，《文博》2009年第3期。

张懋镕：《周人不用日名说》，《历史研究》1993年第5期。

张懋镕：《周人不用族徽、日名的考古学证明》，《古文字与青铜器论集》第五辑，北京：科学出版社，2016年。

张懋镕：《西周青铜器断代两系说刍议》，《考古学报》2005年第1期。

张天恩：《从逨盘铭文谈西周单氏家族的谱系及相关铜器》，《文物》2003年第7期。

张亚初：《金文新释》，香港中文大学中国语言及文学系：《第二届国际中国古文字学研讨会论文集》，1993年。

张亚初：《西周铭文所见某生考》，《考古与文物》1983年第5期。

张再兴：《金文人名"某某父"中排行的计量考察》，《中国文字研究》2008年第二辑（总第十一辑）。

张政烺：《矢王簋盖跋——评王国维〈古诸侯称王说〉》，《古文字研究》第13辑，北京：中华书局，1986年。

张忠培：《窥探凌家滩墓地》，《文物》2000年第9期。

章太炎：《〈逸周书·世俘篇〉校正》，《制言》1937年第32期。

赵沛：《论先秦到两汉宗族形态的变迁》，《学习与探索》2006年第4期。

赵平安：《关于廾的形义来源》，《新出简帛与古文字古文献研究》，北京：商务印书馆，2009年。

赵平安：《战国文字的"遴"与甲骨文"夲"为一字说》，《新出简帛与古文字古文献研究》，北京：商务印书馆，2009年。

赵庆淼：《卜辞"虘"地与"黎之蒐"》，《中国史研究》2016年第2期。

赵庆淼：《芮姞簋与古芮国探微》，《故宫博物院院刊》2016年第2期。

赵庆淼：《试说周代金文人名称谓中的"长"、"旁"及其宗法内涵》，《古代文明》2018年第3期。

赵世超：《西周国家为早期国家说》，《陕西师大学报（哲学社会科学版）》1992年第4期。

郑子良：《再论"宗统"与"君统"——以郑玄笺注为中心的考察》，《四川大学学报（哲学社会科学版）》2011年第2期。

智贻：《对〈宗法今解〉一文的商讨》，《学术月刊》1983年第1期。

中国社会科学院考古研究所甘青考古队：《甘肃武山傅家门史前文化遗址发掘简报》，《考古》1995年第4期。

钟柏生：《卜辞中所见殷代的军礼之二——殷代的大蒐礼》，《中国文字》新16期，1992年。

周宝宏：《伐簋铭文补释（外一篇）》，《中国文字研究》第二十二辑，2015年。

周言：《"周人不用日名说"考》，香港城市大学中国文化中心：《九州学林》2010年冬季卷。

朱德熙、裘锡圭、李家浩：《望山一号墓竹简的性质与内容》，《江陵望山沙冢楚墓》附录三，北京：文物出版社，1996年。

朱凤瀚：《琱生簋铭新探》，《中华文史论丛》1989年第1期。

朱凤瀚：《琱生簋与琱生尊的综合考释》，《新出金文与西周历史》，上海：上海古籍出版社，2011年。

朱凤瀚：《关于春秋金文中冠以国名的"子"的身份》，《古文字与古代史》第五辑，台北：中研院史语所，2017年，第147—168页。

朱凤瀚：《关于西周封国君主称谓的几点认识》，陕西省考古研究院、上海博物馆编：《两周封国论衡》，上海：上海古籍出版社，2014年。

朱凤瀚：《关于西周金文历日的新资料》，《故宫博物院院刊》2014年第6期。

朱凤瀚：《金文所见西周贵族家族作器制度》，《青铜器与金文》第一辑，上海：上海古籍出版社，2017年。

朱凤瀚：《鲁国青铜器与周初鲁都城》，《青铜器与山东古国学术研讨会论文集》，上海：上海古籍出版社，2017年。

朱凤瀚：《论酌祭》，《古文字研究》第24辑，北京：中华书局，2002年。

朱凤瀚：《论卜辞与商金文中的"后"》，《古文字研究》第19辑，北京：中华书局，1992年。

朱凤瀚：《论商周女性祭祀》，《中国社会历史评论（第一卷）》，天津：天津古籍出版社，1999年。

朱凤瀚：《论殷墟卜辞中的"大示"及相关问题》，《古文字研究》第16辑，北京：中华书局，1989年。

朱凤瀚：《论周金文中"肇"字的字义》，《北京师范大学学报》2000年第2期。

朱凤瀚：《商周金文中"亚"字形内涵的再探讨》，《甲骨文与殷商史（新六辑）》，上海古籍出版社，2016年。

朱凤瀚：《商周青铜器铭文中的复合氏名》，《南开学报》1983年第3期。

朱凤瀚：《商周社会结构的变迁》，《中国社会结构的演变》，郑州：河南人民出版社，1994年。

朱凤瀚：《射壶铭文考释》，《古文字研究》第28辑，北京：中华书局，2010年。

朱凤瀚：《试论商人的族氏组织》，《中国先秦史学会第一届年会论文》（油印本），成都，1982年。

朱凤瀚：《滕州庄里西滕国墓地出土鬶器研究》，《中国古代青铜器国际研讨会论文集》，香港：香港中文大学出版社，2010年。

朱凤瀚：《卫簋与伯狱诸器》，《南开学报（哲学社会科学版）》2008年第6期。

朱凤瀚：《西周金文中的"取𧵽"与相关诸问题》，《古文字与古代史》第一辑，台北：中研院史语所，2007年。

朱凤瀚：《叶家山曾国墓地大墓之墓主人身份与曾侯与钟铭》，湖北省文物考古研究所：《曾国考古发现与研究》，北京：科学出版社，2018年。

朱凤瀚：《叶家山曾国墓地诸大墓之墓主人关系再探讨》，《青铜器与金文》第一辑,上海:上海古籍出版社,2017年。

朱凤瀚:《殷墟卜辞所见商王室宗庙制度》,《历史研究》1990年第6期。

朱凤瀚:《殷墟卜辞中"侯"的身份补正——兼论"侯"、"伯"之异同》,《古文字与古代史》第四辑,台北:中研院史语所,2015年。

朱凤瀚:《枣树林曾侯编钟与叶家山曾侯墓》,《国家博物馆馆刊》2020年第1期。

朱凤瀚:《中国国家博物馆近年来征集的西周有铭青铜器续考》,《近藏集粹:中国国家博物馆新入藏文物》,北京:北京时代华文书局,2016年。

朱凤瀚:《宗人诸器考——兼及再论西周贵族家族作器制度》,《青铜器与金文》第二辑,上海:上海古籍出版社,2018年。

朱凤瀚:《商周时期的天神崇拜》,《中国社会科学》1993年第4期。

佐佐木爱作、钟翀:《宋代道学家的宗法论》,《人文杂志》2015年第6期。

后　　记

　　小书是在本人博士论文的基础上修订而成的。周代宗法制度是先秦史研究的大问题，前人研究成果很多。本书试图在前人基础上对相关问题做探索，不敢说有多大创见，更多的是代表这些年学习的阶段性成果，所得结论尚待进一步检验，一定还有诸多的不足，希望能够得到方家的批评指正。

　　从 2008 年进入大学至今，十多年的时间倏忽而逝。回想一路走来的历程，有幸得到诸多师友、亲朋的帮助，借此机会谨向他们道一声感谢。

　　首先最需要感谢的是导师朱凤瀚先生。先生学术声誉卓著，几年随侍在侧，老师的言传身教让我真切感受到了作为杰出学者、优秀教师以及睿智长者所拥有的光辉品质。老师对待学问热忱而执着，有着深邃的洞察力，视野宽广，格局宏大，同时又善于从细处着手。老师指导学生细致而严格，每次请益，均会给予耐心而又极富启发性的解答。老师对待各种工作、教学均极认真负责，对待学生晚辈又十分宽厚，日常的行事与交谈教会了我很多人生的道理。我的博士论文从选题的确定到框架的构建，初稿的成型及至最后的定稿，无不凝结着老师的心血。每次看到自己不成熟的文稿上密布着老师亲笔标注的各种批改意见，内心既惭愧又感动。论文答辩之后，老师又多次叮嘱我不要懈怠，督促我对论文再作修改，并帮助联系出版事宜。在本书将要付梓之际，老师又慨允作序，鼓励我继续前行。可以说，博士阶段以来的每一点进步，都与老师无私的指导和帮助分不开。老师治学的路径、视野与格局，工作的尽职尽责以及为人处世的通达、睿智是我永远要努力追随的目标。师母对我的学习生活也多有关心，在此要向老师、师母致以最诚挚的谢意。

　　感谢赵平安老师、何晋老师、罗新慧老师、陈絜老师、刘源老师、陈英杰老师、韩巍老师、陈侃理老师不辞辛苦地参加我博士论文的开题、预答辩或答辩。

老师们从选题开始就为我论文的框架结构、写法等提供了很多宝贵的意见。小书的完成,离不开他们长期以来的指导和帮助。同时还要感谢北京大学,燕园浓厚的学术氛围以及兼容并包的精神让我成长,愿北大不忘初心,越来越好。

感谢我的硕士导师,吉林大学古籍研究所吴良宝教授。吴老师对学问要求亦极为严格,经常督促我多读书,勤写读书笔记,教导我要注意夯实基础,培养学术兴趣,养成良好的写作习惯。正是在吴老师的严格要求和指导下,我才得以初窥学问门径。感谢吉大古籍研究所各位老师和同学,古籍所学术氛围浓厚,老师们学问精深,对待学生耐心宽和,各位同学相互砥砺,关系融洽。同时也要感谢边疆考古中心(现与古籍所共同组成考古学院)诸位老师的讲授。东北大地虽然冬日绵长,但吉大三年让我时常感到春天般的温暖,我很怀念它。

感谢西北大学文博学院(现分为文化遗产学院与历史学院)各位老师的教诲。考古学尤重理论与实践的结合,西安是著名古都,西北大地历史遗迹丰富,多次的考察以及新疆田野发掘实习让我真切地感受到了考古学的魅力。西北气候虽偏干旱,但浸润着厚重的历史文化,让人着迷。

感谢曾经关心帮助过我的同门、同学和朋友。吕全义、石安瑞、杨博、刘丽、赵庆森、张海、亓民帅、郭晨晖、谢能宗、许梦阳、丁乐静、刘梦扬、朱赢、孙思雅、肖威、刘浩等同门、同学均曾在学习和生活中给予我很多帮助,与他们一起学习、游玩的日子很快乐。感谢李云河、张天宇、向金辉、刘瑞、孙沛阳等朋友的关心和帮助。他们的学问让我钦佩,他们的善解人意让我感动。此外求学期间要感谢的师友还有很多,我都记在心里,在此就不一一列举了。

我还要感谢我的家人,多年来他们坚定而持续的支持与鼓励,是我前行最大的动力。奶奶是我最早的启蒙者,妈妈总是在无怨无悔地付出,"母氏劬劳"四字如今我感受至深。舅舅、姑姑、姨妈等也在多方面给予帮助,让我没有后顾之忧。父亲生前即希望我能顺着自己的兴趣一路走下去,如今我已毕业博士,他却不能亲眼看到,实在是莫大的遗憾,愿他在另一个世界安好。

感谢上海古籍出版社余念姿女士的精心编辑,为本书增色不少。

最后我还想说的是,这些年的求学,成长的欣喜自然是有的,但学识浅薄的忧虑、能力不足的惶恐亦始终萦绕在心头。这种感觉自博士以来越来越强烈,伴随着时间飞逝的无可奈何,带来的犹疑、焦虑、沮丧、失落、茫然让我虚耗了很多时光,个中滋味难以为外人道。幸好有众多师友的帮助,让我有机会一次次调整心态,坚定面对。这种忧虑和惶恐到现在仍未消失,在可见的未来,也将一直伴随着我。希望今后的我能够以更好的心态面对,将其转为不断前行的动力,奋勇向前,朝着理想的目标一步一步走下去。

杨　坤

2019 年 6 月 1 日于畅春园

2021 年 4 月 1 日修订于畅春园